电力行业
政策法规汇编

中国电力企业联合会法律分会 组编

法律出版社
LAW PRESS·CHINA
——北京——

图书在版编目(CIP)数据

电力行业政策法规汇编 / 中国电力企业联合会法律分会组编. -- 北京 : 法律出版社, 2023(2024.1 重印)
ISBN 978-7-5197-7551-3

Ⅰ. ①电… Ⅱ. ①中… Ⅲ. ①电力法-汇编-中国
Ⅳ. ①D922.292.9

中国国家版本馆 CIP 数据核字(2023)第 021010 号

电力行业政策法规汇编
DIANLI HANGYE ZHENGCE FAGUI HUIBIAN

中国电力企业联合会法律分会 组编

责任编辑 李争春
装帧设计 李 瞻

出版发行 法律出版社
编辑统筹 法规出版分社
责任校对 张红蕊
责任印制 耿润瑜
经 销 新华书店

开本 710 毫米×1000 毫米 1/16
印张 55.5 **字数** 1090 千
版本 2023 年 2 月第 1 版
印次 2024 年 1 月第 3 次印刷
印刷 北京中科印刷有限公司

地址:北京市丰台区莲花池西里 7 号(100073)
网址:www.lawpress.com.cn
投稿邮箱:info@lawpress.com.cn
举报盗版邮箱:jbwq@lawpress.com.cn
销售电话:010-83938349
客服电话:010-83938350
咨询电话:010-63939796

书号:ISBN 978-7-5197-7551-3
定价:178.00 元
凡购买本社图书,如有印装错误,我社负责退换。电话:010-83938349

《电力行业政策法规汇编》

编 委 会

《电力行业政策法规汇编》

编 写 组

组 长

宋立军 刘春瑞

副组长

蓝国青 陈小涛 刘树根 王惠红 路磊宏

成 员

（以姓氏笔画排序）

方文翔 王 学 白如银 白如伟
田 超 孙 畅 成文吉 李 伟
郭奎峰 秦加林 潘卫群

前　言

能源是人类赖以生存的物质基础,也是经济社会发展的动力源泉。电力作为最重要的能源,关系到国民经济命脉和国家能源安全。电力政策与法律法规对保障电力体制改革成果、促进电力事业稳定健康发展、推动电力企业依法合规经营具有重要意义。为更好地学习、研究和使用电力行业政策法规,中国电力企业联合会法律分会负责组稿、编辑本书。

近年来,国家陆续颁布多部政策法规加强能源行业治理,加快统一电力市场建设,促进能源绿色低碳转型,完善现代能源体系。鉴于梳理所有的政策法规难以穷尽且重点不突出,故我们对截至2022年12月底的常用政策法规进行梳理,按照综合、电力建设与保护、电力生产运行、电力供应与使用、电价管理、电力市场建设、新能源、电力安全、电力监管与信息公开等九个领域进行分类,形成有体系、有支撑、实用管用的政策法规汇编。

希望本书的编辑出版能够成为电力行业从业人员常用的工具书,并切实起到规范法律实务、指导工作实践的作用,真正助力电力企业依法合规经营和高质量发展。由于时间仓促、编者水平有限,文中有不当之处,恳请广大读者提出宝贵意见。

《电力行业政策法规汇编》编写组

2022年12月

目 录

第一章 综合

第二章 电力建设与保护

第三章　电力生产运行

第四章　电力供应与使用

第六章　电力市场建设

第七章　新能源

第八章　电力安全

第九章　电力监管与信息公开

第一章 综 合

中华人民共和国电力法

（1995年12月28日第八届全国人民代表大会常务委员会第十七次会议通过 根据2009年8月27日第十一届全国人民代表大会常务委员会第十次会议《关于修改部分法律的决定》第一次修正 根据2015年4月24日第十二届全国人民代表大会常务委员会第十四次会议《关于修改〈中华人民共和国电力法〉等六部法律的决定》第二次修正 根据2018年12月29日第十三届全国人民代表大会常务委员会第七次会议《关于修改〈中华人民共和国电力法〉等四部法律的决定》第三次修正）

目 录

第一章　总　　则

第一条　为了保障和促进电力事业的发展,维护电力投资者、经营者和使用者的合法权益,保障电力安全运行,制定本法。

第二条　本法适用于中华人民共和国境内的电力建设、生产、供应和使用活动。

第三条　电力事业应当适应国民经济和社会发展的需要,适当超前发展。国家鼓励、引导国内外的经济组织和个人依法投资开发电源,兴办电力生产企业。

电力事业投资,实行谁投资、谁收益的原则。

第四条　电力设施受国家保护。

禁止任何单位和个人危害电力设施安全或者非法侵占、使用电能。

第五条　电力建设、生产、供应和使用应当依法保护环境,采用新技术,减少有害物质排放,防治污染和其他公害。

国家鼓励和支持利用可再生能源和清洁能源发电。

第六条　国务院电力管理部门负责全国电力事业的监督管理。国务院有关部门在各自的职责范围内负责电力事业的监督管理。

县级以上地方人民政府经济综合主管部门是本行政区域内的电力管理部门,负责电力事业的监督管理。县级以上地方人民政府有关部门在各自的职责范围内负责电力事业的监督管理。

第七条　电力建设企业、电力生产企业、电网经营企业依法实行自主经营、自负盈亏,并接受电力管理部门的监督。

第八条　国家帮助和扶持少数民族地区、边远地区和贫困地区发展电力事业。

第九条　国家鼓励在电力建设、生产、供应和使用过程中,采用先进的科学技术和管理方法,对在研究、开发、采用先进的科学技术和管理方法等方面作出显著成绩的单位和个人给予奖励。

第二章　电力建设

第十条　电力发展规划应当根据国民经济和社会发展的需要制定,并纳入国民经济和社会发展计划。

电力发展规划,应当体现合理利用能源、电源与电网配套发展、提高经济效益和有利于环境保护的原则。

第十一条 城市电网的建设与改造规划,应当纳入城市总体规划。城市人民政府应当按照规划,安排变电设施用地、输电线路走廊和电缆通道。

任何单位和个人不得非法占用变电设施用地、输电线路走廊和电缆通道。

第十二条 国家通过制定有关政策,支持、促进电力建设。

地方人民政府应当根据电力发展规划,因地制宜,采取多种措施开发电源,发展电力建设。

第十三条 电力投资者对其投资形成的电力,享有法定权益。并网运行的,电力投资者有优先使用权;未并网的自备电厂,电力投资者自行支配使用。

第十四条 电力建设项目应当符合电力发展规划,符合国家电力产业政策。

电力建设项目不得使用国家明令淘汰的电力设备和技术。

第十五条 输变电工程、调度通信自动化工程等电网配套工程和环境保护工程,应当与发电工程项目同时设计、同时建设、同时验收、同时投入使用。

第十六条 电力建设项目使用土地,应当依照有关法律、行政法规的规定办理;依法征收土地的,应当依法支付土地补偿费和安置补偿费,做好迁移居民的安置工作。

电力建设应当贯彻切实保护耕地、节约利用土地的原则。

地方人民政府对电力事业依法使用土地和迁移居民,应当予以支持和协助。

第十七条 地方人民政府应当支持电力企业为发电工程建设勘探水源和依法取水、用水。电力企业应当节约用水。

第三章 电力生产与电网管理

第十八条 电力生产与电网运行应当遵循安全、优质、经济的原则。

电网运行应当连续、稳定,保证供电可靠性。

第十九条 电力企业应当加强安全生产管理,坚持安全第一、预防为主的方针,建立、健全安全生产责任制度。

电力企业应当对电力设施定期进行检修和维护,保证其正常运行。

第二十条 发电燃料供应企业、运输企业和电力生产企业应当依照国务院有关规定或者合同约定供应、运输和接卸燃料。

第二十一条 电网运行实行统一调度、分级管理。任何单位和个人不得非法干预电网调度。

第二十二条 国家提倡电力生产企业与电网、电网与电网并网运行。具有独立法人资格的电力生产企业要求将生产的电力并网运行的,电网经营企业应当接受。

并网运行必须符合国家标准或者电力行业标准。

并网双方应当按照统一调度、分级管理和平等互利、协商一致的原则,签订并网协议,确定双方的权利和义务;并网双方达不成协议的,由省级以上电力管理部门协调决定。

第二十三条 电网调度管理办法,由国务院依照本法的规定制定。

第四章 电力供应与使用

第二十四条 国家对电力供应和使用,实行安全用电、节约用电、计划用电的管理原则。

电力供应与使用办法由国务院依照本法的规定制定。

第二十五条 供电企业在批准的供电营业区内向用户供电。

供电营业区的划分,应当考虑电网的结构和供电合理性等因素。一个供电营业区内只设立一个供电营业机构。

供电营业区的设立、变更,由供电企业提出申请,电力管理部门依据职责和管理权限,会同同级有关部门审查批准后,发给《电力业务许可证》。供电营业区设立、变更的具体办法,由国务院电力管理部门制定。

第二十六条 供电营业区内的供电营业机构,对本营业区内的用户有按照国家规定供电的义务;不得违反国家规定对其营业区内申请用电的单位和个人拒绝供电。

申请新装用电、临时用电、增加用电容量、变更用电和终止用电,应当依照规定的程序办理手续。

供电企业应当在其营业场所公告用电的程序、制度和收费标准,并提供用户须知资料。

第二十七条 电力供应与使用双方应当根据平等自愿、协商一致的原则,按照国务院制定的电力供应与使用办法签订供用电合同,确定双方的权利和义务。

第二十八条 供电企业应当保证供给用户的供电质量符合国家标准。对公用供电设施引起的供电质量问题,应当及时处理。

用户对供电质量有特殊要求的,供电企业应当根据其必要性和电网的可能,提供相应的电力。

第二十九条 供电企业在发电、供电系统正常的情况下,应当连续向用户供电,不得中断。因供电设施检修、依法限电或者用户违法用电等原因,需要中断供电时,供电企业应当按照国家有关规定事先通知用户。

用户对供电企业中断供电有异议的,可以向电力管理部门投诉;受理投诉的电力管理部门应当依法处理。

第三十条　因抢险救灾需要紧急供电时,供电企业必须尽速安排供电,所需供电工程费用和应付电费依照国家有关规定执行。

第三十一条　用户应当安装用电计量装置。用户使用的电力电量,以计量检定机构依法认可的用电计量装置的记录为准。

用户受电装置的设计、施工安装和运行管理,应当符合国家标准或者电力行业标准。

第三十二条　用户用电不得危害供电、用电安全和扰乱供电、用电秩序。

对危害供电、用电安全和扰乱供电、用电秩序的,供电企业有权制止。

第三十三条　供电企业应当按照国家核准的电价和用电计量装置的记录,向用户计收电费。

供电企业查电人员和抄表收费人员进入用户,进行用电安全检查或者抄表收费时,应当出示有关证件。

用户应当按照国家核准的电价和用电计量装置的记录,按时交纳电费;对供电企业查电人员和抄表收费人员依法履行职责,应当提供方便。

第三十四条　供电企业和用户应当遵守国家有关规定,采取有效措施,做好安全用电、节约用电和计划用电工作。

第五章　电价与电费

第三十五条　本法所称电价,是指电力生产企业的上网电价、电网间的互供电价、电网销售电价。

电价实行统一政策,统一定价原则,分级管理。

第三十六条　制定电价,应当合理补偿成本,合理确定收益,依法计入税金,坚持公平负担,促进电力建设。

第三十七条　上网电价实行同网同质同价。具体办法和实施步骤由国务院规定。

电力生产企业有特殊情况需另行制定上网电价的,具体办法由国务院规定。

第三十八条　跨省、自治区、直辖市电网和省级电网内的上网电价,由电力生产企业和电网经营企业协商提出方案,报国务院物价行政主管部门核准。

独立电网内的上网电价，由电力生产企业和电网经营企业协商提出方案，报有管理权的物价行政主管部门核准。

地方投资的电力生产企业所生产的电力，属于在省内各地区形成独立电网的或者自发自用的，其电价可以由省、自治区、直辖市人民政府管理。

第三十九条 跨省、自治区、直辖市电网和独立电网之间、省级电网和独立电网之间的互供电价，由双方协商提出方案，报国务院物价行政主管部门或者其授权的部门核准。

独立电网与独立电网之间的互供电价，由双方协商提出方案，报有管理权的物价行政主管部门核准。

第四十条 跨省、自治区、直辖市电网和省级电网的销售电价，由电网经营企业提出方案，报国务院物价行政主管部门或者其授权的部门核准。

独立电网的销售电价，由电网经营企业提出方案，报有管理权的物价行政主管部门核准。

第四十一条 国家实行分类电价和分时电价。分类标准和分时办法由国务院确定。

对同一电网内的同一电压等级、同一用电类别的用户，执行相同的电价标准。

第四十二条 用户用电增容收费标准，由国务院物价行政主管部门会同国务院电力管理部门制定。

第四十三条 任何单位不得超越电价管理权限制定电价。供电企业不得擅自变更电价。

第四十四条 禁止任何单位和个人在电费中加收其他费用；但是，法律、行政法规另有规定的，按照规定执行。

地方集资办电在电费中加收费用的，由省、自治区、直辖市人民政府依照国务院有关规定制定办法。

禁止供电企业在收取电费时，代收其他费用。

第四十五条 电价的管理办法，由国务院依照本法的规定制定。

第六章 农村电力建设和农业用电

第四十六条 省、自治区、直辖市人民政府应当制定农村电气化发展规划，并将其纳入当地电力发展规划及国民经济和社会发展计划。

第四十七条 国家对农村电气化实行优惠政策，对少数民族地区、边远地区和贫困地区的农村电力建设给予重点扶持。

第四十八条　国家提倡农村开发水能资源，建设中、小型水电站，促进农村电气化。

国家鼓励和支持农村利用太阳能、风能、地热能、生物质能和其他能源进行农村电源建设，增加农村电力供应。

第四十九条　县级以上地方人民政府及其经济综合主管部门在安排用电指标时，应当保证农业和农村用电的适当比例，优先保证农村排涝、抗旱和农业季节性生产用电。

电力企业应当执行前款的用电安排，不得减少农业和农村用电指标。

第五十条　农业用电价格按照保本、微利的原则确定。

农民生活用电与当地城镇居民生活用电应当逐步实行相同的电价。

第五十一条　农业和农村用电管理办法，由国务院依照本法的规定制定。

第七章　电力设施保护

第五十二条　任何单位和个人不得危害发电设施、变电设施和电力线路设施及其有关辅助设施。

在电力设施周围进行爆破及其他可能危及电力设施安全的作业的，应当按照国务院有关电力设施保护的规定，经批准并采取确保电力设施安全的措施后，方可进行作业。

第五十三条　电力管理部门应当按照国务院有关电力设施保护的规定，对电力设施保护区设立标志。

任何单位和个人不得在依法划定的电力设施保护区内修建可能危及电力设施安全的建筑物、构筑物，不得种植可能危及电力设施安全的植物，不得堆放可能危及电力设施安全的物品。

在依法划定电力设施保护区前已经种植的植物妨碍电力设施安全的，应当修剪或者砍伐。

第五十四条　任何单位和个人需要在依法划定的电力设施保护区内进行可能危及电力设施安全的作业时，应当经电力管理部门批准并采取安全措施后，方可进行作业。

第五十五条　电力设施与公用工程、绿化工程和其他工程在新建、改建或者扩建中相互妨碍时，有关单位应当按照国家有关规定协商，达成协议后方可施工。

第八章　监 督 检 查

第五十六条　电力管理部门依法对电力企业和用户执行电力法律、行政法规的情况进行监督检查。

第五十七条　电力管理部门根据工作需要,可以配备电力监督检查人员。

电力监督检查人员应当公正廉洁,秉公执法,熟悉电力法律、法规,掌握有关电力专业技术。

第五十八条　电力监督检查人员进行监督检查时,有权向电力企业或者用户了解有关执行电力法律、行政法规的情况,查阅有关资料,并有权进入现场进行检查。

电力企业和用户对执行监督检查任务的电力监督检查人员应当提供方便。

电力监督检查人员进行监督检查时,应当出示证件。

第九章　法 律 责 任

第五十九条　电力企业或者用户违反供用电合同,给对方造成损失的,应当依法承担赔偿责任。

电力企业违反本法第二十八条、第二十九条第一款的规定,未保证供电质量或者未事先通知用户中断供电,给用户造成损失的,应当依法承担赔偿责任。

第六十条　因电力运行事故给用户或者第三人造成损害的,电力企业应当依法承担赔偿责任。

电力运行事故由下列原因之一造成的,电力企业不承担赔偿责任:

(一)不可抗力;

(二)用户自身的过错。

因用户或者第三人的过错给电力企业或者其他用户造成损害的,该用户或者第三人应当依法承担赔偿责任。

第六十一条　违反本法第十一条第二款的规定,非法占用变电设施用地、输电线路走廊或者电缆通道的,由县级以上地方人民政府责令限期改正;逾期不改正的,强制清除障碍。

第六十二条　违反本法第十四条规定,电力建设项目不符合电力发展规划、产业政策的,由电力管理部门责令停止建设。

违反本法第十四条规定,电力建设项目使用国家明令淘汰的电力设备和技术的，由电力管理部门责令停止使用，没收国家明令淘汰的电力设备，并处五万元以下的罚款。

第六十三条 违反本法第二十五条规定，未经许可，从事供电或者变更供电营业区的，由电力管理部门责令改正，没收违法所得，可以并处违法所得五倍以下的罚款。

第六十四条 违反本法第二十六条、第二十九条规定，拒绝供电或者中断供电的，由电力管理部门责令改正，给予警告；情节严重的，对有关主管人员和直接责任人员给予行政处分。

第六十五条 违反本法第三十二条规定，危害供电、用电安全或者扰乱供电、用电秩序的，由电力管理部门责令改正，给予警告；情节严重或者拒绝改正的，可以中止供电，可以并处五万元以下的罚款。

第六十六条 违反本法第三十三条、第四十三条、第四十四条规定，未按照国家核准的电价和用电计量装置的记录向用户计收电费、超越权限制定电价或者在电费中加收其他费用的，由物价行政主管部门给予警告，责令返还违法收取的费用，可以并处违法收取费用五倍以下的罚款；情节严重的，对有关主管人员和直接责任人员给予行政处分。

第六十七条 违反本法第四十九条第二款规定，减少农业和农村用电指标的，由电力管理部门责令改正；情节严重的，对有关主管人员和直接责任人员给予行政处分；造成损失的，责令赔偿损失。

第六十八条 违反本法第五十二条第二款和第五十四条规定，未经批准或者未采取安全措施在电力设施周围或者在依法划定的电力设施保护区内进行作业，危及电力设施安全的，由电力管理部门责令停止作业、恢复原状并赔偿损失。

第六十九条 违反本法第五十三条规定，在依法划定的电力设施保护区内修建建筑物、构筑物或者种植植物、堆放物品，危及电力设施安全的，由当地人民政府责令强制拆除、砍伐或者清除。

第七十条 有下列行为之一，应当给予治安管理处罚的，由公安机关依照治安管理处罚法的有关规定予以处罚；构成犯罪的，依法追究刑事责任：

（一）阻碍电力建设或者电力设施抢修，致使电力建设或者电力设施抢修不能正常进行的；

（二）扰乱电力生产企业、变电所、电力调度机构和供电企业的秩序，致使生产、工作和营业不能正常进行的；

（三）殴打、公然侮辱履行职务的查电人员或者抄表收费人员的；

（四）拒绝、阻碍电力监督检查人员依法执行职务的。

第七十一条 盗窃电能的，由电力管理部门责令停止违法行为，追缴电费并处应交电费五倍以下的罚款；构成犯罪的，依照刑法有关规定追究刑事责任。

第七十二条 盗窃电力设施或者以其他方法破坏电力设施，危害公共安全的，依照刑法有关规定追究刑事责任。

第七十三条 电力管理部门的工作人员滥用职权、玩忽职守、徇私舞弊，构成犯罪的，依法追究刑事责任；尚不构成犯罪的，依法给予行政处分。

第七十四条 电力企业职工违反规章制度、违章调度或者不服从调度指令，造成重大事故的，依照刑法有关规定追究刑事责任。

电力企业职工故意延误电力设施抢修或者抢险救灾供电，造成严重后果的，依照刑法有关规定追究刑事责任。

电力企业的管理人员和查电人员、抄表收费人员勒索用户、以电谋私，构成犯罪的，依法追究刑事责任；尚不构成犯罪的，依法给予行政处分。

第十章　附　　则

第七十五条 本法自 1996 年 4 月 1 日起施行。

中华人民共和国节约能源法

（1997年11月1日第八届全国人民代表大会常务委员会第二十八次会议通过 2007年10月28日第十届全国人民代表大会常务委员会第三十次会议修订 根据2016年7月2日第十二届全国人民代表大会常务委员会第二十一次会议《关于修改〈中华人民共和国节约能源法〉等六部法律的决定》第一次修正 根据2018年10月26日第十三届全国人民代表大会常务委员会第六次会议《关于修改〈中华人民共和国野生动物保护法〉等十五部法律的决定》第二次修正）

目 录

第一章 总 则

第一条 为了推动全社会节约能源，提高能源利用效率，保护和改善环境，促进经济社会全面协调可持续发展,制定本法。

第二条 本法所称能源,是指煤炭、石油、天然气、生物质能和电力、热力以及其他直接或者通过加工、转换而取得有用能的各种资源。

第三条 本法所称节约能源(以下简称节能),是指加强用能管理,采取技术上可行、经济上合理以及环境和社会可以承受的措施,从能源生产到消费的各个环节,降低消耗、减少损失和污染物排放、制止浪费,有效、合理地利用能源。

第四条 节约资源是我国的基本国策。国家实施节约与开发并举、把节约放在首位的能源发展战略。

第五条 国务院和县级以上地方各级人民政府应当将节能工作纳入国民经济和社会发展规划、年度计划,并组织编制和实施节能中长期专项规划、年度节能计划。

国务院和县级以上地方各级人民政府每年向本级人民代表大会或者其常务委员会报告节能工作。

第六条 国家实行节能目标责任制和节能考核评价制度,将节能目标完成情况作为对地方人民政府及其负责人考核评价的内容。

省、自治区、直辖市人民政府每年向国务院报告节能目标责任的履行情况。

第七条 国家实行有利于节能和环境保护的产业政策,限制发展高耗能、高污染行业,发展节能环保型产业。

国务院和省、自治区、直辖市人民政府应当加强节能工作,合理调整产业结构、企业结构、产品结构和能源消费结构,推动企业降低单位产值能耗和单位产品能耗,淘汰落后的生产能力,改进能源的开发、加工、转换、输送、储存和供应,提高能源利用效率。

国家鼓励、支持开发和利用新能源、可再生能源。

第八条 国家鼓励、支持节能科学技术的研究、开发、示范和推广,促进节能技术创新与进步。

国家开展节能宣传和教育,将节能知识纳入国民教育和培训体系,普及节能科学知识,增强全民的节能意识,提倡节约型的消费方式。

第九条 任何单位和个人都应当依法履行节能义务,有权检举浪费能源的行为。

新闻媒体应当宣传节能法律、法规和政策,发挥舆论监督作用。

第十条 国务院管理节能工作的部门主管全国的节能监督管理工作。国务院有关部门在各自的职责范围内负责节能监督管理工作,并接受国务院管理节能工作的部门的指导。

县级以上地方各级人民政府管理节能工作的部门负责本行政区域内的节能监督管理工作。县级以上地方各级人民政府有关部门在各自的职责范围内负责节能监督管理工作,并接受同级管理节能工作的部门的指导。

第二章 节能管理

第十一条 国务院和县级以上地方各级人民政府应当加强对节能工作的领导,部署、协调、监督、检查、推动节能工作。

第十二条 县级以上人民政府管理节能工作的部门和有关部门应当在各自的职责范围内,加强对节能法律、法规和节能标准执行情况的监督检查,依法查处违法用能行为。

履行节能监督管理职责不得向监督管理对象收取费用。

第十三条 国务院标准化主管部门和国务院有关部门依法组织制定并适时修订有关节能的国家标准、行业标准,建立健全节能标准体系。

国务院标准化主管部门会同国务院管理节能工作的部门和国务院有关部门制定强制性的用能产品、设备能源效率标准和生产过程中耗能高的产品的单位产品能耗限额标准。

国家鼓励企业制定严于国家标准、行业标准的企业节能标准。

省、自治区、直辖市制定严于强制性国家标准、行业标准的地方节能标准,由省、自治区、直辖市人民政府报经国务院批准;本法另有规定的除外。

第十四条 建筑节能的国家标准、行业标准由国务院建设主管部门组织制定,并依照法定程序发布。

省、自治区、直辖市人民政府建设主管部门可以根据本地实际情况,制定严于国家标准或者行业标准的地方建筑节能标准,并报国务院标准化主管部门和国务院建设主管部门备案。

第十五条 国家实行固定资产投资项目节能评估和审查制度。不符合强制性节能标准的项目,建设单位不得开工建设;已经建成的,不得投入生产、使用。政府投资项目不符合强制性节能标准的,依法负责项目审批的机关不得批准建设。具体办法由国务院管理节能工作的部门会同国务院有关部门制定。

第十六条 国家对落后的耗能过高的用能产品、设备和生产工艺实行淘汰制度。淘汰的用能产品、设备、生产工艺的目录和实施办法,由国务院管理节能工作的部门会同国务院有关部门制定并公布。

生产过程中耗能高的产品的生产单位,应当执行单位产品能耗限额标准。对超过单位产品能耗限额标准用能的生产单位,由管理节能工作的部门按照国务院规定的权限责令限期治理。

对高耗能的特种设备,按照国务院的规定实行节能审查和监管。

第十七条 禁止生产、进口、销售国家明令淘汰或者不符合强制性能源效率标准的用能产品、设备;禁止使用国家明令淘汰的用能设备、生产工艺。

第十八条 国家对家用电器等使用面广、耗能量大的用能产品,实行能源效率标识管理。实行能源效率标识管理的产品目录和实施办法,由国务院管理节能工作的部门会同国务院市场监督管理部门制定并公布。

第十九条 生产者和进口商应当对列入国家能源效率标识管理产品目录的用能产品标注能源效率标识,在产品包装物上或者说明书中予以说明,并按照规定报国务院市场监督管理部门和国务院管理节能工作的部门共同授权的机构备案。

生产者和进口商应当对其标注的能源效率标识及相关信息的准确性负责。禁止销售应当标注而未标注能源效率标识的产品。

禁止伪造、冒用能源效率标识或者利用能源效率标识进行虚假宣传。

第二十条 用能产品的生产者、销售者,可以根据自愿原则,按照国家有关节能产品认证的规定,向经国务院认证认可监督管理部门认可的从事节能产品认证的机构提出节能产品认证申请;经认证合格后,取得节能产品认证证书,可以在用能产品或者其包装物上使用节能产品认证标志。

禁止使用伪造的节能产品认证标志或者冒用节能产品认证标志。

第二十一条 县级以上各级人民政府统计部门应当会同同级有关部门,建立健全能源统计制度,完善能源统计指标体系,改进和规范能源统计方法,确保能源统计数据真实、完整。

国务院统计部门会同国务院管理节能工作的部门,定期向社会公布各省、自治区、直辖市以及主要耗能行业的能源消费和节能情况等信息。

第二十二条 国家鼓励节能服务机构的发展,支持节能服务机构开展节能咨询、设计、评估、检测、审计、认证等服务。

国家支持节能服务机构开展节能知识宣传和节能技术培训,提供节能信息、节能示范和其他公益性节能服务。

第二十三条 国家鼓励行业协会在行业节能规划、节能标准的制定和实施、节能技术推广、能源消费统计、节能宣传培训和信息咨询等方面发挥作用。

第三章 合理使用与节约能源

第一节 一般规定

第二十四条 用能单位应当按照合理用能的原则，加强节能管理，制定并实施节能计划和节能技术措施，降低能源消耗。

第二十五条 用能单位应当建立节能目标责任制，对节能工作取得成绩的集体、个人给予奖励。

第二十六条 用能单位应当定期开展节能教育和岗位节能培训。

第二十七条 用能单位应当加强能源计量管理，按照规定配备和使用经依法检定合格的能源计量器具。

用能单位应当建立能源消费统计和能源利用状况分析制度，对各类能源的消费实行分类计量和统计，并确保能源消费统计数据真实、完整。

第二十八条 能源生产经营单位不得向本单位职工无偿提供能源。任何单位不得对能源消费实行包费制。

第二节 工业节能

第二十九条 国务院和省、自治区、直辖市人民政府推进能源资源优化开发利用和合理配置，推进有利于节能的行业结构调整，优化用能结构和企业布局。

第三十条 国务院管理节能工作的部门会同国务院有关部门制定电力、钢铁、有色金属、建材、石油加工、化工、煤炭等主要耗能行业的节能技术政策，推动企业节能技术改造。

第三十一条 国家鼓励工业企业采用高效、节能的电动机、锅炉、窑炉、风机、泵类等设备，采用热电联产、余热余压利用、洁净煤以及先进的用能监测和控制等技术。

第三十二条 电网企业应当按照国务院有关部门制定的节能发电调度管理的规定，安排清洁、高效和符合规定的热电联产、利用余热余压发电的机组以及其他符合资源综合利用规定的发电机组与电网并网运行，上网电价执行国家有关规定。

第三十三条 禁止新建不符合国家规定的燃煤发电机组、燃油发电机组和燃煤热电机组。

第三节 建筑节能

第三十四条 国务院建设主管部门负责全国建筑节能的监督管理工作。

县级以上地方各级人民政府建设主管部门负责本行政区域内建筑节能的监督管理工作。

县级以上地方各级人民政府建设主管部门会同同级管理节能工作的部门编制本行政区域内的建筑节能规划。建筑节能规划应当包括既有建筑节能改造计划。

第三十五条 建筑工程的建设、设计、施工和监理单位应当遵守建筑节能标准。

不符合建筑节能标准的建筑工程,建设主管部门不得批准开工建设;已经开工建设的,应当责令停止施工、限期改正;已经建成的,不得销售或者使用。

建设主管部门应当加强对在建建筑工程执行建筑节能标准情况的监督检查。

第三十六条 房地产开发企业在销售房屋时,应当向购买人明示所售房屋的节能措施、保温工程保修期等信息,在房屋买卖合同、质量保证书和使用说明书中载明,并对其真实性、准确性负责。

第三十七条 使用空调采暖、制冷的公共建筑应当实行室内温度控制制度。具体办法由国务院建设主管部门制定。

第三十八条 国家采取措施,对实行集中供热的建筑分步骤实行供热分户计量、按照用热量收费的制度。新建建筑或者对既有建筑进行节能改造,应当按照规定安装用热计量装置、室内温度调控装置和供热系统调控装置。具体办法由国务院建设主管部门会同国务院有关部门制定。

第三十九条 县级以上地方各级人民政府有关部门应当加强城市节约用电管理,严格控制公用设施和大型建筑物装饰性景观照明的能耗。

第四十条 国家鼓励在新建建筑和既有建筑节能改造中使用新型墙体材料等节能建筑材料和节能设备,安装和使用太阳能等可再生能源利用系统。

第四节 交通运输节能

第四十一条 国务院有关交通运输主管部门按照各自的职责负责全国交通运输相关领域的节能监督管理工作。

国务院有关交通运输主管部门会同国务院管理节能工作的部门分别制定相关领域的节能规划。

第四十二条 国务院及其有关部门指导、促进各种交通运输方式协调发展和有效衔接，优化交通运输结构，建设节能型综合交通运输体系。

第四十三条 县级以上地方各级人民政府应当优先发展公共交通，加大对公共交通的投入，完善公共交通服务体系，鼓励利用公共交通工具出行；鼓励使用非机动交通工具出行。

第四十四条 国务院有关交通运输主管部门应当加强交通运输组织管理，引导道路、水路、航空运输企业提高运输组织化程度和集约化水平，提高能源利用效率。

第四十五条 国家鼓励开发、生产、使用节能环保型汽车、摩托车、铁路机车车辆、船舶和其他交通运输工具，实行老旧交通运输工具的报废、更新制度。

国家鼓励开发和推广应用交通运输工具使用的清洁燃料、石油替代燃料。

第四十六条 国务院有关部门制定交通运输营运车船的燃料消耗量限值标准；不符合标准的，不得用于营运。

国务院有关交通运输主管部门应当加强对交通运输营运车船燃料消耗检测的监督管理。

第五节 公共机构节能

第四十七条 公共机构应当厉行节约，杜绝浪费，带头使用节能产品、设备，提高能源利用效率。

本法所称公共机构，是指全部或者部分使用财政性资金的国家机关、事业单位和团体组织。

第四十八条 国务院和县级以上地方各级人民政府管理机关事务工作的机构会同同级有关部门制定和组织实施本级公共机构节能规划。公共机构节能规划应当包括公共机构既有建筑节能改造计划。

第四十九条 公共机构应当制定年度节能目标和实施方案，加强能源消费计量和监测管理，向本级人民政府管理机关事务工作的机构报送上年度的能源消费状况报告。

国务院和县级以上地方各级人民政府管理机关事务工作的机构会同同级有关部门按照管理权限，制定本级公共机构的能源消耗定额，财政部门根据该定额制定能源消耗支出标准。

第五十条 公共机构应当加强本单位用能系统管理，保证用能系统的运行符合国家相关标准。

公共机构应当按照规定进行能源审计,并根据能源审计结果采取提高能源利用效率的措施。

第五十一条 公共机构采购用能产品、设备,应当优先采购列入节能产品、设备政府采购名录中的产品、设备。禁止采购国家明令淘汰的用能产品、设备。

节能产品、设备政府采购名录由省级以上人民政府的政府采购监督管理部门会同同级有关部门制定并公布。

第六节 重点用能单位节能

第五十二条 国家加强对重点用能单位的节能管理。

下列用能单位为重点用能单位:

(一)年综合能源消费总量一万吨标准煤以上的用能单位;

(二)国务院有关部门或者省、自治区、直辖市人民政府管理节能工作的部门指定的年综合能源消费总量五千吨以上不满一万吨标准煤的用能单位。

重点用能单位节能管理办法,由国务院管理节能工作的部门会同国务院有关部门制定。

第五十三条 重点用能单位应当每年向管理节能工作的部门报送上年度的能源利用状况报告。能源利用状况包括能源消费情况、能源利用效率、节能目标完成情况和节能效益分析、节能措施等内容。

第五十四条 管理节能工作的部门应当对重点用能单位报送的能源利用状况报告进行审查。对节能管理制度不健全、节能措施不落实、能源利用效率低的重点用能单位,管理节能工作的部门应当开展现场调查,组织实施用能设备能源效率检测,责令实施能源审计,并提出书面整改要求,限期整改。

第五十五条 重点用能单位应当设立能源管理岗位,在具有节能专业知识、实际经验以及中级以上技术职称的人员中聘任能源管理负责人,并报管理节能工作的部门和有关部门备案。

能源管理负责人负责组织对本单位用能状况进行分析、评价,组织编写本单位能源利用状况报告,提出本单位节能工作的改进措施并组织实施。

能源管理负责人应当接受节能培训。

第四章 节能技术进步

第五十六条 国务院管理节能工作的部门会同国务院科技主管部门发布节能

技术政策大纲，指导节能技术研究、开发和推广应用。

第五十七条 县级以上各级人民政府应当把节能技术研究开发作为政府科技投入的重点领域，支持科研单位和企业开展节能技术应用研究，制定节能标准，开发节能共性和关键技术，促进节能技术创新与成果转化。

第五十八条 国务院管理节能工作的部门会同国务院有关部门制定并公布节能技术、节能产品的推广目录，引导用能单位和个人使用先进的节能技术、节能产品。

国务院管理节能工作的部门会同国务院有关部门组织实施重大节能科研项目、节能示范项目、重点节能工程。

第五十九条 县级以上各级人民政府应当按照因地制宜、多能互补、综合利用、讲求效益的原则，加强农业和农村节能工作，增加对农业和农村节能技术、节能产品推广应用的资金投入。

农业、科技等有关主管部门应当支持、推广在农业生产、农产品加工储运等方面应用节能技术和节能产品，鼓励更新和淘汰高耗能的农业机械和渔业船舶。

国家鼓励、支持在农村大力发展沼气，推广生物质能、太阳能和风能等可再生能源利用技术，按照科学规划、有序开发的原则发展小型水力发电，推广节能型的农村住宅和炉灶等，鼓励利用非耕地种植能源植物，大力发展薪炭林等能源林。

第五章 激励措施

第六十条 中央财政和省级地方财政安排节能专项资金，支持节能技术研究开发、节能技术和产品的示范与推广、重点节能工程的实施、节能宣传培训、信息服务和表彰奖励等。

第六十一条 国家对生产、使用列入本法第五十八条规定的推广目录的需要支持的节能技术、节能产品，实行税收优惠等扶持政策。

国家通过财政补贴支持节能照明器具等节能产品的推广和使用。

第六十二条 国家实行有利于节约能源资源的税收政策，健全能源矿产资源有偿使用制度，促进能源资源的节约及其开采利用水平的提高。

第六十三条 国家运用税收等政策，鼓励先进节能技术、设备的进口，控制在生产过程中耗能高、污染重的产品的出口。

第六十四条 政府采购监督管理部门会同有关部门制定节能产品、设备政府采购名录，应当优先列入取得节能产品认证证书的产品、设备。

第六十五条 国家引导金融机构增加对节能项目的信贷支持，为符合条件的节能技术研究开发、节能产品生产以及节能技术改造等项目提供优惠贷款。

国家推动和引导社会有关方面加大对节能的资金投入,加快节能技术改造。

第六十六条 国家实行有利于节能的价格政策,引导用能单位和个人节能。

国家运用财税、价格等政策,支持推广电力需求侧管理、合同能源管理、节能自愿协议等节能办法。

国家实行峰谷分时电价、季节性电价、可中断负荷电价制度,鼓励电力用户合理调整用电负荷;对钢铁、有色金属、建材、化工和其他主要耗能行业的企业,分淘汰、限制、允许和鼓励类实行差别电价政策。

第六十七条 各级人民政府对在节能管理、节能科学技术研究和推广应用中有显著成绩以及检举严重浪费能源行为的单位和个人,给予表彰和奖励。

第六章 法律责任

第六十八条 负责审批政府投资项目的机关违反本法规定,对不符合强制性节能标准的项目予以批准建设的,对直接负责的主管人员和其他直接责任人员依法给予处分。

固定资产投资项目建设单位开工建设不符合强制性节能标准的项目或者将该项目投入生产、使用的,由管理节能工作的部门责令停止建设或者停止生产、使用,限期改造;不能改造或者逾期不改造的生产性项目,由管理节能工作的部门报请本级人民政府按照国务院规定的权限责令关闭。

第六十九条 生产、进口、销售国家明令淘汰的用能产品、设备的,使用伪造的节能产品认证标志或者冒用节能产品认证标志的,依照《中华人民共和国产品质量法》的规定处罚。

第七十条 生产、进口、销售不符合强制性能源效率标准的用能产品、设备的,由市场监督管理部门责令停止生产、进口、销售,没收违法生产、进口、销售的用能产品、设备和违法所得,并处违法所得一倍以上五倍以下罚款;情节严重的,吊销营业执照。

第七十一条 使用国家明令淘汰的用能设备或者生产工艺的,由管理节能工作的部门责令停止使用,没收国家明令淘汰的用能设备;情节严重的,可以由管理节能工作的部门提出意见,报请本级人民政府按照国务院规定的权限责令停业整顿或者关闭。

第七十二条 生产单位超过单位产品能耗限额标准用能,情节严重,经限期治理逾期不治理或者没有达到治理要求的,可以由管理节能工作的部门提出意见,报请本级人民政府按照国务院规定的权限责令停业整顿或者关闭。

第七十三条 违反本法规定，应当标注能源效率标识而未标注的，由市场监督管理部门责令改正，处三万元以上五万元以下罚款。

违反本法规定，未办理能源效率标识备案，或者使用的能源效率标识不符合规定的，由市场监督管理部门责令限期改正；逾期不改正的，处一万元以上三万元以下罚款。

伪造、冒用能源效率标识或者利用能源效率标识进行虚假宣传的，由市场监督管理部门责令改正，处五万元以上十万元以下罚款；情节严重的，吊销营业执照。

第七十四条 用能单位未按照规定配备、使用能源计量器具的，由市场监督管理部门责令限期改正；逾期不改正的，处一万元以上五万元以下罚款。

第七十五条 瞒报、伪造、篡改能源统计资料或者编造虚假能源统计数据的，依照《中华人民共和国统计法》的规定处罚。

第七十六条 从事节能咨询、设计、评估、检测、审计、认证等服务的机构提供虚假信息的，由管理节能工作的部门责令改正，没收违法所得，并处五万元以上十万元以下罚款。

第七十七条 违反本法规定，无偿向本单位职工提供能源或者对能源消费实行包费制的，由管理节能工作的部门责令限期改正；逾期不改正的，处五万元以上二十万元以下罚款。

第七十八条 电网企业未按照本法规定安排符合规定的热电联产和利用余热余压发电的机组与电网并网运行，或者未执行国家有关上网电价规定的，由国家电力监管机构责令改正；造成发电企业经济损失的，依法承担赔偿责任。

第七十九条 建设单位违反建筑节能标准的，由建设主管部门责令改正，处二十万元以上五十万元以下罚款。

设计单位、施工单位、监理单位违反建筑节能标准的，由建设主管部门责令改正，处十万元以上五十万元以下罚款；情节严重的，由颁发资质证书的部门降低资质等级或者吊销资质证书；造成损失的，依法承担赔偿责任。

第八十条 房地产开发企业违反本法规定，在销售房屋时未向购买人明示所售房屋的节能措施、保温工程保修期等信息的，由建设主管部门责令限期改正，逾期不改正的，处三万元以上五万元以下罚款；对以上信息作虚假宣传的，由建设主管部门责令改正，处五万元以上二十万元以下罚款。

第八十一条 公共机构采购用能产品、设备，未优先采购列入节能产品、设备政府采购名录中的产品、设备，或者采购国家明令淘汰的用能产品、设备的，由政府采购监督管理部门给予警告，可以并处罚款；对直接负责的主管人员和其他直接责任人员依法给予处分,并予通报。

第八十二条 重点用能单位未按照本法规定报送能源利用状况报告或者报告内容不实的,由管理节能工作的部门责令限期改正;逾期不改正的,处一万元以上五万元以下罚款。

第八十三条 重点用能单位无正当理由拒不落实本法第五十四条规定的整改要求或者整改没有达到要求的,由管理节能工作的部门处十万元以上三十万元以下罚款。

第八十四条 重点用能单位未按照本法规定设立能源管理岗位,聘任能源管理负责人,并报管理节能工作的部门和有关部门备案的,由管理节能工作的部门责令改正;拒不改正的,处一万元以上三万元以下罚款。

第八十五条 违反本法规定,构成犯罪的,依法追究刑事责任。

第八十六条 国家工作人员在节能管理工作中滥用职权、玩忽职守、徇私舞弊,构成犯罪的,依法追究刑事责任;尚不构成犯罪的,依法给予处分。

第七章 附 则

第八十七条 本法自 2008 年 4 月 1 日起施行。

中华人民共和国可再生能源法

（2005年2月28日第十届全国人民代表大会常务委员会第十四次会议通过 根据2009年12月26日第十一届全国人民代表大会常务委员会第十二次会议《关于修改〈中华人民共和国可再生能源法〉的决定》修正）

目 录

第一章 总 则

第一条 为了促进可再生能源的开发利用，增加能源供应，改善能源结构，保障能源安全，保护环境，实现经济社会的可持续发展，制定本法。

第二条 本法所称可再生能源，是指风能、太阳能、水能、生物质能、地热能、海洋能等非化石能源。

水力发电对本法的适用，由国务院能源主管部门规定，报国务院批准。

通过低效率炉灶直接燃烧方式利用秸秆、薪柴、粪便等，不适用本法。

第三条 本法适用于中华人民共和国领域和管辖的其他海域。

第四条 国家将可再生能源的开发利用列为能源发展的优先领域，通过制定可再生能源开发利用总量目标和采取相应措施，推动可再生能源市场的建立和发展。

国家鼓励各种所有制经济主体参与可再生能源的开发利用,依法保护可再生能源开发利用者的合法权益。

第五条 国务院能源主管部门对全国可再生能源的开发利用实施统一管理。国务院有关部门在各自的职责范围内负责有关的可再生能源开发利用管理工作。

县级以上地方人民政府管理能源工作的部门负责本行政区域内可再生能源开发利用的管理工作。县级以上地方人民政府有关部门在各自的职责范围内负责有关的可再生能源开发利用管理工作。

第二章 资源调查与发展规划

第六条 国务院能源主管部门负责组织和协调全国可再生能源资源的调查,并会同国务院有关部门组织制定资源调查的技术规范。

国务院有关部门在各自的职责范围内负责相关可再生能源资源的调查,调查结果报国务院能源主管部门汇总。

可再生能源资源的调查结果应当公布;但是,国家规定需要保密的内容除外。

第七条 国务院能源主管部门根据全国能源需求与可再生能源资源实际状况,制定全国可再生能源开发利用中长期总量目标,报国务院批准后执行,并予公布。

国务院能源主管部门根据前款规定的总量目标和省、自治区、直辖市经济发展与可再生能源资源实际状况,会同省、自治区、直辖市人民政府确定各行政区域可再生能源开发利用中长期目标,并予公布。

第八条 国务院能源主管部门会同国务院有关部门,根据全国可再生能源开发利用中长期总量目标和可再生能源技术发展状况,编制全国可再生能源开发利用规划,报国务院批准后实施。

国务院有关部门应当制定有利于促进全国可再生能源开发利用中长期总量目标实现的相关规划。

省、自治区、直辖市人民政府管理能源工作的部门会同本级人民政府有关部门,依据全国可再生能源开发利用规划和本行政区域可再生能源开发利用中长期目标,编制本行政区域可再生能源开发利用规划,经本级人民政府批准后,报国务院能源主管部门和国家电力监管机构备案,并组织实施。

经批准的规划应当公布;但是,国家规定需要保密的内容除外。

经批准的规划需要修改的,须经原批准机关批准。

第九条 编制可再生能源开发利用规划,应当遵循因地制宜、统筹兼顾、合理布局、有序发展的原则，对风能、太阳能、水能、生物质能、地热能、海洋能等可再生能源的开发利用作出统筹安排。规划内容应当包括发展目标、主要任务、区域布局、重点项目、实施进度、配套电网建设、服务体系和保障措施等。

组织编制机关应当征求有关单位、专家和公众的意见，进行科学论证。

第三章 产业指导与技术支持

第十条 国务院能源主管部门根据全国可再生能源开发利用规划，制定、公布可再生能源产业发展指导目录。

第十一条 国务院标准化行政主管部门应当制定、公布国家可再生能源电力的并网技术标准和其他需要在全国范围内统一技术要求的有关可再生能源技术和产品的国家标准。

对前款规定的国家标准中未作规定的技术要求，国务院有关部门可以制定相关的行业标准，并报国务院标准化行政主管部门备案。

第十二条 国家将可再生能源开发利用的科学技术研究和产业化发展列为科技发展与高技术产业发展的优先领域，纳入国家科技发展规划和高技术产业发展规划，并安排资金支持可再生能源开发利用的科学技术研究、应用示范和产业化发展，促进可再生能源开发利用的技术进步，降低可再生能源产品的生产成本，提高产品质量。

国务院教育行政部门应当将可再生能源知识和技术纳入普通教育、职业教育课程。

第四章 推广与应用

第十三条 国家鼓励和支持可再生能源并网发电。

建设可再生能源并网发电项目，应当依照法律和国务院的规定取得行政许可或者报送备案。

建设应当取得行政许可的可再生能源并网发电项目，有多人申请同一项目许可的，应当依法通过招标确定被许可人。

第十四条 国家实行可再生能源发电全额保障性收购制度。

国务院能源主管部门会同国家电力监管机构和国务院财政部门，按照全国可再生能源开发利用规划，确定在规划期内应当达到的可再生能源发电量占全部发电量的比重，制定电网企业优先调度和全额收购可再生能源发电的具体办法，并由国务院能源主管部门会同国家电力监管机构在年度中督促落实。

电网企业应当与按照可再生能源开发利用规划建设,依法取得行政许可或者报送备案的可再生能源发电企业签订并网协议,全额收购其电网覆盖范围内符合并网技术标准的可再生能源并网发电项目的上网电量。发电企业有义务配合电网企业保障电网安全。

电网企业应当加强电网建设,扩大可再生能源电力配置范围,发展和应用智能电网、储能等技术,完善电网运行管理,提高吸纳可再生能源电力的能力,为可再生能源发电提供上网服务。

第十五条 国家扶持在电网未覆盖的地区建设可再生能源独立电力系统,为当地生产和生活提供电力服务。

第十六条 国家鼓励清洁、高效地开发利用生物质燃料,鼓励发展能源作物。

利用生物质资源生产的燃气和热力,符合城市燃气管网、热力管网的入网技术标准的,经营燃气管网、热力管网的企业应当接收其入网。

国家鼓励生产和利用生物液体燃料。石油销售企业应当按照国务院能源主管部门或者省级人民政府的规定,将符合国家标准的生物液体燃料纳入其燃料销售体系。

第十七条 国家鼓励单位和个人安装和使用太阳能热水系统、太阳能供热采暖和制冷系统、太阳能光伏发电系统等太阳能利用系统。

国务院建设行政主管部门会同国务院有关部门制定太阳能利用系统与建筑结合的技术经济政策和技术规范。

房地产开发企业应当根据前款规定的技术规范,在建筑物的设计和施工中,为太阳能利用提供必备条件。

对已建成的建筑物,住户可以在不影响其质量与安全的前提下安装符合技术规范和产品标准的太阳能利用系统;但是,当事人另有约定的除外。

第十八条 国家鼓励和支持农村地区的可再生能源开发利用。

县级以上地方人民政府管理能源工作的部门会同有关部门,根据当地经济社会发展、生态保护和卫生综合治理需要等实际情况,制定农村地区可再生能源发展规划,因地制宜地推广应用沼气等生物质资源转化、户用太阳能、小型风能、小型水能等技术。

县级以上人民政府应当对农村地区的可再生能源利用项目提供财政支持。

第五章　价格管理与费用补偿

第十九条 可再生能源发电项目的上网电价,由国务院价格主管部门根据不同类型可再生能源发电的特点和不同地区的情况,按照有利于促进可再生能源开发利用和经济合理的原则确定,并根据可再生能源开发利用技术的发展适时调整。上网电价应当公布。

依照本法第十三条第三款规定实行招标的可再生能源发电项目的上网电价,按照中标确定的价格执行;但是,不得高于依照前款规定确定的同类可再生能源发电项目的上网电价水平。

第二十条 电网企业依照本法第十九条规定确定的上网电价收购可再生能源电量所发生的费用,高于按照常规能源发电平均上网电价计算所发生费用之间的差额,由在全国范围对销售电量征收可再生能源电价附加补偿。

第二十一条 电网企业为收购可再生能源电量而支付的合理的接网费用以及其他合理的相关费用,可以计入电网企业输电成本,并从销售电价中回收。

第二十二条 国家投资或者补贴建设的公共可再生能源独立电力系统的销售电价,执行同一地区分类销售电价,其合理的运行和管理费用超出销售电价的部分,依照本法第二十条的规定补偿。

第二十三条 进入城市管网的可再生能源热力和燃气的价格,按照有利于促进可再生能源开发利用和经济合理的原则,根据价格管理权限确定。

第六章 经济激励与监督措施

第二十四条 国家财政设立可再生能源发展基金,资金来源包括国家财政年度安排的专项资金和依法征收的可再生能源电价附加收入等。

可再生能源发展基金用于补偿本法第二十条、第二十二条规定的差额费用,并用于支持以下事项:

(一)可再生能源开发利用的科学技术研究、标准制定和示范工程;

(二)农村、牧区的可再生能源利用项目;

(三)偏远地区和海岛可再生能源独立电力系统建设;

(四)可再生能源的资源勘查、评价和相关信息系统建设;

(五)促进可再生能源开发利用设备的本地化生产。

本法第二十一条规定的接网费用以及其他相关费用,电网企业不能通过销售电价回收的,可以申请可再生能源发展基金补助。

可再生能源发展基金征收使用管理的具体办法,由国务院财政部门会同国务院能源、价格主管部门制定。

第二十五条 对列入国家可再生能源产业发展指导目录、符合信贷条件的可再生能源开发利用项目，金融机构可以提供有财政贴息的优惠贷款。

第二十六条 国家对列入可再生能源产业发展指导目录的项目给予税收优惠。具体办法由国务院规定。

第二十七条 电力企业应当真实、完整地记载和保存可再生能源发电的有关资料，并接受电力监管机构的检查和监督。

电力监管机构进行检查时，应当依照规定的程序进行，并为被检查单位保守商业秘密和其他秘密。

第七章 法律责任

第二十八条 国务院能源主管部门和县级以上地方人民政府管理能源工作的部门和其他有关部门在可再生能源开发利用监督管理工作中，违反本法规定，有下列行为之一的，由本级人民政府或者上级人民政府有关部门责令改正，对负有责任的主管人员和其他直接责任人员依法给予行政处分；构成犯罪的，依法追究刑事责任：

（一）不依法作出行政许可决定的；

（二）发现违法行为不予查处的；

（三）有不依法履行监督管理职责的其他行为的。

第二十九条 违反本法第十四条规定，电网企业未按照规定完成收购可再生能源电量，造成可再生能源发电企业经济损失的，应当承担赔偿责任，并由国家电力监管机构责令限期改正；拒不改正的，处以可再生能源发电企业经济损失额一倍以下的罚款。

第三十条 违反本法第十六条第二款规定，经营燃气管网、热力管网的企业不准许符合入网技术标准的燃气、热力入网，造成燃气、热力生产企业经济损失的，应当承担赔偿责任，并由省级人民政府管理能源工作的部门责令限期改正；拒不改正的，处以燃气、热力生产企业经济损失额一倍以下的罚款。

第三十一条 违反本法第十六条第三款规定，石油销售企业未按照规定将符合国家标准的生物液体燃料纳入其燃料销售体系，造成生物液体燃料生产企业经济损失的，应当承担赔偿责任，并由国务院能源主管部门或者省级人民政府管理能源工作的部门责令限期改正；拒不改正的，处以生物液体燃料生产企业经济损失额一倍以下的罚款。

第八章　附　　则

第三十二条　本法中下列用语的含义：

（一）生物质能，是指利用自然界的植物、粪便以及城乡有机废物转化成的能源。

（二）可再生能源独立电力系统，是指不与电网连接的单独运行的可再生能源电力系统。

（三）能源作物，是指经专门种植，用以提供能源原料的草本和木本植物。

（四）生物液体燃料，是指利用生物质资源生产的甲醇、乙醇和生物柴油等液体燃料。

第三十三条　本法自2006年1月1日起施行。

国家发展和改革委员会、国家能源局关于印发电力体制改革配套文件的通知

（2015 年 11 月 26 日　发改经体〔2015〕2752 号）

各省、自治区、直辖市人民政府，新疆生产建设兵团：

为贯彻落实《中共中央　国务院关于进一步深化电力体制改革的若干意见》（中发〔2015〕9 号），推进电力体制改革实施工作，经报请国务院同意，现将国家发展改革委、国家能源局和中央编办、工业和信息化部、财政部、环境保护部、水利部、国资委、法制办等部门制定，并经经济体制改革工作部际联席会议（电力专题）审议通过的 6 个电力体制改革配套文件，印发给你们，请按照执行。

附件：1.《关于推进输配电价改革的实施意见》

2.《关于推进电力市场建设的实施意见》

3.《关于电力交易机构组建和规范运行的实施意见》

4.《关于有序放开发用电计划的实施意见》

5.《关于推进售电侧改革的实施意见》

6.《关于加强和规范燃煤自备电厂监督管理的指导意见》

附件 1

关于推进输配电价改革的实施意见

为贯彻落实《中共中央　国务院关于进一步深化电力体制改革的若干意见》（中发〔2015〕9 号）有关要求，理顺电价形成机制，现就推进输配电价改革提出以下意见。

一、总体目标

建立规则明晰、水平合理、监管有力、科学透明的独立输配电价体系，形成保障电网安全运行、满足电力市场需要的输配电价形成机制。还原电力商品属性，按照“准许成本加合理收益”原则，核定电网企业准许总收入和分电压等级输配电价，明

确政府性基金和交叉补贴,并向社会公布,接受社会监督。健全对电网企业的约束和激励机制,促进电网企业改进管理,降低成本,提高效率。

二、基本原则

试点先行,积极稳妥。输配电资产庞大,关系复杂,历史遗留的问题很多,各地情况千差万别,要坚持试点先行、积极稳妥的原则,在条件相对较好、矛盾相对较小、地方政府支持的地区先行开展试点,认真总结试点经验,逐步扩大试点范围,确保改革平稳推进。

统一原则,因地制宜。输配电价改革要遵循中发〔2015〕9号文件要求,在国家统一指导下进行,按照"准许成本加合理收益"原则,核定电网企业准许总收入和各电压等级输配电价,改变对电网企业的监管方式。同时,考虑到各地区实际情况,允许在输配电价核定的相关参数、总收入监管方式等方面适当体现地区特点。

完善制度,健全机制。电价改革,要制度先行。需要制订和完善输配电成本监审、价格管理办法,建立健全对电网企业的激励和约束机制,制度和办法要明确、具体、可操作。

突出重点,着眼长远。输配电价改革的重点是改革和规范电网企业运营模式。电网企业按照政府核定的输配电价收取过网费,不再以上网电价和销售电价价差作为主要收入来源。在输配电价核定过程中,既要满足电网正常合理的投资需要,保证电网企业稳定的收入来源和收益水平,又要加强成本约束,对输配电成本进行严格监审,促进企业加强管理,降低成本,提高效率。在研究制定具体试点方案时,要着眼长远,为未来解决问题适当留有余地。

三、主要措施

(一)逐步扩大输配电价改革试点范围。在深圳市、内蒙古西部率先开展输配电价改革试点的基础上,将安徽、湖北、宁夏、云南、贵州省(区)列入先期输配电价改革试点范围,按"准许成本加合理收益"原则核定电网企业准许总收入和输配电价。凡开展电力体制改革综合试点的地区,直接列入输配电价改革试点范围。鼓励具备条件的其他地区开展试点,尽快覆盖到全国。

输配电价改革试点工作主要可分为调研摸底、制定试点方案、开展成本监审、核定电网准许收入和输配电价四个阶段。鼓励试点地区在遵循中发〔2015〕9号文件明确的基本原则基础上,根据本地实际情况和市场需求,积极探索,勇于创新,提出针对性强、可操作性强的试点方案。试点方案不搞一刀切,允许在输配电价核定的相关参数、价格调整周期、总收入监管方式等方面适当体现地区特点。

（二）认真开展输配电价测算工作。各地要按照国家发展改革委和国家能源局联合下发的《输配电定价成本监审办法》（发改价格〔2015〕1347号），扎实做好成本监审和成本调查工作。其中，国家发展改革委统一组织对各试点地区开展输配电定价成本监审。各试点地区要配合做好成本监审具体工作，严格核减不相关、不合理的投资和成本费用。非试点地区同步开展成本调查，全面调查摸清电网输配电资产、成本和企业效益情况。在此基础上，以有效资产为基础测算电网准许总收入和分电压等级输配电价。试点地区建立平衡账户，实施总收入监管与价格水平监管。非试点地区研究测算电网各电压等级输配电价，为全面推进电价改革做好前期准备工作。

（三）分类推进交叉补贴改革。结合电价改革进程，配套改革不同种类电价之间的交叉补贴，逐步减少工商业内部交叉补贴，妥善处理居民、农业用户交叉补贴。过渡期间，由电网企业申报现有各类用户电价间交叉补贴数额，经政府价格主管部门审核后通过输配电价回收；输配电价改革后，根据电网各电压等级的资产、费用、电量、线损率等情况核定分电压等级输配电价，测算并单列居民、农业等享受的交叉补贴以及工商业用户承担的交叉补贴。鼓励试点地区积极探索，采取多种措施保障交叉补贴资金来源。各地全部完成交叉补贴测算和核定工作后，统一研究提出妥善处理交叉补贴的政策措施。

（四）明确过渡时期电力直接交易的输配电价政策。已制定输配电价的地区，电力直接交易按照核定的输配电价执行；暂未单独核定输配电价的地区，可采取保持电网购销差价不变的方式，即发电企业上网电价调整多少，销售电价调整多少，差价不变。

四、组织实施

（一）建立输配电价改革协调工作机制。国家发展改革委会同财政部、国资委、能源局等有关部门和单位成立输配电价改革专项工作组。专项工作组要定期沟通情况，对改革涉及的重点难点问题充分讨论，提出措施建议。

（二）加强培训指导。国家发展改革委加强对各地输配电价改革的指导，统一组织成本监审，审核试点方案和输配电准许收入、水平，对试点效果及时总结，完善政策。同时，组织集中培训、调研交流，提高各地价格主管部门业务能力，为顺利推进改革奠定基础。

（三）正确引导舆论。根据党中央、国务院确定的改革方向，在中发〔2015〕9号文件框架内加强输配电价改革宣传和政策解释工作，灵活采取多种方式进行宣传，正确引导社会舆论，凝聚共识，稳定预期，在全社会形成推进改革的浓厚氛围。

（四）夯实工作基础。各地价格主管部门要加强与电力投资、运行及国家能源局派出机构等部门的合作，充分听取各方意见，集中力量做好改革试点工作。加强上下沟通,健全信息沟通机制,对在方案研究、成本监审、电价测算等过程中遇到的重要情况和问题,及时向国家发展改革委反映。电网企业要积极配合输配电价改革工作,客观真实提供输配电成本监审和价格核定所需的各种财务报表、资产清单等,主动适应输配电价改革要求,改进核算方式,接受政府有关部门监督。

附件 2

关于推进电力市场建设的实施意见

为贯彻落实《中共中央　国务院关于进一步深化电力体制改革的若干意见》(中发〔2015〕9 号)有关要求,推动电力供应使用从传统方式向现代交易模式转变,现就推进电力市场建设提出以下意见。

一、总体要求和实施路径

(一)总体要求。

遵循市场经济基本规律和电力工业运行客观规律,积极培育市场主体,坚持节能减排,建立公平、规范、高效的电力交易平台,引入市场竞争,打破市场壁垒,无歧视开放电网。具备条件的地区逐步建立以中长期交易为主、现货交易为补充的市场化电力电量平衡机制;逐步建立以中长期交易规避风险,以现货市场发现价格,交易品种齐全、功能完善的电力市场。在全国范围内逐步形成竞争充分、开放有序、健康发展的市场体系。

(二)实施路径。

有序放开发用电计划、竞争性环节电价,不断扩大参与直接交易的市场主体范围和电量规模,逐步建立市场化的跨省跨区电力交易机制。选择具备条件地区开展试点,建成包括中长期和现货市场等较为完整的电力市场;总结经验、完善机制、丰富品种,视情况扩大试点范围;逐步建立符合国情的电力市场体系。

非试点地区按照《关于有序放开发用电计划的实施意见》开展市场化交易。试点地区可根据本地实际情况,另行制定有序放开发用电计划的路径。零售市场按照《关于推进售电侧改革的实施意见》开展市场化交易。

二、建设目标

(一)电力市场构成。

主要由中长期市场和现货市场构成。中长期市场主要开展多年、年、季、月、周等日以上电能量交易和可中断负荷、调压等辅助服务交易。现货市场主要开展日前、日内、实时电能量交易和备用、调频等辅助服务交易。条件成熟时，探索开展容量市场、电力期货和衍生品等交易。

（二）市场模式分类。

主要分为分散式和集中式两种模式。其中，分散式是主要以中长期实物合同为基础，发用双方在日前阶段自行确定日发用电曲线，偏差电量通过日前、实时平衡交易进行调节的电力市场模式；集中式是主要以中长期差价合同管理市场风险，配合现货交易采用全电量集中竞价的电力市场模式。

各地应根据地区电力资源、负荷特性、电网结构等因素，结合经济社会发展实际选择电力市场建设模式。为保障市场健康发展和有效融合，电力市场建设应在市场总体框架、交易基本规则等方面保持基本一致。

（三）电力市场体系。

分为区域和省（区、市）电力市场，市场之间不分级别。区域电力市场包括在全国较大范围内和一定范围内资源优化配置的电力市场两类。其中，在全国较大范围内资源优化配置的功能主要通过北京电力交易中心（依托国家电网公司组建）、广州电力交易中心（依托南方电网公司组建）实现，负责落实国家计划、地方政府协议，促进市场化跨省跨区交易；一定范围内资源优化配置的功能主要通过中长期交易、现货交易，在相应区域电力市场实现。省（区、市）电力市场主要开展省（区、市）内中长期交易、现货交易。同一地域内不重复设置开展现货交易的电力市场。

三、主要任务

（一）组建相对独立的电力交易机构。按照政府批准的章程和规则，组建电力交易机构，为电力交易提供服务。

（二）搭建电力市场交易技术支持系统。满足中长期、现货市场运行和市场监管要求，遵循国家明确的基本交易规则和主要技术标准，实行统一标准、统一接口。

（三）建立优先购电、优先发电制度、保障公益性、调节性发用电优先购电、优先发电，坚持清洁能源优先上网，加大节能减排力度，并在保障供需平衡的前提下，逐步形成以市场为主的电力电量平衡机制。

（四）建立相对稳定的中长期交易机制。鼓励市场主体间开展直接交易，自行协商签订合同，或通过交易机构组织的集中竞价交易平台签订合同。优先购电和优先发电视为年度电能量交易签订合同。可中断负荷、调压等辅助服务可签订中长期交易合同。允许按照市场规则转让或者调整交易合同。

（五）完善跨省跨区电力交易机制。以中长期交易为主、临时交易为补充，鼓励发电企业、电力用户、售电主体等通过竞争方式进行跨省跨区买卖电。跨省跨区送受电中的国家计划、地方政府协议送电量优先发电,承担相应辅助服务义务,其他跨省跨区送受电参与电力市场。

(六)建立有效竞争的现货交易机制。不同电力市场模式下,均应在保证安全、高效、环保的基础上,按成本最小原则建立现货交易机制,发现价格,引导用户合理用电,促进发电机组最大限度提供调节能力。

(七)建立辅助服务交易机制。按照“谁受益、谁承担”的原则,建立电力用户参与的辅助服务分担共享机制,积极开展跨省跨区辅助服务交易。在现货市场开展备用、调频等辅助服务交易,中长期市场开展可中断负荷、调压等辅助服务交易。用户可以结合自身负荷特性,自愿选择与发电企业或电网企业签订保供电协议、可中断负荷协议等合同,约定各自的辅助服务权利与义务。

(八)形成促进可再生能源利用的市场机制。规划内的可再生能源优先发电,优先发电合同可转让,鼓励可再生能源参与电力市场,鼓励跨省跨区消纳可再生能源。

(九)建立市场风险防范机制。不断完善市场操纵力评价标准,加强对市场操纵力的预防与监管。加强调度管理,提高电力设备管理水平,确保市场在电力电量平衡基础上正常运行。

四、市场主体

(一)市场主体的范围。

市场主体包括各类发电企业、供电企业(含地方电网、趸售县、高新产业园区和经济技术开发区等,下同)、售电企业和电力用户等。各类市场主体均应满足国家节能减排和环保要求,符合产业政策要求,并在交易机构注册。参与跨省跨区交易时,可在任何一方所在地交易平台参与交易,也可委托第三方代理。现货市场启动前,电网企业可参加跨省跨区交易。

(二)发电企业和用户的基本条件。

1. 参与市场交易的发电企业,其项目应符合国家规定,单位能耗、环保排放、并网安全应达到国家和行业标准。新核准的发电机组原则上参与电力市场交易。

2. 参与市场交易的用户应为接入电压在一定电压等级以上,容量和用电量较大的电力用户。新增工业用户原则上应进入市场交易。符合准入条件的用户,选择进入市场后,应全部电量参与市场交易,不再按政府定价购电。对于符合准入条件但未选择参与直接交易或向售电企业购电的用户,由所在地供电企业提供保底服务并按政府定价购电。用户选择进入市场后,在一定周期内不可退出。适时取消目录电价中相应用户类别的政府定价。

五、市场运行

（一）交易组织实施。电力交易、调度机构负责市场运行组织工作，及时发布市场信息，组织市场交易，根据交易结果制定交易计划。

（二）中长期交易电能量合同的形成。交易各方根据优先购电发电、直接交易（双边或集中撮合）等交易结果，签订中长期交易合同。其中，分散式市场以签订实物合同为主，集中式市场以签订差价合同为主。

（三）日前发电计划。分散式市场，次日发电计划由交易双方约定的次日发用电曲线、优先购电发电合同分解发用电曲线和现货市场形成的偏差调整曲线叠加形成。集中式市场，次日发电计划由发电企业、用户和售电主体通过现货市场竞价确定次日全部发用电量和发用电曲线形成。日前发电计划编制过程中，应考虑辅助服务与电能量统一出清、统一安排。

（四）日内发电计划。分散式市场以5—15分钟为周期开展偏差调整竞价，竞价模式为部分电量竞价，优化结果为竞价周期内的发电偏差调整曲线、电量调整结算价格、辅助服务容量、辅助服务价格等。集中式市场以5—15分钟为周期开展竞价，竞价模式为全电量竞价，优化结果为竞价周期内的发电曲线、结算价格、辅助服务容量、辅助服务价格等。

（五）竞争性环节电价形成。初期主要实行单一电量电价。现货市场电价由市场主体竞价形成分时电价，根据地区实际可采用区域电价或节点边际电价。为有效规避市场风险，对现货市场以及集中撮合的中长期交易实施最高限价和最低限价。

（六）市场结算。交易机构根据市场主体签订的交易合同及现货平台集中交易结果和执行结果，出具电量电费、辅助服务费及输电服务费等结算依据。建立保障电费结算的风险防范机制。

（七）安全校核。市场出清应考虑全网安全约束。电力调度机构负责安全校核，并按时向规定机构提供市场所需的安全校核数据。

（八）阻塞管理。电力调度机构应按规定公布电网输送能力及相关信息，负责预测和检测可能出现的阻塞问题，并通过市场机制进行必要的阻塞管理。因阻塞管理产生的盈利或费用按责任分担。

（九）应急处置。当系统发生紧急事故时，电力调度机构应按安全第一的原则处理事故，无需考虑经济性。由此带来的成本由相关责任主体承担，责任主体不明的由市场主体共同分担。当面临严重供不应求情况时，政府有关部门可依照相关规定和程序暂停市场交易，组织实施有序用电方案。当出现重大自然灾害、突发事件时,政府有关部门、国家能源局及其派出机构可依照相关规定和程序暂停市场交易,临时实施发用电计划管理。当市场运营规则不适应电力市场交易需要,电力市场运营所必须的软硬件条件发生重大故障导致交易长时间无法进行,以及电力市场交易发生恶意串通操纵行为并严重影响交易结果等情况时,国家能源局及其派出机构可依照相关规定和程序暂停市场交易。

(十)市场监管。切实加强电力行业及相关领域科学监管,完善电力监管组织体系,创新监管措施和手段。充分发挥和加强国家能源局及其派出机构在电力市场监管方面的作用。国家能源局依法组织制定电力市场规划、市场规则、市场监管办法,会同地方政府对区域电力市场及区域电力交易机构实施监管;国家能源局派出机构和地方政府电力管理部门根据职能依法履行省(区、市)电力监管职责,对市场主体有关市场操纵力、公平竞争、电网公平开放、交易行为等情况实施监管,对电力交易机构和电力调度机构执行市场规则的情况实施监管。

六、信用体系建设

(一)建立完善市场主体信用评价制度。开展电力市场交易信用信息系统和信用评价体系建设。针对发电企业、供电企业、售电企业和电力用户等不同市场主体建立信用评价指标体系。建立企业法人及其负责人、从业人员信用记录,将其纳入统一的信息平台,使各类企业的信用状况透明,可追溯、可核查。

(二)建立完善市场主体年度信息公示制度。推动市场主体信息披露规范化、制度化、程序化,在指定网站按照指定格式定期发布信息,接受市场主体的监督和政府部门的监管。

(三)建立健全守信激励和失信惩戒机制。加大监管力度,对于不履约、欠费、滥用市场操纵力、不良交易行为、电网歧视、未按规定披露信息等失信行为,要进行市场内部曝光,对有不守信行为的市场主体,要予以警告。建立并完善黑名单制度,严重失信行为直接纳入不良信用记录,并向社会公示;严重失信且拒不整改、影响电力安全的,必要时可实施限制交易行为或强制性退出,并纳入国家联合惩戒体系。

七、组织实施

在电力体制改革工作小组的领导下,国家发展改革委、工业和信息化部、财政部、国务院国资委、国家能源局等有关部门,充分发挥部门联合工作机制作用,组织协调发电企业、电网企业和电力用户,通过联合工作组等方式,切实做好电力市场建设试点工作。

(一)市场筹建。由电力体制改革工作小组根据电力体制改革的精神,制定区域交易机构设置的有关原则，由国家发展改革委、国家能源局会同有关省（区、市），拟定区域市场试点方案；省级人民政府确定牵头部门并提出省（区、市）市场试点方案。试点方案经国家发展改革委、国家能源局组织专家论证后，修改完善并组织实施。

试点地区应建立领导小组和专项工作组，做好试点准备工作。根据实际情况选择市场模式，选取组建区域交易机构或省（区、市）交易机构，完成电力市场（含中长期市场和现货市场，下同）框架方案设计、交易规则和技术支持系统基本规范制定，电力市场技术支持系统建设，并探索通过电力市场落实优先购电、优先发电的途径。适时启动电力市场试点模拟运行和试运行，开展输电阻塞管理。加强对市场运行情况的跟踪了解和分析，及时修订完善有关规则、技术规范。

（二）规范完善。一是对比分析不同试点面临的问题和取得的经验，对不同市场模式进行评估，分析适用性及资源配置效率，完善电力市场。二是继续放开发用电计划，进一步放开跨省跨区送受电，发挥市场机制自我调节资源配置的作用。三是视情况扩大试点范围，逐步开放融合。满足条件的地区，可试点输电权交易。长期发电容量存在短缺风险的地区，可探索建设容量市场。

（三）推广融合。一是在试点地区建立规范、健全的电力市场体系，在其他具备条件的地区，完善推广电力市场体系。进一步放开竞争性环节电价，在具备条件的地区取消销售电价和上网电价的政府定价；进一步放开发用电计划，并完善应急保障机制。二是研究提出促进全国范围内市场融合实施方案并推动实施，实现不同市场互联互通，在全国范围内形成竞争充分、开放有序、健康发展的市场体系。三是探索在全国建立统一的电力期货、衍生品市场。

附件 3

关于电力交易机构组建和规范运行的实施意见

为贯彻落实《中共中央　国务院关于进一步深化电力体制改革的若干意见》（中发〔2015〕9 号）有关要求，推进构建有效竞争的市场结构和市场体系，建立相对独立、规范运行的电力交易机构（以下简称交易机构），现就电力交易机构组建和规范运行提出以下意见。

一、总体要求

（一）指导思想。

坚持市场化改革方向，适应电力工业发展客观要求，以构建统一开放、竞争有序的电力市场体系为目标,组建相对独立的电力交易机构,搭建公开透明、功能完善的电力交易平台,依法依规提供规范、可靠、高效、优质的电力交易服务,形成公平公正、有效竞争的市场格局,促进市场在能源资源优化配置中发挥决定性作用和更好发挥政府作用。

(二)基本原则。

平稳起步,有序推进。根据目前及今后一段时期我国电力市场建设目标、进程及重点任务,立足于我国现有网架结构、电源和负荷分布及其未来发展,着眼于更大范围内资源优化配置,统筹规划、有序推进交易机构组建工作,建立规范运行的全国电力交易机构体系。

相对独立,依规运行。将原来由电网企业承担的交易业务与其他业务分开,实现交易机构管理运营与各类市场主体相对独立。依托电网企业现有基础条件,发挥各类市场主体积极性,鼓励具有相应技术与业务专长的第三方参与,建立健全科学的治理结构。各交易机构依规自主运行。

依法监管,保障公平。交易机构按照政府批准的章程和规则,构建保障交易公平的机制,为各类市场主体提供公平优质的交易服务,确保信息公开透明,促进交易规则完善和市场公平。政府有关部门依法对交易机构实施监管。

二、组建相对独立的交易机构

(一)职能定位。

交易机构不以营利为目的,在政府监管下为市场主体提供规范公开透明的电力交易服务。交易机构主要负责市场交易平台的建设、运营和管理;负责市场交易组织,提供结算依据和相关服务,汇总电力用户与发电企业自主签订的双边合同;负责市场主体注册和相应管理,披露和发布市场信息等。

(二)组织形式。

将原来由电网企业承担的交易业务与其他业务分开,按照政府批准的章程和规则组建交易机构。交易机构可以采取电网企业相对控股的公司制、电网企业子公司制、会员制等组织形式。其中,电网企业相对控股的公司制交易机构,由电网企业相对控股,第三方机构及发电企业、售电企业、电力用户等市场主体参股。会员制交易机构由市场主体按照相关规则组建。

(三)市场管理委员会。

为维护市场的公平、公正、公开,保障市场主体的合法权益,充分体现各方意愿,可建立由电网企业、发电企业、售电企业、电力用户等组成的市场管理委员会。按类别选派代表组成,负责研究讨论交易机构章程、交易和运营规则,协调电力市场相关事项等。市场管理委员会实行按市场主体类别投票表决等合理议事机制,国家能源局及其派出机构和政府有关部门可以派员参加市场管理委员会有关会议。市场管理委员会审议结果经审定后执行,国家能源局及其派出机构和政府有关部门可以行使否决权。

(四)体系框架。

有序组建相对独立的区域和省(区、市)交易机构。区域交易机构包括北京电力交易中心(依托国家电网公司组建)、广州电力交易中心(依托南方电网公司组建)和其它服务于有关区域电力市场的交易机构。鼓励交易机构不断扩大交易服务范围,推动市场间相互融合。

(五)人员和收入来源。

交易机构应具有与履行交易职责相适应的人、财、物,日常管理运营不受市场主体干预,接受政府监管。交易机构人员可以电网企业现有人员为基础,根据业务发展需要,公开选聘,择优选取,不断充实;高级管理人员由市场管理委员会推荐,依法按组织程序聘任。交易机构可向市场主体合理收费,主要包括注册费、年费、交易手续费。

(六)与调度机构的关系。

交易机构主要负责市场交易组织,调度机构主要负责实时平衡和系统安全。日以内即时交易和实时平衡由调度机构负责。日前交易要区别不同情形,根据实践运行的情况和经验,逐步明确、规范交易机构和调度机构的职能边界。

交易机构按照市场规则,基于安全约束,编制交易计划,用于结算并提供调度机构。调度机构向交易机构提供安全约束条件和基础数据,进行安全校核,形成调度计划并执行,公布实际执行结果,并向市场主体说明实际执行与交易计划产生偏差的原因。交易机构根据市场规则确定的激励约束机制要求,通过事后结算实现经济责任分担。

三、形成规范运行的交易平台

(一)拟定交易规则。

根据市场建设目标和市场发展情况,设计市场交易品种。编制市场准入、市场注册、市场交易、交易合同、交易结算、信息披露等规则。

(二)交易平台建设与运维。

逐步提高交易平台自动化、信息化水平,根据市场交易实际需要,规划、建设功能健全、运行可靠的电力交易技术支持系统。加强技术支持系统的运维,支撑市场主体接入和各类交易开展。

(三)市场成员注册管理。

省级政府或由省级政府授权的部门,按年度公布当地符合标准的发电企业和售电主体,对用户目录实施动态监管。进入目录的发电企业、售电主体和用户可自愿到交易机构注册成为市场交易主体。交易机构按照电力市场准入规定,受理市场成员递交的入市申请,与市场成员签订入市协议和交易平台使用协议,办理交易平台使用账号和数字证书,管理市场成员注册信息和档案资料。注册的市场成员可通过交易平台在线参与各类电力交易,签订电子合同,查阅交易信息等。

(四)交易组织。

发布交易信息,提供平台供市场成员开展双边、集中等交易。按照交易规则,完成交易组织准备,发布电力交易公告,通过交易平台组织市场交易,发布交易结果。

(五)交易计划编制与跟踪。

根据各类交易合同编制日交易等交易计划,告知市场成员,并提交调度机构执行,跟踪交易计划执行情况,确保交易合同和优先发用电合同得到有效执行。

(六)交易结算。

根据市场交易发展情况及市场主体意愿,逐步细化完善交易结算相关办法,规范交易结算职能。

交易机构根据交易结果和执行结果,出具电量电费、辅助服务费及输电服务费等结算凭证。交易机构组建初期,可在交易机构出具结算凭证的基础上,保持电网企业提供电费结算服务的方式不变。

(七)信息发布。

按照信息披露规则,及时汇总、整理、分析和发布电力交易相关数据及信息。

(八)风险防控。

采取有效风险防控措施,加强对市场运营情况的监控分析,当市场出现重大异常时,按规则采取相应的市场干预措施,并及时报告。

四、加强对交易机构的监管

(一)市场监管。

切实加强电力行业及相关领域科学监管,完善电力监管组织体系,创新监管措施和手段。充分发挥和加强国家能源局及其派出机构在电力市场监管方面的作用。国家能源局依法组织制定电力市场规划、市场规则、市场监管办法,会同地方政府对区域电力市场及区域电力交易机构实施监管;国家能源局派出机构和地方政府电力管理部门根据职能依法履行省(区、市)电力监管职责,对市场主体有关市场操纵力、公平竞争、电网公平开放、交易行为等情况实施监管,对电力交易机构和电力调度机构执行市场规则的情况实施监管。

（二）外部审计。

试点交易机构应依法依规建立完善的财务管理制度，按年度经具有证券、期货相关业务资格的会计师事务所进行外部财务审计，财务审计报告应向社会发布。

（三）业务稽核。

可根据实际需要，聘请第三方机构对交易开展情况进行业务稽核，并提出完善规则等相关建议。

五、组织实施

（一）加强领导。

为促进不同电力市场的有机融合，逐步形成全国电力市场体系，在电力体制改革工作小组的领导下，国家发展改革委、工业和信息化部、财政部、国务院国资委、国家能源局等有关部门和企业，发挥好部门联合工作机制作用，切实做好交易机构组建试点工作。

（二）试点先行。

在试点地区，结合试点工作，组建相对独立的交易机构，明确试点交易机构发起人及筹备组班子人选。筹备组参与拟定交易机构组建方案，试点方案经国家发展改革委、国家能源局组织论证后组织实施。

（三）组织推广。

总结交易机构组建试点经验，根据各地市场建设实际进展，有序推动其它交易机构相对独立、规范运行相关工作。

附件4

关于有序放开发用电计划的实施意见

为贯彻落实《中共中央　国务院关于进一步深化电力体制改革的若干意见》（中发〔2015〕9号）有关要求，推进发用电计划改革，更多发挥市场机制的作用，逐步建立竞争有序、保障有力的电力运行机制，现就有序放开发用电计划提出以下意见。

一、总体思路和主要原则

（一）总体思路。

通过建立优先购电制度保障无议价能力的用户用电，通过建立优先发电制度保障清洁能源发电、调节性电源发电优先上网，通过直接交易、电力市场等市场化交易方式，逐步放开其他的发用电计划。在保证电力供需平衡、保障社会秩序的前提下，实现电力电量平衡从以计划手段为主平稳过渡到以市场手段为主，并促进节能减排。

（二）主要原则。

坚持市场化。在保证电力安全可靠供应的前提下，通过有序缩减发用电计划、开展发电企业与用户直接交易，逐步扩大市场化电量的比例，加快电力电量平衡从以计划手段为主向以市场手段为主转变，为建设电力市场提供空间。

坚持保障民生。政府保留必要的公益性、调节性发用电计划，以确保居民、农业、重要公用事业和公益性服务等用电。在有序放开发用电计划的过程中，充分考虑企业和社会的承受能力，保障基本公共服务的供给。常态化、精细化开展有序用电工作，有效保障供需紧张情况下居民等重点用电需求不受影响。

坚持节能减排和清洁能源优先上网。在确保供电安全的前提下，优先保障水电和规划内的风能、太阳能、生物质能等清洁能源发电上网，促进清洁能源多发满发。

坚持电力系统安全和供需平衡。按照市场化方向，改善电力运行调节，统筹市场与计划两种手段，引导供应侧、需求侧资源积极参与调峰调频，保障电力电量平衡，提高电力供应的安全可靠水平，确保社会生产生活秩序。

坚持有序推进。各地要综合考虑经济结构、电源结构、电价水平、送受电规模、市场基础等因素，结合本地实际情况，制定发用电计划改革实施方案，分步实施、有序推进。

二、建立优先购电制度

（一）优先购电基本内容。优先购电是指按照政府定价优先购买电力电量，并获得优先用电保障。优先购电用户在编制有序用电方案时列入优先保障序列，原则上不参与限电，初期不参与市场竞争。

（二）优先购电适用范围。一产用电，三产中的重要公用事业、公益性服务行业用电，以及居民生活用电优先购电。重要公用事业、公益性服务包括党政军机关、学校、医院、公共交通、金融、通信、邮政、供水、供气等涉及社会生活基本需求，或提供公共产品和服务的部门和单位。

（三）优先购电保障措施。一是发电机组共同承担。优先购电对应的电力电量由所有公用发电机组共同承担，相应的销售电价、上网电价均执行政府定价。二是加强需求侧管理。在负荷控制系统、用电信息采集系统基础上，推广用电用能在线监测和需求侧管理评价，积极培育电能服务，建立完善国家电力需求侧管理平台。在前期试点基础上，推广需求响应，参与市场竞争，逐步形成占最大用电负荷3%左右的需求侧机动调峰能力，保障轻微缺电情况下的电力供需平衡。三是实施有序用电。常态化、精细化开展有序用电工作。制定有序用电方案，进行必要演练，增强操作能力。出现电力缺口或重大突发事件时，对优先购电用户保障供电，其他用户按照有序用电方案确定的顺序及相应比例分担限电义务。通过实施有序用电方案，保障严重缺电情况下的社会秩序稳定。四是加强老少边穷地区电力供应保障。加大相关投入，确保无电人口用电全覆盖。

三、建立优先发电制度

（一）优先发电基本内容。优先发电是指按照政府定价或同等优先原则，优先出售电力电量。优先发电容量通过充分安排发电量计划并严格执行予以保障，拥有分布式风电、太阳能发电的用户通过供电企业足额收购予以保障，目前不参与市场竞争。

（二）优先发电适用范围。为便于依照规划认真落实可再生能源发电保障性收购制度，纳入规划的风能、太阳能、生物质能等可再生能源发电优先发电；为满足调峰调频和电网安全需要，调峰调频电量优先发电；为保障供热需要，热电联产机组实行“以热定电”，供热方式合理、实现在线监测并符合环保要求的在采暖期优先发电，以上原则上列为一类优先保障。为落实国家能源战略、确保清洁能源送出，跨省跨区送受电中的国家计划、地方政府协议送电量优先发电；为减少煤炭消耗和污染物排放，水电、核电、余热余压余气发电、超低排放燃煤机组优先发电，以上原则上列为二类优先保障。各省（区、市）可根据本地区实际情况，按照确保安全、兼顾经济性和调节性的原则，合理确定优先顺序。

（三）优先发电保障措施。一是留足计划空间。各地安排年度发电计划时，充分预留发电空间。其中，风电、太阳能发电、生物质发电、余热余压余气发电按照资源条件全额安排发电，水电兼顾资源条件、历史均值和综合利用要求确定发电量，核电在保证安全的情况下兼顾调峰需要安排发电。二是加强电力外送和消纳。跨省跨区送受电中原则上应明确可再生能源发电量的比例。三是统一预测出力。调度机构统一负责调度范围内风电、太阳能发电出力预测，并充分利用水电预报调度成果，做好电力电量平衡工作，科学安排机组组合，充分挖掘系统调峰潜力，合理调整旋转备用容量，在保证电网安全运行的前提下，促进清洁能源优先上网；面临弃水弃风弃光情况时，及时预告有关情况，及时公开相关调度和机组运行信息。可再生能源发电企业应加强出力预测工作，并将预测结果报相应调度机构。四是组织实施替代,同时实现优先发电可交易。修订火电运行技术规范,提高调峰灵活性,为消纳可再生能源腾出调峰空间。鼓励开展替代发电、调峰辅助服务交易。

四、切实保障电力电量平衡未建立现货市场的地区,应以现有发用电计划工作为基础,坚持公开、公平、公正,参照以下步骤做好年度电力电量平衡工作

(一)做好供需平衡预测。每年年底,各地预测来年本地区电力供需平衡情况,预测总发用电量,测算跨省跨区送受电电量(含优先发电部分、市场交易部分),测算本地区平均发电利用小时数,点对网发电机组视同为受电地区发电企业。

(二)安排优先发电。优先安排风能、太阳能、生物质能等可再生能源保障性发电;根据电网调峰调频需要,合理安排调峰调频电量;按照以热定电原则安排热电联产机组发电;兼顾资源条件、系统需要,合理安排水电发电;兼顾调峰需要,合理安排核电发电;安排余热余压余气发电;考虑节能环保水平,安排高效节能、超低排放的燃煤机组发电。

(三)组织直接交易。组织符合条件的电力用户和发电企业,通过双边交易或多边交易等方式,确定交易电量和交易价格;尽可能确保用户用电负荷特性不得恶化,避免加大电网调峰压力;尽可能避免非理性竞争,保障可持续发展。其中,供热比重大的地区,直接交易不得影响低谷电力平衡和保障供热需要;水电比重大的地区,直接交易应区分丰水期、枯水期电量。

(四)扣除相应容量。为促进直接交易价格合理反映电力资源产品价值,在安排计划电量时,原则上应根据直接交易情况,相应扣除发电容量。为调动发电企业参与积极性,直接交易电量折算发电容量时,可根据对应用户最大负荷利用小时数、本地工业用户平均利用小时数或一定上限等方式折算。

(五)安排好年度电力电量平衡方案。扣除直接交易的发电量、发电容量后,剩余发电量、发电容量可以按照现行的差别电量计划制定规则,考虑年度检修计划后,确定发电计划。计划电量执行政府定价。电力企业应根据年度电力电量平衡方案协商签订购售电合同。

(六)实施替代发电。发电计划确定后,在满足安全和供热等约束条件下,组织发电企业通过自主协商或集中撮合等方式实施替代发电,促进节能减排。计划电量和直接交易电量,均可按照有关规定实施替代发电。

(七)保障电力平衡。所有统调发电机组均承担电力平衡和调峰调频任务,对应的电量为调峰调频电量,计入计划电量,原调度方式不变。

(八)适时调整年度电力电量平衡方案。通过调整方案,确保交易电量得以执行。可于四季度,根据直接交易电量变化、用电增速变化,以及有关奖惩因素等,按照上述规则调整年度电力电量平衡方案，并签订调整补充协议。

五、积极推进直接交易通过建立、规范和完善直接交易机制，促进中长期电力交易的发展，加快市场化改革进程

（一）用户准入范围。允许一定电压等级或容量的用户参与直接交易；允许售电公司参与；允许地方电网和趸售县参与；允许产业园区和经济技术开发区等整体参与。落后产能、违规建设和违法排污项目不得参与。各地可结合本地区实际情况、产业政策，以及能耗、环保水平等完善准入条件，并尽可能采用负面清单、注册制方式。选择直接交易的用户，原则上应全部电量参与市场交易，不再按政府定价购电。

（二）发电准入范围。允许火电、水电参与直接交易；鼓励核电、风电、太阳能发电等尝试参与；火电机组中，超低排放的燃煤发电机组优先参与。不符合国家产业政策、节能节水指标未完成、污染物排放未达到排放标准和总量控制要求、违规建设等电源项目不得参与。各地可结合本地区实际情况、发电产业政策，以及发电机组容量、能耗、环保水平等完善准入条件，并尽可能采用负面清单方式。发电机组参与直接交易的容量应保持合理比例，以便保持调峰调频能力、避免影响供需平衡。

（三）交易方式和期限。符合条件的发电企业、售电企业和用户可以自愿参与直接交易，协商确定多年、年度、季度、月度、周交易量和交易价格。既可以通过双边交易，也可以通过多边撮合交易实现；一旦参与，不得随意退出。年度交易量确定后，可以根据实际情况进行月度电量调整。直接交易合同原则上至少为期一年，双方必须约定违约责任，否则合同不得中途中止。具备条件的，允许部分或全部转让合同，即卖电方可以买电、买电方也可以卖电，以降低参与方的违约风险。

（四）直接交易价格。对于发电企业与用户、售电企业直接交易的电量，上网电价和销售电价初步实现由市场形成，即通过自愿协商、市场竞价等方式自主确定上网电价，按照用户、售电主体接入电网的电压等级支付输配电价（含线损、交叉补贴）、政府性基金等。暂未单独核定输配电价的地区、扩大电力直接交易参与范围的地区，可采取保持电网购销差价不变的方式，即发电企业上网电价调整多少，销售电价调整多少，差价不变。

（五）保持用电负荷特性。为保持用户用电特性，避免加大系统调峰压力，初期，直接交易电量应区分峰谷电量，实行峰谷电价，峰谷电价比值应不低于所在省份峰谷电价比值；有条件的地区，鼓励发用电双方提供负荷曲线。中期，在直接交易中努力实现电力基本匹配，发用电双方均需提供负荷曲线，但不严格要求兑现。后期，所有卖电方均需提供预计出力曲线；所有买电方均需提供预计用电曲线。

（六）避免非理性竞争。为了建立长期稳定的交易关系，促进可持续发展，参与直接交易的发电能力和用电量应保持合理比例、基本匹配，避免出现非理性竞争，影响市场化改革进程。具体比例可参考本地区可供电量与用电量的比值确定。

六、有序放开发用电计划

根据实际需要，在不影响电力系统安全、供需平衡和保障优先购电、优先发电的前提下，全国各地逐步放开一定比例的发用电计划，参与直接交易，促进电力市场建设。

（一）逐步放大直接交易比例。

用电逐步放开。现阶段可以放开110千伏（66千伏）及以上电压等级工商业用户、部分35千伏电压等级工商业用户参与直接交易。下一步可以放开全部35千伏及以上电压等级工商业用户，甚至部分10千伏及以上电压等级工商业用户参与；允许部分优先购电的企业和用户自愿进入市场。具备条件时，可以放开全部10千伏及以上电压等级用户，甚至允许所有优先购电的企业和用户自愿进入市场；也可以通过保留一定交叉补贴，使得无议价能力用户价格比较合理，在市场上具有一定竞争力，通过市场解决；供电企业仍承担保底供电责任，确保市场失灵时的基本保障。

发电相应放开。随着用电逐步放开，相应放开一定比例的发电容量参与直接交易。目前保留各类优先发电，鼓励优先发电的企业和用户自愿进入市场。具备条件时，调峰调频电量、供热发电、核电、余热余压余气发电等优先发电尽可能进入电力市场。

跨省跨区送受电逐步放开。现阶段，国家计划、地方政府协议送电量优先发电；其他跨省跨区送受电可给予一定过渡期，在历史均值基础上，年电量变化幅度应控制在一定比例范围内，或可通过跨省跨区替代发电实现利益调节。下一步，鼓励将国家计划、地方政府协议送电量转变为中长期合同；其他跨省跨区送受电由送受电各方自行协商确定，鼓励签订中长期合同。逐步过渡到主要通过中长期交易、临时交易实现；既可以是政府间中长期交易，电力企业、用户间中长期交易，也可以是电力企业、用户间临时交易。

（二）促进建立电力市场体系。

通过建立、规范和完善直接交易机制，促进电力中长期交易的发展。首先，选取试点地区开展现货市场试点，探索建立电力电量平衡新机制。然后，在现货市场试点基础上，丰富完善市场品种，探索实施途径、积累经验、完善规则，尝试建立比较完整的电力市场体系,为全国范围推广奠定基础。鼓励需求侧资源参与各类市场竞争,促进分布式发电、电动汽车、需求响应等的发展。后期,进一步完善各类电力市场和交易品种,并逐步在全国范围推广、建立比较完善的电力市场体系,使得电力电量平衡能够主要依靠电力市场实现,市场在配置资源中发挥决定性作用。

结合直接交易用户的放开,适时取消相应类别用户目录电价,即用户必须自行参与市场或通过售电公司购电。逐步取消部分上网电量的政府定价。除优先发电、优先购电对应的电量外,发电企业其他上网电量价格主要由用户、售电主体与发电企业通过自主协商、市场竞价等方式确定。在电力市场体系比较健全的前提下,全部放开上网电价和销售电价。

(三)不断完善应急保障机制。

通过实施需求响应和有序用电方案,完善电力电量平衡的应急保障机制和体系。在面临重大自然灾害和突发事件时,省级以上人民政府依法宣布进入应急状态或紧急状态,暂停市场交易,全部或部分免除市场主体的违约责任,发电全部或部分执行指令性交易,包括电量、电价,用电执行有序用电方案。

七、因地制宜组织实施

(一)切实加强组织领导。各地区要建立工作机制,有关部门要分工协作、相互配合,结合本地区实际情况,制定实施方案并报国家发展改革委和国家能源局;对于过渡时期可能出现的各种问题,早做考虑、早做预案;认真落实本指导意见提出的各项任务,遇有重大问题及时反映。国家发展改革委和国家能源局将会同有关部门加强对各地区实施方案制定和具体工作推进的指导和监督;适时组织评估有序放开发用电计划工作,总结经验、分析问题、完善政策。

(二)因地制宜开展工作。鉴于我国不同地区间电源电网结构、实际运行特点以及经济结构等均存在较大差异,改革过程中面临的困难各不相同、同步实施难度较大,各地可根据工作基础、实施难度和实际进展等因素,在本地区实施方案中确定主要时间节点,并制定不同阶段的放开比例和具体工作方案。建立现货市场的试点地区,可以根据需要另行设计发用电计划改革路径。

(三)充分发挥市场作用。无论是制定、实施本地区实施方案,还是组织开展试点工作,各地都要坚持发挥市场的作用,注重制定完善规则,按规则办事,避免自由裁量空间过大。特别是在直接交易等实施过程中,不得指定交易对象、交易电量、交易价格。国家能源局派出机构应加强对此类情况的监督检查。如经核实出现类似情况,将暂停该地区试点工作或改革推进工作,待整改完毕后再行推进。

附件 5

关于推进售电侧改革的实施意见

为认真贯彻《中共中央　国务院关于进一步深化电力体制改革的若干意见》(中发〔2015〕9 号)精神,现就推进售电侧改革提出以下意见。

一、指导思想和基本原则、工作目标

(一)指导思想。

向社会资本开放售电业务,多途径培育售电侧市场竞争主体,有利于更多的用户拥有选择权,提升售电服务质量和用户用能水平。售电侧改革与电价改革、交易体制改革、发用电计划改革等协调推进,形成有效竞争的市场结构和市场体系,促进能源资源优化配置,提高能源利用效率和清洁能源消纳水平,提高供电安全可靠性。

(二)基本原则。

坚持市场方向。通过逐步放开售电业务,进一步引入竞争,完善电力市场运行机制,充分发挥市场在资源配置中的决定性作用,鼓励越来越多的市场主体参与售电市场。

坚持安全高效。售电侧改革应满足供电安全和节能减排要求,优先开放能效高、排放低、节水型的发电企业,以及单位能耗、环保排放符合国家标准、产业政策的用户参与交易。

鼓励改革创新。参与交易的市场主体采用公示和信用承诺制度,不实行行政审批。整合互联网、分布式发电、智能电网等新兴技术,促进电力生产者和消费者互动,向用户提供智能综合能源服务,提高服务质量和水平。

完善监管机制。保证电力市场公平开放,建立规范的购售电交易机制,在改进政府定价机制、放开发电侧和售电侧两端后,对电网输配等自然垄断环节和市场其他主体严格监管,进一步强化政府监管。

二、售电侧市场主体及相关业务

(一)电网企业。

电网企业是指拥有输电网、配电网运营权(包括地方电力公司、趸售县供电公司),承担其供电营业区保底供电服务的企业履行确保居民、农业、重要公用事业和公益性服务等用电的基本责任。当售电公司终止经营或无力提供售电服务时,电网企业在保障电网安全和不影响其他用户正常供电的前提下,按照规定的程序、内容和质量要求向相关用户供电,并向不参与市场交易的工商业用户和无议价能力用户供电,按照政府规定收费。若营业区内社会资本投资的配电公司无法履行责任时,由政府指定其他电网企业代为履行。

电网企业对供电营业区内的各类用户提供电力普遍服务,保障基本供电;无歧视地向市场主体及其用户提供报装、计量、抄表、维修、收费等各类供电服务;保障电网公平无歧视开放,向市场主体提供输配电服务,公开输配电网络的可用容量和实际使用容量等信息;在保证电网安全运行的前提下,按照有关规定收购分布式电源发电;受委托承担供电营业区内的有关电力统计工作。

电网企业按规定向交易主体收取输配电费用(含线损和交叉补贴),代国家收取政府性基金;按照交易中心出具的结算依据,承担市场主体的电费结算责任,保障交易电费资金安全。

鼓励以混合所有制方式发展配电业务。向符合条件的市场主体放开增量配电投资业务。社会资本投资增量配电网绝对控股的,即拥有配电网运营权,同时拥有供电营业区内与电网企业相同的权利,并切实履行相同的责任和义务。

(二)售电公司。

售电公司分三类,第一类是电网企业的售电公司。第二类是社会资本投资增量配电网,拥有配电网运营权的售电公司。第三类是独立的售电公司,不拥有配电网运营权,不承担保底供电服务。

售电公司以服务用户为核心,以经济、优质、安全、环保为经营原则,实行自主经营,自担风险,自负盈亏,自我约束。鼓励售电公司提供合同能源管理、综合节能和用电咨询等增值服务。同一供电营业区内可以有多个售电公司,但只能有一家公司拥有该配电网经营权,并提供保底供电服务。同一售电公司可在多个供电营业区内售电。

发电公司及其他社会资本均可投资成立售电公司。拥有分布式电源的用户,供水、供气、供热等公共服务行业,节能服务公司等均可从事市场化售电业务。

(三)用户。

符合市场准入条件的电力用户,可以直接与发电公司交易,也可以自主选择与售电公司交易,或选择不参与市场交易。

三、售电侧市场主体准入与退出

(一)售电公司准入条件。

1. 按照《中华人民共和国公司法》,进行工商注册,具有独立法人资格。

2. 资产要求。

(1)资产总额在2千万元至1亿元人民币的,可以从事年售电量不超过6至30

亿千瓦时的售电业务。

(2)资产总额在1亿元至2亿元人民币的,可以从事年售电量不超过30至60亿千瓦时的售电业务。

(3)资产总额在2亿元人民币以上的,不限制其售电量。

(4)拥有配电网经营权的售电公司其注册资本不低于其总资产的20%。

3. 拥有与申请的售电规模和业务范围相适应的设备、经营场所,以及具有掌握电力系统基本技术经济特征的相关专职专业人员,有关要求另行制定。

4. 拥有配电网经营权的售电公司应取得电力业务许可证(供电类)。

(二)直接交易用户准入条件。

1. 符合国家产业政策,单位能耗、环保排放均应达到国家标准。

2. 拥有自备电源的用户应按规定承担国家依法合规设立的政府性基金,以及与产业政策相符合的政策性交叉补贴和系统备用费。

3. 微电网用户应满足微电网接入系统的条件。

(三)市场主体准入。

1. 符合准入条件的市场主体应向省级政府或由省级政府授权的部门申请,并提交相关资料。

2. 省级政府或由省级政府授权的部门通过政府网站等媒体将市场主体是否满足准入条件的信息及相关资料向社会公示。

3. 省级政府或由省级政府授权的部门将公示期满无异议的市场主体纳入年度公布的市场主体目录,并实行动态管理。

4. 列入目录的市场主体可在组织交易的交易机构注册,获准参与交易。在新的交易机构组建前,市场主体可先行在省级政府或由省级政府授权的部门登记。有关市场主体准入、退出办法另行制定。

(四)市场主体退出。

1. 市场主体违反国家有关法律法规、严重违反交易规则和破产倒闭的须强制退出市场,列入黑名单,不得再进入市场。退出市场的主体由省级政府或由省级政府授权的部门在目录中删除,交易机构取消注册,向社会公示。

2. 市场主体退出之前应将所有已签订的购售电合同履行完毕或转让,并处理好相关事宜。

四、市场化交易

(一)交易方式。

市场交易包括批发和零售交易。在交易机构注册的发电公司、售电公司、用户等市场主体可以自主双边交易,也可以通过交易中心集中交易。拥有分布式电源或微网的用户可以委托售电公司代理购售电业务。有关交易方式另行制定。

(二)交易要求。

参与交易的有关各方应符合电力市场建设的有关规定,到交易机构注册成为市场交易主体。市场有关各方应依法依规签订合同,明确相应的权利义务关系,约定交易、服务等事项。参与双边交易的买卖双方应符合交易的有关规定,交易结果应报有关交易机构备案。

(三)交易价格。

放开的发用电计划部分通过市场交易形成价格,未放开的发用电计划部分执行政府规定的电价。市场交易价格可以通过双方自主协商确定或通过集中撮合、市场竞价的方式确定。参与市场交易的用户购电价格由市场交易价格、输配电价(含线损和交叉补贴)、政府性基金三部分组成。

输配电价由政府核定,暂未单独核定输配电价的地区,可按现行电网购销价差作为电力市场交易输配电价。

(四)结算方式。

发电公司、电网企业、售电公司和用户应根据有关电力交易规则,按照自愿原则签订三方合同。电力交易机构负责提供结算依据,电网企业负责收费、结算,负责归集交叉补贴,代收政府性基金,并按规定及时向有关发电公司和售电公司支付电费。

五、信用体系建设与风险防范

(一)信息披露。

建立信息公开机制,省级政府或由省级政府授权的部门定期公布市场准入退出标准、交易主体目录、负面清单、黑名单、监管报告等信息。市场主体在省级政府指定网站和"信用中国"网站上公示公司有关情况和信用承诺,对公司重大事项进行公告,并定期公布公司年报。

(二)信用评价。

建立市场主体信用评价机制,省级政府或由省级政府授权的部门依据企业市场履约情况等市场行为建立市场主体信用评价制度,评价结果应向社会公示。建立黑名单制度,对严重违法、违规的市场主体,提出警告,勒令整改。拒不整改的列入黑名单,不得再进入市场。

(三)风险防范。

强化信用评价结果应用,加强交易监管等综合措施,努力防范售电业务违约风险。市场发生严重异常情况时，政府可对市场进行强制干预。

（四）强化监管。

国家能源局和省级政府应加强市场主体和交易机构的市场行为的监管，建立完善的监管组织体系，及时研究、分析交易情况和信息以及公布违反规则的行为。

六、组织实施

（一）分步推进。

在已核定输配电价的地区，鼓励社会资本组建售电公司，开展试点工作。在未核定输配电价的地区，因地制宜放开售电业务，可采取电网购销差价不变的方式开展用户直接交易。在及时对改革试点工作进行总结的基础上，逐步在全国范围内放开所有售电业务。

（二）加强组织指导。

国家发展改革委、工业和信息化部、财政部、环境保护部、国家能源局等有关部门加强与试点地区的联系与沟通，通力合作、密切配合，切实做好售电侧改革试点相关工作。各省级政府要高度重视，加强领导，建立健全工作机制，全面负责本地区改革试点工作，协调解决改革工作中的重大问题。

试点地区要按照电力体制改革总体部署，编制工作方案、配套细则，报国家发展改革委、国家能源局备案。要对改革试点情况定期总结，及时上报，推动改革不断深入。国家发展改革委会同国家能源局要对全国试点地区改革工作总体情况进行及时总结，宣传典型做法，推广改革成功经验。

（三）强化监督检查。

国家发展改革委、国家能源局会同有关部门及时掌握试点地区改革动态，加强指导、协调和督促检查，依据相关法律法规和监管要求对售电市场公平竞争、信息公开、合同履行、合同结算及信用情况实施监管。对改革不到位或政策执行有偏差的及时进行纠正，防止供应侧和需求侧能耗、排放双增高。

试点地区要及时检查指导各项试点探索工作。对在改革过程中出现的新情况、新问题，要积极研究探索解决的办法和途径，重大问题及时报告，确保改革的顺利进行。

建立电力交易督查机制，对各类准入交易企业的能耗、电耗、环保排污水平定期开展专项督查，及时查处违规交易行为，情节严重的要追究相关责任。

国家能源局派出机构和省级有关部门依据相关法律法规，对市场主体准入、电网公平开放、市场秩序、市场主体交易行为、电力普遍服务等实施监管，依法查处违法违规行为。

附件 6

关于加强和规范燃煤自备电厂监督管理的指导意见

为贯彻落实《中共中央　国务院关于进一步深化电力体制改革的若干意见》(中发〔2015〕9 号)精神,加强和规范燃煤自备电厂监督管理,现提出如下意见:

一、重要意义

燃煤自备电厂(以下简称“自备电厂”)是我国火电行业的重要组成部分,在为工业企业生产运营提供动力供应、降低企业生产成本的同时,还可兼顾周边企业和居民用电用热需求。随着自备电厂装机规模持续扩大和火电行业能效、环保标准不断提高,进一步加强和规范自备电厂监督管理,逐步推进自备电厂与公用电厂同等管理,有利于加强电力统筹规划,推动自备电厂有序发展;有利于促进清洁能源消纳,提升电力系统安全运行水平;有利于提高能源利用效率,降低大气污染物排放;有利于维护市场公平竞争,实现资源优化配置。

二、基本原则

坚持统筹规划的原则。强化电力发展规划的引领约束作用,统筹能源资源和市场需求,科学规划建设自备电厂。

坚持安全可靠的原则。严格执行电力行业相关规章,提升自备电厂运行水平,维护电力系统安全稳定运行。

坚持节能减排的原则。严格新建机组能效、环保准入门槛,落实水资源管理“三条红线”控制指标。持续升级改造和淘汰落后火电机组,切实提升自备电厂能效、环保水平。

坚持公平竞争的原则。执行统一的产业政策和市场规则,推动自备电厂成为合格市场主体,公平参与市场交易。

坚持科学监管的原则。构建“规划、政策、规则、监管”协调一致的监管体系,强化对自备电厂的监督管理,维护电力建设运行秩序。

三、强化规划引导,科学规范建设

(一)统筹纳入规划。新(扩)建燃煤自备电厂项目(除背压机组和余热、余压、余气利用机组外)要统筹纳入国家依据总量控制制定的火电建设规划,由地方政府依据《政府核准的投资项目目录》核准,禁止以各种名义在总量控制规模外核准。

（二）公平参与优选。新（扩）建燃煤自备电厂要符合国家能源产业政策和电力规划布局要求，与公用火电项目同等条件参与优选。京津冀、长三角、珠三角等区域禁止新建燃煤自备电厂。

装机明显冗余、火电利用小时数偏低地区，除以热定电的热电联产项目外，原则上不再新（扩）建自备电厂项目。

（三）科学规范建设。自备电厂要按照以热定电、自发自用为主的原则合理选择机型和装机规模。开工建设前要按规定取得核准文件和必要的支持性文件，建设过程中要严格执行火电建设相关产业政策和能效、水效、环保、安全质量等各项标准。严禁未批先建、批建不符及以余热、余压、余气名义建设常规燃煤机组等违规行为。禁止公用电厂违规转为企业自备电厂。

（四）做好电网接入。电网企业应对符合规定的自备电厂无歧视开放电网，做好系统接入服务。并网自备电厂应按要求配置必要的继电保护与安全自动装置以及调度自动化、通信和电量计量等设备，切实做好并网安全等相关工作。鼓励有条件并网的自备电厂按自愿原则并网运行。

四、加强运行管理，参与辅助服务

（一）加强运行管理。并网自备电厂要严格执行调度纪律，服从电力调度机构的运行安排，合理组织设备检修和机组启停。全面落实电力行业相关规章和标准，进一步加强设备维护，做好人员培训，主动承担维护电力系统安全稳定运行的责任和义务。

（二）参与辅助服务。并网自备电厂要按照“两个细则”参与电网辅助服务考核与补偿，根据自身负荷和机组特性提供调峰等辅助服务，并按照相关规定参与分摊，获得收益。

五、承担社会责任，缴纳各项费用

（一）承担社会责任。企业自备电厂自发自用电量应承担并足额缴纳国家重大水利工程建设基金、农网还贷资金、可再生能源发展基金、大中型水库移民后期扶持基金和城市公用事业附加等依法合规设立的政府性基金以及政策性交叉补贴，各级地方政府均不得随意减免或选择性征收。

（二）合理缴纳备用费。拥有并网自备电厂的企业应与电网企业协商确定备用容量，并按约定的备用容量向电网企业支付系统备用费。备用费标准分省统一制定，由省级价格主管部门按合理补偿的原则制定，报国家发展改革委备案。向企业自备电厂收取的系统备用费计入电网企业收入，并由政府价格主管部门在核定电网企业准许收入和输配电价水平时统筹平衡。随着电力市场化改革逐步推进,探索取消系统备用费,以市场化机制代替。

六、加强综合利用,推动燃煤消减

(一)加强综合利用。鼓励企业回收利用工业生产过程中产生可利用的热能、压差以及余气等建设相应规模的余热、余压、余气自备电厂。此类项目不占用当地火电建设规模,可按有关规定减免政策性交叉补贴和系统备用费。

(二)鼓励对外供热供电。余热、余压、余气自备电厂生产的电力、热力,在满足所属企业自身需求的基础上,鼓励其按有关规定参与电力交易并向周边地区供热。

(三)推动燃煤消减。推动可再生能源替代燃煤自备电厂发电。在风、光、水等资源富集地区,采用市场化机制引导拥有燃煤自备电厂的企业减少自发自用电量,增加市场购电量,逐步实现可再生能源替代燃煤发电。

七、推进升级改造,淘汰落后机组

(一)推进环保改造。自备电厂应安装脱硫、脱硝、除尘等环保设施,确保满足大气污染物排放标准和总量控制要求,并安装污染物自动监控设备,与当地环保、监管和电网企业等部门联网。污染物排放不符合环保要求的自备电厂要采取限制生产、停产改造等措施,限期完成环保设施升级改造。对于国家要求实施超低排放改造的自备燃煤机组,要在规定期限内完成相关改造工作。鼓励其他有条件的自备电厂实施超低排放改造。

(二)提高能效水平。自备电厂运行要符合相关产业政策规定的能效标准要求。供电煤耗、水耗高于本省同类型机组平均水平 5 克/千瓦时、0.5 千克/千瓦时及以上的自备燃煤发电机组,要因厂制宜,实施节能节水升级改造。

(三)淘汰落后机组。对机组类型属于《产业结构调整目录》等相关产业政策规定淘汰类的,由地方政府明确时间表,予以强制淘汰关停。能耗和污染物排放不符合国家和地方最新标准的自备电厂应实施升级改造,拒不改造或不具备改造条件的由地方政府逐步淘汰关停。淘汰关停后的机组不得转供电或解列运行,不得易地建设。主动提前淘汰自备机组的企业,淘汰机组容量和电量可按有关规定参与市场化交易。

八、确定市场主体,参与市场交易

(一)确定市场主体。满足下列条件的拥有并网自备电厂的企业,可成为合格发电市场主体。

1. 符合国家产业政策,达到能效、环保要求;

2. 按规定承担国家依法合规设立的政府性基金,以及与产业政策相符合的政策性交叉补贴;

3. 公平承担发电企业社会责任;

4. 进入各级政府公布的交易主体目录并在交易机构注册;

5. 满足自备电厂参与市场交易的其他相关规定。

(二)有序参与市场交易。拥有自备电厂的企业成为合格发电市场主体后,有序推进其自发自用以外电量按交易规则与售电主体、电力用户直接交易,或通过交易机构进行交易。

(三)平等参与购电。拥有自备电厂但无法满足自身用电需求的企业,按规定承担国家依法合规设立的政府性基金,以及与产业政策相符合的政策性交叉补贴后,可视为普通电力用户,平等参与市场购电。

九、落实责任主体,加强监督管理

(一)明确主体责任。拥有自备电厂的企业,要承担加强和规范自备电厂管理的主体责任,强化自备电厂内部管理,严格执行能效、环保标准,切实维护电力系统安全稳定运行,公平承担社会责任。

(二)加强组织协调。各省级发改(能源)、经信(工信)、价格、环保等相关部门以及国家能源局派出机构要进一步明确责任分工,加强协调,齐抓共管,形成工作合力,确保自备电厂规范有序发展。

(三)开展专项监管。国家能源局会同有关部门按规定开展自备电厂专项监管和现场检查,形成监管报告,对存在的问题要求限期整改,将拒不整改的企业纳入黑名单,并向社会公布。

(四)强化项目管理。各省级能源主管部门要进一步加强对本地区新(扩)建自备电厂项目的管理。国家能源局及其派出机构要加强对未核先建、批建不符、越权审批等违规建设项目及以余热、余压、余气名义建设常规燃煤机组等问题的监管,一经发现,交由地方能源主管部门责令其停止建设,并会同相关部门依法依规予以处理。

(五)规范运行改造。各省级发改(能源)、经信(工信)、环保等主管部门会同国家能源局派出机构,按照职责分工对燃煤自备电厂安全生产运行、节能减排、淘汰落后产能等工作以及余热、余压、余气自备电厂运行中的弄虚作假行为开展有效监管。

对安全生产运行不合规,能效、环保指标不达标,未按期开展升级改造和淘汰落后等工作的自备电厂,要依法依规予以严肃处理,并视情况限批其所属企业新建项目。

(六)加强监督检查。财政部驻各省(区、市)监察专员办事处加强对拥有自备电厂企业缴纳政府性基金情况的监督检查。

各省级价格、能源主管部门及国家能源局派出机构加强对拥有自备电厂缴纳政策性交叉补贴情况的监督检查。对存在欠缴、拒缴问题的,要通报批评、限期整改,并依法依规予以处理。

中共中央、国务院关于完整准确全面贯彻新发展理念做好碳达峰碳中和工作的意见

(2021年9月22日)

实现碳达峰、碳中和,是以习近平同志为核心的党中央统筹国内国际两个大局作出的重大战略决策,是着力解决资源环境约束突出问题、实现中华民族永续发展的必然选择,是构建人类命运共同体的庄严承诺。为完整、准确、全面贯彻新发展理念,做好碳达峰、碳中和工作,现提出如下意见。

一、总体要求

(一)指导思想。以习近平新时代中国特色社会主义思想为指导,全面贯彻党的十九大和十九届二中、三中、四中、五中全会精神,深入贯彻习近平生态文明思想,立足新发展阶段,贯彻新发展理念,构建新发展格局,坚持系统观念,处理好发展和减排、整体和局部、短期和中长期的关系,把碳达峰、碳中和纳入经济社会发展全局,以经济社会发展全面绿色转型为引领,以能源绿色低碳发展为关键,加快形成节约资源和保护环境的产业结构、生产方式、生活方式、空间格局,坚定不移走生态优先、绿色低碳的高质量发展道路,确保如期实现碳达峰、碳中和。

(二)工作原则

实现碳达峰、碳中和目标,要坚持“全国统筹、节约优先、双轮驱动、内外畅通、防范风险”原则。

——全国统筹。全国一盘棋,强化顶层设计,发挥制度优势,实行党政同责,压实各方责任。根据各地实际分类施策,鼓励主动作为、率先达峰。

——节约优先。把节约能源资源放在首位,实行全面节约战略,持续降低单位产出能源资源消耗和碳排放,提高投入产出效率,倡导简约适度、绿色低碳生活方式,从源头和入口形成有效的碳排放控制阀门。

——双轮驱动。政府和市场两手发力,构建新型举国体制,强化科技和制度创新,加快绿色低碳科技革命。深化能源和相关领域改革,发挥市场机制作用,形成有效激励约束机制。

——内外畅通。立足国情实际,统筹国内国际能源资源,推广先进绿色低碳技术和经验。统筹做好应对气候变化对外斗争与合作,不断增强国际影响力和话语权,坚决维护我国发展权益。

——防范风险。处理好减污降碳和能源安全、产业链供应链安全、粮食安全、群众正常生活的关系,有效应对绿色低碳转型可能伴随的经济、金融、社会风险,防止过度反应,确保安全降碳。

二、主要目标

到 2025 年,绿色低碳循环发展的经济体系初步形成,重点行业能源利用效率大幅提升。单位国内生产总值能耗比 2020 年下降 13.5%;单位国内生产总值二氧化碳排放比 2020 年下降 18%;非化石能源消费比重达到 20% 左右;森林覆盖率达到 24.1%,森林蓄积量达到 180 亿立方米,为实现碳达峰、碳中和奠定坚实基础。

到 2030 年,经济社会发展全面绿色转型取得显著成效,重点耗能行业能源利用效率达到国际先进水平。单位国内生产总值能耗大幅下降;单位国内生产总值二氧化碳排放比 2005 年下降 65% 以上;非化石能源消费比重达到 25% 左右,风电、太阳能发电总装机容量达到 12 亿千瓦以上;森林覆盖率达到 25% 左右,森林蓄积量达到 190 亿立方米,二氧化碳排放量达到峰值并实现稳中有降。

到 2060 年,绿色低碳循环发展的经济体系和清洁低碳安全高效的能源体系全面建立,能源利用效率达到国际先进水平,非化石能源消费比重达到 80% 以上,碳中和目标顺利实现,生态文明建设取得丰硕成果,开创人与自然和谐共生新境界。

三、推进经济社会发展全面绿色转型

(三)强化绿色低碳发展规划引领。将碳达峰、碳中和目标要求全面融入经济社会发展中长期规划,强化国家发展规划、国土空间规划、专项规划、区域规划和地方各级规划的支撑保障。加强各级各类规划间衔接协调,确保各地区各领域落实碳达峰、碳中和的主要目标、发展方向、重大政策、重大工程等协调一致。

(四)优化绿色低碳发展区域布局。持续优化重大基础设施、重大生产力和公共资源布局,构建有利于碳达峰、碳中和的国土空间开发保护新格局。在京津冀协同发展、长江经济带发展、粤港澳大湾区建设、长三角一体化发展、黄河流域生态保护和高质量发展等区域重大战略实施中,强化绿色低碳发展导向和任务要求。

(五)加快形成绿色生产生活方式。大力推动节能减排,全面推进清洁生产,加快发展循环经济,加强资源综合利用,不断提升绿色低碳发展水平。扩大绿色低碳产品供给和消费,倡导绿色低碳生活方式。把绿色低碳发展纳入国民教育体系。开展绿色低碳社会行动示范创建。凝聚全社会共识,加快形成全民参与的良好格局。

四、深度调整产业结构

(六)推动产业结构优化升级。加快推进农业绿色发展,促进农业固碳增效。制定能源、钢铁、有色金属、石化化工、建材、交通、建筑等行业和领域碳达峰实施方案。以节能降碳为导向,修订产业结构调整指导目录。开展钢铁、煤炭去产能“回头看”,巩固去产能成果。加快推进工业领域低碳工艺革新和数字化转型。开展碳达峰试点园区建设。加快商贸流通、信息服务等绿色转型,提升服务业低碳发展水平。

(七)坚决遏制高耗能高排放项目盲目发展。新建、扩建钢铁、水泥、平板玻璃、电解铝等高耗能高排放项目严格落实产能等量或减量置换,出台煤电、石化、煤化工等产能控制政策。未纳入国家有关领域产业规划的,一律不得新建改扩建炼油和新建乙烯、对二甲苯、煤制烯烃项目。合理控制煤制油气产能规模。提升高耗能高排放项目能耗准入标准。加强产能过剩分析预警和窗口指导。

(八)大力发展绿色低碳产业。加快发展新一代信息技术、生物技术、新能源、新材料、高端装备、新能源汽车、绿色环保以及航空航天、海洋装备等战略性新兴产业。建设绿色制造体系。推动互联网、大数据、人工智能、第五代移动通信(5G)等新兴技术与绿色低碳产业深度融合。

五、加快构建清洁低碳安全高效能源体系

(九)强化能源消费强度和总量双控。坚持节能优先的能源发展战略,严格控制能耗和二氧化碳排放强度,合理控制能源消费总量,统筹建立二氧化碳排放总量控制制度。做好产业布局、结构调整、节能审查与能耗双控的衔接,对能耗强度下降目标完成形势严峻的地区实行项目缓批限批、能耗等量或减量替代。强化节能监察和执法,加强能耗及二氧化碳排放控制目标分析预警,严格责任落实和评价考核。加强甲烷等非二氧化碳温室气体管控。

(十)大幅提升能源利用效率。把节能贯穿于经济社会发展全过程和各领域,持续深化工业、建筑、交通运输、公共机构等重点领域节能,提升数据中心、新型通信等信息化基础设施能效水平。健全能源管理体系,强化重点用能单位节能管理和目标责任。瞄准国际先进水平,加快实施节能降碳改造升级,打造能效“领跑者”。

(十一)严格控制化石能源消费。加快煤炭减量步伐,“十四五”时期严控煤炭消费增长,“十五五”时期逐步减少。石油消费“十五五”时期进入峰值平台期。统筹煤电发展和保供调峰,严控煤电装机规模,加快现役煤电机组节能升级和灵活性

改造。逐步减少直至禁止煤炭散烧。加快推进页岩气、煤层气、致密油气等非常规油气资源规模化开发。强化风险管控,确保能源安全稳定供应和平稳过渡。

（十二）积极发展非化石能源。实施可再生能源替代行动,大力发展风能、太阳能、生物质能、海洋能、地热能等,不断提高非化石能源消费比重。坚持集中式与分布式并举,优先推动风能、太阳能就地就近开发利用。因地制宜开发水能。积极安全有序发展核电。合理利用生物质能。加快推进抽水蓄能和新型储能规模化应用。统筹推进氢能“制储输用”全链条发展。构建以新能源为主体的新型电力系统,提高电网对高比例可再生能源的消纳和调控能力。

（十三）深化能源体制机制改革。全面推进电力市场化改革,加快培育发展配售电环节独立市场主体,完善中长期市场、现货市场和辅助服务市场衔接机制,扩大市场化交易规模。推进电网体制改革,明确以消纳可再生能源为主的增量配电网、微电网和分布式电源的市场主体地位。加快形成以储能和调峰能力为基础支撑的新增电力装机发展机制。完善电力等能源品种价格市场化形成机制。从有利于节能的角度深化电价改革,理顺输配电价结构,全面放开竞争性环节电价。推进煤炭、油气等市场化改革,加快完善能源统一市场。

六、加快推进低碳交通运输体系建设

（十四）优化交通运输结构。加快建设综合立体交通网,大力发展多式联运,提高铁路、水路在综合运输中的承运比重,持续降低运输能耗和二氧化碳排放强度。优化客运组织,引导客运企业规模化、集约化经营。加快发展绿色物流,整合运输资源,提高利用效率。

（十五）推广节能低碳型交通工具。加快发展新能源和清洁能源车船,推广智能交通,推进铁路电气化改造,推动加氢站建设,促进船舶靠港使用岸电常态化。加快构建便利高效、适度超前的充换电网络体系。提高燃油车船能效标准,健全交通运输装备能效标识制度,加快淘汰高耗能高排放老旧车船。

（十六）积极引导低碳出行。加快城市轨道交通、公交专用道、快速公交系统等大容量公共交通基础设施建设,加强自行车专用道和行人步道等城市慢行系统建设。综合运用法律、经济、技术、行政等多种手段,加大城市交通拥堵治理力度。

七、提升城乡建设绿色低碳发展质量

（十七）推进城乡建设和管理模式低碳转型。在城乡规划建设管理各环节全面落实绿色低碳要求。推动城市组团式发展,建设城市生态和通风廊道,提升城市绿化水平。合理规划城镇建筑面积发展目标,严格管控高能耗公共建筑建设。实施工程建设全过程绿色建造,健全建筑拆除管理制度,杜绝大拆大建。加快推进绿色社区建设。结合实施乡村建设行动,推进县城和农村绿色低碳发展。

(十八)大力发展节能低碳建筑。持续提高新建建筑节能标准,加快推进超低能耗、近零能耗、低碳建筑规模化发展。大力推进城镇既有建筑和市政基础设施节能改造,提升建筑节能低碳水平。逐步开展建筑能耗限额管理,推行建筑能效测评标识,开展建筑领域低碳发展绩效评估。全面推广绿色低碳建材,推动建筑材料循环利用。发展绿色农房。

(十九)加快优化建筑用能结构。深化可再生能源建筑应用,加快推动建筑用能电气化和低碳化。开展建筑屋顶光伏行动,大幅提高建筑采暖、生活热水、炊事等电气化普及率。在北方城镇加快推进热电联产集中供暖,加快工业余热供暖规模化发展,积极稳妥推进核电余热供暖,因地制宜推进热泵、燃气、生物质能、地热能等清洁低碳供暖。

八、加强绿色低碳重大科技攻关和推广应用

(二十)强化基础研究和前沿技术布局。制定科技支撑碳达峰、碳中和行动方案,编制碳中和技术发展路线图。采用"揭榜挂帅"机制,开展低碳零碳负碳和储能新材料、新技术、新装备攻关。加强气候变化成因及影响、生态系统碳汇等基础理论和方法研究。推进高效率太阳能电池、可再生能源制氢、可控核聚变、零碳工业流程再造等低碳前沿技术攻关。培育一批节能降碳和新能源技术产品研发国家重点实验室、国家技术创新中心、重大科技创新平台。建设碳达峰、碳中和人才体系,鼓励高等学校增设碳达峰、碳中和相关学科专业。

(二十一)加快先进适用技术研发和推广。深入研究支撑风电、太阳能发电大规模友好并网的智能电网技术。加强电化学、压缩空气等新型储能技术攻关、示范和产业化应用。加强氢能生产、储存、应用关键技术研发、示范和规模化应用。推广园区能源梯级利用等节能低碳技术。推动气凝胶等新型材料研发应用。推进规模化碳捕集利用与封存技术研发、示范和产业化应用。建立完善绿色低碳技术评估、交易体系和科技创新服务平台。

九、持续巩固提升碳汇能力

(二十二)巩固生态系统碳汇能力。强化国土空间规划和用途管控,严守生态保护红线,严控生态空间占用,稳定现有森林、草原、湿地、海洋、土壤、冻土、岩溶等固碳作用。严格控制新增建设用地规模,推动城乡存量建设用地盘活利用。严格执行土地使用标准,加强节约集约用地评价,推广节地技术和节地模式。

（二十三）提升生态系统碳汇增量。实施生态保护修复重大工程，开展山水林田湖草沙一体化保护和修复。深入推进大规模国土绿化行动，巩固退耕还林还草成果，实施森林质量精准提升工程，持续增加森林面积和蓄积量。加强草原生态保护修复。强化湿地保护。整体推进海洋生态系统保护和修复，提升红树林、海草床、盐沼等固碳能力。开展耕地质量提升行动，实施国家黑土地保护工程，提升生态农业碳汇。积极推动岩溶碳汇开发利用。

十、提高对外开放绿色低碳发展水平

（二十四）加快建立绿色贸易体系。持续优化贸易结构，大力发展高质量、高技术、高附加值绿色产品贸易。完善出口政策，严格管理高耗能高排放产品出口。积极扩大绿色低碳产品、节能环保服务、环境服务等进口。

（二十五）推进绿色“一带一路”建设。加快“一带一路”投资合作绿色转型。支持共建“一带一路”国家开展清洁能源开发利用。大力推动南南合作，帮助发展中国家提高应对气候变化能力。深化与各国在绿色技术、绿色装备、绿色服务、绿色基础设施建设等方面的交流与合作，积极推动我国新能源等绿色低碳技术和产品走出去，让绿色成为共建“一带一路”的底色。

（二十六）加强国际交流与合作。积极参与应对气候变化国际谈判，坚持我国发展中国家定位，坚持共同但有区别的责任原则、公平原则和各自能力原则，维护我国发展权益。履行《联合国气候变化框架公约》及其《巴黎协定》，发布我国长期温室气体低排放发展战略，积极参与国际规则和标准制定，推动建立公平合理、合作共赢的全球气候治理体系。加强应对气候变化国际交流合作，统筹国内外工作，主动参与全球气候和环境治理。

十一、健全法律法规标准和统计监测体系

（二十七）健全法律法规。全面清理现行法律法规中与碳达峰、碳中和工作不相适应的内容，加强法律法规间的衔接协调。研究制定碳中和专项法律，抓紧修订节约能源法、电力法、煤炭法、可再生能源法、循环经济促进法等，增强相关法律法规的针对性和有效性。

（二十八）完善标准计量体系。建立健全碳达峰、碳中和标准计量体系。加快节能标准更新升级，抓紧修订一批能耗限额、产品设备能效强制性国家标准和工程建设标准，提升重点产品能耗限额要求，扩大能耗限额标准覆盖范围，完善能源核算、检测认证、评估、审计等配套标准。加快完善地区、行业、企业、产品等碳排放核查核算报告标准，建立统一规范的碳核算体系。制定重点行业和产品温室气体排

放标准,完善低碳产品标准标识制度。积极参与相关国际标准制定,加强标准国际衔接。

(二十九)提升统计监测能力。健全电力、钢铁、建筑等行业领域能耗统计监测和计量体系,加强重点用能单位能耗在线监测系统建设。加强二氧化碳排放统计核算能力建设,提升信息化实测水平。依托和拓展自然资源调查监测体系,建立生态系统碳汇监测核算体系,开展森林、草原、湿地、海洋、土壤、冻土、岩溶等碳汇本底调查和碳储量评估,实施生态保护修复碳汇成效监测评估。

十二、完善政策机制

(三十)完善投资政策。充分发挥政府投资引导作用,构建与碳达峰、碳中和相适应的投融资体系,严控煤电、钢铁、电解铝、水泥、石化等高碳项目投资,加大对节能环保、新能源、低碳交通运输装备和组织方式、碳捕集利用与封存等项目的支持力度。完善支持社会资本参与政策,激发市场主体绿色低碳投资活力。国有企业要加大绿色低碳投资,积极开展低碳零碳负碳技术研发应用。

(三十一)积极发展绿色金融。有序推进绿色低碳金融产品和服务开发,设立碳减排货币政策工具,将绿色信贷纳入宏观审慎评估框架,引导银行等金融机构为绿色低碳项目提供长期限、低成本资金。鼓励开发性政策性金融机构按照市场化法治化原则为实现碳达峰、碳中和提供长期稳定融资支持。支持符合条件的企业上市融资和再融资用于绿色低碳项目建设运营,扩大绿色债券规模。研究设立国家低碳转型基金。鼓励社会资本设立绿色低碳产业投资基金。建立健全绿色金融标准体系。

(三十二)完善财税价格政策。各级财政要加大对绿色低碳产业发展、技术研发等的支持力度。完善政府绿色采购标准,加大绿色低碳产品采购力度。落实环境保护、节能节水、新能源和清洁能源车船税收优惠。研究碳减排相关税收政策。建立健全促进可再生能源规模化发展的价格机制。完善差别化电价、分时电价和居民阶梯电价政策。严禁对高耗能、高排放、资源型行业实施电价优惠。加快推进供热计量改革和按供热量收费。加快形成具有合理约束力的碳价机制。

(三十三)推进市场化机制建设。依托公共资源交易平台,加快建设完善全国碳排放权交易市场,逐步扩大市场覆盖范围,丰富交易品种和交易方式,完善配额分配管理。将碳汇交易纳入全国碳排放权交易市场,建立健全能够体现碳汇价值的生态保护补偿机制。健全企业、金融机构等碳排放报告和信息披露制度。完善用能权有偿使用和交易制度,加快建设全国用能权交易市场。加强电力交易、用能权交易和碳排放权交易的统筹衔接。发展市场化节能方式,推行合同能源管理,推广节能综合服务。

十三、切实加强组织实施

（三十四）加强组织领导。加强党中央对碳达峰、碳中和工作的集中统一领导，碳达峰碳中和工作领导小组指导和统筹做好碳达峰、碳中和工作。支持有条件的地方和重点行业、重点企业率先实现碳达峰，组织开展碳达峰、碳中和先行示范，探索有效模式和有益经验。将碳达峰、碳中和作为干部教育培训体系重要内容，增强各级领导干部推动绿色低碳发展的本领。

（三十五）强化统筹协调。国家发展改革委要加强统筹，组织落实2030年前碳达峰行动方案，加强碳中和工作谋划，定期调度各地区各有关部门落实碳达峰、碳中和目标任务进展情况，加强跟踪评估和督促检查，协调解决实施中遇到的重大问题。各有关部门要加强协调配合，形成工作合力，确保政策取向一致、步骤力度衔接。

（三十六）压实地方责任。落实领导干部生态文明建设责任制，地方各级党委和政府要坚决扛起碳达峰、碳中和责任，明确目标任务，制定落实举措，自觉为实现碳达峰、碳中和作出贡献。

（三十七）严格监督考核。各地区要将碳达峰、碳中和相关指标纳入经济社会发展综合评价体系，增加考核权重，加强指标约束。强化碳达峰、碳中和目标任务落实情况考核，对工作突出的地区、单位和个人按规定给予表彰奖励，对未完成目标任务的地区、部门依规依法实行通报批评和约谈问责，有关落实情况纳入中央生态环境保护督察。各地区各有关部门贯彻落实情况每年向党中央、国务院报告。

2030年前碳达峰行动方案[①]

（2021年10月24日国务院印发　国发〔2021〕23号）

为深入贯彻落实党中央、国务院关于碳达峰、碳中和的重大战略决策，扎实推进碳达峰行动，制定本方案。

一、总体要求

（一）指导思想。以习近平新时代中国特色社会主义思想为指导，全面贯彻党的十九大和十九届二中、三中、四中、五中全会精神，深入贯彻习近平生态文明思想，立足新发展阶段，完整、准确、全面贯彻新发展理念，构建新发展格局，坚持系统观念，处理好发展和减排、整体和局部、短期和中长期的关系，统筹稳增长和调结构，把碳达峰、碳中和纳入经济社会发展全局，坚持"全国统筹、节约优先、双轮驱动、内外畅通、防范风险"的总方针，有力有序有效做好碳达峰工作，明确各地区、各领域、各行业目标任务，加快实现生产生活方式绿色变革，推动经济社会发展建立在资源高效利用和绿色低碳发展的基础之上，确保如期实现2030年前碳达峰目标。

（二）工作原则。

——总体部署、分类施策。坚持全国一盘棋，强化顶层设计和各方统筹。各地区、各领域、各行业因地制宜、分类施策，明确既符合自身实际又满足总体要求的目标任务。

——系统推进、重点突破。全面准确认识碳达峰行动对经济社会发展的深远影响，加强政策的系统性、协同性。抓住主要矛盾和矛盾的主要方面，推动重点领域、重点行业和有条件的地方率先达峰。

——双轮驱动、两手发力。更好发挥政府作用，构建新型举国体制，充分发挥市场机制作用，大力推进绿色低碳科技创新，深化能源和相关领域改革，形成有效激励约束机制。

——稳妥有序、安全降碳。立足我国富煤贫油少气的能源资源禀赋，坚持先立

---

① 本文件有删减。

后破，稳住存量，拓展增量，以保障国家能源安全和经济发展为底线，争取时间实现新能源的逐渐替代，推动能源低碳转型平稳过渡，切实保障国家能源安全、产业链供应链安全、粮食安全和群众正常生产生活，着力化解各类风险隐患，防止过度反应，稳妥有序、循序渐进推进碳达峰行动，确保安全降碳。

二、主要目标

"十四五"期间，产业结构和能源结构调整优化取得明显进展，重点行业能源利用效率大幅提升，煤炭消费增长得到严格控制，新型电力系统加快构建，绿色低碳技术研发和推广应用取得新进展，绿色生产生活方式得到普遍推行，有利于绿色低碳循环发展的政策体系进一步完善。到2025年，非化石能源消费比重达到20%左右，单位国内生产总值能源消耗比2020年下降13.5%，单位国内生产总值二氧化碳排放比2020年下降18%，为实现碳达峰奠定坚实基础。

"十五五"期间，产业结构调整取得重大进展，清洁低碳安全高效的能源体系初步建立，重点领域低碳发展模式基本形成，重点耗能行业能源利用效率达到国际先进水平，非化石能源消费比重进一步提高，煤炭消费逐步减少，绿色低碳技术取得关键突破，绿色生活方式成为公众自觉选择，绿色低碳循环发展政策体系基本健全。到2030年，非化石能源消费比重达到25%左右，单位国内生产总值二氧化碳排放比2005年下降65%以上，顺利实现2030年前碳达峰目标。

三、重点任务

将碳达峰贯穿于经济社会发展全过程和各方面，重点实施能源绿色低碳转型行动、节能降碳增效行动、工业领域碳达峰行动、城乡建设碳达峰行动、交通运输绿色低碳行动、循环经济助力降碳行动、绿色低碳科技创新行动、碳汇能力巩固提升行动、绿色低碳全民行动、各地区梯次有序碳达峰行动等"碳达峰十大行动"。

（一）能源绿色低碳转型行动。

能源是经济社会发展的重要物质基础，也是碳排放的最主要来源。要坚持安全降碳，在保障能源安全的前提下，大力实施可再生能源替代，加快构建清洁低碳安全高效的能源体系。

1. 推进煤炭消费替代和转型升级。加快煤炭减量步伐，"十四五"时期严格合理控制煤炭消费增长，"十五五"时期逐步减少。严格控制新增煤电项目，新建机组煤耗标准达到国际先进水平，有序淘汰煤电落后产能，加快现役机组节能升级和灵活性改造，积极推进供热改造，推动煤电向基础保障性和系统调节性电源并重转型。严控跨区外送可再生能源电力配套煤电规模，新建通道可再生能源电量比例原则上不低于50%。推动重点用煤行业减煤限煤。大力推动煤炭清洁利用,合理划定禁止散烧区域,多措并举、积极有序推进散煤替代,逐步减少直至禁止煤炭散烧。

2. 大力发展新能源。全面推进风电、太阳能发电大规模开发和高质量发展,坚持集中式与分布式并举,加快建设风电和光伏发电基地。加快智能光伏产业创新升级和特色应用,创新"光伏+"模式,推进光伏发电多元布局。坚持陆海并重,推动风电协调快速发展,完善海上风电产业链,鼓励建设海上风电基地。积极发展太阳能光热发电,推动建立光热发电与光伏发电、风电互补调节的风光热综合可再生能源发电基地。因地制宜发展生物质发电、生物质能清洁供暖和生物天然气。探索深化地热能以及波浪能、潮流能、温差能等海洋新能源开发利用。进一步完善可再生能源电力消纳保障机制。到2030年,风电、太阳能发电总装机容量达到12亿千瓦以上。

3. 因地制宜开发水电。积极推进水电基地建设,推动金沙江上游、澜沧江上游、雅砻江中游、黄河上游等已纳入规划、符合生态保护要求的水电项目开工建设,推进雅鲁藏布江下游水电开发,推动小水电绿色发展。推动西南地区水电与风电、太阳能发电协同互补。统筹水电开发和生态保护,探索建立水能资源开发生态保护补偿机制。"十四五"、"十五五"期间分别新增水电装机容量4000万千瓦左右,西南地区以水电为主的可再生能源体系基本建立。

4. 积极安全有序发展核电。合理确定核电站布局和开发时序,在确保安全的前提下有序发展核电,保持平稳建设节奏。积极推动高温气冷堆、快堆、模块化小型堆、海上浮动堆等先进堆型示范工程,开展核能综合利用示范。加大核电标准化、自主化力度,加快关键技术装备攻关,培育高端核电装备制造产业集群。实行最严格的安全标准和最严格的监管,持续提升核安全监管能力。

5. 合理调控油气消费。保持石油消费处于合理区间,逐步调整汽油消费规模,大力推进先进生物液体燃料、可持续航空燃料等替代传统燃油,提升终端燃油产品能效。加快推进页岩气、煤层气、致密油(气)等非常规油气资源规模化开发。有序引导天然气消费,优化利用结构,优先保障民生用气,大力推动天然气与多种能源融合发展,因地制宜建设天然气调峰电站,合理引导工业用气和化工原料用气。支持车船使用液化天然气作为燃料。

6. 加快建设新型电力系统。构建新能源占比逐渐提高的新型电力系统,推动清洁电力资源大范围优化配置。大力提升电力系统综合调节能力,加快灵活调节电源建设,引导自备电厂、传统高载能工业负荷、工商业可中断负荷、电动汽车充电网络、虚拟电厂等参与系统调节,建设坚强智能电网,提升电网安全保障水平。积极发展"新能源+储能"、源网荷储一体化和多能互补,支持分布式新能源合理配置储能系统。制定新一轮抽水蓄能电站中长期发展规划，完善促进抽水蓄能发展的政策机制。加快新型储能示范推广应用。深化电力体制改革，加快构建全国统一电力市场体系。到2025年，新型储能装机容量达到3000万千瓦以上。到2030年，抽水蓄能电站装机容量达到1.2亿千瓦左右，省级电网基本具备5%以上的尖峰负荷响应能力。

（二）节能降碳增效行动。

落实节约优先方针，完善能源消费强度和总量双控制度，严格控制能耗强度，合理控制能源消费总量，推动能源消费革命，建设能源节约型社会。

1. 全面提升节能管理能力。推行用能预算管理，强化固定资产投资项目节能审查，对项目用能和碳排放情况进行综合评价，从源头推进节能降碳。提高节能管理信息化水平，完善重点用能单位能耗在线监测系统，建立全国性、行业性节能技术推广服务平台，推动高耗能企业建立能源管理中心。完善能源计量体系，鼓励采用认证手段提升节能管理水平。加强节能监察能力建设，健全省、市、县三级节能监察体系，建立跨部门联动机制，综合运用行政处罚、信用监管、绿色电价等手段，增强节能监察约束力。

2. 实施节能降碳重点工程。实施城市节能降碳工程，开展建筑、交通、照明、供热等基础设施节能升级改造，推进先进绿色建筑技术示范应用，推动城市综合能效提升。实施园区节能降碳工程，以高耗能高排放项目（以下称"两高"项目）集聚度高的园区为重点，推动能源系统优化和梯级利用，打造一批达到国际先进水平的节能低碳园区。实施重点行业节能降碳工程，推动电力、钢铁、有色金属、建材、石化化工等行业开展节能降碳改造，提升能源资源利用效率。实施重大节能降碳技术示范工程，支持已取得突破的绿色低碳关键技术开展产业化示范应用。

3. 推进重点用能设备节能增效。以电机、风机、泵、压缩机、变压器、换热器、工业锅炉等设备为重点，全面提升能效标准。建立以能效为导向的激励约束机制，推广先进高效产品设备，加快淘汰落后低效设备。加强重点用能设备节能审查和日常监管，强化生产、经营、销售、使用、报废全链条管理，严厉打击违法违规行为，确保能效标准和节能要求全面落实。

4. 加强新型基础设施节能降碳。优化新型基础设施空间布局，统筹谋划、科学配置数据中心等新型基础设施，避免低水平重复建设。优化新型基础设施用能结构，采用直流供电、分布式储能、"光伏 + 储能"等模式，探索多样化能源供应，提高非化石能源消费比重。对标国际先进水平，加快完善通信、运算、存储、传输等设备能效标准，提升准入门槛，淘汰落后设备和技术。加强新型基础设施用能管理，将年综合能耗超过1万吨标准煤的数据中心全部纳入重点用能单位能耗在线监测系统，开展能源计量审查。推动既有设施绿色升级改造，积极推广使用高效制冷、先进通风、余热利用、智能化用能控制等技术，提高设施能效水平。

（三）工业领域碳达峰行动。

工业是产生碳排放的主要领域之一，对全国整体实现碳达峰具有重要影响。工业领域要加快绿色低碳转型和高质量发展，力争率先实现碳达峰。

1. 推动工业领域绿色低碳发展。优化产业结构，加快退出落后产能，大力发展战略性新兴产业，加快传统产业绿色低碳改造。促进工业能源消费低碳化，推动化石能源清洁高效利用，提高可再生能源应用比重，加强电力需求侧管理，提升工业电气化水平。深入实施绿色制造工程，大力推行绿色设计，完善绿色制造体系，建设绿色工厂和绿色工业园区。推进工业领域数字化智能化绿色化融合发展，加强重点行业和领域技术改造。

2. 推动钢铁行业碳达峰。深化钢铁行业供给侧结构性改革，严格执行产能置换，严禁新增产能，推进存量优化，淘汰落后产能。推进钢铁企业跨地区、跨所有制兼并重组，提高行业集中度。优化生产力布局，以京津冀及周边地区为重点，继续压减钢铁产能。促进钢铁行业结构优化和清洁能源替代，大力推进非高炉炼铁技术示范，提升废钢资源回收利用水平，推行全废钢电炉工艺。推广先进适用技术，深挖节能降碳潜力，鼓励钢化联产，探索开展氢冶金、二氧化碳捕集利用一体化等试点示范，推动低品位余热供暖发展。

3. 推动有色金属行业碳达峰。巩固化解电解铝过剩产能成果，严格执行产能置换，严控新增产能。推进清洁能源替代，提高水电、风电、太阳能发电等应用比重。加快再生有色金属产业发展，完善废弃有色金属资源回收、分选和加工网络，提高再生有色金属产量。加快推广应用先进适用绿色低碳技术，提升有色金属生产过程余热回收水平，推动单位产品能耗持续下降。

4. 推动建材行业碳达峰。加强产能置换监管，加快低效产能退出，严禁新增水泥熟料、平板玻璃产能，引导建材行业向轻型化、集约化、制品化转型。推动水泥错峰生产常态化，合理缩短水泥熟料装置运转时间。因地制宜利用风能、太阳能等可再生能源，逐步提高电力、天然气应用比重。鼓励建材企业使用粉煤灰、工业废渣、尾矿渣等作为原料或水泥混合材。加快推进绿色建材产品认证和应用推广，加强新型胶凝材料、低碳混凝土、木竹建材等低碳建材产品研发应用。推广节能技术设备，开展能源管理体系建设，实现节能增效。

5. 推动石化化工行业碳达峰。优化产能规模和布局，加大落后产能淘汰力度，有效化解结构性过剩矛盾。严格项目准入，合理安排建设时序，严控新增炼油和传统煤化工生产能力，稳妥有序发展现代煤化工。引导企业转变用能方式，鼓励以电力、天然气等替代煤炭。调整原料结构，控制新增原料用煤，拓展富氢原料进口来源，推动石化化工原料轻质化。优化产品结构，促进石化化工与煤炭开采、冶金、建材、化纤等产业协同发展，加强炼厂干气、液化气等副产气体高效利用。鼓励企业节能升级改造，推动能量梯级利用、物料循环利用。到2025年，国内原油一次加工能力控制在10亿吨以内，主要产品产能利用率提升至80%以上。

6.坚决遏制“两高”项目盲目发展。采取强有力措施，对“两高”项目实行清单管理、分类处置、动态监控。全面排查在建项目，对能效水平低于本行业能耗限额准入值的，按有关规定停工整改，推动能效水平应提尽提，力争全面达到国内乃至国际先进水平。科学评估拟建项目，对产能已饱和的行业，按照“减量替代”原则压减产能；对产能尚未饱和的行业，按照国家布局和审批备案等要求，对标国际先进水平提高准入门槛；对能耗量较大的新兴产业，支持引导企业应用绿色低碳技术，提高能效水平。深入挖潜存量项目，加快淘汰落后产能，通过改造升级挖掘节能减排潜力。强化常态化监管，坚决拿下不符合要求的“两高”项目。

（四）城乡建设碳达峰行动。

加快推进城乡建设绿色低碳发展，城市更新和乡村振兴都要落实绿色低碳要求。

1.推进城乡建设绿色低碳转型。推动城市组团式发展，科学确定建设规模，控制新增建设用地过快增长。倡导绿色低碳规划设计理念，增强城乡气候韧性，建设海绵城市。推广绿色低碳建材和绿色建造方式，加快推进新型建筑工业化，大力发展装配式建筑，推广钢结构住宅，推动建材循环利用，强化绿色设计和绿色施工管理。加强县城绿色低碳建设。推动建立以绿色低碳为导向的城乡规划建设管理机制，制定建筑拆除管理办法，杜绝大拆大建。建设绿色城镇、绿色社区。

2.加快提升建筑能效水平。加快更新建筑节能、市政基础设施等标准，提高节能降碳要求。加强适用于不同气候区、不同建筑类型的节能低碳技术研发和推广，推动超低能耗建筑、低碳建筑规模化发展。加快推进居住建筑和公共建筑节能改造，持续推动老旧供热管网等市政基础设施节能降碳改造。提升城镇建筑和基础设施运行管理智能化水平，加快推广供热计量收费和合同能源管理，逐步开展公共建筑能耗限额管理。到2025年，城镇新建建筑全面执行绿色建筑标准。

3.加快优化建筑用能结构。深化可再生能源建筑应用，推广光伏发电与建筑一体化应用。积极推动严寒、寒冷地区清洁取暖，推进热电联产集中供暖，加快工业余热供暖规模化应用，积极稳妥开展核能供热示范，因地制宜推行热泵、生物质能、地热能、太阳能等清洁低碳供暖。引导夏热冬冷地区科学取暖，因地制宜采用清洁高效取暖方式。提高建筑终端电气化水平，建设集光伏发电、储能、直流配电、柔性用电于一体的“光储直柔”建筑。到2025年，城镇建筑可再生能源替代率达到8%，新建公共机构建筑、新建厂房屋顶光伏覆盖率力争达到50%。

4. 推进农村建设和用能低碳转型。推进绿色农房建设，加快农房节能改造。持续推进农村地区清洁取暖，因地制宜选择适宜取暖方式。发展节能低碳农业大棚。推广节能环保灶具、电动农用车辆、节能环保农机和渔船。加快生物质能、太阳能等可再生能源在农业生产和农村生活中的应用。加强农村电网建设，提升农村用能电气化水平。

（五）交通运输绿色低碳行动。

加快形成绿色低碳运输方式，确保交通运输领域碳排放增长保持在合理区间。

1. 推动运输工具装备低碳转型。积极扩大电力、氢能、天然气、先进生物液体燃料等新能源、清洁能源在交通运输领域应用。大力推广新能源汽车，逐步降低传统燃油汽车在新车产销和汽车保有量中的占比，推动城市公共服务车辆电动化替代，推广电力、氢燃料、液化天然气动力重型货运车辆。提升铁路系统电气化水平。加快老旧船舶更新改造，发展电动、液化天然气动力船舶，深入推进船舶靠港使用岸电，因地制宜开展沿海、内河绿色智能船舶示范应用。提升机场运行电动化智能化水平，发展新能源航空器。到2030年，当年新增新能源、清洁能源动力的交通工具比例达到40%左右，营运交通工具单位换算周转量碳排放强度比2020年下降9.5%左右，国家铁路单位换算周转量综合能耗比2020年下降10%。陆路交通运输石油消费力争2030年前达到峰值。

2. 构建绿色高效交通运输体系。发展智能交通，推动不同运输方式合理分工、有效衔接，降低空载率和不合理客货运周转量。大力发展以铁路、水路为骨干的多式联运，推进工矿企业、港口、物流园区等铁路专用线建设，加快内河高等级航道网建设，加快大宗货物和中长距离货物运输“公转铁”、“公转水”。加快先进适用技术应用，提升民航运行管理效率，引导航空企业加强智慧运行，实现系统化节能降碳。加快城乡物流配送体系建设，创新绿色低碳、集约高效的配送模式。打造高效衔接、快捷舒适的公共交通服务体系，积极引导公众选择绿色低碳交通方式。“十四五”期间，集装箱铁水联运量年均增长15%以上。到2030年，城区常住人口100万以上的城市绿色出行比例不低于70%。

3. 加快绿色交通基础设施建设。将绿色低碳理念贯穿于交通基础设施规划、建设、运营和维护全过程，降低全生命周期能耗和碳排放。开展交通基础设施绿色化提升改造，统筹利用综合运输通道线位、土地、空域等资源，加大岸线、锚地等资源整合力度，提高利用效率。有序推进充电桩、配套电网、加注（气）站、加氢站等基础设施建设，提升城市公共交通基础设施水平。到2030年，民用运输机场场内车辆装备等力争全面实现电动化。

（六）循环经济助力降碳行动。

抓住资源利用这个源头，大力发展循环经济，全面提高资源利用效率，充分发挥减少资源消耗和降碳的协同作用。

1. 推进产业园区循环化发展。以提升资源产出率和循环利用率为目标，优化园区空间布局，开展园区循环化改造。推动园区企业循环式生产、产业循环式组合，组织企业实施清洁生产改造，促进废物综合利用、能量梯级利用、水资源循环利用，推进工业余压余热、废气废液废渣资源化利用，积极推广集中供气供热。搭建基础设施和公共服务共享平台，加强园区物质流管理。到2030年，省级以上重点产业园区全部实施循环化改造。

2. 加强大宗固废综合利用。提高矿产资源综合开发利用水平和综合利用率，以煤矸石、粉煤灰、尾矿、共伴生矿、冶炼渣、工业副产石膏、建筑垃圾、农作物秸秆等大宗固废为重点，支持大掺量、规模化、高值化利用，鼓励应用于替代原生非金属矿、砂石等资源。在确保安全环保前提下，探索将磷石膏应用于土壤改良、井下充填、路基修筑等。推动建筑垃圾资源化利用，推广废弃路面材料原地再生利用。加快推进秸秆高值化利用，完善收储运体系，严格禁烧管控。加快大宗固废综合利用示范建设。到2025年，大宗固废年利用量达到40亿吨左右；到2030年，年利用量达到45亿吨左右。

3. 健全资源循环利用体系。完善废旧物资回收网络，推行"互联网＋"回收模式，实现再生资源应收尽收。加强再生资源综合利用行业规范管理，促进产业集聚发展。高水平建设现代化"城市矿产"基地，推动再生资源规范化、规模化、清洁化利用。推进退役动力电池、光伏组件、风电机组叶片等新兴产业废物循环利用。促进汽车零部件、工程机械、文办设备等再制造产业高质量发展。加强资源再生产品和再制造产品推广应用。到2025年，废钢铁、废铜、废铝、废铅、废锌、废纸、废塑料、废橡胶、废玻璃等9种主要再生资源循环利用量达到4.5亿吨，到2030年达到5.1亿吨。

4. 大力推进生活垃圾减量化资源化。扎实推进生活垃圾分类，加快建立覆盖全社会的生活垃圾收运处置体系，全面实现分类投放、分类收集、分类运输、分类处理。加强塑料污染全链条治理，整治过度包装，推动生活垃圾源头减量。推进生活垃圾焚烧处理，降低填埋比例，探索适合我国厨余垃圾特性的资源化利用技术。推进污水资源化利用。到2025年，城市生活垃圾分类体系基本健全，生活垃圾资源化利用比例提升至60%左右。到2030年，城市生活垃圾分类实现全覆盖，生活垃圾资源化利用比例提升至65%。

（七）绿色低碳科技创新行动。

发挥科技创新的支撑引领作用，完善科技创新体制机制，强化创新能力，加快绿色低碳科技革命。

1. 完善创新体制机制。制定科技支撑碳达峰碳中和行动方案，在国家重点研发计划中设立碳达峰碳中和关键技术研究与示范等重点专项，采取“揭榜挂帅”机制，开展低碳零碳负碳关键核心技术攻关。将绿色低碳技术创新成果纳入高等学校、科研单位、国有企业有关绩效考核。强化企业创新主体地位，支持企业承担国家绿色低碳重大科技项目，鼓励设施、数据等资源开放共享。推进国家绿色技术交易中心建设，加快创新成果转化。加强绿色低碳技术和产品知识产权保护。完善绿色低碳技术和产品检测、评估、认证体系。

2. 加强创新能力建设和人才培养。组建碳达峰碳中和相关国家实验室、国家重点实验室和国家技术创新中心，适度超前布局国家重大科技基础设施，引导企业、高等学校、科研单位共建一批国家绿色低碳产业创新中心。创新人才培养模式，鼓励高等学校加快新能源、储能、氢能、碳减排、碳汇、碳排放权交易等学科建设和人才培养，建设一批绿色低碳领域未来技术学院、现代产业学院和示范性能源学院。深化产教融合，鼓励校企联合开展产学合作协同育人项目，组建碳达峰碳中和产教融合发展联盟，建设一批国家储能技术产教融合创新平台。

3. 强化应用基础研究。实施一批具有前瞻性、战略性的国家重大前沿科技项目，推动低碳零碳负碳技术装备研发取得突破性进展。聚焦化石能源绿色智能开发和清洁低碳利用、可再生能源大规模利用、新型电力系统、节能、氢能、储能、动力电池、二氧化碳捕集利用与封存等重点，深化应用基础研究。积极研发先进核电技术，加强可控核聚变等前沿颠覆性技术研究。

4. 加快先进适用技术研发和推广应用。集中力量开展复杂大电网安全稳定运行和控制、大容量风电、高效光伏、大功率液化天然气发动机、大容量储能、低成本可再生能源制氢、低成本二氧化碳捕集利用与封存等技术创新，加快碳纤维、气凝胶、特种钢材等基础材料研发，补齐关键零部件、元器件、软件等短板。推广先进成熟绿色低碳技术，开展示范应用。建设全流程、集成化、规模化二氧化碳捕集利用与封存示范项目。推进熔盐储能供热和发电示范应用。加快氢能技术研发和示范应用，探索在工业、交通运输、建筑等领域规模化应用。

（八）碳汇能力巩固提升行动。

坚持系统观念，推进山水林田湖草沙一体化保护和修复，提高生态系统质量和稳定性，提升生态系统碳汇增量。

1. 巩固生态系统固碳作用。结合国土空间规划编制和实施，构建有利于碳达峰、碳中和的国土空间开发保护格局。严守生态保护红线，严控生态空间占用，建立以国家公园为主体的自然保护地体系，稳定现有森林、草原、湿地、海洋、土壤、冻土、岩溶等固碳作用。严格执行土地使用标准，加强节约集约用地评价，推广节地技术和节地模式。

2. 提升生态系统碳汇能力。实施生态保护修复重大工程。深入推进大规模国土绿化行动，巩固退耕还林还草成果，扩大林草资源总量。强化森林资源保护，实施森林质量精准提升工程，提高森林质量和稳定性。加强草原生态保护修复，提高草原综合植被盖度。加强河湖、湿地保护修复。整体推进海洋生态系统保护和修复，提升红树林、海草床、盐沼等固碳能力。加强退化土地修复治理，开展荒漠化、石漠化、水土流失综合治理，实施历史遗留矿山生态修复工程。到2030年，全国森林覆盖率达到25%左右，森林蓄积量达到190亿立方米。

3. 加强生态系统碳汇基础支撑。依托和拓展自然资源调查监测体系，利用好国家林草生态综合监测评价成果，建立生态系统碳汇监测核算体系，开展森林、草原、湿地、海洋、土壤、冻土、岩溶等碳汇本底调查、碳储量评估、潜力分析，实施生态保护修复碳汇成效监测评估。加强陆地和海洋生态系统碳汇基础理论、基础方法、前沿颠覆性技术研究。建立健全能够体现碳汇价值的生态保护补偿机制，研究制定碳汇项目参与全国碳排放权交易相关规则。

4. 推进农业农村减排固碳。大力发展绿色低碳循环农业，推进农光互补、"光伏 + 设施农业"、"海上风电 + 海洋牧场"等低碳农业模式。研发应用增汇型农业技术。开展耕地质量提升行动，实施国家黑土地保护工程，提升土壤有机碳储量。合理控制化肥、农药、地膜使用量，实施化肥农药减量替代计划，加强农作物秸秆综合利用和畜禽粪污资源化利用。

(九)绿色低碳全民行动。

增强全民节约意识、环保意识、生态意识，倡导简约适度、绿色低碳、文明健康的生活方式，把绿色理念转化为全体人民的自觉行动。

1. 加强生态文明宣传教育。将生态文明教育纳入国民教育体系，开展多种形式的资源环境国情教育，普及碳达峰、碳中和基础知识。加强对公众的生态文明科普教育，将绿色低碳理念有机融入文艺作品，制作文创产品和公益广告，持续开展世界地球日、世界环境日、全国节能宣传周、全国低碳日等主题宣传活动，增强社会公众绿色低碳意识，推动生态文明理念更加深入人心。

2. 推广绿色低碳生活方式。坚决遏制奢侈浪费和不合理消费，着力破除奢靡铺张的歪风陋习，坚决制止餐饮浪费行为。在全社会倡导节约用能，开展绿色低碳社会行动示范创建，深入推进绿色生活创建行动，评选宣传一批优秀示范典型，营造绿色低碳生活新风尚。大力发展绿色消费,推广绿色低碳产品,完善绿色产品认证与标识制度。提升绿色产品在政府采购中的比例。

3. 引导企业履行社会责任。引导企业主动适应绿色低碳发展要求,强化环境责任意识,加强能源资源节约,提升绿色创新水平。重点领域国有企业特别是中央企业要制定实施企业碳达峰行动方案,发挥示范引领作用。重点用能单位要梳理核算自身碳排放情况,深入研究碳减排路径,"一企一策"制定专项工作方案,推进节能降碳。相关上市公司和发债企业要按照环境信息依法披露要求,定期公布企业碳排放信息。充分发挥行业协会等社会团体作用,督促企业自觉履行社会责任。

4. 强化领导干部培训。将学习贯彻习近平生态文明思想作为干部教育培训的重要内容,各级党校(行政学院)要把碳达峰、碳中和相关内容列入教学计划,分阶段、多层次对各级领导干部开展培训,普及科学知识,宣讲政策要点,强化法治意识,深化各级领导干部对碳达峰、碳中和工作重要性、紧迫性、科学性、系统性的认识。从事绿色低碳发展相关工作的领导干部要尽快提升专业素养和业务能力,切实增强推动绿色低碳发展的本领。

(十)各地区梯次有序碳达峰行动。

各地区要准确把握自身发展定位,结合本地区经济社会发展实际和资源环境禀赋,坚持分类施策、因地制宜、上下联动,梯次有序推进碳达峰。

1. 科学合理确定有序达峰目标。碳排放已经基本稳定的地区要巩固减排成果,在率先实现碳达峰的基础上进一步降低碳排放。产业结构较轻、能源结构较优的地区要坚持绿色低碳发展,坚决不走依靠"两高"项目拉动经济增长的老路,力争率先实现碳达峰。产业结构偏重、能源结构偏煤的地区和资源型地区要把节能降碳摆在突出位置,大力优化调整产业结构和能源结构,逐步实现碳排放增长与经济增长脱钩,力争与全国同步实现碳达峰。

2. 因地制宜推进绿色低碳发展。各地区要结合区域重大战略、区域协调发展战略和主体功能区战略,从实际出发推进本地区绿色低碳发展。京津冀、长三角、粤港澳大湾区等区域要发挥高质量发展动力源和增长极作用,率先推动经济社会发展全面绿色转型。长江经济带、黄河流域和国家生态文明试验区要严格落实生态优先、绿色发展战略导向,在绿色低碳发展方面走在全国前列。中西部和东北地区要着力优化能源结构,按照产业政策和能耗双控要求,有序推动高耗能行业向清洁能源优势地区集中,积极培育绿色发展动能。

3. 上下联动制定地方达峰方案。各省、自治区、直辖市人民政府要按照国家总体部署,结合本地区资源环境禀赋、产业布局、发展阶段等,坚持全国一盘棋,不抢跑,科学制定本地区碳达峰行动方案,提出符合实际、切实可行的碳达峰时间表、路线图、施工图，避免“一刀切”限电限产或运动式“减碳”。各地区碳达峰行动方案经碳达峰碳中和工作领导小组综合平衡、审核通过后，由地方自行印发实施。

4. 组织开展碳达峰试点建设。加大中央对地方推进碳达峰的支持力度，选择100个具有典型代表性的城市和园区开展碳达峰试点建设，在政策、资金、技术等方面对试点城市和园区给予支持，加快实现绿色低碳转型，为全国提供可操作、可复制、可推广的经验做法。

四、国际合作

（一）深度参与全球气候治理。大力宣传习近平生态文明思想，分享中国生态文明、绿色发展理念与实践经验，为建设清洁美丽世界贡献中国智慧、中国方案、中国力量，共同构建人与自然生命共同体。主动参与全球绿色治理体系建设，坚持共同但有区别的责任原则、公平原则和各自能力原则，坚持多边主义，维护以联合国为核心的国际体系，推动各方全面履行《联合国气候变化框架公约》及其《巴黎协定》。积极参与国际航运、航空减排谈判。

（二）开展绿色经贸、技术与金融合作。优化贸易结构，大力发展高质量、高技术、高附加值绿色产品贸易。加强绿色标准国际合作，推动落实合格评定合作和互认机制，做好绿色贸易规则与进出口政策的衔接。加强节能环保产品和服务进出口。加大绿色技术合作力度，推动开展可再生能源、储能、氢能、二氧化碳捕集利用与封存等领域科研合作和技术交流，积极参与国际热核聚变实验堆计划等国际大科学工程。深化绿色金融国际合作，积极参与碳定价机制和绿色金融标准体系国际宏观协调，与有关各方共同推动绿色低碳转型。

（三）推进绿色“一带一路”建设。秉持共商共建共享原则，弘扬开放、绿色、廉洁理念，加强与共建“一带一路”国家的绿色基建、绿色能源、绿色金融等领域合作，提高境外项目环境可持续性，打造绿色、包容的“一带一路”能源合作伙伴关系，扩大新能源技术和产品出口。发挥“一带一路”绿色发展国际联盟等合作平台作用，推动实施《“一带一路”绿色投资原则》，推进“一带一路”应对气候变化南南合作计划和“一带一路”科技创新行动计划。

五、政策保障

（一）建立统一规范的碳排放统计核算体系。加强碳排放统计核算能力建设，深化核算方法研究，加快建立统一规范的碳排放统计核算体系。支持行业、企业依据自身特点开展碳排放核算方法学研究，建立健全碳排放计量体系。推进碳排放实测技术发展，加快遥感测量、大数据、云计算等新兴技术在碳排放实测技术领域的应用，提高统计核算水平。积极参与国际碳排放核算方法研究，推动建立更为公平合理的碳排放核算方法体系。

（二）健全法律法规标准。构建有利于绿色低碳发展的法律体系，推动能源法、节约能源法、电力法、煤炭法、可再生能源法、循环经济促进法、清洁生产促进法等制定修订。加快节能标准更新，修订一批能耗限额、产品设备能效强制性国家标准和工程建设标准，提高节能降碳要求。健全可再生能源标准体系，加快相关领域标准制定修订。建立健全氢制、储、输、用标准。完善工业绿色低碳标准体系。建立重点企业碳排放核算、报告、核查等标准，探索建立重点产品全生命周期碳足迹标准。积极参与国际能效、低碳等标准制定修订，加强国际标准协调。

（三）完善经济政策。各级人民政府要加大对碳达峰、碳中和工作的支持力度。建立健全有利于绿色低碳发展的税收政策体系，落实和完善节能节水、资源综合利用等税收优惠政策，更好发挥税收对市场主体绿色低碳发展的促进作用。完善绿色电价政策，健全居民阶梯电价制度和分时电价政策，探索建立分时电价动态调整机制。完善绿色金融评价机制，建立健全绿色金融标准体系。大力发展绿色贷款、绿色股权、绿色债券、绿色保险、绿色基金等金融工具，设立碳减排支持工具，引导金融机构为绿色低碳项目提供长期限、低成本资金，鼓励开发性政策性金融机构按照市场化法治化原则为碳达峰行动提供长期稳定融资支持。拓展绿色债券市场的深度和广度，支持符合条件的绿色企业上市融资、挂牌融资和再融资。研究设立国家低碳转型基金，支持传统产业和资源富集地区绿色转型。鼓励社会资本以市场化方式设立绿色低碳产业投资基金。

（四）建立健全市场化机制。发挥全国碳排放权交易市场作用，进一步完善配套制度，逐步扩大交易行业范围。建设全国用能权交易市场，完善用能权有偿使用和交易制度，做好与能耗双控制度的衔接。统筹推进碳排放权、用能权、电力交易等市场建设，加强市场机制间的衔接与协调，将碳排放权、用能权交易纳入公共资源交易平台。积极推行合同能源管理，推广节能咨询、诊断、设计、融资、改造、托管等“一站式”综合服务模式。

六、组织实施

（一）加强统筹协调。加强党中央对碳达峰、碳中和工作的集中统一领导，碳达峰碳中和工作领导小组对碳达峰相关工作进行整体部署和系统推进，统筹研究重要事项、制定重大政策。碳达峰碳中和工作领导小组成员单位要按照党中央、国务院决策部署和领导小组工作要求，扎实推进相关工作。碳达峰碳中和工作领导小组办公室要加强统筹协调，定期对各地区和重点领域、重点行业工作进展情况进行调度，科学提出碳达峰分步骤的时间表、路线图，督促将各项目标任务落实落细。

（二）强化责任落实。各地区各有关部门要深刻认识碳达峰、碳中和工作的重要性、紧迫性、复杂性，切实扛起责任，按照《中共中央　国务院关于完整准确全面贯彻新发展理念做好碳达峰碳中和工作的意见》和本方案确定的主要目标和重点任务，着力抓好各项任务落实，确保政策到位、措施到位、成效到位，落实情况纳入中央和省级生态环境保护督察。各相关单位、人民团体、社会组织要按照国家有关部署，积极发挥自身作用，推进绿色低碳发展。

（三）严格监督考核。实施以碳强度控制为主、碳排放总量控制为辅的制度，对能源消费和碳排放指标实行协同管理、协同分解、协同考核，逐步建立系统完善的碳达峰碳中和综合评价考核制度。加强监督考核结果应用，对碳达峰工作成效突出的地区、单位和个人按规定给予表彰奖励，对未完成目标任务的地区、部门依规依法实行通报批评和约谈问责。各省、自治区、直辖市人民政府要组织开展碳达峰目标任务年度评估，有关工作进展和重大问题要及时向碳达峰碳中和工作领导小组报告。

关于推进中央企业高质量发展做好碳达峰碳中和工作的指导意见

（2021 年 11 月 27 日国资委印发 国资发科创〔2021〕93 号）

实现碳达峰、碳中和，是以习近平同志为核心的党中央统筹国内国际两个大局作出的重大战略决策，对我国实现高质量发展、全面建设社会主义现代化强国具有重要意义。中央企业在关系国家安全与国民经济命脉的重要行业和关键领域占据重要地位，同时也是我国碳排放的重点单位，应当在推进国家碳达峰、碳中和中发挥示范引领作用。为深入贯彻落实党中央、国务院关于碳达峰、碳中和的决策部署，指导中央企业做好碳达峰、碳中和工作，现提出如下意见：

一、总体要求

（一）指导思想。

以习近平新时代中国特色社会主义思想为指导，全面贯彻党的十九大和十九届二中、三中、四中、五中、六中全会精神，深入贯彻习近平生态文明思想，立足新发展阶段，完整、准确、全面贯彻新发展理念，构建新发展格局，坚持系统观念，处理好发展和减排、整体和局部、短期和中长期的关系，把碳达峰、碳中和纳入国资央企发展全局，着力布局优化和结构调整，着力深化供给侧结构性改革，着力降强度控总量，着力科技和制度创新，加快中央企业绿色低碳转型和高质量发展，有力支撑国家如期实现碳达峰、碳中和。

（二）基本原则。

——坚持系统谋划、统筹推进。加强统筹协调，健全激励约束机制，明确总体目标和实施路径，贯穿到企业生产经营全过程和各环节，加快构建有利于碳达峰、碳中和的国有经济布局和结构。鼓励有条件的中央企业率先达峰。

——坚持节约优先、源头减碳。把节约能源资源放在首位，提升利用效率，优化能源结构，供给侧和需求侧两端同时发力，大力推进绿色低碳转型升级，持续降低单位产出能源资源消耗和碳排放，从源头减少二氧化碳排放。

——坚持创新驱动、科技引领。充分发挥中央企业创新主体作用，强化科技创新和制度创新，突破绿色低碳关键核心技术，提升高质量绿色产品服务供给能力，加速绿色低碳关键技术产品推广应用。

——坚持立足实际、稳妥有序。统筹发展与安全，立足我国能源资源禀赋和企业实际，以保障国家能源安全和经济发展为底线，加强风险研判和应对，着力化解各类风险隐患，确保安全降碳。

二、主要目标

到 2025 年，中央企业产业结构和能源结构调整优化取得明显进展，重点行业能源利用效率大幅提升，新型电力系统加快构建，绿色低碳技术研发和推广应用取得积极进展；中央企业万元产值综合能耗比 2020 年下降 15%，万元产值二氧化碳排放比 2020 年下降 18%，可再生能源发电装机比重达到 50% 以上，战略性新兴产业营收比重不低于 30%，为实现碳达峰奠定坚实基础。

到 2030 年，中央企业全面绿色低碳转型取得显著成效，产业结构和能源结构调整取得重大进展，重点行业企业能源利用效率接近世界一流企业先进水平，绿色低碳技术取得重大突破，绿色低碳产业规模与比重明显提升，中央企业万元产值综合能耗大幅下降，万元产值二氧化碳排放比 2005 年下降 65% 以上，中央企业二氧化碳排放量整体达到峰值并实现稳中有降，有条件的中央企业力争碳排放率先达峰。

到 2060 年，中央企业绿色低碳循环发展的产业体系和清洁低碳安全高效的能源体系全面建立，能源利用效率达到世界一流企业先进水平，形成绿色低碳核心竞争优势，为国家顺利实现碳中和目标作出积极贡献。

三、推动绿色低碳转型发展

（一）强化国有资本绿色低碳布局。服务国家绿色低碳发展战略，把绿色低碳发展理念完整、准确、全面贯彻到国资国企改革发展全过程和各领域，深入推进供给侧结构性改革，构建有利于国家实现碳达峰、碳中和的国有经济布局和结构。调整国有资本存量结构，加快清理处置不符合绿色低碳标准要求的资产和企业，深入推进战略性重组和专业化整合。优化国有资本增量投向，加大绿色低碳投资，充分发挥投资引导作用，推动国有资本增量向绿色低碳和前瞻性战略性新兴产业集中。

（二）强化绿色低碳发展规划引领。将碳达峰、碳中和目标要求全面融入中央企业中长期发展规划。加强与各级各类规划的衔接协调，确保企业落实碳达峰、碳中和的主要目标、发展方向、重大项目与各方面部署要求协调一致。中央企业根据自身情况制定碳达峰行动方案，提出符合实际、切实可行的碳达峰时间表、路线图、施工图，积极开展碳中和实施路径研究，发挥示范引领作用。

（三）加快形成绿色低碳生产方式。大力推动中央企业节能减排，建立资源循环型产业体系，全面提高能源资源利用效率。推进工业绿色升级，全面实施重点行业清洁生产提升改造、绿色化改造，鼓励建设厂房集约化、原料无害化、生产洁净化、废物资源化、能源低碳化的绿色工厂。支持中央企业通过项目合作、产业共建、搭建联盟等市场化方式引领各类市场主体绿色低碳发展，构建绿色低碳供应链体系。鼓励节能低碳和环境服务等新业态发展和模式创新。

（四）发挥绿色低碳消费引领作用。扩大中央企业绿色低碳产品和服务的有效供给。推进产品绿色设计，强化产品全生命周期绿色管理，落实生产者责任延伸制。鼓励和推动绿色低碳产品和服务认证管理，鼓励企业发布绿色低碳产品名单。带头执行企业绿色采购指南，全面推行绿色低碳办公，倡导绿色低碳生活方式和消费模式。企业新建公共建筑要全面执行绿色低碳建筑标准，既有公共建筑要加快节能改造。

（五）积极开展绿色低碳国际交流合作。推动中央企业强化绿色低碳经贸、技术国际交流合作。中央企业大力发展高质量、高技术、高附加值的绿色产品贸易，推动绿色低碳产品、服务和标准“走出去”，严格管理高耗能高排放产品出口。服务绿色“一带一路”建设，深化与共建“一带一路”国家和地区在绿色基建、绿色能源、绿色金融、绿色技术等领域的合作，优先采用低碳、节能、环保、绿色的材料与技术工艺，提高境外项目环境可持续性，打造绿色、包容的“一带一路”合作伙伴关系。

四、建立绿色低碳循环产业体系

（一）坚决遏制高耗能高排放项目盲目发展。中央企业要严控高耗能高排放项目，优化高耗能高排放项目产能规模和布局，实施台账管理、动态监控、分类处置。科学稳妥推进拟建项目，新建、扩建钢铁、水泥、平板玻璃、电解铝等高耗能高排放项目严格落实等量或减量置换，严格执行煤电、石化、煤化工等产能控制政策。深入挖掘存量项目潜力，加快实施改造升级，推动能效水平应提尽提，力争全面达到国内乃至国际先进水平。坚决关停不符合有关政策要求的高耗能高排放项目。

（二）推动传统产业转型升级。坚持化解产能与产业升级相结合，巩固钢铁、煤炭去产能成果，加快淘汰落后产能。全面建设绿色制造体系，加快推进煤电、钢铁、有色金属、建材、石化化工、造纸等工业行业低碳工艺革新和数字化转型，提高工业电气化水平，促进绿色电力消费，提高能源资源利用效率。持续推进电子材料、电子整机产品制造绿色低碳工艺创新应用，显著降低制造能耗。提升建筑行业绿色低碳发展水平，全面推行绿色建造工艺和绿色低碳建材，推动建材减量化、循环化利用，推进超低能耗、近零能耗、低碳建筑规模化发展。打造绿色低碳综合交通运输体系，调整优化运输结构，积极推动大宗货物和中长距离货物运输“公转铁”“公转水”，推动交通领域电气化、智能化，推广节能和新能源载运工具及配套设施设备。加快商贸流通、信息服务等服务业绿色低碳转型，加快绿色数据中心建设。

（三）大力发展绿色低碳产业。鼓励中央企业抢占绿色低碳发展先机，推动战略性新兴产业融合化、集群化、生态化发展。加快发展新一代信息技术、生物技术、新能源、新材料、高端装备、新能源汽车、绿色环保以及航空航天、海洋装备等战略性新兴产业。推动互联网、大数据、人工智能、5G 等新兴技术与绿色低碳产业深度融合。进一步提升绿色环保产业发展质量效益，培育具有国际竞争力的大型绿色环保企业集团，培育综合能源服务、合同能源管理、第三方环境污染治理、碳排放管理综合服务等新业态新模式。

（四）加快构建循环经济体系。中央企业要以减量化、再利用、资源化为重点，着力构建资源循环型产业体系。推动企业循环式生产、产业循环式组合，促进废物综合利用、能源梯级利用、余热余压余能利用、水资源循环使用，重点拓宽大宗工业固体废物、建筑垃圾等的综合利用渠道和利用规模，开展示范工程建设。推动再制造产业高质量发展，提升汽车零部件、工程机械、机床等再制造水平，鼓励企业广泛推广应用再制造产品和服务。支持有条件的企业积极参与城市生活垃圾协同处置。提升再生资源加工利用水平，推动废钢铁、废有色金属、废塑料、废旧动力电池等再生资源规模化、规范化、清洁化利用。

五、构建清洁低碳安全高效能源体系

（一）加快提升能源节约利用水平。中央企业要统筹好“控能”和“控碳”的关系，坚持节约优先发展战略，强化能源消费总量和强度双控，严格能耗强度和碳排放强度约束性指标管理，探索增强能耗总量管理弹性，合理控制能源消费总量。健全能耗双控管理措施，严格落实建设项目节能评估审查要求，加快实施节能降碳重点工程，推进重点用能设备节能增效。加强产业规划布局、重大项目建设与能耗双控政策的有效衔接，推动能源资源配置更加合理、利用效率大幅提高。

（二）加快推进化石能源清洁高效利用。中央企业要推进煤炭消费转型升级，严格合理控制煤炭消费增长。统筹煤电发展和保供调峰，严格控制煤电装机规模，根据发展需要合理建设先进煤电，继续有序淘汰落后煤电，加快现役机组节能升级和灵活性改造，推动煤电向基础保障性和系统调节性电源转型。支持企业探索利用退役火电机组的既有厂址和相关设施建设新型储能设施。推进其他重点用煤行业减煤限煤，有序推进煤炭替代和煤炭清洁利用。严控传统煤化工产能，稳妥有序发展现代煤化工，提高煤炭作为化工原料的综合利用效能，促进煤化工产业高端化、多元化、低碳化发展,积极发展煤基特种燃料、煤基生物可降解材料等。加快推进绿色智能煤矿建设,鼓励利用废弃矿区开展新能源及储能项目开发建设,加大对煤炭企业退出和转型发展以及从业人员的扶持力度。提升油气田清洁高效开采能力,加快页岩气、煤层气、致密油气等非常规油气资源规模化开发,鼓励油气企业利用自有建设用地发展可再生能源以及建设分布式能源设施,在油气田区域建设多能互补的区域供能系统。推动炼化企业转型升级,严控炼油产能,有序推进减油增化,优化产品结构。鼓励传统加油站、加气站建设油气电氢一体化综合交通能源服务站。

(三)加快推动非化石能源发展。优化非化石能源发展布局,不断提高非化石能源业务占比。完善清洁能源装备制造产业链,支撑清洁能源开发利用。全面推进风电、太阳能发电大规模、高质量发展,因地制宜发展生物质能,探索深化海洋能、地热能等开发利用。坚持集中式与分布式并举,优先推动风能、太阳能就地就近开发利用,加快智能光伏产业创新升级和特色应用。因地制宜开发水电,推动已纳入国家规划、符合生态环保要求的水电项目开工建设。积极安全有序发展核电,培育高端核电装备制造产业集群。稳步构建氢能产业体系,完善氢能制、储、输、用一体化布局,结合工业、交通等领域典型用能场景,积极部署产业链示范项目。加大先进储能、温差能、地热能、潮汐能等新兴能源领域前瞻性布局力度。

(四)加快构建以新能源为主体的新型电力系统。着力提升供电保障能力,提高电网对高比例可再生能源的消纳和调控能力,确保大电网安全稳定运行。加强源网荷储协同互动,着力提升电力系统灵活调节能力。加快实施煤电灵活性改造,推进自备电厂参与电力系统调节。高质量建设核心骨干网架,鼓励建设智慧能源系统和微电网。强化用电需求侧响应,推动中央企业积极参与虚拟电厂试点和实施。加快推进生态友好、条件成熟、指标优越的抽水蓄能电站建设,积极推进在建项目建设,结合地方规划积极开展中小型抽水蓄能建设,探索推进水电梯级融合改造,发展抽水蓄能现代化产业。推动高安全、低成本、高可靠、长寿命的新型储能技术研发和规模化应用。健全源网荷储互动技术应用架构和标准规范,建设源网荷储协同互动调控平台,塑造多元主体广泛参与的共建共享共赢产业生态。

六、强化绿色低碳技术科技攻关和创新应用

(一)加强绿色低碳技术布局与攻关。充分发挥中央企业创新主体作用,支持中央企业加快绿色低碳重大科技攻关,积极承担国家绿色低碳重大科技项目,力争在低碳零碳负碳先进适用技术方面取得突破。布局化石能源绿色智能开发和清洁低碳利用、新型电力系统、零碳工业流程再造等低碳前沿技术攻关,深入开展智能

电网、抽水蓄能、先进储能、高效光伏、大容量风电、绿色氢能、低碳冶金、现代煤化工、二氧化碳捕集利用与封存等关键技术攻关，鼓励加强产业共性基础技术研究，加快碳纤维、气凝胶等新型材料研发应用。加强绿色氢能示范验证和规模应用，推动建设低成本、全流程、集成化、规模化的二氧化碳捕集利用与封存示范项目。

（二）打造绿色低碳科技创新平台。聚焦先进核能、绿色低碳电力装备、新型电力系统、新能源汽车及智能（网联）汽车等重点领域，推动中央企业布局建设一批原创技术策源地，强化原创技术供给，加速创新要素集聚。推进创新主体协同，鼓励中央企业积极承建或参与绿色低碳技术领域国家重点实验室、国家技术创新中心等平台建设，加强行业共性技术问题的应用研究，发挥行业引领示范作用。支持中央企业整合企业、高校、科研院所、产业园区等力量，在绿色低碳技术领域建立体系化、任务型创新联合体，整合创新资源，加强创新合作，打造绿色低碳产业技术协同创新平台。

（三）强化绿色低碳技术成果应用。支持中央企业加快绿色低碳新技术、新工艺、新装备应用，有效支撑中央企业“碳达峰、碳中和”目标实现。研究实施绿色低碳技术重大创新成果考核奖励，激励中央企业扩大绿色低碳首台（套）装备和首批次新材料应用。推动中央企业实施绿色低碳领域重大科技成果产业化示范工程，发挥重大工程牵引带动作用，与有条件的地方和科技园区协同联动，推动绿色低碳重大先进技术成果示范应用，带动产业链上下游各类企业推广应用先进成熟技术。

七、建立完善碳排放管理机制

（一）提升碳排放管理能力。推动中央企业建立健全碳排放统计、监测、核查、报告、披露等体系。提高统计监测能力，加强重点单位能耗在线监测系统建设。加强二氧化碳排放统计核算能力建设，提升信息化实测水平。科学开展碳排放盘查工作，建立健全碳足迹评估体系，强化产品全生命周期碳排放精细化管理，重点排放单位严格落实温室气体排放报告编制及上报要求。创新人才培养机制，组织开展碳减排、碳管理、碳交易等专业化、系统化培训，打造一支高水平的专业人才队伍。

（二）提升碳交易管理能力。鼓励中央企业加快建立完善碳交易管理机制，严格落实碳排放权交易有关会计处理规定，加强对购入碳排放配额的资产管理。支持有条件的企业设立专业碳交易管理机构，建立企业碳交易管理信息系统，强化碳市场分析、碳配额管理、排放报告编制、碳交易运作等工作。积极参加全国和区域碳排放权交易，严格执行碳排放权交易有关管理规定，按要求开展排放权交易及配额清缴。积极培育新产品与新业务，开发碳汇项目与国家核证自愿减排量（CCER）项目。完善国有资产监管信息平台，建立中央企业碳交易信息共享共用机制，发挥协同效应。

(三)提升绿色金融支撑能力。积极发展绿色金融,有序推进绿色低碳金融产品和服务开发,拓展绿色信贷、绿色债券、绿色基金、绿色保险业务范围,积极探索碳排放权抵押贷款等绿色信贷业务。支持符合条件的绿色低碳产业企业上市融资和再融资。鼓励有条件的企业发起设立低碳基金,推动绿色低碳产业项目落实。

八、切实加强组织实施

(一)加强组织领导。国资委成立碳达峰、碳中和工作领导小组,全面统筹推进中央企业碳达峰、碳中和工作。中央企业建立相应领导机构,企业主要负责同志是本企业碳达峰、碳中和工作第一责任人,其他有关负责同志在职责范围内承担相应责任。将碳达峰、碳中和作为干部教育培训体系重要内容,增强各级领导干部抓好绿色低碳发展的本领。

(二)加强统筹协调。国资委加强对企业落实进展情况的跟踪评估和督促检查,统筹各方面资源,充分发挥行业协会作用,协调解决企业实施工作中遇到的重大问题。各中央企业集团公司要结合实际制定具体实施方案,明确工作目标,分解具体任务,压实工作责任,坚决杜绝"运动式"减碳,确保如期高质量完成目标任务。

(三)加强考核约束。国资委将碳达峰、碳中和工作纳入中央企业考核评价体系,对工作成效突出的企业予以表彰奖励。对落实党中央、国务院决策部署不力、未完成目标的企业实行通报批评和约谈,对造成严重不良影响的,严肃追责问责。中央企业要建立健全企业内部碳达峰、碳中和工作监督考核机制,有关贯彻落实情况每年向国资委报告。

(四)加强重点推动。以煤电、钢铁、有色金属、建材、石化化工等排放量大的行业企业为重点,加强政策指导,加大推动力度,支持有条件的中央企业率先实现碳达峰。鼓励企业积极开展绿色低碳先行示范,培育示范企业,打造示范园区,探索并推广有效模式和有益经验。

(五)加强宣传引导。及时总结提炼促进碳减排的先进做法、成功经验、典型模式并加以推广,积极宣传中央企业应对气候变化的举措、成效,善于用案例讲好应对气候变化的央企故事,彰显中央企业责任担当。

电力规划管理办法

（2016 年 5 月 17 日　国能电力〔2016〕139 号）

第一章　总　　则

第一条　为加强电力规划管理，促进电力工业健康发展，依据《中华人民共和国电力法》等相关法律法规和《中共中央　国务院关于进一步深化电力体制改革的若干意见》要求，制定本办法。

第二条　电力规划是指导电力工业发展的纲领性文件，是能源规划的重要组成部分，应纳入国民经济和社会发展规划。本办法所称电力规划指 5 年期规划，与国民经济和社会发展规划同步，定期编制并公开发布。研究和编制电力规划应展望 10 年至 15 年电力发展趋势。

第三条　电力规划主要包括全国电力规划（含区域电力规划，下同）和省级电力规划。全国电力规划由国家能源局负责编制，经国家发展和改革委员会审定后，由国家能源局公开发布（保密内容除外）。省级电力规划由省级能源主管部门负责编制，报国家能源局衔接并达成一致后，由省级人民政府批准并公开发布（保密内容除外）。全国电力规划指导省级电力规划，省级电力规划服从全国电力和能源规划及省级能源发展规划，全国电力规划和省级电力规划应做到上下衔接，协调统一。

第四条　电力规划工作可分为研究与准备、编制与衔接、审定与发布、实施与调整、评估与监督等环节。

第五条　电力规划应遵循国家法律、法规，贯彻落实国家能源发展战略和相关产业政策，满足电力行业相关规程、规范和标准的要求，同步开展环境影响评价，注重提升覆盖面、权威性和科学性，增强透明度和公众参与度。

第六条　电力规划应在能源发展总体规划框架下，统筹衔接水电、煤电，气电、核电、新能源发电以及输配电网等规划；支持非化石能源优先利用和分布式能源发展，努力实现电力系统安全可靠、经济合理、清洁环保、灵活高效；鼓励创新，促进电力产业升级，积极推动能源生产、消费、供给与科技革命，促进能源与经济社会创新、协调、绿色、开放、共享发展。

第二章 组织与职责

第七条 国家能源局是全国电力规划的责任部门,省级能源主管部门是省级电力规划的责任部门,按照“政府主导、机构研究、咨询论证、多方参与、科学决策”的原则,分别组织编制全国和省级电力规划。规划编制主要参与者包括:政府部门、研究机构、电力企业、电力行业相关单位和电力规划、环境保护专家等。

第八条 电力规划研究机构是电力规划研究工作的主要承担单位,受国家能源局、省级能源主管部门委托,开展电力规划专题研究和综合研究。

第九条 电力企业是电力规划的主要实施主体和安全责任主体,应负责提供规划基础数据,积极承担电力规划的研究课题,提出规划建议,支持和配合规划工作,并按审定的全国、省级电力规划编制企业规划。

第十条 电力企业联合会等行业协会、学会、科研机构和高校等相关单位,应积极参与配合电力规划工作,向能源主管部门提出研究建议。

第十一条 建立完善电力规划专家库,聘请专家参与规划研究和论证,提供技术咨询。

第三章 研究与准备

第十二条 电力规划编制应从全面、深入、专业的研究入手,并以电力规划研究成果为基础。电力规划研究包括电力规划建议、电力规划专题研究和电力规划综合研究三类。

(一)电力规划建议是电力企业立足自身主营业务研究提出的规划建议,以及电力行业协会、学会、科研机构和高校等自主或受托提出的规划建议,是电力规划的关键支撑和基础。

(二)电力规划专题研究是针对影响电力规划的重大问题开展的研究,主要涉及电力需求、结构与布局、系统安全、经济评价、环境评价、科技进步、体制改革等。

(三)电力规划综合研究是在规划建议、规划专题研究的基础上,通过综合比选与平衡衔接,提出全面系统的电力规划研究成果。综合研究是编制电力规划的核心技术支撑。

第十三条 国家能源局和省级能源主管部门应按照能源规划工作总体安排,提前 2 年开展电力规划编制,及时启动专题和综合研究工作。

第十四条 电力规划专题研究和电力规划综合研究,由能源主管部门通过招标或协商等方式,委托电力规划研究机构或有资质的研究机构承担,也可由有关单位及专家根据工作需要,自行选题组织专题研究。研究过程中,能源主管部门应通过专题调研和座谈会议等方式,重点对电力需求、规模与布局、系统安全、电力流向等内容听取地方政府、电力企业和电力用户的意见和建议。

第十五条 重要的规划专题研究完成后,应由能源主管部门组织咨询机构和专家评审,并提出评审意见。规划环境影响评价研究和水资源供应研究应征询环境和水资源主管部门意见。

第十六条 电力规划综合研究报告完成后,由国家能源局或省级能源主管部门组织咨询机构和专家评审,并提出评审意见,作为编制全国和省级电力规划的依据。

第十七条 及时修订完善电力规划研究相关技术标准和报告内容深度规定,不断提高研究水平和报告质量。

第四章 编制与衔接

第十八条 电力规划编制要以电力规划综合研究成果为依据,充分吸收电力规划建议,全面落实国家和地方经济社会发展目标要求,深入分析电力工业现状、面临的形势以及政策、资源和生态环境等约束性因素,提出电力发展的指导思想、基本原则、发展目标、重点任务及保障措施。

第十九条 全国电力规划应重点提出五年规划期内大型水电(含抽水蓄能)、核电规模及项目建设安排(含投产与开工),风电、光伏(光热)等新能源发电建设规模,煤电基地开发规模,跨省跨区电网项目建设安排(含投产与开工),省内500千伏及以上电网项目建设安排(含投产与开工),以及省内自用煤电、气电规模。

第二十条 省级电力规划应重点明确所属地区的大中型水电(含抽水蓄能)、煤电、气电、核电等项目建设安排(含投产与开工),进一步明确新能源发电的建设规模和布局,提出110千伏(66千伏)及以上电网项目建设安排(含投产和开工)和35千伏及以下电网建设规模。

第二十一条 电力规划应在建设规模、投产时序、系统接入和消纳市场等方面统筹衔接水电、煤电、气电、核电、新能源发电等各类电源专项规划,形成协调统一的电力规划。

第二十二条 电力规划编制中,应通过联席会议、调研走访、专题讨论等机制和方式,加强电力规划与土地利用、城乡建设、环境保护、水资源利用等相关规划的协调,加强电力规划与交通运输、设备制造、供气供热、城市管网等上下游行业规划的协调,加强规划环境影响评价成果与规划草案完善的互动反馈。

第二十三条 电力规划应与能源发展总体规划衔接一致,按照省级电力规划服从全国电力规划和省级能源发展规划的原则,通过"两上两下",对全国电力规划和省级电力规划进行衔接,对送电省电力规划和受电省电力规划进行衔接,保证上下级规划和相关省级规划之间有效衔接、协调统一。

"一上",规划编制工作启动后,各省级能源主管部门研究提出省级电力规划初稿,提交国家能源局。

"一下",国家能源局组织对省级规划初稿进行汇总平衡后,初步明确全国规划主要目标、总体框架和各省级规划的边界条件,并书面反馈各省级能源主管部门。

"二上",各省级能源主管部门根据反馈意见编制省级电力规划(含规划环境影响评价),报送国家能源局。

"二下",国家能源局对各省级电力规划综合衔接平衡,并书面反馈意见,省级能源主管部门按照反馈意见修改完善省级电力规划。

第二十四条 建立健全电力规划指标体系,加强电力规划指标的量化管理,提高规划的指导性和可操作性。

第二十五条 电力规划草案形成后,应广泛征求政府部门、电力企业、其他相关单位和专家意见。电力规划上报审定前,宜委托有资质的中介机构进行咨询并提出咨询意见。研究探索电力规划听证制度。

第五章 审定与发布

第二十六条 全国电力规划一般于五年规划第一年的五月底前由国家能源局报经国家发展改革委审定,由国家能源局公开发布。

第二十七条 省级电力规划一般于五年规划第一年的六月底前由省级能源主管部门编制完成报国家能源局衔接并达成一致后,按程序公开发布。

第六章 实施与调整

第二十八条 电力规划审定发布后,各级能源主管部门及电力企业应全面落实规划明确的各项任务。

第二十九条 已经纳入电力规划或符合规划布局的项目,业主单位可依据审定的规划向国土、城建、环保、水利等部门申请支持性文件;需要核准的,由相应主管部门按程序核准。核电项目相关规定另行制定。

第三十条 未纳入电力规划的重大项目、不符合规划布局的电力项目不予核准。特殊情况下,应先调整规划后再行核准。省级能源主管部门年度核准的新能源发电规模不应超过年度开发方案确定的当年开工规模。需要超过时,应及时调整规划并报告主管部门审定。未经核准的电力项目,不得进入电力市场交易,不得纳入电网准许成本并核定输配电价,不得享受电价补贴、税收减免等扶持政策。

第三十一条 电力企业应按照审定发布的电力规划,制定企业发展规划,积极开展规划项目前期工作,有序推进项目建设,保障规划顺利落实。

第三十二条 各级政府及能源主管部门应重视和支持电力规划的实施,注重电力规划与土地利用规划和城乡建设规划实施的协调,保障电力建设项目厂址、站址和输电走廊用地。

第三十三条 已经纳入电力规划但未按期实施的电源、电网建设项目,项目业主应及时向能源主管部门说明情况。无正当理由不按期实施、并造成严重后果的,能源主管部门应对业主通报批评;属于发电等竞争性领域的,能源主管部门可对无正当理由不按期实施的项目通过招标或协商等方式交由其他投资主体实施。

第三十四条 规划实施过程中,可根据实际情况对电力规划进行适当滚动和调整。电力规划发布 2 至 3 年后,国家能源局和省级能源主管部门可根据经济发展情况和规划实施情况对五年规划进行滚动。如遇重大变化,或应电力企业申请,也可由规划编制部门按程序组织对规划具体项目进行调整。

第三十五条 开展电力规划滚动的,应在电力规划执行第 2 年组织开展专题研究工作,第 3 年编制滚动规划,并对滚动规划进行评审、审定和发布。

第三十六条 开展电力规划调整的,应委托规划研究机构开展专题研究,经专门机构评估论证后,按程序将新增电力项目纳入规划,或将相关项目调出规划。

第三十七条 全国电力规划滚动调整由国家能源局组织,按程序公开发布(保密内容除外);省级电力规划滚动调整由省级能源主管部门负责,经与全国规划衔接调整后,按程序公开发布(保密内容除外)。

第三十八条 继续深化行政审批制度改革,逐步推行政府规划指导、企业自主决策的电力项目建设新机制。积极探索电源项目前期工作市场化和业主招标制。

第七章 评估与监督

第三十九条 国家能源局及派出机构和省级能源主管部门应加强对电力规划实施情况的评估和监督。

第四十条 建立电力规划定期评估机制。规划实施 2 年后,国家能源局应委托中介机构开展全国电力规划中期评估咨询,省级能源主管部门应委托中介机构开展省级电力规划中期评估咨询,分别形成《电力规划实施中期评估报告》;5 年规划结束后,形成《电力规划实施评估报告》。国家能源局派出机构应相应编制并发布《中期电力规划实施情况监管报告》和《五年期电力规划实施情况监管报告》,作为规划编制和滚动调整的重要参考。

第四十一条 电力规划实施情况评估工作应对电力规划成功的经验进行总结,对暴露的问题进行分析,并提出相关建议。

第四十二条 在规划实施过程中,能源主管部门可定期进行监督检查,发现问题及时纠正。探索建立规划审计制度。

第八章 保障措施

第四十三条 各级能源主管部门应加强对电力规划编制、实施、评估的组织领导,将规划管理工作作为推动电力发展的重要手段。做到五年规划指导年度计划。

第四十四条 健全和完善国家和省级电力规划研究机构和技术支撑体系。国家电力规划研究中心等电力规划研究机构应充分发挥研究力量的支撑作用,与相关协会、学会、科研机构、高校和企业密切协作,构建强有力的规划研究支撑体系。重视电力规划人才储备和培养,加强电力规划模型、软件、平台等技术手段的研发,增强规划编制的技术支撑能力。各省应建立电力规划支撑体系。

第四十五条 建立健全电力规划标准体系,修订完善电力规划技术标准,推动电力规划工作标准化。

第四十六条 加快电力规划信息平台建设,推进电力规划信息共享,为规划研究和编制提供全面、准确、开放的数据支撑。地方政府相关部门、行业协会、电力企业应为信息平台建设提供必要的基础数据和信息。

第四十七条 规划研究、规划编制和信息平台建设及维护经费纳入国家和各级地方政府财政预算。合理确定规划编制经费水平,保障规划编制工作经费需要。

第九章 附 则

第四十八条 本办法由国家能源局负责解释。

第四十九条 全国和省级电力规划工作应当遵循本办法,地级市及以下能源主管部门参照执行。

第五十条 本办法自公布之日起实施。

第二章　电力建设与保护

电力设施保护条例

（1987年9月15日国务院发布　根据1998年1月7日《国务院关于修改〈电力设施保护条例〉的决定》第一次修订　根据2011年1月8日《国务院关于废止和修改部分行政法规的决定》第二次修订）

第一章　总　　则

第一条　为保障电力生产和建设的顺利进行，维护公共安全，特制定本条例。

第二条　本条例适用于中华人民共和国境内已建或在建的电力设施（包括发电设施、变电设施和电力线路设施及其有关辅助设施，下同）。

第三条　电力设施的保护，实行电力管理部门、公安部门、电力企业和人民群众相结合的原则。

第四条　电力设施受国家法律保护，禁止任何单位或个人从事危害电力设施的行为。任何单位和个人都有保护电力设施的义务，对危害电力设施的行为，有权制止并向电力管理部门、公安部门报告。

电力企业应加强对电力设施的保护工作，对危害电力设施安全的行为，应采取适当措施，予以制止。

第五条　国务院电力管理部门对电力设施的保护负责监督、检查、指导和协调。

第六条　县以上地方各级电力管理部门保护电力设施的职责是：

（一）监督、检查本条例及根据本条例制定的规章的贯彻执行；

（二）开展保护电力设施的宣传教育工作；

（三）会同有关部门及沿电力线路各单位，建立群众护线组织并健全责任制；

（四）会同当地公安部门，负责所辖地区电力设施的安全保卫工作。

第七条　各级公安部门负责依法查处破坏电力设施或哄抢、盗窃电力设施器材的案件。

第二章　电力设施的保护范围和保护区

第八条　发电设施、变电设施的保护范围：

（一）发电厂、变电站、换流站、开关站等厂、站内的设施；

（二）发电厂、变电站外各种专用的管道（沟）、储灰场、水井、泵站、冷却水塔、油库、堤坝、铁路、道路、桥梁、码头、燃料装卸设施、避雷装置、消防设施及其有关辅助设施；

（三）水力发电厂使用的水库、大坝、取水口、引水隧洞（含支洞口）、引水渠道、调压井（塔）、露天高压管道、厂房、尾水渠、厂房与大坝间的通信设施及其有关辅助设施。

第九条　电力线路设施的保护范围：

（一）架空电力线路：杆塔、基础、拉线、接地装置、导线、避雷线、金具、绝缘子、登杆塔的爬梯和脚钉，导线跨越航道的保护设施，巡（保）线站，巡视检修专用道路、船舶和桥梁，标志牌及其有关辅助设施；

（二）电力电缆线路：架空、地下、水底电力电缆和电缆联结装置，电缆管道、电缆隧道、电缆沟、电缆桥，电缆井、盖板、人孔、标石、水线标志牌及其有关辅助设施；

（三）电力线路上的变压器、电容器、电抗器、断路器、隔离开关、避雷器、互感器、熔断器、计量仪表装置、配电室、箱式变电站及其有关辅助设施；

（四）电力调度设施：电力调度场所、电力调度通信设施、电网调度自动化设施、电网运行控制设施。

第十条　电力线路保护区：

（一）架空电力线路保护区：导线边线向外侧水平延伸并垂直于地面所形成的两平行面内的区域，在一般地区各级电压导线的边线延伸距离如下：

1 – 10 千伏	5 米
35 – 110 千伏	10 米
154 – 330 千伏	15 米
500 千伏	20 米

在厂矿、城镇等人口密集地区，架空电力线路保护区的区域可略小于上述规

定。但各级电压导线边线延伸的距离,不应小于导线边线在最大计算弧垂及最大计算风偏后的水平距离和风偏后距建筑物的安全距离之和。

(二)电力电缆线路保护区:地下电缆为电缆线路地面标桩两侧各0.75米所形成的两平行线内的区域;海底电缆一般为线路两侧各2海里(港内为两侧各100米),江河电缆一般不小于线路两侧各100米(中、小河流一般不小于各50米)所形成的两平行线内的水域。

第三章 电力设施的保护

第十一条 县以上地方各级电力管理部门应采取以下措施,保护电力设施:

(一)在必要的架空电力线路保护区的区界上,应设立标志,并标明保护区的宽度和保护规定;

(二)在架空电力线路导线跨越重要公路和航道的区段,应设立标志,并标明导线距穿越物体之间的安全距离;

(三)地下电缆铺设后,应设立永久性标志,并将地下电缆所在位置书面通知有关部门;

(四)水底电缆敷设后,应设立永久性标志,并将水底电缆所在位置书面通知有关部门。

第十二条 任何单位或个人在电力设施周围进行爆破作业,必须按照国家有关规定,确保电力设施的安全。

第十三条 任何单位或个人不得从事下列危害发电设施、变电设施的行为:

(一)闯入发电厂、变电站内扰乱生产和工作秩序,移动、损害标志物;

(二)危及输水、输油、供热、排灰等管道(沟)的安全运行;

(三)影响专用铁路、公路、桥梁、码头的使用;

(四)在用于水力发电的水库内,进入距水工建筑物300米区域内炸鱼、捕鱼、游泳、划船及其他可能危及水工建筑物安全的行为;

(五)其他危害发电、变电设施的行为。

第十四条 任何单位或个人,不得从事下列危害电力线路设施的行为:

(一)向电力线路设施射击;

(二)向导线抛掷物体;

(三)在架空电力线路导线两侧各300米的区域内放风筝;

(四)擅自在导线上接用电器设备;

(五)擅自攀登杆塔或在杆塔上架设电力线、通信线、广播线,安装广播喇叭;

(六)利用杆塔、拉线作起重牵引地锚;

(七)在杆塔、拉线上拴牲畜、悬挂物体、攀附农作物;

(八)在杆塔、拉线基础的规定范围内取土、打桩、钻探、开挖或倾倒酸、碱、盐及其他有害化学物品;

(九)在杆塔内(不含杆塔与杆塔之间)或杆塔与拉线之间修筑道路;

(十)拆卸杆塔或拉线上的器材,移动、损坏永久性标志或标志牌;

(十一)其他危害电力线路设施的行为。

第十五条 任何单位或个人在架空电力线路保护区内,必须遵守下列规定:

(一)不得堆放谷物、草料、垃圾、矿渣、易燃物、易爆物及其他影响安全供电的物品;

(二)不得烧窑、烧荒;

(三)不得兴建建筑物、构筑物;

(四)不得种植可能危及电力设施安全的植物。

第十六条 任何单位或个人在电力电缆线路保护区内,必须遵守下列规定:

(一)不得在地下电缆保护区内堆放垃圾、矿渣、易燃物、易爆物,倾倒酸、碱、盐及其他有害化学物品,兴建建筑物、构筑物或种植树木、竹子;

(二)不得在海底电缆保护区内抛锚、拖锚;

(三)不得在江河电缆保护区内抛锚、拖锚、炸鱼、挖沙。

第十七条 任何单位或个人必须经县级以上地方电力管理部门批准,并采取安全措施后,方可进行下列作业或活动:

(一)在架空电力线路保护区内进行农田水利基本建设工程及打桩、钻探、开挖等作业;

(二)起重机械的任何部位进入架空电力线路保护区进行施工;

(三)小于导线距穿越物体之间的安全距离,通过架空电力线路保护区;

(四)在电力电缆线路保护区内进行作业。

第十八条 任何单位或个人不得从事下列危害电力设施建设的行为:

(一)非法侵占电力设施建设项目依法征收的土地;

(二)涂改、移动、损害、拔除电力设施建设的测量标桩和标记;

(三)破坏、封堵施工道路,截断施工水源或电源。

第十九条 未经有关部门依照国家有关规定批准,任何单位和个人不得收购电力设施器材。

第四章　对电力设施与其他设施互相妨碍的处理

第二十条　电力设施的建设和保护应尽量避免或减少给国家、集体和个人造成的损失。

第二十一条　新建架空电力线路不得跨越储存易燃、易爆物品仓库的区域；一般不得跨越房屋，特殊情况需要跨越房屋时，电力建设企业应采取安全措施，并与有关单位达成协议。

第二十二条　公用工程、城市绿化和其他工程在新建、改建或扩建中妨碍电力设施时，或电力设施在新建、改建或扩建中妨碍公用工程、城市绿化和其他工程时，双方有关单位必须按照本条例和国家有关规定协商，就迁移、采取必要的防护措施和补偿等问题达成协议后方可施工。

第二十三条　电力管理部门应将经批准的电力设施新建、改建或扩建的规划和计划通知城乡建设规划主管部门，并划定保护区域。

城乡建设规划主管部门应将电力设施的新建、改建或扩建的规划和计划纳入城乡建设规划。

第二十四条　新建、改建或扩建电力设施，需要损害农作物，砍伐树木、竹子，或拆迁建筑物及其他设施的，电力建设企业应按照国家有关规定给予一次性补偿。

在依法划定的电力设施保护区内种植的或自然生长的可能危及电力设施安全的树木、竹子，电力企业应依法予以修剪或砍伐。

第五章　奖励与惩罚

第二十五条　任何单位或个人有下列行为之一，电力管理部门应给予表彰或一次性物质奖励：

（一）对破坏电力设施或哄抢、盗窃电力设施器材的行为检举、揭发有功；

（二）对破坏电力设施或哄抢、盗窃电力设施器材的行为进行斗争，有效地防止事故发生；

（三）为保护电力设施而同自然灾害作斗争，成绩突出；

（四）为维护电力设施安全，做出显著成绩。

第二十六条　违反本条例规定，未经批准或未采取安全措施，在电力设施周围或在依法划定的电力设施保护区内进行爆破或其他作业，危及电力设施安全的，由电力管理部门责令停止作业、恢复原状并赔偿损失。

第二十七条　违反本条例规定，危害发电设施、变电设施和电力线路设施的，由电力管理部门责令改正；拒不改正的，处1万元以下的罚款。

第二十八条　违反本条例规定，在依法划定的电力设施保护区内进行烧窑、烧荒、抛锚、拖锚、炸鱼、挖沙作业，危及电力设施安全的，由电力管理部门责令停止作业、恢复原状并赔偿损失。

第二十九条　违反本条例规定，危害电力设施建设的，由电力管理部门责令改正、恢复原状并赔偿损失。

第三十条　凡违反本条例规定而构成违反治安管理行为的单位或个人，由公安部门根据《中华人民共和国治安管理处罚法》予以处罚；构成犯罪的，由司法机关依法追究刑事责任。

第六章　附　　则

第三十一条　国务院电力管理部门可以会同国务院有关部门制定本条例的实施细则。

第三十二条　本条例自发布之日起施行。

电力设施保护条例实施细则

(1999 年 3 月 18 日国家经济贸易委员会、公安部令第 8 号发布
根据 2011 年 6 月 30 日国家发展和改革委员会令第 10 号修正)

第一条 根据《电力设施保护条例》(以下简称《条例》)第三十一条规定,制定本实施细则。

第二条 本细则适用于中华人民共和国境内国有、集体、外资、合资、个人已建或在建的电力设施。

第三条 电力管理部门、公安部门、电力企业和人民群众都有保护电力设施的义务。各级地方人民政府设立的由同级人民政府所属有关部门和电力企业(包括:电网经营企业、供电企业、发电企业)负责人组成的电力设施保护领导小组,负责领导所辖行政区域内电力设施的保护工作,其办事机构设在相应的电网经营企业,负责电力设施保护的日常工作。

电力设施保护领导小组,应当在有关电力线路沿线组织群众护线,群众护线组织成员由相应的电力设施保护领导小组发给护线证件。

各省(自治区、直辖市)电力管理部门可制定办法,规定群众护线组织形式、权利、义务、责任等。

第四条 电力企业必须加强对电力设施的保护工作。对危害电力设施安全的行为,电力企业有权制止并可以劝其改正、责其恢复原状、强行排除妨害,责令赔偿损失、请求有关行政主管部门和司法机关处理,以及采取法律、法规或政府授权的其他必要手段。

第五条 架空电力线路保护区,是为了保证已建架空电力线路的安全运行和保障人民生活的正常供电而必须设置的安全区域。在厂矿、城镇、集镇、村庄等人口密集地区,架空电力线路保护区为导线边线在最大计算风偏后的水平距离和风偏后距建筑物的水平安全距离之和所形成的两平行线内的区域。各级电压导线边线在计算导线最大风偏情况下,距建筑物的水平安全距离如下:

1 千伏以下　　1.0 米

1 -10 千伏　　1.5 米

35 千伏	3.0 米
66 - 110 千伏	4.0 米
154 - 220 千伏	5.0 米
330 千伏	6.0 米
500 千伏	8.5 米

第六条 江河电缆保护区的宽度为：

(一)敷设于二级及以上航道时，为线路两侧各 100 米所形成的两平行线内的水域；

(二)敷设于三级及以下航道时，为线路两侧各 50 米所形成的两平行线内的水域。

第七条 地下电力电缆保护区的宽度为地下电力电缆线路地面标桩两侧各 0.75 米所形成两平行线内区域。

发电设施附属的输油、输灰、输水管线的保护区依本条规定确定。

在保护区内禁止使用机械掘土、种植林木；禁止挖坑、取土、兴建建筑物和构筑物；不得堆放杂物或倾倒酸、碱、盐及其他有害化学物品。

第八条 禁止在电力电缆沟内同时埋设其他管道。未经电力企业同意，不准在地下电力电缆沟内埋设输油、输气等易燃易爆管道。管道交叉通过时，有关单位应当协商，并采取安全措施，达成协议后方可施工。

第九条 电力管理部门应在下列地点设置安全标志：

(一)架空电力线路穿越的人口密集地段；

(二)架空电力线路穿越的人员活动频繁的地区；

(三)车辆、机械频繁穿越架空电力线路的地段；

(四)电力线路上的变压器平台。

第十条 任何单位和个人不得在距电力设施周围五百米范围内(指水平距离)进行爆破作业。因工作需要必须进行爆破作业时，应当按国家颁发的有关爆破作业的法律法规，采取可靠的安全防范措施，确保电力设施安全，并征得当地电力设施产权单位或管理部门的书面同意，报经政府有关管理部门批准。

在规定范围外进行的爆破作业必须确保电力设施的安全。

第十一条 任何单位或个人不得冲击、扰乱发电、供电企业的生产和工作秩序，不得移动、损害生产场所的生产设施及标志物。

第十二条 任何单位或个人不得在距架空电力线路杆塔、拉线基础外缘的下列范围内进行取土、打桩、钻探、开挖或倾倒酸、碱、盐及其他有害化学物品的活动：

(一)35 千伏及以下电力线路杆塔、拉线周围 5 米的区域;

(二)66 千伏及以上电力线路杆塔、拉线周围 10 米的区域。

在杆塔、拉线基础的上述距离范围外进行取土、堆物、打桩、钻探、开挖活动时,必须遵守下列要求:

(一)预留出通往杆塔、拉线基础供巡视和检修人员、车辆通行的道路;

(二)不得影响基础的稳定,如可能引起基础周围土壤、砂石滑坡,进行上述活动的单位或个人应当负责修筑护坡加固;

(三)不得损坏电力设施接地装置或改变其埋设深度。

第十三条 在架空电力线路保护区内,任何单位或个人不得种植可能危及电力设施和供电安全的树木、竹子等高杆植物。

第十四条 超过 4 米高度的车辆或机械通过架空电力线路时,必须采取安全措施,并经县级以上的电力管理部门批准。

第十五条 架空电力线路一般不得跨越房屋。对架空电力线路通道内的原有房屋,架空电力线路建设单位应当与房屋产权所有者协商搬迁,拆迁费不得超出国家规定标准;特殊情况需要跨越房屋时,设计建设单位应当采取增加杆塔高度、缩短档距等安全措施,以保证被跨越房屋的安全。被跨越房屋不得再行增加高度。超越房屋的物体高度或房屋周边延伸出的物体长度必须符合安全距离的要求。

第十六条 架空电力线路建设项目和公用工程、城市绿化及其他工程之间发生妨碍时,按下述原则处理:

(一)新建架空电力线路建设工程、项目需穿过林区时,应当按国家有关电力设计的规程砍伐出通道,通道内不得再种植树木;对需砍伐的树木由架空电力线路建设单位按国家的规定办理手续和付给树木所有者一次性补偿费用,并与其签定不再在通道内种植树木的协议。

(二)架空电力线路建设项目、计划已经当地城市建设规划主管部门批准的,园林部门对影响架空电力线路安全运行的树木,应当负责修剪,并保持今后树木自然生长最终高度和架空电力线路导线之间的距离符合安全距离的要求。

(三)根据城市绿化规划的要求,必须在已建架空电力线路保护区内种植树木时,园林部门需与电力管理部门协商,征得同意后,可种植低矮树种,并由园林部门负责修剪以保持树木自然生长最终高度和架空电力线路导线之间的距离符合安全距离的要求。

(四)架空电力线路导线在最大弧垂或最大风偏后与树木之间的安全距离为:

电压等级	最大风偏距离	最大垂直距离
35－110 千伏	3.5 米	4.0 米
154－220 千伏	4.0 米	4.5 米
330 千伏	5.0 米	5.5 米
500 千伏	7.0 米	7.0 米

对不符合上述要求的树木应当依法进行修剪或砍伐,所需费用由树木所有者负担。

第十七条 城乡建设规划主管部门审批或规划已建电力设施(或已经批准新建、改建、扩建、规划的电力设施)两侧的新建建筑物时,应当会同当地电力管理部门审查后批准。

第十八条 在依法划定的电力设施保护区内,任何单位和个人不得种植危及电力设施安全的树木、竹子或高杆植物。

电力企业对已划定的电力设施保护区域内新种植或自然生长的可能危及电力设施安全的树木、竹子,应当予以砍伐,并不予支付林木补偿费、林地补偿费、植被恢复费等任何费用。

第十九条 电力管理部门对检举、揭发破坏电力设施或哄抢、盗窃电力设施器材的行为符合事实的单位或个人,给予 2000 元以下的奖励;对同破坏电力设施或哄抢、盗窃电力设施器材的行为进行斗争并防止事故发生的单位或个人,给予 2000 元以上的奖励;对为保护电力设施与自然灾害作斗争,成绩突出或为维护电力设施安全做出显著成绩的单位或个人,根据贡献大小,给予相应物质奖励。

对维护、保护电力设施作出重大贡献的单位或个人,除按以上规定给予物质奖励外,还可由电力管理部门、公安部门或当地人民政府根据各自的权限给予表彰或荣誉奖励。

第二十条 下列危害电力设施的行为,情节显著轻微的,由电力管理部门责令改正;拒不改正的,处 1000 元以上 10000 元以下罚款:

(一)损坏使用中的杆塔基础的;

(二)损坏、拆卸、盗窃使用中或备用塔材、导线等电力设施的;

(三)拆卸、盗窃使用中或备用变压器等电力设备的。破坏电力设备、危害公共安全构成犯罪的,依法追究其刑事责任。

第二十一条 下列违反《电力设施保护条例》和本细则的行为,尚不构成犯罪的,由公安机关依据《中华人民共和国治安管理处罚法》予以处理:

(一)盗窃、哄抢库存或者已废弃停止使用的电力设施器材的;

(二)盗窃、哄抢尚未安装完毕或尚未交付使用单位验收的电力设施的;

(三)其他违反治安管理的行为。

第二十二条 电力管理部门为保护电力设施安全,对违法行为予以行政处罚,应当依照法定程序进行。

第二十三条 本实施细则自发布之日起施行,原能源部、公安部1992年12月2日发布的《电力设施保护条例实施细则》同时废止。

国务院办公厅关于加强电力设施保护工作的通知

（2006 年 2 月 17 日　国务院令第 10 号）

各省、自治区、直辖市人民政府，国务院各部委、各直属机构：

电力工业是国民经济的重要基础产业，电力设施是电能生产、输送、供应的载体，是重要的社会公用设施，电力设施安全保护是保障供用电安全和维护社会公共安全的重要内容。近年来，我国电力需求持续增长，电力设施满负荷运行，电力生产安全形势总体平稳。但是，盗窃、破坏电力设施的违法犯罪行为以及人为损坏电力设施的情况仍时有发生，严重危害电力系统的安全可靠运行，同时造成了重大经济损失。为加强电力设施保护工作，切实保障电力安全，经国务院同意，现就有关事项通知如下：

一、高度重视电力设施保护工作

保护电力设施安全是保证电力系统安全稳定运行和电力可靠供应的基础和关键环节，事关经济发展和社会稳定大局。各地区、各有关部门要进一步提高认识，高度重视电力设施保护工作。要将电力设施保护工作纳入社会治安综合治理范围，依法打击和防范盗窃、破坏电力设施等危害电力生产安全的违法犯罪行为，对可能影响电力设施安全的作业和施工实施严格的监督管理。电力企业要进一步提高电力设施保护意识，加强生产安全管理和电力设施的保养维护。要坚持“打防并举，以防为主”的方针，构建政府统一领导，企业依法保护，群众参与监督，全社会大力支持的电力设施保护工作格局，努力形成各地区、各有关部门和电力企业齐抓共管的合力，确保电力设施安全和电力可靠供应。

二、建立健全电力设施保护工作的长效机制

地方各级人民政府要切实负起责任，加强电力设施保护工作的组织领导，成立由政府分管领导任组长，发展改革、电力监管、公安、工商、林业、土地、建设等相关部门以及电力企业负责人参加的电力设施保护工作领导小组，落实职责分工，统筹研

究保障措施,加强信息通报和交流,及时协调解决电力设施保护工作中的重大问题。要建立和完善省、市、县三级公安等部门和电力企业紧密合作的政企长效机制,依法有效打击和防范盗窃、破坏电力设施的违法犯罪活动。有关部门和地方各级人民政府要加强统筹协调和工作指导,建立和完善联合执法机制,提高行政执法水平和执法效率。要加大电力设施保护经费的投入,建立健全以技防、物防、人防和其他有效防范保护措施组成的内部安全防范网络,普及和推广应用电力设施安全防范的新技术和新成果,提高整体防控水平。

三、严厉打击破坏电力设施的违法犯罪行为

各地公安机关要严厉打击盗窃、破坏电力设施的违法犯罪行为。对辖区内发生的危害性大、影响恶劣的盗窃、破坏电力设施重点案件,要集中力量,加大侦办力度,尽快破获;对已经抓获、定案的犯罪分子,要依法尽快处理。地方各级人民政府有关部门对违章施工、违法乱建等损坏电力设施、危及电网安全运行的行为要及时制止,依法实施处罚或依法采取强制措施。要进一步加强对废旧金属流通环节的监督管理,全面清理整顿物资回收、废品收购站点,打击收赃、销赃行为,堵塞销赃渠道。对非法收购电力专用器材和物资的要加大查处力度,依法实施行政处罚直至追究刑事责任。要调动各方积极性,实施群防群治,公布涉电违法犯罪的举报电话,建立健全维护电力设施安全的奖励制度,对破获涉电重大案件提供重要线索或举报有功、有立功表现的要给予一定的物质奖励。

四、加强电力设施日常管理和维护

电力企业要加大贯彻执行《中华人民共和国电力法》、《电力设施保护条例》和《企业事业单位内部治安保卫条例》等法律法规的力度,制订切实有效的管理措施,强化电力设施的日常运行维护和管理,落实专业巡线岗位责任制,提高专业巡线到位率和缺陷消除率。要进一步加强内部治安保卫工作,落实内部治安保卫责任制。电力系统治安保卫重点单位要设立专门机构,配备专职人员,强化治安保卫,严防危及电力设施安全的违法犯罪行为发生。要严格执行电力设施保护区内的施工许可制度,对需要爆破、开挖、取土的各类建设项目,要加强全过程的监督管理。地方各级人民政府要积极指导企业建立健全电力生产安全突发事件的应急处置预案并定期演练,完善预警机制。在破坏、盗窃电力设施违法犯罪行为发生后,要指导和协调电力企业尽快修复损毁设施和线路,确保电力安全和可靠供应。

五、进一步加大宣传和教育力度

各地区、各有关部门和电力企业要大力宣传保护电力设施安全的重要意义，教育和引导人民群众踊跃参与巡线护线活动，提高社会公众维护电力设施安全的自觉性和主动性。要进一步加强舆论引导，充分发挥新闻媒体和网络的作用，对盗窃、破坏电力设施等危害电力设施安全的典型案件进行曝光，震慑违法犯罪分子，遏制违法犯罪行为。要通过组织和开展形式多样的宣传教育活动，营造保护电力设施人人有责的良好氛围，进一步加强电力设施保护，切实保障电力安全和社会稳定。

最高人民法院关于审理破坏电力设备刑事案件具体应用法律若干问题的解释

（2007 年 8 月 15 日　法释〔2007〕15 号）

为维护公共安全，依法惩治破坏电力设备等犯罪活动，根据刑法有关规定，现就审理这类刑事案件具体应用法律的若干问题解释如下：

第一条　破坏电力设备，具有下列情形之一的，属于刑法第一百一十九条第一款规定的“造成严重后果”，以破坏电力设备罪判处十年以上有期徒刑、无期徒刑或者死刑：

（一）造成一人以上死亡、三人以上重伤或者十人以上轻伤的；

（二）造成一万以上用户电力供应中断六小时以上，致使生产、生活受到严重影响的；

（三）造成直接经济损失一百万元以上的；

（四）造成其他危害公共安全严重后果的。

第二条　过失损坏电力设备，造成本解释第一条规定的严重后果的，依照刑法第一百一十九条第二款的规定，以过失损坏电力设备罪判处三年以上七年以下有期徒刑；情节较轻的，处三年以下有期徒刑或者拘役。

第三条　盗窃电力设备，危害公共安全，但不构成盗窃罪的，以破坏电力设备罪定罪处罚；同时构成盗窃罪和破坏电力设备罪的，依照刑法处罚较重的规定定罪处罚。

盗窃电力设备，没有危及公共安全，但应当追究刑事责任的，可以根据案件的不同情况，按照盗窃罪等犯罪处理。

第四条　本解释所称电力设备，是指处于运行、应急等使用中的电力设备；已经通电使用，只是由于枯水季节或电力不足等原因暂停使用的电力设备；已经交付使用但尚未通电的电力设备。不包括尚未安装完毕，或者已经安装完毕但尚未交付使用的电力设备。

本解释中直接经济损失的计算范围，包括电量损失金额，被毁损设备材料的购置、更换、修复费用，以及因停电给用户造成的直接经济损失等。

国家发展改革委、国家能源局关于加强和规范电网规划投资管理工作的通知

（2020 年 5 月 28 日　发改能源规〔2020〕816 号）

各省、自治区、直辖市、新疆生产建设兵团发展改革委、能源局，能源局各派出机构，国家电网有限公司、中国南方电网有限责任公司、内蒙古电力（集团）有限责任公司、中国国际工程咨询有限公司、电力规划设计总院、国核电力规划设计研究院有限公司、中国电力企业联合会：

为深入贯彻落实习近平总书记“四个革命、一个合作”能源安全新战略，推进电力体制改革，加强电力统筹规划，强化电网投资监管，国家发展改革委、国家能源局依据能源电力规划等相关规定，对电网规划投资管理工作进行了明确和规范，现将有关要求通知如下：

一、切实加强电网规划统筹协调与实施

（一）深化电网规划编制内容要求

电网规划是电力规划的重要组成部分，电网规划应实现对输配电服务所需各类电网项目的合理覆盖，包括电网基建项目和技术改造项目。基建项目是指为提供输配电服务而实施的新建（含扩建）资产类项目，技术改造项目是指对原有输配电服务资产的技术改造类项目。电网基建和技术改造项目均包含输变电工程项目（跨省跨区输电通道、区域和省级主网架、配电网等）、电网安全与服务项目（通信、信息化、智能化、客户服务等）、电网生产辅助设施项目（运营场所、生产工器具等）。

（二）深化电网规划编制的技术经济论证要求

规划编制过程中，应测算规划总投资和新增输配电量，评估规划实施后对输配电价格的影响。原则上，对于 110 千伏（66 千伏）及以上的输变电工程基建项目，规划应明确项目建设安排，对于 35 千伏及以下输变电工程等其余基建项目，应明确建设规模。对于各类技术改造项目，规划应明确技术改造目标和改造规模。省级能源主管部门可在此基础上，进一步研究提高本省电网规划编制的深度要求。

（三）更加注重电网规划统筹协调

按照深化电力体制改革要求，电网规划应切实加强与经济社会发展规划统筹，有效衔接社会资本投资需求，遵循市场主体选择，合理涵盖包括增量配电网在内的各类主体电网投资项目，满足符合条件的市场主体在增量配电领域投资业务需求。电网规划要按照市场化原则，与相关市场主体充分衔接，合理安排跨省跨区输电通道等重大项目。

二、规范纳入规划的电网项目投资管理

（一）推进分级分类管理

纳入规划的电网项目应根据《政府投资条例》（国务院令第 712 号）、《企业投资项目核准和备案管理条例》（国务院令第 673 号）等规定履行相应程序。省级能源主管部门应会同价格主管部门加强对相关项目的监督和管理，强化定额测算核定、造价管理等工作对电网投资成本控制的作用。500 千伏及以上输变电工程基建项目应在核准文件中明确项目功能定位。

（二）推进电网项目实施与适时调整

电网企业应通过投资计划有效衔接电网规划，积极开展前期工作，合理控制工程造价，规范履行相关程序，保障电网规划项目顺利落实。根据《电力规划管理办法》（国能电力〔2016〕139 号），电力规划发布两至三年后，国家能源局和省级能源主管部门可根据经济发展和规划实施等情况按规定程序对五年规划进行中期滚动调整。在规划执行期内，如遇国家专项任务、输配电价调整、电网投资能力不足等重大变化，规划编制部门按程序对具体规划项目进行调整，相关单位应按照决策部署和实际需要及时组织实施。

三、加强电网规划及投资项目的事中事后分析评估

（一）深化电网规划定期评估

国家能源局和省级能源主管部门按照能源电力规划相关规定，加强对电网规划实施情况的评估和监督。规划实施过程中开展中期评估，规划期结束后开展总结评估。电网规划评估结果作为规划滚动调整和下一阶段编制的重要参考。

（二）完善电网投资成效评价

国家发展改革委、国家能源局研究建立科学合理的投资成效评价标准，定期选取典型电网项目，重点围绕规划落实情况、实际运营情况、输变电工程功能定位变化情况等开展评价。对非政策性因素造成的未投入实际使用、未达到规划目标、擅

自提高建设标准的输配电资产,其成本费用不得计入输配电定价成本。

四、认真履行电网规划职责

(一)强化电网规划统筹功能

国家能源局和省级能源主管部门应按照能源电力规划相关规定,在全国(含区域)和省级电力规划编制过程中,进一步加强电网规划研究,做好全国电力规划与地方性电力规划之间的有效衔接。全国电力规划应重点提出跨省跨区电网项目和省内500千伏及以上电网项目建设安排,省级电力规划应重点明确所属地区的110千伏(66千伏)及以上电网项目和35千伏及以下电网建设规模。

(二)发挥电网规划引领作用

进一步强化安全性、经济性分析,考虑不同电压等级、不同类型用户的电价承载能力,论证合理投资规模,提高电网投资效率,加强与电源专项规划的衔接,提高电力安全可靠水平。电网规划应充分征求价格主管部门意见,强化规划对输配电网投资的约束作用,电力企业、研究机构及其它行业相关单位应积极参与配合。

请各有关单位按照上述要求,结合本地区实际,完善相关管理工作机制,规范高效做好电网规划投资管理工作。请国家能源局派出机构对本地区电网规划落实情况加强监管,重大情况及时报告国家能源局。

本通知由国家发展改革委、国家能源局负责解释,自印发之日起施行,有效期5年。

国家电力示范项目管理办法

（2016 年 11 月 11 日国家能源局印发　国能电力〔2016〕304 号）

为深入贯彻落实党的十八届五中全会、中央财经领导小组第六次会议和国家“十三五”规划纲要精神，践行“创新、协调、绿色、开放、共享”发展理念，推动实施能源“四个革命、一个合作”的战略思想，充分发挥能源技术创新的引领作用，推进电力行业高效清洁、绿色低碳发展，加强电力（含火电、电网、系统储能项目，下同）示范项目管理，制定本办法。

第一条　示范项目定义与范围。本办法所称示范项目是指应用原始创新、集成创新并拥有自主知识产权，以及引进消化吸收再创新后，能够填补国内技术空白的先进电力技术和装备，对促进电力行业高效清洁、绿色低碳与可持续发展有显著效果，对电源结构调整、系统能力优化、电力产业升级和节能减排有积极带动作用，按规定履行核准或审批程序的电力工程建设项目。示范项目的方向和内容符合国家电力发展战略及规划、电力产业政策、能源科技规划等有关要求。

第二条　示范内容确定。国家能源局根据电力行业发展战略及规划、电力产业政策、能源科技规划有关要求，确定拟开展的电力示范项目内容，并向相关地方和企业征集示范意向。示范内容应确保对电力行业转型升级具有重大意义，能通过创新引领显著提升现有电力技术和装备的水平。

第三条　示范项目申请。计划单列企业集团和中央管理企业根据国家能源局确定的示范项目内容，经商项目所在地省级政府能源主管部门后，向国家能源局提出拟参与的示范项目申请。其它企业通过项目所在地省级政府能源主管部门提交示范项目申请。企业（含主机厂和设计院）联合申请的同一示范内容的项目，不得重复申报或多头申报。项目单位须提交示范项目实施方案，具体内容包括：示范项目概况、工程技术方案、示范内容研究报告、项目单位相关工作基础及业绩、项目实施方案以及知识产权管理等内容。

第四条　示范项目评估和优选。国家能源局组织专家或委托有资质的咨询机构，按照《国家能源局关于印发国家能源科技重大示范工程管理办法的通知》（国能科技〔2012〕130 号）等有关规定，对示范项目分别进行工程技术方案论证和项目方案专题评估，除必要的条件论证外，还需从技术方案、规划布局、产业政策、行业发展等方面严格论证项目的整体可行性及示范作用，禁止借示范之名变相投资新建电力项目。多家项目单位申请同一示范内容的，专家或咨询机构经优选后提出意见，国家能源局依据专家或咨询机构的评估和优选意见，将通过评估或优选胜出的项目作为示范项目，纳入国家电力建设规划。

第五条　示范项目的审批。纳入国家电力建设规划的示范项目，由各级发改部门按照核准权限核准或审批。

示范项目核准或批复文件应明确示范内容及目标，并作为示范项目建成后评估考核的主要依据。同时应明确，示范项目在建设过程中，原则上不得调整示范方案。如需对示范方案作重大调整的，应按本办法要求，重新申报国家能源局审定，并按规定重新进行核准或审批。

第六条　示范项目的实施。项目所在地能源主管部门应协助项目单位落实好项目用地、用水、环保、电网接入等外部建设条件，监督项目单位依法依规开工建设。项目未按示范方案实施或施工过程中有违法违规行为的，应取消其示范项目资格并予以公告。

第七条　示范项目的政策。示范项目单独纳入国家电力建设规划。火电项目优先考虑建设条件，在有利于示范项目实施的情况下，结合电力市场空间优化区域布局，建设规模纳入所在地区电力电量平衡统筹考虑，按照节能低碳调度原则优先保障，保障示范项目利用率和合理收益，更大程度发挥示范项目效用。

示范项目享有《国家能源局关于印发国家能源科技重大示范工程管理办法的通知》（国能科技〔2012〕130 号）所明确的支持政策。

第八条　示范项目后评估考核。示范项目建成后，国家能源局将组织专家或委托有资质的咨询机构，根据示范项目核准或批复内容、实施方案及运行效果，对示范项目进行后评估考核。

第九条　示范技术推广应用。国家能源局将组织专家或委托有资质的咨询机构，结合示范项目的评估考核，对示范项目所采用的示范技术进行评价鉴定。经充分评估论证，对先进可靠、成熟适用、应用前景广阔的示范技术，国家能源局将组织推广应用，并支持项目单位按照相关法律法规申请专利保护知识产权归属。

铺设海底电缆管道管理规定

（1989 年 1 月 20 日国务院第 32 次常务会议通过
1989 年 2 月 11 日国务院令第 27 号发布
自 1989 年 3 月 1 日起施行）

第一条 为维护中华人民共和国国家主权和权益，合理开发利用海洋，有秩序地铺设和保护海底电缆、管道，制定本规定。

第二条 本规定适用于在中华人民共和国内海、领海及大陆架上铺设海底电缆、管道以及为铺设所进行的路由调查、勘测及其他有关活动。

第三条 在中华人民共和国内海、领海及大陆架上铺设海底电缆、管道以及为铺设所进行的路由调查、勘测及其他有关活动的主管机关是中华人民共和国国家海洋局（以下简称主管机关）。

第四条 中国的企业、事业单位铺设海底电缆、管道，经其上级业务主管部门审批同意后，为铺设所进行的路由调查、勘测等活动，依照本规定执行。

外国的公司、企业和其他经济组织或者个人需要在中华人民共和国内海、领海铺设海底电缆、管道以及为铺设所进行的路由调查、勘测等活动，应当依照本规定报经主管机关批准；需要在中华人民共和国大陆架上进行上述活动的，应当事先通知主管机关，但其确定的海底电缆、管道路由，需经主管机关同意。

第五条 海底电缆、管道所有者（以下简称所有者），须在为铺设所进行的路由调查、勘测实施 60 天前，向主管机关提出书面申请。申请书应当包括以下内容：

（一）所有者的名称、国籍、住所；

（二）海底电缆、管道路由调查、勘测单位的名称、国籍、住所及主要负责人；

（三）海底电缆、管道路由调查、勘测的精确地理区域；

（四）海底电缆、管道路由调查、勘测的时间、内容、方法和设备，包括所用船舶的船名、国籍、吨位及其主要装备和性能。

主管机关应当自收到申请之日起 30 天内作出答复。

第六条 海底电缆、管道路由调查、勘测完成后，所有者应当在计划铺设施工 60 天前，将最后确定的海底电缆、管道路由报主管机关审批，并附具以下资料：

(一)海底电缆,管道的用途、使用材料及其特性;

(二)精确的海底电缆、管道路线图和位置表以及起止点、中继点(站)和总长度;

(三)铺设工程的施工单位、施工时间、施工计划、技术设备等;

(四)铺设海底管道工程对海洋资源和环境影响报告书;

(五)其他有关说明资料。

主管机关应当自收到申请之日起30天内做出答复。

第七条 铺设施工完毕后,所有者应当将海底电缆、管道的路线图、位置表等说明资料报送主管机关备案,并抄送港监机关。

在国家进行海洋开发利用、管理需要时,所有者有义务向主管机关进一步提供海底电缆、管道的准确资料。

第八条 海底电缆、管道的铺设和为铺设所进行的路由调查、勘测活动,不得在获准作业区域以外的海域作业,也不得在获准区域内进行未经批准的作业。

第九条 获准施工的海底电缆、管道在施工前或施工中如需变动,所有者应当及时向主管机关报告。如该项变动重大,主管机关可采取相应措施,直至责令其停止施工。

第十条 海底电缆、管道的维修、改造、拆除和废弃,所有者应当提前向主管机关报告。路由变动较大的改造,依照本规定重新办理有关手续。

外国船舶需要进入中国内海、领海进行海底电缆、管道的维修、改造、拆除活动时,除履行本条第一款规定的程序外,还应当依照中国法律的规定,报经中国有关机关批准。

铺设在中国大陆架上的海底电缆、管道遭受损害,需要紧急修理时,外国维修船可在向主管机关报告的同时进入现场作业,但不得妨害中国的主权权利和管辖权。

第十一条 海底电缆、管道的路由调查、勘测和铺设、维修、拆除等施工作业,不得妨害海上正常秩序。

海底电缆、管道的铺设或者拆除工程的遗留物,应当妥善处理,不得妨害海上正常秩序。

第十二条 铺设海底电缆、管道及其他海上作业,需要移动已铺设的海底电缆、管道时,应当先与所有者协商,并经主管机关批准后方可施工。

第十三条 从事海上各种活动的作业者,必须保护已铺设的海底电缆、管道。造成损害的应当依法赔偿。

其他海洋开发利用和已铺设的海底电缆,管道的正常使用发生纠纷时,由主管机关调解解决。

第十四条 主管机关有权对海底电缆、管道的铺设、维修、改造、拆除、废弃以及为铺设所进行的路由调查、勘测活动进行监督和检查。对违反本规定的,主管机关可处以警告、罚款直至责令其停止海上作业。

前款所列处罚的具体办法,由主管机关商国务院有关主管部门制定。

第十五条 为海洋石油开发所铺设的超出石油开发区的海底电缆、管道的路由,应当在油(气)田总体开发方案审批前报主管机关,由主管机关商国家能源主管部门批准。

在海洋石油开发区内铺设平台间或者平台与单点系泊间的海底电缆、管道,所有者应当在为铺设所进行的路由调查、勘测和施工前,分别将本规定第五条、第六条规定提供的内容,报主管机关备案。

第十六条 铺设、维修、改造、拆除、废弃海底电缆、管道以及为铺设所进行的路由调查、勘测活动,本规定未作规定的,适用国家其他有关法律、法规的规定。

第十七条 中华人民共和国军用海底电缆、管道的铺设依照本规定执行。军队可以制定具体实施办法。

第十八条 主管机关应当收集海底地形、海上构筑物分布等方面的资料,为海底电缆、管道的铺设及其调查、勘测活动提供咨询服务。

第十九条 本规定中的“电缆”系指通信电缆及电力电缆;“管道”系指输水、输气、输油及输送其他物质的管状输送设施。

第二十条 本规定由中华人民共和国国家海洋局负责解释。

第二十一条 本规定自 1989 年 3 月 1 日起施行。

铺设海底电缆管道管理规定实施办法

（1992年8月26日　国家海洋局令第3号）

第一条　为实施《铺设海底电缆管道管理规定》（以下简称《规定》），加强对海底电缆、管道的管理和保护，制定本实施办法。

第二条　本办法适用于在中华人民共和国的内海、领海及大陆架上进行海底电缆、管道铺设以及为铺设所进行的路由调查、勘测及其他有关活动的任何法人、自然人和其他经济实体。

第三条　中华人民共和国国家海洋局及其所属分局以及沿海省、自治区、直辖市人民政府海洋管理机构（以下简称地方海洋管理机构）是实施本办法的主管机关。

第四条　国家对铺设海底电缆、管道及其他有关活动的管理，实行统一领导、分级管理。

地方海洋管理机构负责其管理海域内海底电缆、管道的审批与监督管理（本条第五款第三项所指管道的审批除外）。

分局负责地方海洋管理机构管理海域之外的海底电缆、管道的审批与监督管理。

跨省、自治区、直辖市管理海域和超出省、自治区、直辖市管理海域的海底电缆、管道，由分局商有关地方海洋管理机构审批，并负责监督管理。

下列海底电缆、管道由国家海洋局负责审批：

一、路经中国管辖海域和大陆架的外国海底电缆、管道；

二、由中国铺向其他国家和地区的国际海底电缆、管道；

三、国内长距离（二百公里以上）的海底管道和污水排放量为二十万吨/日以上的海底排污管道。

第五条　海底电缆、管道的路由调查、勘测，所在者应依照《规定》第五条，将《路由调查、勘测申请书》一式五份按本办法第四条报相应的审批机关审批。

外国的公司、企业和其他经济组织或个人在中国大陆架上进行上述活动的，所有者应在实施作业六十天前，将《规定》第五条要求提供的资料一式五份按本办法

第四条报相应的审批机关,其确定的调查、勘测路由需经主管机关同意。

《路由调查、勘测申请书》应附具以下资料:

一、调查、勘测路由选择依据的详细说明;

二、调查、勘测单位的基本情况;

三、《铺设海底管道工程对海洋资源和环境影响报告书》的编写大纲和评价单位的基本情况;

四、《污水排海工程可行性研究报告》;

五、其他有关说明资料。

第六条 海底电缆、管道的铺设施工,所有者应依照《规定》第六条,将所确定的路由及《路由调查、勘测报告》等有关资料一式五份,按本办法第四条报相应的审批机关审批。审批机关审批后发给铺设施工许可证。

外国的公司、企业和其他经济组织或个人在中国大陆架上进行上述活动的,所在者应在实施作业六十天前,将《规定》第六条要求提供的资料一式五份按本办法第四条报相应的审批机关,其确定的路由需经主管机关同意。

第七条 所有者在选择海底电缆、管道路由时,应顾及其他海洋开发利用。当路由需穿越重要渔捞作业区、海洋油气开采区、军事区、锚地和海底电缆、管道等并发生矛盾时,所有者应与有关当事方协商或报请主管机关协调解决。

设置海底排污管道应充分考虑排放海域的使用功能,排污口的位置应选择在远离海洋自然保护区、重要渔业水域、海水浴场、海滨风景游览区等区域的具有足够水深、海面宽阔、水体交换能力强等条件适当的场点,并符合国家的有关规定和标准。

第八条 《路由调查、勘测报告》应包括以下内容:

一、调查概况;

二、路由海区的气象与水文动力状况;

三、路由海区的工程地质条件;

四、与该海底电缆、管道工程建设和维护有关的其他海洋开发活动和海底设施;

五、有关政府机构在路由海区的开发利用规划;

六、路由条件的综合评价及其结论;

七、有关图件及其他调查资料。

第九条 《铺设海底管道工程对海洋资源和环境影响报告书》的内容应包括:

一、海底管道途经海域海洋资源和环境的状况;

二、海底管道海上铺设施工作业阶段及其正常使用阶段对周围海域海洋资源

和生态环境及其他海洋开发利用活动影响的综合评价及对上述影响的解决方法;

三、海底管道事故状态对海洋资源和环境产生影响的评价及其应急措施。

第十条 获准的海底电缆、管道路由调查、勘测和铺设施工,在实施作业前或实施作业中如需变动(包括:路由、作业时间、作业计划、作业方式等变动),所有者应及时报告主管机关。如路由等变动较大,应报经主管机关批准。

海上作业者应持有主管机关签发的铺设施工许可证。

第十一条 铺设海底电缆、管道及其他海上作业,需要移动、切断已铺设的海底电缆、管道时,应当先与所有者协商,就交越施工的技术处理及损失赔偿等问题达成协议,并报经主管机关批准后方可施工。在协商和执行过程中,双方如有纠纷,可由主管机关协调解决。

第十二条 海底电缆、管道铺设施工完毕后九十天内,所有者应将海底电缆、管道准确路线图、位置表等说明资料一式五份报送主管机关备案,并抄送有关港务监督机关。

第十三条 海底电缆、管道的维修、改造、拆除,所有者应在实施作业三十天前,将作业内容、原因、时间、海区及作业船只等情况书面报告主管机关。海底电缆、管道的紧急修理,所有者可在维修船进入现场作业的同时,按上述内容向主管机关报告前说明紧急修理的理由。

外国船舶需要在中国内海、领海进行前款所述作业的,应经主管机关批准。

海底电缆、管道路由变动较大的改造,所有者事先应报经主管机关批准。

上述作业完毕后三十天内,所有者应将作业结果报告主管机关。

第十四条 海底电缆、管道的废弃,所有者应当在六十天前向主管机关书面报告,内容应包括:废弃的原因、废弃的准确时间、废弃部分的准确位置及处置办法、废弃部分对其他海洋开发利用可能产生的影响及采取的防治措施。

废弃的海底电缆、管道应当妥善处理,不得对正常的海洋开发利用活动构成威胁或妨碍。

第十五条 海底电缆、管道的铺设、维修、拆除等海上施工作业,应兼顾其他海上正常开发利用活动,当两者在作业时间和作业海区等方面发生矛盾时,所有者应当与有关当事方协调解决。

第十六条 主管机关应将所辖海区已铺设或废弃的海底电缆、管道的路由情况定期予以公告。

第十七条 从事海上各种活动的作业者,应了解作业海区海底电缆、管道的布设情况。凡需在海底电缆、管道路由两侧各两海里(港内为两侧各一百米)范围内从事可能危及海底电缆、管道安全和使用效能的作业的,应事先与所有者协商并报经主管机关批准。

第十八条 主管机关可对进行海底电缆、管道路由调查、勘测和铺设、维修、改造、拆除等活动的船舶进行监视或检查。进行上述活动的船舶应为主管机关海洋监察人员执行公务提供方便。

外国籍船舶在中国大陆架上进行前款所述的活动期间(包括作业、锚泊、检修、漂泊等),应于每天02时(格林威治时间)向主管机关报告船位;在中国的内海、领海进行前款所述的活动期间(包括作业、锚泊、检修、漂泊等),应于每天08时(格林威治时间)向主管机关报告船位。

第十九条 为海洋石油开发所铺设的海底电缆、管道,按下列要求报主管机关审批或备案:

一、对包含在油(气)田总体开发方案中的路由超出石油开发区的海底电缆、管道,所有者应在该方案审批前,将初选路由等资料一式五份按本办法第四条报相应的审批机关,由审批机关商国家能源部门审定。在实施上述路由调查、勘测六十天前,所有者应将《规定》第五条要求提供的资料报主管机关备案。在实施铺设施工六十天前,所有者应将最后确定的路由等资料一式五份,依照《规定》第六条的有关要求报主管机关批准,由主管机关发给铺设施工许可证。

二、对在石油开发区内铺设平台间或者平台与单点系泊间的海底电缆、管道,在实施路由调查、勘测和铺设施工六十天前,所有者应分别将《规定》第五条、第六条要求提供的资料报主管机关备案。

《规定》第五条未作规定的情况,所有者应按《规定》和本办法的其他有关条款执行。

第二十条 对违反《规定》及本办法的,主管机关有权依其情节轻重,给予下列一种或几种处罚:警告、罚款和责令停止海上作业。

罚款分为以下几种:

一、凡有下列行为之一者,罚款最高额为人民币一万元:

(一)海上作业者未持有主管机关已签发的铺设施工许可证的;

(二)阻挠或妨碍主管机关海洋监察人员执行公务的;

(三)未按本办法第十二条的要求,将有关资料报主管机关备案的。

二、凡有下列行为之一者,罚款最高额为人民币五万元:

(一)获准的路由调查、勘测或铺设施工发生变动,未按本办法第十条执行的;

(二)海底电缆、管道的铺设、维修、改造、拆除和废弃,未按本办法第十三条、第十四条、第十五条执行的;

(三)海底电缆、管道的铺设或者拆除等工程的遗留物未妥善处理,对正常的海洋开发利用活动构成威胁或妨碍的；

（四）违反本办法第十一条，移动已铺设的海底电缆、管道的；

（五）违反本办法第十七条，从事可能危及海底电缆、管道安全和使用效能的作业的；

（六）外国籍船舶未按本办法的要求报告船位的。

三、凡有下列行为之一者，罚款最高额为人民币十万元：

（一）外国籍船舶在未经批准的海域作业或在获准的海域内进行未经批准的作业的；

（二）未按《规定》和本办法报经主管机关批准和备案，擅自进行海底电缆、管道路由调查、勘测的。

四、未按《规定》和本办法报经主管机关批准和备案，擅自进行海底电缆、管道铺设施工的，罚款最高额为人民币二十万元。

第二十一条　当事人对处罚决定不服的，可以在接到处罚通知之日起 15 日内，向做出处罚决定的机关的上一级机关申请复议；对复议决定不服的，可以在接到复议决定书之日起 15 日内，向人民法院起诉。当事人也可以在接到处罚通知之日起 15 日内直接向人民法院起诉。当事人逾期不申请复议，也不向人民法院起诉，又不履行处罚决定的，由做出处罚决定的机关申请人民法院强制执行。

第二十二条　违反《规定》和本办法，造成海洋资源、环境或海底电缆、管道等公私财产损害和海上正常秩序危害的，肇事者应承担赔偿责任。赔偿责任包括：

一、受害方经济收入的损失金额及被破坏海底电缆、管道的修复、更新费用；

二、清除、治理由于海底管道遭受损害而引起的污染所支付的费用和由于污染而引起的海洋资源的损失金额及为防止损害所采取的应急措施所支付的费用；

三、调查、处理损害事件的费用。

第二十三条　赔偿责任和赔偿金额的纠纷，当事人可请求主管机关进行调解处理。当事人也可依照民事诉讼程序向人民法院提起诉讼。涉外案件可以按仲裁程序解决。

第二十四条　请求赔偿的诉讼时效期间为二年，从受害方知道或应当知道受损害之日开始计算。

赔偿纠纷处理结束后，受害方不得就同一损害事件再次提出索赔要求。

第二十五条　由于不可抗拒的自然灾害或仅为了保全人命或船舶的正当目的在采取避免破坏和损害的一切必要预防措施后，仍然发生了任何海底电缆、管道损坏的，可减轻或免除赔偿责任的决定。

请求免于承担或减轻责任的条件调查属实后，可做出免除或减轻赔偿责任的作业者,可向主管机关提交报告。主管机关对免除或减轻责任的条件调查属实后,可做出免除或减轻赔偿责任的决定。

完全是由于第三者的故意或过失造成海底电缆、管道破坏或损害的,由第三者承担赔偿责任。

第二十六条 中国军用海底电缆、管道的铺设依照《规定》执行,具体实施办法由中国人民解放军根据《规定》和本办法制定。

第二十七条 《规定》及本办法下列用语的含义是:

一、“海底电缆、管道”系指位于大潮高潮线以下的军用和民用的海底通信电缆(含光缆)和电力电缆及输水(含工业废水、城市污水等)、输气、输油和输送其他物质的管状设施。

二、“内海”系指领海基线内侧的全部海域(包括海湾、海峡、海港、河口湾);领海基线与海岸之间的海域;通过狭窄水道连接海洋的海域。

三、“所有者”系指对海底电缆、管道拥有产权和所有权的法人和其他经济实体,

四、“路由变动较大”系指出于主观要求而非定位误差和施工技术手段的原因,而改变批准的或原有的路由,暂定为:在潮间带五百米以上、领海线以内一公里以上、领海线以外五公里以上。

五、“移动”系指海底电缆、管道的水平移位或垂直移位。

第二十八条 本办法由国家海洋局负责解释。

第二十九条 本办法自颁布之日起施行。

全国人大常委会法制工作委员会对黑龙江省人大法工委关于地方性法规中规定架空输电线路走廊不实行征地是否违法请示的答复意见

（2011 年 6 月 3 日　法工办发〔2011〕128 号）

黑龙江省人大常委会法制工作委员会：

你委 2011 年 4 月 20 日关于地方性法规中规定架空输电线路走廊不实行征地是否违法的请示（黑人大法工委函〔2011〕19 号）收悉。经研究认为，地方性法规根据土地管理法、森林法等相关法律规定，可以规定架空输电线路走廊不实行征地；对因保护架空输电线路走廊，给有关当事人合法权益造成损失的，应当依法给予补偿。

国家经贸委关于建设500kV架空送电线路拆除建筑物有关问题的复函

（2001 年 12 月 3 日　国经贸厅电力函〔2001〕842 号）

浙江省电力公司：

你公司《关于要求对〈电力设施保护条例〉第十条及〈实施细则〉第五条作出解释的请求》（浙电总〔2001〕1032 号）收悉。经研究，现函复如下：

根据《电力设施保护条例》第一条、第十五条和《电力设施保护条例实施细则》第五条的规定，设置架空电力线路保护区的目的，是为了保证已建架空电力线路的安全运行和保障人民生活的正常供电；任何单位或个人在架空电力线路保护区内，必须遵守“不得兴建建筑物、构筑物”等规定。建设 500 千伏架空送电线路时拆除建筑物的要求及范围，按照《110～500kV 架空送电线路设计技术规程》（DL/T 5092－1999）第 16.0.4 条和第 16.0.5 条规定的标准执行。

环境保护部办公厅关于印发《输变电建设项目重大变动清单(试行)》的通知

(2016年8月8日　环办辐射〔2016〕84号)

各省、自治区、直辖市环境保护厅(局):

为进一步规范输变电建设项目环境管理,根据《环境影响评价法》和《建设项目环境保护管理条例》有关规定,我部制订了《输变电建设项目重大变动清单(试行)》(以下简称清单)。输变电建设项目发生清单中一项或一项以上,且可能导致不利环境影响显著加重的,界定为重大变动,其他变更界定为一般变动。

一、建设单位在项目开工建设前应当对工程最终设计方案与环评方案进行梳理对比,构成重大变动的应当对变动内容进行环境影响评价并重新报批,一般变动只需备案。

二、项目建设过程中如发生重大变动,应当在实施前对变动内容进行环境影响评价并重新报批。

三、建设单位应对照清单对在建且尚未通过竣工环保验收的输变电建设项目及时梳理,并按现行分级审批规定,于2016年12月31日前将变动情况报有审批权的环境保护主管部门。

四、环评阶段,环境影响评价范围内明确属于工程拆迁的建筑物不列为环境敏感目标,不进行环境影响评价。竣工环保验收阶段,验收调查范围内有公众居住、工作或学习的建筑物都应列为环境敏感目标,确保满足有关环境标准要求。

五、各级环境保护主管部门在清单试行过程中如发现新问题、新情况,请以书面形式反馈意见和建议,我部将根据实际情况进一步补充、调整和完善清单。

附件:输变电建设项目重大变动清单(试行)

附件:

输变电建设项目重大变动清单(试行)

1. 电压等级升高。

2. 主变压器、换流变压器、高压电抗器等主要设备总数量增加超过原数量的30%。

3. 输电线路路径长度增加超过原路径长度的30%。

4. 变电站、换流站、开关站、串补站站址位移超过500米。

5. 输电线路横向位移超出500米的累计长度超过原路径长度的30%。

6. 因输变电工程路径、站址等发生变化,导致进入新的自然保护区、风景名胜区、饮用水水源保护区等生态敏感区。

7. 因输变电工程路径、站址等发生变化,导致新增的电磁和声环境敏感目标超过原数量的30%。

8. 变电站由户内布置变为户外布置。

9. 输电线路由地下电缆改为架空线路。

10. 输电线路同塔多回架设改为多条线路架设累计长度超过原路径长度的30%。

关于进一步加强电力建设工程质量监督管理工作的意见

（2018 年 2 月 14 日国家能源局印发　国能发安全〔2018〕21 号）

为深入学习贯彻党的十九大精神，严格落实《建设工程质量管理条例》、《中共中央国务院关于开展质量提升行动的指导意见》（中发〔2017〕24 号）、《国家发展改革委　国家能源局关于推进电力安全生产领域改革发展的实施意见》（发改能源规〔2017〕1986 号）等规定，现就进一步加强电力建设工程质量监督管理工作提出如下意见。

一、国家能源局依法依规对全国电力建设工程质量实施统一监督管理。贯彻执行国家关于电力建设工程质量监督管理的法律法规和方针政策，不断完善电力建设工程质量监督管理规章制度和标准规范体系，组织、指导和协调全国电力建设工程质量监督管理工作，组织开展全国电力建设工程质量监督管理巡查督查和专项检查，监督指导地方政府电力管理等有关部门和各派出能源监管机构的电力建设工程质量监督管理工作。

国家能源局电力安全监管司归口全国电力建设工程质量监督管理工作，其他有关司和单位依其职责做好相关工作。国家能源局各派出能源监管机构按照国家能源局授权承担所辖区域内除核安全外的电力建设工程质量安全的监督管理，对电力建设工程质量监督机构（以下简称质监机构）进行业务监督指导，依法组织或参与电力事故调查处理。

二、地方各级政府电力管理等有关部门依法依规履行地方电力建设工程质量监督管理责任，按照国家能源局有关规定，继续做好可再生能源发电工程的质量监督管理，并积极配合派出能源监管机构，做好其他电力建设工程质量监督管理相关工作；对质监机构进行业务监督指导。

三、国家能源局电力可靠性管理和工程质量监督中心（以下简称可靠性和质监中心）受国家能源局委托，研究拟定电力建设工程质量监督政策措施、规章制度及监督检查大纲并组织实施相关工作，协调解决质量监督工作存在的突出问题；对质监机构进行业务监督指导；参与涉及电力建设工程质量重大争议处理、重大事故调查及相关专项检查;负责全国电力建设工程质量监督信息管理等工作。

四、电力工程质量监督总站更名为电力工程质量监督站;水电工程质量监督总站和国家可再生能源发电工程质量监督总站合并,更名为可再生能源发电工程质量监督站。

质监机构要继续按照国家能源局现行文件规定的业务范围开展工程质量监督,其中各电力建设工程质量监督中心站(以下简称中心站)可开展可再生能源发电工程质量监督。根据工作需要,各监督站、中心站可设立项目站。

质监机构要规范设置,持续加强机构建设和队伍建设,制定本机构各项工作管理制度,配备专职工作人员,配置必要的检测仪器和设备,建立与质量监督任务相适应的组织体系和保障体系;要充分发挥专家和第三方检测机构作用,严禁工程建设项目参建单位人员作为质监机构专家或工作人员参加本项目的质量监督。

质监机构对各级政府部门审批、核准、备案的电力建设工程按照职责分工同步开展质量监督,要加强对有关电力建设工程质量的法律、法规和强制性标准执行情况的监督检查;要按照依法依规、严谨务实、清正廉洁、优质高效的原则,独立、规范、公正、公开开展工作。

质监机构要认真履职,采取措施确保工作不断、秩序不乱、队伍不散、质量不降。凡因机构职能弱化、履职不力等造成工程质量事故或重大质量隐患的,将依法依规严肃追究责任。

五、质量监督不代替建设、监理、设计、施工等单位的质量管理工作。未经审批、核准、备案的电力建设工程,质监机构不得受理其质量监督注册申请。未通过质监机构监督检查的电力工程,不得投入运行。

六、质监机构要按规定将年度和阶段性质监工作计划等信息,及时向地方政府电力管理等有关部门、国家能源局电力安全监管司、各派出能源监管机构、可靠性和质监中心报送。报送信息的内容、程序及时限等要求另行发文规定。

各监督站、中心站要及时将主要负责人名单、项目站设置情况及工作联系方式报告所在地省级政府电力管理等有关部门、派出能源监管机构、可靠性和质监中心。

七、各企业要进一步健全电力建设工程质量管控体系,明确具体部门负责工程质量监督对口联系;要全面落实各参建单位的工程质量责任,特别要强化建设单位的首要责任和勘察、设计、施工单位的主体责任,并充分发挥监理单位作用;要按照国家法律法规和标准规范要求,加强施工现场管理,落实工程质量管控措施,坚决遏制重特大质量事故发生。

各企业要主动接受各级政府电力管理等有关部门、派出能源监管机构、质监机构开展的质量监督管理和专项检查等活动。

八、地方政府电力管理等有关部门和派出能源监管机构要按照国家有关规定，统筹项目核准备案、市场准入、行政执法等环节力量，进一步强化电力建设工程质量监督管理，加强对质监机构的监督指导。对发现的问题责令限期整改，对整改不到位或存在重大质量隐患的电力建设工程，依法采取停止施工、停止供电等强制措施，并给予上限经济处罚。

九、各有关单位要认真落实本意见要求，确保各项工作落实到位。国家能源局将适时对执行情况开展督查。

国家能源局关于进一步明确电力建设工程质量监督机构业务工作的通知[①]

（2020 年 6 月 15 日）

各派出机构，全国电力安委会各企业成员单位，水电水利规划设计总院，中国电力企业联合会，各电力建设工程质量监督机构，各有关单位：

为进一步完善电力建设工程质量监督体系，保证电力工程质量，我局对各电力建设工程质量监督机构（以下简称电力质监机构）业务范围进行了优化调整，有关事项通知如下。

一、电力质监机构业务范围

建立“专业质监站 + 质监中心站”的电力质监机构体系。国家能源局电力可靠性管理和工程质量监督中心（以下简称可靠性和质监中心）受国家能源局委托，负责全国电力质监机构业务指导和监督工作。

（一）专业质监站

1. 电力工程质量监督站。设在中国电力企业联合会，负责国家电力试验示范工程、跨区域电网工程质监工作，兜底负责全国火电工程、农林生物质发电工程、太阳能热发电工程质监工作（内蒙古区域和中国华能投资的工程除外）。

2. 可再生能源发电工程质量监督站。设在水电水利规划设计总院，负责国务院或国务院投资主管部门审批、核准的水电工程质监工作，兜底负责全国水电工程质监工作，兜底负责风力、光伏发电工程和电源、电网侧储能电站质监工作（内蒙古区域和中国华能投资的工程除外），可承担农林生物质、太阳能热发电工程质监工作。

3. 核电中心站更名为核电常规岛工程质量监督站。设在中国核工业集团有限公司，负责全国核电（核岛除外）工程质监工作。

（二）质监中心站

1. 南方电力建设工程质量监督中心站。设在中国南方电网有限责任公司，负责

① 本文件略有删减。

南方电网区域内跨省电网工程质监工作。

2. 省电力建设工程质量监督中心站。设在国家电网有限公司各省级电力公司和中国南方电网有限责任公司各省级电力公司，负责辖区内电网工程质监工作，可承担火力发电工程和风力、光伏、农林生物质、太阳能热发电等可再生能源工程质监工作。

3. 内蒙古电力建设工程质量监督中心站。设在内蒙古电力（集团）有限责任公司，负责蒙西区域内电网工程和内蒙古区域内电源工程质监工作（水电、核电工程和中国华能投资的工程除外）。

4. 华能电力建设工程质量监督中心站。设在中国华能集团有限公司，负责中国华能投资的电源工程质监工作（水电、核电工程除外）。

5. 贵州水电工程质量监督站。设在中国电建集团贵阳勘测设计研究院有限公司，受贵州省能源局委托，负责贵州省能源局审批、核准或备案的水电等工程质监工作。

二、有关要求

（一）各电力质监机构应加强能力建设，保证质监工作的正常开展，不得拒绝本机构业务范围内符合质监条件的电力建设工程质监申请，不得将质监工作委托给其他质监机构实施，开展质监工作不得收取质监费用。未经核准（审批、备案）的电力建设工程，电力质监机构不得受理其质监申请。未通过电力质监机构监督检查的电力建设工程，不得投入运行。

（二）2020 年 7 月 1 日至 2020 年 12 月 31 日为过渡期。过渡期内，对于实施质监工作确有困难的电力建设工程，专业质监站可申请并经可靠性和质监中心审核同意后，由原业务范围确定的质监中心站实施质监工作。过渡期后，各电力质监机构严格按本通知明确的业务范围实施质监工作。

（三）本通知自 2020 年 7 月 1 日起执行，已完成质监注册的电力建设工程仍由受理质监注册的原电力质监机构负责质监工作。

（四）2020 年 7 月 1 日前，各电力质监机构将举办单位名称和本单位名称、主要负责人、法定代表人、当前业务范围、专职质监管理人员数量等信息书面报送国家能源局电力安全监管司。

电力工程勘察设计单位资质管理办法(暂行)

(1995 年 8 月 21 日电力工业部发布　电建〔1995〕504 号)

第一章　总　　则

第一条　为加强电力行业工程勘察设计单位的资质管理,保证勘察设计质量,保证国家财产和人身安全,促进技术进步,提高工程的经济效益和社会效益,根据国家有关规定,结合电力行业特点,制定本办法。

第二条　本办法适用于电力行业和其它行业从事电力(火电、送变电、核电常规岛及新能源发电)工程勘察设计的单位。

第三条　凡从事电力工程勘察设计的单位,必须按规定申请资质审查,经审查合格并取得工程设计(含勘察)证书后,方可承担电力工程勘察设计任务。

第二章　资质证书和资质标准

第四条　工程勘察设计资质证书分为工程勘察证书和工程设计证书两种;工程勘察证书和工程设计证书由建设部统一印制。

电力勘察设计是工程勘察和工程设计合一的行业,电力工程勘察设计资质证书采用建设部统一印的工程设计证书(包括勘察)。

第五条　工程勘察设计单位的资质等级根据其技术力量、技术水平、装备水平、管理水平以及勘察设计资历划分。分级标准由建设部统一颁发。

电力行业工程勘察设计资质的分级标准执行建设部建设〔1992〕434 号文颁发的《电力行业工程勘察设计资格分级标准》。

电力工程勘察设计单位如跨行业申请建筑、通信等其它行业的工程设计证书以及申请通用的工程勘察证书,执行建设部颁发的相应行业的分级标准。

第六条　电力工程勘察设计资质按发电、送变电两个专业划分为甲、乙、丙、丁四个等级。

甲级单位可以承担各类发电工程或送变电工程勘察设计,发电工程按承担机组的高限划分为 200MW、300MW、和 600MW 及以上三档；

乙级单位可以承担单机容量 50MW 及以下机组发电工程或 220k(330k)以下电压等级的送变电工程勘察设计；

丙级单位可以承担单机容量 12MW 及以下机组发电工程 110k 及以下电压等级的送变电工程勘察设计；

丁级单位可以承担 35KV 电压等级的送变电工程勘察设计。

首次承担证书允许的高限工程勘察设计时，要请有相应资格的勘察设计单位进行技术咨询。

第三章　勘察设计资质审批

第七条　申请工程设计证书(包含勘察)的单位，必须具备下列基本条件：

(一)有符合国家规定，依照法定程序批准成立机构的文件；

(二)有明确的名称、组织机构和固定的工作场所；有专业配套、固定从事工程勘察设计工作的技术人员和必要的计划、经营、财务、技术、质量管理人员；有为完成勘察设计任务必备的标准、规程、规范、定额等资料；有健全的质量保证体系；有相应的从事电力工程勘察设计的资历和业绩，完成的设计成品和工作成果符合国家和电力部规定的深度和质量要求；

(三)达到所申请的工程勘察设计单位资质的等级标准。

第八条　集体所有制的单位，除应具备第七条规定的基本条件外，还必须具有与其承担任务相适应的注册资金(甲级 100 万元、乙级 50 万元、丙级 30 万元、丁级 20 万元)及章程。

第九条　对勘察设计单位的分支机构一般不单独核发工程勘察设计证书。确需单独领证者，视同独立的机构对待，并需具备下列条件：

(一)具备企业法人条件；

(二)70% 的技术骨干必须是有当地户口的固定人员，轮换人员仅作为补充力量；

(三)有当地银行帐号，财务上独立核算，单独纳税。

第十条　对党政机关、民主党派、学会或协会等群众团体、私营企业、个体劳动者和直接从事产品生产的单位，不发给工程勘察设计证书。

第十一条　甲、乙级设计单位组织离退休工程技术人员成立的集体设计事务所，由设计单位负技术经济责任的，可以不另申请设计证书，而使用该单位的证书。如单独申请证书，其技术骨干必须配备 30% 以上的中青年。

第十二条 电力工程勘察设计资质实行分级审批制度。甲级由电力行业勘察设计主管部门审核后上报全国工程勘察设计资格审定委员会审批;乙级由电力部电力勘察设计资格审查委员会审批;丙、丁级经省电力局初审通过后,由地方省级资格审定委员会(或省级主管勘察设计工作的综合部门)进行审批。

甲、乙级由建设部盖章发证。

丙、丁级由省级勘察设计主管部门盖章发证。

第十三条 电力勘察设计单位申请甲、乙级资质的申请表,按隶属关系上报并逐级审查签署意见后由电力部办理审批发证手续。网局或直属省电力局所属单位由网局或直属省电力局签署意见,部直属企业、事业单位由部归口管理的司局签署意见。审查意见应明确申请单位的证书等级和承担任务范围。

第十四条 电力勘察设计单位申请其它行业甲、乙级资质的,由电力部送交建设部转交有关行业主管部门签署行业资质审查意见后,按规定统一办理审批发证手续。

第十五条 工程勘察证书和工程设计证书包括证书和副本。在副本中由发证单位写明承担工程勘察、设计任务的具体范围。

第十六条 新设立的工程勘察设计单位申请资质,其等级为暂定级,有效期2年,由发证部门在证书上注明。有效期满后,由原发证部门进行复查,复查合格的,换发正式定级证书,复查不合格的,由原发证部门提出处理意见或收回其证书。

第四章 收费资格的申报与核定

第十七条 持有工程勘察证书和工程设计证书的单位,必须经过收费资格认证,符合收费条件的,才能取得工程勘察、设计收费资格证书,经办理工商登记后,方可对外收取工程勘察设计费。否则,均属非法经营。

第十八条 收费资格证书分工程勘察收费资格证书和工程设计收费资格证书两种,均采用建设部统一印制的证书。电力行业工程勘察设计合一的单位仅颁发工程设计收费资格证书(包括勘察)。

第十九条 大专院校、科研院(所)等事业单位所属勘察设计单位申请收费资格证书,必须做到人、财、物与主管单位划开,不再领取事业费,经济上独立核算、自收自支,照章纳税,并有财政、税务部门的证明文件。

第二十条 勘察设计单位申请收费资格证书必须具备以下四个条件:

(一)持有建设部统一印制的工程勘察证书或工程设计证书;

(二)按照国家计委、财政部、劳动人事部计设〔1993〕122号文件实行了技术经

济责任制,经济上独立核算,自负盈亏;

(三)不再享有国家核拨的事业费;

(四)按照财政、税务部门的规定纳税。

第二十一条　企业所属勘察设计单位申请收费资格证书,需具有企业上级行政主管部门批准成立勘察设计机构并允许对外承担任务和收费的文件,经济上独立核算、自负盈亏、单独照章纳税,并有财政、税务部门的证明文件。

第二十二条　申请收费资格的单位,需填写收费资格申请表一式四份,并附必要的文件和证明。收费资格随勘察设计资质同时申报和审定,按勘察设计证书管理权限,分别核发收费资格证书。

第五章　管理和监督

第二十三条　电力行业勘察设计资质的管理由电力部归口,委托电力规划设计总院负责电力行业工程勘察设计单位的资质审查、管理和监督等日常工作。各持证单位应定期向电力规划设计总院报送统计报表,报表内容包括人员情况,勘察设计任务完成情况及经济收支情况等。

第二十四条　电力部每年对持证单位的资质进行一次检查或复查。对其中确实具备升级条件的,可按本办法办理升级手续,对不具备所持证书等级条件的,重新核定其等级。发现不具备收费条件或违反收费规定的,要及时处理。

第二十五条　工程勘察设计单位要求升级或扩大勘察设计范围时,应先就一项工程提出升级申请报告,经上级主管部门签署意见后,报电力规划设计总院审批,发给临时升级通知书。丙、丁级单位申请升级的要经省电力局初审后,报省级资格审定委员会。其中,承担大型工程勘察设计工作,必须由有相应资质的勘察设计单位进行咨询,主要设计原则要双方共同商定,初步设计文件要经咨询单位审核盖章,施工图一级图纸要有咨询单位的工程技术负责人员签字。当临时升级承担的工程项目经实践考验证实已合格,再按本办法第三章的规定,正式办理升级手续。临时升级申请报告内容应包括要求承担的工程项目名称、规模、设计条件落实情况、发证后设计力量变更情况等。

获得国家优秀勘察、设计奖和连续两年获得省、部级优秀勘察、设计奖的单位,可以优先办理升级手续。

第二十六条　工程勘察、设计证书和收费资格证书,是从事勘察设计的技术资质凭证和收取费用的合法凭证,只限持证单位使用,不得转让;不得为其它单位或个人提供图章、图签;不得私拉外单位人员为其搞勘察设计;未经批准不得越级或超越证书规定范围承担任务。

第二十七条 两个或几个持有工程勘察设计资质证书和工程勘察设计收费资格证书的单位,可以联合承担勘察设计任务,当证书级别不同时,应以级别高的一方为主,并由其对勘察设计质量负责。不能与无勘察设计证书和无收费资格证书的单位联合承担勘察设计任务。

第二十八条 违反本章第二十六条、第二十七条规定,申请资质证书时隐瞒真实情况,弄虚作假,内部管理混乱,经营作风不正,勘察设计质量长期低劣或因勘察设计原因造成重大工程质量事故的单位,除按国家规定处理外,视其情节轻重给予通报批评、停业整顿、罚款、降级、直至吊销证书的处理。

第二十九条 工程勘察设计单位提交的勘察、设计文件,必须在封面上注明资质证书的行业、等级和证书编号,审查勘察设计文件的部门,首先要核实工程勘察设计单位的资质。

第三十条 工程勘察设计单位如发生分立、合并、撤销,应在上级主管部门批准后 30 日内向原发证部门办理证书的注销手续。如需申请资格证书,按本办法的规定重新上报。

第三十一条 仅持有工程勘察、设计证书,没有工程勘察、设计收费资格证书的单位,只能承担本单位内部的勘察、设计任务,不予办理工商登记,更不得进入工程勘察设计市场。对违反规定收取的勘察设计费,应全部没收。

第三十二条 各级审查及发证部门,要根据行业发展规划,本办法的规定和行业分级标准,坚持原则,认真审查,严格把关。对在工作中严重失职和索贿、受贿的人员,由其所在单位给予行政处分;情节严重构成犯罪的,交由司法机关追究刑事责任。

非发证部门不得变更证书内容,否则证书无效。

第三十三条 各级勘察设计主管部门发现有违反本办法的行为,应立即制止;对违反本办法完成的勘察、设计成果,审查部门不予审查,施工单位不得施工,银行不予付款。

第六章 附 则

第三十四条 本办法由电力工业部负责解释。

第三十五条 本办法自发布之日起施行。

水电工程勘察设计管理办法

（2011 年 11 月 3 日国能新能〔2011〕361 号发布　根据 2013 年 8 月 20 日国家发展和改革委员会令第 4 号第一次修正　根据 2018 年 5 月 16 日国能发新能〔2018〕45 号第二次修正）

第一章　总　　则

第一条　为加强水电工程勘察设计管理，保证勘察设计质量和工程安全，根据《中华人民共和国可再生能源法》、《建设工程勘察设计管理条例》和《建设工程质量管理条例》等法律法规，制定本办法。

第二条　本办法适用于国家核准（审批）的水电站项目和抽水蓄能电站项目（以下简称水电工程）。其他水电工程可参照执行。

第三条　本办法所称水电工程勘察设计是指根据水电工程建设要求，查明、分析和评价工程场地地质条件，分析论证技术、经济、资源和环境相关情况，确定工程设计方案，编制勘察设计文件的活动。

第四条　水电工程建设应坚持"先勘察、后设计、再施工"的原则。

水电工程勘察设计应与社会经济发展水平相适应，做到安全可靠、技术先进、经济合理、资源节约和环境友好，实现水电开发的经济效益、社会效益和环境效益相统一。

第五条　水电工程勘察设计阶段分为河流水电规划（或抽水蓄能电站选点规划）、预可行性研究、可行性研究、招标设计及施工详图设计等五个阶段。勘察设计单位应分阶段开展工作，提出符合相应阶段规程规范要求的勘察设计文件。

第六条　勘察设计单位应依法进行工程勘察设计，严格执行工程建设强制性标准，确保勘察设计文件的完整性、真实性和准确性，并对勘察设计的成果质量负责。

第七条　国家能源局负责水电工程勘察设计活动的监督管理。

各级地方能源主管部门按规定权限负责和参与本行政区域水电工程勘察设计活动的监督管理。

第八条 发挥设计咨询的作用，鼓励在大型水电工程勘察设计工作中开展工程设计咨询，提高设计水平，优化设计方案，保证设计质量。

第二章 资质与合同

第九条 从事水电工程勘察设计活动的单位应具有国家规定的相应资质。勘察设计单位应在其资质等级许可的范围内承揽工程勘察设计业务。

禁止勘察设计单位超越其资质等级许可的范围或者以其他勘察设计单位的名义承揽工程勘察设计业务。禁止勘察设计单位允许其他单位或者个人以本单位的名义承揽勘察设计业务。

第十条 勘察设计单位从事大型水电工程勘察设计应具有工程勘察和工程设计甲级资质（水力发电）；承担坝高200米及以上水电工程和地震基本烈度Ⅷ度及以上高坝水电工程的勘察设计单位应具有大型水电工程勘察设计业绩。

第十一条 水电工程勘察设计依法实行招标发包或直接发包。发包工作一般应在河流水电规划或抽水蓄能电站选点规划批准后进行。

第十二条 建设单位不得将工程勘察设计业务发包给不具有相应资质和业绩的勘察设计单位。勘察设计单位不得将所承揽的勘察设计业务转包或违法分包。

第十三条 建设单位应依法与勘察设计单位签订勘察设计合同，对勘察设计工作范围、内容、深度、进度、质量及服务进行约定，保证合理的勘察设计周期，执行国家有关勘察设计收费标准。

建设单位不得强迫或暗示勘察设计单位违反工程建设强制性标准，降低工程质量。

第十四条 两个及以上单位承担同一工程勘察设计的，合同中应明确主体勘察设计单位。主体勘察设计单位负责总体策划、组织协调和设计集成。其他勘察设计单位负责向主体勘察设计单位提供资料和成果，并对其成果质量负责。

第三章 技术要求

第十五条 勘察设计单位应做好勘察设计工作策划，确定勘察设计的重点以及相关技术路线，编制勘察设计科研工作大纲，合理配置与勘察设计任务相适应的资源和专业技术人员。

第十六条 勘察设计单位应收集并分析勘察设计工作所需的地形地质、水文气象、生态环境、移民安置、经济社会发展等基础资料，所采用资料应真实、有效。

第十七条　工程地质勘察应涵盖枢纽工程建设区、水库淹没影响区和移民安置区。勘察设计单位应重视对断层、滑坡体、堆积体、泥石流、岩溶、崩塌等不良地质现象的调查分析,保证选址的合理性和建筑物地基的安全性。

第十八条　勘察设计单位应根据工程需要,组织开展重大技术问题研究和科技攻关工作,科学论证工程设计方案,确保工程安全可靠。

第十九条　勘察设计单位应会同地方政府按阶段要求开展移民安置规划设计工作。移民安置规划设计应以资源环境承载力为基础,与当地国民经济和社会发展规划以及土地利用总体规划、城市总体规划、村庄和集镇规划等相适应,听取移民和安置区居民以及建设单位的意见。

可行性研究阶段,移民安置规划设计文件应达到枢纽工程同等设计深度。

第二十条　勘察设计单位应依据批复的项目环境影响评价报告、水土保持方案报告和安全预评价报告,开展环境保护措施设计、水土保持措施设计和劳动安全与工业卫生设计。

第二十一条　勘察设计单位应以审定的可行性研究报告为依据开展招标设计,复核、深化和细化设计方案,满足招标文件编制的要求。

第二十二条　勘察设计单位负责编制施工详图阶段设计文件,满足工程施工要求。施工图设计文件应对涉及工程质量和施工安全的重点部位注明有关安全质量方面的提示信息,对防范工程安全质量风险提出指导意见。

第二十三条　勘察设计单位应建立健全技术质量管理体系,落实技术质量责任制,对勘察设计产品进行分级管理,按规定履行勘察设计文件校审制度,并做好勘察设计文件的归档工作。

第四章　现 场 服 务

第二十四条　工程施工阶段,勘察设计单位应设立现场设计代表机构,及时派驻相应的技术人员,制定相关工作制度,提供现场技术服务,满足工程建设要求。

第二十五条　现场设计代表应做好技术交底;跟踪现场施工情况,研究并及时解决工程建设有关技术问题;参与隐蔽工程和关键部位的检查验收;配合工程质量检查、质量监督、安全鉴定和工程验收等工作。

第二十六条　现场设计代表应按照有关要求,开展地质编录和工程地质条件预测预报;根据开挖揭露的地质条件和工程其他实际情况,加强工程重大技术问题解决方案的复核,及时完善设计方案和施工技术要求。

第二十七条　现场设计代表发现不按设计文件要求施工、野蛮施工、弄虚作假或偷工减料等情况，应及时以书面形式向建设单位反映。必要时，应报告质量监督机构和国家能源局。

第五章　设 计 变 更

第二十八条　招标设计和施工详图设计阶段，对审定的工程特征参数、工程设计方案和移民安置方案进行的调整、补充和优化均属设计变更。

第二十九条　工程设计变更分为一般设计变更和重大设计变更。一般设计变更由设计单位负责编制设计变更文件。重大设计变更由建设单位组织设计单位编制专题报告。

水电工程设计变更管理办法另行制定。

第六章　设 计 回 访

第三十条　勘察设计单位应定期开展枢纽工程设计回访，检查评价枢纽建筑物和主要设施设备的安全性、适用性。根据工程实际需要，开展必要的设计复核，总结勘察设计经验，并为工程安全运行提供技术支持。

第三十一条　枢纽工程设计回访分为全面设计回访和专项设计回访。全面设计回访至少每 10 年一次。首次全面设计回访，应在工程投入运行后的 5 年之内进行。专项设计回访视需要进行。

建设单位或运行管理单位应为设计回访提供必要的工作条件。勘察设计单位应向建设单位或运行单位提交设计回访报告。

第七章　附　　则

第三十二条　本办法由国家能源局负责解释，自发布之日起施行。

水电工程设计变更管理办法

（2011 年 11 月 3 日国能新能〔2011〕361 号发布　根据 2013 年 8 月 20 日国家发展和改革委员会令第 4 号第一次修正　根据 2018 年 5 月 16 日国能发新能〔2018〕45 号第二次修正）

第一条　为加强水电工程设计和建设管理，规范设计变更行为，保证工程安全和质量，依据《建设工程勘察设计管理条例》和《水电工程勘察设计管理办法》，制定本办法。

第二条　本办法适用于国家核准（审批）的水电站项目和抽水蓄能电站项目（以下简称水电工程）。其他水电工程可参照执行。

第三条　设计变更是指在招标设计阶段和施工详图阶段，对审定的工程主要特征参数、工程设计方案和移民安置方案等所进行的改变，包括调整、补充和优化。

第四条　设计变更应坚持科学求实的原则，符合国家有关法律法规和工程建设强制性标准的规定，做到先论证、后审查（或审核）、再实施。

第五条　设计变更分为一般设计变更和重大设计变更。重大设计变更是指涉及工程安全、质量、功能、规模、概算，以及对环境、社会有重大影响的设计变更。除此之外的其他设计变更为一般设计变更。

水电工程重大设计变更的界定见附件。

第六条　重大设计变更由建设单位组织设计单位编制专题报告；涉及开发任务、工程规模、工程概算变化的，应报原核准部门同意，具体范围另行规定。一般设计变更由设计单位组织编制设计变更文件。设计单位对设计变更文件的成果质量负责。

第七条　设计单位应结合工程建设实际，复核工程设计方案和主要参数，及时提出必要的设计变更文件。建设单位、监理单位和施工单位可以提出变更设计的建议，设计单位应考虑施工水平和管理水平的影响，对变更设计的建议进行技术、经济论证。确需变更的，由设计单位编制设计变更文件。

第八条　重大设计变更文件应达到或超过可行性研究阶段的深度要求。内容主要包括：

(一)工程概况;

(二)重大设计变更的缘由和必要性、变更的项目和内容、与设计变更相关的基础资料及试验数据;

(三)设计变更与原勘察设计文件的对比分析;

(四)变更设计方案及原设计方案在工程量、工程进度、造价或费用等方面的对照清单和相应的单项设计概算文件;

(五)必要时,还应包含设计变更方案的施工图设计及其施工技术要求。

第九条 工程建设过程中,因抢险救援或应急处置导致的设计变更,应由参建各方代表签字确认。属于重大设计变更的,建设单位应及时组织设计单位编制设计变更文件,并按规定程序报审。

第十条 严禁借设计变更变相扩大工程建设规模、增加建设内容,提高建设标准;严禁借设计变更,降低安全质量标准,损害和削弱工程应有的功能和作用;严禁肢解设计变更内容,规避审查。

第十一条 本办法由国家能源局负责解释,自发布之日起施行。

附:

水电工程重大设计变更范围目录

(一)设计条件和安全标准

1. 工程开发方式、开发任务及工程规模的变化;

2. 水库特征水位、水库调度运行方式重大改变;

3. 工程等别及主要建筑物设计安全标准的变化。

(二)工程布置及主要建筑物

1. 坝、厂址及其主要建筑物场址的变化;

2. 主要建筑物的布置或结构方案的改变;

3. 增加或取消重要的单体水工建筑物;

4. 主要筑坝材料料源方案的改变;

5. 施工导流方式或导流建筑物方案的变化;

6. 工程总进度及主要控制进度的变化。

(三)机电及金属结构设备

1. 电站接入系统方式和电气主接线方案的变化;

2. 机组型式、单机容量和重要技术参数的变化;

3. 高压配电装置和高压引出线设计方案的变化；
4. 电站控制运行方式及继电保护方案的重大变化；
5. 金属结构设备布置方案及设备型式的重大变化。
（四）环境保护和水土保持
1. 环境保护和水土保持工程措施的重大变化；
2. 环境保护和水土保持工程项目的增加或取消。
（五）移民安置
1. 征地范围调整及重要实物指标的较大变化；
2. 移民安置方案与移民安置进度的重大变化；
3. 城（集）镇迁建和专项处理方案重大变化。

承装(修、试)电力设施许可证管理办法

(2020 年 9 月 11 日国家发展和改革委员会令第 36 号发布
自 2020 年 10 月 11 日起施行)

第一章　总　　则

第一条　为了加强承装(修、试)电力设施许可管理,规范承装(修、试)电力设施许可行为,维护承装、承修、承试电力设施市场秩序,促进电力安全,根据《中华人民共和国行政许可法》《电力供应与使用条例》《电力监管条例》和国家有关规定,制定本办法。

第二条　承装(修、试)电力设施许可证(以下简称许可证)的申请、受理、审查、颁发、管理和监督,适用本办法。

第三条　国家能源局负责指导、监督全国许可证的颁发和管理。

国家能源局派出机构(以下简称派出机构)负责辖区内许可证的受理、审查、颁发和日常监督管理。

第四条　在中华人民共和国境内从事承装、承修、承试电力设施活动的,应当按照本办法的规定取得许可证。除国家能源局另有规定外,任何单位或者个人未取得许可证,不得从事承装、承修、承试电力设施活动。

本办法所称承装、承修、承试电力设施,是指对输电、供电、受电电力设施的安装、维修和试验。

第五条　取得许可证的单位依法开展活动,受法律保护。

第二章　分类分级与申请条件

第六条　许可证分为承装、承修、承试三个类别。

取得承装类许可证的,可以从事电力设施的安装活动。

取得承修类许可证的,可以从事电力设施的维修活动。

取得承试类许可证的,可以从事电力设施的试验活动。

第七条　许可证分为一级、二级、三级、四级和五级。

取得一级许可证的，可以从事所有电压等级电力设施的安装、维修或者试验活动。

取得二级许可证的，可以从事330千伏以下电压等级电力设施的安装、维修或者试验活动。

取得三级许可证的，可以从事110千伏以下电压等级电力设施的安装、维修或者试验活动。

取得四级许可证的，可以从事35千伏以下电压等级电力设施的安装、维修或者试验活动。

取得五级许可证的，可以从事10千伏以下电压等级电力设施的安装、维修或者试验活动。

第八条　申请许可证应当具备法人资格及健全有效的安全生产组织和制度，并符合下列条件：

（一）净资产

具有与开展承装（修、试）电力设施活动相适应的净资产，其所占总资产比例不低于15%。

（二）技术负责人、安全负责人

1. 申请一级至三级许可证的，分别拥有5年以上与所申请许可证类别相适应的电力设施安装、维修或试验管理工作经历，具有电力相关专业中级以上职称；其中申请一级许可证的，应具有电力相关专业高级职称；

2. 申请四级至五级许可证的，分别拥有3年以上与所申请许可证类别相适应的电力设施安装、维修或试验管理工作经历，具有电力相关专业初级以上职称。

（三）专业技术及技能人员

1. 申请一级至三级许可证的，电力相关专业技术人员分别不少于50人、30人和15人，其中具有中级以上技术任职资格的分别不少于30人、15人和5人；电力相关专业技能人员分别不少于60人、30人和20人，其中高压电工分别不少于30人、15人和10人；

2. 申请四级至五级许可证的，电力相关专业技术人员分别不少于10人和5人；电力相关专业技能人员分别不少于15人和5人，其中高压电工分别不少于8人和3人。

前款第（二）项、第（三）项规定的各类人员均不得同时在其他单位任职；技术负责人可由本单位专业技术人员兼任，安全负责人应专人专岗。

第九条　申请一级至三级许可证的，除具备本办法第八条规定的相应条件外，还应具有下列与申请的许可证类别和等级相适应的业绩：

（一）申请一级至三级承装类许可证的，最近3年内应分别具有从事330（220）千伏、110（66）千伏、35千伏以下10千伏以上电压等级变（配）电及线路设施的安装活动业绩，且质量合格；在此期间从事电力设施安装业务的最高年度工程结算收入分别不少于2亿元、1亿元和3000万元；

（二）申请一级至三级承修类或承试类许可证的，最近2年均应分别具有从事330（220）千伏、110（66）千伏、35千伏以下10千伏以上电压等级变（配）电及线路设施的维修或试验活动业绩。

第三章　申请、受理、审查与决定

第十条　申请许可证，应当向申请人所在地的派出机构提出，并提交申请表；申请一级至三级许可证的，还需要提交相关业绩材料。

第十一条　取得许可证的单位合并或分立后新设单位申请许可证的，应当提交申请表以及合并或分立相关材料。

分立后至多一个单位可承继分立前单位从事同类活动的业绩；其他新设单位同时申请该类别许可证的，按首次申请办理。

第十二条　派出机构收到申请，应当对申请材料是否齐全、是否符合法定形式进行审查。派出机构有权要求申请人就申请事项作出解释或者说明。

第十三条　派出机构对申请人提出的申请，应当根据下列情况分别作出处理：

（一）申请材料存在可以当场更正的错误的，应当允许申请人当场更正；

（二）申请材料不齐全或者不符合法定形式的，应当当场或者五日内向申请人发出申请材料补正通知书，并一次告知需要补正的全部内容；

（三）申请材料齐全并符合法定形式的，或者申请人按照派出机构的要求提交全部补正申请材料的，应当向申请人发出受理通知书。

第十四条　派出机构应当自受理之日起十五日内完成申请审查，并按下列规定作出是否许可的决定：

（一）经审查，申请人的条件符合法定条件、标准的，派出机构应当依法作出准予许可的书面决定，并自作出决定之日起五日内向申请人颁发、送达许可证；

（二）经审查，申请人的条件不符合法定条件、标准的，派出机构应当依法作出不予许可的决定，以书面形式通知申请人，通知书中应当说明不予许可的理由。

第十五条　派出机构在审查过程中认为需要对申请材料的实质性内容进行核实的，应当指派两名以上的工作人员进行现场核查。

第十六条 派出机构自受理通知书发出之日起十五日内不能作出决定的,经派出机构负责人批准,可以延长十日,并将延长期限的理由告知申请人。

第十七条 派出机构应当按照国家有关规定建立信息公开工作制度,向社会公开承装(修、试)电力设施许可的依据、条件、程序、期限、办理情况以及申请材料目录、申请材料示范文本等信息。

第四章 变更与延续

第十八条 许可证的变更分为许可事项变更和登记事项变更。

许可事项变更是指许可证类别和等级的变更。

登记事项变更是指承装(修、试)电力设施单位名称、住所、法定代表人等事项的变更。

变更后的许可证,有效期限不变。

第十九条 申请许可事项变更,应当提交本办法第十条规定的相关材料;派出机构按照本办法第三章规定的程序予以办理。

申请增加许可证类别或者提高许可证等级的,在申请之日起前一年内未出现下列情形的,应予受理:

(一)发生较大以上生产安全事故或者二次以上一般生产安全事故的;

(二)发生重大质量责任事故的;

(三)超越许可范围从事承装(修、试)电力设施活动的;

(四)涂改、倒卖、出租、出借许可证,或者以其他形式非法转让许可证的;

(五)违反国家有关规定将本单位承包的承装(修、试)电力设施业务转包或者分包的。

第二十条 承装(修、试)电力设施单位名称、住所或者法定代表人发生变化的,应当自市场监督管理部门依法办理变更登记之日起三十日内,提出登记事项变更申请,并提交登记事项变更申请表。

变更后的住所与原住所属于不同派出机构管辖的,应当向变更后住所地的派出机构提出登记事项变更申请。

派出机构应当自收到登记事项变更申请之日起十日内,办理变更手续。

第二十一条 许可证有效期为六年。

有效期届满需要延续的,应当在有效期届满三十日前提出申请,并提交申请表;申请一级至三级许可证有效期延续的,还应分别提供在其许可范围内的330(220)千伏以上、110(66)千伏以上、10千伏以上电压等级相关业绩材料。

派出机构应当在许可证有效期届满前作出是否准予延续的决定。逾期未作出决定的,视为同意延续并补办相应手续。

第二十二条 许可证损毁或遗失的,应当及时向颁发许可证的派出机构申请补办,并提交下列材料:

(一)许可证补办申请表;

(二)损毁许可证原件或者许可证遗失声明。

派出机构应当自收到许可证补办申请之日起三日内补发许可证。

第五章 监督检查

第二十三条 国家能源局对派出机构实施承装(修、试)电力设施许可工作进行监督检查,及时纠正工作中的违法行为。

第二十四条 派出机构依法对辖区内从事承装(修、试)电力设施活动的单位或者个人的下列事项实施监督检查:

(一)依法取得许可证的情况;

(二)在许可范围内从事承装(修、试)电力设施活动的情况;

(三)依法使用许可证的情况;

(四)符合许可证法定条件的情况;

(五)遵守国家有关转包或者分包承装(修、试)电力设施业务规定的情况;

(六)遵守国家其他有关规定的情况。

第二十五条 承装(修、试)电力设施单位有下列情形之一的,应当按照规定向有关派出机构报送信息:

(一)人员、资产等情况发生重大变化,已不符合许可证法定条件、标准的,应当自发生重大变化之日起三十日内向颁发许可证的派出机构报告;

(二)解散、破产、倒闭、歇业、合并或者分立的,应当自市场监督管理部门办理相关手续之日起十日内向颁发许可证的派出机构报告;

(三)发生生产安全事故的,应当按照国家有关规定向事故发生地派出机构报告;

(四)发生重大质量责任事故的,应当自有关主管机关作出事故结论之日起十日内,向事故发生地派出机构报告。

前款第(三)项、第(四)项规定事项,事故发生地不属于颁发许可证的派出机构管辖的,事故发生地派出机构应当及时将有关情况通报颁发许可证的派出机构。

第二十六条 派出机构对电力企业遵守承装(修、试)电力设施许可制度的情况实施监督检查。

电网企业对用户受电工程依法实施检查及竣工检验,应当查验施工企业是否具有许可证;对未经许可或者超越许可范围承揽用户受电工程的,应当立即向派出机构报告。

第二十七条　派出机构履行监督检查职责,可以采取下列措施:

(一)进入被检查单位的生产经营场所进行检查;

(二)询问被检查单位的工作人员,要求其对有关检查事项作出说明;

(三)查阅、复制与检查事项有关的文件、资料,对可能被转移、隐匿、损毁的文件、资料予以封存;

(四)对与检查事项有关的业务组织技术鉴定;

(五)对检查中发现的违法行为,有权当场予以纠正或者要求限期改正。

派出机构实施监督检查,被检查单位应当依法予以配合。

第二十八条　国家能源局及其派出机构应按照国家关于加快构建以信用为基础的新型监管机制的要求,依法组织实施承装(修、试)电力设施单位信用监管,并与"双随机、一公开"监管相结合,采取差异化监管措施,不断提升信用监管效能。

第二十九条　承装(修、试)电力设施单位的人员、资产等情况发生重大变化,已不符合相应许可证条件、标准的,派出机构应当责令其限期整改;逾期不改或整改后仍不符合许可证条件的,派出机构应根据其实际具有的条件,重新核定许可证的类别和等级。

第三十条　有下列情形之一的,国家能源局及其派出机构可以依法撤销承装(修、试)电力设施许可:

(一)派出机构工作人员滥用职权、玩忽职守作出准予许可决定的;

(二)超越法定职权作出准予许可决定的;

(三)违反法定程序作出准予许可决定的;

(四)对不具备申请资格或者不符合法定条件的申请人准予许可的;

(五)依法可以撤销许可的其他情形。

承装(修、试)电力设施单位以欺骗、贿赂等不正当手段取得许可的,应当予以撤销。

依照本条第一款的规定撤销许可,承装(修、试)电力设施单位的合法权益受到损害的,派出机构应当依法给予赔偿。依照本条第二款的规定撤销许可的,承装(修、试)电力设施单位基于许可取得的利益不受保护。

第三十一条　有下列情形之一的,派出机构应当依法办理承装(修、试)电力设施许可注销手续:

（一）许可有效期届满未按照本办法规定申请延续或者延续申请未批准的；

（二）承装（修、试）电力设施单位因解散、破产、倒闭、歇业、合并、分立等原因依法终止的；

（三）许可依法被撤销、撤回，或者许可证被依法吊销的；

（四）法律、法规规定的应当注销许可的其他情形。

第六章　法律责任

第三十二条　申请人隐瞒有关情况或者提供虚假申请材料申请承装（修、试）电力设施许可的，派出机构不予受理或者不予许可，并给予警告；情节严重的，一年内不再受理其许可申请。

第三十三条　承装（修、试）电力设施单位采取欺骗、贿赂等不正当手段取得许可的，由派出机构撤销许可，给予警告，处一万元以上三万元以下罚款；情节严重的，三年内不再受理其许可申请；构成犯罪的，依法追究刑事责任。

第三十四条　承装（修、试）电力设施单位转包或违法分包承装（修、试）电力设施业务，涂改、倒卖、出租、出借许可证，或者以其他形式非法转让许可证的，《建设工程质量管理条例》等法律法规对上述违法行为有相关行政处罚规定的，依照其规定执行；未作规定的，由派出机构责令其改正，给予警告，并处一万元以上三万元以下罚款。

第三十五条　违反本办法规定未取得许可证或者超越许可范围，非法从事承装、承修、承试电力设施活动的，《无证无照经营查处办法》《建设工程质量管理条例》等法律法规对上述违法行为有相关行政处罚规定的，依照其规定执行；未作规定的，由派出机构责令其停止相关经营活动，给予警告，并处一万元以上三万元以下罚款。

第三十六条　承装（修、试）电力设施单位在从事承装、承修、承试电力设施活动中发生重大以上生产安全事故或者重大质量责任事故，由派出机构依法降低许可证等级；情节严重的，依法吊销许可证。

第三十七条　承装（修、试）电力设施单位未按照本办法规定办理许可证登记事项变更手续的，由派出机构责令其限期办理；逾期未办理的，处五千元以下罚款。

第三十八条　电力企业违反国家有关规定，将承装（修、试）电力设施业务发包给未取得许可证或者超越许可范围承揽工程的单位或者个人的，由派出机构责令其限期改正，给予警告，并处一万元以上三万元以下罚款。

电网企业发现未取得许可证或者超越许可范围承揽用户受电工程的单位或者

个人,未按照本办法规定及时报告的,由派出机构给予警告,处一万元以上三万元以下罚款。

第三十九条　违反本办法第二十四条、第二十五条、第二十六条、第二十七条规定,向派出机构提供虚假或隐瞒重要事实的文件、资料,或者拒绝、阻碍派出机构及其从事监管工作的人员依法履行监管职责的,依照《电力监管条例》有关规定追究其责任。

第四十条　国家能源局及其派出机构工作人员玩忽职守、滥用职权、徇私舞弊、收受贿赂的,对直接负责的主管人员和其他直接责任人员依法给予处分;构成犯罪的,依法追究刑事责任。

第七章　附　　则

第四十一条　本办法中所称"以上"、"以下"、"不低于"、"不少于"均包含本数。

第四十二条　许可证由国家能源局统一印制,分为正本和副本,具有同等法律效力。

第四十三条　本办法自 2020 年 10 月 11 日起施行。原国家电力监管委员会于 2009 年 12 月 18 日公布的《承装(修、试)电力设施许可证管理办法》(国家电力监管委员会令第 28 号)同时废止。

出租出借承装(修、试)电力设施许可证等违法行为认定查处规范(试行)

(2019 年 9 月 12 日国家能源局发布　2021 年 3 月 19 日修正)

第一条　为进一步规范承装(修、试)电力设施活动,维护电力建设市场秩序,根据《电力供应与使用条例》《建设工程质量管理条例》《承装(修、试)电力设施许可证管理办法》等法规规章,结合承装(修、试)电力设施许可监管工作实际,制定本规范。

第二条　本规范适用于国家能源局及其派出机构对出租、出借承装(修、试)电力设施许可证(以下简称许可证)或者以其他形式非法转让许可证,以及涉嫌转包、违法分包承装(修、试)电力设施业务的认定查处工作。

第三条　本规范所称出租、出借许可证或者以其他形式非法转让许可证行为主要是指:

(一)具有承装(修、试)电力设施许可资质的单位(以下称承装(修、试)电力设施单位)将许可证以出租、出借等方式非法转让给不具有承装(修、试)电力设施许可资质的单位或个人,供其对外开展承装(修、试)电力设施活动;

(二)承装(修、试)电力设施单位间相互出租、出借或以其他非法形式转让许可证,包括许可证等级高的单位出租、出借或以其他形式非法转让给许可证等级低的单位;许可证等级低的或不具备某项许可证类别的单位借用许可证等级高的或具备某项许可证类别的单位许可证对外开展承装(修、试)电力设施活动。

本条中所称开展承装(修、试)电力设施活动,主要包括参与相关项目投标、订立相关业务合同、办理相关施工手续、组织并从事相关电力设施的安装、维修及试验活动等。

第四条　承装(修、试)电力设施单位存在下列情形之一的,可以认定为出租、出借许可证或者以其他形式非法转让许可证:

(一)允许其他单位以本单位名义,或者以授权委托书、共建共享协议等类似方式,允许与本单位未建立合法劳动人事关系的个人以本单位名义对外开展承装(修、试)电力设施活动的;

(二)实际中标的承装(修、试)电力设施单位与建设单位之间没有工程款收付关系,或者工程款支付凭证上载明的单位与承装(修、试)电力设施相关合同中载明的承包单位不一致,又不能进行合理解释并提供材料证明的;

(三)法律法规规定的其他属于出租、出借或者以其他形式非法转让许可证的行为。

第五条　承装(修、试)电力设施单位所属分支机构存在下列情形之一的,可以认定为承装(修、试)电力设施单位向其出租、出借许可证:

(一)承装(修、试)电力设施单位与所属分支机构间不存在资产产权或统一的财务核算关系且不能说明合理原因并提供相关证明的;

(二)承装(修、试)电力设施单位所属分支机构在施工现场派驻的项目负责人、技术负责人、质量管理负责人、安全管理负责人(含安全员)中一人及以上与承装(修、试)电力设施单位没有订立劳动合同,或没有建立劳动工资及社会养老保险关系的;

(三)承装(修、试)电力设施单位未对所属分支机构在人员、财务、合同订立、施工组织及机具设备采购等方面建立实质性管理措施,主要通过收取"管理费"、利润抽成等货币形式,允许所属分支机构以本单位名义对外开展承装(修、试)电力设施活动;该分支机构是否实际缴纳"管理费"、利润抽成等性质的货币,不影响该项认定依据的成立。

第六条　本规范所称转包,是指承装(修、试)电力设施单位不履行合同约定的责任和义务,将其承揽的承装(修、试)电力设施业务全部或者肢解后以分包的名义分别转给其他单位或个人施工的行为。

第七条　承装(修、试)电力设施单位存在下列情形之一的,可以认定为转包承装(修、试)电力设施业务,但有证据证明属于出租、出借许可证或者以其他形式非法转让许可证的除外:

(一)将其承揽的全部业务转给其他单位或个人实施的;

(二)将其承揽的全部业务肢解后,以分包名义转给其他单位或个人实施的;

(三)不履行管理义务,未派驻项目负责人、技术负责人、质量管理负责人、安全管理负责人等主要管理人员,未对其承揽的承装(修、试)电力设施业务实施组织管理的;

(四)不履行管理义务,只向实际施工单位收取费用,主要材料和工程设备的采购由其他单位或个人实施的;

(五)仅负责主要设备、物资的采购,而将承装(修、试)电力设施业务全部交由第三方单位或个人实施的;

（六）采取分包方式，但分包范围是其承揽的全部承装（修、试）电力设施业务，分包单位计取的是除上缴给施工单位“管理费”之外的全部施工价款的；

（七）法律法规规定的其他属于转包的行为。

本条中所称管理义务主要是指承装（修、试）电力设施单位对其承揽的承装（修、试）电力设施业务，在施工组织、安全生产、技术质量等关键环节所采取的监督、巡检、人员管理等相关具体措施。

第八条 本规范所称违法分包，是指承装（修、试）电力设施单位违反法律法规规定，将其承揽的承装（修、试）电力设施业务分包给其他单位或个人施工的行为。

第九条 承装（修、试）电力设施单位存在下列情形之一的，可以认定为违法分包承装（修、试）电力设施业务：

（一）将承装（修、试）电力设施业务分包给个人的；

（二）将承装（修、试）电力设施业务分包给未取得许可证或超越许可范围的单位实施的；

（三）合同中没有约定，又未经建设单位认可，承装（修、试）电力设施单位将其承揽的部分承装（修、试）电力设施业务交由其他单位具体实施的；

（四）将以下列承装（修、试）电力设施业务为主的施工活动以劳务分包等名义实际交由其他单位或个人具体实施的：

1. 输供电（含配电、直流）线路工程中的杆塔组立、架线及相关附件的安装、维修及试验；

2. 变电（含换流站）工程中的一次、二次等电气设备的安装、维修及试验；

3. 电缆接头、敷设及相关附件设备的安装、维修及试验；

4. 针对其他输电、供电、受电电力设施的安装、维修及试验。

（五）法律法规规定的其他违法分包行为。

第十条 本规范中所列违法行为的追溯期限，从其所涉工程项目竣工验收之日起计算；工程项目未全部完成而解除或终止履行相关合同的，自该合同解除或终止之日起计算。

第十一条 国家能源局及其派出机构依法对本规范列明的违法行为进行调查认定后，对相关承装（修、试）电力设施单位按以下方式予以处理：

（一）对于出租、出借许可证或者以其他形式非法转让许可证的，依据《承装（修、试）电力设施许可证管理办法》有关规定予以行政处罚；

（二）对于转包或违法分包的，由施工地派出机构依据《承装（修、试）电力设施许可证管理办法》有关规定予以行政处罚；

（三）对于被行政处罚的，按照能源行业市场主体信用数据清单有关规定，对相关信用信息予以记录和披露;同时,对其符合许可证法定条件情况开展重点抽查,对不符合条件要求的,依据《承装(修、试)电力设施许可证管理办法》有关规定处理。

第十二条　本规范由国家能源局负责解释。

第十三条　本规范自印发之日起施行。

承装(修、试)电力设施许可证注销管理办法

(2021 年 9 月 26 日国家能源局发布　国能发资质规〔2021〕48 号)

第一章　总　　则

第一条　为进一步完善承装(修、试)电力设施许可管理制度,规范承装(修、试)电力设施许可证注销管理,保护被许可人合法权益,维护市场秩序,根据《中华人民共和国行政许可法》《电力供应与使用条例》《承装(修、试)电力设施许可证管理办法》等法律、法规、规章,制定本办法。

第二条　承装(修、试)电力设施许可证(以下简称许可证)注销的实施,适用本办法。

本办法所称许可证注销是指被许可人已经取得的承装(修、试)电力设施许可(以下简称许可)存在被依法撤销、撤回,或许可证被依法吊销以及终止等法定情形,并依法办理注销手续的行政许可程序性行为。

第三条　国家能源局及其派出机构应当依照本办法实施撤销、撤回许可和吊销许可证,办理许可证注销手续。法律、法规另有规定的,从其规定。

国家能源局对其派出机构实施的许可证注销工作进行指导、监督。

第四条　许可证注销的实施,应当遵循依法、公开、公正的原则。

第二章　注销的适用

第五条　有下列情形之一的,国家能源局派出机构(以下简称派出机构)应当依法办理许可证注销手续:

(一)许可依法被撤销、撤回,或者许可证被依法吊销的;

(二)许可有效期届满未按规定申请延续,或者延续申请未批准的;

(三)被许可人因解散、破产、倒闭、歇业、合并、分立等原因依法终止的;

(四)法律、法规规定的应当注销许可证的其他情形。

第六条　本办法第五条中所称许可依法被撤销,包括下列情形:

(一)派出机构工作人员滥用职权、玩忽职守作出准予许可决定的;

(二)超越法定职权作出准予许可决定的;

(三)违反法定程序作出准予许可决定的;

(四)对不具备申请资格或者不符合法定条件的申请人准予许可的;

(五)被许可人以欺骗、贿赂等不正当手段取得许可的;

(六)依法可以撤销许可的其他情形。

第七条　本办法第五条中所称许可依法被撤回,包括下列情形:

(一)许可依据的法律、法规、规章修改或者废止的;

(二)准予许可所依据的客观情况发生重大变化,导致许可被终止的;

(三)依法应当撤回许可的其他情形。

第八条　撤销许可的决定由国家能源局或颁发许可证的派出机构作出;撤回许可的决定由颁发许可证的派出机构作出。其他派出机构发现应当撤销、撤回许可情形的,可以向颁发许可证的派出机构提出处理建议。

第九条　作出撤销、撤回许可决定前,国家能源局或其派出机构应当告知被许可人撤销、撤回许可的事实、理由和处理意见,听取被许可人的陈述和申辩。如被许可人无法联系,由颁发许可证的派出机构在其网站公告撤销、撤回许可的事实、理由和处理意见等相关信息,公告期为30日。

对被许可人提出的陈述和申辩,国家能源局或其派出机构应当进行核实;被许可人提出的陈述和申辩成立的,应当予以采纳。

第十条　本办法第五条中所称许可证被依法吊销,包括下列情形:

(一)违反《建设工程质量管理条例》《承装(修、试)电力设施许可证管理办法》等有关规定,存在转包、违法分包、出租出借许可证、超越许可范围从事承装(修、试)电力设施活动等违法违规行为,情节严重的;

(二)被许可人在从事承装(修、试)电力设施活动中发生重大以上安全生产事故或者重大质量事故,情节严重的;

(三)依法可以吊销许可证的其他情形。

第十一条　吊销许可证的行政处罚,由相关违法违规行为发生地的派出机构按规定程序实施,并将违法违规事实、行政处罚决定抄告颁发许可证的派出机构;颁发许可证的派出机构依据行政处罚决定办理许可证注销手续。

第十二条　作出吊销许可证的行政处罚决定前,被许可人有陈述、申辩和要求举行听证的权利;被许可人在规定期限内要求听证的,由相关派出机构组织听证。

在听取被许可人陈述、申辩或者听证活动结束后,相关派出机构认为被许可人违法事实清楚、证据确凿的,应当作出吊销许可证的决定。

第三章　许可证的注销程序

第十三条　发生本办法第五条第(一)项、第(二)项情形的,由颁发许可证的派出机构在撤销、撤回、吊销决定生效之日或许可证有效期届满次日起10个工作日内办理注销手续。被许可人应当积极配合并在规定时限内交回许可证正本、副本。

第十四条　发生本办法第五条第(三)项、第(四)项情形的,被许可人应当在相关事项发生之日起30日内向颁发许可证的派出机构提出注销申请,并提交以下材料:

(一)法定代表人签署的许可证注销申请表;

(二)许可证正本、副本;

(三)办理注销需要的其他相关材料。

派出机构应当在收到上述申请材料之日起3个工作日内办理许可证注销手续。

第十五条　被许可人未按照本办法第十四条规定提出注销申请的,颁发许可证的派出机构经核实相关情况后可在其网站上发布注销公告。公告期为30日,公告期满后办理注销手续。

第十六条　被许可人交回的许可证正本及副本,由颁发许可证的派出机构加盖注销专用章后归档保存。

第十七条　派出机构应当依法向社会公开辖区内注销许可证的原被许可人名单及注销原因。

第四章　附　　则

第十八条　本办法自印发之日起施行,有效期5年。

水电工程验收管理办法

（2011 年 8 月 13 日国家能源局发布　2015 年 11 月 25 日修订
国能新能〔2015〕426 号）

第一章　总　　则

第一条　为加强水电工程建设管理，规范验收工作，保障水电工程安全及上下游人民生命财产安全，根据《水库大坝安全管理条例》、《建设工程质量管理条例》和国家有关规定，制定本办法。

第二条　本办法适用于国家核准（审批）水电站项目。其他水电工程可参照执行。

第三条　水电工程验收包括阶段验收和竣工验收。

阶段验收分为工程截流验收、蓄水验收和水轮发电机组启动验收。截流验收和蓄水验收前应进行建设征地移民安置专项验收。

工程竣工验收在枢纽工程、建设征地移民安置、环境保护、水土保持、消防、劳动安全与工业卫生、工程决算和工程档案专项验收的基础上进行。

第四条　水电工程在截流、蓄水、机组启动前以及工程完工后，必须进行验收。

第五条　水电工程验收工作，应当做到科学、客观、公正、规范。

第六条　国家能源局负责水电工程验收的监督管理工作。省级人民政府能源主管部门负责本行政区域内水电工程验收的管理、指导、协调和监督。跨省（自治区、直辖市）水电工程验收工作由项目所涉及省（自治区、直辖市）的省级人民政府能源主管部门共同负责。

各级能源主管部门按规定权限负责和参与本行政区域内水电工程验收的管理、指导、协调和监督。

第七条　工程蓄水验收、枢纽工程专项验收和工程竣工验收由省级人民政府能源主管部门负责，并委托有资质单位作为验收主持单位，组织验收委员会进行。省级人民政府能源主管部门也可直接作为验收主持单位组织验收。

工程截流验收由项目法人会同工程所在地省级人民政府能源主管部门共同组

织验收委员会进行;水轮发电机组启动验收由项目法人会同电网经营管理单位共同组织验收委员会进行,具体要求按相关规定执行。

建设征地移民安置、环境保护、水土保持、消防、劳动安全与工业卫生、工程决算和工程档案专项验收按相关法规和规定办理。

第八条 水电工程验收的主要依据是:

(一)国家有关法律、法规及行业有关规定;

(二)国家及行业相关规程规范与技术标准;

(三)项目审批、核准、备案文件;

(四)经批准的可行性研究设计、施工图设计、设计变更及概算调整等文件;

(五)工程建设的有关招标文件、合同文件及合同中明确采用的质量标准和技术文件等。

第九条 项目法人应组织协调设计、施工、监理、监测、设备制造安装、运行、安全鉴定、质量监督等单位提交验收所需的资料,协助验收委员会开展工作。

以上单位对各自在工程验收中所提交资料的真实性负责。

第二章 工程蓄水验收

第十条 项目法人应根据工程进度安排,在计划下闸蓄水前6个月,向工程所在地省级人民政府能源主管部门报送工程蓄水验收申请,并抄送验收主持单位。

第十一条 工程蓄水验收申请材料应包括以下主要内容:

(一)项目基本情况。包括工程开发任务、建设规模、建设方案、投资规模、主要投资方、项目审批(核准)情况等;

(二)项目进展情况。包括工程进度、形象面貌、投资完成情况及其安全度汛措施等;

(三)蓄水验收计划安排;

(四)建设征地移民安置实施情况;

(五)工程蓄水安全鉴定单位建议。

第十二条 验收主持单位收到工程蓄水验收申请材料后,应会同工程所在地省级人民政府能源主管部门,并邀请相关部门、项目法人所属计划单列企业集团(或中央管理企业)、有关单位和专家共同组成验收委员会进行验收。必要时可组织专家组进行现场检查和技术预验收。

验收委员会主任委员由验收主持单位有关负责同志担任。

第十三条 通过水电工程蓄水验收应当具备的基本条件:

（一）工程形象面貌满足水库蓄水要求，挡水、引水、泄水建筑物满足防洪度汛和工程安全要求；

（二）近坝区影响工程安全运行滑坡体、危岩体、崩塌堆积体等地质灾害已按设计要求进行处理；

（三）与蓄水有关的建筑物的内外部监测仪器、设备已按设计要求埋设和调试，并已测得初始值。需进行水库地震监测的工程，其水库地震监测系统已投入运行，并取得本底值；

（四）已编制下闸蓄水施工组织设计，制定水库调度和度汛规划，以及蓄水期事故应急救援预案；

（五）安全鉴定单位已提交工程蓄水安全鉴定报告，并有可以下闸蓄水的明确结论；

（六）建设征地移民安置已通过专项验收，并有不影响工程蓄水的明确结论。

第十四条　验收委员会完成蓄水验收工作后，应出具工程蓄水验收鉴定书。验收主持单位应在下闸蓄水前将验收鉴定书报送省级人民政府能源主管部门。省级人民政府能源主管部门认为不具备下闸蓄水条件的，应在 5 个工作日内通知验收主持单位和项目法人。

验收主持单位应在下闸蓄水 1 个月后、3 个月内，将下闸蓄水及蓄水后的有关情况报省级人民政府能源主管部门。

第十五条　水电工程分期蓄水的，可以分期进行验收。

第三章　枢纽工程专项验收

第十六条　项目法人应根据工程进度安排，在枢纽工程专项验收计划前 3 个月，向工程所在地省级人民政府能源主管部门报送枢纽工程专项验收申请，并抄送验收主持单位。

第十七条　验收申请报告应包括以下主要内容：

（一）项目基本情况；

（二）项目建设情况。包括工程进度、工程面貌、投资完成情况等；

（三）工程运行情况。包括工程蓄水、水轮发电机组和各单项工程运行情况、工程运行效益情况等；

（四）枢纽工程专项验收计划安排。

第十八条　验收主持单位收到枢纽工程专项验收申请材料后，应会同工程所在地省级人民政府能源主管部门，并邀请相关部门、项目法人所属计划单列企业集团(或中央管理企业)、有关单位和专家共同组成验收委员会进行验收。必要时可组织专家组进行现场检查和技术预验收。

验收委员会主任委员由验收主持单位有关负责同志担任。

第十九条 通过水电工程枢纽工程专项验收应当具备的基本条件:

(一)枢纽工程已按批准的设计文件全部建成,工程重大设计变更已完成变更手续;

(二)施工单位在质量保证期内已及时完成剩余尾工和质量缺陷处理工作;

(三)工程运行已经过至少一个洪水期的考验,多年调节水库需经过至少两个洪水期考验,最高库水位已经达到或基本达到正常蓄水位,全部机组均能按额定出力正常运行,每台机组至少正常运行 2000 小时(含电网调度安排的备用时间),各单项工程运行正常;

(四)工程安全鉴定单位已提出工程竣工安全鉴定报告,并有可以安全运行的结论意见。

第二十条 验收委员会完成枢纽工程专项验收工作后,应出具枢纽工程专项验收鉴定书。验收主持单位应及时将验收鉴定书报送省级人民政府能源主管部门。

第二十一条 水电工程分期建设的,可根据工程建设进度分期或一次性进行验收。

第四章 竣工验收

第二十二条 项目法人应在工程基本完工或全部机组投产发电后的一年内,开展竣工验收相关工作,单独或与枢纽工程专项一并向省级人民政府能源主管部门报送开展工程竣工验收工作的申请,并抄送验收主持单位。

第二十三条 验收申请报告应包括项目基本情况、工程建设运行情况、专项验收计划及竣工验收总体安排等内容。

第二十四条 验收主持单位收到竣工验收申请材料后,应会同工程所在地省级人民政府能源主管部门,并邀请相关部门、项目法人所属计划单列企业集团(或中央管理企业)、有关单位和专家共同组成验收委员会进行验收。必要时可组织专家组进行现场检查和技术预验收。

验收委员会主任委员由验收主持单位有关负责同志担任。

第二十五条 枢纽工程、建设征地移民安置、环境保护、水土保持、消防、劳动安全与工业卫生、工程决算和工程档案专项验收完成后,项目法人应对验收工作进行总结,向验收委员会提交工程竣工验收总结报告。

工程竣工验收总结报告应包括项目基本情况,各专项验收鉴定书的主要结论以及所提主要问题和建议的处理情况,遗留单项工程的竣工验收计划安排等。

第二十六条　水电工程通过竣工验收的条件:

(一)已按规定完成各专项竣工验收的全部工作;

(二)各专项验收意见均有明确的可以通过工程竣工验收的结论;

(三)已妥善处理竣工验收中的遗留问题和完成尾工;

(四)符合其他有关规定。

第二十七条　验收委员会完成竣工验收工作后,应出具竣工验收鉴定书。验收主持单位应及时将工程竣工验收总结报告、验收鉴定书及相关资料报送省级人民政府能源主管部门。

第二十八条　省级人民政府能源主管部门在收到工程竣工验收总结报告和验收鉴定书后,对符合竣工验收条件的水电工程颁发竣工验收证书(批复)。

第二十九条　水电工程竣工验收完成后,项目法人应当按国家有关规定办理档案、固定资产移交等相关手续。

第五章　附　　则

第三十条　验收结论应当经三分之二以上验收委员会成员同意,验收委员会成员应当在验收鉴定书上签字。验收委员会成员对验收结论持有异议的,应当将保留意见在验收鉴定书上明确记载并签字。

第三十一条　验收过程中如发生争议,由验收委员会主任委员协调、裁决,并将验收委员会成员提出的涉及重大问题的保留意见列入备忘录,作为验收鉴定书的附件。主任委员裁决意见有半数以上委员反对或难以裁决的重大问题,应由验收委员会报请验收主持单位决定,重大事项应及时报省级人民政府能源主管部门。

第三十二条　水电工程验收管理的其他有关要求按《水电工程验收规程》执行。

第三十三条　本办法由国家能源局负责解释,自发布之日起施行。2011 年 8 月印发实施的《水电工程验收管理办法》(国能新能〔2011〕263 号)同时废止。

水电工程质量监督管理规定

（2013 年 3 月 8 日国家能源局发布　国能新能〔2013〕104 号）

第一章　总　　则

第一条　为加强水电工程质量监督管理，确保水电工程建设质量，保障工程安全，根据《建设工程质量管理条例》等有关法律法规，制定本规定。

第二条　本规定适用于中华人民共和国境内新建、扩建、改建的水电工程。

第三条　国家能源局负责全国水电工程质量监督管理工作。

省级人民政府能源主管部门按规定权限负责或参与本行政区域内水电工程质量监督管理工作。

第四条　水电工程质量监督实行分级、属地管理。

国家能源局委托水电工程质量监督总站负责国家核准（审批）水电工程质量监督具体工作。

省级人民政府能源主管部门根据工作需要，可成立省级水电工程质量监督机构或委托水电工程质量监督总站（分站），负责本行政区域内地方核准（审批）水电工程质量监督具体工作。

第五条　本规定所称工程质量监督，是指主管部门依据有关法律法规和工程建设强制性标准，对工程实体质量和工程建设、勘察、设计、施工、监理单位（简称工程质量责任主体）和质量检测等单位的工程质量行为实施监督。

第六条　本规定的水电工程质量监督范围为水电项目主体工程及其附属工程。建设征地移民安置工程中的质量监督由地方政府相关部门负责组织实施。

第七条　水电工程质量监督工作从建设项目办理监督手续开始，至工程项目通过竣工验收结束。

第八条　工程质量监督的依据：

（一）国家有关法律、法规及行业有关规定；

（二）国家及行业相关规程规范和技术标准；

（三）项目审批、核准、备案文件；

(四)经批准的设计文件。

第九条　所有水电工程项目和工程质量责任主体必须接受水电工程质量监督机构的监督。质量监督不代替建设、监理、设计、施工等单位的质量工作。

第十条　国家鼓励和支持单位、个人对水电工程的质量缺陷、质量事故,以及工程质量责任主体、质量监督机构及其人员的违法行为进行投诉和举报。

第二章　组织机构及管理

第十一条　国家水电工程质量监督机构分三级设置:水电工程质量监督总站(简称总站)、水电工程质量监督分站(简称分站)、水电工程项目质量监督站(简称项目站)。

省级人民政府能源主管部门设立的水电工程质量监督机构可分省站和项目站两级设置。

第十二条　国家能源局委托水电水利规划设计总院组建总站。

分站是总站的派出机构,负责区域内国家核准(审批)水电工程质量监督管理工作。

大型水电项目、流域开发水电项目可设立项目站或流域站(统称项目站),一般由分站经总站批准组建。根据工程实际情况,总站可直接组建项目站。

省级水电工程质量监督机构可根据具体情况组建项目站。

第十三条　各级工程质量监督机构开展水电工程质量监督工作时,应接受工程项目所在省(自治区、直辖市)能源主管部门的监督和指导。

第十四条　各级工程质量监督机构应建立与质量监督工作任务相适应的管理体制、机制和规章制度,加强质量监督队伍的建设,不断提高质量监督工作水平。各级工程质量监督机构应配备满足质量监督工作需要的专职质量监督人员。质量监督人员应具备以下条件:

(一)高级工程师及以上职称或相关专业本科及以上学历,并具有十年以上从事水电工程设计、施工、监理、咨询、建设管理或质量管理的工作经历。

(二)熟悉相关法律法规和技术标准,具有一定的组织协调能力和良好的职业道德。

(三)符合水电工程质量监督资格管理相关要求。

第三章　职责和权限

第十五条　总站的职责

(一)贯彻执行国家有关工程建设质量管理的方针政策、法律法规、工程建设强制性标准及水电工程质量监督有关规定。

(二)制订水电工程质量监督管理实施细则及相关规定,并组织实施。

(三)负责全国水电工程质量监督工作的归口管理。管理各分站、项目站工作,对各省能源主管部门成立的省站进行技术指导。

(四)负责对水电工程质量监督人员进行培训、考核和资格管理。负责对水电工程检测机构质量工作进行考核、评价和管理并及时发布。

(五)负责编制并落实国家核准(审批)的水电工程项目质量监督工作计划,向分站(或项目站)下达质量监督任务。

(六)根据需要,对技术复杂、建设难度大的水电工程,组织国内有关专家开展质量监督巡检工作。

(七)负责监督检查重大设计变更论证和实施是否合规合法。

(八)负责受理水电工程质量方面的举报和投诉,组织调查处理,组织开展或参与重大质量事故的调查处理。

(九)负责组织提交质量监督报告,参与水电工程截流、蓄水、机组启动阶段验收和竣工验收。

(十)负责水电工程质量监督信息化建设,建立质量监督网站,组织开展质量宣传教育和培训,分析工程质量动态,定期通报质量问题。

(十一)负责定期向国家能源局报送质量监督综合情况报告,及时报告重大质量事故。

(十二)完成国家能源局交办的其它工作。

第十六条　分站的职责

(一)贯彻执行国家有关工程建设质量管理的方针政策、法律法规、工程建设强制性标准及水电工程质量监督有关规定。

(二)接受并组织落实总站下达的工程项目质量监督任务,组织本地区国家核准(审批)水电工程的质量监督工作。

(三)管理由其组建的项目站。

(四)向总站报送年度质量监督工作计划、年度工作总结、工程质量监督检查情况报告以及政府主管部门要求报送的资料信息。

（五）参与所监督工程的阶段验收和竣工验收。

（六）组织或参与所监督工程的重大质量事故调查和处理，及时向总站报送质量监督工作中发现的重大问题。

（七）定期向总站报送所监督工程质量监督综合情况报告。

（八）建立工程质量监督工作档案。

（九）负责落实水电工程质量监督信息化建设要求，分析工程质量动态并向总站报送。受总站委托，承担水电工程质量宣传教育、培训具体工作。

（十）可以接受省级人民政府能源主管部门委托，承担省级水电工程质量监督机构职责。

（十一）完成总站交办的其它工作。

第十七条　项目站的职责

（一）贯彻执行国家有关工程建设质量管理的方针政策、法律法规、工程建设强制性标准及水电工程质量监督有关规定。

（二）负责开展总站或分站安排的项目质量监督具体工作。

（三）参与所监督工程的阶段验收和竣工验收。

（四）组织或参与所监督工程的质量事故调查和处理，及时向分站（或总站）报送质量监督工作中发现的质量问题。

（五）定期向分站（或总站）报送所监督工程质量监督综合情况报告。

（六）建立工程质量监督工作档案，向分站（或总站）归档。

（七）负责落实水电工程质量监督信息化建设要求，分析工程质量动态并向分站（或总站）报送。受分站（或总站）委托，承担水电工程质量宣传教育、培训具体工作。

（八）完成总站和分站交办的其它工作。

第十八条　省站的职责

（一）贯彻执行国家有关工程建设质量管理的方针政策、法律法规、工程建设强制性标准及水电工程质量监督有关规定。

（二）负责组织实施地方核准（审批）水电工程质量监督工作，制定相关管理规定。

（三）管理由其组建的项目站。

（四）参加地方核准（审批）水电工程的阶段验收和竣工验收，并负责组织提交相应的质量监督报告。

（五）接受总站的技术指导，定期向省级人民政府能源主管部门和总站报送质量监督综合情况报告。

（六）组织或参与质量事故调查处理。

（七）完成省级人民政府能源主管部门委托的有关工作。

第十九条 质量监督机构的权限

（一）要求被监督检查单位提供有关工程质量安全和体现其质量行为等方面的文件资料。

（二）持证进入被监督工程的施工现场进行检查。

（三）发现有资质不符的、工程转包或违法分包的，及时向相关主管部门报告，并责成相关责任单位依法改正。

（四）发现有影响工程质量安全的问题和行为，有权责令工程质量责任主体限期改正。

（五）对存在质量问题或隐患的部位，责成相关责任单位落实整改要求。必要时，委托水电工程质量检测单位进行工程质量抽样检测与质量复核。

（六）对工程质量责任主体违反国家有关法律法规和规章制度的行为，及时向相关主管部门报告并提出处理建议。

第二十条 各级质量监督机构需进行工程质量检测的，应委托取得省级以上计量认证合格证书并经总站认可的水电工程质量检测单位承担。

第四章 工程质量监督的实施

第二十一条 质量监督实施程序

（一）项目法人应在“三通一平”等筹建工程施工和主体工程开工前分别办理质量监督手续，向质量监督机构提交质量监督申报书及以下材料：

1. 前期工作或项目核准（审批）文件；

2. 有关设计文件；

3. 项目法人与监理、设计、施工单位签订的合同（或协议）情况；

4. 建设、监理、设计、施工等单位的基本情况和工程质量管理体系情况。

（二）质量监督机构收到质量监督申报书后，对符合条件的项目应在15个工作日内向项目法人下达工程质量监督通知书，明确受理事宜，包括具体监督机构、监督范围、监督方式及相关要求等。工程质量监督通知书同时抄报能源主管部门。

（三）承担具体工作的质量监督机构应按规定开展质量监督工作，每次现场巡检或阶段质量监督检查后，及时提出质量监督报告。驻站监督的项目，每月提出质量监督报告。

（四）工程质量责任主体应按规定配合开展质量监督工作，并对质量监督报告中提出的问题及时整改,重大问题应提交整改报告。

（五）工程竣工验收时,质量监督机构应提出工程质量监督总结报告,并按规定完成全部工程质量监督文件归档。

第二十二条　质量监督工作内容

（一）检查工程质量责任主体贯彻执行有关质量管理方针政策、法律法规、工程建设强制性标准情况。

（二）检查工程质量责任主体工程质量管理体系建立、运行情况,工程质量管理规章制度执行情况。

（三）检查工程施工现场,查阅工程建设有关资料,监督检查工程实体质量状况。

（四）分析研究工程质量行为、工程实体质量和安全文明施工存在的主要问题,提出意见和建议。

（五）对工程质量行为、工程实体质量做出客观、公正评价,对工程是否具备阶段验收条件作出结论。

第二十三条　质量监督方式

水电工程质量监督采取巡视检查和驻站监督两种方式,其中巡视检查分为不定期现场巡视和工程阶段监督检查。

（一）巡视检查每季度不少于1次。重大项目应设立项目站并驻站监督。

（二）开展截流、蓄水、机组启动阶段验收和枢纽工程专项验收的质量监督检查。

（三）建立工程质量监督网络系统平台,实时获取工程建设质量管理及质量检测检查情况,并及时进行分析。

（四）建立质量监督信息员制度。吸收参建单位有关技术负责人作为质量监督总站的信息员,及时报告工程的重大质量隐患和相关质量信息。

（五）设立工程举报邮箱和电话,实现网上在线受理工程质量问题举报投诉。对举报投诉事项进行核查,对核查事项进行公示。

（六）根据需要,委托第三方检测机构进行抽样检查和质量评价。

第二十四条　质量监督机构应综合采取听取汇报、现场检查、分别与建设各方座谈、抽查施工记录和质量检测记录、专题研究等形式,深入了解工程质量状况,切实履行工程质量监督职责。

第二十五条　水电工程发生重大质量事故的,项目法人应当及时、如实地向有关主管部门、质量监督机构报告。

第五章　工 作 纪 律

第二十六条　质量监督工作应坚持依法监督、科学严谨、公正透明的原则。质量监督机构不得从事质量监督以外的业务。从业人员应当廉洁从业，不得滥用职权、玩忽职守、徇私舞弊，不得泄漏被监督责任主体的涉密信息。

第二十七条　对于违反质量监督工作纪律的机构和人员，按有关规定予以处罚，构成犯罪的，依法追究刑事责任。

第二十八条　工程质量责任主体应积极配合做好质量监督工作，并对所提供资料的真实性负责。对提供虚假资料的，按有关规定承担相应责任。

第六章　附　　则

第二十九条　质量监督是工程验收的必要条件。未接受质量监督，以及未按要求对质量问题整改到位的工程，不得通过工程验收和投入使用。

第三十条　省级人民政府能源主管部门和总站可以根据本规定制定具体实施办法或细则。

第三十一条　本规定由国家能源局负责解释。

第三十二条　本规定自发布之日起施行。原《水电建设工程质量监督规定（试行）》同时废止，本规定发布前的有关规定与本规定相抵触的，以本规定为准。

第三章　电力生产运行

电网调度管理条例

（1993年6月29日国务院令第115号发布　根据2011年1月8日
《国务院关于废止和修改部分行政法规的决定》修订）

第一章　总　　则

第一条　为了加强电网调度管理，保障电网安全，保护用户利益，适应经济建设和人民生活的需要，制定本条例。

第二条　本条例所称电网调度，是指电网调度机构（以下简称调度机构）为保障电网的安全、优质、经济运行，对电网运行进行的组织、指挥、指导和协调。

电网调度应当符合社会主义市场经济的要求和电网运行的客观规律。

第三条　中华人民共和国境内的发电、供电、用电单位以及其他有关单位和个人，必须遵守本条例。

第四条　电网运行实行统一调度、分级管理的原则。

第五条　任何单位和个人不得超计划分配电力和电量，不得超计划使用电力和电量；遇有特殊情况，需要变更计划的，须经用电计划下达部门批准。

第六条　国务院电力行政主管部门主管电网调度工作。

第二章　调 度 系 统

第七条　调度机构的职权及其调度管辖范围的划分原则，由国务院电力行政主管部门确定。

第八条 调度机构直接调度的发电厂的划定原则，由国务院电力行政主管部门确定。

第九条 调度系统包括各级调度机构和电网内的发电厂、变电站的运行值班单位。

下级调度机构必须服从上级调度机构的调度。

调度机构调度管辖范围内的发电厂、变电站的运行值班单位，必须服从该级调度机构的调度。

第十条 调度机构分为五级：国家调度机构，跨省、自治区、直辖市调度机构，省、自治区、直辖市级调度机构，省辖市级调度机构，县级调度机构。

第十一条 调度系统值班人员须经培训、考核并取得合格证书方得上岗。

调度系统值班人员的培训、考核办法由国务院电力行政主管部门制定。

第三章 调度计划

第十二条 跨省电网管理部门和省级电网管理部门应当编制发电、供电计划，并将发电、供电计划报送国务院电力行政主管部门备案。

调度机构应当编制下达发电、供电调度计划。

值班调度人员可以按照有关规定，根据电网运行情况，调整日发电、供电调度计划。值班调度人员调整日发电、供电调度计划时，必须填写调度值班日志。

第十三条 跨省电网管理部门和省级电网管理部门编制发电、供电计划，调度机构编制发电、供电调度计划时，应当根据国家下达的计划、有关的供电协议和并网协议、电网的设备能力，并留有备用容量。

对具有综合效益的水电厂(站)的水库，应当根据批准的水电厂(站)的设计文件，并考虑防洪、灌溉、发电、环保、航运等要求，合理运用水库蓄水。

第十四条 跨省电网管理部门和省级电网管理部门遇有下列情形之一，需要调整发电、供电计划时，应当通知有关地方人民政府的有关部门：

(一)大中型水电厂(站)入库水量不足；

(二)火电厂的燃料短缺；

(三)其他需要调整发电、供电计划的情形。

第四章 调度规则

第十五条 调度机构必须执行国家下达的供电计划，不得克扣电力、电量，并保证供电质量。

第十六条　发电厂必须按照调度机构下达的调度计划和规定的电压范围运行,并根据调度指令调整功率和电压。

第十七条　发电、供电设备的检修,应当服从调度机构的统一安排。

第十八条　出现下列紧急情况之一的,值班调度人员可以调整日发电、供电调度计划,发布限电、调整发电厂功率、开或者停发电机组等指令;可以向本电网内的发电厂、变电站的运行值班单位发布调度指令:

(一)发电、供电设备发生重大事故或者电网发生事故;

(二)电网频率或者电压超过规定范围;

(三)输变电设备负载超过规定值;

(四)主干线路功率值超过规定的稳定限额;

(五)其他威胁电网安全运行的紧急情况。

第十九条　省级电网管理部门、省辖市级电网管理部门、县级电网管理部门应当根据本级人民政府的生产调度部门的要求、用户的特点和电网安全运行的需要,提出事故及超计划用电的限电序位表,经本级人民政府的生产调度部门审核,报本级人民政府批准后,由调度机构执行。

限电及整个电网调度工作应当逐步实现自动化管理。

第二十条　未经值班调度人员许可,任何人不得操作调度机构调度管辖范围内的设备。

电网运行遇有危及人身及设备安全的情况时,发电厂、变电站的运行值班单位的值班人员可以按照有关规定处理,处理后应当立即报告有关调度机构的值班人员。

第五章　调 度 指 令

第二十一条　值班调度人员必须按照规定发布各种调度指令。

第二十二条　在调度系统中,必须执行调度指令。调度系统的值班人员认为执行调度指令将危及人身及设备安全的,应当立即向发布指令的值班调度人员报告,由其决定调度指令的执行或者撤销。

第二十三条　电网管理部门的负责人,调度机构的负责人以及发电厂、变电站的负责人,对上级调度机构的值班人员发布的调度指令有不同意见时,可以向上级电网电力行政主管部门或者上级调度机构提出,但是在其未作出答复前,调度系统的值班人员必须按照上级调度机构的值班人员发布的调度指令执行。

第二十四条　任何单位和个人不得违反本条例干预调度系统的值班人员发布

或者执行调度指令;调度系统的值班人员依法执行公务,有权拒绝各种非法干预。

第六章 并网与调度

第二十五条 并网运行的发电厂或者电网,必须服从调度机构的统一调度。

第二十六条 需要并网运行的发电厂与电网之间以及电网与电网之间,应当在并网前根据平等互利、协商一致的原则签订并网协议并严格执行。

第七章 罚 则

第二十七条 违反本条例规定,有下列行为之一的,对主管人员和直接责任人员由其所在单位或者上级机关给予行政处分:

(一)未经上级调度机构许可,不按照上级调度机构下达的发电、供电调度计划执行的;

(二)不执行有关调度机构批准的检修计划的;

(三)不执行调度指令和调度机构下达的保证电网安全的措施的;

(四)不如实反映电网运行情况的;

(五)不如实反映执行调度指令情况的;

(六)调度系统的值班人员玩忽职守、徇私舞弊,尚不构成犯罪的。

第二十八条 调度机构对于超计划用电的用户应当予以警告;经警告,仍未按照计划用电的,调度机构可以发布限电指令,并可以强行扣还电力、电量;当超计划用电威胁电网安全运行时,调度机构可以部分或者全部暂时停止供电。

第二十九条 违反本条例规定,未按照计划供电或者无故调整供电计划的,电网应当根据用户的需要补给少供的电力、电量。

第三十条 违反本条例规定,构成违反治安管理行为的,依照《中华人民共和国治安管理处罚法》的有关规定给予处罚;构成犯罪的,依法追究刑事责任。

第八章 附 则

第三十一条 国务院电力行政主管部门可以根据本条例制定实施办法。

省、自治区、直辖市人民政府可以根据本条例制定小电网管理办法。

第三十二条 本条例由国务院电力行政主管部门负责解释。

第三十三条 本条例自1993年11月1日起施行。

电网调度管理条例实施办法

(1994 年 10 月 11 日电力工业部令第 3 号公布)

第一章 总 则

第一条 根据《电网调度管理条例》(以下简称《条例》)第三十一条规定,特制定本实施办法。

第二条 电网包括发电、供电(输电、变电、配电)、受电设施和为保证这些设施正常运行所需的继电保护和安全自动装置、计量装置、电力通信设施、电网调度自动化设施等。电网运行必须实行统一调度、分级管理,以保障电网安全、保护用户利益、适应经济建设和人民生活的用电需要。

第二章 调度组织管理

第三条 电网调度管理的任务是组织、指挥、指导和协调电网的运行,保证实现下列基本要求:

(一)充分发挥本电网内发、供电设备能力,以有计划地满足本网的用电需要;

(二)使电网按照有关规定连续、稳定、正常运行,保证供电可靠性;

(三)使电网供电的质量(频率、电压和谐波分量等)指标符合国家规定的标准;

(四)根据本电网的实际情况,充分合理利用一次能源,使全电网在供电成本最低或者发电能源消耗率及网损率最小的条件下运行;

(五)按照有关合同或者协议,保护发电、供电、用电等各有关方面的合法权益。

第四条 电网调度机构一般应当进行下列主要工作:

(一)组织编制和执行电网的调度计划(运行方式);

(二)指挥调度管辖范围内的设备的操作;

(三)指挥电网的频率调整和电压调整;

(四)指挥电网事故的处理,负责进行电网事故分析,制订并组织实施提高电网安全运行水平的措施;

（五）编制调度管辖范围内的设备的检修进度表，批准其按计划进行检修；

（六）负责本调度机构管辖的继电保护和安全自动装置以及电力通信和电网调度自动化设备的运行管理；负责对下级调度机构管辖的上述设备和装置的配置和运行进行技术指导；

（七）组织电力通信和电网调度自动化规划的编制工作，组织继电保护及安全自动装置规划的编制工作；

（八）参与电网规划编制工作，参与电网工程设计审查工作；

（九）参加编制发电、供电计划，监督发电、供电计划执行情况，严格控制按计划指标发电、用电；

（十）负责指挥全电网的经济运行；

（十一）组织调度系统有关人员的业务培训；

（十二）统一协调水电厂水库的合理运用；

（十三）协调有关所辖电网运行的其他关系。

第五条 电网调度机构是电网运行的组织、指挥、指导和协调机构，各级调度机构分别由本级电网管理部门直接领导。调度机构既是生产运行单位，又是电网管理部门的职能机构，代表本级电网管理部门在电网运行中行使调度权。

电网调度机构分为五级，依次为：

国家电网调度机构；

跨省、自治区、直辖市电网调度机构；

省、自治区、直辖市级电网调度机构；

省辖市级电网调度机构；

县级电网调度机构。

各级调度机构在电网调度业务活动中是上、下级关系，下级调度机构必须服从上级调度机构的调度。

第六条 调度系统值班人员应当由专业技术素质较高、工作能力较强和职业道德高尚的人员担任。调度系统值班人员在上岗值班之前必须经过培训，经考核取得合格证书并由相应主管部门批准后，方可正式上岗值班，并通知有关单位。

第七条 各级电网调度机构的值班调度员在其值班期间是电网运行和操作的指挥人员，按照批准的调度管辖范围行使调度权。值班调度人员必须按照规定发布调度指令。

发布调度指令的值班调度员应当对其发布的调度指令的正确性负责。

本条所称“规定”，包括《条例》及电力行政主管部门、电网管理部门的规程、规范等，省、自治区、直辖市制定的小电网管理办法。下级电力行政主管部门（或者电网管理部门）颁布的规程、规范等，不得与《条例》以及上级电力行政主管部门（或者电网管理部门）的有关规程、规范等相抵触；省、自治区、直辖市制定的小电网管理办法不得与《条例》相抵触。

第八条　下级调度机构的值班调度员、发电厂值班长、变电站值班长在电网调度业务方面受上级调度机构值班调度员的指挥，接受上级调度机构值班调度员的调度指令。

调度系统的值班人员，接受上级调度机构值班调度员的调度指令后，应当复诵调度指令，经核实无误后方可执行。

任何单位和个人不得违反《条例》，干预调度系统的值班人员发布或者执行调度指令。调度系统的值班人员依法执行公务，有权利和义务拒绝各种非法干预。

调度系统的值班人员不执行或者延迟执行上级调度机构值班调度员的调度指令，则未执行调度指令的值班人员以及不允许执行或者允许不执行调度指令的领导人均应当对此负责。

第九条　调度系统值班人员在接到上级调度机构值班调度人员发布的调度指令时或者在执行调度指令过程中，认为调度指令不正确，应当立即向发布该调度指令的值班调度人员报告，由发令的值班调度员决定该调度指令的执行或者撤销。如果发令的值班调度员重复该指令时，接令值班人员原则上必须执行，但执行该指令确将危及人身、设备或者电网安全时，值班人员应当拒绝执行，同时将拒绝执行的理由及改正指令内容的建议报告发令的值班调度员和本单位直接领导人。

第十条　电网管理部门的主管领导发布的一切有关调度业务的指示，应当通过调度机构负责人（指调度局（所）长（主任）、总工程师，调度处（科、组）长，下同）转达给值班调度员。非上述人员，不得直接要求值班调度人员发布任何调度指令。任何人均不得阻挠值班人员执行上级值班调度员的调度指令。

电网管理部门的负责人，调度机构的负责人以及发电厂、变电站的负责人，对上级调度机构的值班调度人员发布的调度指令有不同意见时，只能向上级电力行政主管部门（或者电网管理部门）或者上级调度机构提出，不得要求所属调度系统值班人员拒绝或者拖延执行调度指令；在上级电力行政主管部门（或者电网管理部门）或者上级调度机构对其所提意见未作出答复前，接令的值班人员仍然必须按照上级调度机构的值班调度人员发布的该调度指令执行；上级电力行政主管部门（或者电网管理部门）或者上级调度机构采纳或者部分采纳所提意见，由该调度机构的负责人将意见通知值班调度员，由值班调度员更改调度指令并由其发布。

第十一条　除电力行政主管部门、电网管理部门、调度机构负责人所作出的不违反《条例》和其它有关法规、规程、规范等的指示以及调度机构内有关专业部门按规定所提的要求,并按本实施办法第十条规定的传达程序传达给值班调度员外,其它任何人直接对调度系统值班人员发布或者执行调度指令提出的任何要求,均视为非法干预。

第十二条 发电厂、变电站等运行值班单位,必须按其所纳入的调度管辖范围,服从有直接调度管辖权的调度机构的调度。在电网出现《条例》第十八条所列紧急情况时,接到更高一级调度机构的调度指令,也必须执行,并且必须将执行情况分别报告发布指令的调度机构和直接管辖的调度机构的值班调度人员。

第十三条 发电厂必须按照调度机构下达的调度计划(发电有功、无功功率或者电压曲线,机、炉开、停方式等)和规定的电压变化范围运行,并根据调度指令开、停机、炉,调整功率和电压。不允许以任何借口拒绝或者拖延执行调度指令或者不执行调度指令。

变电站必须严格执行调度机构下达的调度计划(运行方式),依照规定或者调度指令调整(或者操作)电压(无功或者电压调节设备)。

第十四条 各级调度机构必须按照调度管辖范围,按审批或者许可权限统一安排好发、供电设备的检修进度。

各发、供电单位必须按照相应调度机构统一安排的设备检修进度组织设备检修。未经调度机构的批准,不能自行改变检修进度。

第十五条 属于调度管辖范围内的任何设备,未获相应调度机构值班调度员的指令,发电厂、变电站或者下级调度机构的值班人员均不得自行操作或者自行命令操作。但在电网出现紧急情况时上级调度机构值班调度员越级下令的,或者对人身、设备以及电网安全有威胁的除外。遇有危及人身、设备以及电网安全的情况时,发电厂、变电站的运行值班单位的值班人员应当按照有关规定处理,处理后应当立即报告有关调度机构的值班调度员。

第十六条 在电网中出现了威胁电网安全,不采取紧急措施就可能造成严重后果的情况下,必要时值班调度员可以直接(或者通过下级调度机构的值班调度员)越级向电网内下级调度机构管辖的发电厂、变电站等运行值班单位发布调度指令。

下级调度机构的值班调度员发布的调度指令,不得与上级调度机构的值班调度员越级发布的调度指令相抵触。

第三章 调度计划管理

第十七条 跨省电网管理部门和省级电网管理部门应当编制本地区、电网和企业的年度发电、供电计划。

各地区年度发电预期计划，由各跨省电网、省电网管理部门负责商有关省、自治区、直辖市人民政府的有关部门进行编制，报国务院电力行政主管部门进行审核后报国家计划主管部门，并抄报国家经济综合主管部门，由国家计划主管部门审核下达。

各跨省电网的年度用电计划由各跨省电网管理部门组织有关省电网管理部门编制，报送国家计划主管部门、国家经济综合主管部门和国务院电力行政主管部门审核下达；其他省级电网的年度用电计划由该省级电网管理部门商所在省、自治区、直辖市人民政府有关部门编制下达，报国务院电力行政主管部门备案。

在现行体制下，本实施办法所称国务院电力行政主管部门是指电力工业部，跨省电网管理部门是指电业管理局，省级电网管理部门是指省电力工业局，国家计划主管部门是指国家计委，国家经济综合主管部门是指国家经贸委。

第十八条 调度机构应当按年、月、日编制并下达发电调度计划。

凡由调度机构统一调度并纳入电网进行电力、电量平衡的发电设备，不论其产权归属和管理形式，均必须纳入发电调度计划的范围。

月度发电调度计划，须在年度发电预期计划的基础上，综合考虑用电负荷需求、月度水情、燃料供应、核燃料的燃耗、供热机组供热等情况和电网设备能力、设备检修情况等因素进行编制。

日发电调度计划在月发电调度计划的基础上，综合考虑日用电负荷需求、近期内水情、燃料供应情况和电网设备能力、设备检修情况等因素后，编制出日发电（有功、无功功率或者电压）曲线，下达各发电厂执行。

第十九条 调度机构应当参与（或者负责）编制下达月度供电（电力、电量）计划。

实行省电网间联络运行控制的电网的调度机构，应当按跨省电网管理部门编制下达的计划，并根据电网实际情况按年、月、日编制联络线送（受）电力、电量调度计划。

第二十条 任何单位和个人都应当按照跨省电网管理部门和省级电网管理部门编制下达的用电计划分配电力和电量，不得超分或者扣减（含不得留有缺口）。调度机构发现超计划分配电力或者电量时，应当立即报告计划下达部门，计划下达部门应当通知超分者限期纠正；对于拒不纠正者，计划下达部门应当通知有关调度机构不执行超分计划。

调度机构对因超计划分配电力或者电量而引起的超过跨省电网、省电网管理部门下达的用电计划用电的地区要实施限电，产生的后果，由分配电力或者电量的单位和个人负责。

第二十一条 值班调度员根据电网运行情况,可以按照有关规定调整本调度机构下达的日发电、供电调度计划;需调整其他调度机构下达的日发电、供电调度计划时,必须事先征得下达该调度计划的调度机构的同意。调整之后,必须将调整的原因及数量等填入调度值班日志。

第二十二条 跨省电网管理部门和省级电网管理部门编制发电、供电计划以及调度机构编制发电、供电调度计划时,对具有综合效益的水电厂(站)的水库,不论其产权归属和管理形式,均应当根据批准的水电厂(站)的设计文件,合理运用水库蓄水,保证其正常运用,不允许发生水库长期处于降低出力区运行的情况。

多年调节水库在蓄至正常蓄水位后,供水期末水位一般应当控制在年消落水位附近。遭遇连续枯水年时,需降至死水位运行,必须按规定报批。年调节水库一般在每年汛末应当蓄至正常蓄水位。多年调节水库和年调节水库的最低运行水位,均不允许低于死水位,不得破坏水库的调节能力。调节性能差的水库一般也不能低于死水位运行。

第二十三条 跨省电网管理部门和省级电网管理部门编制发电、供电计划以及调度机构编制发电、供电调度计划时,应当留有备用发电设备容量,分配备用容量时应当考虑电网的送(受)电能力。备用容量包括负荷备用容量、事故备用容量、检修备用容量。电网的总备用容量不宜低于最大发电负荷的20%,各种备用容量宜采用如下标准:

1. 负荷备用容量:一般为最大发电负荷的2% -5%,低值适用于大电网,高值适用于小电网;

2. 事故备用容量:一般为最大发电负荷的10%左右,但不小于电网中一台最大机组的容量;

3. 检修备用容量:一般应当结合电网负荷特点,水、火电比例,设备质量,检修水平等情况确定,一般宜为最大发电负荷的8% -15%。

电网如果不能按上述要求留足备用容量运行时,应当经电网管理部门同意。

第二十四条 跨省电网管理部门和省级电网管理部门遇有下列情形之一,而且不能在短期内解决,需要调整年、月度发电、供电计划指标时,可以适当调整。调整后,应当立即通报有关地方人民政府的有关部门,并与上述有关部门共同研究协调,采取有效措施:

1. 大、中型水电厂(站)水库实际来水与编制发电计划依据的来水预计相差较大;

2. 火电厂的燃料库存低于规定的火电厂最低燃料库存量“警戒线”;

3. 其他需调整发电、供电计划的情形。

第二十五条 任何单位和个人均不得超过调度机构下达的供电调度计划指标使用电力、电量。调度机构对超计划使用电力或者电量的地区实施限电，由此产生的后果由超计划使用电力或者电量的单位和个人负责。

第二十六条 省级电网管理部门、省辖市级电网管理部门、县级电网管理部门应当根据本级人民政府的生产调度部门的要求、用户的特点和电网安全运行的需要，提出事故及超计划用电的限电序位表，经本级人民政府的生产调度部门审核，报本级人民政府批准后（自报送本级人民政府的生产调度部门起，如果三十天内没有批复，即可按电网管理部门上报的序位表执行），由有关电网调度机构执行，并抄送该电网管理部门的上一级电网管理部门。

事故和超计划用电限电序位表的负荷总量，应当满足电网安全运行的需要。

各级调度机构的值班调度员，可以在电网发生事故或者用电地区（单位）超计划用电时，分别按照事故和超计划用电限电序位表发布拉闸限电指令，受令单位必须立即执行，不得拒绝或者拖延执行。

事故限电序位表内所列负荷（或者线路），应当包括自动限电负荷和人工限电负荷两部分，自动限电负荷包括装有低频减负荷装置与连锁切负荷装置等自动限电装置的负荷，装有低频减负荷装置和连锁切负荷装置等安全自动装置的线路的负荷，其限电序位可以按轮次排列，同轮次的线路（或者负荷）在序位表中不分先后。

限电序位表应当每年修订一次（或者视电网实际需要及时修订），新的限电序位表生效后，原有的限电序位表自行作废。

事故限电与超计划用电限电二个限电序位表批准后，批准部门应当通告有关用户。

事故限电与超计划用电限电二个限电序位表中所列用电负荷，不得擅自转移。

第二十七条 对于未列入超计划用电限电序位表的超用电单位，调度值班人员应当予以警告，责令其在十五分钟内自行限电；届时未自行限至计划值者，调度值班人员可以对其发布限电指令，当超计划用电威胁电网安全运行时，可以部分或者全部暂时停止其供电。

第四章 并网管理

第二十八条 并网运行的发电厂、机组、变电站均必须纳入调度管辖范围，服从调度机构的统一调度；两个或者两个以上电网并网运行，互联电网中必须确定一个最高电网调度机构，按统一调度、分级管理的原则，明确其他调度机构的层级关系，下级调度机构必须服从上级调度机构的统一调度。

第二十九条 需要并网运行的发电厂、机组、变电站或者电网与所并入的电网之间，应当在并网前按国家有关法规，根据平等互利、协商一致的原则签订并网协议，只有签订了并网协议才能并网运行；并网运行的各方必须严格执行协议。

协商一致必须以服从统一调度为前提，以《条例》为依据，以电网安全、优质、经济运行为目的，并符合国家有关电网管理的法律、行政法规、电力行政主管部门和电网管理部门的规章制度、规程、规定、规范等。

第三十条 需并网运行的发电厂、机组、变电站或者电网，在与有关电网管理部门签订并网协议之前，应当提出并网申请，由有关电网管理部门审查其是否符合并网运行的条件。

需并网运行的发电厂、机组、变电站或者电网必须具有接受电网统一调度的技术装备和管理设施，应当具备以下基本条件：

（一）新投产设备已通过试运行和启动验收（必须有有关电网管理部门的代表参加）；

（二）接受电网统一调度的技术装备和管理设施齐备；

（三）已向有关电网管理部门提交齐全的技术资料；

（四）与有关电网调度机构间的通信通道符合规定，并已具备投运条件；

（五）按电力行业标准、规程设计安装的继电保护、安全自动装置已具备投运条件，电网运行所需的安全措施已落实；

（六）远动设施已按电力行业标准、规程设计建成，远动信息具备送入有关电网调度机构的电网调度自动化系统的条件；

（七）与并网运行有关的计量装置安装齐备并经验收合格；

（八）具备正常生产运行的其它条件。

第三十一条 满足并网运行条件的发电厂、机组、变电站或者电网申请并网运行，有关电网管理部门应当予以受理，按规定签订并网协议。并网协议应当包括以下基本内容：

（一）经济内容：

（1）电量购、销办法；

（2）电价和结算办法；

（3）计量和考核办法；

（4）违约责任和奖惩办法；

（5）意外灾害的处理办法；

(6)纠纷处理办法；

(7)并网双方协商一致的其他内容条款。

(二)调度内容：

(1)界定调度管辖范围的条款；

(2)按统一的规程、规章、规定施行调度和服从电网统一调度的条款；

(3)有关运行方式的条款；

(4)按规定履行调峰、调频、调压的义务条款；

(5)设备检修的条款；

(6)布置和实施电网安全稳定措施的条款；

(7)编制和执行发电、送(受)电调度计划条款，该计划原则上应当能满足发电厂完成协议规定的发电量的运行条件(电厂自身原因除外)；

(8)通信、自动化设备运行及维护条款；

(9)违约责任和奖惩条款；

(10)纠纷处理等条款。

第五章　罚　　则

第三十二条　对违反《条例》规定的责任人员，其所在单位，即有人事管辖权的同级单位，依照《条例》第二十七条规定给予责任人行政处分。如果其所在单位不予处分，与其所在单位有行政隶属关系的上级单位可以直接给予责任人行政处分。

行政处分按行政管理权限作出，调度机构及其他单位和个人可以提出控告和建议。

第三十三条　依照《条例》第二十八条规定，该条中所列的有关措施，调度机构是唯一的行使职权的单位。电力行政主管部门、电网管理部门，可以向调度机构提出要求或者建议，不可以超越或者代替调度机构行使该职权。

第三十四条　对违反《条例》规定，未按照调度计划供电或者无故调减供电计划的，有关供电部门应当根据用户的需要补给少供的电力、电量。

各级电网调度机构应当模范遵守《条例》。调度系统的值班人员玩忽职守、徇私舞弊、以权谋私等，由电网调度机构或者电网管理部门或者其所在单位给予行政处分。

第三十五条　违反《条例》规定，有构成违反治安管理行为的，由公安机关处罚；构成犯罪的，由司法机关依法追究刑事责任。

电力行政主管部门、电网管理部门、调度机构负责举报和提出追诉请求。

第六章　附　　则

第三十六条　各省、市、自治区人民政府依照《条例》制订的小电网管理办法，可以由当地电力行政主管部门与各有关部门共同参与协调，其内容不得违反《条例》规定。

第三十七条　本实施办法自公布之日起施行。

国家能源局关于进一步完善电力调度交易与市场秩序厂网联席会议制度的通知

（2020 年 12 月 30 日　国能发监管〔2021〕78 号）

各派出机构，中国核工业集团有限公司、国家电网有限公司、中国南方电网有限责任公司、中国华能集团有限公司、中国大唐集团有限公司、中国华电集团有限公司、国家电力投资集团有限公司、中国长江三峡集团有限公司、国家能源投资集团有限公司、国家开发投资集团有限公司、华润（集团）有限公司、中国广核集团有限公司、内蒙古电力（集团）有限责任公司，有关电力企业：

为适应电力体制改革需要，维护市场秩序，加强厂网信息交流，协调厂网关系，促进电网公平开放，规范电力调度交易与市场秩序，经研究，决定进一步完善电力调度交易与市场秩序厂网联席会议制度。现就有关事项通知如下。

一、主要职责

构建厂网之间信息发布、沟通、协调的平台。组织开展电力调度交易与市场秩序相关政策措施研究，通报电力市场监管工作开展、厂网界面生产经营等情况，协调厂网界面重大经济技术等方面问题，通报会议议定事项的落实情况。

二、组织及参加单位

电力调度交易与市场秩序厂网联席会议（以下简称“联席会议”）由国家能源局派出机构（以下简称“派出机构”）组织召开，省（区、市）级以上电网企业、电力调度机构、电力交易机构及相关发电企业参加。相关配售电企业、电力用户、行业协会根据会议需要参加。会议可邀请政府相关部门参加。

三、工作规则

（一）联席会议应本着依法依规、信息共享、平等协商、民主决策的原则，电力企业无论规模大小、所有权性质，在联席会议中均享有平等的参与权、议事权。

（二）联席会议根据工作需要召开，尽可能精简会议数量。如会议内容与信息发布会等相同，可以合并召开。原则上，联席会议每年至少召开一至两次，派出机构可根据实际情况适当调整。

（三）联席会议根据实际需要可以采取现场会议或视频会议等多种形式召开。

（四）电网企业、电力调度机构、电力交易机构及相应并网发电企业应加强日常生产经营分析，遇有需要通过联席会议发布、沟通、协调事项，应及时向派出机构提交会议议题及其他需要提供的资料。

（五）相关电力企业应按照会议要求提前准备会议材料。

（六）通报和协调事项主要包括以下内容：

1. 国家出台的有关政策以及落实举措；

2. 派出机构已出台、拟出台的电力市场等方面制度文件；

3. 电力市场监管工作开展情况；

4. 电力供需形势；

5. 电网运行方式；

6. 电力企业生产经营情况；

7. 电力调度运行管理情况；

8. 厂网电费结算情况；

9. 电力市场运营、交易（含跨省跨区交易信息等）、结算相关问题，各类电力交易合同执行情况、基准电价合同偏差率等相关情况；

10. 清洁能源发展及消纳情况；

11. 新建线路、变电站等投运情况及新建电厂接入电网情况；

12. 并网发电厂运行考核和电力辅助服务相关情况；

13. 上次联席会议议定事项的落实情况；

14. 其它需要通报或协调的事项。

四、有关要求

（一）派出机构应加强对联席会议的组织工作，加强对厂网界面重大经济技术问题的研究协商，做好会前准备和会后督促落实工作。按规定收集、管理、披露联席会议相关信息，及时将会议材料提供各参会单位。

（二）派出机构应将联席会议反映的涉及系统运行和企业发展的重大问题及时报告国家能源局，省监管办应同时抄送区域监管局。

（三）派出机构可根据工作需要和当地实际情况制定当地电力调度交易与市场秩序厂网联席会议制度。

五、其他

本通知印发后，原国家电力监管委员会办公厅《关于建立厂网联席会议制度的通知》(办市场函〔2006〕38 号)、《关于进一步健全厂网联席会议制度的通知》(办市场〔2011〕22 号)同时废止。

国家发展和改革委员会、国家能源局关于改善电力运行调节促进清洁能源多发满发的指导意见

(2015年3月20日　发改运行〔2015〕518号)

北京市、河北省、江西省、河南省、陕西省、西藏自治区发展改革委,各省、自治区、直辖市经信委(工信委、工信厅、经贸委、经委),国家能源局派出机构,中国电力企业联合会,国家电网公司、中国南方电网有限责任公司,中国华能集团公司、中国大唐集团公司、中国华电集团公司、中国国电集团公司、中国电力投资集团公司、中国长江三峡集团公司、神华集团有限责任公司、国家开发投资公司:

为贯彻中央财经领导小组第六次会议和国家能源委员会第一次会议部署,落实《中共中央、国务院关于进一步深化电力体制改革的若干意见》(中发〔2015〕9号)有关要求,现就改善电力运行调节,促进清洁能源持续健康发展,提出以下指导意见:

一、统筹年度电力电量平衡,积极促进清洁能源消纳

(一)各省(区、市)政府主管部门组织编制本地区年度电力电量平衡方案时,应采取措施落实可再生能源发电全额保障性收购制度,在保障电网安全稳定的前提下,全额安排可再生能源发电。

(二)在编制年度发电计划时,优先预留水电、风电、光伏发电等清洁能源机组发电空间;鼓励清洁能源发电参与市场,对于已通过直接交易等市场化方式确定的电量,可从发电计划中扣除。对于同一地区同类清洁能源的不同生产主体,在预留空间上应公平公正。风电、光伏发电、生物质发电按照本地区资源条件全额安排发电;水电兼顾资源条件和历史均值确定发电量;核电在保证安全的情况下兼顾调峰需要安排发电;气电根据供热、调峰及平衡需要确定发电量。煤电机组进一步加大差别电量计划力度,确保高效节能环保机组的利用小时数明显高于其他煤电机组,并可在一定期限内增加大气污染物排放浓度接近或达到燃气轮机组排放限值的燃煤发电机组利用小时数。

（三）各省（区、市）政府主管部门在统筹平衡年度电力电量时，新增用电需求原则上优先用于安排清洁能源发电和消纳区外清洁能源，以及奖励为保障清洁能源多发满发而调峰的煤电机组发电。

（四）能源资源丰富地区、清洁能源装机比重较大地区在统筹平衡年度电力电量时，新增用电需求如无法满足清洁能源多发满发，应采取市场化方式，鼓励清洁能源优先与用户直接交易，充分挖掘本地区用电潜力，最大限度消纳清洁能源。

（五）京津冀、长三角、珠三角以及清洁能源比重较小地区在统筹平衡年度电力电量时，新增用电需求优先满足清洁能源消纳，明确接受外输电中清洁能源的比例并逐步提高，促进大气环境质量改善。

（六）政府主管部门在组织国家电网公司、南方电网公司制定年度跨省区送受电计划时，应切实贯彻国家能源战略和政策，充分利用现有输电通道，增加电网调度灵活性，统筹考虑配套电源和清洁能源，优先安排清洁能源送出并明确送电比例，提高输电的稳定性和安全性。对于同一地区内同类清洁能源的不同生产主体，在送出安排计划上应公平公正。

（七）跨省区送受电各方应统筹电力供需、输电通道能力，充分自主协商确定年度送受电计划，尽可能增加清洁能源送出与消纳，全力避免弃水、弃风、弃光。经协商无法达成一致意见的，由国家发展改革委协调确定，协调结果抄送国家能源局。

（八）国家发展改革委会同各省（区、市）政府主管部门、电力企业，按照简政放权和规范行政审批事项的要求，健全省级发供电计划和跨省区发供电计划协商机制。省级年度发电计划、跨省区送受电计划在每年一季度前报国家发展改革委备案。经备案的年度发电计划、跨省区送受电计划纳入各省（区、市）电力电量平衡，电网企业负责组织实施。

二、加强日常运行调节，充分运用利益补偿机制为清洁能源开拓市场空间

（九）各省（区、市）政府主管部门在确定年度发电计划和跨省区送受电计划后，电力企业应据此协商签订购售电合同，并通过替代发电（发电权交易）、辅助服务等市场机制，实现不同类型电源的利益调节，促进清洁能源多发满发。具备条件的地区，可跨省区实施。

（十）各地应建立完善调峰补偿机制，加大调峰补偿力度，鼓励通过市场化方式确定调峰承担方，鼓励清洁能源直接购买辅助服务。对于煤电机组为避免弃水、弃风、弃光而进行的深度调峰或机组启停，应通过增加发电量等方式进行奖励，所需电量在年度电量计划安排中统筹考虑，年终结清。

（十一）可再生能源消纳困难的地区，可通过市场化的经济补偿机制激励煤电

机组调峰。调峰深度没有达到平均调峰率的,不予补偿;调峰深度超过平均调峰率的,予以递进补偿;实施启停调峰的,予以一次性补偿。补偿所需费用由受益的可再生能源和煤电机组根据程度进行相应分摊。补偿与分摊费用应保持平衡。

(十二)水电装机比重较大地区应研究制定水火发电互济机制。在明确煤电机组最小开机方式的前提下,组织水电机组、煤电机组进行替代发电,对为保障水电多发满发而减发的煤电机组进行补偿。如产生电网增收,应主要用于煤电机组补偿。并可尝试通过梯级电站流域补偿、冷备用补偿、股权置换等方式实现不同发电主体间的利益调节。

(十三)各省(区、市)政府主管部门应会同相应能源监管机构,结合运行经验和供需形势,重新核定煤电机组(含热电)的最小技术出力和开机方式,不断研究探索水电、风电、光伏发电与煤电(含热电)等联合运行和优化运行。

(十四)健全跨省区送受电利益调节机制。跨省区送受电协议已由国家协调明确价格的应遵照执行,市场机制比较完善的也可由送受电双方根据实际运行情况,按照风险共担、利益共享原则全部或部分重新协商确定,并将协商结果报送国家发展改革委和国家能源局;国家未明确价格的,由送受电双方协商确定送电价格和电量。

(十五)各省(区、市)政府主管部门应和有关部门定期公布发电运行考核结果,及时公开发布电网运行信息和机组调峰参数等信息。能源监管机构应按月向省(区、市)政府有关部门通报辅助服务管理和并网运行管理数据。

三、加强电力需求侧管理,通过移峰填谷为清洁能源多发满发创造有利条件

(十六)各省(区、市)政府主管部门应加强电力需求侧管理,鼓励电力用户优化用电负荷特性、参与调峰调频,加大峰谷电价差,用价格手段引导移峰填谷,缓解发电侧调峰压力,促进多消纳清洁能源。

(十七)各省(区、市)政府主管部门要加快电力需求侧管理平台开发建设,推广在线监测,帮助用户实现用电精细化,为减少电网峰谷差提供技术支持。

(十八)各省(区、市)政府主管部门要积极尝试开展需求响应试点,以在线监测和互联网技术为支撑,综合运用补贴政策、价格政策等,对在高峰时段主动削减负荷的用户给予经济补偿,或通过与清洁能源开展直接交易给予补偿。

(十九)各省(区、市)政府主管部门应研究完善配套政策,创新工作思路,督促电网企业落实分布式发电并网政策,促使电网企业多吸纳分布式发电。

(二十)鼓励有条件的地区推广热电机组蓄热技术,开展低谷电力供热试点。

四、加强相互配合和监督管理，确保清洁能源多发满发政策落到实处

（二十一）清洁能源发电企业应满足并网技术要求，提高出力预测精度，加强生产运行管理，提升电能质量，减轻电网稳定运行的压力。

（二十二）电网企业应统一负责清洁能源发电出力预测，科学安排机组组合，充分挖掘系统调峰潜力，合理调整旋转备用容量，在保证电网安全运行的前提下，促进清洁能源优先上网，落实可再生能源全额保障性收购；加快点对网输电线路改造，提升吸纳可再生能源能力。有条件的电网，可以开展清洁能源优先调度试点，即以最大限度消纳清洁能源上网电量为目标，联合优化调度，灵活安排运行备用容量。

（二十三）电网企业应加强清洁能源富集地区送电通道的建设，发展智能电网技术，改善清洁能源并网条件，扩大资源配置范围。

（二十四）各省（区、市）政府主管部门应会同相应能源监管机构，加强对电力调度、发电运行和年度发电计划实施的监督，定期组织通报电力运行信息，协调清洁能源并网及运行矛盾，切实保障清洁能源多发满发。

（二十五）能源监管机构要对可再生能源全额上网情况进行监管，对未能全额上网的，应查明原因，理清责任，督促相关方限期改正。

电力并网运行管理规定

（2021 年 12 月 21 日国家能源局发布　国能发监管规〔2021〕60 号）

第一章　总　　则

第一条　为深入贯彻落实党中央、国务院决策部署，完整准确全面贯彻新发展理念，做好碳达峰、碳中和工作，构建新型电力系统，深化电力体制改革，持续推动能源高质量发展，保障电力系统安全、优质、经济运行及电力市场有序运营，促进源网荷储协调发展，维护社会公共利益和电力投资者、经营者、使用者的合法权益，根据《中华人民共和国电力法》《电力监管条例》等有关法律法规，制定本规定。

第二条　本规定适用于省级及以上电力调度机构直接调度的火电、水电、核电、风电、光伏发电、光热发电、抽水蓄能、自备电厂等发电侧并网主体，以及电化学、压缩空气、飞轮等新型储能。传统高载能工业负荷、工商业可中断负荷、电动汽车充电网络等能够响应电力调度指令的可调节负荷（含通过聚合商、虚拟电厂等形式聚合）等负荷侧并网主体，省级以下电力调度机构调度管辖范围内的并网主体，视其对电力系统运行的影响参照本规定执行。

第三条　并网主体并网运行遵循电力系统客观规律、市场经济规律以及国家能源发展战略的要求，实行统一调度、分级管理，贯彻安全第一方针，坚持公开、公平、公正的原则。

第二章　运 行 管 理

第四条　电力调度机构负责电力系统运行的组织、指挥、指导和协调。并网主体、电网企业均应严格遵守国家有关法律法规、标准以及电力调度管理规程、电气设备运行规程，共同维护电力系统安全稳定运行。

第五条　发电侧并网主体中涉及电网安全稳定运行的继电保护和安全自动装置、调度通信设备、调度自动化设备、励磁系统和电力系统稳定器、调速系统和一次调频系统、二次调频、调压、直流系统、新能源功率预测系统、水电厂水库调度自动化系统设备、高压侧或升压站电气设备以及涉及网源协调的有关设备和参数等，规划、设计、建设和运行管理应满足国家法律法规、行业标准及电网稳定性要求。有关运行和检修管理、操作票和工作票等制度，应符合国家、行业等有关规定和具体要求。其他并网主体的规划、设计、建设和运行管理应满足国家法律法规、行业标准及电网稳定性要求。

第六条　并网主体应确保涉网一、二次设备满足电力系统安全稳定运行及有关标准的要求。

第七条　并网主体应与电网企业根据平等互利、协商一致和确保电力系统安全运行的原则，参照国家有关部门制订的《并网调度协议》《购售电合同》等示范文本及时签订并网调度协议和购售电合同，无协议（合同）不得并网运行。

第八条　电力调度机构针对电力系统运行中存在的安全问题，应及时制定反事故措施；涉及并网主体的，并网主体应制定整改计划并予以落实。当发生电力安全事故（事件）时，在未获得调度机构允许前，有关并网主体不得并网运行。

第九条　并网主体按照所在电网防止大面积停电预案的统一部署，落实相应措施，编制停电事故处理预案及其他反事故预案，参加反事故演练。

第十条　电力调度机构应及时向有关并网主体通报电力安全事故（事件）情况、原因及影响分析。并网主体应按照有关规定配合相关机构进行事故调查，落实防范措施。

第十一条　并网主体应严格执行电力调度机构制定或市场出清的运行方式和发电调度计划曲线。并网主体运行应严格服从电力调度机构指挥，并迅速、准确执行调度指令。若并网主体值班人员认为执行调度指令可能危及人身、设备或系统安全，应立即向电力调度机构报告并说明理由，由电力调度机构决定是否继续执行。

第十二条　并网主体应在电力调度机构的统一调度下，考虑机组运行特点，落实调频、调压有关措施，保证电能质量符合国家标准。

（一）发电侧并网主体应根据国家能源局派出机构有关规定要求，具备相应的一次调频、自动发电控制（AGC）和无功服务能力。

（二）发电侧并网主体的调频、调压能力和具体指标应满足有关规定和具体要求。

对发电侧并网主体一次调频的考核内容，包括一次调频可用率、调节容量、调节速率、调节精度、响应时间及相关性能等。

对发电侧并网主体提供 AGC 服务的考核内容，包括 AGC 可用率、调节容量、调节速率、调节精度和响应时间等。

对发电侧并网主体提供无功服务的考核内容，包括无功补偿装置或自动电压控制(AVC)装置投运率、调节合格率、母线电压合格率等。受所并入电网系统电压影响,经过调整仍无法达到电压目标的不予考核。

(三)提供调频、调压的其他并网主体,调频、调压能力和具体指标应满足国家有关规定和具体要求。

第十三条 发电侧并网主体调峰能力应达到国家能源局派出机构有关规定要求,达不到要求的按照其调峰能力的缺额进行考核。并网主体参与电力系统调峰时,调频、调压等涉网性能应满足相关规定和具体要求。

第十四条 电力调度机构依据所在地电力并网运行管理实施细则对发电侧并网主体非计划停运/脱网、调度指令执行偏差和新能源功率预测偏差等情况进行考核。

第十五条 黑启动电源点由电力调度机构控制区电网的黑启动预案确定。作为黑启动电源的并网主体,应按照相关规定做好各项黑启动安全管理措施。黑启动电源点在电网需要提供服务时,黑启动并网主体应当及时可靠地执行黑启动预案,帮助系统恢复正常运行。对并网主体由于自身原因未能完成黑启动任务的,应进行考核。

第十六条 发电侧并网主体应根据有关设备检修规定、规程和设备实际状况,提出设备检修计划申请,并按电力调度机构要求提交。电力调度机构统筹安排管辖范围内发电侧并网主体的设备检修计划。

(一)检修计划确定之后,双方应严格执行。

(二)发电侧并网主体变更检修计划,应提前向电力调度机构申请并说明原因,电力调度机构视电网运行情况和其他发电侧并网主体的检修计划统筹安排;确实无法安排变更的,应及时通知该发电侧并网主体按原批复计划执行,并说明原因。因电网原因需变更发电侧并网主体检修计划的,电网企业和并网主体应按照事前约定或事后协商的方式解决。电力调度机构和电力交易机构应按照职责分工,按要求披露相关检修计划及原因,因检修计划调整产生的经济责任,原则上由相应发起主体承担。

(三)电网一次设备检修如影响发电侧并网主体发电或提供辅助服务的,应尽可能与发电侧并网主体设备检修配合进行。

第十七条 电力调度机构应合理安排管辖范围内继电保护和安全自动装置、电力调度自动化及通信、调频、调压等二次设备的检修。发电侧并网主体中此类涉网设备(装置)的检修计划,应经电力调度机构批准后执行。电力调度机构管辖范围内的二次设备检修应尽可能与一次设备检修相配合,原则上不得影响一次设备的正常运行。

第十八条 电力调度机构管辖范围内的设备(装置)参数整定值和保护压板投

退应按照电力调度机构下达的整定值和运行管理规定执行。接入电网运行的并网主体二次系统应符合《电力监控系统安全防护规定》和网络与信息安全其他有关规定。并网主体改变其状态和参数前,应经电力调度机构批准。未经电力调度机构许可,不得擅自改变有关技术性能参数。

第十九条 电力调度机构应根据国家能源局及其派出机构的要求和有关规定,开展发电侧并网主体技术指导和管理工作。技术指导和管理的范围主要包括:继电保护和安全自动装置、调度通信设备、调度自动化设备、励磁系统和电力系统稳定器、调速系统和一次调频系统、二次调频、调压、直流系统、新能源功率预测系统、水电厂水库调度自动化系统设备、高压侧或升压站电气设备以及涉及网源协调的有关设备和参数等。

(一)继电保护和安全自动装置技术指导和管理内容包括:

1. 装置和参数是否满足电力系统安全运行要求。

2. 重大问题按期整改情况。

3. 因发电侧并网主体原因造成电力安全事故(事件)情况。

4. 因发电侧并网主体原因造成继电保护和安全自动装置不能正常投入导致电网安全稳定性和可靠性降低的情况。

5. 到更换年限的设备配合电网企业改造计划按期更换的情况。

6. 按继电保护技术监督规定定期向电力调度机构报告本单位继电保护和安全自动装置技术监督总结情况。按评价规程定期向电力调度机构报告继电保护动作报表情况。

7. 保证电力系统安全稳定运行的继电保护和安全自动装置管理要求。

8. 保证电力系统安全稳定运行的继电保护和安全自动装置检修现场安全管理情况。

(二)调度通信技术指导和管理内容包括:

1. 设备和参数是否满足调度通信要求。

2. 重大问题按期整改情况。

3. 因发电侧并网主体原因造成通信事故情况。

4. 因发电侧并网主体通信责任造成电网继电保护和安全自动装置、调度自动化通道中断情况。

5. 调度电话通道中断情况。

6. 因发电侧并网主体通信异常造成电网安全稳定性和可靠性降低的情况。

(三)调度自动化技术指导和管理内容包括:

1. 发电侧并网主体调度自动化设备的功能、性能参数和运行是否满足国家和行业有关标准、规定的要求。

2. 发电侧并网主体调度自动化设备重大问题按期整改情况。

3. 发电侧并网主体执行调度自动化有关运行管理规程、规定的情况。

4. 发电侧并网主体发生事故时遥信、遥测、顺序事件记录器(SOE)反应情况,AGC或自动功率控制(APC)控制情况和调度自动化设备运行情况。

(四)励磁系统以及电力系统稳定器技术指导和管理内容包括:

1. 励磁系统以及电力系统稳定器强励水平、放大倍数、时间常数等技术性能参数是否达到国家和行业有关标准要求。

2. 未经电力调度机构许可,不得擅自改变励磁系统以及电力系统稳定器有关技术性能参数。

3. 发电侧并网主体按照国家和行业有关标准要求开展涉网试验。

(五)调速系统以及一次调频系统技术指导和管理内容包括:

1. 调速系统的各项技术性能参数是否达到国家和行业有关标准要求,技术规范是否满足接入电网安全稳定运行的要求。

2. 一次调频功能及参数是否满足国家有关规定和具体要求。

3. 未经电力调度机构许可,不得擅自改变调速系统以及一次调频系统有关技术性能参数。

4. 发电侧并网主体应按照国家和行业有关标准要求开展涉网试验。

5. 发电侧并网主体应编制一次调频系统运行管理规程,制订电网大频差动作应急预案。

(六)二次调频技术指导和管理内容包括:

1. 发电侧并网主体二次调频系统的各项技术性能参数应达到国家和行业有关标准要求,技术规范应满足接入电网安全稳定运行的要求。

2. 发电侧并网主体执行二次调频有关运行管理规程、规定的情况。

3. 发电侧并网主体二次调频系统运行、检修等情况。

4. 发电侧并网主体二次调频系统与调度机构数据交互情况,以及发电侧并网主体监控系统、能量管理系统等执行所属调度机构自动化主站下发的AGC/APC指令情况。

5. 发电侧并网主体二次调频有关设备重大问题按期整改情况。

6. 发电侧并网主体执行有关规定,规范AGC参数管理相关情况。

(七)调压技术指导和管理内容包括:

1. AVC功能及参数应满足国家有关规定和具体要求。

2. 发电侧并网主体按照国家和行业有关标准要求开展涉网试验以及电力调度

机构认为保障电力系统安全所必须的其他试验。

3. 未经电力调度机构许可，不得擅自改变 AVC 有关参数。

（八）新能源场站技术指导和管理内容包括：

1. 新能源场站短路比应达到合理水平。

2. 新能源场站风机过电压保护、风机低电压保护、风机频率异常保护、光伏逆变器过电压保护、光伏逆变器低电压保护、光伏逆变器频率异常保护等涉网保护应满足国家和行业有关标准要求。

3. 应满足网源协调有关标准要求，具备一次调频、快速调压、低电压/高电压穿越能力，电压和频率耐受能力原则上与同步发电机组耐受能力一致。

4. 新能源场站应具备无功功率调节能力和自动电压控制功能，按照电力调度机构要求装设自动电压控制子站，必要时应配置调相机、静止同步补偿器、静止无功补偿器等动态无功调节设备，并保持设备运行的稳定性。

5. 新能源场站应具备有功功率调节能力，配置有功功率控制系统，接收并执行电力调度机构发送的有功功率控制信号。

6. 应提供可用于电磁和机电暂态仿真的技术资料和实测模型参数，用于电力系统稳定计算。

7. 应按国家和行业有关标准要求开展涉网试验。

8. 应开展功率预测工作，并按照有关规定报送功率预测、单机文件、气象信息、装机容量、可用容量、理论功率、可用功率等，功率预测准确性和各类数据完整性应满足国家和行业有关标准要求。

9. 发电机组发生大面积脱网，新能源场站应及时报告电力调度机构和国家能源局派出机构，未经允许不得擅自并网。

10. 新能源场站汇集系统接地方式应满足国家和行业标准要求，汇集线路故障应能快速切除。

（九）水电厂水库调度技术指导和管理内容包括：

1. 水电厂水库调度专业管理有关规程、规定的执行情况。

2. 水电厂重大水库调度事件的报告和处理情况。

3. 水电厂水库调度自动化系统（水情自动测报系统）有关运行管理规定的执行情况。

4. 水电厂水库调度自动化系统（水情自动测报系统）运行情况（运行参数和指标）。

5. 水电厂水库流域水雨情信息和水库运行信息的报送情况。

（十）发电侧并网主体高压侧或升压站电气设备的技术指导和管理内容包括：

1. 发电侧并网主体高压侧或升压站电气设备遮断容量、额定参数、电气主接线是否满足要求。

2. 绝缘是否达到所在地区污秽等级的要求。

3. 接地网是否满足规程要求。

（十一）发电机组涉及网源协调保护的技术指导和管理内容包括：

1. 发电机定子过电压保护、转子过负荷保护、定子过负荷保护、失磁保护、失步保护、过激磁保护、频率异常保护、一类辅机保护、超速保护、顶值限制与过励限制、低励限制、过激磁限制等是否达到国家和行业有关标准要求。

2. 技术规范是否满足接入电网安全稳定运行要求。

（十二）发电侧并网主体设备参数管理内容包括：

1. 发电侧并网主体应向电力调度机构提供发电机、变压器、励磁系统、PSS 及调速系统的技术资料和实测模型参数。

2. 励磁系统及调速系统的传递函数及各环节实际参数要求，发电机、变压器、升压站电气设备等设备实际参数是否满足接入电网安全稳定运行要求。

第二十条 新型储能和负荷侧并网主体涉及的技术指导和管理工作，参照发电侧并网主体技术指导和管理相关要求执行。技术指导和管理的范围可包括：继电保护、调度通信设备、调度自动化设备、调频、调压等。

（一）新型储能调度技术指导和管理内容可包括：

1. 储能装置应向电力调度机构提供充放电时间、充放电速率、可调容量范围、最大可调节能力等涉网参数。

2. 继电保护、调频、调压等性能参数是否达到国家和行业有关标准要求，技术规范是否满足接入电网安全稳定运行的要求。

3. 调度通信设备和参数是否满足调度通信要求，调度电话通道中断情况。

4. 调度自动化设备的功能、性能参数和运行是否达到国家和行业有关标准、规定的要求。

5. 由于电池寿命衰减、意外事故等造成的技术性能参数变化，应及时上报电力调度机构。

（二）负荷侧并网主体参数管理内容可包括：

1. 继电保护、调频等涉网性能参数是否满足接入电网安全稳定运行要求。

2. 调度通信设备和参数是否满足调度通信要求。

3. 调度自动化设备的功能、性能参数和运行是否达到国家和行业有关标准、规定要求。

第三章　考核实施

第二十一条　国家能源局各区域监管局依据本规定，商相关省监管办、电网企业、并网主体等修订本区域电力并网运行管理实施细则，报国家能源局备案后施行。各省监管办可在所在区域实施细则的基础上，根据当地实际情况约定不同考核及返还标准，修订辖区内实施细则，保持实施细则在区域内的基本统一和相互协调。

第二十二条　电力调度机构根据实施细则，按照专门记账、收支平衡原则，负责并网运行管理的具体实施工作，对并网主体运行情况进行考核。考核内容应包括运行、检修、技术指导和管理等方面。电力现货试点地区应根据当地电力系统运行和电力市场建设实际，统筹做好衔接，已通过市场机制完全实现的，不得在实施细则中重复考核。

第二十三条　电力调度机构负责电力并网运行管理实施细则的执行、考核费用的计算。电网企业、电力调度机构、电力交易机构按照有关规定和职责分工，向并网主体结算费用。

第二十四条　并网主体运行管理考核原则上采取收取考核费用的方式。考核费用实行专项管理，费用可全部用于考核返还奖励或按辅助服务补偿贡献量大小向有关并网主体进行返还。

第四章　信息披露

第二十五条　信息披露应当遵循真实、准确、完整、及时、易于使用的原则，披露内容应包括但不限于考核/返还、考核种类、调度单元等信息类型。信息披露主体对其提供信息的真实性、准确性、完整性负责。

第二十六条　电力交易机构负责通过信息披露平台向所有市场主体披露相关考核和返还结果，制定信息披露标准格式，开放数据接口。

第二十七条　电力调度机构应及时向电力交易机构按信息类型推送考核和返还公示信息，由电力交易机构于次月 10 日之前向所有市场主体公示。并网主体对公示有异议的，应在 3 个工作日内提出复核。电力调度机构在接到并网主体问询的 3 个工作日内，应进行核实并予以答复。并网主体经与电力调度机构协商后仍有争议的，可向国家能源局派出机构提出申诉。无异议后，由电力调度机构执行，并将结果报国家能源局派出机构。

第五章　监 督 管 理

第二十八条　国家能源局及其派出机构负责电力并网运行的监督与管理,监管本办法及相关规则的实施。国家能源局派出机构负责建立健全并网工作管理协调机制,调解辖区内并网运行管理争议,可根据实际需要,组织对电力调度机构和电力交易机构的执行情况进行评估和监管。工作中发现的重大问题应及时向国家能源局报告。

第二十九条　健全并网调度协议和交易合同备案制度。省级及以上电力调度机构直接调度的并网主体与电网企业应定期签订并网调度协议和相关交易合同,并在协议(合同)签订后10个工作日内向国家能源局相关派出机构备案。与国家电网有限公司、中国南方电网有限责任公司签订并网调度协议和相关交易合同的,直接向国家能源局备案。

第三十条　建立电力调度运行管理情况书面报告制度。省级及以上电力调度机构按月向国家能源局相关派出机构报告电力调度运行管理情况,并在电力调度交易与市场秩序厂网联席会议上通报。国家电力调控中心和南方电网电力调控中心按季度向国家能源局报告电力调度运行管理情况,南方电网电力调控中心同时报告所在地国家能源局派出机构。

第六章　附　　则

第三十一条　本规定自发布之日起施行,有效期5年。原国家电力监管委员会《发电厂并网运行管理规定》(电监市场〔2006〕42号)同时废止。

第三十二条　本规定由国家能源局负责解释,国家能源局其他有关文件与本规定不一致的,以本规定为准。

电力并网互联争议处理规定

（2006 年 11 月 2 日国家电力监管委员会令第 21 号发布
自 2007 年 1 月 1 日起施行）

第一条　为了规范电力并网互联争议处理行为，促进电网公平、无歧视开放，保证电力交易正常进行，保障电力系统安全稳定运行，维护电力企业合法权益和社会公共利益，根据《电力监管条例》，制定本规定。

第二条　本规定所称电力并网互联争议，包括电力并网争议和电力互联争议。电力并网争议是指发电企业与电网企业达不成并网调度协议，影响电力交易正常进行的争议；电力互联争议是指电网企业之间达不成互联调度协议，影响电力交易正常进行的争议。

第三条　国家电力监管委员会及其派出机构（以下简称电力监管机构）处理电力并网互联争议应当遵循合理、合法、公正、高效的原则。

电力并网互联争议可能危及电力系统安全稳定运行或者造成其他重大影响的，电力监管机构应当采取措施防止影响扩大。

第四条　电力监管机构工作人员处理电力并网互联争议，应当忠于职守，依法办事，公正廉洁，不得利用职务便利牟取不正当利益。

第五条　电力并网争议由电网企业所在地的国家电力监管委员会区域监管局城市监管办公室负责处理；未设立城市监管办公室的，由所在区域的国家电力监管委员会区域监管局负责处理。本区域内跨省、自治区、直辖市的电力并网争议由电网企业所在地的国家电力监管委员会区域监管局负责处理。跨区域的或者在全国范围内有重大影响的电力并网争议由国家电力监管委员会负责处理。

电力互联争议由国家电力监管委员会区域监管局负责处理。跨区域的或者在全国范围内有重大影响的电力互联争议由国家电力监管委员会负责处理。

第六条　发电企业与电网企业之间、电网企业与电网企业之间发生电力并网互联争议，双方当事人应当协商解决；协商不成的，任何一方可以申请电力监管机构处理。

第七条 发电企业或者电网企业申请电力监管机构处理电力并网互联争议，应当提交书面申请书，并按照被申请人人数提交申请书副本。

申请书应当载明下列事项：

（一）当事人名称、住所和法定代表人姓名、职务；

（二）争议具体事项；

（三）具体的处理请求、事实及理由；

（四）相关证据材料及其目录。

第八条 电力监管机构收到电力并网互联争议处理申请书后，应当对申请书的内容进行初步审查，按照下列规定办理：

（一）符合本规定第二条、第五条规定的，应当予以受理，并自决定受理之日起7日内书面通知当事人，并将申请书副本送达被申请人；

（二）不符合本规定第二条、第五条规定的，不予受理，书面通知申请人，并说明不予受理的理由。

第九条 电力监管机构发现发电企业与电网企业之间、电网企业与电网企业之间发生电力并网互联争议的，应当由有管辖权的电力监管机构进行核查，对符合本规定第二条、第五条规定的，应当受理，并自决定受理之日起7日内书面通知当事人。

第十条 被申请人应当自收到受理通知之日起10日内向电力监管机构提交答辩书和有关证据材料。

电力监管机构依照本规定第九条受理的，当事人应当自收到受理通知之日起10日内向电力监管机构提交书面陈述和有关证据材料。

第十一条 电力监管机构办理电力并网互联争议，可以组成争议处理小组。

争议处理小组具体负责联系双方当事人，促进双方当事人意见交流，组织必要的调查研究和论证会，提出协调意见和裁决意见以及处理有关事项。

第十二条 电力监管机构办理电力并网互联争议，应当查明事实，充分听取双方的意见，审查当事人提供的书面材料和有关证据。必要时，电力监管机构可以组织当事人相互质证和辩论，也可以依法进行调查、检查或者核查。

电力监管机构办理电力并网互联争议，应当研究确定双方当事人的主要分歧，促使双方当事人围绕主要分歧交换意见。

第十三条 电力监管机构办理电力并网互联争议应当进行协调，在查明事实的基础上，依据法律、法规和规章，提出电力并网互联争议协调意见。

第十四条 当事人接受电力并网互联争议协调意见的，电力监管机构应当制作电力并网互联争议协调意见书，争议处理终止。

当事人应当根据电力并网互联争议协调意见书签署并网调度协议或者互联调度协议。

协调应当自争议受理之日起60日内终结。

第十五条　当事人一方或者双方不接受电力并网互联争议协调意见的，协调终结。电力监管机构应当自协调终结之日起15日内作出裁决。

第十六条　电力监管机构作出裁决，应当制作电力并网互联争议裁决书。电力并网互联争议裁决书应当包括下列内容：

（一）当事人的名称、住所、法定代表人的姓名和职务；

（二）争议的事项、理由和请求；

（三）裁决认定的事实和适用的法律、行政法规和规章等；

（四）裁决结果；

（五）不服裁决结果的救济途径和法定期限；

（六）作出裁决的机构名称、印章和日期。

第十七条　电力并网互联争议裁决书应当自电力监管机构作出裁决后10日内送达当事人。

第十八条　电力并网互联争议情况复杂的，经当事人申请或者电力监管机构认为必要，可以根据争议的不同类型，邀请与当事人无利害关系的电力技术、经济、法律方面的专家，举行专家论证会。每次论证会邀请的专家不得少于5人。

专家论证会作出的结论或者争议解决方案，应当作为电力并网互联争议协调意见或者裁决决定的依据。

第十九条　当事人在电力监管机构作出裁决前，可以自行依法达成协议，并报电力监管机构备案。

当事人自行达成协议的，视为撤销申请，争议处理终止。

第二十条　电力并网互联争议裁决依法作出后，当事人应当在裁决规定的时限内履行。逾期不履行的，由电力监管机构责令履行，并向社会公布；拒不履行的，电力监管机构依法申请人民法院强制执行。

第二十一条　当事人对电力监管机构作出的裁决不服的，可以依法提起行政复议或者行政诉讼。

第二十二条　当事人不遵守有关规章、规则的，根据《电力监管条例》第三十一条的规定依法予以处理。

第二十三条　当事人拒绝或者阻碍电力监管机构及其从事监管工作的人员依法履行监管职责，或者提供虚假或者隐瞒重要事实的文件、资料的，根据《电力监管条例》第三十四条的规定依法予以处理。

第二十四条 电力监管机构工作人员处理电力并网互联争议滥用职权、徇私舞弊、玩忽职守的,依法给予行政处分;构成犯罪的,依法追究刑事责任。

第二十五条 本规定自2007年1月1日起施行。

国家能源局电力并网互联争议处理工作程序规则

（2020年11月30日　国能发监管〔2020〕64号）

第一条　为了规范电力并网互联争议处理工作，保证电力并网互联争议处理依法、公正、及时，根据《电力监管条例》《电力并网互联争议处理规定》，制定本规则。

第二条　国家能源局及派出机构依法处理电力并网互联争议适用本规则。

第三条　国家能源局及派出机构收到申请人的争议处理申请书和有关证据材料，应当进行登记，并向申请人出具争议处理证据收据。争议处理证据收据中应当注明证据名称、原件或者复印件、收到时间、份数和页数，由负责接收的工作人员和申请人签名或者盖章。

第四条　国家能源局及派出机构在审查申请人的争议处理申请书和有关证据材料时，发现内容不全或者证据不具备的，应当在3个工作日内一次性告知申请人需要补正或者补充的内容，申请人应当在规定的期限内补正或者补充。

第五条　按照《电力并网互联争议处理规定》第八条、第九条规定，在收到符合条件的电力并网互联争议处理申请书，或者发现电力并网互联争议后，应当及时提出受理建议，报国家能源局有关部门、国家能源局派出机构（以下简称“派出机构”）负责人批准。

国家能源局有关部门、派出机构负责人批准的日期为受理日期。

国家能源局及派出机构应当在受理之日起7个工作日内，将受理通知书送达申请人，同时告知被申请人自收到受理通知之日起10个工作日内提交答辩书和有关证据材料；不予受理的，应当在7个工作日内将不予受理通知书送达申请人，并说明理由。

第六条　国家能源局及派出机构对不予受理或者申请人在协调开始前撤回申请的，应当将争议处理申请书和有关证据材料退还，并要求申请人签收。

第七条　电力并网互联争议在全国范围内有重大影响的，派出机构应当及时报送国家能源局。

第八条 国家能源局及派出机构应当将当事人的基本情况、争议类型及简要情况进行登记并编制受理号。

第九条 决定受理后,国家能源局及派出机构可以成立争议处理小组,指定一名组长。

国家能源局及派出机构应当自争议处理小组成立之日起3个工作日内,将争议处理小组组成通知书送达当事人。

未成立争议处理小组的,电力并网互联争议处理应当适用本规则关于争议处理小组的有关规定。

第十条 当事人认为争议处理小组成员与电力并网互联争议有利害关系或者其他关系可能影响公正处理的,有权以口头或者书面方式申请其回避;争议处理小组成员认为自己与电力并网互联争议有利害关系或者其他关系可能影响公正处理的,应当主动申请回避。

第十一条 争议处理小组成员是否回避,由受理争议的国家能源局有关部门、派出机构负责人决定。作出争议处理小组成员回避的决定后,应当将争议处理小组成员回避通知书及时送达当事人,并在3个工作日内另行指派争议处理小组成员;决定不予回避的,应当书面通知当事人,并说明理由。

第十二条 争议处理小组应当在收到当事人的证据材料后对证据材料的真实性、关联性和合法性进行审查,必要时可以依法自行收集证据。

第十三条 必要时,争议处理小组可以组织当事人相互质证和辩论,也可以依法进行调查、检查或者核查。

第十四条 争议处理小组收集证据时,人数不得少于2人,并应当出示有效工作证件。有关人员应当协助并如实回答询问,不得阻挠。询问应当制作笔录,由有关人员核对无误后签名或者盖章。

第十五条 争议处理小组办理电力并网互联争议应当进行协调,在查明事实的基础上,依据法律、法规和规章,提出电力并网互联争议协调意见。必要时,争议处理小组可以举行协调会处理争议。

协调应当自争议受理之日起60日内终结。

第十六条 争议处理小组决定举行协调会的,应当自决定作出之日起3个工作日内由国家能源局及派出机构制作协调会通知书,并向当事人送达。协调会通知书应当载明举行协调会的时间和地点。

当事人委托代理人参加协调会的,应当提交授权委托书。授权委托书应当由委托人签名并盖章,载明委托代理人的姓名、性别、年龄、身份证明、联系方式、委托期限和代理权限等事项。

第十七条　协调会按照下列程序进行：

（一）宣布协调会开始，确认当事人或者委托代理人，宣读国家能源局及派出机构参会人员和记录员名单；

（二）当事人进行陈述；

（三）确定主要分歧，提出初步协调意见；

（四）征求当事人意见后，确定协调意见；

（五）当事人接受协调意见的，签署电力并网互联争议协调意见书，争议处理终止；

（六）当事人一方或者双方不接受协调意见的，协调程序终结。

争议处理小组应当认真听取当事人或者委托代理人的陈述。记录员应当据实做好笔录，并由当事人或者委托代理人签字确认。

第十八条　当事人一方或者双方拒绝协调的，或者当事人、当事人的委托代理人无正当理由未在规定的时间、地点参加协调会，或者不接受电力并网互联争议协调意见的，争议处理小组提出终结协调程序和初步裁决意见，报国家能源局及派出机构负责人批准。

第十九条　争议处理小组可以根据《电力并网互联争议处理规定》第十八条的规定举行论证会。

第二十条　论证会由下列人员参加：

（一）国家能源局及派出机构工作人员；

（二）专家；

（三）当事人；

（四）论证会由争议处理小组组长或者其委托的人员主持。

第二十一条　论证会按下列程序进行：

（一）当事人进行陈述、举证、辩论；

（二）专家发表论证意见或者建议，并提出争议解决方案；

（三）宣读争议协调意见。

在论证期间，对需要进一步由有关方面说明情况或者需要现场调查、鉴定的事项，由国家能源局及派出机构组织实施，并请专家再次论证。

第二十二条　争议处理小组根据论证会的论证，结合相关的证据材料作出初步裁决意见，报国家能源局及派出机构负责人批准。

第二十三条　应当根据国家能源局及派出机构负责人批准的裁决意见，制作电力并网互联争议行政裁决书。电力并网互联争议行政裁决书应当包括《电力并网互联争议处理规定》第十六条规定的内容。

第二十四条 应当自协调终结之日起 15 日内作出裁决。因情况特殊,在上述期限内不能终结的,经国家能源局有关部门、派出机构负责人批准,可以适当延长。

第二十五条 国家能源局及派出机构应当自作出裁决之日起 10 个工作日内,将电力并网互联争议行政裁决书送达当事人。

第二十六条 国家能源局及派出机构应当建立电力并网互联争议处理的档案管理制度。

电力并网互联争议协调程序终结后,或者裁决决定履行或者执行完毕后,应当填写电力并网互联争议处理结案报告并立卷归档。

派出机构应当将所管辖的电力并网互联争议处理情况和结果报国家能源局备案。

第二十七条 本规则自印发之日起施行。《关于印发〈电力并网互联争议处理工作程序规则〉的通知》(办稽查〔2006〕81 号)同时废止。

附件:电力并网互联争议处理文书样式(略)

加强电网调度管理工作的若干规定

（1997年3月20日电力工业部发布　电办〔1997〕99号）

第一章　总　　则

第1条　为加强电网调度管理，使之符合社会主义市场经济的要求和电网运行的客观规律，适应"两个根本性转变"，保障电网安全运行，维护电力投资者、经营者和使用者的合法权益，制定本规定。

第2条　本规定依据中华人民共和国《电力法》和《电网调度管理条例》制定，在涉及电网调度管理的活动中，所有电力生产者、经营者、管理者、使用者均应遵守本规定。

第二章　电网调度的职责和任务

第3条　电网调度系统是维系电网整体性的重要纽带，电网调度系统各单位在电网调度管理的活动中，必须严格执行《电网调度管理条例》及其有关配套文件。

第4条　电网调度机构（以下简称调度机构）是电网经营企业和供电企业的重要组成部分，是电网运行的指挥中心，其根本职责是依法行使生产指挥权，保障电网安全稳定和优质经济运行。

第5条　电网调度工作的主要任务是坚持"安全第一、预防为主"的方针，依靠科技进步和提高人员素质，确保电网安全稳定运行；认真研究社会主义市场经济条件下电网运行管理的新情况，总结新经验，不断完善电网调度管理的措施，并采用切实手段实现电网优化调度，发挥大电网的优越性，保证电网整体最佳效益的实现。

第三章　依法调度的具体要求

第6条　根据"统一调度、分级管理"的原则，上级调度机构要加强并逐步规范对下级,特别是对地、县级调度机构的组织、指挥、指导、协调和检查工作,形成基础扎实的电网五级调度体系。

电网调度系统必须严肃调度纪律,切实杜绝任何违反《电力法》及《电网调度管理条例》的规定,妨碍统一调度的行为发生。

第7条 网(省)电力公司要加强并网调度协议管理工作,通过签订并网调度协议,确立以法律为依据的实施调度与服从调度的关系,保障电网的正常秩序。

第8条 调度机构必须严格按照事故和超计划用电限电序位表发布拉闸限电指令。

第9条 各级调度机构应把依法调度同廉政建设与职业道德培养有机结合起来,成为严格执法守法的模范。

第四章 安全生产

第10条 各级调度机构必须加强安全生产管理,采取有力措施防止因调度责任引起的电网稳定破坏事故、电网瓦解事故和大面积停电事故。

第11条 各级调度机构必须强化保障电网安全的研究;加强负荷预测和运行可靠性分析工作;深入分析,认真编制,合理安排运行方式;加强对继电保护和安全自动装置的技术监督工作,不断提高继电保护正确动作率;加强模拟培训工作,通过事故预想和反事故演习等方式,提高调度有关专业人员的反事故能力。

第12条 省级及以上调度机构均应按照电力部《电力企业实现安全目标表彰办法》的规定,实行安全记录周期考核,安全记录周期为三年,自1997年1月1日起计。

第五章 电网优化调度

第13条 实现电网优化调度的主要目标是在保障电网安全稳定运行和保证电能质量的前提下,做到:

1. 充分发挥电网设备能力,最大限度满足社会用电需求。
2. 力求全网运行成本最低和能源资源的优化配置,实现全网经济效益的提升。
3. 全网供电能耗率逐年下降,或者达到并保持国内先进水平。
4. 把环保要求作为重要的约束条件。

第14条 各级调度机构应当在努力完成国家发电生产预期计划目标和依法执行与各投资方购售电合同的前提下,逐步实现按照上网电价实施优化调度。

第 15 条 对优化调度工作,应采用发电能耗率、网损率、生产任务完成情况、电价、经济效益增长率和供电可靠性指标等综合评价和考察。

第 16 条 网(省)电力公司应当支持所属调度机构开展优化调度的专题研究,注重实效,求得发电能耗、价格水平和环境要求三者之间的协调,保证电网优化调度的实用性和实效性。

第六章 坚持"三公"原则

第 17 条 调度机构必须对其所发布的调度指令的正确性负责;除调度规程明确规定外,调度对象不得利用任何借口拒绝或拖延执行调度指令。

第 18 条 调度机构必须坚持"公平、公正、公开"办事原则,实现:

1. 有一个比较完善并且有效的协调机制;
2. 对不同所有权或管理方式的同类型机组或同类型用户,有基本一致的调度原则;
3. 建立起调度机构内部和外部的监督约束机制;
4. 定期征求调度对象对调度机构工作的意见和建议。

第 19 条 网(省)电力公司和上级调度机构要加强对贯彻"三公"原则的组织、指导、检查和监督;同时也要为执行"三公"原则配备必需的技术手段。

第七章 加强对调度工作的领导

第 20 条 为切实加强网(省)电力公司对电网调度工作的领导,所属调度机构主要行政领导一般应由公司副总工程师及以上职务人员兼任。

第 21 条 加强对电网调度工作的领导,应做好以下几方面的工作:

1. 重视和切实加强调度机构领导班子的建设;
2. 领导、检查和督促调度机构开展"安全文明生产达标和创一流"活动;
3. 领导、检查和督促调度机构加快科技进步和加强内部管理;
4. 支持和帮助调度机构协调好外部工作关系;
5. 关心调度机构专业技术队伍的成长,安排必要的科研、技措、培训等项资金费用,稳定职工队伍,培养跨世纪的人才。

第 22 条 网(省)电力公司应当要求和支持调度机构做好运行方式、继电保护、通信和自动化及各有关专业的管理工作,解决好因电网结构日趋复杂和管理体制变化而产生的问题。

第八章　队伍建设与管理

第23条　调度机构必须加强精神文明建设。各级调度机构都应以更安全、更经济、更文明为目标，以抓人员、抓管理、抓技术为根本，加强内部管理。

第24条　各级调度机构应加强队伍建设，既要建立一支思想政治素质好，懂专业会管理的干部队伍，也要建立一支有理想、有道德、有纪律、业务水平较高的专业技术队伍。

调度机构的党政主要领导要以身作则，廉洁自律，对所管理的干部承担教育和管理的责任。

第25条　调度机构要依据《电力调度系统"九五"科技进步目标》，制定规划，明确责任，落实措施。要运用现代化管理的思想和技术手段，在加强电网的整体性、提高电网的经济性以及减人增效等方面收到实效。

第26条　调度机构要规范内外经济活动，严格财务管理，加强审计工作，主动接受上级主管部门的指导和监督。

加强电网管理的规定

（1996 年 6 月 19 日电力工业部发布　电办〔1996〕379 号）

第一章　总　　则

第一条　为适应电力改革与发展，加强电网管理，提高电网安全、优质、经济运行水平，依据《中华人民共和国电力法》、《电网调度管理条例》及有关法规，制定本规定。

第二条　电网管理必须贯彻“统一规划、统一建设、统一调度、统一管理”方针，建立、健全科学的管理制度，保证电网安全、优质、经济运行。

第三条　本规定所称电网管理是指对输电网络、配电网络及与电网运行有关的频率、电压调节系统、继电保护与安全自动装置、计量装置及系统、调度自动化系统与通信系统等的管理。

第四条　电网经营企业，并网运行的电力生产企业、用户以及有关的电网管理、电力规划和勘测设计单位、电力建设企业、电力设备研究单位和制造企业等，均应遵守、执行本规定。

第二章　电网规划与建设

第五条　各级电网经营企业应按照“统一规划、分级管理”的原则，组织编制各自管辖电网的长期、中期、短期规划（计划）。

城市电网建设、改造规划应由当地供电企业负责会同当地城建部门组织编制，并应纳入城市总体规划。

农村电网建设、改造规划应在省（自治区、直辖市）电网（以下简称省级电网）经营企业组织指导下，由当地电网经营企业负责组织编制。

第六条　各级电网经营企业应建立由规划、建设、生产管理和运行调度等部门组成的规划领导小组，并设立相应的专家咨询组，加强对电网规划、建设的管理，并组织评审、验收。

330KV 及以上电压等级的电网规划和电网互联规划，由国家级电网经营企业组织评审；

跨省及其省级电网的 220KV 电网的主网架规划由跨省电网经营企业组织评审，其余部分及地区性电网（含农村电网）规划由省级电网经营企业组织评审。

独立省级电网及以下各级地区性电网（含农村电网）的 220KV 及以下电压等级的电网规划由独立省级电网经营企业组织评审；

城市电网规划由省级电网经营企业会同当地电力管理部门、城建部门组织评审。

第七条 电网规划（计划）应符合下列原则和要求：

一、有利于能源、资源的合理利用和资源的优化配置。

二、应适应电源发展和负荷增长需要，结构合理，并适当超前于电源建设。

三、应有利于科技进步，有利于提高电网建设、运行的总体经济效益。

四、应符合国家、电力行业及规定级别的电网经营企业制定的政策及技术标准。

五、长、中、短期规划应有机结合；应保证无功补偿设备容量与有功容量配套发展，二次设备与一次设备配套发展；满足调峰、事故等运行方式要求。

第八条 新建、扩建、改建的发电工程接入系统方案（含一次系统和二次系统）必须符合电网规划（计划），并按规定程序组织审查和报批。

第九条 输变电工程（含一次系统和二次系统）必须与相应发电工程同步建设，并需经相应电网经营企业按有关技术、质量标准检查、验收合格，办理批准手续后才能并入电网运行。

第十条 各电网经营企业与有关的电力工程的建设企业应加强联系，及早交接有关工程技术资料；并参与电网隐蔽工程建设施工的质量监督及验收等工作。

第三章 设备投运与并网管理

第十一条 发电、输变电建设工程（含一次、二次设备）都应严格按照有关规定和协议进行工程调试、系统调试和试运行。

通过调试及试运行的工程，应在消除存在的缺陷后，依据有关标准、规定进行工程的验收移交。

移交生产时，电力工程的建设企业应将工程的竣工图、资料（含设备参数、设备特殊技术要求等）、有关试验报告、为工程生产运行配套的工器具、试验仪器、仪表、备品备件等全部移交给生产运行单位。

第十二条 各级电网经营企业应遵循《电网调度管理条例》以及《关于电网与发电厂、电网与电网并网运行的规定》，加强电网与发电厂、电网与电网的并网管理，建立和完善并网运行的批准手续。需并网运行的电力生产企业或电网，必须与有关电网经营企业按照统一调度、分级管理和平等互利、协商一致的原则，签订并网协议，包括并网调度协议和并网经济协议，方可正式并入电网运行。

第十三条 电网经营企业应依据《电力法》及电力法规，按照"公平、公正、公开"的原则，在并网协议中，对发电运行方式（如出力、可用率、调峰率等）、电能质量、电力电量计量和电价等进行规范，并监督其严格执行。

第十四条 并入电网运行的电力生产企业应按电网经营企业制定的电网运行规定和协议，监视、记录、报送有关运行参数及设备状况。

电力生产企业发生影响电网运行的事故时，应按规定向电网经营企业报告事故过程和原因。

第十五条 发生涉及并网运行的电力生产企业的电网事故时，电网经营企业应及时向有关电力生产企业通报情况，有关电力生产企业应配合电网经营企业进行事故调查和分析，并实施有关改进措施。

第四章 设备技术监督

第十六条 各级电网经营企业应对接入电网运行的设备（含一次和二次设备）进行技术监督和管理；加强对入网设备订货的管理。严禁国家明令淘汰的电力设备、质量不合格和不符合电网运行要求的设备接入电网运行。

第十七条 新产品（含一次和二次设备）必须按规定通过技术鉴定、试运行和产品鉴定，方可推广应用。

通过技术鉴定的新产品欲接入电网试运行，需经规定级别的电网经营企业办理审批手续，并与接入点所属的电网经营企业签订新产品试运行协议。

第十八条 对电网安全、优质、经济运行有重要影响的设备、设施，由国家级电网经营企业组织制定入网管理办法。

第十九条 各级电网经营企业应严格按照有关规程的要求，组织对电网设备进行定期的监查、测试与维修（维护和检修），并积极开展综合安排性检修。在有条件的单位，宜开展在线监测和状态检修工作。

第二十条 各级电网经营企业应建立、健全设备运行和事故统计分析及报送制度，并逐步实现统计、信息计算机化管理。

第二十一条 各电网经营企业应根据电网内发生的事故总结经验教训，制定反事故技术措施。

省级以上电网经营企业制定的反事故技术措施，凡其涉及到的设备管理、科研、制造单位及电力工程设计、建设等单位均应执行。

第五章　电网运行管理

第二十二条　各级电网经营企业必须加强电网调度管理，严格执行国务院有关电网调度管理行政法规及其配套规定、规范。

应规范和完善电网年、季(月)、周、日及节日运行计划(方式)编制工作。运行计划(方式)应进行电网运行安全、电能质量及经济性的分析和优化。

第二十三条　各级电网经营企业应坚持“安全第一，预防为主”的方针，建立、健全安全运行责任和技术监督保证体系，加强电网安全运行管理。

应防止电网稳定破坏、电网瓦解、电网大面积停电、电网大面积污闪、超高压输变电主设备严重损坏、电能质量严重降低等电网事故，减少事故引起的停电损失和社会影响。

应定期进行电网安全运行情况分析，总结经验与教训，制定对策。

第二十四条　电网发生事故时，应按《电业生产事故调查规程》组织调查和分析。对造成重大社会影响或重大经济损失的电网事故，发生事故的电网经营企业的负责人必须向上级单位汇报事故过程、原因、责任及防范措施。

第二十五条　各电网经营企业应不断提高供电可靠性。应按规定的供电可靠性要求，结合电网特性等情况，安排好电网运行。

应充分发挥大电网优越性，进行并联运行电网之间的设备检修协调和事故支援。联网单位在规定或协议范围内不得拒绝提供紧急事故支援。

第二十六条　各级电网经营企业应加强电网稳定工作管理。凡涉及整个电网安全稳定运行的规定和措施，各并网运行的电网和电力生产企业应严格执行。

第二十七条　各级电网经营企业应加强继电保护工作，省级及以上电网调度机构归口负责继电保护的技术监督与管理。凡涉及整个电网安全的继电保护和安全自动装置的整定值、反事故技术措施及有关规定，各并网运行的电网和电力生产企业应严格执行。

应加强继电保护及自动装置配置、运行的管理，加强整定计算和定值管理，不断提高继电保护装置的正确动作率，防止由于继电保护和安全自动装置不正确动作引起或扩大为电网大面积停电事故。

第二十八条　各级电网经营企业应加强电能质量运行管理和技术监督。应根据国家电能质量标准和电能质量监督管理的规定,结合本网情况制定电能质量运行控制标准。

电能质量技术监督实行归口负责、分级管理。

电网经营企业应加强对电压波动、闪变及谐波发生源的监督管理,防止对电能质量造成损害。

第二十九条　省级及以上电网经营企业应依据《电力法》及电力法规、国家政策和电网经济运行原则,结合本网实际情况,制定并逐步完善符合社会主义市场经济规律的电网调峰、调频、联络线功率控制及事故备用等管理办法。

各电力生产企业都应按有关规定、合同、协议的要求参与电网调频、调峰及联络线功率控制。

第三十条　各级电网经营企业应加强线损管理,实行线损率指标分级管理,并按期进行考核,定期制定降低、控制线损规划,明确降损目标,落实降损措施。

第三十一条　各级电网经营企业应不断提高电网运行的整体经济效益。

电网经济运行、优化调度应遵循下列基本原则:

一、充分发挥现有电力设备能力,有计划地满足社会用电需求;

二、保证电网安全稳定运行和电能质量符合国家标准;

三、依法执行电力生产企业与电网、电网与电网之间的购售电合同;

四、充分、合理地利用水电等季节性一次能源,严格控制发电能源消耗,降低线损;

五、支持、引导发电厂降低发电成本,逐步实行上网电力电量“同网同质同价”;

六、在逐步完善电价体系基础上,实施分时、分季电价。

第三十二条　省级及以上电网经营企业应根据本电网实际情况,制定本网经济运行管理办法。

各电力生产企业应按规定提供与电网经济运行有关的基础资料,安装必要技术装置、设备。

第三十三条　各级电网经营企业应加强和改善用电负荷管理,依法运用技术的、经济的、辅之以行政的手段合理调整用电负荷,改善用电负荷特性,提高电力设备利用率。

第三十四条　应加快电力专用通信的建设与技术进步,加强电力通信的管理工作,使电网具备充分可靠的通信手段。应保证电力调度系统指令、信息畅通,保证电网继电保护、安全自动装置的通道畅通,保证电网各类数据、信息的可靠传递。

第六章　技术改造与技术进步

第三十五条　各级电网经营企业应加强电网技术改造和技术进步的规划及实施,促进电网适应负荷不断增长的需求,提高供电可靠性,降低线损。

第三十六条　各级电网经营企业应提高电网自动化装备和应用水平。

应积极稳妥地推广变电站无人值班,并根据条件逐步推广应用配电自动化。

第三十七条　应建立和完善分层的电网调度自动化系统,提高运行控制和生产信息管理系统实际应用水平并逐步扩大应用范围;

应加强自动发电控制(AGC)工作,逐步实现电网运行调节自动化,各电力生产企业应按规定装备必要的设备并做好相应的工作;应逐步建立和完善电网与电力生产企业、电网与电网之间、电网与用户之间的电能自动计费结算系统,并实用化。

第三十八条　各级电网经营企业应建立和完善设备技术监督、负荷监控、经营管理等系统,并逐步扩大负荷监控范围和容量。

第七章　人 员 培 训

第三十九条　各级电网经营企业应加强电网运行及管理人员的培训与考核。

各级电网经营企业的领导人员应重视学习、掌握电网运行和管理知识,不断提高管理水平。应建立和完善电网运行、管理人员持证上岗及岗位培训制度,并按分级管理原则制定考核及颁证办法。

第四十条　应逐步建立并运用仿真系统、仿真机等先进实用的技术手段对人员进行培训和考核。

第八章　附　　则

第四十一条　各级电网经营企业应结合本网实际制定具体实施办法,并加强考核、监督工作。

电网调度信息披露实施细则(暂行)

(2001 年 3 月 1 日)

1. 总则

1.1　为保证对发电企业实施“公平、公开、公正”调度,规范电网调度机构电网调度信息披露工作,依据《电网调度信息披露暂行办法》(国家经贸电力〔2000〕1234 号文),特制定本实施细则。

1.2　省级以上电网调度机构,应按照本细则的要求,开展电网调度信息披露工作。地、县级调度机构电网调度信息披露的实施细则可参照此细则执行。经国务院批准实施“厂网分开,竞价上网”试点的电网,按照本网电力市场规则并参照本细则的有关规定执行。

1.3　并网发电厂要按照本细则要求,以及并网调度协议和有关规定,及时、准确地向相应电网调度机构发送电力生产运行情况、数据,以便电网调度机构全面、准确、及时地收集信息和编制信息公开报表。并网发电厂对所发送的电力生产信息的准确性负责。

1.4　省级调度机构应及时把有关电网调度信息的披露情况报本地区经贸委(经委),以便其进行监督和检查。

2. 电网调度信息披露工作的组织管理

2.1　国家电力调度通信中心负责网、省电网调度机构电网调度信息披露工作的指导和监督。

2.2　网、省电网调度机构负责所辖电网具体的电网调度信息发布工作。

2.3　省级电网调度机构负责本省(市)内地、县级调度机构电网调度信息披露的指导和监督工作。

2.4　网、省电网调度机构要将月度、季度电网调度信息披露情况及有关统计报表报国家电力调度通信中心。

2.5　网、省调度机构对在信息披露中出现的重大问题应及时上报国家电力调度通信中心和相应省(自治区、直辖市)经贸委(经委)。

3. 电网调度信息公开方式和时间要求

3.1　电网调度机构要利用现代信息技术，开设“电网调度信息”网页，采用WEB方式发布电网调度信息，使有关发电企业、电力行政管理部门及其他有关部门可以根据不同的权限进行网上浏览。

3.2　电网调度机构要按月度编制调度信息并须在每月10日前完成上月电网调度信息发布工作。

3.3　电网调度机构要在每季度第一个月20日前，以信息发布会的形式发布上一季度电网调度信息，同时印发相应调度信息公报，并接受有关发电企业、电力行政主管部门的检查与咨询。

3.4　电网调度机构应本着注重节约、简单高效原则组织召开电网调度信息发布会，并提前5天通知有关并网发电厂，省（自治区、直辖市）调度机构还要通知相应省（自治区、直辖市）经贸委（经委）。

3.5　电网调度机构对并网发电厂、发电企业的咨询和意见要积极给予解答。

4. 披露信息内容

4.1　公开的基本信息主要包括：国家有关能源政策，电网年度电量需求预计，电网有关情况及并网发电厂的基础资料（电价、装机容量、机组技术性能等），新建发输电设备投产情况，电网安全运行约束条件（电厂送出联络线及影响电厂送出的断面稳定控制限额和对发电出力限制、电网出现紧急情况需对发电厂出力限制、涉及到发电厂的安全稳定控制装置配置等情况）。

4.2　电网月度、季度发电调度信息主要包括：

1. 电网本月、季及次月、季电量预计；
2. 电网运行情况；
3. 并网发电厂（机组）发电情况；
4. 系统用电负荷率、各发电厂负荷率、调峰调频情况等；
5. 各类型发电设备利用小时；
6. 次月、季影响发电厂发电的电网设备及发电厂设备检修计划安排；
7. 其它必要的电网调度信息。

5. 附则

5.1　电网调度信息公开应遵守有关制度，并设立相应的信息共享分类，采用密码访问等方式控制。

5.2　对在电网调度信息发布工作中取得突出成绩的单位和个人,由国家电力调度通信中心报请国家经贸委予以表彰。对不按照规定进行电网调度信息披露的单位,将给予督促或通报批评。

5.3　本细则由国家电力调度通信中心负责解释、修订。

5.4　本细则自2001年3月1日起执行。

第四章　电力供应与使用

电力供应与使用条例

（1996年4月17日国务院令第196号发布　根据2016年2月6日《国务院关于修改部分行政法规的决定》第一次修订　根据2019年3月2日《国务院关于修改部分行政法规的决定》第二次修订）

第一章　总　　则

第一条　为了加强电力供应与使用的管理，保障供电、用电双方的合法权益，维护供电、用电秩序，安全、经济、合理地供电和用电，根据《中华人民共和国电力法》制定本条例。

第二条　在中华人民共和国境内，电力供应企业（以下称供电企业）和电力使用者（以下称用户）以及与电力供应、使用有关的单位和个人，必须遵守本条例。

第三条　国务院电力管理部门负责全国电力供应与使用的监督管理工作。

县级以上地方人民政府电力管理部门负责本行政区域内电力供应与使用的监督管理工作。

第四条　电网经营企业依法负责本供区内的电力供应与使用的业务工作，并接受电力管理部门的监督。

第五条　国家对电力供应和使用实行安全用电、节约用电、计划用电的管理原则。

供电企业和用户应当遵守国家有关规定，采取有效措施，做好安全用电、节约用电、计划用电工作。

第六条　供电企业和用户应当根据平等自愿、协商一致的原则签订供用电合同。

第七条　电力管理部门应当加强对供用电的监督管理，协调供用电各方关系，禁止危害供用电安全和非法侵占电能的行为。

第二章　供电营业区

第八条　供电企业在批准的供电营业区内向用户供电。

供电营业区的划分，应当考虑电网的结构和供电合理性等因素。一个供电营业区内只设立一个供电营业机构。

第九条　供电营业区的设立、变更，由供电企业提出申请，电力管理部门依据职责和管理权限，会同同级有关部门审查批准后，发给《电力业务许可证》。

电网经营企业应当根据电网结构和供电合理性的原则协助电力管理部门划分供电营业区。

供电营业区的划分和管理办法，由国务院电力管理部门制定。

第十条　并网运行的电力生产企业按照并网协议运行后，送入电网的电力、电量由供电营业机构统一经销。

第十一条　用户用电容量超过其所在的供电营业区内供电企业供电能力的，由省级以上电力管理部门指定的其他供电企业供电。

第三章　供 电 设 施

第十二条　县级以上各级人民政府应当将城乡电网的建设与改造规划，纳入城市建设和乡村建设的总体规划。各级电力管理部门应当会同有关行政主管部门和电网经营企业做好城乡电网建设和改造的规划。供电企业应当按照规划做好供电设施建设和运行管理工作。

第十三条　地方各级人民政府应当按照城市建设和乡村建设的总体规划统筹安排城乡供电线路走廊、电缆通道、区域变电所、区域配电所和营业网点的用地。

供电企业可以按照国家有关规定在规划的线路走廊、电缆通道、区域变电所、区域配电所和营业网点的用地上，架线、敷设电缆和建设公用供电设施。

第十四条　公用路灯由乡、民族乡、镇人民政府或者县级以上地方人民政府有关部门负责建设，并负责运行维护和交付电费，也可以委托供电企业代为有偿设计、施工和维护管理。

第十五条　供电设施、受电设施的设计、施工、试验和运行，应当符合国家标准或者电力行业标准。

第十六条 供电企业和用户对供电设施、受电设施进行建设和维护时，作业区域内的有关单位和个人应当给予协助，提供方便；因作业对建筑物或者农作物造成损坏的，应当依照有关法律、行政法规的规定负责修复或者给予合理的补偿。

第十七条 公用供电设施建成投产后，由供电单位统一维护管理。经电力管理部门批准，供电企业可以使用、改造、扩建该供电设施。

共用供电设施的维护管理，由产权单位协商确定，产权单位可自行维护管理，也可以委托供电企业维护管理。

用户专用的供电设施建成投产后，由用户维护管理或者委托供电企业维护管理。

第十八条 因建设需要，必须对已建成的供电设施进行迁移、改造或者采取防护措施时，建设单位应当事先与该供电设施管理单位协商，所需工程费用由建设单位负担。

第四章 电力供应

第十九条 用户受电端的供电质量应当符合国家标准或者电力行业标准。

第二十条 供电方式应当按照安全、可靠、经济、合理和便于管理的原则，由电力供应与使用双方根据国家有关规定以及电网规划、用电需求和当地供电条件等因素协商确定。

在公用供电设施未到达的地区，供电企业可以委托有供电能力的单位就近供电。非经供电企业委托，任何单位不得擅自向外供电。

第二十一条 因抢险救灾需要紧急供电时，供电企业必须尽速安排供电。所需工程费用和应付电费由有关地方人民政府有关部门从抢险救灾经费中支出，但是抗旱用电应当由用户交付电费。

第二十二条 用户对供电质量有特殊要求的，供电企业应当根据其必要性和电网的可能，提供相应的电力。

第二十三条 申请新装用电、临时用电、增加用电容量、变更用电和终止用电，均应当到当地供电企业办理手续，并按照国家有关规定交付费用；供电企业没有不予供电的合理理由的，应当供电。供电企业应当在其营业场所公告用电的程序、制度和收费标准。

第二十四条 供电企业应当按照国家标准或者电力行业标准参与用户受送电装置设计图纸的审核，对用户受送电装置隐蔽工程的施工过程实施监督，并在该受送电装置工程竣工后进行检验;检验合格的,方可投入使用。

第二十五条 供电企业应当按照国家有关规定实行分类电价、分时电价。

第二十六条 用户应当安装用电计量装置。用户使用的电力、电量,以计量检定机构依法认可的用电计量装置的记录为准。用电计量装置,应当安装在供电设施与受电设施的产权分界处。

安装在用户处的用电计量装置,由用户负责保护。

第二十七条 供电企业应当按照国家核准的电价和用电计量装置的记录,向用户计收电费。

用户应当按照国家批准的电价,并按照规定的期限、方式或者合同约定的办法,交付电费。

第二十八条 除本条例另有规定外,在发电、供电系统正常运行的情况下,供电企业应当连续向用户供电;因故需要停止供电时,应当按照下列要求事先通知用户或者进行公告:

(一)因供电设施计划检修需要停电时,供电企业应当提前7天通知用户或者进行公告;

(二)因供电设施临时检修需要停止供电时,供电企业应当提前24小时通知重要用户;

(三)因发电、供电系统发生故障需要停电、限电时,供电企业应当按照事先确定的限电序位进行停电或者限电。引起停电或者限电的原因消除后,供电企业应当尽快恢复供电。

第五章 电力使用

第二十九条 县级以上人民政府电力管理部门应当遵照国家产业政策,按照统筹兼顾、保证重点、择优供应的原则,做好计划用电工作。

供电企业和用户应当制订节约用电计划,推广和采用节约用电的新技术、新材料、新工艺、新设备,降低电能消耗。

供电企业和用户应当采用先进技术、采取科学管理措施,安全供电、用电,避免发生事故,维护公共安全。

第三十条 用户不得有下列危害供电、用电安全,扰乱正常供电、用电秩序的行为:

(一)擅自改变用电类别;

(二)擅自超过合同约定的容量用电;

（三）擅自超过计划分配的用电指标的；

（四）擅自使用已经在供电企业办理暂停使用手续的电力设备，或者擅自启用已经被供电企业查封的电力设备；

（五）擅自迁移、更动或者擅自操作供电企业的用电计量装置、电力负荷控制装置、供电设施以及约定由供电企业调度的用户受电设备；

（六）未经供电企业许可，擅自引入、供出电源或者将自备电源擅自并网。

第三十一条 禁止窃电行为。窃电行为包括：

（一）在供电企业的供电设施上，擅自接线用电；

（二）绕越供电企业的用电计量装置用电；

（三）伪造或者开启法定的或者授权的计量检定机构加封的用电计量装置封印用电；

（四）故意损坏供电企业用电计量装置；

（五）故意使供电企业的用电计量装置计量不准或者失效；

（六）采用其他方法窃电。

第六章 供用电合同

第三十二条 供电企业和用户应当在供电前根据用户需要和供电企业的供电能力签订供用电合同。

第三十三条 供用电合同应当具备以下条款：

（一）供电方式、供电质量和供电时间；

（二）用电容量和用电地址、用电性质；

（三）计量方式和电价、电费结算方式；

（四）供用电设施维护责任的划分；

（五）合同的有效期限；

（六）违约责任；

（七）双方共同认为应当约定的其他条款。

第三十四条 供电企业应当按照合同约定的数量、质量、时间、方式，合理调度和安全供电。

用户应当按照合同约定的数量、条件用电，交付电费和国家规定的其他费用。

第三十五条 供用电合同的变更或者解除，应当依照有关法律、行政法规和本条例的规定办理。

第七章　监督与管理

第三十六条　电力管理部门应当加强对供电、用电的监督和管理。供电、用电监督检查工作人员必须具备相应的条件。供电、用电监督检查工作人员执行公务时,应当出示证件。

供电、用电监督检查管理的具体办法,由国务院电力管理部门另行制定。

第三十七条　承装、承修、承试供电设施和受电设施的单位,必须经电力管理部门审核合格,取得电力管理部门颁发的《承装(修)电力设施许可证》。

第八章　法 律 责 任

第三十八条　违反本条例规定,有下列行为之一的,由电力管理部门责令改正,没收违法所得,可以并处违法所得5倍以下的罚款:

(一)未按照规定取得《电力业务许可证》,从事电力供应业务的;

(二)擅自伸入或者跨越供电营业区供电的;

(三)擅自向外转供电的。

第三十九条　违反本条例第二十七条规定,逾期未交付电费的,供电企业可以从逾期之日起,每日按照电费总额的千分之一至千分之三加收违约金,具体比例由供用电双方在供用电合同中约定;自逾期之日起计算超过30日,经催交仍未交付电费的,供电企业可以按照国家规定的程序停止供电。

第四十条　违反本条例第三十条规定,违章用电的,供电企业可以根据违章事实和造成的后果追缴电费,并按照国务院电力管理部门的规定加收电费和国家规定的其他费用;情节严重的,可以按照国家规定的程序停止供电。

第四十一条　违反本条例第三十一条规定,盗窃电能的,由电力管理部门责令停止违法行为,追缴电费并处应交电费5倍以下的罚款;构成犯罪的,依法追究刑事责任。

第四十二条　供电企业或者用户违反供用电合同,给对方造成损失的,应当依法承担赔偿责任。

第四十三条　因电力运行事故给用户或者第三人造成损害的,供电企业应当依法承担赔偿责任。

因用户或者第三人的过错给供电企业或者其他用户造成损害的,该用户或者第三人应当依法承担赔偿责任。

第四十四条 供电企业职工违反规章制度造成供电事故的，或者滥用职权、利用职务之便谋取私利的，依法给予行政处分；构成犯罪的，依法追究刑事责任。

第九章 附 则

第四十五条 本条例自1996年9月1日起施行。

供电营业规则

（1996年10月8日电力工业部令第8号发布）

第一章　总　　则

第一条　为加强供电营业管理,建立正常的供电营业秩序,保障供用双方的合法权益,根据《电力供应与使用条例》和国家有关规定,制定本规则。

第二条　供电企业和用户在进行电力供应与使用活动中,应遵守本规则的规定。

第三条　供电企业和用户应当遵守国家有关规定,服从电网统一调度,严格按指标供电和用电。

第四条　本规则应放置在供电企业的用电营业场所,供用户查阅。

第二章　供 电 方 式

第五条　供电企业供电的额定频率为交流50赫兹。

第六条　供电企业供电的额定电压:

1. 低压供电:单相为220伏,三相为380伏;

2. 高压供电:为10、35(63)、110、220千伏。

除发电厂直配电压可采用3千伏或6千伏外,其他等级的电压应逐步过渡到上列额定电压。

用户需要的电压等级不在上列范围时,应自行采取变压措施解决。

用户需要的电压等级在110千伏及以上时,其受电装置应作为终端变电站设计,方案需经省电网经营企业审批。

第七条　供电企业对申请用电的用户提供的供电方式,应从供用电的安全、经济、合理和便于管理出发,依据国家的有关政策和规定、电网的规划、用电需求以及当地供电条件等因素,进行技术经济比较,与用户协商确定。

第八条　用户单相用电设备总容量不足10千瓦的可采用低压220伏供电。但有单台设备容量超过 1 千瓦的单相电焊机、换流设备时，用户必须采取有效的技术措施以消除对电能质量的影响，否则应改为其他方式供电。

第九条 用户用电设备容量在 100 千瓦及以下或需用变压器容量在 50 千伏安及以下者，可采用低压三相四线制供电，特殊情况也可采用高压供电。

用电负荷密度较高的地区，经过技术经济比较，采用低压供电的技术经济性明显优于高压供电时，低压供电的容量界限可适当提高。具体容量界限由省电网经营企业作出规定。

第十条 供电企业可以对距离发电厂较近的用户，采用发电厂直配供电方式，但不得以发电厂的厂用电源或变电站(所)的站用电源对用户供电。

第十一条 用户需要备用、保安电源时，供电企业应按其负荷重要性、用电容量和供电的可能性，与用户协商确定。

用户重要负荷的保安电源，可由供电企业提供，也可由用户自备。遇有下列情况之一者，保安电源应由用户自备：

1. 在电力系统瓦解或不可抗力造成供电中断时，仍需保证供电的；

2. 用户自备电源比从电力系统供给更为经济合理的。

供电企业向有重要负荷的用户提供的保安电源，应符合独立电源的条件。有重要负荷的用户在取得供电企业供给的保安电源的同时，还应有非电性质的应急措施，以满足安全的需要。

第十二条 对基建工地、农田水利、市政建设等非永久性用电，可供给临时电源。临时用电期限除经供电企业准许外，一般不得超过六个月，逾期不办理延期或永久性正式用电手续的，供电企业应终止供电。

使用临时电源的用户不得向外转供电，也不得转让给其他用户，供电企业也不受理其变更用电事宜。如需改为正式用电，应按新装用电办理。

因抢险救灾需要紧急供电时，供电企业应迅速组织力量，架设临时电源供电。架设临时电源所需的工程费用和应付的电费，由地方人民政府有关部门负责从救灾经费中拨付。

第十三条 供电企业一般不采用趸售方式供电，以减少中间环节。特殊情况需开放趸售供电时，应由省级电网经营企业报国务院电力管理部门批准。

趸购转售电单位应服从电网的统一调度，按国家规定的电价向用户售电，不得再向乡、村层层趸售。

电网经营企业与趸购转售电单位应就趸购转售事宜签订供用电合同，明确双方的权利和义务。

趸购转售电单位需新装或增加趸购容量时，应按本规则的规定办理新装增容手续。

第十四条　用户不得自行转供电。在公用供电设施尚未到达的地区,供电企业征得该地区有供电能力的直供用户同意,可采用委托方式向其附近的用户转供电力,但不得委托重要的国防军工用户转供电。

委托转供电应遵守下列规定:

1. 供电企业与委托转供户(以下简称转供户)应就转供范围、转供容量、转供期限、转供费用、转供用电指标、计量方式、电费计算、转供电设施建设、产权划分、运行维护、调度通信、违约责任等事项签订协议。

2. 转供区域内的用户(以下简称被转供户),视同供电企业的直供户,与直供户享有同样的用电权利,其一切用电事宜按直供户的规定办理。

3. 向被转供户供电的公用线路与变压器的损耗电量应由供电企业负担,不得摊入被转供户用电量中。

4. 在计算转供户用电量、最大需量及功率因数调整电费时,应扣除被转供户、公用线路与变压器消耗的有功、无功电量。最大需量按下列规定折算:

(1)照明及一班制:每月用电量 180 千瓦时,折合为 1 千瓦;

(2)二班制:每月用电量 360 千瓦时,折合为 1 千瓦;

(3)三班制:每月用电量 540 千瓦时,折合为 1 千瓦;

(4)农业用电:每月用电量 270 千瓦时,折合为 1 千瓦。

5. 委托的费用,按委托的业务项目的多少,由双方协商确定。

第十五条　为保障用电安全,便于管理,用户应将重要负荷与非重要负荷、生产用电与生活区用电分开配电。

新装或增加用电的用户应按上述规定确定内部的配电方式,对目前尚未达到上述要求的用户应逐步进行改造。

第三章　新装、增容与变更用电

第十六条　任何单位或个人需新装用电或增加用电容量、变更用电都必须按本规则规定,事先到供电企业用电营业场所提出申请,办理手续。

供电企业应在用电营业场所公告办理各项用电业务的程序、制度和收费标准。

第十七条　供电企业的用电营业机构统一归口办理用户的用电申请和报装接电工作,包括用电申请书的发放及审核、供电条件勘查、供电方案确定及批复、有关费用收取、受电工程设计的审核、施工中间检查、竣工检验、供用电合同(协议)签约、装表接电等项业务。

第十八条 用户申请新装或增加用电时，应向供电企业提供用电工程项目批准的文件及有关的用电资料，包括用电地点、电力用途、用电性质、用电设备清单、用电负荷、保安电力、用电规划等，并依照供电企业规定的格式如实填写用电申请书及办理所需手续。

新建受电工程项目在立项阶段，用户应与供电企业联系，就工程供电的可能性、用电容量和供电条件等达成意向性协议，方可定址，确定项目。

未按前款规定办理的，供电企业有权拒绝受理其用电申请。

如因供电企业供电能力不足或政府规定限制的用电项目，供电企业可通知用户暂缓办理。

第十九条 供电企业对已受理的用电申请，应尽速确定供电方案，在下列期限内正式书面通知用户：

居民用户最长不超过五天；低压电力用户最长不超过十天；高压单电源用户最长不超过一个月；高压双电源用户最长不超过二个月。若不能如期确定供电方案时，供电企业应向用户说明原因。用户对供电企业答复的供电方案有不同意见时，应在一个月内提出意见，双方可再行协商确定。用户应根据确定的供电方案进行受电工程设计。

第二十条 用户新装或增加用电，在供电方案确定后，应按国家的有关规定向供电企业交纳新装增容供电工程贴费（以下简称供电贴费）。

第二十一条 供电方案的有效期，是指从供电方案正式通知书发出之日起至交纳供电贴费并受电工程开工日为止。高压供电方案的有效期为一年，低压供电方案的有效期为三个月，逾期注销。

用户遇有特殊情况，需延长供电方案有效期的，应在有效期到期前十天向供电企业提出申请，供电企业应视情况予以办理延长手续。但延长时间不得超过前款规定期限。

第二十二条 有下列情况之一者，为变更用电。用户需变更用电时，应事先提出申请，并携带有关证明文件，到供电企业用电营业场所办理手续，变更供用电合同：

1. 减少合同约定的用电容量（简称减容）；
2. 暂时停止全部或部分受电设备的用电（简称暂停）；
3. 临时更换大容量变压器（简称暂换）；
4. 迁移受电装置用电地址（简称迁址）；
5. 移动用电计量装置安装位置（简称移表）；
6. 暂时停止用电并拆表（简称暂拆）；

7. 改变用户的名称(简称更名或过户);

8. 一户分列为两户及以上的用户(简称分户);

9. 两户及以上用户合并为一户(简称并户);

10. 合同到期终止用电(简称销户);

11. 改变供电电压等级(简称改压);

12. 改变用电类别(简称改类)。

第二十三条　用户减容,须在五天前向供电企业提出申请。供电企业应按下列规定办理:

1. 减容必须是整台或整组变压器的停止或更换小容量变压器用电。供电企业在受理之日后,根据用户申请减容的日期对设备进行加封。从加封之日起,按原计费方式减收其相应容量的基本电费。但用户申明为永久性减容的或从加封之日起期满二年又不办理恢复用电手续的,其减容后的容量已达不到实施两部制电价规定容量标准时,应改为单一制电价计费;

2. 减少用电容量的期限,应根据用户所提出的申请确定,但最短期限不得少于六个月,最长期限不得超过二年;

3. 在减容期限内,供电企业应保留用户减少容量的使用权。用户要求恢复用电,不再交付供电贴费;超过减容期限要求恢复用电时,应按新装或增容手续办理;

4. 在减容期限内要求恢复用电时,应在五天前向供电企业办理恢复用电手续,基本电费从启封之日起计收;

5. 减容期满后的用户以及新装、增容用户,二年内不得申办减容或暂停。如确需继续办理减容或暂停的,减少或暂停部分容量的基本电费应按百分之五十计算收取。

第二十四条　用户暂停,须在五天前向供电企业提出申请。供电企业应按下列规定办理:

1. 用户在每一日历年内,可申请全部(含不通过受电变压器的高压电动机)或部分用电容量的暂时停止用电两次,每次不得少于十五天,一年累计暂停时间不得超过六个月。季节性用电或国家另有规定的用户,累计暂停时间可以另议;

2. 按变压器容量计收基本电费的用户,暂停用电必须是整台或整组变压器停止运行。供电企业在受理暂停申请后,根据用户申请暂停的日期对暂停设备加封。从加封之日起,按原计费方式减收其相应容量的基本电费;

3. 暂停期满或每一日历年内累计暂停用电时间超过六个月者,不论用户是否申请恢复用电,供电企业须从期满之日起,按合同约定的容量计收其基本电费;

4. 在暂停期限内,用户申请恢复暂停用电容量用电时,须在预定恢复日前五天

向供电企业提出申请。暂停时间少于十五天者,暂停期间基本电费照收;

5. 按最大需量计收基本电费的用户,申请暂停用电必须是全部容量(含不通过受电变压器的高压电动机)的暂停,并遵守本条1至4项的有关规定。

第二十五条 用户暂换(因受电变压器故障而无相同容量变压器替代,需要临时更换大容量变压器),须在更换前向供电企业提出申请。供电企业应按下列规定办理:

1. 必须在原受电地点内整台的暂换受电变压器;

2. 暂换变压器的使用时间,10千伏及以下的不得超过二个月,35千伏及以上的不得超过三个月。逾期不办理手续的,供电企业可中止供电;

3. 暂换的变压器经检验合格后才能投入运行;

4. 暂换变压器增加的容量不收取供电贴费,但对两部制电价用户须在暂换之日起,按替换后的变压器容量计收基本电费。

第二十六条 用户迁址,须在五天前向供电企业提出申请。供电企业应按下列规定办理:

1. 原址按终止用电办理,供电企业予以销户。新址用电优先受理;

2. 迁移后的新址不在原供电点供电的,新址用电按新装用电办理;

3. 迁移后的新址在原供电点供电的,且新址用电容量不超过原址容量,新址用电不再收取供电贴费。新址用电引起的工程费用由用户负担;

4. 迁移后的新址仍在原供电点,但新址用电容量超过原址用电容量的,超过部分按增容办理;

5. 私自迁移用电地址而用电者,除按本规则第一百条第5项处理外,自迁新址不论是否引起供电点变动,一律按新装用电办理。

第二十七条 用户移表(因修缮房屋或其他原因需要移动用电计量装置安装位置),须向供电企业提出申请。供电企业应按下列规定办理:

1. 在用电地址、用电容量、用电类别、供电点等不变情况下,可办理移表手续;

2. 移表所需的费用由用户负担;

3. 用户不论何种原因,不得自行移动表位,否则,可按本规则第一百条第5项处理。

第二十八条 用户暂拆(因修缮房屋等原因需要暂时停止用电并拆表),应持有关证明向供电企业提出申请。供电企业应按下列规定办理:

1. 用户办理暂拆手续后,供电企业应在五天内执行暂拆;

2. 暂拆时间最长不得超过六个月。暂拆期间,供电企业保留该用户原容量的使用权;

3. 暂拆原因消除，用户要求复装接电时，须向供电企业办理复装接电手续并按规定交付费用。上述手续完成后，供电企业应在五天内为该用户复装接电；

4. 超过暂拆规定时间要求复装接电者，按新装手续办理。

第二十九条　用户更名或过户（依法变更用户名称或居民用户房屋变更户主），应持有关证明向供电企业提出申请。供电企业应按下列规定办理：

1. 在用电地址、用电容量、用电类别不变条件下，允许办理更名或过户；

2. 原用户应与供电企业结清债务，才能解除原供用电关系；

3. 不申请办理过户手续而私自过户者，新用户应承担原用户所负债务。经供电企业检查发现用户私自过户时，供电企业应通知该户补办手续，必要时可中止供电。

第三十条　用户分户，应持有关证明向供电企业提出申请。供电企业应按下列规定办理：

1. 在用电地址、供电点、用电容量不变，且其受电装置具备分装的条件时，允许办理分户；

2. 在原用户与供电企业结清债务的情况下，再办理分户手续；

3. 分立后的新用户应与供电企业重新建立供用电关系；

4. 原用户的用电容量由分户者自行协商分割，需要增容者，分户后另行向供电企业办理增容手续；

5. 分户引起的工程费用由分户者负担；

6. 分户后受电装置应经供电企业检验合格，由供电企业分别装表计费。

第三十一条　用户并户，应持有关证明向供电企业提出申请，供电企业应按下列规定办理：

1. 在同一供电点，同一用电地址的相邻两个及以上用户允许办理并户；

2. 原用户应在并户前向供电企业结清债务；

3. 新用户用电容量不得超过并户前各户容量之总和；

4. 并户引起的工程费用由并户者负担；

5. 并户的受电装置应经检验合格，由供电企业重新装表计费。

第三十二条　用户销户，须向供电企业提出申请。供电企业应按下列规定办理：

1. 销户必须停止全部用电容量的使用；

2. 用户已向供电企业结清电费；

3. 查验用电计量装置完好性后，拆除接户线和用电计量装置；

4. 用户持供电企业出具的凭证，领还电能表保证金与电费保证金；

办完上述事宜，即解除供用电关系。

第三十三条 用户连续六个月不用电，也不申请办理暂停用电手续者，供电企业须以销户终止其用电。用户需再用电时，按新装用电办理。

第三十四条 用户改压（因用户原因需要在原址改变供电电压等级），应向供电企业提出申请。供电企业应按下列规定办理：

1. 改为高一等级电压供电，且容量不变者，免收其供电贴费。超过原容量者，超过部分按增容手续办理；

2. 改为低一等级电压供电时，改压后的容量不大于原容量者，应收取两级电压供电贴费标准差额的供电贴费。超过原容量者，超过部分按增容手续办理；

3. 改压引起的工程费用由用户负担。

由于供电企业的原因引起用户供电电压等级变化的，改压引起的用户外部工程费用由供电企业负担。

第三十五条 用户改类，须向供电企业提出申请，供电企业应按下列规定办理：

1. 在同一受电装置内，电力用途发生变化而引起用电电价类别改变时，允许办理改类手续；

2. 擅自改变用电类别，应按本规则第一百条第 1 项处理。

第三十六条 用户依法破产时，供电企业应按下列规定办理：

1. 供电企业应予销户，终止供电；

2. 在破产用户原址上用电的，按新装用电办理；

3. 从破产用户分离出去的新用户，必须在偿清原破产用户电费和其他债务后，方可办理变更用电手续，否则，供电企业可按违约用电处理。

第四章 受电设施建设与维护管理

第三十七条 用户受电设施的建设与改造应当符合城乡电网建设与改造规划。对规划中安排的线路走廊和变电站建设用地，应当优先满足公用供电设施建设的需要，确保土地和空间资源得到有效利用。

第三十八条 用户新装、增装或改装受电工程的设计安装、试验与运行应符合国家有关标准；国家尚未制订标准的，应符合电力行业标准；国家和电力行业尚未制定标准的，应符合省（自治区、直辖市）电力管理部门的规定和规程。

第三十九条 用户受电工程设计文件和有关资料应一式两份送交供电企业审核。高压供电的用户应提供：

1. 受电工程设计及说明书；

2. 用电负荷分布图；

3. 负荷组成、性质及保安负荷；

4. 影响电能质量的用电设备清单；

5. 主要电气设备一览表；

6. 节能篇及主要生产设备、生产工艺耗电以及允许中断供电时间；

7. 高压受电装置一、二次接线图与平面布置图；

8. 用电功率因数计算及无功补偿方式；

9. 继电保护、过电压保护及电能计量装置的方式；

10. 隐蔽工程设计资料；

11. 配电网络布置图；

12. 自备电源及接线方式；

13. 供电企业认为必须提供的其他资料。

低压供电的用户应提供负荷组成和用电设备清单。

第四十条 供电企业对用户送审的受电工程设计文件和有关资料，应根据本规则的有关规定进行审核。审核的时间，对高压供电的用户最长不超过一个月；对低压供电的用户最长不超过十天。供电企业对用户的受电工程设计文件和有关资料的审核意见应以书面形式连同审核过的一份受电工程设计文件和有关资料一并退还用户，以便用户据以施工。用户若更改审核后的设计文件时，应将变更后的设计再送供电企业复核。

用户受电工程的设计文件，未经供电企业审核同意，用户不得据以施工，否则，供电企业将不予检验和接电。

第四十一条 无功电力应就地平衡。用户应在提高用电自然功率因数的基础上，按有关标准设计和安装无功补偿设备，并做到随其负荷和电压变动及时投入或切除，防止无功电力倒送。除电网有特殊要求的用户外，用户在当地供电企业规定的电网高峰负荷时的功率因数，应达到下列规定：

100 千伏安及以上高压供电的用户功率因数为 0.90 以上。

其他电力用户和大、中型电力排灌站、趸购转售电企业，功率因数为 0.85 以上。

农业用电，功率因数为 0.80。

凡功率因数不能达到上述规定的新用户，供电企业可拒绝接电。对已送电的用户，供电企业应督促和帮助用户采取措施，提高功率因数。对在规定期限内仍未采取措施达到上述要求的用户，供电企业可中止或限制供电。

功率因数调整电费办法按国家规定执行。

第四十二条 用户受电工程在施工期间,供电企业应根据审核同意的设计和有关施工标准,对用户受电工程中的隐蔽工程进行中间检查。如有不符合规定的,应以书面形式向用户提出意见,用户应按设计和施工标准的规定予以改正。

第四十三条 用户受电工程施工、试验完工后,应向供电企业提出工程竣工报告,报告应包括:

1. 工程竣工图及说明;
2. 电气试验及保护整定调试记录;
3. 安全用具的试验报告;
4. 隐蔽工程的施工及试验记录;
5. 运行管理的有关规定和制度;
6. 值班人员名单及资格;
7. 供电企业认为必要的其他资料或记录。

供电企业接到用户的受电装置竣工报告及检验申请后,应及时组织检验。对检验不合格的,供电企业应以书面形式一次性通知用户改正,改正后方予以再次检验,直至合格。但自第二次检验起,每次检验前用户须按规定交纳重复检验费。检验合格后的十天内,供电企业应派员装表接电。

重复检验收费标准,由省电网经营企业提出,报经省有关部门批准后执行。

第四十四条 公用路灯、交通信号灯是公用设施,应由当地人民政府及有关管理部门投资建设,并负责维护管理和交纳电费等事项。供电企业可接受地方有关部门的委托,代为设计、施工与维护管理公用路灯,并照章收取费用,具体事项由双方协商确定。

第四十五条 用户建设临时性受电设施,需要供电企业施工的,其施工费用应由用户负担。

第四十六条 用户独资、合资或集资建设的输电、变电、配电等供电设施建成后,其运行维护管理按以下规定确定:

1. 属于公用性质或占用公用线路规划走廊的,由供电企业统一管理。供电企业应在交接前,与用户协商,就供电设施运行维护管理达成协议。对统一运行维护管理的公用供电设施,供电企业应保留原所有者在上述协议中确认的容量。

2. 属于用户专用性质,但不在公用变电站内的供电设施,由用户运行维护管理。如用户运行维护管理确有困难,可与供电企业协商,就委托供电企业代为运行维护管理有关事项签订协议。

3. 属于用户共用性质的供电设施,由拥有产权的用户共同运行维护管理。如用户共同运行维护管理确有困难,可与供电企业协商,就委托供电企业代为运行维护管理有关事项签订协议。

4. 在公用变电站内由用户投资建设的供电设备，如变压器、通信设备、开关、刀闸等，由供电企业统一经营管理。建成投运前，双方应就运行维护、检修、备品备件等项事宜签订交接协议。

5. 属于临时用电等其他性质的供电设施，原则上由产权所有者运行维护管理，或由双方协商确定，并签订协议。

第四十七条　供电设施的运行维护管理范围，按产权归属确定。责任分界点按下列各项确定：

1. 公用低压线路供电的，以供电接户线用户端最后支持物为分界点，支持物属供电企业。

2. 10 千伏及以下公用高压线路供电的，以用户厂界外或配电室前的第一断路器或第一支持物为分界点，第一断路器或第一支持物属供电企业。

3. 35 千伏及以上公用高压线路供电的，以用户厂界外或用户变电站外第一基电杆为分界点。第一基电杆属供电企业。

4. 采用电缆供电的，本着便于维护管理的原则，分界点由供电企业与用户协商确定。

5. 产权属于用户且由用户运行维护的线路，以公用线路分支杆或专用线路接引的公用变电站外第一基电杆为分界点，专用线路第一基电杆属用户。

在电气上的具体分界点，由供用双方协商确定。

第四十八条　供电企业和用户分工维护管理的供电和受电设备，除另有约定者外，未经管辖单位同意，对方不得操作或更动；如因紧急事故必须操作或更动者，事后应迅速通知管辖单位。

第四十九条　由于工程施工或线路维护上的需要，供电企业须在用户处进行凿墙、挖沟、掘坑、巡线等作业时，用户应给予方便，供电企业工作人员应遵守用户的有关安全保卫制度。用户到供电企业维护的设备区作业时，应征得供电企业同意，并在供电企业人员监护下进行工作。作业完工后，双方均应及时予以修复。

第五十条　因建设引起建筑物、构筑物与供电设施相互妨碍，需要迁移供电设施或采取防护措施时，应按建设先后的原则，确定其担负的责任。如供电设施建设在先，建筑物、构筑物建设在后，由后续建设单位负担供电设施迁移、防护所需的费用；如建筑物、构筑物的建设在先，供电设施建设在后，由供电设施建设单位负担建筑物、构筑物的迁移所需的费用；不能确定建设的先后者，由双方协商解决。

供电企业需要迁移用户或其他供电企业的设施时，也按上述原则办理。

城乡建设与改造需迁移供电设施时，供电企业和用户都应积极配合，迁移所需的材料和费用,应在城乡建设与改造投资中解决。

第五十一条 在供电设施上发生事故引起的法律责任,按供电设施产权归属确定。产权归属于谁,谁就承担其拥有的供电设施上发生事故引起的法律责任。但产权所有者不承担受害者因违反安全或其他规章制度,擅自进入供电设施非安全区域内而发生事故引起的法律责任,以及在委托维护的供电设施上,因代理方维护不当所发生事故引起的法律责任。

第五章 供电质量与安全供用电

第五十二条 供电企业和用户都应加强供电和用电的运行管理,切实执行国家和电力行业制订的有关安全供用电的规程制度。用户执行其上级主管机关颁发的电气规程制度,除特殊专用的设备外,如与电力行业标准或规定有矛盾时,应以国家和电力行业标准或规定为准。

供电企业和用户在必要时应制订本单位的现场规程。

第五十三条 在电力系统正常状况下,供电频率的允许偏差为:

1. 电网装机容量在300万千瓦及以上的,为±0.2赫兹;

2. 电网装机容量在300万千瓦以下的,为±0.5赫兹。

在电力系统非正常状况下,供电频率允许偏差不应超过±1.0赫兹。

第五十四条 在电力系统正常状况下,供电企业供到用户受电端的供电电压允许偏差为:

1. 35千伏及以上电压供电的,电压正、负偏差的绝对值之和不超过额定值的10%;

2. 10千伏及以下三相供电的,为额定值的±7%;

3. 220伏单相供电的,为额定值的+7%,-10%。

在电力系统非正常状况下,用户受电端的电压最大允许偏差不应超过额定值的±10%。

用户用电功率因数达不到本规则第四十一条规定的,其受电端的电压偏差不受此限制。

第五十五条 电网公共连接点电压正弦波畸变率和用户注入电网的谐波电流不得超过国家标准GB/T 14549-93的规定。

用户的非线性阻抗特性的用电设备接入电网运行所注入电网的谐波电流和引起公共连接点电压正弦波畸变率超过标准时,用户必须采取措施予以消除。否则,供电企业可中止对其供电。

第五十六条　用户的冲击负荷、波动负荷、非对称负荷对供电质量产生影响或对安全运行构成干扰和妨碍时，用户必须采取措施予以消除。如不采取措施或采取措施不力，达不到国家标准 GB 12326－90 或 GB/T 15543－1995 规定的要求时，供电企业可中止对其供电。

第五十七条　供电企业应不断改善供电可靠性，减少设备检修和电力系统事故对用户的停电次数及每次停电持续时间。供用电设备计划检修应做到统一安排。供用电设备计划检修时，对 35 千伏及以上电压供电的用户的停电次数，每年不应超过一次；对 10 千伏供电的用户，每年不应超过三次。

第五十八条　供电企业和用户应共同加强对电能质量的管理。因电能质量某项指标不合格而引起责任纠纷时，不合格的质量责任由电力管理部门认定的电能质量技术检测机构负责技术仲裁。

第五十九条　供电企业和用户的供用电设备计划检修应相互配合，尽量做到统一检修。用电负荷较大，开停对电网有影响的设备，其停开时间，用户应提前与供电企业联系。

遇有紧急检修需停电时，供电企业应按规定提前通知重要用户，用户应予以配合；事故断电，应尽速修复。

第六十条　供电企业应根据电力系统情况和电力负荷的重要性，编制事故限电序位方案，并报电力管理部门审批或备案后执行。

第六十一条　用户应定期进行电气设备和保护装置的检查、检修和试验，消除设备隐患，预防电气设备事故和误动作发生。

用户电气设备危及人身和运行安全时，应立即检修。

多路电源供电的用户应加装连锁装置，或按照供用双方签订的协议进行调度操作。

第六十二条　用户发生下列用电事故，应及时向供电企业报告：(1)人身触电死亡；(2)导致电力系统停电；(3)专线掉闸或全厂停电；(4)电气火灾；(5)重要或大型电气设备损坏；(6)停电期间向电力系统倒送电。

供电企业接到用户上述事故报告后，应派员赴现场调查，在七天内协助用户提出事故调查报告。

第六十三条　用户受电装置应当与电力系统的继电保护方式相互配合，并按照电力行业有关标准或规程进行整定和检验。由供电企业整定、加封的继电保护装置及其二次回路和供电企业规定的继电保护整定值，用户不得擅自变动。

第六十四条　承装、承修、承试受电工程的单位，必须经电力管理部门审核合格，并取得电力管理部门颁发的《承装(修)电力设施许可证》。

在用户受电装置上作业的电工,应经过电工专业技能的培训,必须取得电力管理部门颁发的《电工进网作业许可证》,方准上岗作业。

第六十五条 供电企业和用户都应经常开展安全供用电宣传教育,普及安全用电常识。

第六十六条 在发供电系统正常情况下,供电企业应连续向用户供应电力。但是,有下列情形之一的,须经批准方可中止供电:

1. 对危害供用电安全,扰乱供用电秩序,拒绝检查者;
2. 拖欠电费经通知催交仍不交者;
3. 受电装置经检验不合格,在指定期间未改善者;
4. 用户注入电网的谐波电流超过标准,以及冲击负荷、非对称负荷等对电能质量产生干扰与妨碍,在规定限期内不采取措施者;
5. 拒不在限期内拆除私增用电容量者;
6. 拒不在限期内交付违约用电引起的费用者;
7. 违反安全用电、计划用电有关规定,拒不改正者;
8. 私自向外转供电力者。

有下列情形之一的,不经批准即可中止供电,但事后应报告本单位负责人:

1. 不可抗力和紧急避险;
2. 确有窃电行为。

第六十七条 除因故中止供电外,供电企业需对用户停止供电时,应按下列程序办理停电手续:

1. 应将停电的用户、原因、时间报本单位负责人批准。批准权限和程序由省电网经营企业制定;
2. 在停电前三至七天内,将停电通知书送达用户,对重要用户的停电,应将停电通知书报送同级电力管理部门;
3. 在停电前30分钟,将停电时间再通知用户一次,方可在通知规定时间实施停电。

第六十八条 因故需要中止供电时,供电企业应按下列要求事先通知用户或进行公告:

1. 因供电设施计划检修需要停电时,应提前七天通知用户或进行公告;
2. 因供电设施临时检修需要停止供电时,应当提前24小时通知重要用户或进行公告;
3. 发供电系统发生故障需要停电、限电或者计划限、停电时,供电企业应按确定的限电序位进行停电或限电。但限电序位应事前公告用户。

第六十九条 引起停电或限电的原因消除后,供电企业应在三日内恢复供电。不能在三日内恢复供电的,供电企业应向用户说明原因。

第六章 用电计量与电费计收

第七十条 供电企业应在用户每一个受电点内按不同电价类别,分别安装用电计量装置。每个受电点作为用户的一个计费单位。

用户为满足内部核算的需要,可自行在其内部装设考核能耗用的电能表,但该表所示读数不得作为供电企业计费依据。

第七十一条 在用户受电点内难以按电价类别分别装设用电计量装置时,可装设总的用电计量装置,然后按其不同电价类别的用电设备容量的比例或实际可能的用电量,确定不同电价类别用电量的比例或定量进行分算,分别计价。供电企业每年至少对上述比例或定量核定一次,用户不得拒绝。

第七十二条 用电计量装置包括计费电能表(有功、无功电能表及最大需量表)和电压、电流互感器及二次连接线导线。计费电能表及附件的购置、安装、移动、更换、校验、拆除、加封、启封及表计接线等,均由供电企业负责办理,用户应提供工作上的方便。

高压用户的成套设备中装有自备电能表及附件时,经供电企业检验合格、加封并移交供电企业维护管理的,可作为计费电能表。用户销户时,供电企业应将该设备交还用户。

供电企业在新装、换装及现场校验后应对用电计量装置加封,并请用户在工作凭证上签章。

第七十三条 对 10 千伏及以下电压供电的用户,应配置专用的电能计量柜(箱);对 35 千伏及以上电压供电的用户,应有专用的电流互感器二次线圈和专用的电压互感器二次连接线,并不得与保护、测量回路共用。电压互感器专用回路的电压降不得超过允许值。超过允许值时,应予以改造或采取必要的技术措施予以更正。

第七十四条 用电计量装置原则上应装在供电设施的产权分界处。如产权分界处不适宜装表的,对专线供电的高压用户,可在供电变压器出口装表计量;对公用线路供电的高压用户,可在用户受电装置的低压侧计量。当用电计量装置不安装在产权分界处时,线路与变压器损耗的有功与无功电量均须由产权所有者负担。在计算用户基本电费(按最大需量计收时)、电度电费及功率因数调整电费时,应将上述损耗电量计算在内。

第七十五条 城镇居民用电一般应实行一户一表。因特殊原因不能实行一户一表计费时,供电企业可根据其容量按公安门牌或楼门单元、楼层安装共用的计费电能表,居民用户不得拒绝合用。共用计费电能表内的各用户,可自行装设分户电能表,自行分算电费,供电企业在技术上予以指导。

第七十六条 临时用电的用户,应安装用电计量装置。对不具备安装条件的,可按其用电容量、使用时间、规定的电价计收电费。

第七十七条 计费电能表装设后,用户应妥为保护,不应在表前堆放影响抄表或计量准确及安全的物品。如发生计费电能表丢失、损坏或过负荷烧坏等情况,用户应及时告知供电企业,以便供电企业采取措施。如因供电企业责任或不可抗力致使计费电能表出现或发生故障的,供电企业应负责换表,不收费用;其他原因引起的,用户应负担赔偿费或修理费。

第七十八条 用户应按国家有关规定,向供电企业存出电能表保证金。供电企业对存入保证金的用户出具保证金凭证,用户应妥为保存。

第七十九条 供电企业必须按规定的周期校验、轮换计费电能表,并对计费电能表进行不定期检查。发现计量失常时,应查明原因。用户认为供电企业装设的计费电能表不准时,有权向供电企业提出校验申请,在用户交付验表费后,供电企业应在七天内检验,并将检验结果通知用户。如计费电能表的误差在允许范围内,验表费不退;如计费电能表的误差超出允许范围时,除退还验表费外,并应按本规则第八十条规定退补电费。用户对检验结果有异议时,可向供电企业上级计量检定机构申请检定。用户在申请验表期间,其电费仍应按期交纳,验表结果确认后,再行退补电费。

第八十条 由于计费计量的互感器、电能表的误差及其连接线电压降超出允许范围或其他非人为原因致使计量记录不准时,供电企业应按下列规定退补相应电量的电费:

1. 互感器或电能表误差超出允许范围时,以“0”误差为基准,按验证后的误差值退补电量。退补时间从上次校验或换装后投入之日起至误差更正之日止的二分之一时间计算。

2. 连接线的电压降超出允许范围时,以允许电压降为基准,按验证后实际值与允许值之差补收电量。补收时间从连接线投入或负荷增加之日起至电压降更正之日止。

3. 其他非人为原因致使计量记录不准时,以用户正常月份的用电量为基准,退补电量,退补时间按抄表记录确定。

退补期间,用户先按抄见电量如期交纳电费,误差确定后,再行退补。

第八十一条　用电计量装置接线错误、保险熔断、倍率不符等原因，使电能计量或计算出现差错时，供电企业应按下列规定退补相应电量的电费：

1. 计费计量装置接线错误的，以其实际记录的电量为基数，按正确与错误接线的差额率退补电量，退补时间从上次校验或换装投入之日起至接线错误更正之日止。

2. 电压互感器保险熔断的，按规定计算方法计算值补收相应电量的电费；无法计算的，以用户正常月份用电量为基准，按正常月与故障月的差额补收相应电量的电费，补收时间按抄表记录或按失压自动记录仪记录确定。

3. 计算电量的倍率或铭牌倍率与实际不符的，以实际倍率为基准，按正确与错误倍率的差值退补电量，退补时间以抄表记录为准确定。

退补电量未正式确定前，用户应先按正常月用电量交付电费。

第八十二条　供电企业应当按国家批准的电价，依据用电计量装置的记录计算电费，按期向用户收取或通知用户按期交纳电费。供电企业可根据具体情况，确定向用户收取电费的方式。

用户应按供电企业规定的期限和交费方式交清电费，不得拖延或拒交电费。

用户应按国家规定向供电企业存出电费保证金。

第八十三条　供电企业应在规定的日期抄录计费电能表读数。

由于用户的原因未能如期抄录计费电能表读数时，可通知用户待期补抄或暂按前次用电量计收电费，待下次抄表时一并结清。因用户原因连续六个月不能如期抄到计费电能表读数时，供电企业应通知该用户得终止供电。

第八十四条　基本电费以月计算，但新装、增容、变更与终止用电当月的基本电费，可按实用天数（日用电不足24小时的，按一天计算）每日按全月基本电费三十分之一计算。事故停电、检修停电、计划限电不扣减基本电费。

第八十五条　以变压器容量计算基本电费的用户，其备用的变压器（含高压电动机），属冷备用状态并经供电企业加封的，不收基本电费；属热备用状态的或未经加封的，不论使用与否都计收基本电费。用户专门为调整用电功率因数的设备，如电容器、调相机等，不计收基本电费。

在受电装置一次侧装有连锁装置互为备用的变压器（含高压电动机），按可能同时使用的变压器（含高压电动机）容量之和的最大值计算其基本电费。

第八十六条　对月用电量较大的用户，供电企业可按用户月电费确定每月分若干次收费，并于抄表后结清当月电费。收费次数由供电企业与用户协商确定，一般每月不少于三次。对于银行划拨电费的，供电企业、用户、银行三方应签订电费划拨和结清的协议书。

供用双方改变开户银行或帐号时,应及时通知对方。

第八十七条 临时用电用户未装用电计量装置的,供电企业应根据其用电容量,按双方约定的每日使用时数和使用期限预收全部电费。用电终止时,如实际使用时间不足约定期限二分之一的,可退还预收电费的二分之一;超过约定期限二分之一的,预收电费不退;到约定期限时,得终止供电。

第八十八条 供电企业依法对用户终止供电时,用户必须结清全部电费和与供电企业相关的其他债务。否则,供电企业有权依法追缴。

第七章 并 网 电 厂

第八十九条 在供电营业区内建设的各类发电厂,未经许可,不得从事电力供应与电能经销业务。

并网运行的发电厂,应在发电厂建设项目立项前,与并网的电网经营企业联系,就并网容量、发电时间、上网电价、上网电量等达成电量购销意向性协议。

第九十条 电网经营企业与并网发电厂应根据国家法律、行政法规和有关规定,签订并网协议,并在并网发电前签订并网电量购销合同。合同应当具备下列条款:

1. 并网方式、电能质量和发电时间;
2. 并网发电容量、年发电利用小时和年上网电量;
3. 计量方式和上网电价、电费结算方式;
4. 电网提供的备用容量及计费标准;
5. 合同的有效期限;
6. 违约责任;
7. 双方认为必须规定的其他事宜。

第九十一条 用户自备电厂应自发自供厂区内的用电,不得将自备电厂的电力向厂区外供电。自发自用有余的电量可与供电企业签订电量购销合同。

自备电厂如需伸入或跨越供电企业所属的供电营业区供电的,应经省电网经营企业同意。

第八章 供用电合同与违约责任

第九十二条 供电企业和用户应当在正式供电前,根据用户用电需求和供电企业的供电能力以及办理用电申请时双方已认可或协商一致的下列文件,签订供用电合同：

1. 用户的用电申请报告或用电申请书；

2. 新建项目立项前双方签订的供电意向性协议；

3. 供电企业批复的供电方案；

4. 用户受电装置施工竣工检验报告；

5. 用电计量装置安装完工报告；

6. 供电设施运行维护管理协议；

7. 其他双方事先约定的有关文件。

对用电量大的用户或供电有特殊要求的用户，在签订供用电合同时，可单独签订电费结算协议和电力调度协议等。

第九十三条　供用电合同应采用书面形式。经双方协商同意的有关修改合同的文书、电报、电传和图表也是合同的组成部分。

供用电合同书面形式可分为标准格式和非标准格式两类。标准格式合同适用于供电方式简单、一般性用电需求的用户；非标准格式合同适用于供用电方式特殊的用户。

省电网经营企业可根据用电类别、用电容量、电压等级的不同，分类制定出适应不同类型用户需要的标准格式的供用电合同。

第九十四条　供用电合同的变更或者解除，必须依法进行。有下列情形之一的，允许变更或解除供用电合同：

1. 当事人双方经过协商同意，并且不因此损害国家利益和扰乱供用电秩序；

2. 由于供电能力的变化或国家对电力供应与使用管理的政策调整，使订立供用电合同时的依据被修改或取消；

3. 当事人一方依照法律程序确定确实无法履行合同；

4. 由于不可抗力或一方当事人虽无过失，但无法防止的外因，致使合同无法履行。

第九十五条　供用双方在合同中订有电力运行事故责任条款的，按下列规定办理：

1. 由于供电企业电力运行事故造成用户停电的，供电企业应按用户在停电时间内可能用电量的电度电费的五倍（单一制电价为四倍）给予赔偿。用户在停电时间内可能用电量，按照停电前用户正常用电月份或正常用电一定天数内的每小时平均用电量乘以停电小时求得。

2. 由于用户的责任造成供电企业对外停电，用户应按供电企业对外停电时间少供电量，乘以上月份供电企业平均售电单价给予赔偿。

因用户过错造成其他用户损害的，受害用户要求赔偿时，该用户应当依法承担赔偿责任。

虽因用户过错，但由于供电企业责任而使事故扩大造成其他用户损害的，该用户不承担事故扩大部分的赔偿责任。

3. 对停电责任的分析和停电时间及少供电量的计算，均按供电企业的事故记录及《电业生产事故调查规程》办理。停电时间不足1小时按1小时计算，超过1小时按实际时间计算。

4. 本条所指的电度电费按国家规定的目录电价计算。

第九十六条 供用电双方在合同中订有电压质量责任条款的，按下列规定办理：

1. 用户用电功率因数达到规定标准，而供电电压超出本规则规定的变动幅度，给用户造成损失的，供电企业应按用户每月在电压不合格的累计时间内所用的电量，乘以用户当月用电的平均电价的百分之二十给予赔偿。

2. 用户用电的功率因数未达到规定标准或其他用户原因引起的电压质量不合格的，供电企业不负赔偿责任。

3. 电压变动超出允许变动幅度的时间，以用户自备并经供电企业认可的电压自动记录仪表的记录为准，如用户未装此项仪表，则以供电企业的电压记录为准。

第九十七条 供用电双方在合同中订有频率质量责任条款的，按下列规定办理：

1. 供电频率超出允许偏差，给用户造成损失的，供电企业应按用户每月在频率不合格的累计时间内所用的电量，乘以当月用电的平均电价的百分之二十给予赔偿。

2. 频率变动超出允许偏差的时间，以用户自备并经供电企业认可的频率自动记录仪表的记录为准，如用户未装此项仪表，则以供电企业的频率记录为准。

第九十八条 用户在供电企业规定的期限内未交清电费时，应承担电费滞纳的违约责任。电费违约金从逾期之日起计算至交纳日止。每日电费违约金按下列规定计算：

1. 居民用户每日按欠费总额的千分之一计算；

2. 其他用户：

(1)当年欠费部分，每日按欠费总额的千分之二计算；

(2)跨年度欠费部分，每日按欠费总额的千分之三计算。

电费违约金收取总额按日累加计收，总额不足1元者按1元收取。

第九十九条 因电力运行事故引起城乡居民用户家用电器损坏的，供电企业应按《居民用户家用电器损坏处理办法》进行处理。

第一百条　危害供用电安全、扰乱正常供用电秩序的行为，属于违约用电行为。供电企业对查获的违约用电行为应及时予以制止。有下列违约用电行为者，应承担其相应的违约责任：

1. 在电价低的供电线路上，擅自接用电价高的用电设备或私自改变用电类别的，应按实际使用日期补交其差额电费，并承担二倍差额电费的违约使用电费。使用起讫日期难以确定的，实际使用时间按三个月计算。

2. 私自超过合同约定的容量用电的，除应拆除私增容设备外，属于两部制电价的用户，应补交私增设备容量使用月数的基本电费，并承担三倍私增容量基本电费的违约使用电费；其他用户应承担私增容量每千瓦（千伏安）50 元的违约使用电费。如用户要求继续使用者，按新装增容办理手续。

3. 擅自超过计划分配的用电指标的，应承担高峰超用电力每次每千瓦 1 元和超用电量与现行电价电费五倍的违约使用电费。

4. 擅自使用已在供电企业办理暂停手续的电力设备或启用供电企业封存的电力设备的，应停用违约使用的设备。属于两部制电价的用户，应补交擅自使用或启用封存设备容量和使用月数的基本电费，并承担二倍补交基本电费的违约使用电费；其他用户应承担擅自使用或启用封存设备容量每次每千瓦（千伏安）30 元的违约使用电费。启用属于私增容被封存的设备的，违约使用者还应承担本条第 2 项规定的违约责任。

5. 私自迁移、更动和擅自操作供电企业的用电计量装置、电力负荷管理装置、供电设施以及约定由供电企业调度的用户受电设备者，属于居民用户的，应承担每次 500 元的违约使用电费；属于其他用户的，应承担每次 5000 元的违约使用电费。

6. 未经供电企业同意，擅自引入（供出）电源或将备用电源和其他电源私自并网的，除当即拆除接线外，应承担其引入（供出）或并网电源容量每千瓦（千伏安）500 元的违约使用电费。

第九章　窃电的制止与处理

第一百零一条　禁止窃电行为。窃电行为包括：

1. 在供电企业的供电设施上，擅自接线用电；

2. 绕越供电企业用电计量装置用电；

3. 伪造或者开启供电企业加封的用电计量装置封印用电；

4. 故意损坏供电企业用电计量装置；

5. 故意使供电企业用电计量装置不准或者失效；

6. 采用其他方法窃电。

第一百零二条 供电企业对查获的窃电者，应予制止并可当场中止供电。窃电者应按所窃电量补交电费，并承担补交电费三倍的违约使用电费。拒绝承担窃电责任的，供电企业应报请电力管理部门依法处理。窃电数额较大或情节严重的，供电企业应提请司法机关依法追究刑事责任。

第一百零三条 窃电量按下列方法确定：

1. 在供电企业的供电设施上，擅自接线用电的，所窃电量按私接设备额定容量（千伏安视同千瓦）乘以实际使用时间计算确定；

2. 以其他行为窃电的，所窃电量按计费电能表标定电流值（对装有限流器的，按限流器整定电流值）所指的容量（千伏安视同千瓦）乘以实际窃用的时间计算确定。

窃电时间无法查明时，窃电日数至少以一百八十天计算，每日窃电时间：电力用户按12小时计算；照明用户按6小时计算。

第一百零四条 因违约用电或窃电造成供电企业的供电设施损坏的，责任者必须承担供电设施的修复费用或进行赔偿。

因违约用电或窃电导致他人财产、人身安全受到侵害的，受害人有权要求违约用电或窃电者停止侵害，赔偿损失。供电企业应予协助。

第一百零五条 供电企业对检举、查获窃电或违约用电的有关人员应给予奖励。奖励办法由省电网经营企业规定。

第十章 附 则

第一百零六条 跨省电网经营企业、省电网经营企业可根据本规则，在业务上作出补充规定。

第一百零七条 本规则自发布之日起施行。

供电营业区划分及管理办法

(1996年5月19日电力工业部令第5号发布
自1996年9月1日起施行)

第一章 总 则

第一条 为划分和管理供电营业区域,依法保障电力供应与经销的专营权,保障向电力用户的安全供电和保护电力用户的合法权益,根据《电力供应与使用条例》第九条规定,制定本办法。

第二条 供电营业区是指向用户供应并销售电能的地域。经国家核准的供电营业区是电网经营企业或者供电企业依法专营电力的地域。

第三条 国家对供电营业区的设立、变更实行许可证管理制度。

《供电营业许可证》由国务院电力管理部门统一印制。

第四条 跨省电网经营企业、独立省电网经营企业、地方独立电网经营企业、趸购转售供电企业、以及兼售电能的地方发电厂都应按照本办法的规定申请供电营业区及《供电营业许可证》。

第二章 供电营业区划分原则及分类

第五条 根据电力生产供应特点,为确保电网安全经济运行和供电服务质量,在一个供电营业区域内,只准设一个供电营业机构。

第六条 供电营业区原则上以省、地(市)、县行政区划为基础,根据电网结构、供电能力、供电质量、供电的经济合理性等因素划分确定。

在《电力法》实施前,在同一行政区域内,已形成多个供电企业供电的,应按上述原则协商核定其供电营业区。

第七条 供电营业区分为下列四类:

1. 跨省(自治区、直辖市)行政区划的供电营业区(简称跨省营业区);

2. 省(自治区、直辖市)内跨地(市)行政区划的供电营业区(简称省级营业区)；

3.地(自治州、省辖市)内跨县行政区划的供电营业区(简称地级营业区)；

4.县(市)内跨乡镇行政区划的供电营业区(简称县级营业区)。

第八条 为便于分级管理,根据电网结构和行政区划不同,一般可将跨省营业区分划为省、地、县三级营业区;省级营业区分划为地、县两级营业区;地级营业区分划为若干个县级营业区;并在每级营业区内设立相应的供电营业分支机构。

第三章 供电营业区申请与核准

第九条 跨省营业区的设立、变更由跨省电网经营企业向国务院电力管理部门提出申请;省级营业区的设立、变更由独立省电网经营企业向省电力管理部门提出申请;地级营业区的设立、变更由独立地方电网经营企业向省电力管理部门提出申请;县级营业区的设立、变更由具有独立企业法人资格的供电企业向省电力管理部门提出申请。

第十条 申请供电营业区者,须具备下列条件:

1.具有独立企业法人资格和企业章程;

2.具有能满足该地区用电需求的供电能力;

3.具有与经营业务相适应的资金、场所、设施和技术手段;

4.具有与经营业务相适应的专门技术与业务人员、管理制度、技术标准;

5.具有与该地区社会与经济发展相适应的电力发展规划;

6.国务院电力管理部门规定的其他条件。

第十一条 申请供电营业区者,应向主管机关提供下列资料:

1.能反映营业区域边界的供电区域地理平面图;

2.设立的供电营业分支机构及相应的供电营业区域;

3.电源容量及分布、供电网络及负荷分布图;

4.电源与电力网的改造与发展规划;

5.企业性质、组织机构、人员构成及数量、主要技术业务人员资格;

6.注册资本;

7.售电价格及其依据;

8.外购电的数量及协议文本;

9.保证安全生产必须的基础设施、工机具、计量、试验、调度、通讯及交通运输装备;

10.技术业务的规章制度;

11. 供电营业区双边达成的划分协议书或意见；

12. 其他认为必须的资料。

第十二条　跨省营业区在申请前，跨省电网经营企业应组织网内直属省电网经营企业就省内的供电营业区的划分，与相邻地方独立电网经营企业或供电企业进行协商，达成协议，方可向国务院电力管理部门提出申请，经核准后发给《供电营业许可证》。

跨省（自治区、直辖市）际间的供电营业区，有关双方对营业区划分未取得一致意见的，由两省电力管理部门协商并提出意见后，报国务院电力管理部门核准。

在跨省营业区内的省级营业区，由于某部分营业区的划分双方未取得一致意见的，由省电力管理部门进行协调，并提出划分意见，报国务院电力管理部门核准。

第十三条　省级营业区在申请前，省电网经营企业应就省内供电营业区的划分，与相邻地方独立电网经营企业或供电企业进行协商，达成协议，方可向省电力管理部门提出申请，经核准后发给《供电营业许可证》。

双方对某部分供电营业区的划分，未取得一致意见的，由省电力管理部门进行协调确定并核准。

对省电力管理部门核准的供电营业区，其中一方持有异议的，应在30日内向国务院电力管理部门提出复核请求。国务院电力管理部门应在接到复核请求之日后60天内作出复议裁定。

下级电力管理部门应当服从上级电力管理部门的裁定。

第十四条　地级或县级营业区在申请前，地方独立电网经营企业或供电企业，应与相邻供电企业就供电营业区的划分进行协商，达成协议，方可向省电力管理部门提出申请，经核准后发给《供电营业许可证》。

双方对供电营业区的划分未取得一致意见的，由省电力管理部门进行协调确定并核准。

第十五条　由于历史原因，大小电网已形成交叉供电的营业地区，有关双方应从确保供用电安全出发，本着互利互惠原则，协商确定供电营业区。协商不成的，由省级电力管理部门协调划定。协调不成时，可报请国务院电力管理部门直接核定。

第四章　供电营业区管理

第十六条　供电企业不得越出核准的供电营业区供电，下列情况不在此限：

1. 经省级以上电力管理部门同意在其他供电营业区设置的电力设施；

2. 经省级以上电力管理部门同意向其他供电企业供电营业区内用户实施的

供电；

3. 应其他供电企业请求并经核准，而对其营业区内的用户实施的供电；

4. 根据国务院电力管理部门的规定实施的供电。

第十七条　由于政治、军事、安全等原因，对供电质量有特殊要求或用电对供电质量产生严重影响的用户，可由省级以上电力管理部门指定的供电企业供电。

第十八条　供电营业区自核准之日起，期满三年仍未对无电地区实施供电的，省级以上电力管理部门认为必要时，可缩减其供电营业区。

第十九条　供电企业因破产或其他原因需要停业时，必须在停业前一个月向省电力管理部门提出申请，并缴回《供电营业许可证》，经核准后，方可停业。

第二十条　供电营业区的变更，由原受理审批该供电营业区的电力管理部门办理。

第二十一条　供电营业区的扩展或合并、缩小、分立、更名等变更，需办理变更申请，并提供下列资料：

1. 变更理由及有关证明文件；

2. 与相邻供电企业就供电营业区变更所达成的协议或意见；

3. 供电营业区变动的地理平面图；

4. 实施供电营业区劳动的工程及工程起迄日期；

5. 电力管理部门认为必须的资料。

第二十二条　用户自备电厂应自发自供厂区内的用电，自供有余的电量应上网销售。需要伸入或穿越供电营业区供电时，必须经过该供电营业区的电网经营企业同意并签订有关合同后才能实施。

第二十三条　跨省、省级、地级电网经营企业，在取得《供电营业许可证》后，应将在其批准的营业区内设立的供电营业机构的有关情况，向该行政区的电力管理部门备案，以便于进行监督管理。

第二十四条　未经许可，从事电力供应与销售业务或者擅自变更供电营业区的，由省级以上电力管理部门按照《电力法》第六十三条处理。

第五章　附　　则

第二十五条　本办法 1996 年 9 月 1 日起实施。

售电公司管理办法

(2021 年 11 月 11 日国家发展改革委、国家能源局发布
发改体改规〔2021〕1595 号)

第一章　总　　则

第一条　为积极稳妥推进售电侧改革,建立健全有序竞争的市场秩序,保护各类市场主体的合法权益,依据《中共中央、国务院关于进一步深化电力体制改革的若干意见》和电力体制改革配套文件,制定本办法。

第二条　售电公司注册、运营和退出,坚持依法合规、开放竞争、安全高效、改革创新、优质服务、常态监管的原则。

第三条　本办法所指售电公司是指提供售电服务或配售电服务的市场主体。售电公司在零售市场与电力用户确立售电服务关系,在批发市场开展购售电业务。

第四条　电力、价格主管部门和市场监督管理部门、能源监管机构等依法对售电公司市场行为实施监管和开展行政执法工作。

第二章　注 册 条 件

第五条　售电公司注册条件。

(一)依照《中华人民共和国公司法》登记注册的企业法人。

(二)资产要求。

1. 资产总额不得低于 2 千万元人民币。

2. 资产总额在 2 千万元至 1 亿元(不含)人民币的,可以从事年售电量不超过 30 亿千瓦时的售电业务。

3. 资产总额在 1 亿元至 2 亿元(不含)人民币的,可以从事年售电量不超过 60 亿千瓦时的售电业务。

4. 资产总额在 2 亿元人民币以上的,不限制其售电量。

(三)从业人员。售电公司应拥有 10 名及以上具有劳动关系的全职专业人员。

专业人员应掌握电力系统基本技术、经济专业知识,具备风险管理、电能管理、节能管理、需求侧管理等能力,有电力、能源、经济、金融等行业 3 年及以上工作经验。其中,至少拥有 1 名高级职称和 3 名中级职称的专业管理人员,技术职称包括电力、经济、会计等相关专业。

(四)经营场所和技术支持系统。售电公司应具有固定经营场所及能够满足参加市场交易的报价、信息报送、合同签订、客户服务等功能的电力市场技术支持系统和客户服务平台,参与电力批发市场的售电公司技术支持系统应能接入电力交易平台。

(五)信用要求。售电公司法定代表人及主要股东具有良好的财务状况和信用记录,并按照规定要求做出信用承诺,确保诚实守信经营。董事、监事、高级管理人员、从业人员无失信被执行记录。

(六)法律、行政法规和地方性法规规定的其他条件。

第六条 发电企业、电力建设企业、高新产业园区、经济技术开发区、供水、供气、供热等公共服务行业和节能服务公司所属售电公司(含全资、控股或参股)应当具有独立法人资格,独立运营。上述公司申请经营范围增项开展售电业务的,新开展的同一笔交易中不能同时作为买方和卖方。

第七条 电网企业(含关联企业)所属售电公司(含全资、控股或参股)应当具有独立法人资格并且独立运营,确保售电业务从人员、财务、办公地点、信息等方面与其他业务隔离,不得通过电力交易机构、电力调度机构、电网企业获得售电竞争方面的合同商务信息以及超过其他售电公司的优势权利。

第三章 注 册 程 序

第八条 电力交易机构负责售电公司注册服务,政府部门不得直接办理售电公司注册业务或干预电力交易机构正常办理售电公司注册业务。符合注册条件的售电公司自主选择电力交易机构办理注册,获取交易资格,无需重复注册。已完成注册售电公司按相关交易规则公平参与交易。各电力交易机构按照"一地注册,信息共享"原则,统一售电公司注册服务流程、服务规范、要件清单、审验标准等,明确受理期限、接待日、公示日。其他地区推送的售电公司在售电业务所在行政区域需具备相应的经营场所、技术支持系统后,平等参与当地电力市场化交易。

建立售电公司首注负责制。负责首次办理售电公司注册手续的电力交易机构,负责对其按照本办法规定办理业务的有关材料进行完整性审查,必要时组织对售电公司进行现场核验。鼓励网上办理注册手续,对于网上提交的材料,电力交易机构应与当事人进行原件核对。

第九条　售电公司办理注册时,应按固定格式签署信用承诺书,并通过电力交易平台向电力交易机构提交以下资料:工商注册信息、法定代表人信息、统一社会信用代码、资产和从业人员信息、开户信息、营业执照、资产证明、经营场所和技术支持系统证明等材料。

(一)营业执照经营范围必须明确具备电力销售、售电或电力供应等业务事项。

(二)需提供资产证明包括,具备资质、无不良信用记录的会计事务所出具的该售电公司近3个月内的资产评估报告,或近1年的审计报告,或近6个月的验资报告、银行流水,或开户银行出具的实收资本证明。对于成立时间不满6个月的售电公司,需提供自市场监督管理部门注册以后到申请市场注册时的资产评估报告,或审计报告,或验资报告、银行流水,或开户银行出具的实收资本证明。

(三)从业人员需提供能够证明售电公司全职在职员工近3个月的社保缴费记录、职称证书。从业人员不能同时在两个及以上售电公司重复任职。

(四)经营场所证明需提供商业地产的产权证明或1年及以上的房屋出租合同、经营场所照片等。

(五)接入电力交易平台的售电公司技术支持系统,需提供安全等级报告和软件著作权证书以及平台功能截图,对于购买或租赁平台的还需提供购买或租赁合同。

拥有配电网运营权的售电公司还需提供配电网电压等级、供电范围、电力业务许可证(供电类)等相关资料。除电网企业存量资产外,现有符合条件的高新产业园区、经济技术开发区和其他企业建设、运营配电网的,履行相应的注册程序后,可自愿转为拥有配电业务的售电公司。

第十条　接受注册后,电力交易机构要通过电力交易平台、"信用中国"网站等政府指定网站,将售电公司满足注册条件的信息、材料和信用承诺书向社会公示,公示期为1个月。

电力交易机构收到售电公司提交的注册申请和注册材料后,在7个工作日内完成材料完整性审查,并在满足注册条件后完成售电公司的注册手续。对于售电公司提交的注册材料不符合要求的,电力交易机构应予以一次性书面告知。

第十一条　公示期满无异议的售电公司,注册手续自动生效。电力交易机构将公示期满无异议的售电公司纳入自主交易市场主体目录,实行动态管理并向社会公布。

第十二条　电力交易机构应对公示期间被提出异议的售电公司的异议情况进行调查核实,并根据核实情况分类处理。

（一）如因公示材料疏漏缺失或公示期间发生人员等变更而产生异议，售电公司可以补充材料申请再公示。

（二）如因材料造假发生异议，售电公司自接到电力交易机构关于异议的告知之日起，5个工作日内无法作出合理解释，电力交易机构终止其公示，退回售电公司的注册申请，将情况报送地方主管部门。

第十三条 电力交易机构按月汇总售电公司注册情况向地方主管部门、能源监管机构备案，并通过电力交易平台、"信用中国"网站等政府指定网站向社会公布。

第十四条 售电公司注册信息发生变化时，应在5个工作日内向首次注册的电力交易机构申请信息变更。法人信息、公司股东、股权结构、从业人员、配电网资质等发生如下变化的，售电公司需重新签署信用承诺书并予以公示，公示期为7天。

（一）企业更名或法定代表人变更。

（二）企业控制权转移，因公司股权转让导致公司控股股东或者实际控制人发生变化。

（三）资产总额发生超出注册条件所规定范围的变更。

（四）企业高级或中级职称的专业人员变更。

（五）配电网运营资质变化。

第四章 权利与义务

第十五条 售电公司享有以下权利：

（一）可以采取多种方式通过电力市场购售电，可通过电力交易平台开展双边协商交易或集中交易。

（二）售电公司自主选择各级电力交易机构进行跨省跨区购电和省内购电。

（三）多个售电公司可以在同一配电区域内售电。同一售电公司可在多个配电区域内售电。

（四）可向用户提供包括但不限于合同能源管理、综合节能、合理用能咨询和用电设备运行维护等增值服务，并收取相应费用。

（五）可根据用户授权掌握历史用电信息，在电力交易平台进行数据查询和下载。

第十六条 售电公司应履行以下义务：

（一）承担保密义务，不得泄漏用户信息。

（二）遵守电力市场交易规则。

（三）与用户签订合同，提供优质专业的售电服务，履行合同规定的各项义务。

（四）受委托代理用户与电网企业的涉网事宜。

（五）按照国家有关规定，在电力交易平台、"信用中国"网站等政府指定网站上公示公司资产、从业人员、场所、技术支持系统、经营状况等信息、证明材料和信用承诺，依法及时对公司重大事项进行公告，并定期公布公司年报。

（六）不得干涉用户自由选择售电公司的权利。

（七）按照可再生能源电力消纳责任权重有关规定，承担与年售电量相对应的可再生能源电力消纳量。

（八）同意电力交易机构对其公司及公司从业人员满足注册条件的信息、证明材料对外公示，以及对其持续满足注册条件开展的动态管理。

第五章　运 营 管 理

第十七条　售电公司应持续满足注册条件。

第十八条　售电公司注册生效后，通过电力交易平台每年3月底前披露其资产、人员、经营场所、技术支持系统等持续满足注册条件的信息和证明材料。电力交易机构根据需要启动对售电公司持续满足注册条件情况的核验。核验结果可以与市场监督管理部门、"信用中国"网站等形成联动机制和信息共享，年度审查次数根据售电公司的信用评级或入市时长确定。

第十九条　售电公司与电力用户在电力交易平台建立零售服务关系。经售电公司与电力用户双方协商一致，在确立绑定关系期限内，任何一方均可在电力交易平台中发起零售服务关系确立，由双方法定代表人（授权代理人）在电力交易平台中确认。

第二十条　电力用户在同一合同周期内仅可与一家售电公司确立零售服务关系，双方在电力交易平台绑定确认后，电力交易机构不再受理新的绑定申请，电力用户全部电量通过该售电公司购买。

第二十一条　售电公司与电力用户零售服务关系在电力交易平台中确认后，即视同不从电网企业购电，电网企业与电力用户的供用电合同中电量、电价等结算相关的条款失效，两者的供用电关系不变，电力用户、售电公司与电网企业应签订三方电费结算补充协议，无需再签订售电公司、电力用户、电网企业三方合同，电力交易机构将电力用户与售电公司零售服务关系信息统一推送给向电力用户供电的电网企业。

第二十二条　售电公司与电力用户按照月为最小单位签订合同，其中新注册用户的合同生效时间为当月实际签订时间。合同应包括但不限于以下内容：电力用户企业名称、电压等级、户号、合同期限、电量及分月计划、费用结算、违约责任、电力用户偏差电量处理方式等内容。售电公司在批发市场与零售市场应考虑电力辅助服务费用和阻塞费用等费用，相关盈亏由售电公司承担。

第二十三条 电力交易机构负责出具售电公司以及零售电力用户等零售侧结算依据，电网企业根据结算依据对零售电力用户进行零售交易资金结算，对售电公司批发、零售价差收益、偏差考核进行资金结算。

第二十四条 售电公司参与批发和(或)零售市场交易前，应通过以下额度的最大值向电力交易机构提交履约保函或者履约保险等履约保障凭证：1. 过去 12 个月批发市场交易总电量，按标准不低于 0.8 分/千瓦时；2. 过去 2 个月内参与批发、零售两个市场交易电量的大值，按标准不低于 5 分/千瓦时。现货市场地区，地方主管部门可以根据市场风险状况，适当提高标准，具体标准由各地自行确定。

(一)对于在多个省(区、市)开展售电业务的售电公司，需分别提交履约保函或保险。

(二)电力交易机构应拟定履约保函、保险管理制度，并负责履约保函、保险单的接收、管理、退还、使用申请、执行情况记录、履约额度跟踪和通报程序。制度应经相关市场管理委员会审议后，报地方主管部门备案。

(三)履约保函、保险提交主体为售电公司，受益人为与其签署资金结算协议的电网企业。

(四)售电公司未缴纳或未足额缴纳相关结算费用，电网企业可根据电力交易机构出具的结算依据申请使用履约保函、保险，并由电力交易机构向履约保函、保险开立单位出具原件，要求支付款项，同时向相关市场主体发出执行告知书，说明售电公司欠费情况，并做好相关信用管理和交易工作。

(五)在使用履约保函、保险时，若售电公司所交履约保函、保险额度不足以支付应缴相关结算费用，售电公司需根据履约保函、保险执行告知书要求，在规定时限内足额缴纳相关结算费用。

(六)电力交易机构应于履约保函、保险执行前向市场主体公示售电公司欠费情况。

第二十五条 建立售电公司履约额度跟踪预警机制。电力现货市场结算试运行期间，电力交易机构动态监测售电公司运营履约额度与实际提交的履约保函或保险额度，每日上报地方主管部门，按周上报国家主管部门；非电力现货试点地区以及电力现货市场未结算试运行期间，电力交易机构按周动态监测上报地方主管部门，按月上报国家主管部门。发现实际提交的履约保函、保险额度不足时及时通知售电公司补缴。售电公司应在接到电力交易机构通知的3个工作日内,向电力交易机构提交足额履约保函、保险,满足市场交易信用要求。如售电公司提交的履约保函额度超过规定标准,可向电力交易机构申请退还多缴的履约保函。

第二十六条　售电公司未按时足额缴纳履约保函、保险,经电力交易机构书面提醒仍拒不足额缴纳的,应对其实施以下措施:

(一)取消其后续交易资格;

(二)在电力交易平台、"信用中国"网站等政府指定网站公布该售电公司相关信息和行为;

(三)公示结束后按照国家有关规定,对该企业法定代表人、自然人股东、其他相关人员依法依规实施失信惩戒;

(四)其所有已签订但尚未履行的购售电合同由地方主管部门征求合同购售电各方意愿,通过电力交易平台转让给其他售电公司。

第二十七条　连续12个月未进行实际交易的售电公司,电力交易机构征得地方主管部门同意后暂停其交易资格,重新参与交易前须再次进行公示。

第六章　退出方式

第二十八条　售电公司有下列情形之一的,经地方主管部门和能源监管机构调查确认后,启动强制退出程序:

(一)隐瞒有关情况或者以提供虚假申请材料等方式违法违规进入市场,且拒不整改的。

(二)严重违反市场交易规则,且拒不整改的。

(三)依法被撤销、解散,依法宣告破产、歇业的。

(四)企业违反信用承诺且拒不整改的。

(五)被有关部门和社会组织依法依规对其他领域失信行为做出处理的。

(六)连续3年未在任一行政区域开展售电业务的。

(七)出现市场串谋、提供虚假材料误导调查、散布不实市场信息等严重扰乱市场秩序的。

(八)与其他市场主体发生购售电合同纠纷,经法院裁定为售电公司存在诈骗等行为的,或经司法机构或司法鉴定机构裁定伪造公章等行为的。

(九)未持续满足注册条件,且未在规定时间内整改到位的。

(十)法律、法规规定的其他情形。

第二十九条　在地方主管部门确认售电公司符合强制退出条件后,应通过电力交易平台、“信用中国”网站等政府指定网站向社会公示10个工作日。公示期满无异议的，地方主管部门通知电力交易机构对该售电公司实施强制退出。

第三十条 售电公司被强制退出，其所有已签订但尚未履行的购售电合同优先通过自主协商的方式，在10个工作日内完成处理；自主协商期满，退出售电公司未与合同购售电各方就合同解除协商一致的，由地方主管部门征求合同购售电各方意愿，通过电力市场交易平台以转让、拍卖等方式转给其他售电公司；经合同转让、拍卖等方式仍未完成处理的，已签订尚未履行的购售电合同终止履行，零售用户可以与其他售电公司签订新的零售合同，否则由保底售电公司代理该部分零售用户，并按照保底售电公司的相关条款与其签订零售合同，并处理好其他相关事宜。

第三十一条 售电公司可自愿申请退出售电市场，应提前45个工作日向电力交易机构提交退出申请，明确退出原因和计划的终止交易月。终止交易月之前（含当月），购售电合同由该售电公司继续履行，并处理好相关事宜。

第三十二条 对于自愿退出的售电公司，电力交易机构将退出申请及相关材料通过电力交易平台、“信用中国”网站等政府指定网站向社会公示10个工作日。公示期满无异议的，方可办理退出市场手续。

第三十三条 在地方主管部门和能源监管机构协调下，自愿退出售电公司应在终止交易月之前通过自主协商的方式完成购售电合同处理；自愿退出售电公司未与购售电合同各方就合同解除协商一致的，须继续参与市场化交易，直至购售电合同履行完毕或合同各方同意终止履行。对继续履行购售电合同确实存在困难的，其批发合同及电力用户按照有关要求由保底售电公司承接。对购售电合同各方造成的损失由自愿退出售电公司承担。

第三十四条 电力交易机构应及时将强制退出和自愿退出且公示期满无异议的售电公司从市场主体目录删除，向地方主管部门和能源监管机构备案，并通过电力交易平台、“信用中国”网站等政府指定网站向社会公布。拟退出售电公司退出前需结清市场化电费和交易手续费。电力交易机构注销售电公司的电力交易平台账号，但保留其历史信息。

第三十五条 考虑市场化电费差错退补有滞后性，电力交易机构在售电公司退出后保留其履约保函6个月，期满退还。履约保函在退出后6个月内失效的，或售电公司在退出后6个月内办理企业注销、需取回履约保函的，售电公司须与其股东、上级单位或其他有履行能力的第三方协商，由第三方出具连带责任担保并经过公证的承诺书，提交电力交易机构后退还其履约保函。

第七章　保 底 售 电

第三十六条　保底售电公司每年确定一次,具体数量由地方主管部门确定。原则上所有售电公司均可申请成为保底售电公司,地方主管部门负责审批选取其中经营稳定、信用良好、资金储备充足、人员技术实力强的主体成为保底售电公司,并向市场主体公布。

第三十七条　保底售电服务由电力交易机构报地方主管部门和能源监管机构同意后,方可启动:

(一)启动条件。

1. 存在售电公司未在截止期限前缴清结算费用。

2. 存在售电公司不符合市场履约风险有关要求。

3. 存在售电公司自愿或强制退出市场,其购售电合同经自主协商、整体转让未处理完成。

(二)服务内容。确认启动保底售电服务后,电力交易机构书面通知保底售电公司、拟退出售电公司,以及拟退出售电公司的批发合同各方、电力用户。保底售电公司从发出通知的次月起承接批发合同及电力用户服务,其保底服务对应的市场化交易单独结算。电力用户执行保底零售价格,不再另行签订协议。中长期模式下,保底零售价格按照电网企业代理购电价格的 1.5 倍执行,具体价格水平由省级价格主管部门确定。现货结算试运行或正式运行期间,由地方主管部门根据电力市场实际价格及保底成本确定分时保底零售价格,并定期调整。保底成本包括因用户数量不确定导致的成本上升、极端因素导致的风险成本等。原则上,保底电价不得低于实际现货市场均价的 2 倍。

(三)兜底原则。若全部保底售电公司由于经营困难等原因,无法承接保底售电服务,由电网企业提供保底售电服务。

(四)保底售电业务监管。保底售电公司须将保底售电业务单独记账、独立核算,并定期将相关价格水平、盈亏情况上报地方主管部门。

第三十八条　其他事项。

(一)执行保底零售价格满一个月后,电力用户可自主选择与其他售电公司(包括保底售电公司)协商签订新的零售合同,保底售电公司不得以任何理由阻挠。

(二)因触发保底服务对批发合同各方、电力用户造成的损失由拟退出售电公司承担。

(三)售电公司被强制退出或自愿退出,其所有已签订但尚未履行的购售电合同若无保底售电公司承接,可由地方主管部门征求合同购售电各方意愿,通过电力市场交易平台以转让、拍卖等方式交由电网企业保底供电,并处理好其他相关事宜。未能处理好购售电合同相关事宜的,电力交易机构依法依规制定售电公司保函、保险偿付相应市场主体的方案,电网企业按方案完成函、保险使用、偿付工作。

(四)拥有配电网运营权的售电公司申请自愿退出时,应妥善处置配电资产。若无其他公司承担该地区配电业务,由电网企业接收并提供保底供电服务。

第八章　售电公司信用与监管

第三十九条　国家主管部门、国家发展改革委统筹组织地方主管部门授权电力交易机构、第三方征信机构开展售电公司信用评价工作。售电公司信用评价工作不得向售电主体收取费用。

第四十条　依托公共信用综合评价标准体系建立售电公司信用评价体系。依托电力交易平台、"信用中国"网站等政府指定网站,开发建设售电公司信用信息系统。建立企业法人及其法定代表人、董事、监事、高级管理人员信用记录,将其纳入全国信用信息共享平台,确保各类企业的信用状况透明,可追溯、可核查。

第四十一条　建立电力交易机构与全国信用信息共享平台信息共享机制,实现市场主体信用信息双向共享。

第四十二条　售电公司未按要求持续满足注册条件的,电力交易机构应立即通知售电公司限期整改,售电公司限期整改期间,暂停其交易资格,未在规定期限内整改到位的,经地方主管部门同意后予以强制退出,同时将相关信息推送至全国信用信息共享平台。

第四十三条　地方主管部门、能源监管机构根据职责对售电公司进行监管。地方主管部门对售电公司与售电公司、电力用户间发生的违反交易规则和失信行为按规定进行处理,记入信用记录,情节特别严重或拒不整改的,对其违法失信行为予以公开。能源监管机构对售电公司执行交易规则、参与批发市场交易行为进行监管,并按照有关规定对违规行为进行处理。

第九章　附　　则

第四十四条　各省级政府可依据本办法制定实施细则。

第四十五条　本办法由国家发展改革委、国家能源局负责解释。

第四十六条　本办法自发布之日起施行,有效期5年。

节约用电管理办法

（2000 年 12 月 29 日国家经贸委、国家计委发布
国经贸资源〔2000〕1256 号）

第一章　总　　则

第一条　为了加强节能管理，提高能效，促进电能的合理利用，改善能源结构，保障经济持续发展，根据《中华人民共和国节约能源法》、《中华人民共和国电力法》，制定本办法。

第二条　本办法所称电力，是指国家和地方电网以及企业自备电厂等所提供的各类电能。

第三条　本办法所称节约用电，是指加强用电管理，采取技术上可行、经济上合理的节电措施，减少电能的直接和间接损耗，提高能源效率和保护环境。

第四条　国家经济贸易委员会、国家发展计划委员会按照职责分工主管全国的节约用电工作，负责制定节约用电政策、规划，发布节约用电信息，定期公布淘汰低效高耗电的生产工艺、技术和设备目录，监督、指导全国的节约用电工作。

地方各级人民政府节约用电主管部门和行业节约用电管理部门负责制定本地区和本行业的节约用电规划，实行高耗电产品电耗限额管理和电力需求侧管理，监督、指导各自职责范围内的节约用电工作。

第五条　国家经济贸易委员会、国家发展计划委员会和地方各级人民政府节约用电主管部门鼓励、支持节约用电科学技术的研究和推广，加强节约用电宣传和教育，普及节约用电科学知识，提高全民的节约用电意识。

第六条　任何单位和个人都应当履行节约用电义务。国家经济贸易委员会、地方各级人民政府节约用电主管部门和行业节约用电管理部门依法建立节约用电奖惩制度。

第二章　节约用电管理

第七条　根据《中华人民共和国节约能源法》第十五条、第十六条之规定，国家

经济贸易委员会、国家发展计划委员会和地方各级人民政府节约用电主管部门，应当会同有关部门，加强对高耗电行业的监督和指导，督促其采取有效的节约用电措施，推进节约用电技术进步，降低单位产品的电力消耗。

第八条 国家经济贸易委员会对高耗电的主要产品实行单位产品电耗最高限额管理，定期公布主要高耗电产品的国内先进电耗指标。

地方各级人民政府节约用电主管部门和行业节约用电管理部门可根据本地区和本行业实际情况制定不高于国家公布的单位产品电耗最高限额指标。

第九条 用电负荷在500千瓦及以上或年用电量在300万千瓦时及以上的用户应当按照《企业设备电能平衡通则》(GB/T 3484)规定，委托具有检验测试技术条件的单位每二至四年进行一次电平衡测试，并据此制定切实可行的节约用电措施。

第十条 用电负荷在1000千瓦及以上的用户，应当遵守《评价企业合理用电技术导则》(GB/T 3485)和《产品电耗定额和管理导则》(GB/T 5623)的规定。不符合节约用电标准、规程的，应当及时改正。

第十一条 电力用户应当根据本办法的有关条款，积极采取经济合理、技术可行、环境允许的节约用电措施，制定节约用电规划和降耗目标，做好节约用电工作。

第十二条 固定资产投保资项目的可行性研究报告中应当包括用电设施的节约用电评价等合理用能的专题论证。其中，高耗电的工程项目，应当经有资格的咨询机构评估。

高耗电的指标由省级及省级以上人民政府节约用电主管部门制定。

第十三条 禁止生产、销售国家明令淘汰的低效高耗电的设备、产品。国家明令淘汰的低效高耗电的工艺、技术和设备，禁止在新建或改建工程项目中采用；正在使用的应限期停止使用，不得转移他人使用。

第十四条 用电产品说明书和产品标识上应当注明耗电指标。鼓励推广经过国家节能认证的节约用电产品，鼓励建立能源服务公司，促进高耗电工艺、技术和设备的淘汰和改造，传播节约用电信息。

第三章 电力需求侧管理

第十五条 电力需求侧管理，是指通过提高终端用电效率和优化用电方式，在完成同样用电功能的同时减少电量消耗和电力需求，达到节约能源和保护环境，实现低成本电力服务所进行的用电管理活动。

第十六条 各级经济贸易委员会要积极推动需求侧管理。对终端用户进行负荷管理，推行可中断负荷方式和直接负荷控制，以充分利用电力系统的低谷电能。

第十七条　鼓励下列节约用电措施：

（一）推广绿色照明技术、产品和节能型家用电器；

（二）降低发电厂用电和线损率，杜绝不明损耗；

（三）鼓励余热、余压和新能源发电，支持清洁、高效的热电联产、热电冷联产和综合利用电厂；

（四）推广用电设备经济运行方式；

（五）加快低效风机、水泵、电动机、变压器的更新改造，提高系统运行效率；

（六）推广高频可控硅调压装置、节能型变压器；

（七）推广交流电动机调速节电技术；

（八）推行热处理、电镀、铸锻、制氧等工艺的专业化生产；

（九）推广热泵、燃气—蒸汽联合循环发电技术；

（十）推广远红外、微波加热技术；

（十一）推广应用蓄冷、蓄热技术。

第十八条　电力规划或综合资源规划中应当包括电力需求侧管理的内容。

第十九条　扩大两部制电价的使用范围，逐步提高基本电价，降低电度电价；加速推广峰谷分时电价和丰枯电价，逐步拉大峰谷、丰枯电价差距；研究制定并推行可停电负荷电价。

第二十条　对应用国家重点推广或经过国家节能认证的节约用电产品的电力用户，可向省级价格主管部门和电力行政管理部门申请减免新增电力容量供电工程贴费，价格主管部门在征求电力企业意见的基础上予以协调处理；对列入《国家高新技术产品目录》的节约用电技术和产品，享受国家规定的税收优惠政策。

第二十一条　电力企业应当加强电力需求侧管理的宣传和推动工作，其所发生的有关费用可在管理费用中据实列支。

第四章　节约用电技术进步

第二十二条　国家鼓励、支持先进节约用电技术的创新，公布先进节约用电技术的开发重点和方向，建立和完善节约用电技术服务体系，培育和规范节约用电技术市场。

第二十三条　国家组织实施重大节约用电科研项目、节约用电示范工程，组织提出节约用电产品的节能认证和推广目录。

国家制定优惠政策，支持节约用电示范工程和节约用电推广目录中的技术、产品，并鼓励引进国外先进的节约用电技术和产品。

第二十四条 地方财政安排的科学研究经费应当支持先进节约用电技术的研究和应用。

第五章 奖 惩

第二十五条 国家经济贸易委员会、国家发展计划委员会和地方各级人民政府节约用电主管部门和行业节约用电管理部门对在节电降耗中成绩显著的集体和个人应当给予表彰和奖励。

第二十六条 企业应当制定奖惩办法,对在单位产品电力消耗管理中取得成绩的集体和个人给予奖励,对单位产品电力消耗超过最高限额的集体和个人给予惩罚。

第二十七条 违反本办法第八条规定,单位产品电力消耗超过最高限额指标的,限期治理;未达到要求的或逾期不治理的,由县级以上人民政府节约用电主管部门提出处理建议,报请同级人民政府按照国务院规定的权限责令停业整顿或者关闭。

新建或改建超过单位产品电耗最高限额的产品生产能力的工程项目,由县级以上人民政府节约用电主管部门会同项目审批单位责令停止建设。

第二十八条 违反本办法第十三条规定,新建或改建工程项目采用国家明令淘汰的低效高耗电的工艺、技术和设备的,由县级以上人民政府节约用电主管部门会同项目审批单位责令停止建设,并依法追究项目责任人和设计负责人的责任。

违反本办法第十三条规定,生产、销售国家明令淘汰的低效高耗电的设备、产品的;或使用国家明令淘汰的低效高耗电的工艺、技术和设备的;或将国家明令淘汰的低效高耗电的设备、产品转让他人使用的,按照《中华人民共和国节约能源法》的有关规定予以处罚。

第六章 附 则

第二十九条 本办法自发布之日起施行。

附件:九种高耗电产品最高限额和国内比较先进指标(略)

有序用电管理办法

（2011年4月21日国家发展改革委发布 发改运行〔2011〕832号
自2011年5月1日起施行）

第一章 总 则

第一条 为落实科学发展观，加强电力需求侧管理，确保电网安全稳定运行，保障社会用电秩序，根据《中华人民共和国电力法》、《电力供应与使用条例》、《电网调度管理条例》等法律法规，制定本办法。

第二条 本办法适用于中华人民共和国境内有序用电管理工作。

第三条 本办法所称有序用电，是指在电力供应不足、突发事件等情况下，通过行政措施、经济手段、技术方法，依法控制部分用电需求，维护供用电秩序平稳的管理工作。

第四条 有序用电工作遵循安全稳定、有保有限、注重预防的原则。

第五条 国家发展和改革委员会负责全国有序用电管理工作，国务院其他有关部门在各自职责范围内负责相关工作。

县级以上人民政府电力运行主管部门负责本行政区域内的有序用电管理工作，县级以上地方人民政府其他有关部门在各自职责范围内负责相关工作。

第六条 电网企业是有序用电工作的重要实施主体；电力用户应支持配合实施有序用电。

第二章 方案编制

第七条 各省级电力运行主管部门应组织指导省级电网企业等相关单位，根据年度电力供需平衡预测和国家有关政策，确定年度有序用电调控指标，并分解下达各地市电力运行主管部门。

第八条 各地市电力运行主管部门应组织指导电网企业，根据调控指标编制本地区年度有序用电方案。地市级有序用电方案应定用户、定负荷、定线路。

第九条 各省级电力运行主管部门应汇总各地市有序用电方案，编制本地区年度有序用电方案，并报本级人民政府、国家发展和改革委员会备案。

第十条 编制年度有序用电方案原则上应按照先错峰、后避峰、再限电、最后拉闸的顺序安排电力电量平衡。

各级电力运行主管部门不得在有序用电方案中滥用限电、拉闸措施，影响正常的社会生产生活秩序。

第十一条 编制有序用电方案原则上优先保障以下用电：

（一）应急指挥和处置部门，主要党政军机关，广播、电视、电信、交通、监狱等关系国家安全和社会秩序的用户；

（二）危险化学品生产、矿井等停电将导致重大人身伤害或设备严重损坏企业的保安负荷；

（三）重大社会活动场所、医院、金融机构、学校等关系群众生命财产安全的用户；

（四）供水、供热、供能等基础设施用户；

（五）居民生活，排灌、化肥生产等农业生产用电；

（六）国家重点工程、军工企业。

第十二条 编制有序用电方案应贯彻国家产业政策和节能环保政策，原则上重点限制以下用电：

（一）违规建成或在建项目；

（二）产业结构调整目录中淘汰类、限制类企业；

（三）单位产品能耗高于国家或地方强制性能耗限额标准的企业；

（四）景观照明、亮化工程；

（五）其他高耗能、高排放企业。

第十三条 各级电力运行主管部门和电网企业应及时向社会和相关电力用户公布有序用电方案，加强宣传并组织演练。

第十四条 有序用电方案涉及的电力用户应加强电能管理，编制具有可操作性的内部负荷控制方案。电网企业应充分利用电力负荷管理系统等技术手段给予帮助指导。

第十五条 重要用户应按照国家有关规定配置应急保安电源。

第十六条 本地区电力供需平衡发生重大变化时，省级电力运行主管部门应及时调整年度有序用电方案。

第三章　预 警 管 理

第十七条　各级电力运行主管部门应定期向社会发布电力供需平衡预测、有序用电方案、相关政策措施等供用电信息，并可委托电网企业披露月度及短期供用电信息。

第十八条　各省级电网企业应密切跟踪电力供需变化，预计因各种原因导致电力供应出现缺口的，应及时报告相关省级电力运行主管部门。

第十九条　各级电力运行主管部门和电网公司应及时向社会发布预警信息。原则上按照电力或电量缺口占当期最大用电需求比例的不同，预警信号分为四个等级：

Ⅰ级：特别严重（红色、20%以上）；

Ⅱ级：严重（橙色、10%—20%）；

Ⅲ级：较重（黄色、5%—10%）；

Ⅳ级：一般（蓝色、5%以下）。

第四章　方 案 实 施

第二十条　各省级电力运行主管部门应根据电力供需情况，及时启动有序用电方案，并报告本级人民政府、国家发展和改革委员会。

第二十一条　有序用电方案实施期间，电网企业应在电力运行主管部门指导下加强网省间余缺调剂和相互支援。发电企业应加强设备运行维护和燃料储运。电力用户应加强节电管理，有序用电方案涉及的用户应按要求采取相应措施。

第二十二条　电网企业应依据有序用电方案，结合实际电力供应能力和用电负荷情况，合理做好日用电平衡工作。

第二十三条　在保证有序用电方案整体执行效果的前提下，电网企业应优化有序用电措施，在电力电量缺口缩小时及时有序释放用电负荷，尽量满足用户合理需求，减少限电损失。

第二十四条　紧急状态下，电网企业应执行事故限电序位表、处置电网大面积停电事件应急预案和黑启动预案等。

第二十五条　除第二十四条情况外，在对用户实施、变更、取消有序用电措施前，电网企业应通过公告、电话、传真、短信等方式履行告知义务。

第二十六条　有序用电方案实施期间，电网企业应开展有序用电影响用电负荷、用电量等相关统计工作，并及时报电力运行主管部门。

第五章　奖 惩 措 施

第二十七条　各地可利用电力需求侧管理等方面的资金，对除产业结构调整目录中淘汰类、限制类企业外实施有序用电的用户给予适当补贴。

第二十八条　鼓励有条件的地区建立可中断负荷电价和高可靠性电价机制。省级价格主管部门会同电力运行主管部门，可按照收支平衡的原则，确定可中断负荷电价和高可靠性电价标准，按规定报批后执行。

第二十九条　电网企业可与除产业结构调整目录中淘汰类、限制类企业外的电力用户协商签订可中断负荷协议、高可靠性负荷协议，在有序用电方案实施期间，执行可中断负荷电价、高可靠性电价。电网企业因执行上述电价政策造成的收支差额，纳入当地销售电价调整统筹平衡。

第三十条　对积极采取电力需求侧管理措施并取得明显效果的电力用户，可适度放宽对其用电的限制。

第三十一条　有序用电方案实施期间，各地电力运行主管部门应对方案执行情况组织监督检查。

（一）对执行方案不力、擅自超限额用电的电力用户，要责令改正；情节严重的，可按照国家规定程序停止供电。

（二）对违反有序用电方案和相关政策的电网企业，要责令改正；情节严重的，可通报批评。

（三）对非计划停机或出力受阻的发电企业，省级电力运行主管部门应加大考核力度，可相应调减其年度发电量。

（四）对违反有关规定的电力运行管理人员，要责令改正；情节严重的，依法给予行政处分。

第六章　附　　则

第三十二条　本办法下列用语的含义：

（一）错峰，是指将高峰时段的用电负荷转移到其他时段，通常不减少电能使用。

（二）避峰，是指在高峰时段削减、中断或停止用电负荷，通常会减少电能使用。

（三）限电，是指在特定时段限制某些用户的部分或全部用电需求。

(四)拉闸,是指各级调度机构发布调度命令,切除部分用电负荷。

(五)电力缺口是指某一时间点,所有用户错峰、避峰、限电、拉闸负荷之和。

(六)电量缺口是指某一时间段内,所有用户避峰、限电、拉闸影响电量之和。

(七)本办法有关数量的表述中,“以上”含本数,“以下”不含本数。

第三十三条　本办法由国家发展和改革委员会负责解释。

第三十四条　各省级电力运行主管部门可结合本地区实际情况,制定相关实施细则。

第三十五条　本办法自2011年5月1日起施行。

国家工商行政管理局关于对供电企业限制竞争行为定性处罚问题的答复

（1999 年 10 月 26 日　工商公字〔1999〕第 275 号）

江苏省工商行政管理局：

你局《关于供电企业依照电力部文件规定实施的限制竞争行为是否违反〈反不正当竞争法〉的请示》（苏工商〔1999〕96 号）收悉。经研究，答复如下：

一、《反不正当竞争法》是调整市场竞争法律关系的基本法，适用于其所规定的所有不正当竞争行为，有关部门发布的规定不得与《反不正当竞争法》相抵触，妨碍公平竞争。除法律、行政法规另有规定的以外，工商行政管理机关应当直接依据《反不正当竞争法》认定和查处不正当竞争行为。

二、电力管理站是提供电能服务的企业，属于《反不正当竞争法》第六条规定的公用企业，应当受《反不正当竞争法》的调整。电力管理站利用其改造电网的垄断地位，以拒绝提供电能服务等措施强行向用户推销用电计量装置，损害了用户的合法权益，排挤了其他经营者的公平竞争，违反了《反不正当竞争法》第六条的规定，构成公用企业限定他人购买其指定的经营者的商品的行为。因此，同意你局的意见，对电力管理站的违法行为，应当依据《反不正当竞争法》第二十三条规定予以处罚。

国家工商行政管理局关于电力公司强制用户接受其不合理条件的行为定性处理问题的答复

(2000年7月6日　工商公字〔2000〕第143号)

山西省工商行政管理局：

你局《关于对山西省电力公司太原供电分公司以收取“付费购电款”的方式强制收取用户用电押金一案的请示》(晋工商经检字〔2000〕第104号)收悉。现答复如下：

电力公司是《反不正当竞争法》第六条规定的公用企业。电力公司滥用其优势地位，在给用户正式送电之前，以收取“付费购电款”的方式(未将此款项抵顶电费、滚动结算，而是长期无偿占有)，强行收取用电押金，否则拒绝提供供电服务的行为，违反了《反不正当竞争法》第六条规定，并构成国家工商行政管理局《关于禁止公用企业限制竞争行为的若干规定》第四条第(六)项所禁止的“对不接受其不合理条件的用户、消费者拒绝、中断或者削减供应相关商品，或者滥收费用”的限制竞争行为，应当依照《反不正当竞争法》第二十三条的规定予以处罚。

最高人民法院行政审判庭关于对违法收取电费的行为应由物价行政管理部门监督管理的答复

（1999 年 11 月 17 日　行他〔1999〕第 6 号）

山西省高级人民法院：

你院〔1999〕晋法行字第 9 号“关于对乡镇企业管理局是否有权对电业局非法收取农村分类综合电价外的费用的行为进行处罚的请示”收悉。经研究，答复如下：

原则同意你院倾向性意见。即遵循特别法规定优于普通法规定的原则，对违法收取电费的行为，根据《电力法》第 66 条的规定，应由物价行政管理部门监督管理。

此复

国务院法制办公室对黑龙江省人民政府法制办《关于电力企业在电费电度表保证金被取消前收取该项保证金的行为是否应当给予行政处罚问题的请示》的复函

（2002 年 6 月 3 日　国法秘函〔2002〕95 号）

黑龙江省人民政府法制办：

你办 2001 年 12 月 30 日报送的《关于电力企业在电费电度表保证金被取消前收取该项保证金的行为是否应当给予行政处罚问题的请示》（黑政法函〔2001〕100 号）收悉。现函复如下：

能源部和财政部《关于实行电费、电度表保证金制度的通知》（能源经〔1989〕561 号）中规定的电费、电度表保证金，是具有基金、收费设定权的机关（财政部）设定的基金、收费项目。黑龙江省明水县电业局根据该文件收取电费、电度表保证金的行为是合法收费。但在 1999 年 11 月 6 日《财政部、国家经贸委、国家计委、审计署、监察部、国务院纠风办关于公布第三批取消的各种基金（资金、附加、收费）项目的通知》（财综字〔1999〕180 号）公布以后，再行收取电费、电度表保证金，是没有法律依据的。

附：

黑龙江省人民政府法制办公室关于电力企业在电费电度表保证金被取消前收取该项保证金的行为是否应当给予行政处罚问题的请示

（2001 年 12 月 30 日　黑政法函〔2001〕100 号）

国务院法制办公室：

日前，我省发生了一起因县电业局向用户收取“电费、电度表保证金”而被市工商局依照反不正当竞争法的规定处以20万元罚款的案件。黑龙江省电力有限公司向我办行文称,其下属企业收取“电费、电度表保证金”是依据能源部、财政部联合下发的《关于实行电费、电度表保证金制度的通知》(能源经〔1989〕561号,见附件1),且在该项保证金于1999年11月6日被明令取消(见附件2)后,便停止收取。至于该县电业局在2000年3月又收的最后一笔200元的电费(后已退还),系因省里逐级转发国家有关文件稍迟所致。省电力有限公司据此认为,该县电业局向用户收取“电费、电度表保证金”的行为主要发生在1994年至1999年11月16日之前,在该项保证金被取消前有合法依据,不属于不正当竞争行为,不应当受到行政处罚。

黑龙江省工商行政管理局认为,市工商局在该案中作出处罚决定的依据是反不正当竞争法第二十三条的规定,即“公用企业或者其他依法具有独占地位的经营者,限制他人购买其指定的经营者的商品,以排挤其他经营者的公平竞争的,省级或者设区的市的监督检查部门应当责令停止违法行为,可以根据情节处以五万元以上二十万元以下的罚款。”具体依据还有国家工商行政管理局1993年12月24日发布的《关于禁止公用企业限制竞争行为的若干规定》(见附件3)和近两年来对山西、江苏两省工商部门的答复(见附件4、5)。因此,县电业局向用户收取“电费、电度表保证金”的行为,违反了反不正当竞争法,即使这种行为发生在国家明令取消该项保证金之前,也应当依法给予行政处罚。

目前,省电力有限公司和省工商行政管理局在该案的事实认定方面均无异议,主要是在适用法律依据方面存在分歧,焦点是具有基金、收费设定权的机关设定的基金、收费项目在被明令取消前的法律效力问题。鉴于该案件的处理结果在全省乃至全国具有普遍意义,特请示国务院法制办,望尽快函复为盼。

附件:(略)

水利电力部门电测、热工计量仪表和装置检定、管理的规定

（1986年6月1日国家计量局、水利电力部发布　国函〔1986〕59号）

为实施《中华人民共和国计量法》（以下简称计量法），现对水利电力部门电测、热工计量仪表和装置检定、管理工作，规定如下：

一、根据电力生产、科研和经营管理的特殊需要，在业务上属水利电力部门管理的各企业、事业单位内部使用的电测、热工计量仪表和装置，按计量法第七条规定，由水利电力部建立本部门的计量标准，并负责检定、管理。根据计量法第二十条规定，授权水利电力部门计量检定机构对所属单位的电测、热工最高计量标准执行强制检定。水利电力部门的电测、热工最高计量标准，接受国家计量基准的传递和监督。

二、在业务上属水利电力部门管理的各企业、事业单位，其电测、热工最高计量标准的建标考核，由被授权执行强制检定的水利电力部门计量检定机构考核合格后使用；属地方人民政府或其它单位管理的，由有关地方人民政府计量局主持考核合格后批准使用。

三、在业务上属水利电力部门管理的各企业、事业单位内部使用的强制检定的工作计量器具，授权水利电力部门计量检定机构执行强制检定。县级以上地方人民政府计量局负责对其计量工作检查、指导。

四、水利电力部门管理的用于结算、收费的电能计量仪表和装置，按照方便生产、利于管理的原则，根据计量法第二十条规定，授权水利电力部门计量检定机构执行强制检定。县级以上地方人民政府计量局对其考核检定人员，建立和执行计量规章制度及检定工作，负责监督检查。属地方人民政府管理的用于结算、收费的电能计量仪表和装置，以及其它企业、事业单位使用的电能计量仪表和装置的检定、管理办法，由地方人民政府决定。

五、水利电力部门计量检定机构在计量器具的强制检定中，可根据需要开展修理业务，其工作受有关人民政府计量局检查、指导。

六、水利电力部门计量检定机构被授权执行强制检定工作的人员，在有关人民

政府计量局监督下，由水利电力部门组织考核、发证。在此规定发布之前，水利电力部门已进行的考核有效。

七、水利电力部门要对授权检定的计量工作加强管理，保证结算、收费电能计量仪表和装置的准确。当用户对计量准确性提出质疑时，应负责认真查处。对违反计量法律、法规的行为，由县级以上地方人民政府计量局按计量法有关规定追究法律责任。

八、水利电力部门所属供电单位与其它部门用电单位因电能计量准确度发生的纠纷，先由上一级水利电力部门会同对方主管部门进行第一次复核调解。对第一次调解不服的，可向双方再上一级主管部门申请第二次调解。对调解后仍未达成一致的问题，由相应的人民政府计量局主持仲裁检定，以国家电能计量基准或社会公用电能计量标准检定的数据为准。

最高人民法院研究室关于对《关于查处窃电行为有关问题的请示》答复意见的函

(2002年9月6日 法研〔2002〕118号)

国务院法制办公室秘书行政司：

你司送来征求意见的安徽省政府法制办《关于查处窃电行为有关问题的请示》(以下称"请示")收悉。经研究，提出以下意见：

一、《中华人民共和国电力法》(以下称电力法)第六条、第七条已经明确规定了政府电力管理部门的行政管理职责和电力企业的民事法律关系主体地位，而且电力企业的这种地位在《中华人民共和国合同法》(以下称合同法)第十章"供用电、水、气、热力合同"中有更具体的体现。因此，电力企业在供电合同的订立和履行过程中的活动应当适用合同法和其他有关民事法律。供电局发现用户有窃电行为的，可以依法提起民事诉讼。

二、虽然供电活动属于合同法规定的民事活动，但鉴于供电活动的特殊性和电力管理制度的传统，电力法对供电企业和用户的权利义务又作了一些特别规定。例如，第三十二条规定："用户用电不得危害供电、用电安全和扰乱供电、用电秩序。对危害供电、用电安全和扰乱供电、用电秩序的供电企业有权制止。"第三十三条规定："供电企业应当按照国家核准的电价和用电计量装置的记录，向用户计收电费。供电企业查电人员和抄表收费人员进入用户，进行用电安全检查或者抄表收费时，应当出示有关证件。用户应当按照国家核准的电价和用电计量装置的记录，按时交纳电费；对供电企业查电人员和抄表收费人员依法履行职责，应当提供方便。"这些规定属于特别法的规定，与合同法不相抵触。

三、电力法第六条第二款规定："县级以上地方人民政府经济综合主管部门是本行政区域内的电力管理部门，负责电力事业的监督管理。县级以上地方人民政府有关部门在各自的职责范围内负责电力事业的监督管理。"也就是说，自该法1996年4月1日生效施行之日起，原来各级政府中实行政企合一的电力局(或称供电局、电业局等)依法不再享有行政监督管理职权，而改由各级人民政府的经贸委行使该职权，电力局成为单独的电力企业。因此，其他行政法规、规章中关于电力局行政监督管理职权的规定与电力法和合同法不一致的,不应当继续使用。

四、关于“请示”中所称“我省市县机构改革尚未完成,市、县供电局属于政企合一机构”,不能作为与电力法有关规定对抗的理由。国务院和地方各级人民政府将电力企业与电力监督管理部门的机构和职能分开,是根据电力法进行的。电力法从公布到生效之前已经留有三个月的准备时间,各级人民政府相关的改革工作应当在法律生效之前完成,以保证法律的执行。某些地方在电力法实施后六年半之久尚未完成这一工作,属于工作中的问题,不应影响电力法有关规定的效力。

以上意见供参考。

国家工商行政管理局关于电业局在农网改造中滥收费用定性处理问题的答复

（2000 年 12 月 26 日　工商公字〔2000〕第 311 号）

福建省工商行政管理局：

你局《关于对福州市电业局在农网改造中滥收费用可否依照反不正当竞争法定性处罚的请示》（闽工商公字〔2000〕第 614 号）收悉。经研究，答复如下：

电业局属于《反不正当竞争法》第六条规范的提供供电服务的公用企业。电业局在农网改造中，滥用其独占地位，对安装 20 安培及以上电能表的用户加收 150 元的“低压接户改造费”，对拒绝交纳该笔费用的用户，不予安装电能表，其行为违反了《反不正当竞争法》第六条规定并构成《关于禁止公用企业限制竞争行为的若干规定》第四条（六）项所列的限制竞争行为，应当按照《反不正当竞争法》第二十三条的规定予以处罚。

国家工商行政管理总局对供电部门强行收取不该收取的费用行为定性处罚问题的答复

（2001 年 7 月 6 日　工商公字〔2001〕第 175 号）

山东省工商行政管理局：

你局《关于供电部门在农村低压电网改造中违反国家规定向村委会和农民收取施工费、材料费是否属于滥收费用的不正当竞争行为的请示》（鲁工商公字〔2001〕96 号）收悉。经研究，答复如下：

一、根据有关规定，国家已安排专款用于农网改造，除电能表以下入户线由农民出资购买、部分改造资金不足地区电能表由农民集资购买外，严禁向农民收取任何形式的材料费、施工费、管理费、手续费、供电及配电贴费（增容费）等其他费用。

二、供电部门是提供电力服务的经营者，属于《反不正当竞争法》第六条规定的公用企业。供电部门在农网改造中，违反国家有关规定，在农民不知情的情况下，通过与村委会签订格式合同，向农民收取材料费、施工费等费用，其行为实质上是滥用其在农网改造中的独占地位，强行收取不该收取的费用，违反了《反不正当竞争法》第六条的规定，构成《关于禁止公用企业限制竞争行为的若干规定》第四条第六项所列“对不接受其不合理条件的用户、消费者拒绝、中断或者削减供应相应相关商品，或者滥收费用”的限制竞争行为，应当根据《反不正当竞争法》第二十三条的规定予以处罚。

国家工商行政管理总局关于电力局在农网改造中实施限制竞争行为及被指定的经营者借此滥收费的问题的答复

（2002 年 12 月 31 日　工商公字〔2002〕第 287 号）

湖南省工商行政管理局：

你局《关于永州市江华县电力局在农网改造中强制用户购买其统一采购的商品及收取超过物价部门规定的标准费用的行为是否应依据〈反不正当竞争法〉予以定性处罚的请示》（湘工商法字〔2002〕241 号）收悉。经研究，答复如下：

一、电力局属于《反不正当竞争法》第六条规定的公用企业。电力局滥用其优势地位，在农村电网改造中，采取不拉线、不送电等手段，强制用户向其劳动服务公司购买其招标采购的电能表及进户线等器材的行为，违反了《反不正当竞争法》第六条和《关于禁止公用企业限制竞争行为的若干规定》第四条第二项规定，构成限制竞争行为，工商行政管理机关应当依据《反不正当竞争法》第二十三条规定予以处罚。

二、对于被指定的经营者借此滥收费用的行为，工商行政管理机关有权依据《反不正当竞争法》第二十三条规定予以处罚。

国家发展改革委、国家电监会加强电力需求侧管理工作的指导意见

（2004年5月27日国家发展改革委、国家电监会发布
发改能源〔2004〕939号）

第一章 总 则

第一条 电力需求侧管理是国家能源战略的重要组成部分，是缓解电力供应紧张状况，提高电力使用效率的重要举措，是科学发展观的具体体现，对促进能源、经济、环境协调发展具有重要意义。为了进一步做好全国电力需求侧管理，保证电力需求侧管理工作规范、有效、持续地开展，依据有关法律法规，特制定本指导意见。

第二条 电力需求侧管理是指通过采取有效的激励措施，引导电力用户改变用电方式，提高终端用电效率，优化资源配置，改善和保护环境，实现最小成本电力服务所进行的用电管理活动，是促进电力工业与国民经济、社会协调发展的一项系统工程。

第三条 电力需求侧管理工作，要由各级政府大力推动和主导，加强规划管理、负荷管理、节电管理，大力开展宣传与培训，监管机构实施有效监管，利用经济、技术及必要的行政措施等多种手段，充分调动电网经营企业、发电企业、用户及能源中介机构等各方积极性，共同参与，共享收益，以取得最佳的社会效益和经济效益。

第二章 组织管理

第四条 各省（区、市）政府负责主导、推动本地区电力需求侧管理工作，组织制定电力需求侧管理规章、标准和规划，出台相应政策，建立健全电力需求侧管理运行机制，研究提出开展电力需求侧管理工作的内容和目标，推动能源服务中介组织的发展，建立大电力用户能源效率评价制度，协调社会、电力企业、用户的利益，充分调动各方积极性，推动电力需求侧管理健康发展。

第五条 电力监管机构应协助政府制定有关规章、标准及政策,监督检查电力需求侧管理各项措施的落实和各项目标的完成情况。协助政府部门监督检查电力需求侧管理资金的使用以及高效节能产品和技术的推广应用等,保证电力需求侧管理工作规范健康发展。

第六条 电网经营企业是实施电力需求侧管理工作的主体,受政府委托研究提出电力需求侧管理规章、标准、规划及政策建议,并在电力系统规划、生产和运行管理中落实电力需求侧管理的各项工作。

第七条 电力用户要增强节能意识和环保意识,要制订节电规划,积极采用高效节电技术和产品,优化用电方式,提高能源效率,减少电力消耗,并配合落实各项负荷管理措施。大电力用户是电力需求侧管理的重要参与者,要根据能源效率评价制度要求,定期上报能源消耗指标,配合能源效率评价工作。

第三章 规划管理

第八条 各省(区、市)政府应根据本地区经济发展目标和电力供需特点,将通过电力需求侧管理节约的电力和电量,作为一种资源纳入电力工业发展规划、能源发展规划与地区经济发展规划。

第九条 各省(区、市)政府应组织本地电网经营企业制订年度电力需求侧管理工作计划,提出负荷管理目标、节电目标和实施方案等。

第四章 负荷管理

第十条 各省(区、市)政府有关部门应制定积极的经济激励政策,引导用户移峰填谷、合理用电。经济激励政策包括:

1. 适当扩大电网销售环节峰谷分时电价执行范围和峰谷分时电价价差。具备条件的地区,中小企业和居民用户也可实行峰谷分时电价。电网尖峰负荷突出的地区,可根据具体情况实行尖峰电价,尖峰电价水平适当高于高峰时段电价;

2. 具备条件的地区在发电上网环节实行与电网销售环节联动的峰谷分时电价;

3. 水电比重大或用电随季节变化大的地区可实行丰枯电价或季节性电价;

4. 逐步扩大两部制电价执行范围,适当提高两部制电价中基本电价的比重;

5. 研究可中断负荷和高可靠性电价政策,具备条件的地区,可制定可中断负荷与高可靠性电价实施办法。

第十一条 各省(区、市)政府应大力推广蓄能,包括蓄冷、蓄热等转移负荷类技术措施。各地区要加快建设和完善电力负荷管理系统,负荷监控能力应达到本地区总用电负荷的70%,引导电力用户主动转移高峰负荷。

第十二条 电力供需紧张情况下,各省(区、市)政府要组织电网经营企业制定电力需求侧管理错峰方案,按照“先错峰、后避峰、再限电”的实施原则,采取科学、合理、有效措施,实现有序用电、有序限电。当用电需求超过电网供电能力时,电网经营企业要按政府批准的拉限电序位表实施拉限电,并事先通知电力用户。错峰方案要优先保障居民生活、交通信号灯、农业灌溉以及其他重要用户的用电,避免出现因限电导致的社会不稳定问题。

第五章 节 电 管 理

第十三条 各省(区、市)政府有关部门应制定经济补贴等优惠政策,研究提出信贷政策建议,扶持节能技术、产品的研究开发和生产。节能技术包括:绿色照明技术、产品和节能型家用电器;高效风机、水泵、电动机、变压器的应用技术;大功率低频电源冶炼技术;交流电动机调速运行技术;建筑节能技术等等。组织高效先进技术的示范工程,鼓励电力用户购买、使用节能技术和产品,替代旧的高能耗工艺。

第十四条 各行业协会要加强本行业的单位产值耗电量管理,研究提出本行业能效标准,对本行业的重点用电大户进行能源效率评价,并制订节能增效实施方案,报国家发展改革委备案。

第十五条 各省(区、市)政府应积极推行用电设备的能源效率标准和建筑节能设计标准,逐步淘汰低效用电设备,开展能源效率评价工作。

第十六条 各省(区、市)政府有关部门要根据产业政策和能效标准,定期对本地区前100家用电大户进行排序,确定本地区节电增效的重点电力用户,并制定或提出专项节电措施,落实责任,尽快提高用电企业的能源利用效率。

第六章 宣传与培训

第十七条 加强电力需求侧管理的宣传工作。利用各种宣传手段,向全社会广泛深入地宣传电力需求侧管理的理念、意义、作用以及技术、产品和成功案例,为电力用户提供电力需求侧管理技术信息和经验,引导电力用户采用科学的用电方式和先进的用电技术。

第十八条 加强电力需求侧管理政策、标准、知识、技术等方面的培训,促进电力需求侧管理工作有效开展。各省(区、市)政府有关部门、各行业协会应组织需求侧管理的宣传和培训工作,各级电网经营企业要积极配合做好宣传和培训工作。培训重点提高政府部门有关人员的责任意识和管理水平;强化电网经营企业有关人员的服务意识,掌握技术标准,提高业务能力;加强电力用户的节能意识,熟知并执行技术标准,促进用电企业采用先进节能技术,提高能效。在电力供应紧张时期,电网经营企业的工作人员更应做到耐心、细致、周到地服务。

第七章　资金来源与使用

第十九条　有关财政部门要大力支持电力需求侧管理资金的筹措,各省(区、市)政府要积极研究筹措电力需求侧管理专项资金。资金来源可考虑从销售电价代收的城市公用事业附加费中提取、从政府财政预算中列支以及调整电价政策等多种渠道筹集。逐步建立电力需求侧管理的效益机制,从施行电力需求侧管理带来的效益中筹集资金。

第二十条　电力需求侧管理资金必须专款专用,主要用于:电力需求侧管理的宣传、培训和示范项目,支持节电产品的研究开发,支持用户节电技术改造、购买节电产品和实行可中断负荷的经济补贴,支持电网企业建设负荷管理系统等。

第八章　附　　则

第二十一条　各省(区、市)政府要根据本指导意见,组织电网经营企业及相关机构,结合本地区实际情况制定具体实施方案。

第二十二条　本指导意见自发布之日起执行。

第二十三条　本指导意见由国家发展改革委负责解释。

能源部、公安部关于严禁窃电的通告

（1990 年 1 月 31 日国务院批准　1990 年 5 月 28 日发布）

为治理经济环境，整顿供用电秩序，保证生产建设和人民生活的正常用电，必须严禁任何窃电行为。为此，特通告如下：

一、全国城乡各企业、事业单位、机关团体和其他社会组织，要积极宣传和贯彻《全国供用电规则》，加强对职工的法制教育，共同遵守和维护有关的法律、法规和规章。

二、任何单位或个人有下列行为之一的，即为窃电：

1. 在供电企业的供电设施上，擅自接线用电；

2. 绕越供电企业计费计量装置用电；

3. 伪造或启封供电企业加封的表计封印；

4. 故意损坏供电企业计费计量装置；

5. 包灯用电户，私自增加用电容量；

6. 致使供电企业计费计量装置计量不准或失效的其他行为。

三、供电部门对窃电行为，可视情况当即采取限制用电或停电措施，并按《全国供用电规则》第十章第 80 条第 2 款规定处理。造成供电部门设备损坏的，窃电责任者还要照价赔偿或支付修复费用。

四、窃电构成违反治安管理情节的，公安机关可以依照《中华人民共和国治安管理处罚条例》有关规定予以处罚。

窃电数额较大，情节严重，构成犯罪的，依法追究刑事责任。

五、检查窃电行为的工作人员必须持有专用证件，按章办事。被检查的用电单位和个人应予配合。

六、对持证查电的工作人员进行侮辱、殴打、非法拘禁或用其他方法威胁人身安全的，按照《中华人民共和国治安管理处罚条例》规定予以处罚；构成犯罪的，依法追究刑事责任。本通告自发布之日起执行。

第五章　电价管理

国家发展改革委办公厅
关于优化电价政策发布机制的通知

（2019年4月22日　发改办价格〔2019〕487号）

各省、自治区、直辖市发展改革委（物价局），国家电网有限公司、南方电网公司、内蒙古电力（集团）有限责任公司：

为进一步改善营商环境，提高电费透明度，各省（自治区、直辖市）价格主管部门制定或调整涉及终端电力用户用电价格的政策文件，须提前一个月通过你委（局）门户网站向社会公布，便于电力用户提前知晓电价政策信息。电网企业应做好电价政策信息的宣传、告知和解释工作，并严格遵守相关政策规定及执行时间。

国务院另有规定的，按照国务院要求执行。

国家发展改革委关于进一步完善分时电价机制的通知

（2021 年 7 月 26 日　发改价格〔2021〕1093 号）

各省、自治区、直辖市发展改革委，国家电网有限公司、中国南方电网有限责任公司、内蒙古电力（集团）有限责任公司：

为贯彻落实党中央、国务院关于深化电价改革、完善电价形成机制的决策部署，充分发挥分时电价信号作用，服务以新能源为主体的新型电力系统建设，促进能源绿色低碳发展，现就进一步完善分时电价机制有关事项通知如下。

一、总体要求

适应新能源大规模发展、电力市场加快建设、电力系统峰谷特性变化等新形势新要求，持续深化电价市场化改革、充分发挥市场决定价格作用，形成有效的市场化分时电价信号。在保持销售电价总水平基本稳定的基础上，进一步完善目录分时电价机制，更好引导用户削峰填谷、改善电力供需状况、促进新能源消纳，为构建以新能源为主体的新型电力系统、保障电力系统安全稳定经济运行提供支撑。

二、优化分时电价机制

（一）完善峰谷电价机制。

1. 科学划分峰谷时段。各地要统筹考虑当地电力供需状况、系统用电负荷特性、新能源装机占比、系统调节能力等因素，将系统供需紧张、边际供电成本高的时段确定为高峰时段，引导用户节约用电、错峰避峰；将系统供需宽松、边际供电成本低的时段确定为低谷时段，促进新能源消纳、引导用户调整负荷。可再生能源发电装机比重高的地方，要充分考虑新能源发电出力波动，以及净负荷曲线变化特性。

2. 合理确定峰谷电价价差。各地要统筹考虑当地电力系统峰谷差率、新能源装机占比、系统调节能力等因素，合理确定峰谷电价价差，上年或当年预计最大系统峰谷差率超过 40% 的地方，峰谷电价价差原则上不低于 4∶1；其他地方原则上不低于 3∶1。

（二）建立尖峰电价机制。各地要结合实际情况在峰谷电价的基础上推行尖峰电价机制。尖峰时段根据前两年当地电力系统最高负荷95%及以上用电负荷出现的时段合理确定，并考虑当年电力供需情况、天气变化等因素灵活调整；尖峰电价在峰段电价基础上上浮比例原则上不低于20%。热电联产机组和可再生能源装机占比大、电力系统阶段性供大于求矛盾突出的地方，可参照尖峰电价机制建立深谷电价机制。强化尖峰电价、深谷电价机制与电力需求侧管理政策的衔接协同，充分挖掘需求侧调节能力。

（三）健全季节性电价机制。日内用电负荷或电力供需关系具有明显季节性差异的地方，要进一步建立健全季节性电价机制，分季节划分峰谷时段，合理设置季节性峰谷电价价差；水电等可再生能源比重大的地方，要统筹考虑风光水多能互补因素，进一步建立健全丰枯电价机制，丰、枯时段应结合多年来水、风光出力特性等情况合理划分，电价浮动比例根据系统供需情况合理设置。鼓励北方地区研究制定季节性电采暖电价政策，通过适当拉长低谷时段、降低谷段电价等方式，推动进一步降低清洁取暖用电成本，有效保障居民冬季清洁取暖需求。

三、强化分时电价机制执行

（一）明确分时电价机制执行范围。各地要加快将分时电价机制执行范围扩大到除国家有专门规定的电气化铁路牵引用电外的执行工商业电价的电力用户；对部分不适宜错峰用电的一般工商业电力用户，可研究制定平均电价（执行分时电价用户的平均用电价格），由用户自行选择执行；不得自行暂停分时电价机制执行或缩小执行范围，严禁以完善分时电价机制为名变相实施优惠电价。鼓励工商业用户通过配置储能、开展综合能源利用等方式降低高峰时段用电负荷、增加低谷用电量，通过改变用电时段来降低用电成本。有条件的地方，要按程序推广居民分时电价政策，逐步拉大峰谷电价价差。

（二）建立分时电价动态调整机制。各地要根据当地电力系统用电负荷或净负荷特性变化，参考电力现货市场分时电价信号，适时调整目录分时电价时段划分、浮动比例。电力现货市场运行的地方要完善市场交易规则，合理设定限价标准，促进市场形成有效的分时电价信号，为目录分时电价机制动态调整提供参考。

（三）完善市场化电力用户执行方式。电力现货市场尚未运行的地方，要完善中长期市场交易规则，指导市场主体签订中长期交易合同时申报用电曲线、反映各时段价格，原则上峰谷电价价差不低于目录分时电价的峰谷电价价差。市场交易合同未申报用电曲线或未形成分时价格的，结算时购电价格应按目录分时电价机制规定的峰谷时段及浮动比例执行。

四、加强分时电价机制实施保障

（一）精心组织实施。各地要充分认识进一步完善分时电价机制的重要性、紧迫性和复杂性，在充分听取各方面意见建议基础上，结合当地实际，研究制定进一步完善分时电价机制的具体措施，有关落实情况请于2021年12月底前报我委。

（二）做好执行评估。各地要密切跟踪当地电力系统峰谷特性变化，动态掌握分时电价机制执行情况，深入评估分时电价机制执行效果，发现问题及时按程序研究解决。电网企业要对分时电价收入情况单独归集、单独反映，产生的盈亏在下一监管周期省级电网输配电价核定时统筹考虑。

（三）强化宣传引导。各地要采取多种形式全面准确解读分时电价机制，宣传分时电价机制在保障电力安全供应、促进新能源消纳、提升系统运行效率等方面的重要作用，争取各方理解支持，加强舆情监测预警，及时回应社会关切，确保分时电价机制平稳实施。

现行政策与本通知不符的，以本通知规定为准。

国家发展改革委关于2021年新能源上网电价政策有关事项的通知

（2021年6月7日　发改价格〔2021〕833号）

各省、自治区、直辖市发展改革委，国家电网有限公司、南方电网有限责任公司、内蒙古电力（集团）有限责任公司：

为贯彻落实党中央、国务院决策部署，充分发挥电价信号作用，合理引导投资、促进资源高效利用，推动光伏发电、风电等新能源产业高质量发展，经商国家能源局，现就2021年光伏发电、风电等新能源上网电价政策有关事项通知如下：

一、2021年起，对新备案集中式光伏电站、工商业分布式光伏项目和新核准陆上风电项目（以下简称“新建项目”），中央财政不再补贴，实行平价上网。

二、2021年新建项目上网电价，按当地燃煤发电基准价执行；新建项目可自愿通过参与市场化交易形成上网电价，以更好体现光伏发电、风电的绿色电力价值。

三、2021年起，新核准（备案）海上风电项目、光热发电项目上网电价由当地省级价格主管部门制定，具备条件的可通过竞争性配置方式形成，上网电价高于当地燃煤发电基准价的，基准价以内的部分由电网企业结算。

四、鼓励各地出台针对性扶持政策，支持光伏发电、陆上风电、海上风电、光热发电等新能源产业持续健康发展。

本通知自2021年8月1日起执行。

国家发展改革委关于完善风电上网电价政策的通知

（2019 年 5 月 21 日　发改价格〔2019〕882 号）

各省、自治区、直辖市及计划单列市、新疆生产建设兵团发展改革委（物价局），国家电网有限公司、南方电网公司、内蒙古电力（集团）有限责任公司：

为落实国务院办公厅《能源发展战略行动计划（2014～2020）》关于风电 2020 年实现与煤电平价上网的目标要求，科学合理引导新能源投资，实现资源高效利用，促进公平竞争和优胜劣汰，推动风电产业健康可持续发展，现将完善风电上网电价政策有关事项通知如下。

一、关于陆上风电上网电价

（一）将陆上风电标杆上网电价改为指导价。新核准的集中式陆上风电项目上网电价全部通过竞争方式确定，不得高于项目所在资源区指导价。

（二）2019 年Ⅰ～Ⅳ类资源区符合规划、纳入财政补贴年度规模管理的新核准陆上风电指导价分别调整为每千瓦时 0.34 元、0.39 元、0.43 元、0.52 元（含税、下同）；2020 年指导价分别调整为每千瓦时 0.29 元、0.34 元、0.38 元、0.47 元。指导价低于当地燃煤机组标杆上网电价（含脱硫、脱销、除尘电价，下同）的地区，以燃煤机组标杆上网电价作为指导价。

（三）参与分布式市场化交易的分散式风电上网电价由发电企业与电力用户直接协商形成，不享受国家补贴。不参与分布式市场化交易的分散式风电项目，执行项目所在资源区指导价。

（四）2018 年底之前核准的陆上风电项目，2020 年底前仍未完成并网的，国家不再补贴；2019 年 1 月 1 日至 2020 年底前核准的陆上风电项目，2021 年底前仍未完成并网的，国家不再补贴。自 2021 年 1 月 1 日开始，新核准的陆上风电项目全面实现平价上网，国家不再补贴。

二、关于海上风电上网电价

（一）将海上风电标杆上网电价改为指导价，新核准海上风电项目全部通过竞争方式确定上网电价。

（二）2019 年符合规划、纳入财政补贴年度规模管理的新核准近海风电指导价调整为每千瓦时 0.8 元，2020 年调整为每千瓦时 0.75 元。新核准近海风电项目通过竞争方式确定的上网电价，不得高于上述指导价。

（三）新核准潮间带风电项目通过竞争方式确定的上网电价，不得高于项目所在资源区陆上风电指导价。

（四）对 2018 年底前已核准的海上风电项目，如在 2021 年底前全部机组完成并网的，执行核准时的上网电价；2022 年及以后全部机组完成并网的，执行并网年份的指导价。

三、其他事项

（一）风电上网电价在当地燃煤机组标杆上网电价（含脱硫、脱硝、除尘电价）以内的部分，由当地省级电网结算；高出部分由国家可再生能源发展基金予以补贴。

（二）风电企业和电网企业必须真实、完整地记载和保存相关发电项目上网交易电量、上网电价和补贴金额等资料，接受有关部门监督检查，并于每月 10 日前将相关数据报送至国家可再生能源信息管理中心。

上述规定自 2019 年 7 月 1 日起执行。

国家发展改革委关于完善光伏发电上网电价机制有关问题的通知

（2019 年 4 月 28 日　发改价格〔2019〕761 号）

各省、自治区、直辖市及计划单列市、新疆生产建设兵团发展改革委、物价局，国家电网有限公司、南方电网公司、内蒙古电力(集团)有限责任公司：

为科学合理引导新能源投资，实现资源高效利用，促进公平竞争和优胜劣汰，推动光伏发电产业健康可持续发展，现就完善光伏发电上网电价机制有关问题通知如下。

一、完善集中式光伏发电上网电价形成机制

(一)将集中式光伏电站标杆上网电价改为指导价。综合考虑技术进步等多方面因素，将纳入国家财政补贴范围的Ⅰ～Ⅲ类资源区新增集中式光伏电站指导价分别确定为每千瓦时 0.40 元(含税，下同)、0.45 元、0.55 元。

(二)新增集中式光伏电站上网电价原则上通过市场竞争方式确定，不得超过所在资源区指导价。市场竞争方式确定的价格在当地燃煤机组标杆上网电价(含脱硫、脱硝、除尘电价)以内的部分，由当地省级电网结算；高出部分由国家可再生能源发展基金予以补贴。

(三)国家能源主管部门已经批复的纳入财政补贴规模且已经确定项目业主，但尚未确定上网电价的集中式光伏电站(项目指标作废的除外)，2019 年 6 月 30 日(含)前并网的，上网电价按照《关于 2018 年光伏发电有关事项的通知》(发改能源〔2018〕823 号)规定执行；7 月 1 日(含)后并网的，上网电价按照本通知规定的指导价执行。

(四)纳入国家可再生能源电价附加资金补助目录的村级光伏扶贫电站(含联村电站)，对应的Ⅰ～Ⅲ类资源区上网电价保持不变，仍分别按照每千瓦时 0.65 元、0.75 元、0.85 元执行。

二、适当降低新增分布式光伏发电补贴标准

(一)纳入 2019 年财政补贴规模，采用“自发自用、余量上网”模式的工商业分

布式(即除户用以外的分布式)光伏发电项目,全发电量补贴标准调整为每千瓦时0.10元;采用“全额上网”模式的工商业分布式光伏发电项目,按所在资源区集中式光伏电站指导价执行。能源主管部门统一实行市场竞争方式配置的工商业分布式项目,市场竞争形成的价格不得超过所在资源区指导价,且补贴标准不得超过每千瓦时0.10元。

(二)纳入2019年财政补贴规模,采用“自发自用、余量上网”模式和“全额上网”模式的户用分布式光伏全发电量补贴标准调整为每千瓦时0.18元。

(三)鼓励各地出台针对性扶持政策,支持光伏产业发展。

本通知自2019年7月1日起执行。

国家发展改革委关于进一步完善煤炭市场价格形成机制的通知

（2022 年 2 月 24 日　发改价格〔2022〕303 号）

各省、自治区、直辖市及计划单列市、新疆生产建设兵团发展改革委，有关企业，有关行业协会：

为贯彻落实中央经济工作会议和国务院常务会议精神，根据《价格法》等相关法律法规规定，现就进一步完善煤炭市场价格形成机制及有关事项通知如下：

一、总体思路

煤炭是关系国计民生的重要初级产品，电力供应和安全事关经济社会发展全局。要立足以煤为主的基本国情，使市场在资源配置中起决定性作用，更好发挥政府作用，综合运用市场化、法治化手段，引导煤炭（动力煤，下同）价格在合理区间运行，完善煤、电价格传导机制，保障能源安全稳定供应，推动煤、电上下游协调高质量发展。

二、引导煤炭价格在合理区间运行

煤炭价格由市场形成。国家发展改革委会同有关方面综合采取供需衔接、储备吞吐、进出口调节、运输协调等措施，促进煤炭价格在合理区间运行。当煤炭价格显著上涨或者有可能显著上涨时，将根据《价格法》第三十条等规定，按程序及时启动价格干预措施，引导煤炭价格回归合理区间；当煤炭价格出现过度下跌时，综合采取适当措施，引导煤炭价格合理回升。

从多年市场运行情况看，近期阶段秦皇岛港下水煤（5500 千卡）中长期交易价格每吨 570 ~ 770 元（含税）较为合理（晋陕蒙相应煤炭出矿环节中长期交易价格合理区间见附件），煤炭生产、流通、消费能够保持基本平稳，煤、电上下游产业能够实现较好协同发展。适时对合理区间进行评估完善。

三、完善煤、电价格传导机制

引导煤、电价格主要通过中长期交易形成。煤炭中长期交易价格在合理区间内运行时，燃煤发电企业可在现行机制下通过市场化方式充分传导燃料成本变化，鼓励在电力中长期交易合同中合理设置上网电价与煤炭中长期交易价格挂钩的条款，有效实现煤、电价格传导。

四、健全煤炭价格调控机制

（一）提升煤炭市场供需调节能力。进一步完善煤炭产供储销体系，保障煤炭产能合理充裕，完善煤炭中长期合同制度，进一步增强政府可调度储煤能力，完善储备调节机制，适时收储投放，促进煤炭价格在合理区间运行。增强铁路煤炭集疏运配套能力。建立健全煤炭需求侧响应机制，必要时合理调节煤炭消费。

（二）强化煤炭市场预期管理。健全煤炭生产流通成本调查制度和市场价格监测制度，为开展煤炭价格调控、评估完善煤炭价格合理区间提供支撑。及时发布煤炭市场和价格信息，强化煤炭价格指数行为评估和合规性审查。煤炭价格超出合理区间时，充分运用《价格法》等法律法规规定的手段和措施，引导煤炭价格回归合理区间。

（三）加强煤、电市场监管。严禁对合理区间内的煤、电价格进行不当行政干预，严禁违规对高耗能企业给予电价优惠。健全行业信用体系，强化煤、电中长期合同履约监管。密切关注投机资本动向，加强期现货市场联动监管，坚决遏制资本过度投机和恶意炒作。各地发展改革部门要配合市场监管部门，密切关注煤、电市场竞争状态，强化反垄断监管；及时查处市场主体捏造散布涨价信息、囤积居奇、哄抬价格、价格串通等价格违法违规行为；煤炭价格干预措施实施后，严肃查处不执行价格干预措施的违法行为，典型案例公开曝光。

本通知自 2022 年 5 月 1 日起执行。进口煤炭价格不适用本通知规定。

附件：重点地区煤炭出矿环节中长期交易价格合理区间（略）

国家发展和改革委员会关于深化燃煤发电上网电价形成机制改革的指导意见

（2019 年 10 月 21 日　发改价格规〔2019〕1658 号）

各省、自治区、直辖市及计划单列市、新疆生产建设兵团发展改革委（物价局），华能集团、大唐集团、华电集团、国家能源集团、国家电投集团、国投电力有限公司，国家电网有限公司、南方电网公司、内蒙古电力（集团）有限责任公司：

为贯彻落实《中共中央　国务院关于进一步深化电力体制改革的若干意见》、《中共中央　国务院关于推进价格机制改革的若干意见》精神，加快推进电力价格市场化改革，有序放开竞争性环节电力价格，提升电力市场化交易程度，经国务院同意，现就深化燃煤发电上网电价形成机制改革提出以下意见。

一、改革必要性

2004 年以来，燃煤发电标杆上网电价及煤电价格联动机制逐步建立，并成为上网侧电价形成的重要基准，对规范政府定价行为、促进不同类型上网电价合理形成、优化电力行业投资、引导电力企业效率改善、推动电力上下游产业健康发展发挥了重要作用。近年来，随着电力市场化改革的不断深化，竞争性环节电力价格加快放开，现行燃煤发电标杆上网电价机制已难以适应形势发展，突出表现为不能有效反映电力市场供求变化、电力企业成本变化，不利于电力上下游产业协调可持续发展，不利于市场在电力资源配置中发挥决定性作用。

党中央、国务院关于电力体制改革和价格机制改革的相关文件明确提出，要坚持“管住中间、放开两头”，有序放开输配以外的竞争性环节电力价格；2018 年中央经济工作会议也明确要求提升电力市场化交易程度。当前，输配电价改革已经实现全覆盖，“准许成本 + 合理收益”的定价机制基本建立；各地电力市场化交易规模不断扩大，约 50% 的燃煤发电上网电量电价已通过市场交易形成，现货市场已开始建立；全国电力供需相对宽松、燃煤机组发电利用小时数低于正常水平，进一步深化燃煤发电上网电价形成机制改革已具备坚实基础和有利条件，应抓住机遇加快推进竞争性环节电力价格市场化改革。

二、总体思路和基本原则

（一）总体思路。坚持市场化方向，按照“管住中间、放开两头”的体制架构，进一步深化燃煤发电上网电价机制改革，加快构建能够有效反映电力供求变化、与市场化交易机制有机衔接的价格形成机制，为全面有序放开竞争性环节电力价格、加快确立市场在电力资源配置中的决定性作用和更好发挥政府作用奠定坚实基础。

（二）基本原则。

坚持整体设计，分步推进。按照市场化改革要求，既要强化顶层设计，凡是能放给市场的坚决放给市场，政府不进行不当干预；又要分步实施，有序扩大价格形成机制弹性，防止价格大幅波动，逐步实现全面放开燃煤发电上网电价，确保改革平稳推进。

坚持统筹谋划，有效衔接。充分考虑不同类型、不同环节电价之间的关系，统筹谋划好核电、水电、燃气发电、新能源上网电价形成机制，以及不同类型用户销售电价形成机制，确保深化燃煤发电上网电价机制改革措施有效衔接。

坚持协同推进，保障供应。充分认识改革的复杂性，广泛听取意见建议，强化配套保障措施，确保改革有序开展。加快推进电力市场建设，协同深化电量、电价市场化改革，确保电力系统安全稳定运行，保障电力供应。

坚持强化监管，规范有序。按照放管并重的要求，加强电力价格行为监管，建立价格异常波动调控机制，健全市场规范、交易原则、电力调度、资金结算、风险防范、信息披露等制度，确保燃煤发电上网电价合理形成。

三、改革举措

（一）为稳步实现全面放开燃煤发电上网电价目标，将现行燃煤发电标杆上网电价机制改为“基准价＋上下浮动”的市场化价格机制。基准价按当地现行燃煤发电标杆上网电价确定，浮动幅度范围为上浮不超过10%、下浮原则上不超过15%。对电力交易中心依照电力体制改革方案开展的现货交易，可不受此限制。国家发展改革委根据市场发展适时对基准价和浮动幅度范围进行调整。

（二）现执行标杆上网电价的燃煤发电电量，具备市场交易条件的，具体上网电价由发电企业、售电公司、电力用户等市场主体通过场外双边协商或场内集中竞价（含挂牌交易）等市场化方式在“基准价＋上下浮动”范围内形成，并以年度合同等中长期合同为主确定；暂不具备市场交易条件或没有参与市场交易的工商业用户用电对应的电量，仍按基准价执行。

（三）燃煤发电电量中居民、农业用户用电对应的电量仍按基准价执行。

（四）燃煤发电电量中已按市场化交易规则形成上网电价的，继续按现行市场化规则执行。

（五）燃煤发电上网电价形成机制改革后，现行煤电价格联动机制不再执行。

四、配套改革

（一）健全销售电价形成机制。通过市场化方式形成上网电价的工商业用户用电价格，包括市场化方式形成上网电价、输配电价（含交叉补贴和线损，下同）、政府性基金，不再执行目录电价。由电网企业保障供应的用户用电价格，继续执行各地目录电价。其中，居民、农业用电继续执行现行目录电价，确保价格水平稳定。

（二）稳定可再生能源发电价补机制和核电、燃气发电、跨省跨区送电价格形成机制。纳入国家补贴范围的可再生能源发电项目上网电价在当地基准价（含脱硫、脱硝、除尘电价）以内的部分，由当地省级电网结算，高出部分按程序申请国家可再生能源发展基金补贴。核电、燃气发电、跨省跨区送电价格形成机制等，参考燃煤发电标杆上网电价的，改为参考基准价。

（三）相应明确环保电价政策。执行"基准价＋上下浮动"价格机制的燃煤发电电量，基准价中包含脱硫、脱硝、除尘电价。仍由电网企业保障供应的电量，在执行基准价的基础上，继续执行现行超低排放电价政策。燃煤发电上网电价完全放开由市场形成的，上网电价中包含脱硫、脱硝、除尘电价和超低排放电价。

（四）规范交叉补贴调整机制。以 2018 年为基数，综合考虑电量增长等因素，在核定电网输配电价时统筹确定交叉补贴金额，以平衡电网企业保障居民、农业用电产生的新增损益。

（五）完善辅助服务电价形成机制。通过市场机制形成燃煤机组参与调峰、调频、备用、黑启动等辅助服务的价格，以补偿燃煤发电合理成本，保障电力系统安全稳定运行。对于燃煤机组利用小时严重偏低的省份，可建立容量补偿机制，容量电价和电量电价通过市场化方式形成。

五、实施安排

（一）各地要结合当地情况组织开展燃煤发电上网电价机制改革，制定细化实施方案，经省级人民政府批准后，于 2019 年 11 月 15 日前报国家发展改革委备案。尚不具备条件的地方，可暂不浮动，按基准价（即现行燃煤发电标杆上网电价）执行。现货市场实际运行的地方，可按现货市场规则执行。

（二）实施"基准价＋上下浮动"价格机制的省份，2020 年暂不上浮，确保工商业平均电价只降不升。国家发展改革委可根据情况对 2020 年后的浮动方式进行调控。

(三)国家发展改革委动态跟踪实施情况,结合电力体制改革总体进展,适时开展评估调整。

六、保障措施

(一)强化居民、农业等电力保障。居民、农业用电电量以及不具备市场交易条件或没有参与市场交易的工商业用户电量,由电网企业保障供应,主要通过优先发电计划保障,不足部分由所有参与电力市场的发电企业机组等比例保障。

(二)规范政府行为。各地要坚持市场化方向,按照国家制定的市场规则和运营规则来开展市场建设和电力交易,对用户和发电企业准入不得设置不合理门槛,在交易组织、价格形成等过程中,不得进行不当干预。

(三)加强电力市场价格行为监管。充分依托各地现有电力交易市场,积极发挥市场管理委员会作用,完善市场交易、运行等规则,规范市场主体交易行为,保障市场交易公平、公正、公开。积极配合市场监管部门及时查处电力市场中市场主体价格串通、实施垄断协议、滥用市场支配地位等违法违规价格行为,以及地方政府滥用行政权力排除、限制竞争的行为。鼓励市场主体参与价格监督。依托市场信用体系,构建市场主体价格信用档案,对价格违法行为予以联合惩戒。

(四)建立电价监测和风险防范机制。价格主管部门定期监测燃煤发电交易价格波动情况,评估价格波动的合理性。当交易价格出现异常波动时,依法及时采取干预措施,确保燃煤发电价格形成机制改革平稳有序推进。

(五)加强政策解读引导。采取多种方式全面、准确解读深化燃煤发电上网电价形成机制改革政策,加强舆情监测预警,积极回应社会关切,做好应急预案,为改革营造良好舆论环境。

本指导意见自 2020 年 1 月 1 日起实施。各地价格主管部门、电网企业、发电企业要充分认识深化燃煤发电上网电价形成机制改革的重要性、紧迫性和复杂性、艰巨性,切实担当起主体责任,精心细化改革实施方案,认真抓好落实,确保改革平稳实施。

国家发展改革委关于进一步深化燃煤发电上网电价市场化改革的通知

(2021 年 10 月 11 日　发改价格〔2021〕1439 号)

各省、自治区、直辖市及计划单列市、新疆生产建设兵团发展改革委,华能集团、大唐集团、华电集团、国家电投集团、国家能源集团、国投电力有限公司,国家电网有限公司、南方电网有限责任公司、内蒙古电力(集团)有限责任公司:

为贯彻落实党中央、国务院决策部署,加快推进电价市场化改革,完善主要由市场决定电价的机制,保障电力安全稳定供应,现就进一步深化燃煤发电上网电价市场化改革及有关事宜通知如下:

一、总体思路

按照电力体制改革"管住中间、放开两头"总体要求,有序放开全部燃煤发电电量上网电价,扩大市场交易电价上下浮动范围,推动工商业用户都进入市场,取消工商业目录销售电价,保持居民、农业、公益性事业用电价格稳定,充分发挥市场在资源配置中的决定性作用、更好发挥政府作用,保障电力安全稳定供应,促进产业结构优化升级,推动构建新型电力系统,助力碳达峰、碳中和目标实现。

二、改革内容

(一)有序放开全部燃煤发电电量上网电价。燃煤发电电量原则上全部进入电力市场,通过市场交易在"基准价 + 上下浮动"范围内形成上网电价。现行燃煤发电基准价继续作为新能源发电等价格形成的挂钩基准。

(二)扩大市场交易电价上下浮动范围。将燃煤发电市场交易价格浮动范围由现行的上浮不超过 10%、下浮原则上不超过 15%,扩大为上下浮动原则上均不超过 20%,高耗能企业市场交易电价不受上浮 20% 限制。电力现货价格不受上述幅度限制。

(三)推动工商业用户都进入市场。各地要有序推动工商业用户全部进入电力市场,按照市场价格购电,取消工商业目录销售电价。目前尚未进入市场的用户,10

千伏及以上的用户要全部进入,其他用户也要尽快进入。对暂未直接从电力市场购电的用户由电网企业代理购电,代理购电价格主要通过场内集中竞价或竞争性招标方式形成,首次向代理用户售电时,至少提前1个月通知用户。已参与市场交易、改为电网企业代理购电的用户,其价格按电网企业代理其他用户购电价格的1.5倍执行。

鼓励地方对小微企业和个体工商户用电实行阶段性优惠政策。

(四)保持居民、农业用电价格稳定。居民(含执行居民电价的学校、社会福利机构、社区服务中心等公益性事业用户)、农业用电由电网企业保障供应,执行现行目录销售电价政策。各地要优先将低价电源用于保障居民、农业用电。

三、保障措施

(一)全面推进电力市场建设。加强政策协同,适应工商业用户全部进入电力市场需要,进一步放开各类电源发电计划;健全电力市场体系,加快培育合格售电主体,丰富中长期交易品种,加快电力现货市场建设,加强辅助服务市场建设,探索建立市场化容量补偿机制。

(二)加强与分时电价政策衔接。各地要加快落实分时电价政策,建立尖峰电价机制,引导用户错峰用电、削峰填谷。电力现货市场未运行的地方,要做好市场交易与分时电价政策的衔接,市场交易合同未申报用电曲线以及市场电价峰谷比例低于当地分时电价政策要求的,结算时购电价格按当地分时电价峰谷时段及浮动比例执行。

(三)避免不合理行政干预。各地要严格按照国家相关政策要求推进电力市场建设、制定并不断完善市场交易规则,对电力用户和发电企业进入电力市场不得设置不合理门槛,不得组织开展电力专场交易,对市场交易电价在规定范围内的合理浮动不得进行干预,保障市场交易公平、公正、公开。国家发展改革委将会同相关部门进一步加强指导,对地方不合理行政干预行为,通过约谈、通报等方式及时督促整改。

(四)加强煤电市场监管。各地发展改革部门要密切关注煤炭、电力市场动态和价格变化,积极会同相关部门及时查处市场主体价格串通、哄抬价格、实施垄断协议、滥用市场支配地位等行为,电力企业、交易机构参与电力专场交易和结算电费等行为,以及地方政府滥用行政权力排除、限制市场竞争等行为,对典型案例公开曝光,维护良好市场秩序。指导发电企业特别是煤电联营企业统筹考虑上下游业务经营效益,合理参与电力市场报价,促进市场交易价格合理形成。

各地发展改革部门要充分认识当前形势下进一步深化燃煤发电上网电价市场

化改革的重要意义,统一思想、明确责任,会同相关部门和电力企业精心做好组织实施工作;要加强政策宣传解读,及时回应社会关切,增进各方面理解和支持,确保改革平稳出台、落地见效。

本通知自 2021 年 10 月 15 日起实施,现行政策与本通知不符的,以本通知规定为准。

财政部、生态环境部关于核减环境违法等农林生物质发电项目可再生能源电价附加补助资金的通知

（2020 年 12 月 30 日　财建〔2020〕591 号）

国家电网公司，南方电网公司，有关地方独立电网企业，有关发电企业：

为加强农林生物质发电管理，按照《可再生能源电价附加资金管理办法》（财建〔2020〕5 号）有关规定，拟对存在环境排放不达标等行为的农林生物质发电项目，核减国家可再生能源电价附加补助资金（以下简称补贴资金）。现将有关处理办法通知如下：

一、农林生物质发电项目应依法依规申领排污许可证，完成脱硫、脱硝、除尘环保设施（以下简称环保设施）建设并验收合格报当地生态环境部门备案后，方可纳入补贴清单范围。待完成烟气排放连续监测系统安装、保证正常运行，并与省级生态环境部门和省级电网企业（含地方独立电网企业）联网，实时传输数据后，由省级生态环境部门通知电网企业，电网企业方可拨付补贴资金，未实时传输监测数据期间的补贴资金在结算时予以核减。

本文件印发前已纳入补贴清单、但未完成环保设施建设验收的农林生物质发电项目，电网企业应先暂停拨付补贴资金，待发电企业完成环保设施建设验收且实时传输监测数据后再拨付补贴资金。暂停期间的补贴资金不再拨付。

二、纳入补贴范围的农林生物质发电项目，二氧化硫、氮氧化物、颗粒排放物应符合国家和地方大气污染物排放限值。发电企业应向电网企业提供加盖中国计量认证（CMA）章的监测报告或自动监测数据等自行监测报告，电网企业依据发电企业自行监测报告或生态环境部门执法监测报告中大气污染物排放情况监测报告，核算补贴电量，拨付补贴资金。具体方法为：

按季度统计，对小时均值超标次数累计低于 5 次（含 5 次）的机组，该季度补贴电量按其上网电量的 100% 执行；对小时均值超标次数累计高于 5 次但低于 20 次（含 20 次）的机组，该季度补贴电量按其上网电量乘以符合排放限值的时间比例计算；对小时均值超标次数累计高于 20 次但低于 40 次（含 40 次）的机组，或执法检查

认定自动监测设备不正常运行的机组，该季度不享受补贴资金政策；对小时均值超标次数累计高于40次的机组，或执法监测数据超标的机组，该季度不享受补贴资金政策，并移出可再生能源发电补贴清单。

监测期内，二氧化硫、颗粒物、氮氧化物等污染物排放中有一项不符合排放标准的，即视为该时段不符合排放标准。二氧化硫、氮氧化物、颗粒物等污染物以排放浓度小时数均值计，污染物排放浓度小时均值以地方或省级生态环境部门联网的自动监测数据为准，超限值时段根据环保设施集散控制系统（简称DCS）历史数据库数据核定。

三、通过改装烟气排放连续监测系统或环保分布式控制系统软、硬件设备，修改烟气排放连续监测系统或环保分布式控制系统主要参数，篡改烟气排放连续监测系统或环保分布式控制系统历史监测数据或故意损坏丢失数据库等手段，受到生态环境主管部门核实处罚的项目，自处罚生效之日起，电网企业应将其移出可再生能源发电补贴清单。

四、对于国家相关主管部门组织的全国可再生能源发电项目核查结果不合格的农林生物质发电项目，自核查结果公布之日起，电网企业应将其移出可再生能源发电补贴清单。

发电企业拒绝核查、不配合核查或核查过程中提供虚假数据资料的，可直接认定为核查结果不合格。

五、生物质发电项目因前述规定被移出可再生能源发电补贴清单的，自移出之日起3年内不得再纳入补贴清单，移出补贴清单期间所发电量不予补贴。

国家和地方有关部门将利用视频监控、在线监测等手段，加强生物质发电项目建设、运行等方面的监管，定期进行“双随机一公开”抽查检查。对于经国家和地方能源主管部门、生态环境主管部门、财政部门核实掺烧化石燃料的项目，自核实之日起，电网企业应将其移出可再生能源发电补贴清单，并不得再纳入补贴清单。

六、电网企业应将列入补贴清单的农林生物质发电项目情况报送至当地生态环境部门，并按年度向其经营范围内相关生态环境部门申请获取农林生物质发电项目涉及的环境违法行为监测报告或数据。当地生态环境部门收到申请后，在30个工作日内将执法监测超标报告、不正常运行自动监测设备和企业弄虚作假篡改排放数据的处罚结果抄送项目接入的电网企业。电网企业按照前述规定，核减或暂停拨付补贴资金，并与农林生物质发电项目进行结算。

七、农林生物质发电项目向地方生态环境部门申请环境行政处罚（包括自动监测数据小时均值超标等情况）的书面信息，并据此书面信息向电网企业申请补贴资金。电网企业根据书面信息，按照前述规定与农林生物质发电项目进行结算。

八、各级财政、生态环境部门工作人员存在以权谋私、滥用职权、玩忽职守、徇私舞弊等违法违纪行为的，按照《中华人民共和国预算法》、《中华人民共和国公务员法》、《中华人民共和国监察法》、《财政违法行为处罚处分条例》等国家有关规定追究相应责任；涉嫌犯罪的，移送司法机关处理。

九、本通知自印发之日起施行。

国家发展改革委办公厅　国家能源局综合司关于公布2020年生物质发电中央补贴项目申报结果的通知

（2020年11月17日　发改办能源〔2020〕865号）

各省、自治区、直辖市发展改革委、能源局，新疆生产建设兵团发展改革委：

根据《完善生物质发电项目建设运行的实施方案》（发改能源〔2020〕1421号）（以下简称《实施方案》），在各省（区、市）组织申报、审核、公示的基础上，国家发展改革委、国家能源局组织开展了统一复核、汇总排序工作。现将2020年生物质发电中央补贴项目申报结果及有关要求通知如下：

一、遵循公平、公正原则，经委托国家可再生能源信息管理中心对各省（区、市）通过审核、公示无异议的项目进行复核、汇总排序，拟将河北、山西等20个省（区、市）的77个项目纳入2020年生物质发电中央补贴规模，总装机容量171.4万千瓦，纳入补贴范围的项目所需补贴总额已达到2020年中央新增补贴资金额度15亿元。其中，农林生物质发电项目18个、装机容量53万千瓦，垃圾焚烧发电项目46个、装机容量116.3万千瓦，沼气发电项目13个，装机2.1万千瓦，具体结果见附件。

二、按照《实施方案》有关要求，新增项目补贴额度累计达到中央补贴资金总额后，地方当年不再新核准需中央补贴的项目，企业据此合理安排项目建设时序。

三、请各省（区、市）按照“谁审批、谁负责”的原则，加强对纳入2020年生物质发电中央补贴规模项目的监督管理；组织符合2020年补贴条件但未纳入今年补贴规模的项目做好后续补贴申报准备；按照《实施方案》监测要求，及时组织在国家能源局可再生能源发电项目信息管理系统填报核准、在建、新开工项目信息。

四、请电网企业按照《关于促进非水可再生能源发电健康发展的若干意见》（财建〔2020〕4号）、《可再生能源电价附加资金管理办法》（财建〔2020〕5号）有关要求，做好纳入2020年生物质发电中央补贴规模项目后续清单发布相关工作。

附件：2020年生物质发电中央补贴项目申报结果（略）

完善生物质发电项目建设运行的实施方案

（2020 年 9 月 11 日国家发展改革委、财政部、国家能源局发布
发改能源〔2020〕1421 号）

生物质能是可再生能源重要组成部分。近年来，在国家政策支持下，生物质发电（含农林生物质发电、垃圾焚烧发电和沼气发电，下同）行业稳步发展，为构建清洁低碳、安全高效的能源体系，促进生态文明建设发挥了重要作用。为深入贯彻习近平生态文明思想，落实“四个革命、一个合作”能源安全新战略，进一步推动生物质发电高质量发展，特制定本方案。

一、总体要求

以习近平新时代中国特色社会主义思想为指导，全面贯彻党的十九大和十九届二中、三中、四中全会精神，坚持创新、协调、绿色、开放、共享的新发展理念，认真落实习近平总书记关于推进城乡有机废弃物处理利用的重要指示，依据《关于促进非水可再生能源发电健康发展的若干意见》（财建〔2020〕4 号）、《可再生能源电价附加补助资金管理办法》（财建〔2020〕5 号）有关要求，坚持“以收定补、新老划段、有序建设、平稳发展”，进一步完善生物质发电建设运行管理，合理安排 2020 年中央新增生物质发电补贴资金，全面落实各项支持政策，推动产业技术进步，提升项目运行管理水平，逐步形成有效的生物质发电市场化运行机制，促进生物质发电行业持续健康发展。

二、补贴项目条件

2020 年申请中央补贴的项目须符合以下条件：

（一）纳入生物质发电国家、省级专项规划。

（二）2020 年 1 月 20 日（含）以后全部机组并网的当年新增生物质发电项目。

（三）符合国家相关法律法规、产业政策、技术标准等要求，配套建设高效治污设施，垃圾焚烧发电项目所在城市已实行垃圾处理收费制度。

（四）申报情况属实，并提交信用承诺书（见附件 1），没有且承诺不出现弄虚作

假、违规掺烧等情况。

三、工作程序

（一）组织申报

各省（区、市）按月组织符合申报条件、申请中央补贴的生物质发电项目，登陆国家能源局可再生能源发电项目信息管理系统（http://www.nea.gov.cn）填报相关信息和上传有关资料，主要是省级专项规划、核准（审批、备案）文件、并网时间证明等。

各省（区、市）对项目申报条件、项目申报信息进行审核，并对项目申报有关情况（项目名称、建设地点、装机规模、纳入规划情况、并网时间等）进行公示。公示后，将通过审核的项目信息正式上报。

有关电网企业定期向各省（区、市）提供并网项目清单，按要求出具项目并网时间证明，及时配合各省（区、市）做好申报工作。

8 月底之前符合条件的项目一揽子申报，以后的按月申报（有关申报信息及时间要求见附件 2）。纳入补贴范围的项目所需补贴总额达到 2020 年中央新增补贴资金额度 15 亿元后，不再纳入当年申报。

（二）统一复核

组织国家可再生能源信息管理中心对地方申报项目的合规性及提供材料真实性和有效性进行复核。一旦发现信息不实，立即取消补贴申报资格。

（三）项目汇总

国家可再生能源信息管理中心对通过复核的项目，按照规则进行汇总排序，并测算补贴需求。

（四）公布补贴名单

排序工作结束后，公布纳入 2020 年生物质发电中央补贴规模的项目名单。

四、纳入当年补贴项目规则

（一）纳入规则

按项目全部机组并网时间先后次序排序，并网时间早者优先，直至入选项目所需补贴总额达到 2020 年中央新增补贴资金额度 15 亿元为止。

（二）补贴额度测算规则

按补贴额度测算规则（见附件 3）测算生物质发电项目度电补贴强度、项目所需补贴额度。补贴额度测算仅用于测算补贴总额，不作为实际补贴资金发放依据。

五、推动生物质发电有序建设

（一）加强规划引导。需中央补贴的生物质发电项目必须纳入国家、省级专项规划，各地要以规划为依据，严格按规划核准（审批、备案）建设项目，未纳入规划的不得核准（审批、备案）。鼓励地方结合本地经济社会发展实际，建设不需要中央补贴的生物质发电项目。

（二）加强投资监测预警。依据各省农林生物质资源总量等条件，科学测算各地农林生物质发电合理发展规模，根据各省农林生物质发电发展情况发布项目建设年度预警，已建装机和核准在建、待建装机规模接近合理规模的，给予黄色预警；已建装机和核准在建、待建装机达到或超过合理规模的，给予红色预警。对需中央补贴的生物质发电项目投资建设情况进行监测，按月发布项目投产并网信息，新增项目补贴额度累计达到当年中央补贴资金总额后，地方不再新核准需中央补贴的项目，企业据此合理安排项目建设时序。各省（区、市）按要求组织在国家能源局可再生能源发电项目信息管理系统填报核准、在建、新开工项目信息。

（三）完善生物质发电项目补贴机制。未纳入 2020 年中央补贴规模的已并网项目，结转至次年依序纳入。自 2021 年 1 月 1 日起，规划内已核准未开工、新核准的生物质发电项目全部通过竞争方式配置并确定上网电价；新纳入补贴范围的项目（包括 2020 年已并网但未纳入当年补贴规模的项目及 2021 年起新并网纳入补贴规模的项目）补贴资金由中央地方共同承担，分地区合理确定分担比例，中央分担部分逐年调整并有序退出。需中央补贴的在建项目应在合理工期内建成并网。

（四）拓展生物质能利用渠道。立足于多样化用能需求，大力推进农林生物质热电联产，从严控制只发电不供热项目，坚持宜气则气、宜热则热、宜电则电，鼓励加快生物质能非电领域应用，提升项目经济性和产品附加值，降低发电成本，减少补贴依赖。

（五）落实生物质发电支持政策。鼓励金融机构在风险可控、商业可持续的前提下给予生物质发电项目中长期信贷支持。建立生活垃圾处理收费制度，合理制定垃圾处理收费标准，确保垃圾处理收费政策落实到位。鼓励地方政府统筹各类资金，对生物质发电相关的农林废弃物和生活垃圾“收、储、运、处理”各环节予以适当支持和补偿。

（六）逐步推动形成生物质发电市场化运营模式。发挥生物质发电综合效益，推动建立合理的成本分担机制。鼓励具备条件的省（区、市），探索生物质发电项目市场化运营试点，完善配套保障措施，逐步形成市场化运营模式。

（七）强化项目建设运行监管。健全完善生物质发电产业技术标准，不断推进行业技术进步。落实地方管理主体责任，国家能源局各派出机构会同有关部门依法履行监管职责，按照投诉举报有关规定依法受理有关投诉举报，利用视频监控、在线监测等手段，加强生物质发电项目建设、运行等方面的监管，定期进行“双随机一公开”抽查检查，对存在违规掺烧化石燃料、骗取补贴等违法违规行为的，严格按照国家有关法律法规和政策要求，暂停、核减或取消补贴。强化项目建设运行管理，生物质发电企业要高度重视项目建设和工程质量，严格执行工程基本建设程序和管理制度，确保项目安全有序建设运行。

附件：1. 2020 年生物质发电项目中央补贴资金申报信用承诺书（略）

2. 生物质发电项目申报中央补贴填报信息表（略）

3. 2020 年生物质发电项目补贴额度测算规则（略）

财政部、国家发展改革委、国家能源局、国务院扶贫办关于调整可再生能源电价附加资金补助目录（光伏扶贫项目）的通知

（2020 年 8 月 5 日财政部、国家发展改革委、国家能源局、
国务院扶贫办发布　财建〔2020〕320 号）

有关省、自治区、直辖市财政厅（局）、发展改革委、能源局、扶贫办，国家电网有限公司、中国南方电网有限责任公司：

按照《财政部　国家发展改革委　国家能源局关于印发〈可再生能源电价附加补助资金管理办法〉的通知》（财建〔2020〕5 号）等文件要求，经国务院扶贫办、国家能源局审核，现对此前公布的前两批可再生能源电价附加补助目录（光伏扶贫项目）有关信息进行更新调整，并在财政部网站上予以公布。

此次更新调整的项目涉及《财政部　国家发展改革委　国家能源局　国务院扶贫办关于公布可再生能源电价附加资金补助目录（光伏扶贫项目）的通知》（财建〔2019〕48 号）和《财政部　国家发展改革委　国家能源局　国务院扶贫办关于公布可再生能源电价附加资金补助目录（光伏扶贫项目）的通知》（财建〔2018〕25 号）等两批目录。本次调整项目信息与上述两批目录不符的，以本次调整为准。电网企业应加强对目录内项目补贴资金的管理，如发现信息不符等情况，及时向扶贫、能源部门反映，确保资金安全。

附件：前两批光伏扶贫补助目录（更新）（略）

可再生能源电价附加补助资金管理办法

（2020 年 1 月 20 日财政部、国家发展改革委、国家能源局发布
财建〔2020〕5 号）

第一条 为规范可再生能源电价附加补助资金管理，根据《中华人民共和国预算法》、《中华人民共和国可再生能源法》等，制定本办法。

第二条 可再生能源电价附加补助资金（以下简称补助资金）属于可再生能源发展基金，是国家为支持可再生能源发电、促进可再生能源发电行业稳定发展而设立的政府性基金。补助资金由可再生能源电价附加收入筹集。

第三条 按照中央政府性基金预算管理要求和程序，由财政部按照以收定支的原则编制补助资金年度收支预算。

第四条 享受补助资金的可再生能源发电项目按以下办法确定：

（一）本办法印发后需补贴的新增可再生能源发电项目（以下简称新增项目），由财政部根据补助资金年度增收水平、技术进步和行业发展等情况，合理确定补助资金当年支持的新增可再生能源发电项目补贴总额。国家发展改革委、国家能源局根据可再生能源发展规划、技术进步等情况，在不超过财政部确定的年度新增补贴总额内，合理确定各类需补贴的可再生能源发电项目新增装机规模。

（二）本办法印发前需补贴的存量可再生能源发电项目（以下简称存量项目），需符合国家能源主管部门要求，按照规模管理的需纳入年度建设规模管理范围，并按流程经电网企业审核后纳入补助项目清单。

第五条 国家发展改革委、国家能源局应按照以收定支原则，制定可再生能源发电项目分类型的管理办法，明确项目规模管理以及具体监管措施并及早向社会公布。有管理办法并且纳入国家可再生能源发电补贴规模管理范围的项目，相应给予补贴。

第六条 电网企业应按照本办法要求，定期公布、及时调整符合补助条件的可再生能源发电补助项目清单，并定期将公布情况报送财政部、国家发展改革委、国家能源局。纳入补助项目清单项目的具体条件包括：

（一）新增项目需纳入当年可再生能源发电补贴总额范围内；存量项目需符合

国家能源主管部门要求,按照规模管理的需纳入年度建设规模管理范围内。

(二)按照国家有关规定已完成审批、核准或备案;符合国家可再生能源价格政策,上网电价已经价格主管部门审核批复。

(三)全部机组并网时间符合补助要求。

(四)相关审批、核准、备案和并网要件经国家可再生能源信息管理平台审核通过。

国家电网有限公司、南方电网有限责任公司分别负责公布各自经营范围内的补助项目清单;地方独立电网企业负责经营范围内的补助项目清单,报送所在地省级财政、价格、能源主管部门审核后公布。

第七条　享受补助资金的光伏扶贫项目和公共可再生能源独立电力系统项目按以下办法确定:

(一)纳入国家光伏规模管理且纳入国家扶贫目录的光伏扶贫项目,由所在地省级扶贫、能源主管部门提出申请,国务院扶贫办、国家能源局审核后报财政部、国家发展改革委确认,符合条件的项目列入光伏扶贫项目补助目录。

(二)国家投资建设或国家组织企业投资建设的公共可再生能源独立电力系统,由项目所在地省级财政、价格、能源主管部门提出申请,财政部、国家发展改革委、国家能源局审核后纳入公共独立系统补助目录。

第八条　电网企业和省级相关部门按以下办法测算补助资金需求:

(一)电网企业收购补助项目清单内项目的可再生能源发电量,按照上网电价(含通过招标等竞争方式确定的上网电价)给予补助的,补助标准=(电网企业收购价格-燃煤发电上网基准价)/(1+适用增值税率)。

(二)电网企业收购补助项目清单内项目的可再生能源发电量,按照定额补助的,补助标准=定额补助标准/(1+适用增值税率)。

(三)纳入补助目录的公共可再生能源独立电力系统,合理的运行和管理费用超出销售电价的部分,经省级相关部门审核后,据实测算补助资金,补助上限不超过每瓦每年2元。财政部将每两年委托第三方机构对运行和管理费用进行核实并适时调整补助上限。

(四)单个项目的补助额度按照合理利用小时数核定。

第九条　每年3月30日前,由电网企业或省级相关部门提出补助资金申请。

(一)纳入补助目录的可再生能源发电项目和光伏扶贫项目,由电网企业提出补助资金申请。其中:国家电网有限公司、南方电网有限责任公司向财政部提出申请;地方独立电网企业由所在地省级财政、价格、能源主管部门向财政部提出申请。

(二)纳入补助目录的公共可再生能源独立电力系统,由项目所在地省级财政、价格、能源主管部门向财政部提出申请。

(三)电网企业和省级相关部门提出的新增项目补助资金必须符合以收定支的原则,不得超过当年确定的新增补贴总额。

第十条 财政部根据电网企业和省级相关部门申请以及本年度可再生能源电价附加收入情况,按照以收定支的原则向电网企业和省级财政部门拨付补助资金。电网企业按以下办法兑付补助资金:

(一)当年纳入国家规模管理的新增项目足额兑付补助资金。

(二)纳入补助目录的存量项目,由电网企业依照项目类型、并网时间、技术水平和相关部门确定的原则等条件,确定目录中项目的补助资金拨付顺序并向社会公开。

光伏扶贫、自然人分布式、参与绿色电力证书交易、自愿转为平价项目等项目可优先兑付补助资金。其他存量项目由电网企业按照相同比例统一兑付。

第十一条 电网企业因收购可再生能源发电量产生的其他合理费用,以及按要求对补助资金进行核查产生的合理费用,由财政部审核后通过补助资金支持。

第十二条 各级财政部门收到补助资金后,应尽快向本级独立电网企业或公共可再生能源独立电力系统项目单位分解下达预算,并按照国库集中支付制度有关规定及时支付资金。

电网企业收到补助资金后,一般应当在10个工作日内,按照目录优先顺序及结算要求及时兑付给可再生能源发电企业。电网企业应按年对补助资金申请使用等情况进行全面核查,必要时可聘请独立第三方,核查结果及时报送财政部、国家发展改革委、国家能源局。国家发展改革委、国家能源局、财政部需适时对项目开展核查,核查结果将作为补贴发放的重要依据。核查结果不合格的项目,电网企业应暂停发放补贴。

光伏扶贫项目补助资金应及时兑付给县级扶贫结转账户。

第十三条 补助资金实施绩效管理。国家能源局会同国家发展改革委、财政部根据绩效管理要求确定年度绩效目标和评价要求。年度结束后,电网企业和省级能源主管部门应开展绩效自评,自评结果报国家能源局、国家发展改革委,国家能源局会同国家发展改革委汇总后将补助资金整体绩效评价结果报财政部。财政部将适时组织对补贴政策执行情况开展重点绩效评价,强化评价结果应用,根据绩效评价结果及时调整完善政策、优化预算安排。

第十四条 电网企业和可再生能源发电企业存在违反规定骗取、套取补助资金等违法违纪行为的,按照《中华人民共和国预算法》、《财政违法行为处罚处分条例》等有关规定进行处理。

第十五条　各级财政、发改、能源等部门及其工作人员在补助资金审核、分配工作中，存在违反规定分配资金、向不符合条件的单位(个人)分配资金、擅自超出规定的范围或者标准分配或使用补助资金等，以及其他滥用职权、玩忽职守、徇私舞弊等违法违纪行为的，按照《中华人民共和国预算法》、《中华人民共和国公务员法》、《中华人民共和国监察法》《财政违法行为处罚处分条例》等有关规定进行处理。

第十六条　本办法由财政部会同相关部门按职责分工进行解释。

第十七条　本办法自印发之日起施行。2012 年 3 月 14 日印发的《可再生能源电价附加补助资金管理暂行办法》(财建〔2012〕102 号)同时废止。

省级电网输配电价定价办法

（2020 年 1 月 19 日国家发展改革委发布　发改价格规〔2020〕101 号）

第一章　总　　则

第一条　为科学合理核定省级电网企业输配电价，健全输配电定价制度，根据《中华人民共和国价格法》《中华人民共和国电力法》《中共中央　国务院关于推进价格机制改革的若干意见》（中发〔2015〕28 号）《中共中央　国务院关于进一步深化电力体制改革的若干意见》（中发〔2015〕9 号）的相关规定，制定本办法。

第二条　本办法适用于省级电网输配电价的核定。省级电网输配电价，是指省级电网企业在其经营范围内为用户提供输配电服务的价格。

第三条　核定省级电网输配电价遵循以下原则：

（一）促进电网企业高质量发展。立足保障电力安全可靠供应，强化电网企业成本约束，以严格的成本监审为基础，按照“准许成本加合理收益”方法核定输配电准许收入；健全激励约束机制，促进电网企业加强管理降低成本，为用户提供安全高效可持续的输配电服务，助力行业和用户提高能效降低能耗。

（二）实现用户公平分摊成本。基于各类用户对输配电系统成本的耗费，兼顾其他公共政策目标，确定输配电价格，优化输配电价结构。

（三）严格规范政府定价行为。明晰定价规则，规范定价程序，科学确定方法，最大限度减少自由裁量权，提高政府定价的法治化、规范化、透明度。

第四条　核定省级电网输配电价，先核定电网企业输配电业务的准许收入，再以准许收入为基础核定分电压等级和各类用户输配电价。

第五条　省级电网输配电价在每一监管周期开始前核定，监管周期为三年。

第六条　电网企业应对各电压等级的资产、费用、收入、输配售电量、负荷、用户报装容量、线损率、投资计划完成进度等与输配电价相关的基础数据，按相关规定进行统计归集，并于每年 5 月底之前将上一年有关数据及材料报送国务院价格主管部门和省级政府价格主管部门。对未按要求及时报送的电网企业，国务院价格主管部门和省级价格主管部门可以视情况进行通报和约谈。

第二章　准许收入的计算方法

第七条　省级电网输配电准许收入由准许成本、准许收益和税金构成。

其中:准许成本 = 基期准许成本 + 监管周期预计新增(减少)准许成本

准许收益 = 可计提收益的有效资产 × 准许收益率

第八条　准许成本的计算。

(一)准许成本由折旧费和运行维护费构成,区分基期准许成本、监管周期预计新增和减少准许成本分别核定。

(二)基期准许成本,是指根据输配电定价成本监审办法等规定,经成本监审核定的历史成本,包括区域电网分摊的容量电费和按销售电量分摊到各省级电网的电网总部调度中心、交易中心费用。

(三)监管周期新增和减少准许成本,是指电网企业在监管周期前一年及监管周期内预计合理新增和减少的准许成本。

1. 监管周期新增准许成本

(1)折旧费。

折旧费的计算公式为:

折旧费 = 预计新增输配电固定资产投资额 × 预计新增投资计入固定资产比率 × 定价折旧率

预计新增输配电固定资产投资额参照有权限的省级发展改革、能源主管部门预测的、符合电力规划的电网投资计划,按年度间等比例原则确定,有明确年度投资完成时间的,按计划要求确定。未明确具体投资项目和资产结构、监管周期内无投运计划或无法按期建成投运的,不得计入预计新增输配电固定资产投资额。

预计新增投资计入固定资产比率,指预计新增输配电固定资产投资额可计入当期预计新增输配电固定资产原值的比率,原则上不超过上一监管周期新增投资计入固定资产比率,最高不得超过75%。

预计新增输配电量,参考上一监管周期输配电量平均增速,以及有权限的省级发展改革、能源主管部门根据电力投资增长和电力供需形势预测的电量增长情况等因素核定。

预计新增单位电量固定资产 = 预计新增输配电固定资产原值 ÷ 预计新增输配电量

预计新增输配电固定资产基于提高投资效率的要求,按照不高于历史单位电量固定资产的原则核定(国家政策性重大投资除外),低于历史单位电量固定资产的,按预计数核定。

定价折旧率,根据输配电定价成本监审办法规定的残值率、附表《电网企业固定资产分类定价折旧年限表》中所列折旧年限和新增输配电固定资产结构核定。

(2)运行维护费。运行维护费由材料费、修理费、人工费、其他运营费用组成,按以下方法分别核定。

人工费,参考国务院国有资产管理部门核定的职工工资总额;材料费和修理费,参考电网经营企业上一监管周期费率水平,以及同类型电网企业的先进成本标准,且材料费、修理费和人工费三项合计按不高于监管周期新增输配电固定资产原值的2%核定。

其他运营费用,按照不高于成本监审核定的上一监管周期电网企业费率水平的70%,同时不高于监管周期新增输配电固定资产原值的2.5%核定。其中:电网经营企业费率水平为其他运营费用占输配电固定资产原值的比重。

2. 监管周期减少准许成本。

监管周期内退役、报废的固定资产和摊销完毕的无形资产,相应减少的成本费用。成本费用率标准参照上一监管周期费率水平。

监管周期内已计提完折旧仍在使用的固定资产,不再计提定价折旧费。

第九条 准许收益的计算。

(一)可计提收益的有效资产,是指电网企业投资形成的输配电线路、变电配电设备以及其他与输配电业务相关的资产,包括固定资产净值、无形资产净值和营运资本。

1. 以下资产不得纳入可计提收益的固定资产范围:

(1)与输配电业务无关的固定资产。包括但不限于:电网企业宾馆、招待所、办事处、医疗单位、电动汽车充换电服务等辅助性业务单位、多种经营企业及“三产”资产;抽水蓄能电站、电储能设施、已单独核定上网电价的电厂资产;独立核算的售电公司资产;与输配电业务无关的对外股权投资;投资性固定资产(如房地产等);其他需扣除的与输配电业务无关的固定资产等。

(2)应由有权限的政府主管部门审批或认定而未经批准或认定投资建设的固定资产,或允许企业自主安排,但不符合电力规划、未履行必要核准、备案程序投资建设的固定资产。

(3)单独核定输电价格的跨省跨区专项输电工程和配套工程固定资产。

(4)已纳入区域电网输电价格核算的固定资产。

(5)用户或地方政府无偿移交,由政府补助或者社会无偿投入等非电网企业投资形成的输配电资产。

(6)其他不应计提收益的固定资产。

2. 可计提收益的无形资产,主要包括软件、土地使用权等。

3. 可计提收益的营运资本,指电网企业为提供输配电服务,除固定资产投资以外的正常运营所需要的周转资金。

(二)可计提收益的有效资产的计算公式为:

可计提收益的有效资产 = 基期可计提收益的有效资产 + 监管周期预计新增可计提收益的有效资产—监管周期减少可计提收益的有效资产

1. 基期可计提收益的有效资产。固定资产净值和无形资产净值根据监审期间最末一年可计提折旧、可摊销计入定价成本的固定资产和无形资产原值所对应的账面净值,通过成本监审核定;营运资本按不高于成本监审核定的上一监管周期运行维护费的 1/12 加月购电费的 1/6 核定。

2. 监管周期预计新增可计提收益的有效资产。根据预计新增输配电固定资产原值扣减监管周期相应折旧费核定。

3. 监管周期减少有效资产。根据监管周期内预计退役、报废或已计提完折旧的固定资产核定。

(三)准许收益率的计算公式为:

准许收益率 = 权益资本收益率 ×(1 – 资产负债率)+ 债务资本收益率 × 资产负债率

其中:权益资本收益率。原则上按不超过同期国资委对电网企业经营业绩考核确定的资产回报率,并参考上一监管周期省级电网企业实际平均净资产收益率核定。在总体收益率控制的前提下,考虑东西部差异,对涉及互助帮扶的省级电网企业收益率可作适当调整。

债务资本收益率。参考电网企业实际融资结构和借款利率,以及不高于同期人民币贷款市场报价利率核定。如电网企业实际借款利率高于市场报价利率,按照市场报价利率核定;如实际借款利率低于市场报价利率,按照实际借款利率加二者差额的 50% 核定。

资产负债率。按照国资委考核标准并参考上一监管周期电网企业资产负债率平均值核定。

第十条 税金是指除增值税外的其他税金,包括所得税、城市维护建设税、教育费附加,依据现行国家相关税法规定核定。

其中:所得税 = 可计提收益的有效资产 ×(1 – 资产负债率)× 权益资本收益率 ÷(1 – 所得税率)× 所得税率

所得税率。按照税法有关规定核定。

城市维护建设税及教育费附加 = (不含增值税的准许收入 × 增值税税率 - 准许成本进项税抵扣额) × (城市维护建设税税率 + 教育费附加计征比率)

第十一条 通过输配电价回收的准许收入,是指通过省级电网输配电价向所有使用共用网络的用户(包括省内和"网对网"省外购电用户)回收的准许收入。应扣除以下项目:

(一)通过其他独立或专门渠道向特定电力用户回收的收入,包括但不限于:自备电厂备用容量费收入、高可靠性供电收入、一省两贷或多贷农网还贷资金收入。

(二)特定项目或特殊情况的政府补贴收入,如国家对农村电网维护费免征的增值税及其附加等。

(三)其他未在准许成本中扣除的项目,如涉及省级电网输配电业务关联交易在其他业务或公司形成的不合理收益等。

(四)其他应予扣除的项目。

第十二条 已经明确为区域电网输电服务的省级电网输电资产,应当纳入区域电网准许收入由区域用户共同负担。

区域电网分摊给各省级电网的容量电费作为上级电网分摊费用纳入省级电网准许收入,通过省级电网销售电量(含市场化电量)收取。

第十三条 经国务院价格主管部门同意,具备条件的地方,可对按照功能定位明确界定为单个或少数省内自用电源点服务的发电接网工程制定单独的发电接入价,相关成本费用不纳入省级电网输配准许收入回收。

第三章 输配电价的计算方法

第十四条 省级电网平均输配电价的计算公式为:

省级电网平均输配电价(含增值税) = 通过输配电价回收的准许收入(含增值税) ÷ 省级电网输配电量

其中,省级电网输配电量,按照省级电网公司销售电量计算,参考成本监审核定的历史电量及其增长情况,以及有权限的省级政府主管部门根据电力投资增长和电力供需情况预测的电量增长情况等因素核定。

第十五条 依据不同电压等级和用户的用电特性和成本结构,分别制定分电压等级、分用户类别输配电价。

(一)电压等级分为500千伏(750千伏)、220千伏(330千伏)、110千伏(66千伏)、35千伏、10千伏(20千伏)和不满1千伏等6个电压等级。用户数较少的电压等级电价标准,可与相邻电压等级归并核定。

（二）用户类别分类，以现行销售电价分类为基础，原则上分为大工业用电、一般工商业及其它用电、居民用电和农业用电类别，有条件的地方可实现工商业同价。

第十六条　分电压等级输配电价的计算公式为：

各电压等级输配电价＝该电压等级总准许收入÷本电压等级的输配电量

某一电压等级总准许收入由本电压等级准许收入和上一电压等级传导的准许收入构成。

各电压等级准许成本、准许收益、税金构成。准许成本按固定资产原值、输送电量等因素归集、分摊至各电压等级，准许收益、税金按固定资产净值等因素归集、分摊至各电压等级。

第十七条　"网对网"省外购电用户承担的输电价格，按照与省内用户公平承担相应电压等级准许收入的原则确定，不承担送出省省内用户间交叉补贴的责任。

第十八条　分用户类别输配电价，应以分电压等级输配电价为基础，综合考虑政策性交叉补贴、用户负荷特性等因素统筹核定。根据各省具体情况，逐步缩减不同地区、不同电压等级、不同类型用户间的交叉补贴。

第十九条　两部制电价的容（需）量电价与电度电价，原则上参考准许成本中折旧费与运行维护费的比例核定。探索结合负荷率等因素制定输配电价套餐，由电力用户选择执行。

第二十条　省级电网综合线损率参考成本监审核定的上一监管周期实际综合线损率平均值核定，最高不得超过上一监管周期核定线损率。

第二十一条　结合电力体制改革进程，合理测算政策性交叉补贴规模，完善政策性交叉补贴的范围和运行机制。

第二十二条　由于区域和省级电网功能划分、送省外用户承担相应电压等级准许收入、发电接网工程接入成本单独核价等原因，导致测算的省级电网准许收入和输配电价与上一监管周期变动较大的，可在不同监管周期平滑处理。

第四章　输配电价的调整

第二十三条　建立准许收入平衡调整机制。对一个监管周期内因新增投资、电量增长、电量结构变化等引起电网企业实际收入的变化，由省级价格主管部门组织进行年度统计，在下一监管周期统筹处理。上一监管周期实际收入超过或低于准许收入的部分，在本监管周期或今后的监管周期定价时平滑处理，或根据国家政策调整使用。

第二十四条 监管周期内遇有国家重大政策调整、发生重大自然灾害、不可抗力等因素造成的成本重大变化,电网企业可以建议政府价格主管部门对准许收入和输配电价作适当调整。

第五章 附 则

第二十五条 本办法由国家发展改革委负责解释。之前出台文件规定与本办法不符的,按本办法执行。

第二十六条 现货市场试点地区,结合实际情况可探索提出符合现货市场需要的、具有一定弹性的分时输配电价方案建议。

第二十七条 本办法自发布之日起实施,有效期5年。

第二十八条 省属地方电网可参照本办法执行。

区域电网输电价格定价办法

（2020 年 1 月 19 日国家发展改革委发布 发改价格规〔2020〕100 号）

第一章 总 则

第一条 为科学合理核定区域电网输电价格，健全输电定价制度，根据《中华人民共和国价格法》《中华人民共和国电力法》《中共中央 国务院关于推进价格机制改革的若干意见》（中发〔2015〕28 号）《中共中央 国务院关于进一步深化电力体制改革的若干意见》（中发〔2015〕9 号）的相关规定，制定本办法。

第二条 本办法适用于区域电网输电价格的核定。

区域电网输电价格，是指区域电网运行机构运营区域共用输电网络提供的电量输送和系统安全及可靠性服务的价格。

第三条 核定区域电网输电价格遵循以下原则。

（一）提升电网效率。强化电网企业成本约束，以严格的成本监审为基础，按照“准许成本加合理收益”方法核定输电准许收入；健全激励约束机制，促进电网企业加强管理降低成本。

（二）合理分摊成本。区域电网既保障省级电网安全运行，又提供输电服务。区域电网输电价格，应在核定准许收入的基础上，按功能定位和服务对象合理分摊的原则制定。

（三）促进电力交易。区域电网输电价格，应有利于促进市场公平竞争和资源合理配置，促进跨省跨区电力市场化交易，促进清洁能源在更大范围内优化配置。

（四）规范定价行为。明晰定价规则，规范定价程序，科学确定方法，最大限度减少自由裁量权，提高政府定价的法治化、规范化、透明度。

第四条 区域电网输电价格，先核定区域电网输电业务的准许收入，再以此为基础核定。区域电网输电价格在每一监管周期开始前核定，监管周期为三年。

第五条 电网企业应对区域跨省交流共用网络的资产、费用、收入、投资计划及完成进度、区域及各省月最大负荷、发电量、用电量，每条输电线路长度、实际平均负荷、稳定限额，输电量、线损率、跨区跨省交易情况等与输电价格相关的基础数据，按相关规定进行统计归集，于每年5月底之前报送国务院价格主管部门，并抄送相关省级价格主管部门。

第二章 准许收入的计算方法

第六条 区域电网准许收入由准许成本、准许收益和税金构成。

第七条 准许成本由基期准许成本、监管周期新增和减少准许成本构成。基期准许成本，根据输配电定价成本监审办法等规定，经成本监审核定。监管周期新增和减少准许成本，按监管周期内预计合理新增和减少的准许成本计算。计算方法参照《省级电网输配电价定价办法》执行。

第八条 准许收益按可计提收益的有效资产乘以准许收益率计算。可计提收益的有效资产，是指电网企业投资形成的输电线路、变电设备以及其他与输电业务相关的资产，包括固定资产净值、无形资产净值和营运成本。

符合电力规划并履行按权限核准等程序的新增区域电网共用网络投资，纳入可计提收益的有效资产范围。具体由国家电网公司进行申报。

可计提收益的有效资产及准许收益率计算方法参照《省级电网输配电价定价办法》执行。

第九条 税金依据现行国家相关税法规定核定执行。包括所得税、城市维护建设税、教育费附加。

第三章 输电价格的计算方法

第十条 区域电网准许收入通过容量电费和电量电费两种方式回收。容量电费与电量电费比例计算公式为：

容量电费：电量电费＝（折旧费＋人工费）：运行维护费（不含人工费）

第十一条 电量电费随区域电网实际交易结算电量收取，由购电方支付。容量电费按照受益付费原则，向区域内各省级电网公司收取。

第十二条 各省级电网公司向区域电网支付的容量电费，以区域电网对各省级电网提供安全及可靠性服务的程度为基础，综合考虑跨区跨省送（受）电量、年最大负荷、省间联络线备用率和供电可靠性等因素确定。

计算公式为：

各省级电网承担的容量电费比例＝R1×（该省级电网跨区跨省结算送（受）电量÷∑区域内各省级电网跨区跨省结算送（受）电量）＋R2×（该省级电网非同时

年最高负荷÷Σ各省级电网非同时年最高负荷)+R3×Σ(该省级电网与区域电网各联络线的稳定限额－实际平均负荷)/〔2×Σ(区域电网各省间联络线稳定限额－实际平均负荷)〕

其中：

R1=(区域电网统调机组跨区跨省结算送电量+Σ区域内各省级电网统调机组跨区跨省结算送电量)÷(区域电网统调机组发电量+Σ区域内各省级电网统调机组发电量)或者Σ区域内各省级电网跨区跨省结算受电量÷Σ区域内各省级电网省内售电量

R2=(1－R1)÷2×区域电网紧密程度调整系数

区域电网紧密程度调整系数反映各区域内省级电网联系的紧密程度。计算公式为：

(区域内跨省交易电量÷区域总用电量)÷(Σ各区域内跨省交易电量÷Σ各区域总用电量)

R3=1－R1－R2

当区域电网紧密程度调整系数过大导致R3为负时,R3取0,相应R2=1－R1。

第十三条　华北电网准许收入扣除京津唐电网应单独承担部分后,为京津唐电网与华北电网内其他省级电网共同承担部分。

京津唐电网应单独承担的准许收入,按京津唐电网自用固定资产原值占华北电网固定资产原值的比例核定。

京津唐电网与华北电网内其他省级电网共同承担的准许收入,按第十条确定容量电费和电量电费之间的分摊比例,按第十二条确定容量电费的分摊比例。

京津唐电网内各省级电网应分摊的容量电费,以京津唐电网单独承担的准许收入加上其应分摊的容量电费为基础,按照其与京津唐电网最大负荷的同时负荷比例确定。

京津唐电网范围内,位于北京、天津、河北境内的电厂参与京津唐地区交易电量不纳入华北电网电量电费计收范围。

第十四条　分摊给各省级电网公司的容量电费作为上级电网分摊费用纳入省级电网准许收入,通过省级电网输配电价回收,按各省级电网终端售电量(含市场化电量)确定标准收取。

第四章　输电价格的调整机制

第十五条　建立准许收入平衡调整机制。对上一监管周期内受新增投资、电量增长等影响区域电网实际收入超过(低于)准许收入的部分,在本监管周期或下一监管周期定价时平滑处理。省级电网分摊的容量电费在监管周期之间调整过大、一个周期消化有困难的,可以在两个监管周期内平滑处理。

第十六条 监管周期内遇有国家重大政策调整、发生重大自然灾害、不可抗力等因素造成的成本重大变化,电网企业可以向国家发展改革委申请对准许收入和输电价格作适当调整。

第五章 附　　则

第十七条 本办法由国家发展改革委负责解释。

第十八条 本办法自发布之日起实施,有效期5年。《国家发展改革委关于印发〈区域电网输电价格定价办法(试行)〉〈跨省跨区专项工程输电价格定价办法(试行)〉和〈关于制定地方电网和增量配电网配电价格的指导意见〉的通知》(发改价格规〔2017〕2269号)中《区域电网输电价格定价办法(试行)》同时废止。

上网电价管理暂行办法

（2005 年 3 月 28 日国家发展改革委发布　发改价格〔2005〕514 号）

第一章　总　　则

第一条　为完善上网电价形成机制，推进电力体制改革，依据国家有关法律、行政法规和《国务院关于印发电力体制改革方案的通知》（国发〔2002〕5 号）、《国务院办公厅关于印发电价改革方案的通知》（国办发〔2003〕62 号），制定本办法。

第二条　上网电价是指发电企业与购电方进行上网电能结算的价格。

第三条　上网电价管理应有利于电力系统安全、稳定运行，有利于促进电力企业提高效率和优化电源结构，有利于向供需各方竞争形成电价的改革方向平稳过渡。

第四条　本办法适用于中华人民共和国境内符合国家建设管理有关规定建设的发电项目并依法注册的发电企业上网电价管理。

第二章　竞价上网前的上网电价

第五条　原国家电力公司系统直属并已从电网分离的发电企业，暂执行政府价格主管部门按补偿成本原则核定的上网电价，并逐步按本办法第七条规定执行。

第六条　电网公司保留的电厂中，已核定上网电价的，继续执行政府价格主管部门制定的上网电价。未核定上网电价的电厂，电网企业全资拥有的，按补偿成本原则核定上网电价，并逐步按本办法第七条规定执行；非电网企业独资建设的，执行本办法第七条规定。

第七条　独立发电企业的上网电价，由政府价格主管部门根据发电项目经济寿命周期，按照合理补偿成本、合理确定收益和依法计入税金的原则核定。其中，发电成本为社会平均成本；合理收益以资本金内部收益率为指标，按长期国债利率加一定百分点核定。通过政府招标确定上网电价的，按招标确定的电价执行。

第八条　除政府招标确定上网电价和新能源的发电企业外，同一地区新建设的发电机组上网电价实行同一价格,并事先向社会公布;原来已经定价的发电企业上网电价逐步统一。

第九条 在保持电价总水平基本稳定的前提下,上网电价逐步实行峰谷分时、丰枯季节电价等制度。

第十条 燃料价格涨落幅度较大时,上网电价在及时反映电力供求关系的前提下,与燃料价格联动。

第十一条 跨省、跨区电力交易的上网电价按国家发展改革委印发的《关于促进跨地区电能交易的指导意见》有关规定执行。

第三章 竞价上网后的上网电价

第十二条 建立区域竞争性电力市场并实行竞价上网后,参与竞争的发电机组主要实行两部制上网电价。其中,容量电价由政府价格主管部门制定,电量电价由市场竞争形成。容量电价逐步过渡到由市场竞争确定。

各地也可根据本地实际采取其他过渡方式。

不参与竞价上网的发电机组,上网电价按本办法第七条执行。

第十三条 政府制定的容量电价水平,应反映电力成本和市场供需状况,有利于引导电源投资。

第十四条 在同一电力市场范围内,容量电价实行同一标准。

第十五条 容量电价以区域电力市场或电力调度交易中心范围内参与竞争的各类发电机组平均投资成本为基础制定。计算公式:

容量电价 = 容量电费/机组的实际可用容量

其中:容量电费 = K ×(折旧 + 财务费用)

K 为根据各市场供求关系确定的比例系数。

折旧按政府价格主管部门确定的计价折旧率核定。

财务费用按平均投资成本 80% 的贷款比例计算确定。

第十六条 容量电价保持相对稳定。

第十七条 容量电费由购电方根据发电机组的实际可用容量按月向发电企业支付。

第十八条 电量电价通过市场竞争形成。各区域电力市场选择符合本区域实际的市场交易模式,同一区域电力市场内各电力调度交易中心的竞价规则应保持一致。

第十九条 在电网企业作为单一购买方的电力市场中,可以实行发电企业部分电量在现货市场上竞价上网，也可以实行发电企业全部电量在现货市场上竞价上网。在公开招标或充分竞争的前提下，电网企业也可以与发电企业开展长期电能交易。

第二十条　有条件的地区可建立发电与用户买卖双方共同参与的电力市场，实行双边交易与现货交易相结合的市场模式；鼓励特定电压等级或特定用电容量的用户、独立核算的配电公司与发电企业经批准直接进行合同交易和参与现货市场竞争。

第二十一条　在发电和用户买卖双方共同参与的电力市场中，双边交易的电量和电价由买、卖双方协商确定；现货市场的电量电价，按卖方申报的供给曲线和买方申报的需求曲线相交点对应的价格水平确定；竞价初期，为保证市场交易的顺利实现，可制定相应的规则，对成交价格进行适当调控。

第二十二条　竞价上网后，实行销售电价与上网电价联动机制。

为避免现货市场价格出现非正常涨落，政府价格主管部门可会同有关部门根据区域电力市场情况对发电报价进行限价。

竞价初期，建立电价平衡机制，保持销售电价的相对稳定。

第二十三条　常规水力发电企业及燃煤、燃油、燃气发电企业（包括热电联产电厂）、新建和现已具备条件的核电企业参与市场竞争；风电、地热等新能源和可再生能源企业暂不参与市场竞争，电量由电网企业按政府定价或招标价格优先购买，适时由政府规定供电企业售电量中新能源和可再生能源电量的比例，建立专门的竞争性新能源和可再生能源市场。

第二十四条　符合国家审批程序的外商直接投资发电企业，1994 年以前建设并已签订购电合同的、1994 年及以后经国务院批准承诺过电价或投资回报率的，在保障投资者合理收益的基础上，可重新协商，尽可能促使其按新体制运行。

第二十五条　为维护电力系统的安全稳定运行，发电企业要向电力市场提供辅助服务。有偿辅助服务价格管理办法另行制定。

第四章　上网电价管理

第二十六条　竞价上网前，区域电网或区域电网所属地区电网统一调度机组的上网电价由国务院价格主管部门制定并公布，其他发电企业上网电价由省级政府价格主管部门制定并公布。

第二十七条　竞价实施后，区域电力市场及所设电力调度交易中心的容量电价由国务院价格主管部门制定。不参与电力市场竞争的发电企业上网电价，按第二十六条规定进行管理。

第二十八条 政府价格主管部门和电力监管部门按照各自职责对电力市场价格执行情况进行监督和管理。电力监管部门按照法律、行政法规和国务院有关规定向政府价格主管部门提出调整电价的建议。有关电价信息向社会公开,接受社会监督。

第二十九条 对市场交易主体的价格违法行为,电力监管部门有权予以制止;政府价格主管部门按国家有关规定进行行政处罚。当事人不服的,可依法向有关部门提请行政复议或向人民法院提起诉讼。

第五章 附　　则

第三十条 本办法由国家发展和改革委员会负责解释。

第三十一条 本办法自 2005 年 5 月 1 日起执行。

输配电价管理暂行办法

（2005 年 3 月 28 日国家发展改革委发布 发改价格〔2005〕514 号）

第一章 总 则

第一条 为建立健全合理的输配电价机制，促进电网发展，提高电网经营企业效率，维护电网安全、稳定运行，根据国家有关法律、行政法规和《国务院关于印发电力体制改革方案的通知》（国发〔2002〕5 号）、《国务院办公厅关于印发电价改革方案的通知》（国办发〔2003〕62 号），制定本办法。

第二条 本办法所称输配电价是指电网经营企业提供接入系统、联网、电能输送和销售服务的价格总称。

第三条 输配电价由政府制定，实行统一政策，分级管理。

第四条 电网输电业务、配电业务应逐步在财务上实行独立核算。

第五条 输配电价按“合理成本、合理盈利、依法计税、公平负担”的原则制定，以有利于引导电网投资、完善电网结构，促进区域电力市场的建立和发展，满足国民经济和社会发展的需要。

第六条 本办法适用于中华人民共和国境内依法批准注册的电网经营企业。

第二章 输配电价体系

第七条 输配电价分为共用网络输配电服务价格、专项服务价格和辅助服务价格。

第八条 共用网络输配电服务价格指电网经营企业为接入共用网络的电力用户提供输配电和销售服务的价格，简称共用网络输配电价。输配分开后，应单独制定输电价格和配电价格。

第九条 专项服务价格是指电网经营企业利用专用设施为特定用户提供服务的价格，分为接入价、专用工程输电价和联网价三类。接入价指电网经营企业为发电厂提供接入系统服务的价格。

专用工程输电价指电网经营企业利用专用工程提供电能输送服务的价格。

联网价指电网经营企业利用专用联网工程为电网之间提供联网服务的价格。

第十条 辅助服务价格是指电力企业提供有偿辅助服务的价格,办法另行制定。

第三章 输配电价确定

第十一条 电价改革初期,共用网络输配电价由电网平均销售电价(不含代收的政府性基金)扣除平均购电价和输配电损耗后确定,逐步向成本加收益管理方式过渡。

第十二条 输、配电价向成本加收益管理方式过渡过程中,现行输、配电成本与输、配电价格差距较大的电网,逐步调整输、配电价。

第十三条 在成本加收益管理方式下,政府价格主管部门对电网经营企业输、配电业务总体收入进行监管,并以核定的准许收入为基础制定各类输、配电价。

第十四条 共用网络服务和专项服务的准许收入应分别核定,准许收入由准许成本、准许收益和税金构成。

第十五条 准许成本由折旧费和运行维护费用构成。其中,折旧费以政府价格主管部门核准的有效资产中可计提折旧的固定资产原值和国务院价格主管部门制定的定价折旧率为基础核定,运行维护费用原则上以电网经营企业的社会平均成本为基础核定。

第十六条 准许收益等于有效资产乘以加权平均资金成本。

有效资产由政府价格主管部门核定,包括固定资产净值、流动资产和无形资产(包括土地使用权价值、专利和非专利技术价值)三部分,不含应当从电网经营企业分离出去的辅业、多经及三产资产。在建工程投资应按上年实际有效投资计入有效资产。

有效投资是指经政府主管部门核定,符合项目核准、招投标法等规定的投资。

加权平均资金成本(%)=权益资本成本×(1-资产负债率)

+债务资本成本×资产负债率

权益资本成本按无风险报酬率加上风险报酬率核定,初期,按同期长期国债利率加一定百分点核定;债务资本成本按国家规定的长期贷款利率确定。条件成熟时,电网经营企业加权平均资金成本按资本市场正常筹资成本核定。

第十七条 税金根据国家有关规定执行。

第四章　共用网络输配电价

第十八条　共用网络输、配电价以承担输、配电功能相对应的电网资产为基础定期核定。

区域电网内共用网络按邮票法统一制定输电价，省级配电价以省为价区分电压等级制定。输、配电损耗按电压等级核定，列入销售电价。

第十九条　共用网络输、配电价，按电压等级统一制定，下一电压等级应合理分摊上一电压等级的成本费用。同一区域相同电压等级实行同价。

第五章　专项服务价格

第二十条　竞价上网后，为有利于发电企业公平竞争，接入系统工程由电网经营企业投资建设的，实行接入价；由发电企业投资建设的，不实行接入价。

第二十一条　接入价以政府价格主管部门核定的接入系统工程准许收入为基础制定，实行单一制容量电价，由接入系统的电厂支付。

第二十二条　专用工程输电价以政府价格主管部门核定的准许收入为基础制定，实行两部制输电价，由该工程的使用方支付。

当两个及以上用户共用专用工程输电的，按各方使用输电容量的比例分摊准许收入。

第二十三条　联网价以核定的准许收入为基础，分两种情况制定。

（一）没有长期电量交易的联网工程，联网价实行单一制容量电价，由联网双方支付。

（二）具有长期电量交易的联网工程，联网价实行两部制电价。联网容量电价是为联网备用服务制定的价格，由联网双方支付；联网电量电价是为长期电量输送服务制定的价格，由受电电网支付。

第二十四条　联网双方支付的联网费用通过共用网络输配电价回收。

第六章　输配电价管理

第二十五条　共用网络输配电价、联网价和专项输电工程输电价由国务院价格主管部门负责制定；接入跨省电网的接入价由国务院价格主管部门负责制定，接入省内电网的接入价由省级价格主管部门提出方案，报国务院价格主管部门审批。

独立配电企业的配电价格由省级价格主管部门制定。

第二十六条 对输配电价的重大决策,国务院价格主管部门应充分听取电力监管部门、电力行业协会及有关市场主体的意见;电力监管部门按照法律、行政法规和国务院有关规定向政府价格主管部门提出调整电价的建议。

第二十七条 各级政府价格主管部门和电力监管部门按各自职责对输配电价进行监督和检查。

第七章 附 则

第二十八条 本办法由国家发展和改革委员会负责解释。

第二十九条 各地可依据本办法结合实际情况相应制定实施细则,报国家发展和改革委员会同意后执行。

第三十条 本办法自 2005 年 5 月 1 日起执行。

销售电价管理暂行办法

（2005年3月28日国家发展改革委发布　发改价格〔2005〕514号）

第一章　总　　则

第一条　为建立健全合理的销售电价机制，充分利用价格杠杆，合理配置电力资源，保护电力企业和用户的合法权益，根据国家有关法律、行政法规和《国务院关于印发电力体制改革方案的通知》（国发〔2002〕5号）、《国务院办公厅关于印发电价改革方案的通知》（国办发〔2003〕62号），制定本办法。

第二条　本办法所称销售电价是指电网经营企业对终端用户销售电能的价格。

第三条　销售电价实行政府定价，统一政策，分级管理。

第四条　制定销售电价的原则是坚持公平负担，有效调节电力需求，兼顾公共政策目标，并建立与上网电价联动的机制。

第五条　本办法适用于中华人民共和国境内依法批准注册的电网经营企业。

第二章　销售电价的构成及分类

第六条　销售电价由购电成本、输配电损耗、输配电价及政府性基金四部分构成。

购电成本指电网企业从发电企业（含电网企业所属电厂）或其他电网购入电能所支付的费用及依法缴纳的税金，包括所支付的容量电费、电度电费。

输配电损耗指电网企业从发电企业（含电网企业所属电厂）或其他电网购入电能后，在输配电过程中发生的正常损耗。

输配电价指按照《输配电价管理暂行办法》制定的输配电价。

政府性基金指按照国家有关法律、行政法规规定或经国务院以及国务院授权部门批准，随售电量征收的基金及附加。

第七条　销售电价分类改革的目标是分为居民生活用电、农业生产用电、工商业及其它用电价格三类。

第八条 销售电价分类根据用户承受能力逐步调整。先将非居民照明、非工业及普通工业、商业用电三大类合并为一类；合并后销售电价分为居民生活用电、大工业用电、农业生产用电、贫困县农业排灌用电、一般工商业及其它用电五大类，大工业用电分类中只保留中小化肥一个子类。

第九条 每类用户按电压等级定价。在同一电压等级中，条件具备的地区按用电负荷特性制定不同负荷率档次的价格，用户可根据其用电特性自行选择。

第三章 销售电价的计价方式

第十条 居民生活、农业生产用电，实行单一制电度电价。工商业及其它用户中受电变压器容量在100千伏安或用电设备装接容量100千瓦及以上的用户，实行两部制电价。受电变压器容量或用电设备装接容量小于100千伏安的实行单一电度电价，条件具备的也可实行两部制电价。

第十一条 两部制电价由电度电价和基本电价两部分构成。

电度电价是指按用户用电度数计算的电价。

基本电价是指按用户用电容量计算的电价。

第十二条 基本电价按变压器容量或按最大需量计费，由用户选择，但在一年之内保持不变。

第十三条 基本电价按最大需量计费的用户应和电网企业签订合同，按合同确定值计收基本电费，如果用户实际最大需量超过核定值5%，超过5%部分的基本电费加一倍收取。用户可根据用电需求情况，提前半个月申请变更下一个月的合同最大需量，电网企业不得拒绝变更，但用户申请变更合同最大需量的时间间隔不得少于六个月。

第十四条 实行两部制电价的用户，按国家有关规定同时实行功率因数调整电费办法。

第十五条 销售电价实行峰谷、丰枯和季节电价，具体时段划分及差价依照所在电网的市场供需情况和负荷特性确定。

第十六条 具备条件的地区，销售电价可实行高可靠性电价、可中断负荷电价、节假日电价、分档递增或递减电价等电价形式。

第四章 销售电价的制定和调整

第十七条 按电价构成的因素确定平均销售电价。以平均销售电价为基础，合理核定各类用户的销售电价。

第十八条 平均销售电价按计算期的单位平均购电成本加单位平均输配电损耗、单位平均输配电价和政府性基金确定。

第十九条 各电压等级平均销售电价，按计算期的单位平均购电成本加该电压等级输配电损耗、该电压等级输配电价和政府性基金确定。

第二十条 居民生活和农业生产电价，以各电压等级平均电价为基础，考虑用户承受能力确定，并保持相对稳定。如居民生活和农业生产电价低于平均电价，其价差由工商业及其它用户分摊。

第二十一条 各电压等级工商业及其它类的平均电价，按各电压等级平均电价加上应分摊的价差确定，并与上网电价建立联动机制。

第二十二条 各电压等级工商业及其它用户的单一制电度电价分摊容量成本的比例，依据实行单一制电度电价用户与实行两部制电价用户负荷比例确定。

第二十三条 各电压等级工商业及其它用户的两部制电价中的基本电价和电度电价，按容量成本占总成本的比例分摊确定。

第二十四条 条件具备的地区，在10千伏及以上电压等级接入且装接容量在一定规模以上的工商业及其它用户，按用电负荷特性制定不同用电小时或负荷率档次的价格。

第二十五条 各电压等级工商业及其它用户两部制电价中，各用电特性用户应承担的容量成本比例按峰荷责任确定。

第二十六条 不同用电特性的用户基本电价和电度电价的比例，考虑用户的负荷率、用户最高负荷与电网最高负荷的同时率等因素确定。

第二十七条 销售电价的调整，采取定期调价和联动调价两种形式。

定期调价是指政府价格主管部门每年对销售电价进行校核，如果年度间成本水平变化不大，销售电价应尽量保持稳定。

联动调价是指与上网电价实行联动，适用范围仅限于工商业及其它用户。政府价格主管部门核定销售电价后，实际购电价比计入销售电价中的购电价升高或下降的价差，通过购电价格平衡帐户进行处理。当购电价格升高或下降达到一定的幅度时，销售电价相应提高或下降，但调整的时间间隔最少为一个月。

第二十八条 输配电价及政府性基金的标准调整后，销售电价相应调整。

第五章 销售电价管理

第二十九条 各级政府价格主管部门负责对销售电价的管理、监督。在输、配分开前,销售电价由国务院价格主管部门负责制定;在输、配分开后,销售电价由省级人民政府价格主管部门负责制定,跨省的报国务院价格主管部门审批。

第三十条 政府价格主管部门在制定和调整销售电价时,应充分听取电力监管部门、电力行业协会及有关市场主体的意见。

第三十一条 居民生活用电销售电价的制定和调整,政府价格主管部门应进行听证。

第三十二条 各级政府价格主管部门和电力监管部门按各自职责对销售电价进行监督和检查,价格主管部门对违反法律、法规和政策规定的行为依法进行处罚。

第六章 附 则

第三十三条 上级电网经营企业对下级独立核算电网经营企业的趸售电价,以终端销售电价为基础,给予合理的折扣制定。折扣的价差由电网直供用户分摊。

第三十四条 对农村用户的销售电价,已实行城乡用电同网同价的,按电网的终端销售电价执行;尚未实行城乡用电同网同价的,以电网的终端销售电价为基础,加上农村低压电网维护费制定。

第三十五条 发电企业向特定电压等级或特定用电容量用户直接供电,销售电价由发电企业与用户协商确定,并执行规定的输配电价和基金标准,具体办法另行制定。

第三十六条 各省、自治区、直辖市人民政府价格主管部门根据本办法的要求制定实施细则,报国家发展和改革委员会同意后执行。

第三十七条 本办法由国家发展和改革委员会负责解释。

第三十八条 本办法自 2005 年 5 月 1 日起执行。

跨省跨区专项工程输电价格定价办法

（2021 年 10 月 14 日国家发展改革委发布 发改价格规〔2021〕1455 号）

第一章 总 则

第一条 为健全输配电定价制度，科学合理核定跨省跨区专项工程输电价格，根据《中华人民共和国价格法》、《中华人民共和国电力法》、《中共中央国务院关于推进价格机制改革的若干意见》、《中共中央国务院关于进一步深化电力体制改革的若干意见》的相关规定，制定本办法。

第二条 跨省跨区专项工程是指以送电功能为主的跨区域电网工程，以及送受端相对明确、潮流方向相对固定的区域内跨省输电工程。跨省跨区专项工程输电价格是指电网企业通过跨省跨区专项工程提供跨省跨区电能输送、电网互济和安全保障等服务的价格。

第三条 核定跨省跨区专项工程输电价格，应坚持激励约束并重，严格开展成本监审，有效保障投资收益，合理确定价格机制，规范履行定价程序，促进电力资源在更大范围优化配置。

第四条 跨省跨区专项工程输电价格实行事前核定、定期校核。工程投运前，核定临时输电价格；工程竣工决算并开展成本监审后，核定正式输电价格；工程经营期内，每 5 年校核一次。

第五条 多条专项工程统一运营的，电网企业应按工程项目逐条归集资产、成本、收入，暂无法归集的应按照"谁受益、谁承担"原则合理分摊。

同一专项工程的投资、运维等由电网企业所属多家单位承担的，相关单位应对其专项工程业务的资产、成本、收入建立单独账户，与其他业务分开核算。

第六条 电网企业应向国务院价格主管部门及时提供以下资料：

1. 核定临时价格前，提供跨省跨区专项工程的核准批复文件、可研报告及第三方评估意见、工程性质与功能、设计施工图评审意见等相关支持性文件资料，输电价格测算申报数据及有关情况。

2. 核定正式价格前，提供竣工决算报告，投运以来资产、运维成本、收入、输送电量、线损率等与输电价格相关的基础数据及有关情况，与核定临时价格时相关数据变动情况说明。

3. 工程经营期内，每年 6 月底之前提供上一年度工程资产、运维成本、收入、输送电量、线损率、线损收益分享、可再生能源增量现货交易和电量增送涉及的相关路径价格电量等与输电价格相关的基础数据及有关情况；在每个校核期满后 3 个月内，按有关要求提供相关数据及有关情况。

第二章　输电价格形式和计算方法

第七条　跨省跨区专项工程输电价格实行单一电量电价制。

第八条　跨省跨区专项工程输电价格按经营期法核定，即以弥补成本、获取合理收益为基础，按照资本金内部收益率对工程经营期内年度净现金流进行折现，以实现整个经营期现金流收支平衡为目标，核定工程输电价格。具体如下：

年净现金流 = 年现金流入 − 年现金流出

其中：年现金流出 = 资本金投入 + 偿还的贷款本金 + 利息支出 + 运行维护费 + 税金及附加

年现金流入为实现累计净现金流折现值为零的年均收入水平，在经营期最后一年包括固定资产残值收入

固定资产残值收入 = 固定资产原值 × 净残值率

第九条　输电价格计算公式如下：

输电价格（含增值税）= 年均收入/〔设计输电量 ×（1 − 定价线损率）〕

直流输电工程设计输电量 = 设计利用小时 × 额定容量

设计利用小时按政府主管部门批复的项目核准文件确定，文件中未明确的，原则上按 4500 小时计算。

交流专项工程年输电量按政府主管部门批复的项目核准文件确定，核准文件中未明确的，按照电源点年设计上网电量计算。

定价线损率，核定临时价格时按照专项工程可研设计线损率确定；核定正式价格时，参照设计线损率和前 3 年（不足 3 年的按实际运行年）实际平均线损率确定。

第十条　运行维护费。指跨省跨区专项输电工程运营单位为维持工程正常运行发生的费用支出，包括材料费、修理费、人工费和其他运营费用。

（一）材料费。指运营单位耗用的消耗性材料、事故备品等，包括因自行组织设备大修、抢修、日常检修发生的材料消耗和委托外部社会单位检修需要企业自行购买的材料费用。

(二)修理费。指运营单位进行的外包修理活动发生的检修费用,不包括企业自行组织检修发生的材料消耗和人工费用。

(三)人工费。指运营单位从事专项工程管理运行维护职工发生的薪酬支出,包括工资总额(含津补贴)、职工福利费、职工教育经费、工会经费、社会保险费用、住房公积金,含劳务派遣及临时用工支出等。

(四)其他运营费用。指除材料费、修理费和人工费以外的费用。

第十一条 运行维护费按以下方法审核确定。

(一)材料费、修理费,按剔除不合理因素后的监审期间平均值核定。特殊情况下,因不可抗力、政策性因素造成一次性费用过高的可分期分摊。

(二)人工费,工资水平(含津补贴)参考国务院国有资产监督管理部门有关国有企业工资管理办法核定。职工福利费、职工教育经费、工会经费据实核定,但不得超过核定的工资总额和国家规定提取比例的乘积。

职工养老保险(包括补充养老保险)、医疗保险(包括补充医疗保险)、失业保险、工伤保险、生育保险、住房公积金等,审核计算基数按照企业实缴基数确定,但不得超过核定的工资总额和当地政府规定的基数,计算比例按照不超过国家或当地政府统一规定的比例确定。

劳务派遣、临时用工性质的用工支出如未包含在工资总额内,在不超过国家有关规定范围内按照企业实际发生数核定。

(三)其他运营费用,按剔除不合理因素后的监审期间平均值核定。

租赁费、委托运维费、研究开发费等涉及内部关联方交易的,可进行延伸审核,按照社会公允水平核定;社会公允水平无法获得的,按照实际承担管理运营维护单位发生金额核定。

无形资产的摊销年限,有法律法规规定或合同约定的,从其规定或约定;没有规定或约定的,原则上按不少于 10 年摊销。

第十二条 核定正式价格时,主要核价参数按以下方法确定:

(一)工程投资和资本金,分别按照成本监审确定的工程竣工决算金额、实际投入资本金确定。

(二)经营期限按 35 年计算。折旧费按照经营期限、成本监审确定的工程固定资产原值,采用年限平均法计算。

(三)资本金内部收益率,按不超过 5% 核定。

(四)利息支出,根据贷款额、还贷期限和贷款利率计算。其中贷款额在不超过工程竣工决算金额扣除实际投入资本金的基础上据实核定,还贷期限按 25 年计算,贷款利率参考电网企业实际融资结构、贷款利率、人民币贷款市场报价利率核定。

如跨省跨区专项工程相关实际加权平均贷款利率高于核价时同期市场报价利率，按照市场报价利率核定；如实际借款利率低于市场报价利率，按照实际借款利率加二者差额的50%核定。

（五）运行维护费率，按照成本监审核定的跨省跨区专项工程运行维护费除以固定资产原值的比例确定，最高不超过2%。

（六）税金及附加，包括增值税、所得税、城市维护建设税、教育费附加，依据现行国家相关税法规定核定。

第十三条 核定临时价格时，主要核价参数参照第十二条规定和以下方法确定：

（一）工程投资按照政府主管部门批复的项目核准文件确定，施工图预算投资确认比核准投资减少的，按施工图预算投资确定。资本金按照工程投资的20%计算。固定资产原值根据工程投资考虑增值税抵扣因素确定。

（二）贷款利率参照同期人民币贷款市场报价利率确定。运行维护费率按2%确定。

第十四条 送出电网建设、由电源点送出、专门用于跨省跨区专项工程送电的配套工程，按照上述方法单独核定输电价格。已纳入直流工程或省级电网输配电价的，暂不调整。

第十五条 送受端明确、潮流方向相对固定且基本一致的多条专项工程，可按照上述方法统一核定输电价格。

第十六条 多条专项工程统一运营并形成共用网络的，参照省级电网"准许成本加合理收益"方法定价。

第十七条 对于跨省跨区专项（配套）工程性质、功能认定，以及交流专项工程配套电源点设计上网电量确定有争议的，以国家能源局出具意见为准。

第三章　输电收入分享与价格调整机制

第十八条 对于参与跨省跨区可再生能源增量现货交易，如有多条专项工程送电路径且最优价格路径已满送，通过其他具有空余输送能力的专项工程送电的，仍按最优路径价格执行；在专项工程输电能力空余情况下，电网企业为提高工程利用效率临时增加电量输送的，增送电量可按不高于工程核定输电价格的水平执行，执行上述价格的通知、情况等，纳入年度信息报送范围。

第十九条 专项工程实际输电量按落地端结算电量进行统计确认，结算电量应与落地端物理电量保持一致。实际线损率低于核价线损率产生的收益，由电网企业和电力用户按1:1分享;实际利用小时超出核价利用小时产生的收益,30%由电网企业分享,70%由我委专项用于支持新能源跨省跨区外送。

第二十条　建立定期校核机制。每5年期满后,对跨省跨区专项工程开展新一轮成本监审,并对专项工程的实际功能效果、输电价格执行情况、主要运营参数、分享机制执行情况等进行评估。专项工程功能发生根本性变化、实际利用小时超出设计利用小时40%以上、实际成本或收入与核价时存在严重偏差的,对输电价格进行调整。

第二十一条　监管期内遇有国家重大政策调整、发生重大自然灾害、不可抗力等因素造成的成本或收入重大变化,应对输电价格进行合理调整。

第二十二条　专项工程经营期满,按弥补正常运营维护成本的原则,重新核定价格。具体办法另行规定。

第四章　附　　则

第二十三条　本办法适用于办法发布之后新定价跨省跨区专项工程。存量工程暂不调整价格,收入分享、定期校核等其他机制按照本办法执行。

第二十四条　跨省跨区电力交易组织中,对具备条件的跨省跨区专项工程,可探索通过输电权交易形成输电价格,以进一步提升专项工程利用率、促进电力资源优化配置。

第二十五条　本办法由国家发展改革委负责解释。之前规定与本办法不符的,按本办法执行。

第二十六条　本办法自发布之日起实施。有效期10年。《国家发展改革委关于印发〈区域电网输电价格定价办法(试行)〉、〈跨省跨区专项工程输电价格定价办法(试行)〉和〈关于制定地方电网和增量配电网配电价格的指导意见〉的通知》(发改价格规〔2017〕2269号)中《跨省跨区专项工程输电价格定价办法(试行)》同时废止。

功率因数调整电费办法

（1983 年 12 月 2 日水利电力部、国家物价局发布
水电财字〔1983〕第 215 号）

一、鉴于电力生产的特点，用户用电功率因数的高低，对发、供、用电设备的充分利用，节约电能和改善电压质量有着重要的影响。为了提高用户的功率因数并保持其均衡，以提高供用电双方和社会的经济效益，特制定本办法。

二、功率因数的标准值及其适用范围

1. 功率因数标准 0.90，适用于 160 千伏安以上的高压供电工业用户（包括社队工业用户）、装有带负荷调整电压装置的高压供电电力用户和 3200 千伏安及以上的高压供电电力排灌站。

2. 功率因数标准 0.85，适用于 100 千伏安（千瓦）及以上的其他工业用户（包括社队工业用户）、100 千伏安（千瓦）及以上的非工业用户和 100 千伏安（千瓦）及以上的电力排灌站。

3. 功率因数标准 0.80，适用于 100 千伏安（千瓦）及以上的农业用户和趸售用户，但大工业用户未划由电业直接管理的趸售用户，功率因数标准应为 0.85。

三、功率因数的计算

1. 凡实行功率因数调整电费的用户，应装设带有防倒装置的无功电度表，按用户每月实用有功电量和无功电量，计算月平均功率因数。

2. 凡装有无功补偿设备且有可能向电网倒送无功电量的用户，应随其负荷和电压变动及时投入或切除部分无功补偿设备，电业部门并应在计费计量点加装带有防倒装置的反向无功电度表，按倒送的无功电量与实用的无功电量两者的绝对值之和，计算月平均功率因数。

3. 根据电网需要，对大用户实行高峰功率因数考核，加装记录高峰时段内有功、无功电量的电度表，据以计算月平均高峰功率因数；对部分用户还可以试运行高峰、低谷两个时段分别计算功率因数，由试行的省、市、自治区电力局或电网管理局拟订办法，报水利电力部审批后执行。

四、电费的调整

根据计算的功率因数，高于或低于规定标准时，在按照规定的电价计算出其当月电费后，再按照“功率因数调整表”（表一、二、三）所规定的百分数增减电费，如用户的功率因数在“功率因数调整电费表”所列两数之间，则以四舍五入计算。

五、根据电网的具体情况，对不需增设补偿，用电功率因数就能达到规定标准的用户，或离电源点较近、电压质量较好、无需进一步提高用电功率因数的用户，可以降低功率因数标准值或不实行功率因数调整电费办法，但须经省、市、自治区电力局标准，高于降低后的功率因数标准时，不减收电费，但低于降低后的功率因数标准时，应增收电费。

六、本办法正式颁发执行后，1976年颁发的《电热价格》中的《力率调整电费办法》即同时废止。

七、本办法解释权属水利电力部。

附表：功率因数调整电费表（略）

国家发展改革委办公厅关于功率因数调整电费办法有关问题的复函

（2003年8月13日　发改办价格〔2003〕657号）

贵州省物价局：

你局《关于是否继续执行〈水利电力部、国家物价局关于颁发功率因数调整电费办法的通知〉的请示》（黔价格〔2003〕206号）收悉。经研究，现函复如下：

根据现行电价政策有关规定，原水利电力部、国家物价局下发的《关于颁发功率因数调整电费办法的通知》（〔83〕）水电财字第215号）仍应继续执行。

关于制定地方电网和增量配电网配电价格的指导意见

（2017 年 12 月 29 日国家发展改革委发布
发改价格规〔2017〕2269 号）

为科学合理制定地方电网和增量配电网（以下简称“配电网”）配电价格，促进配电网业务健康发展，根据《中华人民共和国价格法》《中华人民共和国电力法》《中共中央国务院关于推进价格机制改革的若干意见》（中发〔2015〕28 号）《中共中央国务院关于进一步深化电力体制改革的若干意见》（中发〔2015〕9 号）《国家发展改革委国家能源局关于印发〈售电公司准入与退出管理办法〉和〈有序放开配电网业务管理办法〉的通知》（发改经体〔2016〕2120 号）《国家发展改革委国家能源局关于规范开展增量配电业务改革试点的通知》（发改经体〔2016〕2480 号）《国家发展改革委关于全面深化价格机制改革的意见》（发改价格〔2017〕1941 号）相关规定，提出以下指导意见。

一、总体要求

按照深入推进电力体制改革的总体要求和“管住中间、放开两头”的基本思路，对地方政府或其他主体建设运营的地方电网和按照《有序放开配电网业务管理办法》投资、运营的增量配电网核定独立配电价格，加强配电价格监管，促进配电业务健康发展。

一是建立机制与合理定价相结合。通过制度和规则建设，既提高政府定价的科学性，加强对配电网的成本、价格监管；又规范配电网企业的价格行为，形成科学合理、公开透明、激励有效的配电价格，促进售电侧市场公平竞争。

二是弥补成本与约束激励相结合。在严格成本监审基础上，按照弥补配电网企业合理成本并获得合理收益的原则核定配电价格，促进配电网健康可持续发展，提供安全可靠电力服务；同时建立激励约束机制，促进配电网企业提高效率、降低成本，以尽可能低的价格为用户提供优质配电服务。

三是公平开放与平等负担相结合。配电网与省级电网具有平等的市场主体地位。省级电网应向地方电网和增量配电网无歧视开放，配电网应向售电公司无歧视开放。配电网企业应按照相同的原则和标准承担政策性交叉补贴。

二、定价方法

配电网区域内电力用户的用电价格，由上网电价或市场交易电价、上一级电网输配电价、配电网配电价格、政府性基金及附加组成。用户承担的配电网配电价格与上一级电网输配电价之和不得高于其直接接入相同电压等级对应的现行省级电网输配电价。

省级价格主管部门应根据本省情况，充分征求有关企业和社会意见后，选择合适的配电价格定价方法。核定配电价格时，应充分考虑本地区上网电价、省级电网输配电价、趸售电价、销售电价等现行电价，并结合地区经济发展需求、交叉补贴等情况，合理选取定价参数。

（一）对于招标方式确定投资主体的配电网项目，采用招标定价法确定配电价格。竞标主体应同时做出投资规模、配电容量、供电可靠性、服务质量、线损率等承诺。政府相关主管部门对合同约定的供电服务标准等进行监管和考核，没有达到约定标准的，相应核减配电价格。

（二）对于非招标方式确定投资主体的配电网项目，可以选择准许收入法、最高限价法和标尺竞争法三种定价方法中的一种或几种方法确定配电价格。对于同一类型配电网，应选择相同定价方法。

一是准许收入法。省级价格主管部门在能源主管部门确定配电网规划投资及项目业主确定投资计划后，参照《省级电网输配电价定价办法（试行）》（发改价格〔2016〕2711 号），核定配电网企业监管周期内的准许成本、准许收益、价内税金，确定监管周期内的年度准许收入，并根据配电网预测电量核定监管周期的独立配电价格。

二是最高限价法。先按照“准许成本加合理收益”的方法测算某个配电网的配电价格，再参照其他具有可比性的配电网配电价格，结合供电可靠性、服务质量等绩效考核指标，确定该配电网的配电最高限价，由配电网企业制定具体配电价格方案，报省级价格主管部门备案。鼓励各地探索建立最高限价随居民消费价格指数和效率提高要求挂钩的调整机制。

三是标尺竞争法。先按照“准许成本加合理收益”的方法测算某个配电网的配电价格，再按测算的该配电网配电价格与本省其他配电网配电价格的加权平均来最终确定该配电网的配电价格。在首个监管周期，可给予该配电网以较高权重。配电网差异较小的地区，也可以同类型配电网社会平均先进水平为基准，按省分类制定标杆配电价格。

三、调整机制

配电网配电价格调整,应明确价格监管周期,做好过渡阶段价格衔接,并参照《省级电网输配电价定价办法(试行)》建立平滑处理机制、定期校核机制和考核机制。

(一)明确配电价格监管周期。政府制定配电价格的监管周期原则上为三年。招标确定配电价格的有效期限,以配电项目合同约定期限为准。

(二)做好过渡阶段价格衔接。配电价格确定前,电力用户与配电网结算的输配电价暂按其接入电压等级对应的现行省级电网输配电价执行。配电网区域内列入试点范围的非水可再生能源或地方电网区域内既有的小水电发电项目与电力用户开展就近交易时,用户仅支付所使用电压等级的配电价格,不承担上一电压等级的输配电价。配电网区域内不得以常规机组"拉专线"的方式向用户直接供电。

(三)做好与存量地方电网配电价格衔接。省级价格主管部门应按照尊重历史、合理衔接的原则,在不增加交叉补贴的前提下,制定地方电网配电价格,与现行省级电网输配电价、趸售电价等做好衔接,并逐步过渡到按本指导意见确定的方法核定配电价格。

(四)鼓励建立激励机制。在一个监管周期内,配电网由于成本下降而增加收入的,下一监管周期可由配电网和用户共同分享,以激励企业提高经营效率、降低配电成本。

四、结算制度

配电网与省级电网之间的结算电价,按现行省级电网相应电压等级输配电价执行。配电网企业可根据实际情况,自主选择分类结算电价或综合结算电价与省级电网企业结算电费。不同电压等级输配电价与实际成本差异过大的,省级价格主管部门可根据实际情况,向国务院价格主管部门申请调整省级电网输配电价结构。

(一)分类结算电价。配电网企业根据配电网区域内实际供电用户类别、电压等级和用户用电容量向电力用户收取电费,再按省级电网分电压等级、分用户类别的输配电价,向省级电网企业支付输配电费。

(二)综合结算电价。配电网企业根据配电网接入省级电网的接网容量和电压等级,按省级电网两部制输配电价,向省级电网企业支付输配电费。

配电网区域内的电力用户(含自发自用电量)应承担国家规定的政府性基金及

附加等社会责任,由配电网企业代收、省级电网企业代缴。在配电网与省级电网接入点,由省级电网专为配电网建设变电站的,省级价格主管部门可探索核定由配电网承担的接入费用,并适当调整配电网与省级电网之间的结算电价。配电网与发电企业的结算,按照调度协议约定的主体执行。

五、相关要求

配电网配电价格的制定和调整由省级价格主管部门负责,报国务院价格主管部门备案。省级价格主管部门要按照指导意见要求,抓紧制定配电网成本监审和价格管理规则,加快推进配电价格改革工作。

(一)配电网实行业务分离。配电网企业应设立独立企业法人,依法取得电力业务许可证,将配电网业务与其他业务分离,成本独立核算。目前配售一体化经营的配电网企业的配电业务、市场化售电业务应逐步实现独立核算。

(二)严格执行配电价格。省级价格主管部门制定并公布配电区域内电力用户与配电网结算的分电压等级、分用户类别配电价格。配电网企业可探索结合负荷率等因素制定配电价格套餐,由电力用户选择执行,但其水平不得超过省级价格主管部门制定的该类用户所在电压等级的输配电价。配电网企业对未参与电力市场的电力用户应严格执行价格主管部门制定的目录销售电价。

(三)推动信息公开,强化社会监督。省级价格主管部门制定和调整配电价格,要通过门户网站等指定平台向社会公开价格水平和相关依据。配电网企业要定期通过企业网站等平台公布成本、收入等相关信息。各地要加快建立配电价格监管数据库,推进价格信息公开透明,强化社会监督。

国家发展改革委办公厅关于取消临时接电费和明确自备电厂有关收费政策的通知

（2017 年 11 月 21 日　发改办价格〔2017〕1895 号）

各省、自治区、直辖市发展改革委、物价局，国家电网公司、南方电网公司、内蒙古电力公司：

为贯彻落实好国务院要求，进一步助推企业减负，推进供给侧结构性改革，确保国家电价政策落实到位，现将有关事项通知如下。

一、取消临时接电费

（一）自 2017 年 12 月 1 日起，临时用电的电力用户不再缴纳临时接电费。《国家发展改革委关于停止收取供配电贴费有关问题的补充通知》（发改价格〔2003〕2279 号）中关于临时接电费的规定停止执行。

（二）已向电力用户收取的临时接电费，电网企业应按照合同约定及时组织清退。

二、减免余热、余压、余气自备电厂有关收费

（一）为减轻综合利用企业负担，推动燃煤消减，各省级价格主管部门要按照《国家发展改革委　国家能源局关于印发电力体制改革配套文件的通知》（发改经体〔2015〕2752 号）要求，结合本地实际，研究出台减免余热、余压、余气自备电厂政策性交叉补贴和系统备用费的办法，报国家发展改革委备案。

（二）各省级价格主管部门应在办法中明确余热、余压、余气自备电厂的资质认定和运行监管要求，对安全生产不合规，能效、环保指标不达标，未按期开展改造升级等工作的自备电厂，要依法依规予以严肃处理。

三、有关要求

请各省级价格主管部门于 2017 年 12 月 15 日前将本省（区、市）落实情况报国家发展改革委价格司。

电力产品增值税征收管理办法

(2004 年 12 月 22 日国家税务总局令第 10 号公布　根据 2018 年 6 月 15 日《国家税务总局关于修改部分税务部门规章的决定》修正)

第一条　为了加强电力产品增值税的征收管理,根据《中华人民共和国税收征收管理法》、《中华人民共和国增值税暂行条例》、《中华人民共和国增值税暂行条例实施细则》及其有关规定,结合电力体制改革以及电力产品生产、销售特点,制定本办法。

第二条　生产、销售电力产品的单位和个人为电力产品增值税纳税人,并按本办法规定缴纳增值税。

第三条　电力产品增值税的计税销售额为纳税人销售电力产品向购买方收取的全部价款和价外费用,但不包括收取的销项税额。价外费用是指纳税人销售电力产品在目录电价或上网电价之外向购买方收取的各种性质的费用。

供电企业收取的电费保证金,凡逾期(超过合同约定时间)未退还的,一律并入价外费用缴纳增值税。

第四条　电力产品增值税的征收,区分不同情况,分别采取以下征税办法:

(一)发电企业(电厂、电站、机组,下同)生产销售的电力产品,按照以下规定计算缴纳增值税:

1. 独立核算的发电企业生产销售电力产品,按照现行增值税有关规定向其机构所在地主管税务机关申报纳税;具有一般纳税人资格或具备一般纳税人核算条件的非独立核算的发电企业生产销售电力产品,按照增值税一般纳税人的计算方法计算增值税,并向其机构所在地主管税务机关申报纳税。

2. 不具有一般纳税人资格且不具有一般纳税人核算条件的非独立核算的发电企业生产销售的电力产品,由发电企业按上网电量,依核定的定额税率计算发电环节的预缴增值税,且不得抵扣进项税额,向发电企业所在地主管税务机关申报纳税。计算公式为:

预征税额 = 上网电量 × 核定的定额税率

(二)供电企业销售电力产品,实行在供电环节预征、由独立核算的供电企业统一结算的办法缴纳增值税，具体办法如下：

1. 独立核算的供电企业所属的区县级供电企业，凡能够核算销售额的，依核定的预征率计算供电环节的增值税，不得抵扣进项税额，向其所在地主管税务机关申报纳税；不能核算销售额的，由上一级供电企业预缴供电环节的增值税。计算公式为：

预征税额 = 销售额 × 核定的预征率

2. 供电企业随同电力产品销售取得的各种价外费用一律在预征环节依照电力产品适用的增值税税率征收增值税，不得抵扣进项税额。

（三）实行预缴方式缴纳增值税的发、供电企业按照隶属关系由独立核算的发、供电企业结算缴纳增值税，具体办法为：

独立核算的发、供电企业月末依据其全部销售额和进项税额，计算当期增值税应纳税额，并根据发电环节或供电环节预缴的增值税税额，计算应补（退）税额，向其所在地主管税务机关申报纳税。计算公式为：

应纳税额 = 销项税额 − 进项税额

应补（退）税额 = 应纳税额 − 发（供）电环节预缴增值税额

独立核算的发、供电企业当期销项税额小于进项税额不足抵扣，或应纳税额小于发、供电环节预缴增值税税额形成多交增值税时，其不足抵扣部分和多交增值税额可结转下期抵扣或抵减下期应纳税额。

（四）发、供电企业的增值税预征率（含定额税率，下同），应根据发、供电企业上期财务核算和纳税情况、考虑当年变动因素测算核定，具体权限如下：

1. 跨省、自治区、直辖市的发、供电企业增值税预征率由预缴增值税的发、供电企业所在地和结算增值税的发、供电企业所在地省、自治区、直辖市、计划单列市税务局共同测算，报国家税务总局核定；

2. 省、自治区、直辖市范围内的发、供电企业增值税预征率由省、自治区、直辖市、计划单列市税务局核定。

发、供电企业预征率的执行期限由核定预征率的税务机关根据企业生产经营的变化情况确定。

（五）不同投资、核算体制的机组，由于隶属于各自不同的独立核算企业，应按上述规定分别缴纳增值税。

（六）对其他企事业单位销售的电力产品，按现行增值税有关规定缴纳增值税。

（七）实行预缴方式缴纳增值税的发、供电企业，销售电力产品取得的未并入上级独立核算发、供电企业统一核算的销售收入，应单独核算并按增值税的有关规定就地申报缴纳增值税。

第五条 实行预缴方式缴纳增值税的发、供电企业生产销售电力产品以外的其他货物和应税劳务，如果能准确核算销售额的，在发、供电企业所在地依适用税率计算缴纳增值税。不能准确核算销售额的，按其隶属关系由独立核算的发、供电企业统一计算缴纳增值税。

第六条 发、供电企业销售电力产品的纳税义务发生时间的具体规定如下：

（一）发电企业和其他企事业单位销售电力产品的纳税义务发生时间为电力上网并开具确认单据的当天。

（二）供电企业采取直接收取电费结算方式的，销售对象属于企事业单位，为开具发票的当天；属于居民个人，为开具电费缴纳凭证的当天。

（三）供电企业采取预收电费结算方式的，为发行电量的当天。

（四）发、供电企业将电力产品用于非应税项目、集体福利、个人消费，为发出电量的当天。

（五）发、供电企业之间互供电力，为双方核对计数量，开具抄表确认单据的当天。

（六）发、供电企业销售电力产品以外其他货物，其纳税义务发生时间按《中华人民共和国增值税暂行条例》及其实施细则的有关规定执行。

第七条 发、供电企业应按现行增值税的有关规定办理税务登记，进行增值税纳税申报。

实行预缴方式缴纳增值税的发、供电企业应按以下规定办理：

（一）实行预缴方式缴纳增值税的发、供电企业在办理税务开业、变更、注销登记时，应将税务登记证正本复印件按隶属关系逐级上报其独立核算的发、供电企业所在地主管税务机关留存。

独立核算的发、供电企业也应将税务登记证正本复印件报其所属的采用预缴方式缴纳增值税的发、供电企业所在地主管税务机关留存。

（二）采用预缴方式缴纳增值税的发、供电企业在申报纳税的同时，应将增值税进项税额和上网电量、电力产品销售额、其他产品销售额、价外费用、预征税额和查补税款分别归集汇总，填写《电力企业增值税销项税额和进项税额传递单》（样式附后，以下简称《传递单》）报送主管税务机关签章确认后，按隶属关系逐级汇总上报给独立核算发、供电企业；预征地主管税务机关也必须将确认后的《传递单》于收到当月传递给结算缴纳增值税的独立核算发、供电企业所在地主管税务机关。

（三）结算缴纳增值税的发、供电企业应按增值税纳税申报的统一规定，汇总计算本企业的全部销项税额、进项税额、应纳税额、应补（退）税额，于本月税款所属期后第二个月征期内向主管税务机关申报纳税。

（四）实行预缴方式缴纳增值税的发、供电企业所在地主管税务机关应定期对其所属企业纳税情况进行检查。发现申报不实，一律就地按适用税率全额补征税款，并将检查情况及结果发函通知结算缴纳增值税的独立核算发、供电企业所在地主管税务机关。独立核算发、供电企业所在地主管税务机关收到预征地税务机关的发函后，应督促发、供电企业调整申报表。对在预缴环节查补的增值税，独立核算的发、供电企业在结算缴纳增值税时可以予以抵减。

第八条 发、供电企业销售电力产品，应按《中华人民共和国发票管理办法》和增值税专用发票使用管理规定领购、使用和管理发票。

第九条 电力产品增值税的其他征税事项，按《中华人民共和国税收征收管理法》、《中华人民共和国税收征收管理法实施细则》、《中华人民共和国增值税暂行条例》和《中华人民共和国增值税暂行条例实施细则》及其他有关规定执行。

第十条 本办法由国家税务总局负责解释。

第十一条 本办法自2005年2月1日起施行。

附件：1.《电力增值税销项税额和进项税额传递单》（略）

2.《发、供电企业税收检查情况通报单》（略）

可再生能源发展基金征收使用管理暂行办法

（2011 年 11 月 29 日财政部、国家发展改革委、国家能源局发布
财综〔2011〕115 号　自 2012 年 1 月 1 日起施行）

第一章　总　　则

第一条　为了促进可再生能源的开发利用，根据《中华人民共和国可再生能源法》的有关规定，制定本办法。

第二条　可再生能源发展基金的资金筹集、使用管理和监督检查等适用本办法。

第二章　资 金 筹 集

第三条　可再生能源发展基金包括国家财政公共预算安排的专项资金（以下简称可再生能源发展专项资金）和依法向电力用户征收的可再生能源电价附加收入等。

第四条　可再生能源发展专项资金由中央财政从年度公共预算中予以安排（不含国务院投资主管部门安排的中央预算内基本建设专项资金）。

第五条　可再生能源电价附加在除西藏自治区以外的全国范围内，对各省、自治区、直辖市扣除农业生产用电（含农业排灌用电）后的销售电量征收。

第六条　各省、自治区、直辖市纳入可再生能源电价附加征收范围的销售电量包括：

（一）省级电网企业（含各级子公司）销售给电力用户的电量；

（二）省级电网企业扣除合理线损后的趸售电量（即实际销售给转供单位的电量，不含趸售给各级子公司的电量）；

（三）省级电网企业对境外销售电量；

（四）企业自备电厂自发自用电量；

（五）地方独立电网（含地方供电企业，下同）销售电量（不含省级电网企业销售

给地方独立电网的电量）；

（六）大用户与发电企业直接交易的电量。

省（自治区、直辖市）际间交易电量，计入受电省份的销售电量征收可再生能源电价附加。

第七条　可再生能源电价附加征收标准为8厘/千瓦时。根据可再生能源开发利用中长期总量目标和开发利用规划，以及可再生能源电价附加收支情况，征收标准可以适时调整。

第八条　可再生能源电价附加由财政部驻各省、自治区、直辖市财政监察专员办事处（以下简称专员办）按月向电网企业征收，实行直接缴库，收入全额上缴中央国库。

电力用户应缴纳的可再生能源电价附加，按照下列方式由电网企业代征：

（一）大用户与发电企业直接交易电量的可再生能源电价附加，由代为输送电量的电网企业代征；

（二）地方独立电网销售电量的可再生能源电价附加，由地方电网企业在向电力用户收取电费时一并代征；

（三）企业自备电厂自发自用电量应缴纳的可再生能源电价附加，由所在地电网企业代征；

（四）其他社会销售电量的可再生能源电价附加，由省级电网企业在向电力用户收取电费时一并代征。

第九条　可再生能源电价附加收入填列政府收支分类科目第103类01款68项“可再生能源电价附加收入”。

第十条　省级电网企业和地方独立电网企业，应于每月10日前向驻当地专员办申报上月实际销售电量（含自备电厂自发自用电量，下同）和应缴纳的可再生能源电价附加。专员办应于每月12日前完成对企业申报的审核，确定可再生能源电价附加征收额，并向申报企业开具《非税收入一般缴款书》。省级电网企业和地方独立电网企业，应于每月15日前，按照专员办开具《非税收入一般缴款书》所规定的缴款额，足额上缴可再生能源电价附加。

第十一条　专员办根据省级电网企业和地方独立电网企业全年实际销售电量，在次年3月底前完成对相关企业全年应缴可再生能源电价附加的汇算清缴工作。

专员办开展汇算清缴工作时，应对电力用户欠缴电费、电网企业核销坏账损失的电量情况进行审核，经确认后不计入相关企业全年实际销售电量。

第十二条　中央财政按照可再生能源附加实际代征额的2‰付给相关电网企

业代征手续费,代征手续费从可再生能源发展基金支出预算中安排,具体支付方式按照财政部的有关规定执行。代征电网企业不得从代征收入中直接提留代征手续费。

第十三条 对可再生能源电价附加征收增值税而减少的收入,由财政预算安排相应资金予以弥补,并计入"可再生能源电价附加收入"科目核算。

第三章 资金使用

第十四条 可再生能源发展基金用于支持可再生能源发电和开发利用活动:

(一)可再生能源发展专项资金主要用于支持以下可再生能源开发利用活动:

1. 可再生能源开发利用的科学技术研究、标准制定和示范工程;

2. 农村、牧区生活用能的可再生能源利用项目;

3. 偏远地区和海岛可再生能源独立电力系统建设;

4. 可再生能源的资源勘查、评价和相关信息系统建设;

5. 促进可再生能源开发利用设备的本地化生产;

6.《中华人民共和国可再生能源法》规定的其他相关事项。

(二)可再生能源电价附加收入用于以下补助:

1. 电网企业按照国务院价格主管部门确定的上网电价,或者根据《中华人民共和国可再生能源法》有关规定通过招标等竞争性方式确定的上网电价,收购可再生能源电量所发生的费用,高于按照常规能源发电平均上网电价计算所发生费用之间的差额;

2. 执行当地分类销售电价,且由国家投资或者补贴建设的公共可再生能源独立电力系统,其合理的运行和管理费用超出销售电价的部分;

3. 电网企业为收购可再生能源电量而支付的合理的接网费用以及其他合理的相关费用,不能通过销售电价回收的部分。

第十五条 相关企业申请可再生能源发展专项资金补助的具体办法,按照《财政部关于印发〈可再生能源发展专项资金管理暂行办法〉的通知》(财建[2006]237号)等有关文件的规定执行。

可再生能源发展专项资金用于固定资产投资的,还应按照中央政府投资管理的有关规定执行。

第十六条 电网企业应按照《可再生能源法》相关规定,全额收购其电网覆盖范围内符合并网技术标准的可再生能源并网发电项目的上网电量。

第十七条 可再生能源电价附加补助资金的申报、审核、拨付等具体办法,由财政部会同国家发展改革委、国家能源局另行制定。

第十八条　可再生能源发展专项资金支出填列政府收支分类科目中第211类12款01项“可再生能源”；可再生能源电价附加支出填列政府收支分类科目中第211类15款01项“可再生能源电价附加收入安排的支出”（新增）。

第四章　监督检查

第十九条　财政、价格、能源、审计部门按照职责分工，对可再生能源电价附加的征收、拨付、使用和管理情况进行监督检查。

第二十条　省级电网企业和地方独立电网企业，应及时足额上缴可再生能源电价附加，不得拖延缴纳。

第二十一条　未经批准，多征、减征、缓征、停征或截留、挤占、挪用可再生能源电价附加收入的单位及责任人，由财政、价格、能源、审计等相关部门依照《中华人民共和国价格法》、《财政违法行为处罚处分条例》、《价格违法行为行政处罚规定》等法律法规追究法律责任。

第五章　附　　则

第二十二条　本办法由财政部会同国家发展改革委、国家能源局解释。

第二十三条　本办法自2012年1月1日起施行。

财政部关于印发农网还贷资金征收使用管理办法的通知

（2001 年 12 月 17 日　财企〔2001〕820 号）

财政部驻山西、吉林、湖南、湖北、广东、广西、四川、重庆、云南、陕西省（自治区、直辖市）财政监察专员办事处，山西、吉林、湖南、湖北、广东、广西、四川、重庆、云南、陕西省（自治区、直辖市）财政厅（局），国家电力公司：

“九五”期间每度电 2 分钱的电力建设基金政策已执行期满。经国务院领导批准，从 2001 年起每度电 2 分钱并入电价，其收入专项用于解决农村电网改造还贷问题，具体分两种情况处理：即对农网改造贷款一省多贷的山西、吉林、湖南、湖北、广东、广西、四川、重庆、云南、陕西等省、自治区、直辖市建立农网还贷资金，对农网改造贷款一省一贷的省、自治区、直辖市由企业自收自用。根据分工，财政部制定了《农网还贷资金征收使用管理办法》，现印发给你们，请遵照执行。执行中有何问题，请及时告知。

农网还贷资金征收使用管理办法

第一条　农网还贷资金是对农网改造贷款“一省多贷”的省、自治区、直辖市（指该省市区的农网改造工程贷款由多个电力企业承贷，下同）电力用户征收的政府性基金，专项用于农村电网改造贷款还本付息。根据《国务院关于加强预算外资金管理的决定》（国发〔1996〕29 号）的规定，农网还贷资金纳入国家财政预算管理。

第二条　农网还贷资金按社会用电量每度电 2 分钱标准，并入电价收取。

第三条　农网还贷资金减免范围包括：

（一）农业排灌、抗灾救灾及氮肥、磷肥、钾肥和原化工部颁发生产许可证的复合肥生产用电免征农网还贷资金；

（二）自备电厂自用电量免征农网还贷资金；

（三）国有重点煤炭企业生产用电、核工业铀扩散厂和堆化工厂生产用电农网还贷资金暂按每千瓦时用电量三厘钱标准征收。

第四条　农网还贷资金由电网经营企业在向用户收取电费时一并收取,并在电费收款凭证中注明农网还贷资金的征收电量、征收标准和征收金额。除规定的减免用量外,电力用户必须及时足额交纳农网还贷资金。

第五条　征收农网还贷资金必须按照《中华人民共和国增值税暂行条例》及其他有关规定缴纳增值税和流转环节的其他税费,按规定纳入预算管理后免征企业所得税。

第六条　征收农网还贷资金的电网经营企业,可按年征收额的千分之二提取手续费,并计入企业的应付工资科目。

第七条　电网经营企业将收取的农网还贷资金在销售收入中单独核算,集中到省级电力企业,由省级电力企业按月向财政部驻当地财政监察专员办事处申报农网还贷资金征收情况,由财政部驻当地财政监察专员办事处按比例开具一般缴款书分别缴入中央和地方省级国库。具体缴库比例原则上按国家批准的农网改造贷款计划确定,详见附表。农网改造竣工后,实际投资没有完成计划的省、自治区、直辖市,由财政部相应调整缴入中央和地方省级国库的比例。缴入国库的农网还贷资金暂时分别列入《2001 年政府预算收支科目》的基金预算收入科目第 800101 项"中央电力建设基金收入"及第 800102 项"地方电力建设基金收入"。

第八条　农网还贷资金使用单位必须按规定编制农网还贷资金使用预算,分别报财政部和省级财政部门。其中,中央单位报财政部审批,地方单位报省级财政部门审批。

第九条　对经批准的农网还贷资金使用预算,由财政部和省级财政部门根据农网还贷资金缴库进度办理拨款手续。

中央单位向财政部提出拨款申请,由财政部拨款,原则上每月拨付一次。

缴入地方省级国库的农网还贷资金由有关省、自治区、直辖市财政厅(局)比照缴入中央国库的农网还贷资金拨付原则制定具体办法,报财政部备案。

拨付的农网还贷资金暂时分别列入《2001 年政府预算收支科目》的基金预算支出科目第 800101 项"中央电力建设基金支出"、第 800102 项"地方电力建设基金支出"。

第十条　农网还贷资金征收使用应接受财政、审计等部门的监督。有关企业必须严格按照国家规定征收农网还贷资金,不得擅自调整征收范围和标准。使用单位应严格按批准的预算和财政部门核拨的资金及规定用途安排使用农网还贷资金。

第十一条　本办法执行时间暂定 5 年,即从 2001 年 1 月 1 日至 2005 年 12 月 31 日止。征收期满后,根据农网改造还贷情况由财政部另行规定。

第十二条 有关省、自治区、直辖市财政厅(局)应根据本办法规定制定具体实施办法,并报财政部备案。

附表:

农网还贷资金缴库比例表

省 份	缴入中央国库比例(%)	缴入地方国库比例(%)
山西	92.5	7.5
吉林	86.7	13.3
湖南	82.1	17.9
湖北	97.3	2.7
广东	91.7	8.3
广西	63.6	36.4
四川	51.5	48.5
重庆	46.6	53.4
云南	84.6	15.4
陕西	50.5	49.5

国家重大水利工程建设基金征收使用管理暂行办法

（2009年12月31日财政部、国家发展改革委、
水利部发布　财综〔2009〕90号）

第一条　为筹集国家重大水利工程建设资金，确保国家重大水利工程建设的顺利实施，促进经济社会可持续发展，根据国家有关规定，制定本办法。

第二条　国家重大水利工程建设基金（以下简称重大水利基金）是国家为支持南水北调工程建设、解决三峡工程后续问题以及加强中西部地区重大水利工程建设而设立的政府性基金。

第三条　重大水利基金利用三峡工程建设基金停征后的电价空间设立。

第四条　重大水利基金按下列原则筹集和分配：

（一）三峡工程建设基金向重大水利基金平稳过渡，保持三峡工程建设基金现行征收政策基本不变；

（二）南水北调和三峡工程直接受益省份筹集的重大水利基金，专项用于南水北调工程建设和三峡工程后续工作；

（三）南水北调和三峡工程非直接受益省份筹集的重大水利基金，留给所在省份用于本地重大水利工程建设。

第五条　重大水利基金在除西藏自治区以外的全国范围内筹集，按照各省、自治区、直辖市扣除国家扶贫开发工作重点县农业排灌用电后的全部销售电量和规定征收标准计征。各省、自治区、直辖市全部销售电量包括省级电网企业销售给电力用户的电量、省级电网企业扣除合理线损后的趸售电量（即实际销售给转供单位的电量）、省级电网企业销售给子公司的电量和对境外销售电量、企业自备电厂自发自用电量、地方独立电网销售电量（不含省级电网企业销售给地方独立电网企业的电量，下同）。跨省（自治区、直辖市）电力交易，计入受电省份销售电量。

各省、自治区、直辖市重大水利基金的具体征收标准见附件。

第六条　重大水利基金从2010年1月1日起开始征收，至2019年12月31日止。

第七条 除企业自备电厂自发自用电量和地方独立电网销售电量外,重大水利基金由省级电网企业在向电力用户收取电费时一并代征。

第八条 北京、天津、河北、河南、山东、江苏、上海、浙江、安徽、江西、湖北、湖南、广东、重庆等14个南水北调和三峡工程直接受益省份(以下简称14个省份)电网企业代征的重大水利基金,由财政部驻当地财政监察专员办事处(以下简称专员办)负责征收,并全额上缴中央国库。

山西、内蒙古、辽宁、吉林、黑龙江、福建、广西、海南、四川、贵州、云南、陕西、甘肃、青海、宁夏、新疆等16个南水北调和三峡工程非直接受益省份(以下简称16个省份)电网企业代征的重大水利基金,由当地省级财政部门负责征收,并全额上缴省级国库。

第九条 对企业自备电厂自发自用电量和地方独立电网销售电量应缴纳的重大水利基金,按照本办法第八条划分省份分别由驻当地专员办和省级财政部门直接征收,并分别缴入中央和省级国库。

第十条 14个省份的重大水利基金由专员办按月征收,实行直接缴库。省级电网企业、拥有自备电厂企业和地方独立电网企业应于每月10日前向驻当地专员办申报上月实际销售电量(自发自用电量)和应缴纳的重大水利基金。专员办应于每月12日前完成对申报的审核,确定重大水利基金征收数额,并向申报企业开具《非税收入一般缴款书》。省级电网企业、拥有自备电厂企业和地方独立电网企业应于每月15日前,按照专员办开具《非税收入一般缴款书》所规定的缴款额,足额上缴资金。

专员办应根据省级电网企业、拥有自备电厂企业和地方独立电网企业全年实际销售电量(自发自用电量),在次年3月底前完成对相关企业全年应缴重大水利基金的汇算清缴工作。专员办开展汇算清缴工作时,应对电力用户欠缴电费、电网企业核销坏账损失的电量情况进行审核,经确认后不计入相关企业全年实际销售电量。

16个省份重大水利基金的具体征管办法由当地省级财政部门制定。

第十一条 拥有自备电厂企业、地方独立电网企业应准确计量自发自用电量和销售电量,不能准确计量的,由专员办和省级财政部门按照其最大发电(售电)能力核定自发自用电量和销售电量,并确定重大水利基金征收数额。

第十二条 重大水利基金收入列政府收支分类科目第103类01款58项"国家重大水利工程建设基金收入"。其中:专员办对14个省份征收的重大水利基金分别计入"国家重大水利工程建设基金收入"项下01目"南水北调工程建设资金"和02目"三峡工程后续工作资金";16个省份省级财政部门征收的重大水利基金计入

"国家重大水利工程建设基金收入"项下 03 目"省级重大水利工程建设资金"。

第十三条　14 个省份省级电网企业代征重大水利基金,由中央财政按代征额的 2‰付给代征手续费,代征手续费从重大水利基金支出预算中安排,分别支付给国家电网公司和中国南方电网有限责任公司,具体支付方式按照财政部有关规定执行。代征电网企业不得从代征收入中直接提留代征手续费。

16 个省份省级电网企业代征重大水利基金,由省级财政从本级重大水利基金支出预算中付给代征手续费,具体办法由省级财政部门规定。

第十四条　省级电网企业应将代征的重大水利基金与其正常业务收入分账核算。省级电网企业、拥有自备电厂企业和地方独立电网企业应及时足额上缴重大水利基金,不得拖延缴纳,如逾期不缴纳的,专员办和省级财政部门应责令其限期缴纳,并从滞纳之日起按日加收滞纳部分 2‰的滞纳金。滞纳金纳入本金一并核算。

第十五条　未经国务院批准,任何地方、部门和单位均不得擅自减免重大水利基金,不得调整基金征收范围和征收标准。

第十六条　对重大水利基金征收增值税而减少的收入,由财政预算安排相应资金予以弥补,并计入"国家重大水利工程建设基金收入"科目核算。

第十七条　重大水利基金按下列规定进行分配和使用。

(一)14 个省份缴入中央国库的重大水利基金,纳入中央财政预算管理,由中央财政安排用于南水北调工程建设、三峡工程后续工作和支付三峡工程公益性资产运行维护费用、支付重大水利基金代征手续费。其中:南水北调工程建设与三峡工程后续工作之间的分配比例另行规定。

(二)16 个省份缴入省级国库的重大水利基金,纳入省级财政预算管理,专项用于本地重大水利工程建设。

第十八条　用于南水北调工程建设的重大水利基金,由南水北调工程项目法人根据工程建设进度提出年度投资建议,报国务院南水北调办审查,并由国务院南水北调办报国家发展改革委审核后,纳入国家固定资产投资计划。同时,国务院南水北调办要编制重大水利基金年度支出预算,报财政部审核。财政部根据批准的年度投资计划、基金收支预算和基金实际征收入库情况安排资金。

重大水利基金用于南水北调工程建设,暂作为中央资本金管理。

第十九条　用于三峡工程后续工作的重大水利基金,按照经国务院批准的《三峡工程后续工作规划》要求安排使用,具体使用管理办法另行制定。

第二十条　缴入中央国库的重大水利基金在满足南水北调工程建设和三峡工程后续工作需要后的结余资金,由财政部会同国家发展改革委、水利部提出分配和使用意见,报国务院确定。

第二十一条 缴入省级国库的重大水利基金,由省级发展改革部门纳入固定资产投资计划统筹安排,并由省级财政部门编制年度基金收支预算。省级财政部门根据批准的年度投资计划、基金收支预算和基金实际征收入库情况安排资金。

16 个省份要将重大水利基金年度收支情况报财政部、国家发展改革委、水利部备案。

第二十二条 重大水利基金应严格按规定安排使用,实行专款专用,年终结余结转下年度继续使用。

重大水利基金的资金支付按照财政国库管理制度有关规定执行。

第二十三条 重大水利基金支出在政府收支分类科目中列第 213 类 04 款 70 项"国家重大水利工程建设基金支出(南水北调工程建设)"、71 项"国家重大水利工程建设基金支出(三峡工程后续工作)"、72 项"国家重大水利工程建设基金支出(地方重大水利工程建设)"。

第二十四条 各级财政、发展改革、水利、审计、监察部门应按照职责分工,加强对重大水利基金征收、拨付、使用和管理情况的监督检查,确保基金按规定征缴和使用。

第二十五条 对违反本规定,多征、减征、缓征、停征,或者侵占、截留、挪用重大水利基金的单位及责任人,依照《财政违法行为处罚处分条例》(国务院令第 427 号)和《违反行政事业性收费和罚没收入收支两条线管理规定行政处分暂行规定》(国务院令第 281 号)进行处罚或行政处分,涉嫌犯罪的,移送司法机关处理。

第二十六条 16 个省份可根据本办法制定本地区重大水利基金具体实施办法,并报财政部、国家发展改革委、水利部备案。

第二十七条 本办法由财政部商有关部门负责解释。

第二十八条 本办法自 2010 年 1 月 1 日起执行,三峡工程建设基金同时停止征收,原涉及三峡工程建设基金征收使用管理的文件一律废止。

附:国家重大水利工程建设基金征收标准(略)

国家发展改革委关于延长阶段性降低企业用电成本政策的通知

（2020 年 6 月 24 日　发改价格〔2020〕994 号）

各省、自治区、直辖市及计划单列市、新疆生产建设兵团发展改革委，国家电网有限公司、南方电网有限责任公司、内蒙古电力（集团）有限责任公司：

为贯彻落实党中央、国务院决策部署和《政府工作报告》要求，统筹推进疫情防控与经济社会发展工作，紧紧围绕保就业保民生保市场主体，推动降低企业生产经营成本，现就延长阶段性降低企业用电成本政策有关事项通知如下。

一、实施范围

实施范围继续为除高耗能行业用户外的，现执行一般工商业及其它电价、大工业电价的电力用户。

二、具体措施

自 2020 年 7 月 1 日起至 12 月 31 日止，电网企业在计收上述电力用户（含已参与市场交易用户）电费时，统一延续按原到户电价水平的 95% 结算。

三、工作要求

各地价格主管部门要充分认识当前形势下推动降低企业生产经营成本对保就业保民生保市场主体的重要性，指导电网企业认真抓好延长阶段性降低企业用电成本政策落实，确保政策平稳实施，做好政策解读宣传；积极配合当地市场监管部门，创新方式方法，切实加强商业综合体、产业园区、写字楼等转供电环节收费行为监管，确保降电价红利及时足额传导到终端用户，增加企业获得感。电网企业要积极主动向用户做好政策宣传告知，尽快将政策执行到位。

第六章　电力市场建设

国家发展改革委、国家能源局关于加快建设全国统一电力市场体系的指导意见

（2022年1月18日　发改体改〔2022〕118号）

各省、自治区、直辖市人民政府，国务院各部委、各直属机构，国家电网有限公司、中国南方电网有限责任公司、内蒙古电力（集团）有限责任公司，中国核工业集团有限公司、中国华能集团有限公司、中国大唐集团有限公司、中国华电集团有限公司、国家电力投资集团有限公司、中国长江三峡集团有限公司、国家能源投资集团有限责任公司、国家开发投资集团有限公司、华润（集团）有限公司、中国广核集团有限公司：

党中央、国务院部署实施新一轮电力体制改革以来，我国电力市场建设稳步有序推进，多元竞争主体格局初步形成，市场在资源优化配置中作用明显增强，市场化交易电量比重大幅提升。同时，电力市场还存在体系不完整、功能不完善、交易规则不统一、跨省跨区交易存在市场壁垒等问题。为加快建设全国统一电力市场体系，实现电力资源在更大范围内共享互济和优化配置，提升电力系统稳定性和灵活调节能力，推动形成适合中国国情、有更强新能源消纳能力的新型电力系统，经国务院同意，现提出以下意见。

一、总体要求

（一）指导思想。以习近平新时代中国特色社会主义思想为指导，全面贯彻党的十九大和十九届历次全会精神，完整、准确、全面贯彻新发展理念，遵循电力运行规律和市场经济规律，适应碳达峰碳中和目标的新要求，更好统筹发展和安全，优

化电力市场总体设计，健全多层次统一电力市场体系，统一交易规则和技术标准，破除市场壁垒，推进适应能源结构转型的电力市场机制建设，加快形成统一开放、竞争有序、安全高效、治理完善的电力市场体系。

（二）工作原则。

总体设计，稳步推进。做好电力市场功能结构的总体设计，实现不同层次市场的高效协同、有机衔接。坚持问题导向，积极稳妥推进市场建设，鼓励因地制宜开展探索。

支撑转型，安全可靠。完善体制机制，创新市场模式，促进新能源的投资、生产、交易、消纳，发挥电力市场对能源清洁低碳转型的支撑作用。协同推进市场建设与电网运行管理，防范市场建设风险，确保电力系统安全稳定运行。

立足国情，借鉴国际。立足我国能源资源禀赋、经济社会发展等实际国情，借鉴国际成熟电力市场建设经验，发挥国内市场优势，适应电力行业生产运行规律和发展需要，科学合理设计市场模式和路径。

统筹兼顾，做好衔接。统筹考虑企业和社会的电力成本承受能力，做好基本公共服务供给和电力市场建设的衔接，保障电力公共服务供给和居民、农业等用电价格相对稳定。

（三）总体目标。到2025年，全国统一电力市场体系初步建成，国家市场与省（区、市）/区域市场协同运行，电力中长期、现货、辅助服务市场一体化设计、联合运营，跨省跨区资源市场化配置和绿色电力交易规模显著提高，有利于新能源、储能等发展的市场交易和价格机制初步形成。到2030年，全国统一电力市场体系基本建成，适应新型电力系统要求，国家市场与省（区、市）/区域市场联合运行，新能源全面参与市场交易，市场主体平等竞争、自主选择，电力资源在全国范围内得到进一步优化配置。

二、健全多层次统一电力市场体系

（一）加快建设国家电力市场。充分发挥北京、广州电力交易中心作用，完善电力交易平台运营管理和跨省跨区市场交易机制。根据电力基础设施建设布局和互联互通情况，研究推动适时组建全国电力交易中心，引入发电企业、售电公司、用户等市场主体和有关战略投资者，建立依法规范、权责分明的公司法人治理体系和运营机制；成立相应的市场管理委员会，完善议事协调和监督机制。

（二）稳步推进省（区、市）/区域电力市场建设。充分发挥省（区、市）市场在全国统一电力市场体系的基础作用，提高省域内电力资源配置效率，保障地方电力基本平衡。贯彻京津冀协同发展、长三角一体化、粤港澳大湾区建设等国家区域重大战略,鼓励建设相应的区域电力市场,开展跨省跨区电力中长期交易和调频、备用等辅助服务交易,优化区域电力资源配置。

(三)引导各层次电力市场协同运行。有序推动国家市场、省(区、市)/区域电力市场建设,加强不同层次市场的相互耦合、有序衔接。条件成熟时支持省(区、市)市场与国家市场融合发展,或多省(区、市)联合形成区域市场后再与国家市场融合发展。推动探索组建电力交易中心联营体,并建立完善的协同运行机制。

(四)有序推进跨省跨区市场间开放合作。在落实电网安全保供支撑电源电量的基础上,按照先增量、后存量原则,分类放开跨省跨区优先发电计划,推动将国家送电计划、地方政府送电协议转化为政府授权的中长期合同。建立多元市场主体参与跨省跨区交易的机制,鼓励支持发电企业与售电公司、用户等开展直接交易。加强跨省跨区与省内市场在经济责任、价格形成机制等方面的动态衔接。加快建立市场化的跨省跨区输电权分配和交易机制,最大程度利用跨省跨区富裕通道优化电力资源配置。

三、完善统一电力市场体系的功能

(一)持续推动电力中长期市场建设。进一步发挥中长期市场在平衡长期供需、稳定市场预期的基础作用。完善中长期合同市场化调整机制,缩短交易周期,提升交易频次,丰富交易品种,鼓励开展较长期限的中长期交易,规范中长期交易组织、合同签订等流程。推动市场主体通过市场交易方式在各层次市场形成分时段电量电价,更好拉大峰谷价差,引导用户削峰填谷。

(二)积极稳妥推进电力现货市场建设。引导现货市场更好发现电力实时价格,准确反映电能供需关系。组织实施好电力现货市场试点,支持具备条件的试点不间断运行,逐渐形成长期稳定运行的电力现货市场。推动各类优先发电主体、用户侧共同参与现货市场,加强现货交易与放开优先发用电计划、中长期交易的衔接,建立合理的费用疏导机制。

(三)持续完善电力辅助服务市场。推动电力辅助服务市场更好体现灵活调节性资源的市场价值,建立健全调频、备用等辅助服务市场,探索用户可调节负荷参与辅助服务交易,推动源网荷储一体化建设和多能互补协调运营,完善成本分摊和收益共享机制。统筹推进电力中长期、现货、辅助服务市场建设,加强市场间有序协调,在交易时序、市场准入、价格形成机制等方面做好衔接。

(四)培育多元竞争的市场主体。有序放开发用电计划,分类推动燃气、热电联产、新能源、核电等优先发电主体参与市场,分批次推动经营性用户全面参与市场,推动将优先发电、优先购电计划转化为政府授权的中长期合同。严格售电公司准入标准和条件，引导社会资本有序参与售电业务，发挥好电网企业和国有售电公司重要作用，健全确保供电可靠性的保底供电制度，鼓励售电公司创新商业模式，提供综合能源管理、负荷集成等增值服务。引导用户侧可调负荷资源、储能、分布式能源、新能源汽车等新型市场主体参与市场交易，充分激发和释放用户侧灵活调节能力。

四、健全统一电力市场体系的交易机制

（一）规范统一市场基本交易规则和技术标准。发展改革委、能源局组织有关方面制定市场准入退出、交易品种、交易时序、交易执行结算等基本交易规则，以及统一的交易技术标准和数据接口标准。各地组织省（区、市）电力交易中心依照基本交易规则制定本地交易细则。推动交易中心之间在技术和数据标准方面有效衔接、总体一致。

（二）完善电力价格形成机制。改革完善煤电价格市场化形成机制，完善电价传导机制，统一规范各地电力市场价格规则，有效平衡电力供需。有序推动工商业用户全部进入电力市场，确保居民、农业、公益性事业等用电价格相对稳定。鼓励清洁取暖用户通过参与电力市场降低采暖成本。强化电网输配电准许收入监管，推动电网企业输配电业务和购售电业务分开核算，妥善处理政策性交叉补贴。提升跨省跨区输电价格机制灵活性，探索跨省跨区交易按最优路径组合等方式收取输电费用。

（三）做好市场化交易与调度运行的高效衔接。在保障电网安全运行和电力可靠供应的前提下，统筹优化电力市场运行与电网调度运行，健全完善电网企业相关业务流程和制度标准。加强电力交易中心与电网企业业务协同，推动规划、营销、计量、财务、调度等信息的互通共享。提升电网智能化水平，加强电力运行调度和安全管理，依法依规落实电力市场交易结果。

（四）加强信息共享和披露。推动全国电力市场主体注册信息共享。落实信息披露制度要求，规范披露流程，依法依规披露电网安全约束条件、跨省跨区可用输电能力等关键信息。建设统一信息披露平台，健全信息安全保障机制，确保电力运行信息安全可控。

五、加强电力统筹规划和科学监管

（一）健全适应市场化环境的电力规划体系。统筹可再生能源和常规电源规划布局，加强全国电力规划与地方电力规划、电源规划与电网规划、电力规划与市场建设之间的衔接，注重发挥市场价格信号对电力规划建设的引导作用。

（二）完善现代电力市场监管体制。提升对电力市场科学监管能力，加强监测预警，强化电力交易机构和调度机构的运营监控和风险防控责任，做好对电力市场信息披露情况的监督和评价。加强对电网企业自然垄断性业务的监管，健全电网公平开放监管制度，强化运行安全和服务质量评价。

（三）健全电力市场信用体系。健全市场主体自律和社会监督机制，完善电力市场信用评价体系，开展市场主体信用评价工作，推动分级分类监管，实现市场主体信用信息共享，健全守信激励和失信惩戒机制，构建以信用为基础的新型监管机制。

（四）完善电力应急保供机制。加快应急备用和调峰电源能力建设，建立健全成本回收机制，通过容量成本回收机制、辅助服务市场等实现合理经济补偿。健全市场应急处置机制，优先保障民生用电供应，确保电力供应安全。

六、构建适应新型电力系统的市场机制

（一）提升电力市场对高比例新能源的适应性。严格落实支持新能源发展的法律法规和政策措施，完善适应高比例新能源的市场机制，有序推动新能源参与电力市场交易，以市场化收益吸引社会资本，促进新能源可持续投资。建立与新能源特性相适应的中长期电力交易机制，引导新能源签订较长期限的中长期合同。鼓励新能源报量报价参与现货市场，对报价未中标电量不纳入弃风弃光电量考核。在现货市场内推动调峰服务，新能源比例较高的地区可探索引入爬坡等新型辅助服务。

（二）因地制宜建立发电容量成本回收机制。引导各地区根据实际情况，建立市场化的发电容量成本回收机制，探索容量补偿机制、容量市场、稀缺电价等多种方式，保障电源固定成本回收和长期电力供应安全。鼓励抽水蓄能、储能、虚拟电厂等调节电源的投资建设。

（三）探索开展绿色电力交易。创新体制机制，开展绿色电力交易试点，以市场化方式发现绿色电力的环境价值，体现绿色电力在交易组织、电网调度等方面的优先地位。引导有需求的用户直接购买绿色电力，推动电网企业优先执行绿色电力的直接交易结果。做好绿色电力交易与绿证交易、碳排放权交易的有效衔接。

（四）健全分布式发电市场化交易机制。鼓励分布式光伏、分散式风电等主体与周边用户直接交易，完善微电网、存量小电网、增量配电网与大电网间的交易结算、运行调度等机制，增强就近消纳新能源和安全运行能力。

七、加强组织实施

（一）强化组织落实。要始终坚持和加强党的领导，把党的领导贯穿全国统一电力市场体系建设全过程。要加强电力统筹规划、政策法规、科学监测等工作，科学指导电力规划和有效投资。发展改革委、能源局要加强对统一电力市场体系建设的总体指导，统筹考虑能源资源禀赋、电价水平、电网安全运行等条件，加强系统研究、协调推进，健全应急调控预案和保障供应机制，完善相关配套政策，强化组织协调、监督管理和风险防范。各省（区、市）政府要明确牵头部门和任务分工，按照总体部署扎实做好本地电力市场建设，推进综合协同监管。

（二）营造改革氛围。组织开展电力市场建设的专项研究培训，鼓励引导相关市场主体发挥各自优势，主动适应新型电力系统建设和市场化方向，积极参与电力市场建设。通过新闻发布会等形式，加强对全国统一电力市场体系建设的宣传引导和政策解读，凝聚电力市场发展共识，营造良好改革氛围。

（三）及时跟踪评估。电力交易机构和调度机构按照职责分工做好市场运行信息的记录、汇总、分析和披露等工作，及时准确反映电力市场运行状况。发展改革委、能源局对电力市场运行状况开展定期评估，及时总结经验，加强对各地电力市场建设的督促指导。

电力市场运营基本规则

（2005 年 10 月 13 日国家电力监管委员会令第 10 号发布
自 2005 年 12 月 1 日起施行）

第一章　总　　则

第一条　为了规范电力市场行为，依法维护电力市场主体的合法权益，保证电力市场的统一、开放、竞争、有序，根据《电力监管条例》和有关法律、行政法规，制定本规则。

第二条　本规则适用于区域电力市场。

第三条　国家电力监管委员会及其派出机构（以下简称电力监管机构）负责区域电力市场运营的监督管理。

第二章　市场主体与交易机构

第四条　电力市场主体包括按照有关规定取得电力业务许可证的发电企业、输电企业、供电企业，以及经电力监管机构核准的用户。电力调度交易机构包括区域电力调度交易中心和省、自治区、直辖市电力调度机构。

前款所称供电企业包括独立配售电企业；前款所称区域电力调度交易中心包括区域电力调度中心、区域电力交易中心。

第五条　发电企业、输电企业和供电企业按照有关规定取得电力业务许可证后，方可申请进入区域电力市场，参与区域电力市场交易。用户经电力监管机构核准后，可以参与区域电力市场交易。

第六条　电力调度交易机构负责电力调度、电力市场交易、计量结算。

第三章　交易类型与方式

第七条　电力市场交易类型包括电能交易、输电权交易、辅助服务交易等。

第八条　电能交易按照合约交易、现货交易、期货交易等方式进行。

电能合约交易，是指电力市场主体通过签订电能买卖合同进行的电能交易。电能买卖合同约定的电价，可以由双方协商形成、通过市场竞价产生或者按照国家有关规定确定。

电能现货交易，是由发电企业通过市场竞价产生的次日或者未来 24 小时的电能交易，以及为保证电力供需的即时平衡而组织的实时电能交易。

电能期货交易，是指电力市场主体在规定的交易场所通过签订期货合同进行的电能交易。电能期货合同是指在确定的将来某时刻按照确定的价格购买或者出售电能的协议。

电能交易以合约交易为主、现货交易为辅，适时进行期货交易。

第九条　电力市场具备规定的条件，并经电力监管机构批准，可以进行输电权交易、辅助服务交易等。

第四章　电 能 交 易

第十条　电能合约交易可以由电力调度交易机构具体组织实施，也可以由电力市场主体双方协商进行。

第十一条　电力调度交易机构按照区域电力市场运营规则对合约电量进行分解，其分解方法应当对电力市场主体公开。合约电量分解后因故需要修改的，电力调度交易机构应当及时向合约各方通报原因。

第十二条　输电企业应当按照法律和国家政策的规定，优先与依法取得电力业务许可证的可再生能源发电企业签订合同，全额收购其上网电量。

第十三条　电力调度交易机构应当按照区域电力市场运营规则组织电能现货交易。

第十四条　发电企业进行电能现货交易，应当以单个机组为单位报价。经批准，同一发电厂的多个机组可以集中报价。由多个发电厂组成的发电企业不得集中报价。禁止发电企业串通报价。

第十五条　电力市场价格形成机制应当有利于促进电力市场公平有效竞争、有利于输电阻塞管理。

第十六条　所有电能交易必须通过电力调度交易机构安全校核后执行。

第五章 输电服务

第十七条 输电企业应当公平开放输电网,为电力市场主体提供安全、优质、经济的输电服务。

第十八条 输电企业应当严格执行国家规定的输电电价,并接受电力监管机构的监督检查。

第十九条 输电阻塞管理方法由电力监管机构根据电网结构和电力市场交易方式确定。

第二十条 电力市场因规避输电阻塞风险的需要,经电力监管机构批准,可以组织开展输电权交易。

第六章 辅助服务

第二十一条 电力市场主体应当按照有关规定提供用以维护电压稳定、频率稳定和电网故障恢复等方面的辅助服务。

第二十二条 辅助服务分为基本辅助服务和有偿辅助服务。

基本辅助服务是电力市场主体应当无偿提供的辅助服务。有偿辅助服务是电力市场主体在基本辅助服务之外提供的其它辅助服务。有偿辅助服务在电力市场建设初期采取补偿机制,电力市场健全以后实行竞争机制。

第二十三条 辅助服务的具体内容、技术标准、提供方式、考核方式,由国家电力监管委员会会同国务院有关部门另行规定。

第二十四条 电力调度交易机构应当定期对电力市场主体提供辅助服务的能力进行测试。测试结果应当公布并向电力监管机构报告。电力市场主体不能按照要求提供辅助服务时,应当及时向电力调度交易机构报告,并按照有关规定接受考核。

第七章 电能计量与结算

第二十五条 电力市场主体应当安装符合国家标准的电能计量装置,由电能计量检测机构检定后投入使用。

本规则所称电能计量检测机构,是指经政府计量行政部门认可、电能交易双方确认的电能计量检测机构。

第二十六条　电能计量检测机构对电能计量装置实行定期校核。电力市场主体可以申请校核电能计量装置,经校核,电能计量装置误差达不到规定精度的,由此发生的费用由该电能计量装置的产权方承担;电能计量装置误差达到规定精度的,由此发生的费用由申请方承担。

第二十七条　电能交易双方签订的电能交易合同应当明确电能的计量点。电能计量点位于交易双方的产权分界点,产权分界点不能安装电能计量装置的,由双方协商确定电能计量点。法定或者约定的计量点计量的电能作为电费结算的依据。电力市场主体以计量点为分界承担电能损耗和相关责任。

第二十八条　电力调度交易机构应当建立并维护电能计量数据库,并按照有关规定向电力市场主体公布相关的电能计量数据。

第二十九条　电力市场结算包括电能合约交易结算、电能现货交易结算、电能期货交易结算、辅助服务结算以及补偿金、违约金结算。

第三十条　电力市场主体应当按照区域电力市场运营规则规定的电费结算方式和期限结算电费。

第八章　系 统 安 全

第三十一条　电力市场主体应当执行有关电网运行管理的规程、规定,服从统一调度,加强设备维护,按照并网协议配备必要的安全设施,提供辅助服务,维护电力系统的安全稳定运行。

第三十二条　电力调度交易机构应当严格执行电力调度规则,合理安排系统运行方式,及时向电力市场主体预报或者通报影响电力系统安全运行的信息,防止电网事故,保障电网运行安全。

第三十三条　电力调度交易机构负责电力市场交易的安全校核,并公布校核方法、参数。

第三十四条　电力调度交易机构应当根据电力供需形势、设备运行状况、安全约束条件和系统运行状况,统筹安排电力设备检修计划。发电机组运行考核办法由电力监管机构审定,电力调度交易机构执行。

第三十五条　电力市场技术支持系统建设应当符合规定的性能指标。电力市场技术支持系统包括能量管理、交易管理、电能计量、结算系统、合同管理、报价处理、市场分析与预测、交易信息、监管系统等功能模块。

第三十六条　电力市场技术支持系统建设应当以电力市场运行规则为基础。在同一电力市场内,电力市场技术支持系统应当统一规划、统一设计、统一管理、同步实施、分别维护。电力市场技术支持系统应当根据电力市场发展的需要及时更新。电力监管机构审定电力市场技术支持系统规划和设计方案，电力市场主体按照规定配备有关配套设施并负责日常维护管理。

第九章 风险管理

第三十七条 国务院价格主管部门、国家电力监管委员会制定电力市场最高、最低限价，维护电力市场安全。

第三十八条 电力监管机构根据维护电力市场正常运作和电力系统安全的需要，应当制定电力市场干预、中止办法，规定电力市场干预、中止的条件和相关处理方法。

第三十九条 国务院有关部门、国家电力监管委员会在用户侧开放前，建立电价平衡机制，制定销售电价、上网电价联动的具体办法。

第十章 信息披露

第四十条 电力市场主体应当按照有关规定向电力调度交易机构提供信息。

第四十一条 电力调度交易机构应当遵循及时、真实、准确、完整的原则，定期向电力市场主体和社会公众披露电力市场运行信息。

第四十二条 电力监管机构制定电力市场信息发布管理办法并监督实施。

第十一章 附则

第四十三条 电力业务许可证制度实施以前，电力企业进入电力市场的资格，由电力监管机构审查批准。

第四十四条 国家电力监管委员会区域监管局根据本规则拟定区域电力市场运营规则，报国家电力监管委员会批准后执行。

第四十五条 本规则自 2005 年 12 月 1 日起施行。国家电力监管委员会 2003 年 7 月 24 日公布的《电力市场运营基本规则(试行)》同时废止。

电力中长期交易基本规则

（2020 年 6 月 10 日国家发展改革委、国家能源局印发
发改能源规〔2020〕889 号）

第一章　总　　则

第一条　为规范电力中长期交易，依法维护电力市场主体的合法权益，推进统一开放、竞争有序的电力市场体系建设，根据《中共中央国务院关于进一步深化电力体制改革的若干意见》（中发〔2015〕9 号）及其配套文件和有关法律、法规规定，制定本规则。

第二条　未开展电力现货交易的地区，电力中长期交易执行本规则。开展电力现货交易的地区，可结合实际，制定与现货交易相衔接的电力中长期交易规则。

第三条　本规则所称电力中长期交易指发电企业、电力用户、售电公司等市场主体，通过双边协商、集中交易等市场化方式，开展的多年、年、季、月、周、多日等电力批发交易。执行政府定价的优先发电电量和分配给燃煤（气）机组的基数电量（二者统称为计划电量）视为厂网间双边交易电量，签订厂网间购售电合同，相应合同纳入电力中长期交易合同管理范畴，其执行和结算均须遵守本规则。电力辅助服务市场（补偿）机制相关规则另行制定。

第四条　电力市场成员应当严格遵守市场规则，自觉自律，不得操纵市场价格、损害其他市场主体的合法权益。任何单位和个人不得非法干预市场正常运行。

第五条　国家发展改革委和国家能源局会同有关部门加强对各地发用电计划放开实施方案制定和具体工作推进的指导和监督；适时组织评估有序放开发用电计划工作，总结经验、分析问题、完善政策。国家能源局依法组织制定电力市场规划、市场规则、市场监管办法，区域派出机构会同地方政府对区域电力市场和区域电力交易机构实施监管。国家能源局派出机构和地方政府电力管理部门根据职能依法履行省（区、市）电力中长期交易监管职责。

第二章　市场成员

第六条　市场成员包括各类发电企业、电网企业、配售电企业、电力交易机构、电力调度机构、电力用户、储能企业等。

第一节　权利与义务

第七条　发电企业的权利和义务：（一）按照规则参与电力交易，签订和履行各类交易合同，按时完成电费结算；（二）获得公平的输电服务和电网接入服务；（三）签订并执行并网调度协议，服从电力调度机构的统一调度；（四）按照电力企业信息披露和报送等有关规定披露和提供信息，获得市场化交易和输配电服务等相关信息；（五）具备满足参与市场化交易要求的技术支持手段；（六）法律法规规定的其他权利和义务。

第八条　电力用户的权利和义务：（一）按照规则参与电力市场化交易，签订和履行购售电合同、输配电服务合同，提供市场化交易所必须的电力电量需求、典型负荷曲线以及相关生产信息；（二）获得公平的输配电服务和电网接入服务，按时支付购电费、输配电费、政府性基金及附加等；（三）依法依规披露和提供信息，获得市场化交易和输配电服务等相关信息；（四）服从电力调度机构的统一调度，在系统特殊运行状况下（如事故、严重供不应求等）按照电力调度机构要求安排用电；（五）遵守政府电力管理部门有关电力需求侧管理规定，执行有序用电管理，配合开展错避峰；（六）依法依规履行清洁能源消纳责任；（七）具备满足参与市场化交易要求的技术支持手段；（八）法律法规规定的其他权利和义务。

第九条　售电公司的权利和义务：（一）按照规则参与电力市场化交易，签订和履行市场化交易合同，按时完成电费结算；（二）依法依规披露和提供信息，在政府指定网站上公示公司资产、经营状况等情况和信用承诺，依法对公司重大事项进行公告，并定期公布公司年报；（三）按照规则向电力交易机构、电力调度机构提供签约零售用户的交易电力电量需求、典型负荷曲线以及其他生产信息，获得市场化交易、输配电服务和签约市场主体的基础信息等相关信息，承担用户信息保密义务；（四）依法依规履行清洁能源消纳责任；（五）具备满足参与市场化交易要求的技术支持手段；（六）拥有配电网运营权的售电公司承担配电区域内电费收取和结算业务；（七）法律法规规定的其他权利和义务。

第十条　电网企业的权利和义务：（一）保障电网以及输配电设施的安全稳定

运行;(二)为市场主体提供公平的输配电服务和电网接入服务,提供报装、计量、抄表、收费等各类供电服务;(三)建设、运行、维护和管理电网配套技术支持系统,服从电力调度机构的统一调度;(四)按照电力企业信息披露和报送等有关规定披露和提供信息,向电力交易机构提供支撑市场化交易和市场服务所需的相关数据,按照国家网络安全有关规定实现与电力交易机构的数据交互;(五)收取输配电费,代收代付电费和政府性基金及附加等按时完成电费结算;(六)按照政府定价或者政府相关规定向优先购电用户以及其他不参与市场化交易的电力用户(以下统称"非市场用户")提供供电服务,签订供用电合同;(七)预测非市场用户的电力、电量需求等;(八)依法依规履行清洁能源消纳责任;(九)法律法规规定的其他权利和义务。

第十一条　电力交易机构的权利和义务:(一)参与拟定相应电力交易规则;(二)提供各类市场主体的注册服务;(三)按照规则组织电力市场交易,并负责交易合同的汇总管理;(四)提供电力交易结算依据以及相关服务,按照规定收取交易服务费;(五)建设、运营和维护电力市场化交易技术支持系统(以下简称"电力交易平台");(六)按照电力企业信息披露和报送等有关规定披露和发布信息,提供信息发布平台,为市场主体信息发布提供便利,获得市场成员提供的支撑市场化交易以及服务需求的数据等;(七)配合国家能源局及其派出机构和政府电力管理部门对市场规则进行分析评估,提出修改建议;(八)监测和分析市场运行情况,依法依规干预市场,预防市场风险,并于事后向监管机构和政府相关部门及时报告;(九)对市场主体违反交易规则、扰乱市场秩序等违规行为进行报告并配合调查;(十)法律法规规定的其他权利和义务。

第十二条　电力调度机构的权利和义务:(一)负责安全校核;(二)按照调度规程实施电力调度,负责系统实时平衡,保障电网安全稳定运行;(三)向电力交易机构提供安全约束边界和必开机组组合、必开机组发电量需求、影响限额的停电检修、关键通道可用输电容量等数据,配合电力交易机构履行市场运营职能;(四)合理安排电网运行方式,保障电力交易结果的执行(因电力调度机构自身原因造成实际执行与交易结果偏差时,由电力调度机构所在电网企业承担相应的经济责任),保障电力市场正常运行;(五)按照电力企业信息披露和报送等有关规定披露和提供电网运行的相关信息,提供支撑市场化交易以及市场服务所需的相关数据,按照国家网络安全有关规定实现与电力交易机构的数据交互;(六)法律法规规定的其他权利和义务。

第二节　准入与退出

第十三条　市场主体应当是具有法人资格、财务独立核算、信用良好、能够独立承担民事责任的经济实体。内部核算的市场主体经法人单位授权,可参与相应电力交易。

第十四条　市场准入基本条件:(一)发电企业　1.依法取得发电项目核准或者备案文件,依法取得或者豁免电力业务许可证(发电类);2.并网自备电厂公平承担发电企业社会责任、承担国家依法依规设立的政府性基金及附加以及与产业政策相符合的政策性交叉补贴,取得电力业务许可证(发电类),达到能效、环保要求,可作为市场主体参与市场化交易;3.分布式发电企业符合分布式发电市场化交易试点规则要求。(二)电力用户　1.符合电网接入规范、满足电网安全技术要求,与电网企业签订正式供用电协议(合同);2.经营性电力用户的发用电计划原则上全部放开。不符合国家产业政策的电力用户暂不参与市场化交易,产品和工艺属于淘汰类和限制类的电力用户严格执行现有差别电价政策;3.拥有燃煤自备电厂的用户应当按照国家规定承担政府性基金及附加、政策性交叉补贴;4.具备相应的计量能力或者替代技术手段,满足市场计量和结算的要求。(三)售电公司准入条件按照国家对售电公司准入与退出有关规定执行。拥有配电网运营权的售电公司应当取得电力业务许可证(供电类)。

第十五条　参加批发交易的市场主体以及参加零售交易的电力用户均实行市场注册。其中,参加零售交易的电力用户的注册手续和程序可以适当简化。

第十六条　参加市场化交易(含批发、零售交易)的电力用户全部电量需通过批发或者零售交易购买,且不得同时参加批发交易和零售交易。所有参加市场化交易的电力用户均不再执行目录电价。参加市场化交易的电力用户,允许在合同期满的下一个年度,按照准入条件选择参加批发或者零售交易。

第十七条　已经选择市场化交易的发电企业和电力用户,原则上不得自行退出市场。有下列情形之一的,可办理正常退市手续:1.市场主体宣告破产,不再发电或者用电;2.因国家政策、电力市场规则发生重大调整,导致原有市场主体非自身原因无法继续参加市场的情况;3.因电网网架调整,导致发电企业、电力用户的发用电物理属性无法满足所在地区的市场准入条件。上述市场主体,在办理正常退市手续后,执行国家有关发用电政策。售电公司退出条件按照国家有关售电公司准入与退出管理规定执行。

第十八条　对于滥用市场操纵力、不良交易行为等违反电力市场秩序的行为,可进行市场内部曝光；对于严重违反交易规则的行为，可依据《电力监管条例》等有关规定处理。

第十九条　退出市场的市场主体需妥善处理其全部合同义务。无正当理由退市的市场主体，原则上原法人以及其法人代表三年内均不得再选择市场化交易。

第二十条　无正当理由退市的电力用户，由为其提供输配电服务的电网企业承担保底供电责任。电网企业与电力用户交易的保底价格在电力用户缴纳输配电价的基础上，按照政府核定的目录电价的1.2－2倍执行。保底价格具体水平由各省（区、市）价格主管部门按照国家确定的上述原则确定。

第二十一条　完成市场注册且已开展交易的电力用户，合同期满后未签订新的交易合同但发生实际用电时，不再按照政府目录电价结算。其中，参加批发交易的用户按照各地规则进行偏差结算，参加零售交易的用户按照保底价格进行结算。完成市场注册但未开展交易的电力用户，可探索公开招标确定售电公司提供零售服务等市场价格形成机制，也可执行政府目录电价。

第三章　市场注册、变更与注销

第二十二条　市场注册业务包括注册、信息变更、市场注销以及零售用户与售电公司业务关系确定等。

第二十三条　市场主体参与电力市场化交易，应当符合准入条件，在电力交易机构办理市场注册，按照有关规定履行承诺、公示、注册、备案等相关手续。市场主体应当保证注册提交材料的真实性、完整性。

第二十四条　企事业单位、机关团体等办理注册手续时应当关联用电户号等实际用电信息，并提供必要的单位名称、法人代表、联系方式等。参与批发交易的市场主体，应当办理数字安全证书或者采取同等安全等级的身份认证手段。

第二十五条　办理售电增项业务的发电企业，应当分别以发电企业和售电公司的市场主体类别进行注册。

第二十六条　当国家政策调整或者交易规则发生重大变化时，电力交易机构可组织已注册市场主体重新办理注册手续。

第二十七条　市场主体注册信息发生变更时，应当及时向电力交易机构提出变更申请。市场主体类别、法人、业务范围、公司主要股东等有重大变化的，市场主体应当再次予以承诺、公示。公示期满无异议的，电力交易机构向社会发布。

第二十八条　电力用户或者售电公司关联的用户发生并户、销户、过户、改名或者用电类别、电压等级等信息发生变化时，市场主体应当在电网企业办理变更的同时,在电力交易机构办理注册信息变更手续。业务手续办理期间,电网企业需向电力交易机构提供分段计量数据。电力交易机构完成注册信息变更后,对其进行交易结算,提供结算依据。

第二十九条 退出市场的市场主体,应当及时向电力交易机构提出注销申请,按照要求进行公示,履行或者处理完成交易合同有关事项后予以注销。

第三十条 发电企业、电力用户、配售电企业根据交易需求和调度管理关系在相应的电力交易机构办理注册手续;售电公司自主选择一家电力交易机构办理注册手续。各电力交易机构共享注册信息,无须重复注册,按照相应省区的准入条件和市场规则参与交易。电力交易机构根据市场主体注册情况向国家能源局及其派出机构、省级政府有关部门和政府引入的第三方征信机构备案,并通过政府指定网站和电力交易机构网站向社会公布。

第四章 交易品种和交易方式

第三十一条 电力中长期交易现阶段主要开展电能量交易,灵活开展发电权交易、合同转让交易,根据市场发展需要开展输电权、容量等交易。

第三十二条 根据交易标的物执行周期不同,中长期电能量交易包括年度(多年)电量交易(以某个或者多个年度的电量作为交易标的物,并分解到月)、月度电量交易(以某个月度的电量作为交易标的物)、月内(多日)电量交易(以月内剩余天数的电量或者特定天数的电量作为交易标的物)等针对不同交割周期的电量交易。

第三十三条 电能量交易包括集中交易和双边协商交易两种方式。其中集中交易包括集中竞价交易、滚动撮合交易和挂牌交易三种形式。集中竞价交易指设置交易报价提交截止时间,电力交易平台汇总市场主体提交的交易申报信息,按照市场规则进行统一的市场出清,发布市场出清结果。滚动撮合交易是指在规定的交易起止时间内,市场主体可以随时提交购电或者售电信息,电力交易平台按照时间优先、价格优先的原则进行滚动撮合成交。挂牌交易指市场主体通过电力交易平台,将需求电量或者可供电量的数量和价格等信息对外发布要约,由符合资格要求的另一方提出接受该要约的申请。

第三十四条 以双边协商和滚动撮合形式开展的电力中长期交易鼓励连续开市,以集中竞价交易形式开展的电力中长期交易应当实现定期开市。双边合同在双边交易申报截止时间前均可提交或者修改。

第三十五条 同一市场主体可根据自身电力生产或者消费需要,购入或者售出电能量。为降低市场操纵风险,发电企业在单笔电力交易中的售电量不得超过其剩余最大发电能力,购电量不得超过其售出电能量的净值(指多次售出、购入相互抵消后的净售电量)。电力用户和售电公司在单笔电力交易中的售电量不得超过其购入电能量的净值(指多次购入、售出相互抵消后的净购电量)。除电网安全约束外,不得限制发电企业在自身发电能力范围内的交易电量申报;发电权交易、合同转让交易应当遵循购售双方的意愿,不得人为设置条件,原则上鼓励清洁、高效机组替代低效机组发电。

第三十六条 在优先安排优先发电合同输电容量的前提下,鼓励发电企业、电力用户、售电公司利用剩余输电容量直接进行跨区跨省交易。跨区跨省交易可以在区域交易平台开展,也可以在相关省交易平台开展;点对网专线输电的发电机组(含网对网专线输电但明确配套发电机组的情况)视同为受电地区发电机组,纳入受电地区电力电量平衡,根据受电地区发电计划放开情况参与受电地区电力市场化。

第三十七条 对于未来电力供应存在短缺风险的地区,可探索建立容量市场,保障长期电力供应安全。对于燃煤机组利用小时严重偏低的省份,可建立容量补偿机制。

第五章 价格机制

第三十八条 除计划电量执行政府确定的价格外,电力中长期交易的成交价格应当由市场主体通过双边协商、集中交易等市场化方式形成,第三方不得干预。

电能量市场化交易(含省内和跨区跨省)价格包括脱硫、脱硝、除尘和超低排放电价。

第三十九条 因电网安全约束必须开启的机组,约束上电量超出其合同电量(含优先发电合同、基数电量合同、市场交易合同)的部分,由各地根据实际情况在交易细则中明确,鼓励采用市场化机制确定价格。加强对必开机组组合和约束上电量的监管,保障公开、公平、公正。新投产发电机组的调试电量按照调试电价政策进行结算。

第四十条 市场用户的用电价格由电能量交易价格、输配电价格、辅助服务费用、政府性基金及附加等构成,促进市场用户公平承担系统责任。输配电价格、政府性基金及附加按照国家有关规定执行。

第四十一条 双边交易价格按照双方合同约定执行。集中交易价格机制具体由各地区市场规则确定。其中,集中竞价交易可采用边际出清或者高低匹配等价格形成机制;滚动撮合交易可采用滚动报价、撮合成交的价格形成机制;挂牌交易采用一方挂牌、摘牌成交的价格形成机制。

第四十二条 跨区跨省交易受电地区落地价格由电能量交易价格(送电侧)、输电价格、辅助服务费用、输电损耗构成。输电损耗在输电价格中已明确包含的,不再单独收取;未明确的,暂按该输电通道前三年输电损耗的平均值计算,报国家能源局备案后执行。输电损耗原则上由买方承担,也可由市场主体协商确定承担方式。

第四十三条 执行峰谷电价的用户,在参加市场化交易后应当继续执行峰谷电价。各地应当进一步完善峰谷分时交易机制和调峰补偿机制,引导发电企业、电网企业和电力用户等主动参与调峰。

第四十四条 除国家有明确规定的情况外,双边协商交易原则上不进行限价。集中竞价交易中,为避免市场操纵以及恶性竞争,可对报价或者出清价格设置上、下限。价格上、下限原则上由相应电力市场管理委员会提出,经国家能源局派出机构和政府有关部门审定,应当避免政府不当干预。

第六章 交易组织

第一节 总体原则

第四十五条 政府部门应当在每年11月底前确定并下达次年跨区跨省优先发电计划、省内优先发电计划和基数电量。各地按照年度(多年)、月度、月内(多日)的顺序开展电力交易。

第四十六条 市场主体通过年度(多年)交易、月度交易和月内(多日)等交易满足发用电需求,促进供需平衡。

第四十七条 对于定期开市和连续开市的交易,交易公告应当提前至少1个工作日发布;对于不定期开市的交易,应当提前至少5个工作日发布。交易公告发布内容应当包括:(一)交易标的(含电力、电量和交易周期)、申报起止时间;(二)交易出清方式;(三)价格形成机制;(四)关键输电通道可用输电容量情况。

第四十八条 交易的限定条件必须事前在交易公告中明确,原则上在申报组织以及出清过程中不得临时增加限定条件,确有必要的应当公开说明原因。

第四十九条 电力交易机构基于电力调度机构提供的安全约束条件开展电力交易出清。

第五十条　对于签订市场化交易合同的机组,分配基数电量时原则上不再进行容量剔除。

第五十一条　各电力交易机构负责组织开展可再生能源电力相关交易,指导参与电力交易的承担消纳责任的市场主体优先完成可再生能源电力消纳相应的电力交易,在中长期电力交易合同审核、电力交易信息公布等环节对承担消纳责任的市场主体给予提醒。各承担消纳责任的市场主体参与电力市场交易时,应当向电力交易机构作出履行可再生能源电力消纳责任的承诺。

第二节　年度(多年)交易

第五十二条　年度(多年)交易的标的物为次年(多年)的电量(或者年度分时电量)。年度(多年)交易可通过双边协商或者集中交易的方式开展。

第五十三条　市场主体经过双边协商形成的年度(多年)意向协议,需要在年度双边交易申报截止前,通过电力交易平台提交至电力交易机构。电力交易机构根据电力调度机构提供的关键通道年度可用输电容量,形成双边交易预成交结果。

第五十四条　采用集中交易方式开展年度(多年)交易时,发电企业、售电公司和电力用户在规定的报价时限内通过电力交易平台申报报价数据。电力交易机构根据电力调度机构提供的关键通道年度可用输电容量进行市场出清,形成集中交易预成交结果。

第五十五条　年度交易结束后,电力交易机构汇总每类交易的预成交结果,并提交电力调度机构统一进行安全校核。电力调度机构在 5 个工作日内返回安全校核结果,由电力交易机构发布。安全校核越限时,由相关电力交易机构根据市场规则协同进行交易削减和调整。

第五十六条　市场主体对交易结果有异议的,应当在结果发布 1 个工作日内向电力交易机构提出,由电力交易机构会同电力调度机构在 1 个工作日内给予解释。逾期未提出异议的,电力交易平台自动确认成交。

第三节　月度交易

第五十七条　月度交易的标的物为次月电量(或者月度分时电量),条件具备的地区可组织开展针对年度内剩余月份的月度电量(或者月度分时电量)交易。月度交易可通过双边协商或者集中交易的方式开展。

第五十八条 市场主体经过双边协商形成的意向协议,需要在月度双边交易申报截止前,通过电力交易平台提交至电力交易机构。电力交易机构根据电力调度机构提供的关键通道月度可用输电容量,形成双边交易预成交结果。

第五十九条 采用集中交易方式开展月度交易时,发电企业、售电公司和电力用户在规定的报价时限内通过电力交易平台申报报价数据。电力交易机构根据电力调度机构提供的关键通道月度可用输电容量进行市场出清,形成集中交易预成交结果。

第六十条 月度交易结束后,电力交易机构汇总每类交易的预成交结果,并提交给电力调度机构统一进行安全校核。电力调度机构在 2 个工作日内返回安全校核结果,由电力交易机构发布。安全校核越限时,由相关电力交易机构根据市场规则协同进行交易削减和调整。

第六十一条 市场主体对交易结果有异议的,应当在结果发布 1 个工作日内向电力交易机构提出,由电力交易机构会同电力调度机构在 1 个工作日内给予解释。逾期未提出异议的,电力交易平台自动确认成交。

第六十二条 电力交易机构应当根据经安全校核后的交易结果,对年度交易分月结果和月度交易结果进行汇总,于每月月底前发布汇总后的交易结果。

第四节　月内(多日)交易

第六十三条 月内(多日)交易的标的物为月内剩余天数或者特定天数的电量(或者分时电量)。月内交易主要以集中交易方式开展。根据交易标的物不同,月内交易可定期开市或者连续开市。

第六十四条 月内集中交易中,发电企业、售电公司和电力用户在规定的报价时限内通过电力交易平台申报报价数据。电力交易机构根据电力调度机构提供的关键通道月内可用输电容量进行市场出清,形成集中交易预成交结果。

第六十五条 电力交易机构将月内集中交易的预成交结果提交给电力调度机构进行安全校核。电力调度机构应当在 1 个工作日内返回安全校核结果,由电力交易机构发布。市场主体对交易结果有异议的,应当在结果发布 1 个工作日内向电力交易机构提出,由电力交易机构会同电力调度机构在 1 个工作日内给予解释。

第六十六条 月内集中交易结束后,电力交易机构应当根据经安全校核后的交易结果,对分月交易计划进行调整、更新和发布。

第五节　偏差电量处理机制

第六十七条　允许发用双方在协商一致的前提下,可在合同执行一周前进行动态调整。鼓励市场主体通过月内(多日)交易实现月度发用电计划调整,减少合同执行偏差。

第六十八条　系统月度实际用电需求与月度发电计划存在偏差时,可通过发电侧上下调预挂牌机制进行处理,也可根据各地实际采用偏差电量次月挂牌、合同电量滚动调整等偏差处理机制。

第六十九条　发电侧上下调预挂牌机制采用"报价不报量"方式,具有调节能力的机组均应当参与上下调报价。发电侧上下调预挂牌机制可采用如下组织方式:(一)月度交易结束后,发电机组申报上调报价(单位增发电量的售电价格)和下调报价(单位减发电量的购电价格)。允许发电机组在规定的月内截止日期前,修改其上调和下调报价。(二)电力交易机构按照上调报价由低到高排序形成上调机组调用排序列表,按照下调报价由高到低排序形成下调机组调用排序列表。价格相同时按照发电侧节能低碳电力调度的优先级进行排序。(三)月度最后七个自然日,根据电力电量平衡预测,各类合同电量的分解执行无法满足省内供需平衡时,电力调度机构参考上下调机组排序,在满足电网安全约束的前提下,预先安排机组提供上调或者下调电量、调整相应机组后续发电计划,实现供需平衡。机组提供的上调或者下调电量根据电力调度机构的实际调用量进行结算。

第七十条　偏差电量次月挂牌机制可采用如下组织方式:(一)电力调度机构在保证电网安全运行的前提下,根据全网机组运行负荷率确定预挂牌机组负荷率上限和下限,并在月初公布。各机组上调、下调电量的限额按照负荷率上下限对应发电量与机组当月计划发电量的差额确定。(二)在满足电网安全约束的前提下,将上月全网实际完成电量与全网计划发电量的差额,按照各机组上月申报的预挂牌价格(上调申报增发价格、下调申报补偿价格)排序确定机组上调、下调电量,作为月度调整电量累加至机组本月计划发电量。其中,下调电量按照机组月度集中交易电量、月度双边交易电量、年度分月双边交易电量、计划电量的顺序扣减相应合同电量。(三)月度发电计划执行完毕后,发电侧首先结算机组上调电量或者下调电量,其余电量按照各类合同电量结算顺序以及对应电价结算;用户侧按照当月实际用电量和合同电量加权价结算电费,实际用电量与合同电量的偏差予以考核。

第七十一条　合同电量滚动调整机制可采用发电侧合同电量按月滚动调整,用户侧合同电量月结月清或者按月滚动调整。

第七章　安 全 校 核

第七十二条　各类交易应当通过电力调度机构安全校核。涉及跨区跨省的交易,须提交相关电力调度机构共同进行安全校核,各级电力调度机构均有为各电力交易机构提供电力交易(涉及本电力调度机构调度范围的)安全校核服务的责任。安全校核的主要内容包括:通道输电能力限制、机组发电能力限制、机组辅助服务限制等内容。

第七十三条　电力调度机构应当及时向电力交易机构提供或者更新各断面(设备)、各路径可用输电容量,以及交易在不同断面、路径上的分布系数,并通过交易平台发布必开机组组合和发电量需求、影响断面(设备)限额变化的停电检修等。电力交易机构以各断面、各路径可用输电容量等为约束,对集中交易进行出清,并与同期组织的双边交易一并提交电力调度机构进行安全校核。

第七十四条　为保障系统整体的备用和调峰调频能力,在各类市场化交易开始前,电力调度机构可以根据机组可调出力、检修天数、系统负荷曲线以及电网约束情况,折算得出各机组的电量上限,对参与市场化交易的机组发电利用小时数提出限制建议,并及时提供关键通道可用输电容量、关键设备检修计划等电网运行相关信息,由电力交易机构予以公布。其中,对于年度交易,应当在年度电力电量预测平衡的基础上,结合检修计划,按照不低于关键通道可用输电容量的80%下达交易限额。对于月度交易,应当在月度电力电量预测平衡的基础上,结合检修计划和发电设备利用率,按照不低于关键通道可用输电容量的90%下达交易限额;发电设备利用率应当结合调峰调频需求制定,并向市场主体公开设备利用率。对于月度内的交易,参考月度交易的限额制定方法,按照不低于关键通道可用输电容量的95%下达交易限额。

第七十五条　安全校核未通过时,由电力交易机构进行交易削减。对于双边交易,可按照时间优先、等比例等原则进行削减;对于集中交易,可按照价格优先原则进行削减,价格相同时按照发电侧节能低碳电力调度的优先级进行削减。执行过程中,电力调度机构因电网安全和清洁能源消纳原因调整中长期交易计划后,应当详细记录原因并向市场主体说明。

第七十六条　安全校核应当在规定的期限内完成。安全校核未通过时,电力调度机构需出具书面解释,由电力交易机构予以公布。

第八章 合同签订与执行

第一节 合同签订

第七十七条 各市场成员应当根据交易结果或者政府下达的计划电量，参照合同示范文本签订订购售电合同，并在规定时间内提交至电力交易机构。购售电合同中应当明确购电方、售电方、输电方、电量(电力)、电价、执行周期、结算方式、偏差电量计量、违约责任、资金往来信息等内容。

第七十八条 购售电合同原则上应当采用电子合同签订，电力交易平台应当满足国家电子合同有关规定的技术要求，市场成员应当依法使用可靠的电子签名，电子合同与纸质合同具备同等效力。

第七十九条 在电力交易平台提交、确认的双边协商交易以及参与集中交易产生的结果，各相关市场成员可将电力交易机构出具的电子交易确认单(视同为电子合同)作为执行依据。

第二节 优先发电合同

第八十条 跨区跨省的政府间协议原则上在上一年度的11月底前预测和下达总体电力电量规模和分月计划，由购售双方签订相应的购售电合同。合同需约定年度电量规模以及分月计划、送受电曲线或者确定曲线的原则、交易价格等，纳入送、受电省优先发电计划，并优先安排输电通道。年度电量规模以及分月计划可根据实际执行情况，由购售双方协商调整。

第八十一条 对于省内优先发电计划，各地区结合电网安全、供需形势、电源结构等因素，科学安排本地优先发电电量，不得将上述电量安排在指定时段内集中执行，也不得将上述电量作为调节市场自由竞争的手段。

第八十二条 各地区确定的省内优先发电电量，原则上在每年年度双边交易开始前，对执行政府定价的电量签订厂网间年度购售电合同，约定年度电量规模以及分月计划、交易价格等。年度交易开始前仍未确定优先发电的，可参考历史情况测算，预留优先发电空间，确保市场交易正常开展。

第八十三条 各地区根据非市场用户年度用电预测情况，扣除各环节优先发电电量后，作为年度基数电量在燃煤(气)等发电企业中进行分配。

第八十四条 优先发电电量和基数电量的分月计划可由合同签订主体在月度执行前进行调整和确认,其执行偏差可通过预挂牌上下调机制(或者其他偏差处理机制)处理。

第八十五条 采用“保量保价”和“保量竞价”相结合的方式,推动优先发电参与市场,不断提高跨区跨省优先发电中“保量竞价”的比例,应放尽放,实现优先发电与优先购电规模相匹配。

第三节 合同执行

第八十六条 各省电力交易机构汇总省内市场成员参与的各类交易合同(含优先发电合同、基数电量合同、市场交易合同),形成省内发电企业的月度发电计划,并依据月内(多日)交易,进行更新和调整。电力调度机构应当根据经安全校核后的月度(含调整后的)发电计划以及清洁能源消纳需求,合理安排电网运行方式和机组开机方式。相关电力交易机构汇总跨区跨省交易合同,形成跨区跨省发电企业的月度发电计划,并依据月内(多日)交易,进行更新和调整。

第八十七条 年度合同的执行周期内,次月交易开始前,在购售双方一致同意且不影响其他市场主体交易合同执行的基础上,允许通过电力交易平台调整后续各月的合同分月计划(合同总量不变),调整后的分月计划需通过电力调度机构安全校核。

第八十八条 电力交易机构定期跟踪和公布月度(含多日交易调整后的)发电计划完成进度情况。市场主体对发电计划完成进度提出异议时,电力调度机构负责出具说明,电力交易机构负责公布相关信息。

第八十九条 全部合同约定交易曲线的,按照合同约定曲线形成次日发电计划;部分合同约定交易曲线的,由电力调度机构根据系统运行需要,安排无交易曲线部分的发电曲线,与约定交易曲线的市场化交易合同共同形成次日发电计划。

第九十条 电力系统发生紧急情况时,电力调度机构可基于安全优先的原则实施调度,事后向国家能源局派出机构、地方政府电力管理部门报告事件经过,并向市场主体进行相关信息披露。

第九章 计量和结算

第一节 计 量

第九十一条 电网企业应当根据市场运行需要为市场主体安装符合技术规范的计量装置;计量装置原则上安装在产权分界点,产权分界点无法安装计量装置的,考虑相应的变(线)损。电网企业应当在跨区跨省输电线路两端安装符合技术规范的计量装置,跨区跨省交易均应当明确其结算对应计量点。

第九十二条 计量周期和抄表时间应当保证最小交易周期的结算需要,保证计量数据准确、完整。

第九十三条 发电企业、跨区跨省交易送受端计量点应当安装相同型号、相同规格、相同精度的主、副电能表各一套,主、副表应当有明确标志,以主表计量数据作为结算依据,副表计量数据作为参照,当确认主表故障后,副表计量数据替代主表计量数据作为电量结算依据。

第九十四条 多台发电机组共用计量点且无法拆分,各发电机组需分别结算时,按照每台机组的实际发电量等比例计算各自上网电量。对于风电、光伏发电企业处于相同运行状态的不同项目批次共用计量点的机组,可按照额定容量比例计算各自上网电量。处于调试期的机组,如果和其他机组共用计量点,按照机组调试期的发电量等比例拆分共用计量点的上网电量,确定调试期的上网电量。

第九十五条 电网企业应当按照电力市场结算要求定期抄录发电企业(机组)和电力用户电能计量装置数据,并将计量数据提交电力交易机构。对计量数据存在疑义时,由具有相应资质的电能计量检测机构确认并出具报告,由电网企业组织相关市场成员协商解决。

第二节 结 算

第九十六条 电力交易机构负责向市场成员出具结算依据,市场成员根据相关规则进行电费结算。其中,跨区跨省交易由组织该交易的电力交易机构会同送受端电力交易机构向市场成员出具结算依据。

第九十七条 电网企业(含地方电网企业和配售电企业)之间结算的输配电费用,按照政府价格主管部门核定的输配电价和实际物理计量电量结算。

第九十八条 发电企业上网电量电费由电网企业支付;电力用户向电网企业缴纳电费,并由电网企业承担电力用户侧欠费风险;售电公司按照电力交易机构出具的结算依据与电网企业进行结算。市场主体可自行约定结算方式,未与电网企业签订委托代理结算业务的,电网企业不承担欠费风险。

第九十九条 电力用户的基本电价、政府性基金及附加、峰谷分时电价、功率因数调整等按照电压等级和类别按实收取,上述费用均由电网企业根据国家以及省有关规定进行结算。

第一百条 电力交易机构向各市场成员提供的结算依据包括以下内容:(一)实际结算电量;(二)各类交易合同(含优先发电合同、基数电量合同、市场交易合同)电量、电价和电费;(三)上下调电量、电价和电费,偏差电量、电价和电费,分摊的结算资金差额或者盈余等信息(采用发电侧预挂牌上下调偏差处理机制的地区);(四)新机组调试电量、电价、电费;(五)接受售电公司委托出具的零售交易结算依据。

第一百零一条 市场主体因偏差电量引起的电费资金,暂由电网企业收取和支付,并应当在电费结算依据中单项列示。

第一百零二条 市场主体的合同电量和偏差电量分开结算。以年度交易和月度交易为主的地区,按月清算、结账;开展多日交易的地区,按照多日交易规则清算,按月结账。

第一百零三条 采用发电侧预挂牌上下调偏差处理机制的地区,偏差电量电费结算可采用如下方法:(一)批发交易用户(包括电力用户、售电公司)偏差电量分为超用电量和少用电量,超用电量支付购电费用,少用电量获得售电收入。批发交易用户偏差电量 = 用户实际网供电量 -(各类交易合同购入电量 - 各类交易合同售出电量)超用电量的结算价格 = 发电侧上调服务电量的加权平均价 × U1。U1 为用户侧超用电量惩罚系数,U1 ≥ 1。当月系统未调用上调服务时,以月度集中竞价交易最高成交价(或者统一出清价)乘以惩罚系数结算超用电量。少用电量的结算价格 = 发电侧下调服务电量的加权平均价 × U2。U2 为用户侧少用电量惩罚系数,U2 ≤ 1。当月系统未调用下调服务时,以月度集中竞价交易最低成交价(或者统一出清价)乘以惩罚系数结算少用电量。根据超用电量或者少用电量的区间范围,可设置分段的惩罚系数。当售电公司所有签约用户月度实际总用量偏离售电公司月度交易计划时,售电公司承担偏差电量电费。(二)发电企业偏差电量指发电企业因自身原因引起的超发或者少发电量,超发电量获得售电费用,少发电量支付购电费用。超发电量结算价格 = 发电侧下调服务电量的加权平均价 × K1。K1 为发电侧超发电量惩罚系数,K1 ≤ 1。当月系统未调用下调服务时,以月度集中竞价交易最低成交价(或者统一出清价)乘以惩罚系数结算超发电量。少发电量结算价格 = 发电侧上调服务电量的加权平均价 × K2。K2 为发电侧少发电量惩罚系数,$K2 \geqslant 1$。当月系统未调用上调服务时,以月度集中竞价交易最高成交价(或者统一出清价)乘以惩罚系数结算少发电量。根据超发电量或者少发电量的区间范围,可设置分段的惩罚系数。

第一百零四条　电力用户拥有储能,或者电力用户参加特定时段的需求侧响应,由此产生的偏差电量,由电力用户自行承担。

第一百零五条　拥有配电网运营权的售电公司,与省级电网企业进行电费结算,并按照政府价格主管部门的相关规定,向省级电网企业支付输电费用。

第一百零六条　电力调度机构应当对结算周期内发电企业的偏差电量进行记录,包括偏差原因、起止时间、偏差电量等。在发电企业实际上网电量基础上,扣除各类合同电量、偏差电量后,视为发电企业的上下调电量。发电企业的上下调电量,按照其申报价格结算。

第一百零七条　风电、光伏发电企业的电费结算:(一)未核定最低保障收购年利用小时数的地区,按照当月实际上网电量以及政府批复的价格水平或者价格机制进行结算。(二)核定最低保障收购年利用小时数的地区,最低保障收购年利用小时数内的电量按照政府批复的价格水平或者价格机制进行结算。超出最低保障收购年利用小时数的部分应当通过市场交易方式消纳和结算。

第一百零八条　风电、光伏发电量参与市场交易,结算涉及中央财政补贴时,按照《可再生能源电价附加资金管理办法》(财建〔2020〕5 号)等补贴管理规定执行。

第一百零九条　非市场用户月度实际用电量与电网企业月度购电量(含年分月电量,扣除系统网损电量)存在偏差时,由为非市场用户供电的电网企业代为结算偏差电量费用,由此造成的电网企业购电成本损益单独记账,按照当月上网电量占比分摊或者返还给所有机组,月结月清。

第一百一十条　电力用户侧(包括批发交易电力用户、售电公司、非市场用户)的偏差电量费用与发电侧的上下调费用、偏差电量费用等之间的差额,按照当月上网电量或者用网电量占比分摊或者返还给所有市场主体,月结月清。

第十章　信 息 披 露

第一百一十一条　市场信息分为社会公众信息、市场公开信息和私有信息。社会公众信息是指向社会公众披露的信息;市场公开信息是指向所有市场主体披露的信息;私有信息是指向特定的市场主体披露的信息。

第一百一十二条 社会公众信息包括但不限于:(一)电力交易适用的法律、法规以及相关政策文件,电力交易业务流程、管理办法等;(二)国家批准的发电侧上网电价、销售目录电价、输配电价、各类政府性基金及附加、系统备用费以及其他电力交易相关收费标准等;(三)电力市场运行基本情况,包括各类市场主体注册情况,电力交易总体成交电量、价格情况等;(四)电网运行基本情况,包括电网主要网络通道的示意图、各类型发电机组装机总体情况,发用电负荷总体情况等;(五)其他政策法规要求向社会公众公开的信息。

第一百一十三条 市场公开信息包括但不限于:(一)市场主体基本信息,市场主体注册准入以及退出情况,包括企业名称、统一社会信用代码、联系方式、信用评价信息等;(二)发电设备信息,包括发电企业的类型、所属集团、装机容量、检修停运情况,项目投产(退役)计划、投产(退役)情况等;(三)电网运行信息,电网安全运行的主要约束条件、电网重要运行方式的变化情况,电网各断面(设备)、各路径可用输电容量,必开必停机组组合和发电量需求,以及导致断面(设备)限额变化的停电检修等;(四)市场交易类信息,包括年、季、月电力电量平衡预测分析情况,非市场化电量规模以及交易总电量安排、计划分解,各类交易的总成交电量和成交均价,安全校核结果以及原因等;(五)交易执行信息,包括交易计划执行总体情况,计划执行调整以及原因,市场干预情况等;(六)结算类信息,包括合同结算总体完成情况,差额资金每月的盈亏和分摊情况;(七)其他政策法规要求对市场主体公开的信息。

第一百一十四条 市场私有信息主要包括:(一)发电机组的机组特性参数、性能指标,电力用户用电特性参数和指标;(二)各市场主体的市场化交易申报电量、申报电价等交易申报信息;(三)各市场主体的各类市场化交易的成交电量以及成交价格等信息;(四)各市场主体的市场化交易合同以及结算明细信息。

第一百一十五条 市场成员应当遵循及时、准确、完整的原则披露电力市场信息,对其披露信息的真实性负责。对于违反信息披露有关规定的市场成员,可依法依规纳入失信管理,问题严重的可按照规定取消市场准入资格。

第一百一十六条 电力交易机构、电力调度机构应当公平对待市场主体,无歧视披露社会公众信息和市场公开信息。市场成员严禁超职责范围获取私有信息,不得泄露影响公平竞争和涉及用户隐私的相关信息。

第一百一十七条 电力交易机构负责市场信息的管理和发布,会同电力调度机构按照市场信息分类及时向社会以及市场主体、政府有关部门发布相关信息。市场主体、电力调度机构应当及时向电力交易机构提供支撑市场化交易开展所需的数据和信息。

第一百一十八条 在确保安全的基础上，市场信息主要通过电力交易平台、电力交易机构网站进行披露。电力交易机构负责电力交易平台、电力交易机构网站的建设、管理和维护，并为其他市场主体通过电力交易平台、电力交易机构网站披露信息提供便利。电力交易平台、电力交易机构网站安全等级应当满足国家信息安全三级等级防护要求。

第一百一十九条 市场主体如对披露的相关信息有异议或者疑问，可向电力交易机构、电力调度机构提出，由电力交易机构会同电力调度机构负责解释。

第一百二十条 国家能源局派出机构、地方政府电力管理部门根据各地实际制定电力市场信息披露管理办法并监督实施。

第十一章 市场监管和风险防控

第一百二十一条 国家能源局及其派出机构应当建立健全交易机构专业化监管制度，推动成立独立的电力交易机构专家委员会，积极发展第三方专业机构，形成政府监管与外部专业化监督密切配合的有效监管体系。

第一百二十二条 电力交易机构、电力调度机构根据有关规定，履行市场运营、市场监控和风险防控等职责。根据国家能源局及其派出机构的监管要求，将相关信息系统接入电力监管信息系统，按照“谁运营、谁防范，谁运营、谁监控”的原则，采取有效风险防控措施，加强对市场运营情况的监控分析，按照有关规定定期向国家能源局及其派出机构、地方政府电力管理部门提交市场监控分析报告。

第一百二十三条 当出现以下情况时，电力交易机构、电力调度机构可依法依规采取市场干预措施：（一）电力系统内发生重大事故危及电网安全的；（二）发生恶意串通操纵市场的行为，并严重影响交易结果的；（三）市场技术支持系统发生重大故障，导致交易无法正常进行的；（四）因不可抗力电力市场化交易不能正常开展的；（五）国家能源局及其派出机构作出暂停市场交易决定的；（六）市场发生其他严重异常情况的。

第一百二十四条 电力交易机构、电力调度机构应当详细记录市场干预期间的有关情况，并向国家能源局派出机构、地方政府电力管理部门提交报告。

第一百二十五条 电力批发交易发生争议时，市场成员可自行协商解决，协商无法达成一致时可提交国家能源局派出机构、地方政府电力管理部门调解处理，也可提交仲裁委员会仲裁或者向人民法院提起诉讼。

第十二章　附　　则

第一百二十六条　国家能源局及其派出机构会同地方政府电力管理等部门组织区域电力交易机构根据本规则拟定区域电力交易实施细则。国家能源局派出机构会同地方政府电力管理等部门根据本规则拟定或者修订各省(区、市)电力交易实施细则。

第一百二十七条　本规则由国家发展改革委、国家能源局负责解释。

第一百二十八条　本规则自发布之日起施行,有效期五年。

关于深化电力现货市场建设试点工作的意见

(2019年7月31日国家发展改革委办公厅、国家能源局综合司印发
发改办能源规〔2019〕828号)

为贯彻落实党的十九大精神,加快电力市场体系建设,现就深化电力现货市场建设试点工作提出以下意见。

一、总体要求

(一)总体思路。

以习近平新时代中国特色社会主义思想为指导,深入贯彻党的十九大精神,认真落实党中央关于电力体制改革的决策部署,进一步深化电力市场化改革,遵循市场规律和电力系统运行规律,建立中长期交易为主、现货交易为补充的电力市场,完善市场化电力电量平衡机制和价格形成机制,促进形成清洁低碳、安全高效的能源体系。

(二)基本原则。

坚持市场主导。进一步发挥市场决定价格的作用,建立完善现货交易机制,以灵活的市场价格信号,引导电力生产和消费,加快放开发用电计划,激发市场主体活力,提升电力系统调节能力,促进能源清洁低碳发展。

坚持因地制宜。综合考虑各地供需形势、网源结构、送受电情况、市场化基础和经济社会发展水平等因素,结合实际、因地制宜,研究制定电力现货市场建设方案,鼓励各地差异化探索。

坚持统筹有序。统筹好计划与市场、当前与长远、省内与省间、中长期与现货交易之间的关系,总体设计、分步实施,积极稳妥、有序推进。

坚持安全可靠。做实做细市场模拟,提前发现问题,切实防控风险。推动市场交易和系统运行相互衔接,做好市场应急处理预案,保障电力安全可靠供应。

二、合理设计电力现货市场建设方案

(三)科学论证电力市场模式。因地制宜、科学合理选择电力市场模式,确保市

场模式有良好的开放性、兼容性和可扩展性。原则上,电网阻塞断面多的地区,宜选择集中式电力市场模式起步;电网阻塞断面少且发电侧市场集中度高的地区,宜选择分散式电力市场模式起步。

(四)合理选择现货市场组成。现货市场主要开展日前、日内、实时的电能量交易,通过竞争形成分时市场出清价格,并配套开展备用、调频等辅助服务交易。试点地区可结合所选择的电力市场模式,同步或分步建立日前市场、日内市场、实时市场/实时平衡市场。

(五)合理确定现货市场主体范围。市场主体范围应涵盖各类发电企业和供电企业(含地方电网、趸售县、高新产业园区和经济技术开发区、增量配网试点项目等)、售电企业、具备直接参加电力现货交易条件的电力用户等。

(六)有利于区域市场建设。电力现货试点应符合国家区域协调发展要求,服务京津冀协同发展、长三角一体化发展、粤港澳大湾区建设等重大战略,按照建设统一开放、竞争有序的市场体系要求,为未来市场间交易和市场融合创造条件,进一步促进清洁能源更大范围消纳。

三、统筹协调电力现货市场衔接机制

(七)统筹协调省间交易与省(区、市)现货市场。各类跨省跨区中长期优先发电合同和中长期市场化交易合同双方,均需提前约定交易曲线作为结算依据。经过安全校核的日前跨区跨省送电曲线作为受(送)端省份电力现货市场电力的边界条件,偏差部分按照受(送)端省份现货市场规则进行结算。以国家计划为基础的跨区跨省送电计划放开前,可由受端省份电网企业或政府授权的其他企业代表与发电方、输电方协商签订三方中长期合同,约定典型送电曲线及输电容量使用条件。

(八)统筹协调电力中长期交易与现货市场。中长期交易可以实物合同、差价合同等一种或多种形式签订。中长期双边交易形成的电量合同,可由交易双方自行分解为分时曲线。中长期交易实物合同,其分解曲线应在满足电网安全约束的前提下予以执行。对于优先发电、优先购电,根据市场建设进展纳入中长期交易。推动形成中长期交易价格与现货市场价格科学合理的互动机制。

(九)统筹协调电力辅助服务市场与现货市场。配合电力现货试点,积极推进电力辅助服务市场建设,实现调频、备用等辅助服务补偿机制市场化。建立电力用户参与承担辅助服务费用的机制,鼓励储能设施等第三方参与辅助服务市场。

四、建立健全电力现货市场运营机制

(十)有序引导用电侧参与现货市场报价。根据市场发育程度、市场主体成熟度和计量设施情况，电力现货市场中，可采用发电侧单边申报量价的方式，采用负荷预测曲线作为需求，用电侧作为市场价格接受者；具备条件地区，用电侧可报量报价或报量不报价。

发电侧单边申报和发用电侧双边申报形成的电力现货价格，均应作为用电侧电力现货结算价格基础，引导电力用户形成对系统友好的用电习惯。

（十一）建立促进清洁能源消纳的现货交易机制。非水可再生能源相应优先发电量应覆盖保障利用小时数。各电力现货试点地区应设立明确时间表，选择清洁能源以报量报价方式，或报量不报价方式参与电力现货市场，实现清洁能源优先消纳。市场建设初期，保障利用小时数以内的非水可再生能源可采用报量不报价方式参与电力现货市场。

（十二）合理选择现货市场价格形成机制。根据各电力现货试点地区的电网结构和阻塞情况，可选择采用节点边际电价、分区边际电价和系统边际电价等价格机制。对于电网阻塞线路多、阻塞成本高的地区，可选择节点边际电价机制；对于电网阻塞线路少、阻塞成本低的地区，可选择分区边际电价或系统边际电价机制。阻塞管理形成的盈余或成本，应及时在发用电侧市场主体间合理分摊。

电力现货试点地区可视实际需要探索开展输电权交易。电力现货市场价格形成机制设计应避免增加市场主体间的交叉补贴。

（十三）科学设定现货市场限价。电力现货市场申报和出清限价设置应以促进用户侧削峰填谷、消纳清洁能源和防范价格异常波动为基本原则，避免因上下限设置不合理而影响价格信号发挥作用。

五、强化提升电力现货市场运营能力

（十四）建立健全现货市场运营工作制度。市场运营机构应加强相关工作制度建设，不断提升市场运营水平。建立电力市场运营工作规范，明确调度机构、交易机构相关岗位职责。建立市场运营涉密信息管理制度，规范信息交换和使用程序，防范关键信息泄露。

建立市场运营关键岗位和人员回避制度，保障市场运营公开公正。

（十五）提高市场运营机构的组织保障水平。电网企业应在电力现货试点地区第一责任单位等部门和国家能源局派出机构的指导下，加快优化现货市场运营主体的组织机构设置，加强现货市场专业队伍建设，强化现货市场专职人员培训，确保技术支持系统开发建设、运行管理等工作顺利开展，保障满足现货市场建设和运营需要。

（十六）加强电力系统运行管理。严格落实电网安全运行控制标准要求，规范

调用电网备用、调频资源，严格按照电力系统安全稳定导则计算电网阻塞断面的传输限值。调度机构可按照事前制定的规则处理电网故障、供需失衡等异常情况，保障电力系统安全可靠运行。

（十七）健全市场信息披露机制。按照保障交易的原则，电力交易机构在汇总各市场成员信息基础上，根据不同时间要求和公开范围，对外披露电力现货市场信息，包括交易规则、交易公告、输电通道可用容量、系统负荷预测、系统可再生能源功率预测汇总数据、市场成交信息等，保障市场公开、公平和公正。采用节点边际电价的地区应提供输电断面、网架拓扑结构、各节点电价、阻塞费用分摊、设备停运信息、非市场机组运行等信息，引导市场主体主动有效参与市场。

六、规范建设电力现货市场运营平台

（十八）规范技术支持系统开发建设。参照《电力市场运营系统现货交易和现货结算功能指南（试行）》要求，建立与电力现货市场建设相适应的信息化平台。市场运营机构应向市场主体提供现货市场技术支持系统功能模块体系，明确出清目标函数及实现过程，形成必要说明文档；做好技术支持系统运行情况分析，解决系统存在的问题，做好定期记录、汇总、披露等工作。

（十九）规范技术支持系统运行管理。技术支持系统建设执行招投标程序，并接受监督。技术支持系统投入试运行前，电力现货试点地区第一责任单位应会同有关部门组织对市场出清软件系统进行第三方标准算例校核。在系统运行各阶段，应建立公正、规范和透明的工作机制。对确需人为干预而进行的系统调整，应符合市场规则，严格做好人工调整记录，并向市场成员披露；系统关键市场参数的设定标准与取值，应经电力市场管理委员会审议通过，并报地方政府有关部门和国家能源局派出机构同意后执行；关键市场参数的调整应建立记录日志，及时向市场成员公布实际参数值。

七、建立完善电力现货市场配套机制

（二十）建立与现货市场衔接的用电侧电价调整机制。统筹考虑优先发电、优先购电结算情况，以及电力现货市场形成的价格信号，逐步建立完善用电侧价格调整机制。

（二十一）完善与现货市场配套的输配电价机制。探索结合电源侧、负荷侧接入电网位置单独计算系统接入成本。结合电力现货市场建设，研究完善与电能量市场价格机制相适应的跨省区输电价格机制和省内输配电价机制。

（二十二）提高电力系统长期供应保障能力。持续做好电力系统长期供应能力评估分析，统筹降成本和稳供应，设计合理市场机制有效引导电力投资。加快研究、适时建立容量补偿机制或容量市场，保证电力系统长期容量的充裕性。

（二十三）加强电力市场监管。强化电力市场科学监管，完善市场监管组织体系。统筹发挥市场监管和行业自律的作用，综合运用信用监管和行政管理手段，对市场成员执行市场规则的行为进行监管，重点对操纵市场、违反市场规则等行为实施监管，维护公平竞争秩序。

（二十四）开展现货市场运营绩效评估。国家发展改革委、国家能源局负责组织制定电力现货市场评价指标体系。从市场运行保障、市场运行效率、社会福利增加、清洁能源消纳等方面，对电力现货市场运行、电力市场规则执行和技术支持系统运行等情况进行全方位后评估，及时总结、不断推动完善市场机制，并不断推动扩大现货试点范围。

八、做好电力现货市场建设组织实施

电力现货试点地区尚未明确工作分工的，要抓紧明确。试点地区政府有关部门、国家能源局有关派出机构、有关电网企业、电力交易机构等，要按照工作分工，协同做好以下工作：

（二十五）加快研究制定现货市场建设方案和运营规则，加快开发建设现货市场相关技术支持系统；

（二十六）配套制定包括市场模拟在内的市场试运行方案，提前发现问题，及时完善市场规则和技术支持系统；

（二十七）加强市场运行跟踪分析、监测和预警，持续完善规则和系统，保障现货市场平稳可持续运行；

（二十八）提前制定市场应急预案，防范潜在风险，科学有序处置突发情况，确保电力安全可靠供应。

九、附则

（二十九）本意见由国家发展改革委、国家能源局负责解释。

国家发展改革委、国家能源局关于积极推进电力市场化交易进一步完善交易机制的通知

（2018 年 7 月 16 日　发改运行〔2018〕1027 号）

各省、自治区、直辖市发展改革委、经信委（工信委、工信厅）、能源局、物价局，国家能源局各派出能源监管机构，国家电网有限公司、中国南方电网有限责任公司，中国华能集团有限公司、中国大唐集团有限公司、中国华电集团有限公司、国家电力投资集团有限公司、中国长江三峡集团有限公司、国家能源投资集团有限责任公司、国家开发投资集团有限公司、中国核工业集团有限公司、中国广核集团有限公司、华润集团有限公司：

习近平总书记在中央经济工作会议上强调指出，2018 年要加快电力市场建设，大幅提高市场化交易比重。李克强总理在政府工作报告中提出加快要素价格市场化改革。为全面贯彻党的十九大和十九届二中、三中全会精神，以习近平新时代中国特色社会主义思想为指导，认真落实中央经济工作会议和政府工作报告各项部署，继续有序放开发用电计划，加快推进电力市场化交易，完善直接交易机制，深化电力体制改革，现就有关事项通知如下。

一、提高市场化交易电量规模

（一）各地要总结电力市场化交易工作经验，结合实际，进一步加快推进电力体制改革，加快放开发用电计划，加快放开无议价能力用户以外的电力用户参与交易，扩大市场主体范围，构建多方参与的电力市场，大幅提高市场化交易电量规模，统筹协调好扩大市场化交易规模和放开发用电计划。开展电力现货市场试点地区，可根据实际设计发用电计划改革路径。

（二）各地应结合实际，统筹发用电侧放开节奏，做好供需总量平衡，进一步明确放开各类发电企业、电力用户和售电企业进入市场的时间，明确放开比例，制定具体工作方案，并进一步完善和规范参与市场化交易的发电企业、电力用户和售电企业等市场主体准入标准、准入程序和退出机制，向社会公布。

（三）各地要取消市场主体参与跨省跨区电力市场化交易的限制，鼓励电网企业根据供需状况、清洁能源配额完成情况参与跨省跨区电力交易，首先鼓励跨省跨区网对网、网对点的直接交易，对有条件的地区，有序支持点对网、点对点直接交易，促进资源大范围优化配置和清洁能源消纳。北京、广州两个电力交易中心要积极创造条件，完善规则，加强机制建设，搭建平台，组织开展跨省跨区市场化交易。

（四）为促进清洁能源消纳，支持电力用户与水电、风电、太阳能发电、核电等清洁能源发电企业开展市场化交易。抓紧建立清洁能源配额制，地方政府承担配额制落实主体责任，电网企业承担配额制实施的组织责任，参与市场的电力用户与其他电力用户均应按要求承担配额的消纳责任，履行清洁能源消纳义务。

二、推进各类发电企业进入市场

（一）加快放开煤电机组参与电力直接交易，《中共中央　国务院关于进一步深化电力体制改革的若干意见》（中发〔2015〕9 号）文件颁布实施后核准的煤电机组，原则上不再安排发电计划，投产后一律纳入市场化交易，鼓励支持环保高效特别是超低排放机组通过电力直接交易和科学调度多发电。

（二）在统筹考虑和妥善处理电价交叉补贴的前提下，有序放开水电参与电力市场化交易。消纳不受限地区，根据水电站多年平均或上年实际发电能力，综合考虑外送和本地消纳，安排优先发电计划，在保障优先发电优先购电的基础上，鼓励水电积极参与电力市场化交易。水电比重大或消纳受限地区，可根据实际情况有序放开水电，扩大水电参与市场化交易比例。进一步完善优先发电优先购电制度，建立水电等优质电源优先采购机制，提升对居民、农业等优先购电用户的保障能力。

（三）在确保供电安全的前提下，完善和创新交易规则，推进规划内的风电、太阳能发电等可再生能源在保障利用小时数之外参与直接交易、替代火电发电权交易及跨省跨区现货交易试点等，通过积极参与市场化交易，增加上网电量，促进消纳。各地要结合实际合理确定可再生能源保障利用小时数，做好优先发电保障和市场化消纳的衔接。

（四）拥有燃煤自备电厂的企业按照国家有关规定承担政府性基金及附加、政策性交叉补贴、普遍服务和社会责任，取得电力业务许可证，达到能效、环保要求，成为合格市场主体后，有序推进其自发自用以外电量按交易规则参与交易。为促进和鼓励资源综合利用，对企业自发自用的余热、余压、余气发电等资源综合利用机组，继续实施减免系统备用费和政策性交叉补贴等相关支持政策。

（五）在保证安全的情况下，稳妥有序推进核电机组进入市场，在保障优先发电计划外,鼓励核电机组通过参与交易实现多发。

(六)有序开展分布式发电市场化交易试点工作,参与交易的应科学合理确定配电电价。

(七)参与交易的发电企业,其项目的单位能耗、环保排放、并网安全应达到国家和行业标准。不符合国家产业政策、节能节水指标未完成、污染物排放未达到排放标准和总量控制要求、违规建设、未取得电力业务许可证(依法豁免许可的除外)等发电企业不得参与。

三、放开符合条件的用户进入市场

(一)在确保电网安全、妥善处理交叉补贴和公平承担清洁能源配额的前提下,有序放开用户电压等级及用电量限制,符合条件的 10 千伏及以上电压等级用户均可参与交易。支持年用电量超过 500 万千瓦时以上的用户与发电企业开展电力直接交易。2018 年放开煤炭、钢铁、有色、建材等 4 个行业电力用户发用电计划,全电量参与交易,并承担清洁能源配额。

(二)支持高新技术、互联网、大数据、高端制造业等高附加值的新兴产业以及各地明确的优势特色行业、技术含量高的企业参与交易,可不受电压等级及用电量限制。

(三)支持工业园区、产业园区和经济技术开发区等整体参与交易,在园区内完成电能信息采集的基础上,可以园区为单位,成立售电公司,整体参与市场化交易。园区整体参与交易的偏差电量,可探索建立在园区企业中余缺调剂和平衡的机制。

(四)条件允许地区,大工业用户外的商业企业也可放开进入市场,可先行放开用电量大、用电稳定的零售、住宿和餐饮服务行业企业(例如酒店、商场等),并逐步放开商务服务、对外贸易及加工、金融、房地产等企业参与交易。

(五)在制定完善保障措施的条件下,稳妥放开铁路、机场、市政照明、供水、供气、供热等公共服务行业企业参与交易。

(六)结合电力市场建设进度,鼓励和允许优先购电的用户本着自愿原则,进入市场。

(七)各地可以结合实际情况,自行确定用户电压等级及用电量限制,扩大放开的范围,新增大工业用户原则上通过参与交易保障供电。参与市场交易的电力用户,其单位能耗、环保排放应达到标准。

四、积极培育售电市场主体

(一)积极推进售电企业参与交易,售电企业履行相关程序后,可视同大用户与发电企业开展电力直接交易,从发电企业购买电量向用户销售,或通过交易机构按规则参与各类交易。规范售电公司经营行为,鼓励售电公司依靠降低成本和提供增值服务参与竞争。

(二)鼓励供水、供气、供热等公共服务行业和节能服务公司从事售电业务。鼓励电能服务商、负荷集成商、电力需求侧管理服务商等扩大业务范围,帮助用户开展电力市场化交易。

(三)积极支持各类售电公司代理中小用户参与交易,帮助用户了解用电曲线,探索建立对售电企业的余缺调剂平衡和偏差考核机制,提高市场化意识,减少市场风险。

五、完善市场主体注册、公示、承诺、备案制度

(一)发电企业、电力用户和售电企业等市场主体需在电力交易机构注册成为合格市场主体;交易机构提供各类市场主体注册服务,编制注册流程、指南,对市场主体进行注册培训。

(二)发电企业、电力用户按要求和固定格式签署信用承诺书,向交易机构提交注册材料,并对提交材料的真实性、准确性、合规性和完备性负责,交易机构收到企业提交的注册申请和注册材料后,原则上在7个工作日内完成材料完整性核验,注册自动生效。售电企业按《售电公司准入与退出管理办法》有关规定进行注册。

(三)发电企业、电力用户和售电企业等市场主体完成注册程序后,纳入市场主体目录,获得交易资格。交易机构按期将市场主体注册情况向能源监管机构、省级政府有关部门和政府引入的全国性行业协会、信用服务机构备案,对市场主体目录实施动态管理。

六、规范市场主体交易行为

(一)发电企业、电力用户和售电企业注册成为合格市场主体后,自愿在电力交易平台按照批准和公布的交易规则参与各类交易,遵守有关规定,服从统一调度管理和市场运营管理,接受政府有关部门监管。市场主体选择进入市场,在3年内不可退出,通过市场竞争形成价格。各地区有关部门要最大限度减少对微观事务的干预,充分尊重和发挥企业的市场主体地位,不得干预企业签订合同,不得强制企业确定电量和电价,不得干扰合同履行,不得实行地方保护。

(二)发电企业与电力用户、售电企业进行直接交易的,为保障公平竞争,电力交易机构应开展对市场交易的审核,市场主体要严格执行包含政府性基金及附加和政策性交叉补贴在内的输配电价,要切实承担清洁能源配额,落实优先购电责

任,有关情况及时报告各地政府相关部门。

(三)电力用户原则上应全电量参与电力市场,可自主选择向发电企业直接购电或向售电企业购电。

(四)发电企业与电力用户、售电企业进行直接交易的,应按市场交易规则和电网企业签订三方购售电合同,明确相应的权利义务关系、交易电量和价格、服务等事项,鼓励签订1年以上中长期合同,可由各地组织集中签订,也可自行协商签订,签订的合同由电力交易机构汇总和确认,由电力调度机构进行安全校核。鼓励各地根据实际情况规范直接交易合同,推荐交易双方按统一合同样本签订中长期交易合同。

(五)电力交易机构要加强自身能力建设,搭建公开透明、功能完善、按市场化方式运行的电力交易平台,发挥市场在能源资源优化配置中的决定性作用。要切实发挥好电力交易机构在市场交易核查工作中的第三方监管作用,保证各类主体市场交易行为有序规范。

七、完善市场化交易电量价格形成机制

(一)促进输配以外的发售电由市场形成价格,鼓励交易双方签订中长期市场化交易合同,在自主自愿、平等协商的基础上,约定建立固定价格、“基准电价+浮动机制”、随电煤价格并综合考虑各种市场因素调整等多种形式的市场价格形成机制,分散和降低市场风险。电力用户的用电价格,由三部分相加组成,包括与发电企业、售电企业协商定价机制确定的价格、政府有关部门明确的输配电价(含损耗)和政府性基金及附加。

(二)协商建立“基准电价+浮动机制”的市场化定价机制,基准电价可以参考现行目录电价或电煤中长期合同燃料成本及上年度市场交易平均价格等,由发电企业和电力用户、售电企业自愿协商或市场竞价等方式形成。

在确定基准电价的基础上,鼓励交易双方在合同中约定价格浮动调整机制。鼓励建立与电煤价格联动的市场交易电价浮动机制,引入规范科学、双方认可的煤炭价格指数作参考,以上年度煤炭平均价格和售电价格为基准,按一定周期联动调整交易电价,电煤价格浮动部分在交易双方按比例分配。具体浮动调整方式由双方充分协商,在合同中予以明确,浮动调整期限应与电煤中长期合同的期限挂钩。

(三)探索建立随产品价格联动的交易电价调整机制。生产成本中电费支出占比较高的行业,交易双方可参考产品多年平均价格或上年度价格,协商确定交易基准电价、基准电价对应的产品价格、随产品价格联动的电价调整机制等,当产品价格上涨或下降超过一定区间或比例时,电价联动调整,由交易双方共同承担产品价格波动的影响。

（四）交易双方签订年度双边合同后，可探索建立与月度集中竞价相衔接的价格浮动调整机制，根据月度竞价结果，由双方自主协商，对双边合同价格进行调整确认。

（五）探索建立高峰用电市场化机制。积极推进电力现货市场建设，通过市场化机制形成不同时段价格，补偿高峰电力成本；现货市场建立前，参与市场化交易的电力用户应执行峰谷电价政策，合理体现高峰用电的成本和价值差异。

（六）2018 年放开煤炭、钢铁、有色、建材等 4 个行业电力用户发用电计划，全电量参与交易，通过市场化交易满足用电需求，建立市场化价格形成机制。具体实施方案见附件。

八、加强事中事后监管

（一）政府有关部门要有针对性地制定和完善相关法规政策，加强制度建设，着力保障电力市场健康运行。发电企业、电力用户和售电企业要牢固树立法律意识、契约意识和信用意识，合同一经签订必须严格履行。地方经济运行部门会同有关部门和单位对电力市场化交易合同履行情况实行分月统计，发挥大数据平台作用，电力直接交易相关信息纳入平台管理。能源监管机构对市场主体履行合同和执行市场运行规则等情况进行监管。

（二）各相关部门要建立健全交易合同纠纷协调仲裁机制，对市场主体在合同履约过程中产生的纠纷及时进行裁决，营造公平公正的市场环境，坚决避免因合同纠纷造成用户可靠供电受到影响，妥善解决因不可抗力因素造成合同难以执行等问题，避免市场主体受到不公平待遇。

九、加快推进电力市场主体信用建设

国家发展改革委、国家能源局会同有关方面加快推进电力市场主体信用体系建设，针对不同市场主体建立信用评价指标体系，引入全国性行业协会、信用服务机构和电力交易机构，建立信用评价制度，开展电力直接交易数据采集工作，实行市场主体年度信息公示，实施守信联合激励和失信联合惩戒机制，强化信用意识，限制有不良信用记录的市场主体参与电力市场化交易。建立完善红名单、黑名单制度，对于遵法守信，信用评价良好以上的市场主体，纳入红名单，研究给予同等条件下市场交易优先等激励措施；对于违反交易规则和有失信行为的市场主体，纳入不良信用记录，情节特别严重或拒不整改的，经过公示等有关程序后，纳入失信企业黑名单；强制退出的市场主体，直接纳入失信企业黑名单。

附件：全面放开部分重点行业电力用户发用电计划实施方案（略）

国家发展改革委、国家能源局关于推进电力交易机构规范化建设的通知

（2018 年 8 月 28 日　发改经体〔2018〕1246 号）

各省、自治区、直辖市、新疆生产建设兵团发展改革委、经信委（工信委、工信厅）、能源局，国家电网公司、南方电网公司：

《中共中央　国务院关于进一步深化电力体制改革的若干意见》（中发〔2015〕9 号，以下简称中发 9 号文件）印发后，北京、广州电力交易中心和各省（区、市）电力交易中心相继成立，在电力市场化交易中发挥了重要作用。但是，目前只有广州电力交易中心和山西、湖北、重庆、广东、广西、云南、贵州、海南等 8 省（区、市）电力交易中心为股份制公司，其他电力交易中心仍为电网企业全资子公司，尚未实现电力交易机构相对独立和规范运行。为全面贯彻党的十九大和十九届二中、三中全会精神，以习近平新时代中国特色社会主义思想为指导，认真落实中发 9 号文件精神，进一步深化电力体制改革，推进电力交易机构规范化建设，为各类市场主体提供规范公开透明的电力交易服务，现就有关事项通知如下。

一、推进电力交易机构股份制改造。国家电网公司、南方电网公司和各省（区、市）要按照多元制衡的原则，对北京电力交易中心、广州电力交易中心和各省（区、市）电力交易中心进行股份制改造，为市场主体搭建公开透明、功能完善的电力交易平台。电力交易机构应体现多方代表性，股东应来自各类交易主体，非电网企业资本股比应不低于 20%，鼓励按照非电网企业资本占股 50% 左右完善股权结构。各省（区、市）发展改革委、经信委（工信委、工信厅）、能源局和国家电网公司、南方电网公司要抓紧制定实施方案，结合实际明确改革目标、细化实施路径、完善配套措施，加快推进电力交易机构股份制改造。实施方案请于 2018 年 9 月 30 日前报国家发展改革委、国家能源局备案。各电力交易机构股份制改造工作应于 2018 年 12 月底前完成，并持续推进电力交易机构相对独立工作。

二、充分发挥市场管理委员会作用。市场管理委员会由电网企业、发电企业、售电企业、电力用户等组成。尚未成立市场管理委员会的电力交易机构，要尽快成立市场管理委员会。已成立市场管理委员会的电力交易机构，要进一步规范市场管

理委员会主任人选、成员组成、功能定位、议事规则等相关工作机制，保障市场主体的合法权益。

三、进一步规范电力交易机构运行。各省（区、市）发展改革委、经信委（工信委、工信厅）、能源局要加强对电力交易机构的指导，国家能源局各派出机构要加强对电力交易机构的监管，推动交易机构丰富交易品种，提升服务能力，确保电力交易机构的独立性和公正性。北京、广州电力交易中心要按照国家发展改革委、国家能源局有关要求，推进相关工作并接受监管。电力交易机构要不断完善交易机制，及时修订交易规则，尊重市场主体意见，提高市场主体的满意度和认同度；要规范开展信息披露工作，重点对信息披露内容、时间、频次、方式和平台等进行规范，确保披露内容全面、准确、及时，以满足市场主体的交易需求；要推动电力交易系统建设，促进电力交易机构之间信息共享，在市场主体准入与退出方面实现信息交换及信息互认，为电力市场化交易提供优质高效服务，促进电力资源在更大范围优化配置。

特此通知。

关于推进电力交易机构独立规范运行的实施意见

（2020 年 2 月 18 日国家发展改革委、国家能源局印发
发改体改〔2020〕234 号）

推进电力交易机构独立规范运行是进一步深化电力体制改革的重要内容，对构建主体多元、竞争有序的电力交易格局，形成适应市场要求的电价机制具有重要意义。为落实党中央、国务院决策部署精神，推进电力交易机构独立规范运行，现提出以下意见：

一、总体要求和主要目标

以习近平新时代中国特色社会主义思想为指导，全面贯彻党的十九大和十九届二中、三中、四中全会精神，按照《中共中央、国务院关于进一步深化电力体制改革的若干意见》和中央经济工作会议部署，坚持安全可靠和市场化改革原则，立足电力工业客观情况，循序渐进、分步实施，尊重规律、科学监管，加快推进电力交易机构（以下简称交易机构）独立规范运行，进一步完善公开透明的电力市场交易平台，加快推进建立市场化电价形成机制，建立电力运行风险防控机制，为逐步实现经营性电力用户发用电计划全面放开创造条件。

2020 年底前，区域性交易机构和省（自治区、直辖市）交易机构的股权结构进一步优化、交易规则有效衔接，与调度机构职能划分清晰、业务配合有序。2022 年底前，各地结合实际情况进一步规范完善市场框架、交易规则、交易品种等，京津冀、长三角、珠三角等地区的交易机构相互融合，适应区域经济一体化要求的电力市场初步形成。2025 年底前，基本建成主体规范、功能完备、品种齐全、高效协同、全国统一的电力交易组织体系。

二、进一步厘清交易机构、市场管理委员会和调度机构的职能定位

交易机构是不以营利为目的、按照政府批准的章程和规则为市场主体提供公平规范电力交易服务的专业机构。交易机构主要负责电力交易平台的建设、运营

和管理,组织中长期市场交易,提供结算依据和服务;负责市场主体注册和管理,汇总电力交易合同,披露和发布市场信息等;配合调度机构组织现货交易。结合区域性电力市场建设,鼓励各交易机构开展股权业务融合,完善跨省跨区市场交易机制,允许市场主体自由选择交易机构,推动全国范围内市场融合发展,加快统一电力市场建设,促进电力资源在更大范围优化配置。

市场管理委员会由电网企业、发电企业、售电企业、电力用户、交易机构、第三方机构等各方面代表组成,是独立于交易机构的议事协调机制。市场管理委员会主要负责研究讨论各类交易规则,协调电力市场相关事项,协助政府有关部门监督和纠正交易机构不规范行为;要健全重大事项决策流程和表决机制,确保议事程序公开透明、公平合理,切实保障市场主体的合法权益。每个交易机构须有对应的市场管理委员会,区域性交易机构对应的市场管理委员会主任委员由国家发展改革委、国家能源局提名,省(自治区、直辖市)交易机构对应的市场管理委员会主任委员由国家能源局派出机构和所在地区政府有关部门提名,由各自市场管理委员会投票表决。根据实际需要合理确定主任委员任期,同一主任委员不得连任超过两届任期。

调度机构是电网经营企业和供电企业的重要组成部分,是电网运行的指挥中心,其根本职责是依法行使生产指挥权,对电网运行进行组织、指挥、指导和协调,负责电力电量平衡、发电生产组织、电力系统安全运行、电网运行操作和事故处理,依法依规落实电力市场交易结果,保障电网安全、稳定和优质、经济运行。电网调度工作要坚持“安全第一、预防为主”的方针和“公开、公平、公正”原则,统一调度、分级管理,依靠科技进步和提高人员素质,认真研究社会主义市场经济条件下电网运行管理的新情况,不断完善电网调度管理的措施,保证电网整体最佳效益的实现。

三、完善电力交易规则制定程序

制定交易规则应当公开、公平、公正,符合市场化原则和电力商品技术特性。国家发展改革委、国家能源局、财政部会同区域性交易机构、电网企业、发电企业等方面制定电力交易基本规则和跨省区交易规则;省(自治区、直辖市)内交易细则由国家能源局派出机构和地方政府有关部门组织交易机构在基本规则框架下起草,并由相应的市场管理委员会进行初步审议,经国家能源局派出机构和所在省(自治区、直辖市)政府有关部门审定后执行。交易规则和细则批准实施后,交易机构无权变更;需要修订的,提请市场管理委员会审议后,报原审定机构和部门批准。交易机构可结合业务实际情况提出完善电力交易规则和细则的建议。

四、加快推进交易机构股份制改造

针对当前交易机构全部采用公司制形式的实际情况，按照“多元制衡”原则依法依规加快推进交易机构股份制改造。股东应具备独立法人资格，可来自不同行业和领域，其中，单一股东持股比例不得超过50%。2020年上半年，北京、广州2家区域性交易机构和省（自治区、直辖市）交易机构中电网企业持股比例全部降至80%以下，2020年底前电网企业持股比例降至50%以下。在股份制改造过程中，交易机构应依法依规修订完善公司章程，规范设立股东会、董事会、监事会和经理层，形成权责分明、相互制衡的公司法人治理结构和灵活高效的经营管理机制，实现作为独立法人和市场主体自主经营。交易机构要健全党建工作体系，把党的领导融入公司治理各环节，推动党建与业务有机融合，为党和国家方针政策的贯彻落实提供坚强政治保证。

国家发展改革委、国家能源局组织国家电网有限公司、中国南方电网有限责任公司分别制定北京、广州2家区域性交易机构股份制改造实施方案。在国家发展改革委、国家能源局会同国家电网有限公司、中国南方电网有限责任公司指导下，各省（自治区、直辖市）人民政府相关部门组织省级电力（电网）公司制定本地交易机构股份制改造方案。

五、规范交易机构的人员、资产和财务管理

交易机构的董事会成员由各股东单位推荐，不得同时兼任市场管理委员会成员；高级管理人员可由股东单位推荐、董事会聘任，也可由董事会市场化选聘；自2020年起，交易机构新进普通工作人员一律市场化选聘。建立各交易机构间的人员交流机制，确保人员能进能出、能上能下，畅通员工的职业发展通道。根据行业实际情况，建立科学合理、具备竞争力的薪酬分配机制，保障交易机构从业人员的专业能力。

交易机构应以当前办公场所及物资设备为基础，综合考虑发展需求，采取划转、借用、租赁等方式明晰资产管理关系。对拟划转至交易机构的资产，按程序经国有资产管理部门批准后完成移交；对交易机构拟借用、租赁的资产，依法履行相关手续，明确责任主体后完成使用权转移。现阶段，经市场管理委员会同意后，交易机构可与电网企业共享信息系统、交易系统等资产。

交易机构应坚持非营利性定位，根据员工薪酬、日常办公、项目建设等实际需要，合理编制经费预算。与电网企业共用资产的交易机构原则上不向市场主体收取费用，所需费用计入输配电环节成本并单列，由电网企业通过专项费用支付。具

备条件的交易机构经市场管理委员会同意,也可向市场主体合理收费,经费收支情况应向市场主体公开。

六、共同做好电力市场交易组织实施

交易机构、调度机构负责电力市场运行组织,及时发布市场信息,组织市场交易,根据交易结果制定交易计划。交易机构与调度机构要密切配合,充分考虑电力网架结构、安全供电标准、调度运行体系等实际情况,基于安全约束条件组织电力交易,切实保障电力安全稳定供应。调度机构要严格按照交易规则开展包括日前、日内、实时电量交易及辅助服务在内的现货交易出清和执行,并将出清和执行结果提供交易机构。电力网架结构、技术支持系统、交易机构专业能力等条件较为成熟的地区,适时探索由交易机构组织开展日前交易。

市场交易如可能引发安全风险,调度机构必须按照“安全第一”原则进行调度。当发生重大突发事件或电力供应出现较大缺口等特殊情况时,政府有关部门可依法依规暂停市场交易,组织实施有序用电。

七、健全信息共享和安全保障机制

国家电网有限公司、中国南方电网有限责任公司在各自经营范围内统一交易系统平台,统一建设灾备系统,建立数据共享机制,北京、广州等区域性交易机构负责系统平台维护管理和相关数据汇总。健全交易机构和调度机构信息交换机制,调度机构按照交易规则要求,向交易机构准确及时提供市场交易需要的可公开数据。建立健全交易机构信息安全保障机制,根据交易机构内设部门职能设置信息管理权限,控制关键信息知悉范围,定期开展信息安全薄弱环节排查,制定信息安全事故应急处置预案,做好事前主动防御,确保电力运行信息安全可控。建立电力交易从业人员回避和保密管理制度,避免泄露重要信息。

八、加强专业化监管体系建设

国家发展改革委、国家能源局及派出机构、各省(自治区、直辖市)政府相关部门要建立健全对交易机构的专业化监管制度,发展第三方专业评估机构,形成政府监管与外部监督密切配合的综合监管体系。交易机构应有针对性地制定完善相关规章制度,在政府有关部门指导下,加快行业信用体系建设,协助政府有关部门加强电力交易履约监管,对严重违法失信的市场主体记入信用记录并纳入全国信用信息共享平台,依法公开违法失信行为,并采取警告或限制交易等措施实施联合惩戒;对拒不整改或信用评价为不适合参与交易的市场主体,可取消市场交易资格,强制退出电力市场。

国家发展改革委、国家能源局负责推进交易机构独立规范运行工作，进一步优化市场监管方式，确保任何部门和单位不得干预市场主体的合法交易行为，切实维护电力交易市场安全健康发展。各省(自治区、直辖市)政府有关部门会同国家能源局派出机构按照实施意见精神，制定本地区交易机构独立规范运行实施方案，经国家发展改革委、国家能源局同意后组织实施。电网企业、发电企业等市场主体要积极配合，妥善处理资产重组、股权变更、人员劳动关系变动等重大问题，确保交易机构正常稳定运行，科学制定风险防控预案，有效防范电力供应安全风险，相关情况及时按程序报告国家发展改革委、国家能源局。

国家发展改革委办公厅　国家能源局综合司关于进一步推动新型储能参与电力市场和调度运用的通知

（2022年5月24日　发改办运行〔2022〕475号）

各省、自治区、直辖市、新疆生产建设兵团发展改革委、经信委（工信委、工信厅、工信局、经信厅）、能源局，北京市城市管理委员会，国家能源局各派出机构，国家电网有限公司、中国南方电网有限责任公司、中国华能集团有限公司、中国大唐集团有限公司、中国华电集团有限公司、国家电力投资集团有限公司、中国长江三峡集团有限公司、国家能源投资集团有限责任公司、国家开发投资集团有限公司、华润（集团）有限公司：

为贯彻落实《中共中央、国务院关于完整准确全面贯彻新发展理念做好碳达峰碳中和工作的意见》，按照《国家发展改革委、国家能源局关于加快推动新型储能发展的指导意见》（发改能源规〔2021〕1051号）有关要求，进一步明确新型储能市场定位，建立完善相关市场机制、价格机制和运行机制，提升新型储能利用水平，引导行业健康发展，现就有关事项通知如下。

一、总体要求。新型储能具有响应快、配置灵活、建设周期短等优势，可在电力运行中发挥顶峰、调峰、调频、爬坡、黑启动等多种作用，是构建新型电力系统的重要组成部分。要建立完善适应储能参与的市场机制，鼓励新型储能自主选择参与电力市场，坚持以市场化方式形成价格，持续完善调度运行机制，发挥储能技术优势，提升储能总体利用水平，保障储能合理收益，促进行业健康发展。

二、新型储能可作为独立储能参与电力市场。具备独立计量、控制等技术条件，接入调度自动化系统可被电网监控和调度，符合相关标准规范和电力市场运营机构等有关方面要求，具有法人资格的新型储能项目，可转为独立储能，作为独立主体参与电力市场。鼓励以配建形式存在的新型储能项目，通过技术改造满足同等技术条件和安全标准时，可选择转为独立储能项目。按照《国家发展改革委、国家能源局关于推进电力源网荷储一体化和多能互补发展的指导意见》（发改能源规〔2021〕280号）有关要求，涉及风光水火储多能互补一体化项目的储能，原则上暂不转为独立储能。

三、鼓励配建新型储能与所属电源联合参与电力市场。以配建形式存在的新型储能项目，在完成站内计量、控制等相关系统改造并符合相关技术要求情况下，鼓励与所配建的其他类型电源联合并视为一个整体，按照现有相关规则参与电力市场。各地根据市场放开电源实际情况，鼓励新能源场站和配建储能联合参与市场，利用储能改善新能源涉网性能，保障新能源高效消纳利用。随着市场建设逐步成熟，鼓励探索同一储能主体可以按照部分容量独立、部分容量联合两种方式同时参与的市场模式。

四、加快推动独立储能参与电力市场配合电网调峰。加快推动独立储能参与中长期市场和现货市场。鉴于现阶段储能容量相对较小，鼓励独立储能签订顶峰时段和低谷时段市场合约，发挥移峰填谷和顶峰发电作用。独立储能电站向电网送电的，其相应充电电量不承担输配电价和政府性基金及附加。

五、充分发挥独立储能技术优势提供辅助服务。鼓励独立储能按照辅助服务市场规则或辅助服务管理细则，提供有功平衡服务、无功平衡服务和事故应急及恢复服务等辅助服务，以及在电网事故时提供快速有功响应服务。辅助服务费用应根据《电力辅助服务管理办法》有关规定，按照“谁提供、谁获利，谁受益、谁承担”的原则，由相关发电侧并网主体、电力用户合理分摊。

六、优化储能调度运行机制。坚持以市场化方式为主优化储能调度运行。对于暂未参与市场的配建储能，尤其是新能源配建储能，电力调度机构应建立科学调度机制，项目业主要加强储能设施系统运行维护，确保储能系统安全稳定运行。燃煤发电等其他类型电源的配建储能，参照上述要求执行，进一步提升储能利用水平。

七、进一步支持用户侧储能发展。各地要根据电力供需实际情况，适度拉大峰谷价差，为用户侧储能发展创造空间。根据各地实际情况，鼓励进一步拉大电力中长期市场、现货市场上下限价格，引导用户侧主动配置新型储能，增加用户侧储能获取收益渠道。鼓励用户采用储能技术减少自身高峰用电需求，减少接入电力系统的增容投资。

八、建立电网侧储能价格机制。各地要加强电网侧储能的科学规划和有效监管，鼓励电网侧根据电力系统运行需要，在关键节点建设储能设施。研究建立电网侧独立储能电站容量电价机制，逐步推动电站参与电力市场；探索将电网替代型储能设施成本收益纳入输配电价回收。

九、修订完善相关政策规则。在新版《电力并网运行管理规定》和《电力辅助服务管理办法》基础上，各地要结合实际、全面统筹，抓紧修订完善本地区适应储能参与的相关市场规则，抓紧修订完善本地区适应储能参与的并网运行、辅助服务管理实施细则，推动储能在削峰填谷、优化电能质量等方面发挥积极作用。各地要建立完善储能项目平等参与市场的交易机制，明确储能作为独立市场主体的准入标准和注册、交易、结算规则。

十、加强技术支持。新型储能项目建设应符合《新型储能项目管理规范（暂行）》等相关标准规范要求，主要设备应通过具有相应资质机构的检测认证，涉网设备应符合电网安全运行相关技术要求。储能项目要完善站内技术支持系统，向电网企业上传实时充放电功率、荷电状态等运行信息，参与电力市场和调度运行的项目还需具备接受调度指令的能力。电力交易机构要完善适应储能参与交易的电力市场交易系统。电力企业要建立技术支持平台，实现独立储能电站荷电状态全面监控和充放电精准调控，并指导项目业主做好储能并网所需一、二次设备建设改造，满足储能参与市场、并网运行和接受调度指令的相关技术要求。

十一、加强组织领导。国家发展改革委、国家能源局总体牵头，各地要按照职责分工明确相关牵头部门，分解任务，建立完善适应新型储能发展的市场机制和调度运行机制，对工作推动过程中有关问题进行跟踪、协调和指导。地方政府相关部门和国家能源局派出机构要按照职责分工落实储能参与电力中长期市场、现货市场、辅助服务市场等相关工作，同步建立辅助服务和容量电价补偿机制并向用户传导。充分发挥全国新型储能大数据平台作用，动态跟踪分析储能调用和参与市场情况，探索创新可持续的商业模式。

十二、做好监督管理。地方政府相关部门和国家能源局派出机构要研究细化监管措施，加强对独立储能调度运行监管，保障社会化资本投资的储能电站得到公平调度，具有同等权益和相当的利用率。各地要加强新型储能建设、运行安全监管，督促有关电力企业严格落实《国家能源局综合司关于加强电化学储能电站安全管理的通知》（国能综通安全〔2022〕37 号）要求，鼓励电力企业积极参加国家级电化学储能电站安全监测信息平台建设，在确保安全前提下推动有关工作。

各地要根据本地新型储能现状和市场建设情况，制定细化工作实施方案，并抓好落实。有关工作考虑和进展情况请于 9 月 30 日前报送国家发展改革委、国家能源局。

国家发展改革委办公厅关于组织开展电网企业代理购电工作有关事项的通知

（2021 年 10 月 23 日　发改办价格〔2021〕809 号）

各省、自治区、直辖市及计划单列市、新疆生产建设兵团发展改革委，国家电网有限公司、中国南方电网有限责任公司、内蒙古电力（集团）有限责任公司，中国核工业集团有限公司、中国华能集团有限公司、中国大唐集团有限公司、中国华电集团有限公司、国家电力投资集团有限公司、中国长江三峡集团有限公司、国家能源投资集团有限责任公司、国家开发投资集团有限公司、华润（集团）有限公司、中国广核集团有限公司：

为落实《国家发展改革委关于进一步深化燃煤发电上网电价市场化改革的通知》（发改价格〔2021〕1439 号）要求，指导各地切实组织开展好电网企业代理购电工作，保障代理购电机制平稳运行，维护发用电市场主体合法权益，促进电力市场规范平稳运行和加快建设发展，现将有关事项通知如下：

一、总体要求

建立电网企业代理购电机制，保障机制平稳运行，是进一步深化燃煤发电上网电价市场化改革提出的明确要求，对有序平稳实现工商业用户全部进入电力市场、促进电力市场加快建设发展具有重要意义。组织开展电网企业代理购电工作，要坚持市场方向，鼓励新进入市场电力用户通过直接参与市场形成用电价格，对暂未直接参与市场交易的用户，由电网企业通过市场化方式代理购电；要加强政策衔接，做好与分时电价政策、市场交易规则等的衔接，确保代理购电价格合理形成；要规范透明实施，强化代理购电监管，加强信息公开，确保服务质量，保障代理购电行为公平、公正、公开。

二、规范电网企业代理购电方式流程

（一）明确代理购电用户范围。取消工商业目录销售电价后，10 千伏及以上用户原则上要直接参与市场交易（直接向发电企业或售电公司购电，下同），暂无法直接参与市场交易的可由电网企业代理购电；鼓励其他工商业用户直接参与市场交易，未直接参与市场交易的由电网企业代理购电。已直接参与市场交易又退出的用户，可暂由电网企业代理购电。各地要结合当地电力市场发展情况，不断缩小电网企业代理购电范围。

（二）预测代理工商业用户用电规模。电网企业要定期预测代理购电工商业用户用电量及典型负荷曲线，现货市场运行或开展中长期分时段交易的地方，应考虑季节变更、节假日安排等因素分别预测分时段用电量。保障居民（含执行居民电价的学校、社会福利机构、社区服务中心等公益性事业用户，下同）、农业用户的用电量规模单独预测。

（三）确定电网企业市场化购电规模。各地执行保量保价的优先发电（不含燃煤发电，下同）电量继续按现行价格机制由电网企业收购，用于保障居民、农业用户用电，有剩余电量且暂时无法放开的地方，可将剩余电量暂作为电网企业代理工商业用户购电电量来源。各地保量保价的优先发电电量，不应超过当地电网企业保障居民、农业用户用电和代理工商业用户购电规模，不足部分由电网企业通过市场化方式采购。电网企业要综合考虑代理购电工商业用户和居民、农业用户预测用电量以及上年度省级电网综合线损率、当地执行保量保价的优先发电电量等因素，合理确定市场化采购电量规模。各地要推进放开发电计划，推动更多工商业用户直接参与电力市场交易。

（四）建立健全电网企业市场化购电方式。为确保代理购电机制平稳实施，2021 年 12 月底前，电网企业通过挂牌交易方式代理购电，挂牌购电价格按当月月度集中竞价交易加权平均价格确定，挂牌成交电量不足部分由市场化机组按剩余容量等比例承担，价格按挂牌价格执行，无挂牌交易价格时，可通过双边协商方式形成购电价格；2022 年 1 月起，电网企业通过参与场内集中交易方式（不含撮合交易）代理购电，以报量不报价方式、作为价格接受者参与市场出清，其中采取挂牌交易方式的，价格继续按当月月度集中竞价交易加权平均价格确定。

（五）明确代理购电用户电价形成方式。电网企业代理购电用户电价由代理购电价格（含平均上网电价、辅助服务费用等，下同）、输配电价（含线损及政策性交叉补贴，下同）、政府性基金及附加组成。其中，代理购电价格基于电网企业代理工商业用户购电费（含偏差电费）、代理工商业用户购电量等确定。代理购电产生的偏差电量，现货市场运行的地方按照现货市场价格结算，其他地方按照发电侧上下调预挂牌价格结算，暂未开展上下调预挂牌交易的按当地最近一次、最短周期的场内集中竞价出清价格结算。

已直接参与市场交易（不含已在电力交易平台注册但未曾参与电力市场交易，

仍按目录销售电价执行的用户）在无正当理由情况下改由电网企业代理购电的用户，拥有燃煤发电自备电厂、由电网企业代理购电的用户，用电价格由电网企业代理购电价格的1.5倍、输配电价、政府性基金及附加组成。已直接参与市场交易的高耗能用户，不得退出市场交易；尚未直接参与市场交易的高耗能用户原则上要直接参与市场交易，暂不能直接参与市场交易的由电网企业代理购电，用电价格由电网企业代理购电价格的1.5倍、输配电价、政府性基金及附加组成。电网企业代理上述用户购电形成的增收收入，纳入其为保障居民、农业用电价格稳定产生的新增损益统筹考虑。

电网企业代理购电价格、代理购电用户电价应按月测算，并提前3日通过营业厅等线上线下渠道公布，于次月执行，并按用户实际用电量全额结算电费。未实现自然月购售同期抄表结算的地区，暂按电网企业抄表结算周期执行。

（六）规范代理购电关系变更。电网企业首次代理工商业用户购电时，应至少提前1个月通知用户，期间应积极履行告知义务，与电力用户签订代理购电合同。在规定时限内，未直接参与市场交易、也未与电网企业签订代理购电合同的用户，默认由电网企业代理购电。已直接参与市场交易又退出的电力用户，默认由电网企业代理购电。由电网企业代理购电的工商业用户，可在每季度最后15日前选择下一季度起直接参与市场交易，电网企业代理购电相应终止，由此产生的偏差责任原则上不予考核，能够单独统计的偏差电量由与电网企业成交的市场化机组合同电量等比例调减。电力交易机构应将上述变更信息于2日内告知电网企业。

三、加强相关政策协同

（一）加强与居民、农业销售电价政策的协同。居民、农业用电由电网企业保障，保持价格稳定。执行代理购电价格机制后，电网企业为保障居民、农业用电价格稳定产生的新增损益（含偏差电费），按月由全体工商业用户分摊或分享。

（二）加强与分时电价政策的协同。在现货市场未运行的地方，电网企业代理购电用户代理购电合同未申报用电曲线，以及申报用电曲线但分时电价峰谷比例低于当地分时电价政策要求的，用户用电价格应当按照当地分时电价政策规定的时段划分及浮动比例执行。

（三）加强与电力市场交易规则的协同。各地应按职能分工进一步完善电力中长期交易规则，电网企业代理购电应与市场主体执行统一的市场规则。现货市场运行的地方，电网企业代理购电用户与其他用户平等参与现货交易，公平承担责任义务，电网企业要单独预测代理购电用户负荷曲线，作为价格接受者参与现货市场出清；纳入代理购电电量来源的优先发电电源，偏差电量按现货市场规则执行。鼓励跨省跨区送电参与直接交易。燃煤发电跨省跨区外送的,送受端双方要适应形势变化抓紧协商形成新的送电价格,确保跨省跨区送电平稳运行。

(四)加强与可再生能源消纳权重政策要求的协同。电网企业代理购电的用户,应公平承担可再生能源消纳权重责任。

四、保障措施

(一)规范代理购电行为。电网企业要按要求规范代理购电方式流程,单独归集、单独反映代理购电机制执行情况,做好信息公开、电费结算等工作,并按季度将代理购电及变化情况报价格主管部门。电力交易机构要确保独立规范运行,不得参与电网企业代理购电业务。

(二)加强代理购电信息公开。电网企业应按要求及时公开代理购电相关信息,原则上应按月发布代理用户分月总电量预测、相关预测数据与实际数据偏差、采购电量电价结构及水平、市场化机组剩余容量相关情况、代理购电用户电价水平及构成、代理购电用户电量和电价执行情况等信息。

(三)确保代理购电服务质量。电网企业要加快建立健全保障代理购电机制平稳运行的组织机构,及时调整营销管理系统,重点优化电费结算功能,积极推进表计设施改造,加快实现按自然月购售同期抄表结算,确保在用户电费账单中清晰列示代理购电电费明细情况,为做好代理购电服务提供有力支撑。要围绕代理购电实施开展专题宣传,通过营业场所、手机 App、供电服务热线等多种渠道,持续加强与用户的沟通,增进各方面理解支持,积极鼓励工商业用户直接参与电力市场交易。

(四)做好市场价格波动风险防控。各地要密切跟踪电力市场和价格变化,评估市场交易价格和代理购电价格波动风险,及时发现苗头性、趋势性、潜在性问题,做好风险预警防控,保障代理购电机制平稳运行。

(五)强化代理购电监管。各地主管部门要积极会同配合国家能源局派出机构、当地相关部门,重点围绕代理购电机制运行中的市场交易、信息公开、电费结算、服务质量等,加强对电网企业、电力交易机构的监管,及时查处信息公开不规范、电费结算不及时,以及运用垄断地位影响市场交易等违法违规行为。

各地要在调整当地目录销售电价后,抓紧按照本通知要求组织开展好当地电网企业代理购电工作。相关落实情况请于 2021 年 11 月 15 日前报我委(价格司)。

本通知自印发之日起执行,暂定有效期至 2022 年 12 月 31 日,我委将根据需要及时进行完善。现行政策与本通知不符的,以本通知规定为准。

电力辅助服务管理办法

（2021 年 12 月 21 日国家能源局印发　国能发监管规〔2021〕61 号）

第一章　总　　则

第一条　为深入贯彻落实党中央、国务院决策部署，完整准确全面贯彻新发展理念，做好碳达峰、碳中和工作，构建新型电力系统，深化电力体制改革，持续推动能源高质量发展，保障电力系统安全、优质、经济运行及电力市场有序运营，促进源网荷储协调发展，建立用户参与的电力辅助服务分担共享新机制，进一步规范电力辅助服务管理，根据《中华人民共和国电力法》《电力监管条例》等有关法律法规，制定本办法。

第二条　电力辅助服务是指为维持电力系统安全稳定运行，保证电能质量，促进清洁能源消纳，除正常电能生产、输送、使用外，由火电、水电、核电、风电、光伏发电、光热发电、抽水蓄能、自备电厂等发电侧并网主体，电化学、压缩空气、飞轮等新型储能，传统高载能工业负荷、工商业可中断负荷、电动汽车充电网络等能够响应电力调度指令的可调节负荷（含通过聚合商、虚拟电厂等形式聚合）提供的服务。

第三条　本办法适用于省级及以上电力调度机构调度管辖范围内电力辅助服务的提供、调用、考核、补偿、结算和监督管理等。省级以下电力调度机构调度管辖范围内的并网主体视其对电力系统运行的影响，可参照本办法执行。

第二章　定义与分类

第四条　电力辅助服务的种类分为有功平衡服务、无功平衡服务和事故应急及恢复服务。

第五条　有功平衡服务包括调频、调峰、备用、转动惯量、爬坡等电力辅助服务。

（一）调频是指电力系统频率偏离目标频率时，并网主体通过调速系统、自动功率控制等方式，调整有功出力减少频率偏差所提供的服务。调频分为一次调频和二次调频。一次调频是指当电力系统频率偏离目标频率时，常规机组通过调速系统的自动反应、新能源和储能等并网主体通过快速频率响应，调整有功出力减少频率偏差所提供的服务。二次调频是指并网主体通过自动功率控制技术，包括自动发电控制（AGC）、自动功率控制（APC）等，跟踪电力调度机构下达的指令，按照一定调节速率实时调整发用电功率，以满足电力系统频率、联络线功率控制要求的服务。

（二）调峰是指为跟踪系统负荷的峰谷变化及可再生能源出力变化，并网主体根据调度指令进行的发用电功率调整或设备启停所提供的服务。

（三）备用是指为保证电力系统可靠供电，在调度需求指令下，并网主体通过预留调节能力，并在规定的时间内响应调度指令所提供的服务。

（四）转动惯量是指在系统经受扰动时，并网主体根据自身惯量特性提供响应系统频率变化率的快速正阻尼，阻止系统频率突变所提供的服务。

（五）爬坡是指为应对可再生能源发电波动等不确定因素带来的系统净负荷短时大幅变化，具备较强负荷调节速率的并网主体根据调度指令调整出力，以维持系统功率平衡所提供的服务。

第六条　无功平衡服务即电压控制服务，电压控制服务是指为保障电力系统电压稳定，并网主体根据调度下达的电压、无功出力等控制调节指令，通过自动电压控制（AVC）、调相运行等方式，向电网注入、吸收无功功率，或调整无功功率分布所提供的服务。

（一）自动电压控制是指利用计算机系统、通信网络和可调控设备，根据电网实时运行工况在线计算控制策略，自动闭环控制无功和电压调节设备，以实现合理的无功电压分布。

（二）调相运行是指发电机不发出有功功率，只向电网输送感性无功功率的运行状态，起到调节系统无功、维持系统电压水平的作用。

第七条　事故应急及恢复服务包括稳定切机服务、稳定切负荷服务和黑启动服务。

（一）稳定切机服务是指电力系统发生故障时，稳控装置正确动作后，发电机组自动与电网解列所提供的服务。

（二）稳定切负荷（含抽水蓄能电站切泵）服务是指电网发生故障时，安全自动装置正确动作切除部分用户负荷，用户在规定响应时间及条件下以损失负荷来确保电力系统安全稳定所提供的服务。

（三）黑启动是指电力系统大面积停电后，在无外界电源支持的情况下，由具备自启动能力的发电机组或抽水蓄能、新型储能等所提供的恢复系统供电的服务。

第三章　提供与调用

第八条　电力辅助服务的提供方式分为基本电力辅助服务和有偿电力辅助服务。基本电力辅助服务为并网主体义务提供,无需补偿。有偿电力辅助服务可通过固定补偿或市场化方式提供,所提供的电力辅助服务应达到规定标准,鼓励采用竞争方式确定承担电力辅助服务的并网主体,市场化方式包括集中竞价、公开招标/挂牌/拍卖、双边协商等。鼓励新型储能、可调节负荷等并网主体参与电力辅助服务。

第九条　电力辅助服务提供方有义务向电力调度机构申报基础技术参数以确定电力辅助服务能力,或满足相关技术参数指标的要求。

第十条　为保证电力系统平衡和安全,电力辅助服务应按照国家、行业有关标准或规定进行选取和调用。未开展市场化交易的电力辅助服务品种,统筹考虑并网主体的特性和贡献等实际情况,研究明确提供主体;已开展市场化交易的电力辅助服务品种,根据市场出清结果确定提供主体。

第四章　补偿方式与分摊机制

第十一条　国家能源局派出机构根据本规定,结合当地电网运行需求和特性,按照“谁提供、谁获利;谁受益、谁承担”的原则,确定各类电力辅助服务品种、补偿类型并制定具体细则。

第十二条　并网主体参与有偿电力辅助服务时,应根据其提供电力辅助服务的种类和性能,或对不同类型电力辅助服务的差异化需求及使用情况,制定差异化补偿或分摊标准。

第十三条　国家能源局派出机构在制定电力辅助服务管理实施细则和市场交易规则时,应合理确定电力辅助服务品种,建立相应补偿、分摊和考核机制。电力辅助服务管理实施细则原则上主要明确通过义务提供、固定补偿方式获取的电力辅助服务品种的相关机制;电力辅助服务市场交易规则主要明确通过市场化竞争方式获取的电力辅助服务品种的相关机制。

第十四条　各类电力辅助服务品种的补偿机制参见附件。固定补偿方式确定补偿标准时应综合考虑电力辅助服务成本、性能表现及合理收益等因素,按“补偿成本、合理收益”的原则确定补偿力度;市场化补偿形成机制应遵循考虑电力辅助服务成本、合理确定价格区间、通过市场化竞争形成价格的原则。

第十五条　承诺提供电力辅助服务的并网主体,在实际运行中,未按照约定提供有效电力辅助服务的,具体考核依照电力并网运行管理实施细则或市场交易规则执行。已通过市场机制完全实现的,不得在实施细则中重复考核。

第十六条　在电力辅助服务管理实施细则或市场交易规则中,应合理明确电力辅助服务需求的确定原则、电力辅助服务费用的分摊标准及市场交易机制等,并根据需要进行动态调整完善。

(一)对采用电力辅助服务管理实施细则管理的电力辅助服务品种,考核费用的收支管理可独立进行或与补偿费用一并进行。对已开展市场化交易的电力辅助服务品种,应在市场交易规则中约定考核机制,且考核费用需与补偿费用一并进行收支管理。

(二)为电力系统运行整体服务的电力辅助服务,补偿费用由发电企业、市场化电力用户等所有并网主体共同分摊,逐步将非市场化电力用户纳入补偿费用分摊范围。原则上,为特定发电侧并网主体服务的电力辅助服务,补偿费用由相关发电侧并网主体分摊。为特定电力用户服务的电力辅助服务,补偿费用由相关电力用户分摊。

第十七条　已开展市场化交易的电力辅助服务品种,根据市场交易规则进行清算、结算。未开展市场化交易的电力辅助服务品种,按月进行电力辅助服务补偿清算、结算。现货市场运行期间,已通过电能量市场机制完全实现系统调峰功能的,原则上不再设置与现货市场并行的调峰辅助服务品种。

第十八条　省级及以上电力调度机构针对调管的并网主体应满足调度、计量、结算等相关要求,并保证调度指令下达至并网主体。省级以下电力调度机构直接调度的并网主体(含自备电厂),具备相关调度、计量、结算等要求的,可通过独立单元、聚合商和第三方代理等形式,纳入所在地电力辅助服务管理实施细则或市场交易规则的管理范围。

第十九条　电力辅助服务计量以电力调度指令、调度自动化系统采集的实时数据、电能量计量装置的数据等为依据。电网频率、实际有功(无功)出力和发/用电负荷按国家和行业标准规定的周期进行采集。电能量计量装置按国家和行业标准规定的周期,存储电量数据。

第二十条　通过采取购买调峰资源或调峰服务方式建设的可再生能源发电项目,入市前项目主体应向调度机构申报承担电力辅助服务责任的主体,并报国家能源局派出机构备案,参与电力辅助服务的规则可依据国家相关规定并结合各地实际情况另行制定。项目投产后,电力调度机构应按月汇总分析,向国家能源局派出机构报告对应调峰服务执行情况。

第二十一条　新建发电机组调试运行期形成的差额资金纳入电力辅助服务补偿资金管理。

第二十二条 电力调度机构和电网企业根据本办法,按照专门记账、收支平衡原则,建立专门账户,对电力辅助服务补偿和考核费用进行管理。

第五章 电力用户参与辅助服务分担共享机制

第二十三条 逐步建立电力用户参与的电力辅助服务分担共享机制,根据不同类型电力用户的用电特性,因地制宜制定相应分担标准。电力用户参与电力辅助服务可采取以下两种方式。

(一)独立参与方式:具备与电力调度机构数据交互,且能够响应实时调度指令的可调节负荷,根据系统运行需要和自身情况,响应电力调度机构调节指令,调节自身用电负荷曲线,提供电力辅助服务,并参与电力辅助服务补偿和分摊。

(二)委托代理参与方式:电力用户可由代理其参与电力中长期交易的售电公司,或聚合商、虚拟电厂签订委托代理协议,按照公平合理原则协商确定补偿和分摊方式,参与电力辅助服务。聚合商、虚拟电厂参与方式同电力用户独立参与。

不具备提供调节能力或调节能力不足的电力用户、聚合商、虚拟电厂应按用电类型、电压等级等方式参与分摊电力辅助服务费用,或通过购买电力辅助服务来承担电力辅助服务责任,相应的电力辅助服务责任确定机制在各地实施细则或市场交易规则中明确。

第二十四条 电力用户签订的带负荷曲线电能量交易合同中应明确承担电力辅助服务的责任和费用等相关条款,并满足所参与电力辅助服务的技术要求,参照发电企业标准进行补偿和分摊,随电力用户电费一并结算。电费账单中单独列支电力辅助服务费用。费用补偿和分摊可采取以下两种方式。

(一)电力用户直接承担方式:与电力用户开展电能量交易的发电企业相应交易电量不再参与电力辅助服务费用分摊,由电力用户按照当地实施细则有关规定分摊电力辅助服务费用。

(二)电力用户经发电企业间接承担方式:电力用户与发电企业开展电能量交易时约定交易电价含电力辅助服务费用的,发电企业相应交易电量应继续承担电力辅助服务费用分摊。电力用户也可与发电企业自行约定分摊比例,在各自电费账单中单独列支。

第六章 跨省跨区电力辅助服务机制

第二十五条 跨省跨区送电配套电源机组均应按照本办法纳入电力辅助服务

管理，原则上根据调度关系在送端或受端电网参与电力辅助服务，不重复参与送、受两端电力辅助服务管理。

第二十六条　为保障跨省跨区送电稳定运行提供电力辅助服务的发电机组，应当获得相应的电力辅助服务补偿。

第二十七条　参与国家指令性计划、地方政府协议以及跨省跨区市场化交易的送电发电机组按照同一标准和要求参与电力辅助服务管理。

第二十八条　与电力用户开展跨省跨区"点对点"电能量交易的发电机组参与辅助服务管理，参照本办法第二十五条、第二十六条执行。

第二十九条　由于跨省跨区线路检修停运等原因，跨省跨区配套机组临时向其他地区送电期间，原则上应参与送端辅助服务管理。

第三十条　跨省跨区电能量交易的购售双方应在协商跨省跨区电能量交易价格中明确电力辅助服务的责任和费用等相关条款，对受端或送端电网提供电力辅助服务的并网主体予以合理补偿。

第三十一条　跨省跨区电力辅助服务费用随跨省跨区电能量交易电费一起结算，相关电网企业应按时足额结算。

第七章　信 息 披 露

第三十二条　信息披露应当遵循真实、准确、完整、及时、易于使用的原则，披露内容应包括但不限于考核/补偿/分摊、具体品种、调度单元等信息类型。信息披露主体对其提供信息的真实性、准确性、完整性负责。

第三十三条　电力交易机构负责通过信息披露平台向所有市场主体披露相关考核和补偿结果，制定信息披露标准格式，开放数据接口。

第三十四条　电力调度机构应及时向电力交易机构按信息类型推送考核、补偿和分摊公示信息，由电力交易机构于次月 10 日之前向所有市场主体公示。并网主体对公示有异议的，应在 3 个工作日内提出复核。电力调度机构在接到并网主体问询的 3 个工作日内，应进行核实并予以答复。并网主体经与电力调度机构协商后仍有争议的，可向国家能源局派出机构提出申诉。无异议后，由电力调度机构执行，并将结果报国家能源局派出机构。

第八章　监 督 管 理

第三十五条　国家能源局及其派出机构负责电力辅助服务的监督与管理，监管本办法及相关规则的实施。国家能源局派出机构负责所在地区的电力辅助服务管理，组织建设电力辅助服务市场，组织电网企业和并网主体确定电力辅助服务补偿标准或价格机制，调解辖区内电力辅助服务管理争议，监管电力辅助服务管理实施细则和市场交易规则的执行、电力辅助服务的需求确定和评估实际执行效果等工作。工作中发现的重大问题应及时向国家能源局报告。

第三十六条 国家能源局派出机构可依据实际需要，组织对电力调度机构和电力交易机构的执行情况进行评估和监管。

第三十七条 国家能源局各区域监管局根据本办法，按照公开、透明、经济的原则，商相关省监管办、电网企业、并网主体组织修订本区域电力辅助服务管理实施细则和市场交易规则，报国家能源局备案后施行。实施细则和市场交易规则中应明确提供电力辅助服务的并网主体的具体范围、性能指标（参数）、辅助服务品种、需求确定原则、市场出清机制、补偿分摊标准、信息披露细则等内容。各省监管办可在本区域实施细则和市场交易规则的基础上，结合各省（区）实际情况约定不同补偿标准或价格机制，修订辖区内实施细则和市场交易规则，保持实施细则和市场交易规则在区域内的基本统一和相互协调。电力现货试点地区，由国家能源局派出机构根据当地电力系统运行需要和现货市场运行情况，统筹做好衔接，制定电力辅助服务市场交易规则。

第三十八条 电力调度机构遵照电力辅助服务管理实施细则和市场交易规则，负责电力辅助服务的选取、调用、计量和费用计算、数据统计、公示、核对、技术支持系统建设运行。电网企业、电力调度机构、电力交易机构按照有关规定和职责分工，向并网主体结算费用。

第九章 附　　则

第三十九条 本办法自发布之日起实施，有效期5年。原国家电力监管委员会《并网发电厂辅助服务管理暂行办法》（电监市场〔2006〕43号）同时废止。

第四十条 本办法由国家能源局负责解释，国家能源局其他相关文件与本办法不一致的，以本办法为准。

附件：各类电力辅助服务品种补偿机制（略）

国务院办公厅关于深化电煤市场化改革的指导意见

（2012年12月20日　国办发〔2012〕57号）

各省、自治区、直辖市人民政府，国务院各部委、各直属机构：

为深入贯彻落实党的十八大精神，加快完善社会主义市场经济体制，更大程度更广范围发挥市场在资源配置中的基础性作用，形成科学合理的电煤运行和调节机制，保障电煤稳定供应，促进经济持续健康发展，经国务院同意，现就深化电煤市场化改革提出以下指导意见：

一、抓住有利时机深化电煤市场化改革

煤炭是我国的基础能源，占一次能源生产和消费的70%左右。电煤是煤炭消费的主体，占消费总量的一半以上。深化电煤市场化改革，搞好产运需衔接，对保障电煤稳定供应和电力正常生产，满足经济发展和群众生活需求具有十分重要的意义。上世纪90年代以来，我国煤炭订货市场化改革不断推进，价格逐步放开，对纳入订货范围的电煤实行政府指导价和重点合同管理，对保障经济发展曾经发挥了积极的作用。但由于重点合同电煤与市场煤在资源供给、运力配置和价格水平上存在着明显差异，限制了市场机制作用的发挥，造成不公平竞争，合同签订时纠纷不断，执行中兑现率偏低，不利于煤炭的稳定供应，越来越不适应社会主义市场经济发展的要求，改革势在必行。今年以来，煤炭供需形势出现了近年来少有的宽松局面，重点合同电煤与市场煤价差明显缩小，一些地方还出现倒挂，电力企业经营状况有所改善，改革的条件基本成熟。为此，应抓住当前有利时机，坚定不移地推进改革。

二、主要任务

电煤市场化改革是能源领域的一项重要改革。要坚持市场化取向，充分发挥市场在配置煤炭资源中的基础性作用，以取消重点电煤合同、实施电煤价格并轨为核心，逐步形成合理的电煤运行和调节机制，实现煤炭、电力行业持续健康发展，保

障经济社会发展和人民生活的能源需求。

（一）建立电煤产运需衔接新机制。自2013年起，取消重点合同，取消电煤价格双轨制，发展改革委不再下达年度跨省区煤炭铁路运力配置意向框架。煤炭企业和电力企业自主衔接签订合同，自主协商确定价格。鼓励双方签订中长期合同。地方各级人民政府对煤电企业正常经营活动不得干预。委托煤炭工业协会对合同的签订和执行情况进行汇总。运输部门要组织好运力衔接，对落实运力的合同由发展改革委、铁道部、交通运输部备案。

（二）加强煤炭市场建设。加快健全区域煤炭市场，逐步培育和建立全国煤炭交易市场，形成以全国煤炭交易中心为主体、区域煤炭市场为补充，与我国社会主义市场经济体制相适应的统一开放、竞争有序的煤炭交易市场体系，为实施电煤市场化改革提供比较完善的市场载体。煤炭工业协会在发展改革委指导下做好衔接协调，研究制定交易规则，培育和发展全国煤炭交易市场体系。

（三）完善煤电价格联动机制。继续实施并不断完善煤电价格联动机制，当电煤价格波动幅度超过5%时，以年度为周期，相应调整上网电价，同时将电力企业消纳煤价波动的比例由30%调整为10%。鉴于当前重点合同电煤与市场煤价格接近，此次电煤价格并轨后上网电价总体暂不作调整，对个别问题视情况个别解决。

（四）推进电煤运输市场化改革。铁道部、交通运输部要加强对有关路局、港航企业的指导，完善煤炭运力交易市场，依据煤炭供需双方签订的合同和运输能力，合理配置运力并保持相对稳定，对大中型煤电企业签订的中长期电煤合同适当优先保障运输。对签订虚假合同、造成运力浪费或不兑现运力、影响资源配置的行为要依法依规加大惩罚力度。铁道部要周密制定电煤铁路运输管理办法，进一步建立公开公平的运力配置机制。

（五）推进电力市场化改革。鼓励煤电联营，增强互保能力。改进发电调度方式，在坚持优先调度节能环保高效机组的基础上，逐步增加经济调度因素，同等条件下对发电价格低的机组优先安排上网，促进企业改善管理、降低能耗和提高技术水平，为实行竞价上网改革探索经验。

三、完善调控监管体系

依法加强和改善市场调控监管，创造公平公正的市场竞争环境。制定电煤价格异常波动的应对预案，在电煤价格出现非正常波动时，依据价格法有关规定采取临时干预措施。充分利用国内国外两个市场、两种资源，加强煤炭进出口调节，促进供需平衡。加强煤炭应急储备建设，完善供应保障应急预案。加强煤炭经营监管和电煤合同履行检查，规范流通秩序，进一步清理和取消不合理收费，严肃查处乱涨价、乱收费以及串通涨价等违法行为。煤炭、电力行业协会要加强与政府部门的沟通配合,加强企业诚信体系建设,做好行业自律工作。

四、切实加强组织协调

电煤市场化改革涉及重大利益调整,社会关注度高。各地区、各有关部门要统一思想,提高认识,增强大局观念,加强协调配合,形成工作合力。发展改革委要会同有关部门充分发挥煤电油气运保障工作部际协调机制作用,及时协调解决电煤市场化改革中的重大问题,指导做好煤炭产运需衔接工作。同时,继续加强对电价形成机制改革、电力体制改革、煤炭期货市场建设等重大问题研究。

第七章　新 能 源

国家发展改革委、国家能源局关于建立健全可再生能源电力消纳保障机制的通知

（2019 年 5 月 10 日　发改能源〔2019〕807 号）

各省、自治区、直辖市、新疆生产建设兵团发展改革委（能源局）、经信委（工信委、工信厅），国家能源局各派出监管机构，国家电网有限公司、中国南方电网有限责任公司、内蒙古电力（集团）有限责任公司、中国华能集团公司、中国大唐集团公司、中国华电集团公司、国家能源投资集团公司、国家电力投资集团公司、中国能源建设集团有限公司、中国电力建设集团有限公司、中国节能环保集团公司、中国核工业集团公司、中国广核集团有限公司、中国华润集团公司、中国长江三峡集团公司、国家开发投资集团有限公司、中国光大集团、国家开发银行、电力规划设计总院、水电水利规划设计总院、国家可再生能源中心：

为深入贯彻习近平总书记关于推动能源生产和消费革命的重要论述，加快构建清洁低碳、安全高效的能源体系，促进可再生能源开发利用，依据《中华人民共和国可再生能源法》《关于加快培育和发展战略性新兴产业的决定》《能源发展战略行动计划（2014－2020 年）》，决定对各省级行政区域设定可再生能源电力消纳责任权重，建立健全可再生能源电力消纳保障机制。现将有关事项和政策措施通知如下。

一、对电力消费设定可再生能源电力消纳责任权重。可再生能源电力消纳责任权重是指按省级行政区域对电力消费规定应达到的可再生能源电量比重，包括可再生能源电力总量消纳责任权重（简称“总量消纳责任权重”）和非水电可再生能源电力消纳责任权重（简称“非水电消纳责任权重”）。满足总量消纳责任权重的可

再生能源电力包括全部可再生能源发电种类；满足非水电消纳责任权重的可再生能源电力包括除水电以外的其他可再生能源发电种类。对各省级行政区域规定应达到的最低可再生能源电力消纳责任权重（简称“最低消纳责任权重”），按超过最低消纳责任权重一定幅度确定激励性消纳责任权重。

二、按省级行政区域确定消纳责任权重。国务院能源主管部门组织有关机构，按年度对各省级行政区域可再生能源电力消纳责任权重进行统一测算，向各省级能源主管部门征求意见。各省级能源主管部门会同经济运行管理部门在国家电网有限公司（简称“国家电网”）、中国南方电网有限责任公司（简称“南方电网”）所属省级电网企业和省属地方电网企业技术支持下，对国务院能源主管部门统一测算提出的消纳责任权重进行研究后向国务院能源主管部门反馈意见。国务院能源主管部门结合各方面反馈意见，综合论证后于每年 3 月底前向各省级行政区域下达当年可再生能源电力消纳责任权重。

三、各省级能源主管部门牵头承担消纳责任权重落实责任。各省级能源主管部门会同经济运行管理部门、所在地区的国务院能源主管部门派出监管机构按年度组织制定本省级行政区域可再生能源电力消纳实施方案（简称“消纳实施方案”），报省级人民政府批准后实施。消纳实施方案主要应包括：年度消纳责任权重及消纳量分配、消纳实施工作机制、消纳责任履行方式、对消纳责任主体的考核方式等。各省级行政区域制定消纳实施方案时，对承担消纳责任的市场主体设定的消纳责任权重可高于国务院能源主管部门向本区域下达的最低消纳责任权重。

四、售电企业和电力用户协同承担消纳责任。承担消纳责任的第一类市场主体为各类直接向电力用户供/售电的电网企业、独立售电公司、拥有配电网运营权的售电公司（简称“配售电公司”，包括增量配电项目公司）；第二类市场主体为通过电力批发市场购电的电力用户和拥有自备电厂的企业。第一类市场主体承担与其年售电量相对应的消纳量，第二类市场主体承担与其年用电量相对应的消纳量。各承担消纳责任的市场主体的售电量和用电量中，农业用电和专用计量的供暖电量免于消纳责任权重考核。

五、电网企业承担经营区消纳责任权重实施的组织责任。国家电网、南方电网指导所属省级电网企业依据有关省级人民政府批准的消纳实施方案，负责组织经营区内各承担消纳责任的市场主体完成可再生能源电力消纳。有关省级能源主管部门会同经济运行管理部门督促省属地方电网企业、配售电公司以及未与公用电网联网的拥有自备电厂的企业完成可再生能源电力消纳。各承担消纳责任的市场主体及用户均须完成所在区域电网企业分配的消纳量，并在电网企业统一组织下协同完成本经营区的消纳量。

六、做好消纳责任权重实施与电力交易衔接。各电力交易机构负责组织开展可再生能源电力相关交易,指导参与电力交易的承担消纳责任的市场主体优先完成可再生能源电力消纳相应的电力交易,在中长期电力交易合同审核、电力交易信息公布等环节对承担消纳责任的市场主体给予提醒。各承担消纳责任的市场主体参与电力市场交易时,应向电力交易机构作出履行可再生能源电力消纳责任的承诺。

七、消纳量核算方式。各承担消纳责任的市场主体以实际消纳可再生能源电量为主要方式完成消纳量,同时可通过以下补充(替代)方式完成消纳量。

(一)向超额完成年度消纳量的市场主体购买其超额完成的可再生能源电力消纳量(简称"超额消纳量"),双方自主确定转让(或交易)价格。

(二)自愿认购可再生能源绿色电力证书(简称"绿证"),绿证对应的可再生能源电量等量记为消纳量。

八、消纳量监测核算和交易。各电力交易机构负责承担消纳责任的市场主体的消纳量账户设立、消纳量核算及转让(或交易)、消纳量监测统计工作。国务院能源主管部门依据国家可再生能源信息管理中心和电力交易机构核算的消纳量统计结果,按年度发布各承担消纳责任的市场主体的消纳量完成情况。各省级行政区域内的消纳量转让(或交易)原则上由省(自治区、直辖市)电力交易中心组织,跨省级行政区域的消纳量转让(或交易)在北京电力交易中心和广州电力交易中心组织下进行。国家可再生能源信息管理中心与国家电网、南方电网等电网企业及各电力交易中心联合建立消纳量监测核算技术体系并实现信息共享。

九、做好可再生能源电力消纳相关信息报送。国家电网、南方电网所属省级电网企业和省属地方电网企业于每年1月底前向省级能源主管部门、经济运行管理部门和所在地区的国务院能源主管部门派出监管机构报送上年度本经营区及各承担消纳责任的市场主体可再生能源电力消纳量完成情况的监测统计信息。各省级能源主管部门于每年2月底前向国务院能源主管部门报送上年度本省级行政区域消纳量完成情况报告、承担消纳责任的市场主体消纳量完成考核情况,同时抄送所在地区的国务院能源主管部门派出监管机构。

十、省级能源主管部门负责对承担消纳责任的市场主体进行考核。省级能源主管部门会同经济运行管理部门对本省级行政区域承担消纳责任的市场主体消纳量完成情况进行考核,按年度公布可再生能源电力消纳量考核报告。各省级能源主管部门会同经济运行管理部门负责督促未履行消纳责任的市场主体限期整改,对未按期完成整改的市场主体依法依规予以处理,将其列入不良信用记录,予以联合惩戒。

十一、国家按省级行政区域监测评价。国务院能源主管部门依托国家可再生能源中心会同国家可再生能源信息管理中心等对各省级行政区域消纳责任权重完成情况以及国家电网、南方电网对所属省级电网企业消纳责任权重组织实施和管理工作进行监测评价，按年度公布可再生能源电力消纳责任权重监测评价报告。各省级能源主管部门会同经济运行管理部门对省属地方电网企业、配售电公司以及未与公用电网联网的拥有自备电厂企业的消纳责任实施进行督导考核。由于自然原因（包括可再生能源资源极端异常）或重大事故导致可再生能源发电量显著减少或送出受限，在对有关省级行政区域消纳责任权重监测评价和承担消纳责任的市场主体进行考核时相应核减。

十二、超额完成消纳量不计入"十三五"能耗考核。在确保完成全国能源消耗总量和强度"双控"目标条件下，对于实际完成消纳量超过本区域激励性消纳责任权重对应消纳量的省级行政区域，超出激励性消纳责任权重部分的消纳量折算的能源消费量不纳入该区域能耗"双控"考核。对纳入能耗考核的企业，超额完成所在省级行政区域消纳实施方案对其确定完成的消纳量折算的能源消费量不计入其能耗考核。

十三、加强消纳责任权重实施监管。国务院能源主管部门派出监管机构负责对各承担消纳责任的市场主体的消纳量完成情况、可再生能源相关交易过程等情况进行监管，并向国务院能源主管部门报送各省级行政区域以及各电网企业经营区的消纳责任权重总体完成情况专项监管报告。

各省级能源主管部门按照本通知下达的 2018 年消纳责任权重对本省级行政区域自我核查，以模拟运行方式按照本通知下达的 2019 年消纳责任权重对承担消纳责任的市场主体进行试考核。各省（自治区、直辖市）有关部门和国家电网、南方电网及有关机构，在 2019 年底前完成有关政策实施准备工作，自 2020 年 1 月 1 日起全面进行监测评价和正式考核。本通知中的 2020 年消纳责任权重用于指导各省级行政区域可再生能源发展，将根据可再生能源发展"十三五"规划实施进展情况适度调整，在 2020 年 3 月底前正式下达各省级行政区域当年可再生能源电力消纳责任权重。

本通知有效期为 5 年，将视情况适时对有关政策进行调整完善。

附件：1. 可再生能源电力消纳责任权重确定和消纳量核算方法（试行）（略）

2. 各省（自治区、直辖市）可再生能源电力总量消纳责任权重（略）

3. 各省（自治区、直辖市）非水电可再生能源电力消纳责任权重（略）

国家发展改革委、国家能源局关于2021年可再生能源电力消纳责任权重及有关事项的通知

（2021年5月21日　发改能源〔2021〕704号）

各省、自治区、直辖市、新疆生产建设兵团发展改革委、能源局、经信委（工信委、工信厅），国家能源局各派出机构，国家电网有限公司、中国南方电网有限责任公司、内蒙古电力（集团）有限责任公司，电力规划设计总院、水电水利规划设计总院：

为贯彻落实碳达峰、碳中和任务，实现2025年非化石能源占一次能源消费比重提高至20%左右的目标，根据《国家发展改革委　国家能源局关于建立健全可再生能源电力消纳保障机制的通知》（发改能源〔2019〕807号），现将2021年可再生能源电力消纳责任权重和2022年预期目标印发给你们，并就有关事项通知如下：

一、从2021年起，每年初滚动发布各省权重，同时印发当年和次年消纳责任权重，当年权重为约束性指标，各省按此进行考核评估，次年权重为预期性指标，各省按此开展项目储备。2021年各省（区、市）消纳责任权重见附件1，2022年各省（区、市）预期目标见附件2。

二、各省在确保完成2025年消纳责任权重预期目标的前提下，由于当地水电、核电集中投产影响消纳空间或其他客观原因，当年未完成消纳责任权重的，可以将未完成的消纳责任权重累计到下一年度一并完成。各省可以根据各自经济发展需要、资源禀赋和消纳能力等，相互协商采取灵活有效的方式，共同完成消纳责任权重。对超额完成激励性权重的，在能源双控考核时按国家有关政策给予激励。

三、各省级能源主管部门会同经济运行管理部门要切实承担牵头责任，按照消纳责任权重积极推动本地可再生能源电力建设，开展跨省跨区电力交易，推动承担消纳责任的市场主体落实可再生能源电力消纳任务。2022年2月底前，向国家发展改革委、国家能源局报送2021年可再生能源电力消纳责任权重完成情况。

四、各电网企业要切实承担组织责任，密切配合省级能源主管部门，按照消纳责任权重组织调度、运行和交易等部门，认真做好可再生能源电力并网消纳、跨省跨区域输送和市场交易。2022年1月底前，国家电网、南方电网所属省级电网企业

和内蒙古电力(集团)有限责任公司向省级能源主管部门、经济运行管理部门和相关派出机构报送2021年本经营区及各承担消纳责任的市场主体可再生能源电力消纳量完成情况。

五、各派出机构要切实承担监管责任,积极协调落实可再生能源电力并网消纳和跨省跨区域交易,对监管区域内消纳责任权重完成情况开展监管。2022年2月底前,向国家发展改革委、国家能源局报送2021年监管情况。

国家发展改革委、国家能源局将组织有关单位按月跟踪监测各省级行政区域可再生能源电力建设进展及消纳利用水平,按季掌握电网企业调度部门、交易机构落实中长期电力交易情况,按半年评估各省级行政区域消纳责任权重执行情况,按年度通报各省级行政区域消纳责任权重完成情况。

附件:1. 2021年各省(区、市)可再生能源电力消纳责任权重(略)

2. 2022年各省(区、市)可再生能源电力消纳责任权重预期目标(略)

关于引导加大金融支持力度促进风电和光伏发电等行业健康有序发展的通知

（2021年2月24日国家发展改革委、财政部、中国人民银行、银保监会、国家能源局发布　发改运行〔2021〕266号）

各省、自治区、直辖市、新疆生产建设兵团发展改革委、财政厅（局），人民银行上海总部、各分行、营业管理部、各省会（首府）城市中心支行、副省级城市中心支行，各银保监局，能源局：

近年来，各地和有关企业坚持以习近平新时代中国特色社会主义思想为指导，全面贯彻党的十九大和十九届二中、三中、四中、五中全会精神，认真落实“四个革命、一个合作”能源安全新战略，推动我国风电、光伏发电等行业快速发展。与此同时，部分可再生能源企业受多方面因素影响，现金流紧张，生产经营出现困难。为加大金融支持力度，促进风电和光伏发电等行业健康有序发展，现就有关事项通知如下：

一、充分认识风电和光伏发电等行业健康有序发展的重要意义。大力发展可再生能源是推动绿色低碳发展、加快生态文明建设的重要支撑，是应对气候变化、履行我国国际承诺的重要举措，我国实现2030年前碳排放达峰和努力争取2060年前碳中和的目标任务艰巨，需要进一步加快发展风电、光伏发电、生物质发电等可再生能源。采取措施缓解可再生能源企业困难，促进可再生能源良性发展，是实现应对气候变化目标，更好履行我国对外庄重承诺的必要举措。各地政府主管部门、有关金融机构要充分认识发展可再生能源的重要意义，合力帮助企业渡过难关，支持风电、光伏发电、生物质发电等行业健康有序发展。

二、金融机构按照商业化原则与可再生能源企业协商展期或续贷。对短期偿付压力较大但未来有发展前景的可再生能源企业，金融机构可以按照风险可控原则，在银企双方自主协商的基础上，根据项目实际和预期现金流，予以贷款展期、续贷或调整还款进度、期限等安排。

三、金融机构按照市场化、法治化原则自主发放补贴确权贷款。已纳入补贴清单的可再生能源项目所在企业，对已确权应收未收的财政补贴资金，可申请补贴确权贷款。金融机构以审核公布的补贴清单和企业应收未收补贴证明材料等为增信手段,按照市场化、法治化原则,以企业已确权应收未收的财政补贴资金为上限自主确定贷款金额。申请贷款时,企业需提供确权证明等材料作为凭证和抵押依据。

四、对补贴确权贷款给予合理支持。各类银行金融机构均可在依法合规前提下向具备条件的可再生能源企业在规定的额度内发放补贴确权贷款,鼓励可再生能源企业优先与既有开户银行沟通合作。相关可再生能源企业结合自身情况和资金压力自行确定是否申请补贴确权贷款,相关银行根据与可再生能源企业沟通情况和风险评估等自行确定是否发放补贴确权贷款。贷款金额、贷款年限、贷款利率等均由双方自主协商。

五、补贴资金在贷款行定点开户管理。充分考虑银行贷款的安全性,降低银行运行风险,建立封闭还贷制度,即企业当年实际获得的补贴资金直接由电网企业拨付给企业还贷专用账户,不经过企业周转。可再生能源企业与银行达成合作意向的,企业需在银行开设补贴确权贷款专户,作为补贴资金封闭还贷的专用账户。

六、通过核发绿色电力证书方式适当弥补企业分担的利息成本。补贴确权贷款的利息由贷款的可再生能源企业自行承担,利率及利息偿还方式由企业和银行自行协商。为缓解企业承担的利息成本压力,国家相关部门研究以企业备案的贷款合同等材料为依据,以已确权应收未收财政补贴、贷款金额、贷款利率等信息为参考,向企业核发相应规模的绿色电力证书,允许企业通过指标交易市场进行买卖。在指标交易市场的收益大于利息支出的部分,作为企业的合理收益留存企业。

七、足额征收可再生能源电价附加。为保证可再生能源补贴资金来源,各相关电力用户需严格按照国家规定承担并足额缴纳依法合规设立的可再生能源电价附加,各级地方政府不得随意减免或选择性征收。各燃煤自备电厂应认真配合相关部门开展可再生能源电价附加拖欠情况核查工作,并限期补缴拖欠的金额。

八、优先发放补贴和进一步加大信贷支持力度。企业结合实际情况自愿选择是否主动转为平价项目,对于自愿转为平价项目的,可优先拨付资金,贷款额度和贷款利率可自主协商确定。

九、试点先行。基础条件好、积极性高的地方,以及资金需求特别迫切的企业可先行开展试点,积极落实国家政策,并在国家确定的总体工作方案基础上探索解决可再生能源补贴问题的有效做法。鼓励开展试点的地方和企业结合自身实际进一步开拓创新,研究新思路和新方法,使政府、银行、企业等有关方面更好的形成合力,提高工作积极性。对于试点地方和企业的好经验好做法,国家将积极向全国推广。

十、增强责任感,防范化解风险。各银行和有关金融机构要充分认识可再生能源行业对我国生态文明建设和履行国际承诺的重要意义,树立大局意识,增强责任感,帮助企业有效化解生产经营和金融安全风险,促进可再生能源行业健康有序发展。

国家发展改革委、国家能源局关于推进电力源网荷储一体化和多能互补发展的指导意见

（2021 年 2 月 25 日　发改能源规〔2021〕280 号）

各省、自治区、直辖市、新疆生产建设兵团发展改革委、能源局，国家能源局各派出机构：

为实现"二氧化碳排放力争于 2030 年前达到峰值，努力争取 2060 年前实现碳中和"的目标，着力构建清洁低碳、安全高效的能源体系，提升能源清洁利用水平和电力系统运行效率，贯彻新发展理念，更好地发挥源网荷储一体化和多能互补在保障能源安全中的作用，积极探索其实施路径，现提出以下意见：

一、重要意义

源网荷储一体化和多能互补发展是电力行业坚持系统观念的内在要求，是实现电力系统高质量发展的客观需要，是提升可再生能源开发消纳水平和非化石能源消费比重的必然选择，对于促进我国能源转型和经济社会发展具有重要意义。

（一）有利于提升电力发展质量和效益。强化源网荷储各环节间协调互动，充分挖掘系统灵活性调节能力和需求侧资源，有利于各类资源的协调开发和科学配置，提升系统运行效率和电源开发综合效益，构建多元供能智慧保障体系。

（二）有利于全面推进生态文明建设。优先利用清洁能源资源、充分发挥常规电站调节性能、适度配置储能设施、调动需求侧灵活响应积极性，有利于加快能源转型，促进能源领域与生态环境协调可持续发展。

（三）有利于促进区域协调发展。发挥跨区源网荷储协调互济作用，扩大电力资源配置规模，有利于推进西部大开发形成新格局，改善东部地区环境质量，提升可再生能源电量消费比重。

二、总体要求

（一）指导思想。

以习近平新时代中国特色社会主义思想为指导，全面贯彻党的十九大和十九

届二中、三中、四中、五中全会精神，落实“四个革命、一个合作”能源安全新战略，将源网荷储一体化和多能互补作为电力工业高质量发展的重要举措，积极构建清洁低碳安全高效的新型电力系统，促进能源行业转型升级。

（二）基本原则。

绿色优先，协调互济。遵循电力系统发展客观规律，坚守安全底线，充分发挥源网荷储协调互济能力，优先可再生能源开发利用，结合需求侧负荷特性、电源结构和电网调节能力，因地制宜确定电源合理规模与配比，促进能源转型和绿色发展。

提升存量，优化增量。通过提高存量电源调节能力、输电通道利用水平、电力需求响应能力，重点提升存量电力设备利用效率；在资源条件较好、互补特性较优、需求市场较大的送受端，合理优化增量规模、结构与布局。

市场驱动，政策支持。使市场在资源配置中起决定性作用，更好发挥政府作用，破除市场壁垒，依靠技术进步、效率提高、成本降低，加强引导扶持，建立健全相关政策体系，不断提升产业竞争力。

（三）源网荷储一体化实施路径。

通过优化整合本地电源侧、电网侧、负荷侧资源，以先进技术突破和体制机制创新为支撑，探索构建源网荷储高度融合的新型电力系统发展路径，主要包括区域（省）级、市（县）级、园区（居民区）级“源网荷储一体化”等具体模式。

充分发挥负荷侧的调节能力。依托“云大物移智链”等技术，进一步加强源网荷储多向互动，通过虚拟电厂等一体化聚合模式，参与电力中长期、辅助服务、现货等市场交易，为系统提供调节支撑能力。

实现就地就近、灵活坚强发展。增加本地电源支撑，调动负荷响应能力，降低对大电网的调节支撑需求，提高电力设施利用效率。通过坚强局部电网建设，提升重要负荷中心应急保障和风险防御能力。

激发市场活力，引导市场预期。主要通过完善市场化电价机制，调动市场主体积极性，引导电源侧、电网侧、负荷侧和独立储能等主动作为、合理布局、优化运行，实现科学健康发展。

（四）多能互补实施路径。

利用存量常规电源，合理配置储能，统筹各类电源规划、设计、建设、运营，优先发展新能源，积极实施存量“风光水火储一体化”提升，稳妥推进增量“风光水（储）一体化”，探索增量“风光储一体化”，严控增量“风光火（储）一体化”。

强化电源侧灵活调节作用。充分发挥流域梯级水电站、具有较强调节性能水电站、火电机组、储能设施的调节能力，减轻送受端系统的调峰压力，力争各类可再生能源综合利用率保持在合理水平。

优化各类电源规模配比。在确保安全的前提下,最大化利用清洁能源,稳步提升输电通道输送可再生能源电量比重。

确保电源基地送电可持续性。统筹优化近期开发外送规模与远期自用需求,在确保中长期近区电力自足的前提下,明确近期可持续外送规模,超前谋划好远期电力接续。

三、推进源网荷储一体化,提升保障能力和利用效率

(一)区域(省)级源网荷储一体化。依托区域(省)级电力辅助服务、中长期和现货市场等体系建设,公平无歧视引入电源侧、负荷侧、独立电储能等市场主体,全面放开市场化交易,通过价格信号引导各类市场主体灵活调节、多向互动,推动建立市场化交易用户参与承担辅助服务的市场交易机制,培育用户负荷管理能力,提高用户侧调峰积极性。依托5G等现代信息通讯及智能化技术,加强全网统一调度,研究建立源网荷储灵活高效互动的电力运行与市场体系,充分发挥区域电网的调节作用,落实电源、电力用户、储能、虚拟电厂参与市场机制。

(二)市(县)级源网荷储一体化。在重点城市开展源网荷储一体化坚强局部电网建设,梳理城市重要负荷,研究局部电网结构加强方案,提出保障电源以及自备应急电源配置方案。结合清洁取暖和清洁能源消纳工作开展市(县)级源网荷储一体化示范,研究热电联产机组、新能源电站、灵活运行电热负荷一体化运营方案。

(三)园区(居民区)级源网荷储一体化。以现代信息通讯、大数据、人工智能、储能等新技术为依托,运用"互联网+"新模式,调动负荷侧调节响应能力。在城市商业区、综合体、居民区,依托光伏发电、并网型微电网和充电基础设施等,开展分布式发电与电动汽车(用户储能)灵活充放电相结合的园区(居民区)级源网荷储一体化建设。在工业负荷大、新能源条件好的地区,支持分布式电源开发建设和就近接入消纳,结合增量配电网等工作,开展源网荷储一体化绿色供电园区建设。研究源网荷储综合优化配置方案,提高系统平衡能力。

四、推进多能互补,提升可再生能源消纳水平

(一)风光储一体化。对于存量新能源项目,结合新能源特性、受端系统消纳空间,研究论证增加储能设施的必要性和可行性。对于增量风光储一体化,优化配套储能规模,充分发挥配套储能调峰、调频作用,最小化风光储综合发电成本,提升综合竞争力。

(二)风光水(储)一体化。对于存量水电项目,结合送端水电出力特性、新能源特性、受端系统消纳空间,研究论证优先利用水电调节性能消纳近区风光电力、因

地制宜增加储能设施的必要性和可行性，鼓励通过龙头电站建设优化出力特性，实现就近打捆。对于增量风光水(储)一体化，按照国家及地方相关环保政策、生态红线、水资源利用政策要求，严控中小水电建设规模，以大中型水电为基础，统筹汇集送端新能源电力，优化配套储能规模。

(三)风光火(储)一体化。对于存量煤电项目，优先通过灵活性改造提升调节能力，结合送端近区新能源开发条件和出力特性、受端系统消纳空间，努力扩大就近打捆新能源电力规模。对于增量基地化开发外送项目，基于电网输送能力，合理发挥新能源地域互补优势，优先汇集近区新能源电力，优化配套储能规模；在不影响电力(热力)供应前提下，充分利用近区现役及已纳入国家电力发展规划煤电项目，严控新增煤电需求；外送输电通道可再生能源电量比例原则上不低于50%，优先规划建设比例更高的通道；落实国家及地方相关环保政策、生态红线、水资源利用等政策要求，按规定取得规划环评和规划水资源论证审查意见。对于增量就地开发消纳项目，在充分评估当地资源条件和消纳能力的基础上，优先利用新能源电力。

五、完善政策措施

(一)加强组织领导。以电力系统安全稳定为基础、以市场消纳为导向，按照局部利益服从整体利益原则，发挥国家能源主管部门的统筹协调作用，加强源网荷储一体化和多能互补项目规划与国家和地方电力发展规划、可再生能源规划等的衔接，推动项目有序实施。在组织评估论证和充分征求国家能源局派出机构、送受端能源主管部门和电力企业意见基础上，按照“试点先行，逐步推广”原则，通过国家电力发展规划编制、年度微调、中期滚动调整，将具备条件的项目优先纳入国家电力发展规划。

(二)落实主体责任。各省级能源主管部门是组织推进源网荷储一体化和多能互补项目的责任主体，应会同国家能源局派出机构积极组织相关电源、电网、用电企业及咨询机构开展项目及实施方案的分类组织、研究论证、评估筛选、编制报送、建设实施等工作。对于跨省区开发消纳项目，相关能源主管部门应在符合国家总体能源格局和电力流向基础上，经充分协商达成初步意向，会同国家能源局派出机构组织开展实施方案研究并行文上报国家能源主管部门。各地必须严格落实国家电力发展规划，坚决防止借机扩张化石电源规模、加剧电力供需和可再生能源消纳矛盾，确保符合绿色低碳发展方向。

(三)建立协调机制。各投资主体应加强源网荷储统筹协调，积极参与相关规划研究，共同推进项目前期工作，实现规划一体化；协调各电力项目建设进度，确保同步建设、同期投运，推动建设实施一体化。国家能源局派出机构负责牵头建立所在区域的源网荷储一体化和多能互补项目协调运营和利益共享机制，进一步深化电力辅助服务市场、中长期交易等市场化机制建设，发挥协同互补效益，充分挖掘常规电源、储能、用户负荷等各方调节能力，提升可再生能源消纳水平，实现项目运行调节和管理规范的一体化。

（四）守住安全底线。坚持底线思维，统筹发展和安全，在推进相关项目过程中，有效防范化解各类安全风险，通过合理配置不同电源类型，研究电力系统源网荷储各环节的安全共治机制，探索新型电力系统安全治理手段，保障新能源安全消纳，为我国全面实现绿色低碳转型构筑坚强的安全屏障。

（五）完善支持政策。源网荷储一体化和多能互补项目中的新能源发电项目应落实国家可再生能源发电项目管理政策，在国家和地方可再生能源规划实施方案中统筹安排；鼓励具备条件地区统一组织推进相关项目建设，支持参与跨省区电力市场化交易、增量配电改革及分布式发电市场化交易。

（六）鼓励社会投资。降低准入门槛，营造权利平等、机会平等、规则平等的投资环境。在符合电力项目相关投资政策和管理办法基础上，鼓励社会资本等各类投资主体投资各类电源、储能及增量配电网项目，或通过资本合作等方式建立联合体参与项目投资开发建设。

（七）加强监督管理。国家能源局派出机构应加强对相关项目事中事后监管，全过程监管项目规划编制、核准、建设、并网和调度运行、市场化交易、电费结算及价格财税扶持政策等，并提出针对性监管意见，推动源网荷储一体化和多能互补项目的有效实施和可持续发展。

本指导意见由国家发展改革委、国家能源局负责解释，自印发之日起施行，有效期 5 年。

国务院关于加快建立健全绿色低碳循环发展经济体系的指导意见

（2021 年 2 月 2 日　国发〔2021〕4 号）

各省、自治区、直辖市人民政府，国务院各部委、各直属机构：

建立健全绿色低碳循环发展经济体系，促进经济社会发展全面绿色转型，是解决我国资源环境生态问题的基础之策。为贯彻落实党的十九大部署，加快建立健全绿色低碳循环发展的经济体系，现提出如下意见。

一、总体要求

（一）指导思想。以习近平新时代中国特色社会主义思想为指导，深入贯彻党的十九大和十九届二中、三中、四中、五中全会精神，全面贯彻习近平生态文明思想，认真落实党中央、国务院决策部署，坚定不移贯彻新发展理念，全方位全过程推行绿色规划、绿色设计、绿色投资、绿色建设、绿色生产、绿色流通、绿色生活、绿色消费，使发展建立在高效利用资源、严格保护生态环境、有效控制温室气体排放的基础上，统筹推进高质量发展和高水平保护，建立健全绿色低碳循环发展的经济体系，确保实现碳达峰、碳中和目标，推动我国绿色发展迈上新台阶。

（二）工作原则。

坚持重点突破。以节能环保、清洁生产、清洁能源等为重点率先突破，做好与农业、制造业、服务业和信息技术的融合发展，全面带动一二三产业和基础设施绿色升级。

坚持创新引领。深入推动技术创新、模式创新、管理创新，加快构建市场导向的绿色技术创新体系，推行新型商业模式，构筑有力有效的政策支持体系。

坚持稳中求进。做好绿色转型与经济发展、技术进步、产业接续、稳岗就业、民生改善的有机结合，积极稳妥、韧性持久地加以推进。

坚持市场导向。在绿色转型中充分发挥市场的导向性作用、企业的主体作用、各类市场交易机制的作用，为绿色发展注入强大动力。

（三）主要目标。到 2025 年，产业结构、能源结构、运输结构明显优化，绿色产业比重显著提升，基础设施绿色化水平不断提高，清洁生产水平持续提高，生产生活方式绿色转型成效显著，能源资源配置更加合理、利用效率大幅提高，主要污染物排放总量持续减少，碳排放强度明显降低，生态环境持续改善，市场导向的绿色技术创新体系更加完善，法律法规政策体系更加有效，绿色低碳循环发展的生产体系、流通体系、消费体系初步形成。到2035年，绿色发展内生动力显著增强，绿色产业规模迈上新台阶，重点行业、重点产品能源资源利用效率达到国际先进水平，广泛形成绿色生产生活方式，碳排放达峰后稳中有降，生态环境根本好转，美丽中国建设目标基本实现。

二、健全绿色低碳循环发展的生产体系

（四）推进工业绿色升级。加快实施钢铁、石化、化工、有色、建材、纺织、造纸、皮革等行业绿色化改造。推行产品绿色设计，建设绿色制造体系。大力发展再制造产业，加强再制造产品认证与推广应用。建设资源综合利用基地，促进工业固体废物综合利用。全面推行清洁生产，依法在“双超双有高耗能”行业实施强制性清洁生产审核。完善“散乱污”企业认定办法，分类实施关停取缔、整合搬迁、整改提升等措施。加快实施排污许可制度。加强工业生产过程中危险废物管理。

（五）加快农业绿色发展。鼓励发展生态种植、生态养殖，加强绿色食品、有机农产品认证和管理。发展生态循环农业，提高畜禽粪污资源化利用水平，推进农作物秸秆综合利用，加强农膜污染治理。强化耕地质量保护与提升，推进退化耕地综合治理。发展林业循环经济，实施森林生态标志产品建设工程。大力推进农业节水，推广高效节水技术。推行水产健康养殖。实施农药、兽用抗菌药使用减量和产地环境净化行动。依法加强养殖水域滩涂统一规划。完善相关水域禁渔管理制度。推进农业与旅游、教育、文化、健康等产业深度融合，加快一二三产业融合发展。

（六）提高服务业绿色发展水平。促进商贸企业绿色升级，培育一批绿色流通主体。有序发展出行、住宿等领域共享经济，规范发展闲置资源交易。加快信息服务业绿色转型，做好大中型数据中心、网络机房绿色建设和改造，建立绿色运营维护体系。推进会展业绿色发展，指导制定行业相关绿色标准，推动办展设施循环使用。推动汽修、装修装饰等行业使用低挥发性有机物含量原辅材料。倡导酒店、餐饮等行业不主动提供一次性用品。

（七）壮大绿色环保产业。建设一批国家绿色产业示范基地，推动形成开放、协同、高效的创新生态系统。加快培育市场主体，鼓励设立混合所有制公司，打造一批大型绿色产业集团；引导中小企业聚焦主业增强核心竞争力，培育“专精特新”中小企业。推行合同能源管理、合同节水管理、环境污染第三方治理等模式和以环境治

理效果为导向的环境托管服务。进一步放开石油、化工、电力、天然气等领域节能环保竞争性业务，鼓励公共机构推行能源托管服务。适时修订绿色产业指导目录，引导产业发展方向。

（八）提升产业园区和产业集群循环化水平。科学编制新建产业园区开发建设规划，依法依规开展规划环境影响评价，严格准入标准，完善循环产业链条，推动形成产业循环耦合。推进既有产业园区和产业集群循环化改造，推动公共设施共建共享、能源梯级利用、资源循环利用和污染物集中安全处置等。鼓励建设电、热、冷、气等多种能源协同互济的综合能源项目。鼓励化工等产业园区配套建设危险废物集中贮存、预处理和处置设施。

（九）构建绿色供应链。鼓励企业开展绿色设计、选择绿色材料、实施绿色采购、打造绿色制造工艺、推行绿色包装、开展绿色运输、做好废弃产品回收处理，实现产品全周期的绿色环保。选择100家左右积极性高、社会影响大、带动作用强的企业开展绿色供应链试点，探索建立绿色供应链制度体系。鼓励行业协会通过制定规范、咨询服务、行业自律等方式提高行业供应链绿色化水平。

三、健全绿色低碳循环发展的流通体系

（十）打造绿色物流。积极调整运输结构，推进铁水、公铁、公水等多式联运，加快铁路专用线建设。加强物流运输组织管理，加快相关公共信息平台建设和信息共享，发展甩挂运输、共同配送。推广绿色低碳运输工具，淘汰更新或改造老旧车船，港口和机场服务、城市物流配送、邮政快递等领域要优先使用新能源或清洁能源汽车；加大推广绿色船舶示范应用力度，推进内河船型标准化。加快港口岸电设施建设，支持机场开展飞机辅助动力装置替代设备建设和应用。支持物流企业构建数字化运营平台，鼓励发展智慧仓储、智慧运输，推动建立标准化托盘循环共用制度。

（十一）加强再生资源回收利用。推进垃圾分类回收与再生资源回收“两网融合”，鼓励地方建立再生资源区域交易中心。加快落实生产者责任延伸制度，引导生产企业建立逆向物流回收体系。鼓励企业采用现代信息技术实现废物回收线上与线下有机结合，培育新型商业模式，打造龙头企业，提升行业整体竞争力。完善废旧家电回收处理体系，推广典型回收模式和经验做法。加快构建废旧物资循环利用体系，加强废纸、废塑料、废旧轮胎、废金属、废玻璃等再生资源回收利用，提升资源产出率和回收利用率。

（十二）建立绿色贸易体系。积极优化贸易结构，大力发展高质量、高附加值的绿色产品贸易，从严控制高污染、高耗能产品出口。加强绿色标准国际合作，积极引

领和参与相关国际标准制定,推动合格评定合作和互认机制,做好绿色贸易规则与进出口政策的衔接。深化绿色“一带一路”合作,拓宽节能环保、清洁能源等领域技术装备和服务合作。

四、健全绿色低碳循环发展的消费体系

(十三)促进绿色产品消费。加大政府绿色采购力度,扩大绿色产品采购范围,逐步将绿色采购制度扩展至国有企业。加强对企业和居民采购绿色产品的引导,鼓励地方采取补贴、积分奖励等方式促进绿色消费。推动电商平台设立绿色产品销售专区。加强绿色产品和服务认证管理,完善认证机构信用监管机制。推广绿色电力证书交易,引领全社会提升绿色电力消费。严厉打击虚标绿色产品行为,有关行政处罚等信息纳入国家企业信用信息公示系统。

(十四)倡导绿色低碳生活方式。厉行节约,坚决制止餐饮浪费行为。因地制宜推进生活垃圾分类和减量化、资源化,开展宣传、培训和成效评估。扎实推进塑料污染全链条治理。推进过度包装治理,推动生产经营者遵守限制商品过度包装的强制性标准。提升交通系统智能化水平,积极引导绿色出行。深入开展爱国卫生运动,整治环境脏乱差,打造宜居生活环境。开展绿色生活创建活动。

五、加快基础设施绿色升级

(十五)推动能源体系绿色低碳转型。坚持节能优先,完善能源消费总量和强度双控制度。提升可再生能源利用比例,大力推动风电、光伏发电发展,因地制宜发展水能、地热能、海洋能、氢能、生物质能、光热发电。加快大容量储能技术研发推广,提升电网汇集和外送能力。增加农村清洁能源供应,推动农村发展生物质能。促进燃煤清洁高效开发转化利用,继续提升大容量、高参数、低污染煤电机组占煤电装机比例。在北方地区县城积极发展清洁热电联产集中供暖,稳步推进生物质耦合供热。严控新增煤电装机容量。提高能源输配效率。实施城乡配电网建设和智能升级计划,推进农村电网升级改造。加快天然气基础设施建设和互联互通。开展二氧化碳捕集、利用和封存试验示范。

(十六)推进城镇环境基础设施建设升级。推进城镇污水管网全覆盖。推动城镇生活污水收集处理设施“厂网一体化”,加快建设污泥无害化资源化处置设施,因地制宜布局污水资源化利用设施,基本消除城市黑臭水体。加快城镇生活垃圾处理设施建设,推进生活垃圾焚烧发电,减少生活垃圾填埋处理。加强危险废物集中处置能力建设,提升信息化、智能化监管水平,严格执行经营许可管理制度。提升医疗废物应急处理能力。做好餐厨垃圾资源化利用和无害化处理。在沿海缺水城市

推动大型海水淡化设施建设。

（十七）提升交通基础设施绿色发展水平。将生态环保理念贯穿交通基础设施规划、建设、运营和维护全过程，集约利用土地等资源，合理避让具有重要生态功能的国土空间，积极打造绿色公路、绿色铁路、绿色航道、绿色港口、绿色空港。加强新能源汽车充换电、加氢等配套基础设施建设。积极推广应用温拌沥青、智能通风、辅助动力替代和节能灯具、隔声屏障等节能环保先进技术和产品。加大工程建设中废弃资源综合利用力度，推动废旧路面、沥青、疏浚土等材料以及建筑垃圾的资源化利用。

（十八）改善城乡人居环境。相关空间性规划要贯彻绿色发展理念，统筹城市发展和安全，优化空间布局，合理确定开发强度，鼓励城市留白增绿。建立"美丽城市"评价体系，开展"美丽城市"建设试点。增强城市防洪排涝能力。开展绿色社区创建行动，大力发展绿色建筑，建立绿色建筑统一标识制度，结合城镇老旧小区改造推动社区基础设施绿色化和既有建筑节能改造。建立乡村建设评价体系，促进补齐乡村建设短板。加快推进农村人居环境整治，因地制宜推进农村改厕、生活垃圾处理和污水治理、村容村貌提升、乡村绿化美化等。继续做好农村清洁供暖改造、老旧危房改造，打造干净整洁有序美丽的村庄环境。

六、构建市场导向的绿色技术创新体系

（十九）鼓励绿色低碳技术研发。实施绿色技术创新攻关行动，围绕节能环保、清洁生产、清洁能源等领域布局一批前瞻性、战略性、颠覆性科技攻关项目。培育建设一批绿色技术国家技术创新中心、国家科技资源共享服务平台等创新基地平台。强化企业创新主体地位，支持企业整合高校、科研院所、产业园区等力量建立市场化运行的绿色技术创新联合体，鼓励企业牵头或参与财政资金支持的绿色技术研发项目、市场导向明确的绿色技术创新项目。

（二十）加速科技成果转化。积极利用首台（套）重大技术装备政策支持绿色技术应用。充分发挥国家科技成果转化引导基金作用，强化创业投资等各类基金引导，支持绿色技术创新成果转化应用。支持企业、高校、科研机构等建立绿色技术创新项目孵化器、创新创业基地。及时发布绿色技术推广目录，加快先进成熟技术推广应用。深入推进绿色技术交易中心建设。

七、完善法律法规政策体系

（二十一）强化法律法规支撑。推动完善促进绿色设计、强化清洁生产、提高资源利用效率、发展循环经济、严格污染治理、推动绿色产业发展、扩大绿色消费、实行

环境信息公开、应对气候变化等方面法律法规制度。强化执法监督，加大违法行为查处和问责力度，加强行政执法机关与监察机关、司法机关的工作衔接配合。

（二十二）健全绿色收费价格机制。完善污水处理收费政策，按照覆盖污水处理设施运营和污泥处理处置成本并合理盈利的原则，合理制定污水处理收费标准，健全标准动态调整机制。按照产生者付费原则，建立健全生活垃圾处理收费制度，各地区可根据本地实际情况，实行分类计价、计量收费等差别化管理。完善节能环保电价政策，推进农业水价综合改革，继续落实好居民阶梯电价、气价、水价制度。

（二十三）加大财税扶持力度。继续利用财政资金和预算内投资支持环境基础设施补短板强弱项、绿色环保产业发展、能源高效利用、资源循环利用等。继续落实节能节水环保、资源综合利用以及合同能源管理、环境污染第三方治理等方面的所得税、增值税等优惠政策。做好资源税征收和水资源费改税试点工作。

（二十四）大力发展绿色金融。发展绿色信贷和绿色直接融资，加大对金融机构绿色金融业绩评价考核力度。统一绿色债券标准，建立绿色债券评级标准。发展绿色保险，发挥保险费率调节机制作用。支持符合条件的绿色产业企业上市融资。支持金融机构和相关企业在国际市场开展绿色融资。推动国际绿色金融标准趋同，有序推进绿色金融市场双向开放。推动气候投融资工作。

（二十五）完善绿色标准、绿色认证体系和统计监测制度。开展绿色标准体系顶层设计和系统规划，形成全面系统的绿色标准体系。加快标准化支撑机构建设。加快绿色产品认证制度建设，培育一批专业绿色认证机构。加强节能环保、清洁生产、清洁能源等领域统计监测，健全相关制度，强化统计信息共享。

（二十六）培育绿色交易市场机制。进一步健全排污权、用能权、用水权、碳排放权等交易机制，降低交易成本，提高运转效率。加快建立初始分配、有偿使用、市场交易、纠纷解决、配套服务等制度，做好绿色权属交易与相关目标指标的对接协调。

八、认真抓好组织实施

（二十七）抓好贯彻落实。各地区各有关部门要思想到位、措施到位、行动到位，充分认识建立健全绿色低碳循环发展经济体系的重要性和紧迫性，将其作为高质量发展的重要内容，进一步压实工作责任，加强督促落实，保质保量完成各项任务。各地区要根据本地实际情况研究提出具体措施，在抓落实上投入更大精力，确保政策措施落到实处。

（二十八）加强统筹协调。国务院各有关部门要加强协同配合，形成工作合力。国家发展改革委要会同有关部门强化统筹协调和督促指导，做好年度重点工作安排部署,及时总结各地区各有关部门的好经验好模式,探索编制年度绿色低碳循环发展报告,重大情况及时向党中央、国务院报告。

(二十九)深化国际合作。统筹国内国际两个大局,加强与世界各个国家和地区在绿色低碳循环发展领域的政策沟通、技术交流、项目合作、人才培训等,积极参与和引领全球气候治理,切实提高我国推动国际绿色低碳循环发展的能力和水平,为构建人类命运共同体作出积极贡献。

(三十)营造良好氛围。各类新闻媒体要讲好我国绿色低碳循环发展故事,大力宣传取得的显著成就,积极宣扬先进典型,适时曝光破坏生态、污染环境、严重浪费资源和违规乱上高污染、高耗能项目等方面的负面典型,为绿色低碳循环发展营造良好氛围。

国家发展改革委、国家能源局关于完善能源绿色低碳转型体制机制和政策措施的意见

（2022 年 1 月 30 日　发改能源〔2022〕206 号）

各省、自治区、直辖市人民政府，新疆生产建设兵团，国务院有关部门，有关中央企业，有关行业协会：

能源生产和消费相关活动是最主要的二氧化碳排放源，大力推动能源领域碳减排是做好碳达峰碳中和工作，以及加快构建现代能源体系的重要举措。党的十八大以来，各地区、各有关部门围绕能源绿色低碳发展制定了一系列政策措施，推动太阳能、风能、水能、生物质能、地热能等清洁能源开发利用取得了明显成效，但现有的体制机制、政策体系、治理方式等仍然面临一些困难和挑战，难以适应新形势下推进能源绿色低碳转型的需要。为深入贯彻落实《中共中央、国务院关于完整准确全面贯彻新发展理念做好碳达峰碳中和工作的意见》和《2030 年前碳达峰行动方案》有关要求，经国务院同意，现就完善能源绿色低碳转型的体制机制和政策措施提出以下意见。

一、总体要求

（一）指导思想。

以习近平新时代中国特色社会主义思想为指导，全面贯彻党的十九大和十九届历次全会精神，深入贯彻习近平生态文明思想，坚持稳中求进工作总基调，立足新发展阶段，完整、准确、全面贯彻新发展理念，构建新发展格局，深入推动能源消费革命、供给革命、技术革命、体制革命，全方位加强国际合作，从国情实际出发，统筹发展与安全、稳增长和调结构，深化能源领域体制机制改革创新，加快构建清洁低碳、安全高效的能源体系，促进能源高质量发展和经济社会发展全面绿色转型，为科学有序推动如期实现碳达峰、碳中和目标和建设现代化经济体系提供保障。

（二）基本原则。

——坚持系统观念、统筹推进。加强顶层设计，发挥制度优势，处理好发展和减排、整体和局部、短期和中长期的关系，处理好转型各阶段不同能源品种之间的互

补、协调、替代关系，推动煤炭和新能源优化组合，统筹推进全国及各地区能源绿色低碳转型。

——坚持保障安全、有序转型。在保障能源安全的前提下有序推进能源绿色低碳转型，先立后破，坚持全国“一盘棋”，加强转型中的风险识别和管控。在加快形成清洁低碳能源可靠供应能力基础上，逐步对化石能源进行安全可靠替代。

——坚持创新驱动、集约高效。完善能源领域创新体系和激励机制，提升关键核心技术创新能力。贯彻节约优先方针，着力降低单位产出资源消耗和碳排放，增强能源系统运行和资源配置效率，提高经济社会综合效益。加快形成减污降碳的激励约束机制。

——坚持市场主导、政府引导。深化能源领域体制改革，充分发挥市场在资源配置中的决定性作用，构建公平开放、有效竞争的能源市场体系。更好发挥政府作用，在规划引领、政策扶持、市场监管等方面加强引导，营造良好的发展环境。

（三）主要目标。

“十四五”时期，基本建立推进能源绿色低碳发展的制度框架，形成比较完善的政策、标准、市场和监管体系，构建以能耗“双控”和非化石能源目标制度为引领的能源绿色低碳转型推进机制。到2030年，基本建立完整的能源绿色低碳发展基本制度和政策体系，形成非化石能源既基本满足能源需求增量又规模化替代化石能源存量、能源安全保障能力得到全面增强的能源生产消费格局。

二、完善国家能源战略和规划实施的协同推进机制

（四）强化能源战略和规划的引导约束作用。以国家能源战略为导向，强化国家能源规划的统领作用，各省（自治区、直辖市）结合国家能源规划部署和当地实际制定本地区能源规划，明确能源绿色低碳转型的目标和任务，在规划编制及实施中加强各能源品种之间、产业链上下游之间、区域之间的协同互济，整体提高能源绿色低碳转型和供应安全保障水平。加强能源规划实施监测评估，健全规划动态调整机制。

（五）建立能源绿色低碳转型监测评价机制。重点监测评价各地区能耗强度、能源消费总量、非化石能源及可再生能源消费比重、能源消费碳排放系数等指标，评估能源绿色低碳转型相关机制、政策的执行情况和实际效果。完善能源绿色低碳发展考核机制，按照国民经济和社会发展规划纲要、年度计划及能源规划等确定的能源相关约束性指标，强化相关考核。鼓励各地区通过区域协作或开展可再生能源电力消纳量交易等方式，满足国家规定的可再生能源消费最低比重等指标要求。

（六）健全能源绿色低碳转型组织协调机制。国家能源委员会统筹协调能源绿色低碳转型相关战略、发展规划、行动方案和政策体系等。建立跨部门、跨区域的能源安全与发展协调机制，协调开展跨省跨区电力、油气等能源输送通道及储备等基础设施和安全体系建设，加强能源领域规划、重大工程与国土空间规划以及生态环境保护等专项规划衔接，及时研究解决实施中的问题。按年度建立能源绿色低碳转型和安全保障重大政策实施、重大工程建设台账，完善督导协调机制。

三、完善引导绿色能源消费的制度和政策体系

（七）完善能耗"双控"和非化石能源目标制度。坚持把节约能源资源放在首位，强化能耗强度降低约束性指标管理，有效增强能源消费总量管理弹性，新增可再生能源和原料用能不纳入能源消费总量控制，合理确定各地区能耗强度降低目标，加强能耗"双控"政策与碳达峰、碳中和目标任务的衔接。逐步建立能源领域碳排放控制机制。制修订重点用能行业单位产品能耗限额强制性国家标准，组织对重点用能企业落实情况进行监督检查。研究制定重点行业、重点产品碳排放核算方法。统筹考虑各地区可再生能源资源状况、开发利用条件和经济发展水平等，将全国可再生能源开发利用中长期总量及最低比重目标科学分解到各省（自治区、直辖市）实施，完善可再生能源电力消纳保障机制。推动地方建立健全用能预算管理制度，探索开展能耗产出效益评价。加强顶层设计和统筹协调，加快建设全国碳排放权交易市场、用能权交易市场、绿色电力交易市场。

（八）建立健全绿色能源消费促进机制。推进统一的绿色产品认证与标识体系建设，建立绿色能源消费认证机制，推动各类社会组织采信认证结果。建立电能替代推广机制，通过完善相关标准等加强对电能替代的技术指导。完善和推广绿色电力证书交易，促进绿色电力消费。鼓励全社会优先使用绿色能源和采购绿色产品及服务，公共机构应当作出表率。各地区应结合本地实际，采用先进能效和绿色能源消费标准，大力宣传节能及绿色消费理念，深入开展绿色生活创建行动。鼓励有条件的地方开展高水平绿色能源消费示范建设，在全社会倡导节约用能。

（九）完善工业领域绿色能源消费支持政策。引导工业企业开展清洁能源替代，降低单位产品碳排放，鼓励具备条件的企业率先形成低碳、零碳能源消费模式。鼓励建设绿色用能产业园区和企业，发展工业绿色微电网，支持在自有场所开发利用清洁低碳能源，建设分布式清洁能源和智慧能源系统，对余热余压余气等综合利用发电减免交叉补贴和系统备用费，完善支持自发自用分布式清洁能源发电的价格政策。在符合电力规划布局和电网安全运行条件的前提下，鼓励通过创新电力输送及运行方式实现可再生能源电力项目就近向产业园区或企业供电，鼓励产业

园区或企业通过电力市场购买绿色电力。鼓励新兴重点用能领域以绿色能源为主满足用能需求并对余热余压余气等进行充分利用。

（十）完善建筑绿色用能和清洁取暖政策。提升建筑节能标准，推动超低能耗建筑、低碳建筑规模化发展，推进和支持既有建筑节能改造，积极推广使用绿色建材，健全建筑能耗限额管理制度。完善建筑可再生能源应用标准，鼓励光伏建筑一体化应用，支持利用太阳能、地热能和生物质能等建设可再生能源建筑供能系统。在具备条件的地区推进供热计量改革和供热设施智能化建设，鼓励按热量收费，鼓励电供暖企业和用户通过电力市场获得低谷时段低价电力，综合运用峰谷电价、居民阶梯电价和输配电价机制等予以支持。落实好支持北方地区农村冬季清洁取暖的供气价格政策。

（十一）完善交通运输领域能源清洁替代政策。推进交通运输绿色低碳转型，优化交通运输结构，推行绿色低碳交通设施装备。推行大容量电气化公共交通和电动、氢能、先进生物液体燃料、天然气等清洁能源交通工具，完善充换电、加氢、加气（LNG）站点布局及服务设施，降低交通运输领域清洁能源用能成本。对交通供能场站布局和建设在土地空间等方面予以支持，开展多能融合交通供能场站建设，推进新能源汽车与电网能量互动试点示范，推动车桩、船岸协同发展。对利用铁路沿线、高速公路服务区等建设新能源设施的，鼓励对同一省级区域内的项目统一规划、统一实施、统一核准（备案）。

四、建立绿色低碳为导向的能源开发利用新机制

（十二）建立清洁低碳能源资源普查和信息共享机制。结合资源禀赋、土地用途、生态保护、国土空间规划等情况，以市（县）级行政区域为基本单元，全面开展全国清洁低碳能源资源详细勘查和综合评价，精准识别可开发清洁低碳能源资源并进行数据整合，完善并动态更新全国清洁低碳能源资源数据库。加强与国土空间基础信息平台的衔接，及时将各类清洁低碳能源资源分布等空间信息纳入同级国土空间基础信息平台和国土空间规划“一张图”，并以适当方式与地方各级政府、企业、行业协会和研究机构等共享。提高可再生能源相关气象观测、资源评价以及预测预报技术能力，为可再生能源资源普查、项目开发和电力系统运行提供支撑。构建国家能源基础信息及共享平台，整合能源全产业链信息，推动能源领域数字经济发展。

（十三）推动构建以清洁低碳能源为主体的能源供应体系。以沙漠、戈壁、荒漠地区为重点，加快推进大型风电、光伏发电基地建设，对区域内现有煤电机组进行升级改造，探索建立送受两端协同为新能源电力输送提供调节的机制，支持新能源

电力能建尽建、能并尽并、能发尽发。各地区按照国家能源战略和规划及分领域规划，统筹考虑本地区能源需求和清洁低碳能源资源等情况，在省级能源规划总体框架下，指导并组织制定市(县)级清洁低碳能源开发利用、区域能源供应相关实施方案。各地区应当统筹考虑本地区能源需求及可开发资源量等，按就近原则优先开发利用本地清洁低碳能源资源，根据需要积极引入区域外的清洁低碳能源，形成优先通过清洁低碳能源满足新增用能需求并逐渐替代存量化石能源的能源生产消费格局。鼓励各地区建设多能互补、就近平衡、以清洁低碳能源为主体的新型能源系统。

(十四)创新农村可再生能源开发利用机制。在农村地区优先支持屋顶分布式光伏发电以及沼气发电等生物质能发电接入电网，电网企业等应当优先收购其发电量。鼓励利用农村地区适宜分散开发风电、光伏发电的土地，探索统一规划、分散布局、农企合作、利益共享的可再生能源项目投资经营模式。鼓励农村集体经济组织依法以土地使用权入股、联营等方式与专业化企业共同投资经营可再生能源发电项目，鼓励金融机构按照市场化、法治化原则为可再生能源发电项目提供融资支持。加大对农村电网建设的支持力度，组织电网企业完善农村电网。加强农村电网技术、运行和电力交易方式创新，支持新能源电力就近交易，为农村公益性和生活用能以及乡村振兴相关产业提供低成本绿色能源。完善规模化沼气、生物天然气、成型燃料等生物质能和地热能开发利用扶持政策和保障机制。

(十五)建立清洁低碳能源开发利用的国土空间管理机制。围绕做好碳达峰碳中和工作，统筹考虑清洁低碳能源开发以及能源输送、储存等基础设施用地用海需求。完善能源项目建设用地分类指导政策，调整优化可再生能源开发用地用海要求，制定利用沙漠、戈壁、荒漠土地建设可再生能源发电工程的土地支持政策，完善核电、抽水蓄能厂(场)址保护制度并在国土空间规划中予以保障，在国土空间规划中统筹考虑输电通道、油气管道走廊用地需求，建立健全土地相关信息共享与协同管理机制。严格依法规范能源开发涉地(涉海)税费征收。符合条件的海上风电等可再生能源项目可按规定申请减免海域使用金。鼓励在风电等新能源开发建设中推广应用节地技术和节地模式。

五、完善新型电力系统建设和运行机制

(十六)加强新型电力系统顶层设计。推动电力来源清洁化和终端能源消费电气化，适应新能源电力发展需要制定新型电力系统发展战略和总体规划，鼓励各类企业等主体积极参与新型电力系统建设。对现有电力系统进行绿色低碳发展适应性评估，在电网架构、电源结构、源网荷储协调、数字化智能化运行控制等方面提升

技术和优化系统。加强新型电力系统基础理论研究,推动关键核心技术突破,研究制定新型电力系统相关标准。推动互联网、数字化、智能化技术与电力系统融合发展,推动新技术、新业态、新模式发展,构建智慧能源体系。加强新型电力系统技术体系建设,开展相关技术试点和区域示范。

(十七)完善适应可再生能源局域深度利用和广域输送的电网体系。整体优化输电网络和电力系统运行,提升对可再生能源电力的输送和消纳能力。通过电源配置和运行优化调整尽可能增加存量输电通道输送可再生能源电量,明确最低比重指标并进行考核。统筹布局以送出可再生能源电力为主的大型电力基地,在省级电网及以上范围优化配置调节性资源。完善相关省(自治区、直辖市)政府间协议与电力市场相结合的可再生能源电力输送和消纳协同机制,加强省际、区域间电网互联互通,进一步完善跨省跨区电价形成机制,促进可再生能源在更大范围消纳。大力推进高比例容纳分布式新能源电力的智能配电网建设,鼓励建设源网荷储一体化、多能互补的智慧能源系统和微电网。电网企业应提升新能源电力接纳能力,动态公布经营区域内可接纳新能源电力的容量信息并提供查询服务,依法依规将符合规划和安全生产条件的新能源发电项目和分布式发电项目接入电网,做到应并尽并。

(十八)健全适应新型电力系统的市场机制。建立全国统一电力市场体系,加快电力辅助服务市场建设,推动重点区域电力现货市场试点运行,完善电力中长期、现货和辅助服务交易有机衔接机制,探索容量市场交易机制,深化输配电等重点领域改革,通过市场化方式促进电力绿色低碳发展。完善有利于可再生能源优先利用的电力交易机制,开展绿色电力交易试点,鼓励新能源发电主体与电力用户或售电公司等签订长期购售电协议。支持微电网、分布式电源、储能和负荷聚合商等新兴市场主体独立参与电力交易。积极推进分布式发电市场化交易,支持分布式发电(含电储能、电动车船等)与同一配电网内的电力用户通过电力交易平台就近进行交易,电网企业(含增量配电网企业)提供输电、计量和交易结算等技术支持,完善支持分布式发电市场化交易的价格政策及市场规则。完善支持储能应用的电价政策。

(十九)完善灵活性电源建设和运行机制。全面实施煤电机组灵活性改造,完善煤电机组最小出力技术标准,科学核定煤电机组深度调峰能力;因地制宜建设既满足电力运行调峰需要、又对天然气消费季节差具有调节作用的天然气"双调峰"电站;积极推动流域控制性调节水库建设和常规水电站扩机增容,加快建设抽水蓄能电站,探索中小型抽水蓄能技术应用,推行梯级水电储能;发挥太阳能热发电的调节作用,开展废弃矿井改造储能等新型储能项目研究示范,逐步扩大新型储能应用。全面推进企业自备电厂参与电力系统调节，鼓励工业企业发挥自备电厂调节能力就近利用新能源。完善支持灵活性煤电机组、天然气调峰机组、水电、太阳能热发电和储能等调节性电源运行的价格补偿机制。鼓励新能源发电基地提升自主调节能力，探索一体化参与电力系统运行。完善抽水蓄能、新型储能参与电力市场的机制，更好发挥相关设施调节作用。

（二十）完善电力需求响应机制。推动电力需求响应市场化建设，推动将需求侧可调节资源纳入电力电量平衡，发挥需求侧资源削峰填谷、促进电力供需平衡和适应新能源电力运行的作用。拓宽电力需求响应实施范围，通过多种方式挖掘各类需求侧资源并组织其参与需求响应，支持用户侧储能、电动汽车充电设施、分布式发电等用户侧可调节资源，以及负荷聚合商、虚拟电厂运营商、综合能源服务商等参与电力市场交易和系统运行调节。明确用户侧储能安全发展的标准要求，加强安全监管。加快推进需求响应市场化建设，探索建立以市场为主的需求响应补偿机制。全面调查评价需求响应资源并建立分级分类清单，形成动态的需求响应资源库。

（二十一）探索建立区域综合能源服务机制。探索同一市场主体运营集供电、供热（供冷）、供气为一体的多能互补、多能联供区域综合能源系统，鼓励地方采取招标等竞争性方式选择区域综合能源服务投资经营主体。鼓励增量配电网通过拓展区域内分布式清洁能源、接纳区域外可再生能源等提高清洁能源比重。公共电网企业、燃气供应企业应为综合能源服务运营企业提供可靠能源供应，并做好配套设施运行衔接。鼓励提升智慧能源协同服务水平，强化共性技术的平台化服务及商业模式创新，充分依托已有设施，在确保能源数据信息安全的前提下，加强数据资源开放共享。

六、完善化石能源清洁高效开发利用机制

（二十二）完善煤炭清洁开发利用政策。立足以煤为主的基本国情，按照能源不同发展阶段，发挥好煤炭在能源供应保障中的基础作用。建立煤矿绿色发展长效机制，优化煤炭产能布局，加大煤矿“上大压小、增优汰劣”力度，大力推动煤炭清洁高效利用。制定矿井优化系统支持政策，完善绿色智能煤矿建设标准体系，健全煤矿智能化技术、装备、人才发展支持政策体系。完善煤矸石、矿井水、煤矿井下抽采瓦斯等资源综合利用及矿区生态治理与修复支持政策，加大力度支持煤矿充填开采技术推广应用，鼓励利用废弃矿区开展新能源及储能项目开发建设。依法依规加快办理绿色智能煤矿等优质产能和保供煤矿的环保、用地、核准、采矿等相关手续。科学评估煤炭企业产量减少和关闭退出的影响，研究完善煤炭企业退出和

转型发展以及从业人员安置等扶持政策。

（二十三）完善煤电清洁高效转型政策。在电力安全保供的前提下，统筹协调有序控煤减煤，推动煤电向基础保障性和系统调节性电源并重转型。按照电力系统安全稳定运行和保供需要，加强煤电机组与非化石能源发电、天然气发电及储能的整体协同。推进煤电机组节能提效、超低排放升级改造，根据能源发展和安全保供需要合理建设先进煤电机组。充分挖掘现有大型热电联产企业供热潜力，鼓励在合理供热半径内的存量凝汽式煤电机组实施热电联产改造，在允许燃煤供热的区域鼓励建设燃煤背压供热机组，探索开展煤电机组抽汽蓄能改造。有序推动落后煤电机组关停整合，加大燃煤锅炉淘汰力度。原则上不新增企业燃煤自备电厂，推动燃煤自备机组公平承担社会责任，加大燃煤自备机组节能减排力度。支持利用退役火电机组的既有厂址和相关设施建设新型储能设施或改造为同步调相机。完善火电领域二氧化碳捕集利用与封存技术研发和试验示范项目支持政策。

（二十四）完善油气清洁高效利用机制。提升油气田清洁高效开采能力，推动炼化行业转型升级，加大减污降碳协同力度。完善油气与地热能以及风能、太阳能等能源资源协同开发机制，鼓励油气企业利用自有建设用地发展可再生能源和建设分布式能源设施，在油气田区域内建设多能融合的区域供能系统。持续推动油气管网公平开放并完善接入标准，梳理天然气供气环节并减少供气层级，在满足安全和质量标准等前提下，支持生物燃料乙醇、生物柴油、生物天然气等清洁燃料接入油气管网，探索输气管道掺氢输送、纯氢管道输送、液氢运输等高效输氢方式。鼓励传统加油站、加气站建设油气电氢一体化综合交通能源服务站。加强二氧化碳捕集利用与封存技术推广示范，扩大二氧化碳驱油技术应用，探索利用油气开采形成地下空间封存二氧化碳。

七、健全能源绿色低碳转型安全保供体系

（二十五）健全能源预测预警机制。加强全国以及分级分类的能源生产、供应和消费信息系统建设，建立跨部门跨区域能源安全监测预警机制，各省（自治区、直辖市）要建立区域能源综合监测体系，电网、油气管网及重点能源供应企业要完善经营区域能源供应监测平台并及时向主管部门报送相关信息。加强能源预测预警的监测评估能力建设，建立涵盖能源、应急、气象、水利、地质等部门的极端天气联合应对机制，提高预测预判和灾害防御能力。健全能源供应风险应对机制，完善极端情况下能源供应应急预案和应急状态下的协同调控机制。

（二十六）构建电力系统安全运行和综合防御体系。各类发电机组运行要严格遵守《电网调度管理条例》等法律法规和技术规范，建立煤电机组退出审核机制，承

担支持电力系统运行和保供任务的煤电机组未经许可不得退出运行，可根据机组性能和电力系统运行需要经评估后转为应急备用机组。建立各级电力规划安全评估制度，健全各类电源并网技术标准，从源头管控安全风险。完善电力电量平衡管理，制定年度电力系统安全保供方案。建立电力企业与燃料供应企业、管输企业的信息共享与应急联动机制，确保极端情况下能源供应。建立重要输电通道跨部门联防联控机制，提升重要输电通道运行安全保障能力。建立完善负荷中心和特大型城市应急安全保障电源体系。完善电力监控系统安全防控体系，加强电力行业关键信息基础设施安全保护。严格落实地方政府、有关电力企业的电力安全生产和供应保障主体责任，统筹协调推进电力应急体系建设，强化新型储能设施等安全事故防范和处置能力，提升本质安全水平。健全电力应急保障体系，完善电力应急制度、标准和预案。

（二十七）健全能源供应保障和储备应急体系。统筹能源绿色低碳转型和能源供应安全保障，提高适应经济社会发展以及各种极端情况的能源供应保障能力，优化能源储备设施布局，完善煤电油气供应保障协调机制。加快形成政府储备、企业社会责任储备和生产经营库存有机结合、互为补充，实物储备、产能储备和其他储备方式相结合的石油储备体系。健全煤炭产品、产能储备和应急储备制度，完善应急调峰产能、可调节库存和重点电厂煤炭储备机制，建立以企业为主体、市场化运作的煤炭应急储备体系。建立健全地方政府、供气企业、管输企业、城镇燃气企业各负其责的多层次天然气储气调峰和应急体系。制定煤制油气技术储备支持政策。完善煤炭、石油、天然气产供储销体系，探索建立氢能产供储销体系。按规划积极推动流域龙头水库电站建设，提升水库储能、运行调节和应急调用能力。

八、建立支撑能源绿色低碳转型的科技创新体系

（二十八）建立清洁低碳能源重大科技协同创新体系。建设并发挥好能源领域国家实验室作用，形成以国家战略科技力量为引领、企业为主体、市场为导向、产学研用深度融合的能源技术创新体系，加快突破一批清洁低碳能源关键技术。支持行业龙头企业联合高等院校、科研院所和行业上下游企业共建国家能源领域研发创新平台，推进各类科技力量资源共享和优化配置。围绕能源领域相关基础零部件及元器件、基础软件、基础材料、基础工艺等关键技术开展联合攻关，实施能源重大科技协同创新研究。加强新型储能相关安全技术研发，完善设备设施、规划布局、设计施工、安全运行等方面技术标准规范。

（二十九）建立清洁低碳能源产业链供应链协同创新机制。推动构建以需求端技术进步为导向，产学研用深度融合、上下游协同、供应链协作的清洁低碳能源技

术创新促进机制。依托大型新能源基地等重大能源工程,推进上下游企业协同开展先进技术装备研发、制造和应用,通过工程化集成应用形成先进技术及产业化能力。加快纤维素等非粮生物燃料乙醇、生物航空煤油等先进可再生能源燃料关键技术协同攻关及产业化示范。推动能源电子产业高质量发展,促进信息技术及产品与清洁低碳能源融合创新,加快智能光伏创新升级。依托现有基础完善清洁低碳能源技术创新服务平台,推动研发设计、计量测试、检测认证、知识产权服务等科技服务业与清洁低碳能源产业链深度融合。建立清洁低碳能源技术成果评价、转化和推广机制。

(三十)完善能源绿色低碳转型科技创新激励政策。探索以市场化方式吸引社会资本支持资金投入大、研究难度高的战略性清洁低碳能源技术研发和示范项目。采取"揭榜挂帅"等方式组织重大关键技术攻关,完善支持首台(套)先进重大能源技术装备示范应用的政策,推动能源领域重大技术装备推广应用。强化国有能源企业节能低碳相关考核,推动企业加大能源技术创新投入,推广应用新技术,提升技术水平。

九、建立支撑能源绿色低碳转型的财政金融政策保障机制

(三十一)完善支持能源绿色低碳转型的多元化投融资机制。加大对清洁低碳能源项目、能源供应安全保障项目投融资支持力度。通过中央预算内投资统筹支持能源领域对碳减排贡献度高的项目,将符合条件的重大清洁低碳能源项目纳入地方政府专项债券支持范围。国家绿色发展基金和现有低碳转型相关基金要将清洁低碳能源开发利用、新型电力系统建设、化石能源企业绿色低碳转型等作为重点支持领域。推动清洁低碳能源相关基础设施项目开展市场化投融资,研究将清洁低碳能源项目纳入基础设施领域不动产投资信托基金(REITs)试点范围。中央财政资金进一步向农村能源建设倾斜,利用现有资金渠道支持农村能源供应基础设施建设、北方地区冬季清洁取暖、建筑节能等。

(三十二)完善能源绿色低碳转型的金融支持政策。探索发展清洁低碳能源行业供应链金融。完善清洁低碳能源行业企业贷款审批流程和评级方法,充分考虑相关产业链长期成长性及对碳达峰、碳中和的贡献。创新适应清洁低碳能源特点的绿色金融产品,鼓励符合条件的企业发行碳中和债等绿色债券,引导金融机构加大对具有显著碳减排效益项目的支持;鼓励发行可持续发展挂钩债券等,支持化石能源企业绿色低碳转型。探索推进能源基础信息应用,为金融支持能源绿色低碳转型提供信息服务支撑。鼓励能源企业践行绿色发展理念,充分披露碳排放相关信息。

十、促进能源绿色低碳转型国际合作

（三十三）促进“一带一路”绿色能源合作。鼓励金融产品和服务创新，支持“一带一路”清洁低碳能源开发利用。推进“一带一路”绿色能源务实合作，探索建立清洁低碳能源产业链上下游企业协同发展合作机制。引导企业开展清洁低碳能源领域对外投资，在相关项目开展中注重资源节约、环境保护和安全生产。推动建设能源合作最佳实践项目。依法依规管理碳排放强度高的产品生产、流通和出口。

（三十四）积极推动全球能源治理中绿色低碳转型发展合作。建设和运营好“一带一路”能源合作伙伴关系和国际能源变革论坛等，力争在全球绿色低碳转型进程中发挥更好作用。依托中国—阿盟、中国—非盟、中国—东盟、中国—中东欧、亚太经合组织（APEC）可持续能源中心等合作平台，持续支持可再生能源、电力、核电、氢能等清洁低碳能源相关技术人才合作培养，开展能力建设、政策、规划、标准对接和人才交流。提升与国际能源署（IEA）、国际可再生能源署（IRENA）等国际组织的合作水平，积极参与并引导在联合国、二十国集团（G20）、APEC、金砖国家、上合组织等多边框架下的能源绿色低碳转型合作。

（三十五）充分利用国际要素助力国内能源绿色低碳发展。落实鼓励外商投资产业目录，完善相关支持政策，吸引和引导外资投入清洁低碳能源产业领域。完善鼓励外资融入我国清洁低碳能源产业创新体系的激励机制，严格知识产权保护。加强绿色电力认证国际合作，倡议建立国际绿色电力证书体系，积极引导和参与绿色电力证书核发、计量、交易等国际标准研究制定。推动建立中欧能源技术创新合作平台等清洁低碳能源技术创新国际合作平台，支持跨国企业在华设立清洁低碳能源技术联合研发中心，促进清洁低碳、脱碳无碳领域联合攻关创新与示范应用。

十一、完善能源绿色低碳发展相关治理机制

（三十六）健全能源法律和标准体系。加强能源绿色低碳发展法制建设，修订和完善能源领域法律制度，健全适应碳达峰碳中和工作需要的能源法律制度体系。增强相关法律法规的针对性和有效性，全面清理现行能源领域法律法规中与碳达峰碳中和工作要求不相适应的内容。健全清洁低碳能源相关标准体系，加快研究和制修订清洁高效火电、可再生能源发电、核电、储能、氢能、清洁能源供热以及新型电力系统等领域技术标准和安全标准。推动太阳能发电、风电等领域标准国际化。鼓励各地区和行业协会、企业等依法制定更加严格的地方标准、行业标准和企业标准。制定能源领域绿色低碳产业指导目录，建立和完善能源绿色低碳转型相关技术标准及相应的碳排放量、碳减排量等核算标准。

（三十七）深化能源领域“放管服”改革。持续推动简政放权，继续下放或取消非必要行政许可事项，进一步优化能源领域营商环境，增强市场主体创新活力。破除制约市场竞争的各类障碍和隐性壁垒，落实市场准入负面清单制度，支持各类市场主体依法平等进入负面清单以外的能源领域。优化清洁低碳能源项目核准和备案流程，简化分布式能源投资项目管理程序。创新综合能源服务项目建设管理机制，鼓励各地区依托全国投资项目在线审批监管平台建立综合能源服务项目多部门联审机制，实行一窗受理、并联审批。

（三十八）加强能源领域监管。加强对能源绿色低碳发展相关能源市场交易、清洁低碳能源利用等监管，维护公平公正的能源市场秩序。稳步推进能源领域自然垄断行业改革，加强对有关企业在规划落实、公平开放、运行调度、服务价格、社会责任等方面的监管。健全对电网、油气管网等自然垄断环节企业的考核机制，重点考核有关企业履行能源供应保障、科技创新、生态环保等职责情况。创新对综合能源服务、新型储能、智慧能源等新产业新业态监管方式。

全国碳排放权交易市场建设方案（发电行业）

（2017年12月18日国家发展改革委印发 发改气候规〔2017〕2191号）

建立碳排放权交易市场，是利用市场机制控制温室气体排放的重大举措，也是深化生态文明体制改革的迫切需要，有利于降低全社会减排成本，有利于推动经济向绿色低碳转型升级。为扎实推进全国碳排放权交易市场（以下简称"碳市场"）建设工作，确保2017年顺利启动全国碳排放交易体系，根据《中华人民共和国国民经济和社会发展第十三个五年规划纲要》和《生态文明体制改革总体方案》，制定本方案。

一、总体要求

（一）指导思想

深入贯彻落实党的十九大精神，高举中国特色社会主义伟大旗帜，坚持以习近平新时代中国特色社会主义思想为指导，紧紧围绕统筹推进"五位一体"总体布局和协调推进"四个全面"战略布局，牢固树立创新、协调、绿色、开放、共享的发展理念，认真落实党中央、国务院关于生态文明建设的决策部署，充分发挥市场机制对控制温室气体排放的作用，稳步推进建立全国统一的碳市场，为我国有效控制和逐步减少碳排放，推动绿色低碳发展作出新贡献。

（二）基本原则

坚持市场导向、政府服务。贯彻落实简政放权、放管结合、优化服务的改革要求，以企业为主体，以市场为导向，强化政府监管和服务，充分发挥市场对资源配置的决定性作用。

坚持先易后难、循序渐进。按照国家生态文明建设和控制温室气体排放的总体要求，在不影响经济平稳健康发展的前提下，分阶段、有步骤地推进碳市场建设。在发电行业（含热电联产，下同）率先启动全国碳排放交易体系，逐步扩大参与碳市场的行业范围，增加交易品种，不断完善碳市场。

坚持协调协同、广泛参与。统筹国际、国内两个大局，统筹区域、行业可持续发展与控制温室气体排放需要,按照供给侧结构性改革总体部署,加强与电力体制改革、能源消耗总量和强度“双控”、大气污染防治等相关政策措施的协调。持续优化完善碳市场制度设计,充分调动部门、地方、企业和社会积极性,共同推进和完善碳市场建设。

坚持统一标准、公平公开。统一市场准入标准、配额分配方法和有关技术规范,建设全国统一的排放数据报送系统、注册登记系统、交易系统和结算系统等市场支撑体系。构建有利于公平竞争的市场环境,及时准确披露市场信息,全面接受社会监督。

(三)目标任务

坚持将碳市场作为控制温室气体排放政策工具的工作定位,切实防范金融等方面风险。以发电行业为突破口率先启动全国碳排放交易体系,培育市场主体,完善市场监管,逐步扩大市场覆盖范围,丰富交易品种和交易方式。逐步建立起归属清晰、保护严格、流转顺畅、监管有效、公开透明、具有国际影响力的碳市场。配额总量适度从紧、价格合理适中,有效激发企业减排潜力,推动企业转型升级,实现控制温室气体排放目标。自本方案印发之后,分三阶段稳步推进碳市场建设工作。

基础建设期。用一年左右的时间,完成全国统一的数据报送系统、注册登记系统和交易系统建设。深入开展能力建设,提升各类主体参与能力和管理水平。开展碳市场管理制度建设。

模拟运行期。用一年左右的时间,开展发电行业配额模拟交易,全面检验市场各要素环节的有效性和可靠性,强化市场风险预警与防控机制,完善碳市场管理制度和支撑体系。

深化完善期。在发电行业交易主体间开展配额现货交易。交易仅以履约(履行减排义务)为目的,履约部分的配额予以注销,剩余配额可跨履约期转让、交易。在发电行业碳市场稳定运行的前提下,逐步扩大市场覆盖范围,丰富交易品种和交易方式。创造条件,尽早将国家核证自愿减排量纳入全国碳市场。

二、市场要素

(四)交易主体。初期交易主体为发电行业重点排放单位。条件成熟后,扩大至其他高耗能、高污染和资源性行业。适时增加符合交易规则的其他机构和个人参与交易。

(五)交易产品。初期交易产品为配额现货,条件成熟后增加符合交易规则的国家核证自愿减排量及其他交易产品。

(六)交易平台。建立全国统一、互联互通、监管严格的碳排放权交易系统,并纳入全国公共资源交易平台体系管理。

三、参与主体

（七）重点排放单位。发电行业年度排放达到2.6万吨二氧化碳当量（综合能源消费量约1万吨标准煤）及以上的企业或者其他经济组织为重点排放单位。年度排放达到2.6万吨二氧化碳当量及以上的其他行业自备电厂视同发电行业重点排放单位管理。在此基础上，逐步扩大重点排放单位范围。

（八）监管机构。国务院发展改革部门与相关部门共同对碳市场实施分级监管。国务院发展改革部门会同相关行业主管部门制定配额分配方案和核查技术规范并监督执行。各相关部门根据职责分工分别对第三方核查机构、交易机构等实施监管。省级、计划单列市应对气候变化主管部门监管本辖区内的数据核查、配额分配、重点排放单位履约等工作。各部门、各地方各司其职、相互配合，确保碳市场规范有序运行。

（九）核查机构。符合有关条件要求的核查机构，依据核查有关规定和技术规范，受委托开展碳排放相关数据核查，并出具独立核查报告，确保核查报告真实、可信。

四、制度建设

（十）碳排放监测、报告与核查制度。国务院发展改革部门会同相关行业主管部门制定企业排放报告管理办法、完善企业温室气体核算报告指南与技术规范。各省级、计划单列市应对气候变化主管部门组织开展数据审定和报送工作。重点排放单位应按规定及时报告碳排放数据。重点排放单位和核查机构须对数据的真实性、准确性和完整性负责。

（十一）重点排放单位配额管理制度。国务院发展改革部门负责制定配额分配标准和办法。各省级及计划单列市应对气候变化主管部门按照标准和办法向辖区内的重点排放单位分配配额。重点排放单位应当采取有效措施控制碳排放，并按实际排放清缴配额（“清缴”是指清理应缴未缴配额的过程）。省级及计划单列市应对气候变化主管部门负责监督清缴，对逾期或不足额清缴的重点排放单位依法依规予以处罚，并将相关信息纳入全国信用信息共享平台实施联合惩戒。

（十二）市场交易相关制度。国务院发展改革部门会同相关部门制定碳排放权市场交易管理办法，对交易主体、交易方式、交易行为以及市场监管等进行规定，构建能够反映供需关系、减排成本等因素的价格形成机制，建立有效防范价格异常波动的调节机制和防止市场操纵的风险防控机制，确保市场要素完整、公开透明、运行有序。

五、发电行业配额管理

（十三）配额分配。发电行业配额按国务院发展改革部门会同能源部门制定的分配标准和方法进行分配（发电行业配额分配标准和方法另行制定）。

（十四）配额清缴。发电行业重点排放单位需按年向所在省级、计划单列市应对气候变化主管部门提交与其当年实际碳排放量相等的配额，以完成其减排义务。其富余配额可向市场出售，不足部分需通过市场购买。

六、支撑系统

（十五）重点排放单位碳排放数据报送系统。建设全国统一、分级管理的碳排放数据报送信息系统，探索实现与国家能耗在线监测系统的连接。

（十六）碳排放权注册登记系统。建设全国统一的碳排放权注册登记系统及其灾备系统，为各类市场主体提供碳排放配额和国家核证自愿减排量的法定确权登记服务，并实现配额清缴及履约管理。国务院发展改革部门负责制定碳排放权注册登记系统管理办法与技术规范，并对碳排放权注册登记系统实施监管。

（十七）碳排放权交易系统。建设全国统一的碳排放权交易系统及其灾备系统，提供交易服务和综合信息服务。国务院发展改革部门会同相关部门制定交易系统管理办法与技术规范，并对碳排放权交易系统实施监管。

（十八）碳排放权交易结算系统。建立碳排放权交易结算系统，实现交易资金结算及管理，并提供与配额结算业务有关的信息查询和咨询等服务，确保交易结果真实可信。

七、试点过渡

（十九）推进区域碳交易试点向全国市场过渡。2011 年以来开展区域碳交易试点的地区将符合条件的重点排放单位逐步纳入全国碳市场，实行统一管理。区域碳交易试点地区继续发挥现有作用，在条件成熟后逐步向全国碳市场过渡。

八、保障措施

（二十）加强组织领导。国务院发展改革部门会同有关部门，根据工作需要将按程序适时调整完善本方案，重要情况及时向国务院报告。各部门应结合实际，按职责分工加强对碳市场的监管。

（二十一）强化责任落实。国务院发展改革部门会同相关部门负责全国碳市场建设。各省级及计划单列市人民政府负责本辖区内的碳市场建设工作。符合条件的省(市)受国务院发展改革部门委托建设运营全国碳市场相关支撑系统,建成后接入国家统一数据共享交换平台。

(二十二)推进能力建设。组织开展面向各类市场主体的能力建设培训,推进相关国际合作。鼓励相关行业协会和中央企业集团开展行业碳排放数据调查、统计分析等工作,为科学制定配额分配标准提供技术支撑。

(二十三)做好宣传引导。加强绿色循环低碳发展与碳市场相关政策法规的宣传报道,多渠道普及碳市场相关知识,宣传推广先进典型经验和成熟做法,提升企业和公众对碳减排重要性和碳市场的认知水平,为碳市场建设运行营造良好社会氛围。

碳排放权交易管理办法(试行)

(2020年12月31日生态环境部令第19号公布
自2021年2月1日起施行)

第一章 总 则

第一条 为落实党中央、国务院关于建设全国碳排放权交易市场的决策部署,在应对气候变化和促进绿色低碳发展中充分发挥市场机制作用,推动温室气体减排,规范全国碳排放权交易及相关活动,根据国家有关温室气体排放控制的要求,制定本办法。

第二条 本办法适用于全国碳排放权交易及相关活动,包括碳排放配额分配和清缴,碳排放权登记、交易、结算,温室气体排放报告与核查等活动,以及对前述活动的监督管理。

第三条 全国碳排放权交易及相关活动应当坚持市场导向、循序渐进、公平公开和诚实守信的原则。

第四条 生态环境部按照国家有关规定建设全国碳排放权交易市场。

全国碳排放权交易市场覆盖的温室气体种类和行业范围,由生态环境部拟订,按程序报批后实施,并向社会公开。

第五条 生态环境部按照国家有关规定,组织建立全国碳排放权注册登记机构和全国碳排放权交易机构,组织建设全国碳排放权注册登记系统和全国碳排放权交易系统。

全国碳排放权注册登记机构通过全国碳排放权注册登记系统,记录碳排放配额的持有、变更、清缴、注销等信息,并提供结算服务。全国碳排放权注册登记系统记录的信息是判断碳排放配额归属的最终依据。

全国碳排放权交易机构负责组织开展全国碳排放权集中统一交易。

全国碳排放权注册登记机构和全国碳排放权交易机构应当定期向生态环境部报告全国碳排放权登记、交易、结算等活动和机构运行有关情况,以及应当报告的其他重大事项,并保证全国碳排放权注册登记系统和全国碳排放权交易系统安全稳定可靠运行。

第六条　生态环境部负责制定全国碳排放权交易及相关活动的技术规范，加强对地方碳排放配额分配、温室气体排放报告与核查的监督管理，并会同国务院其他有关部门对全国碳排放权交易及相关活动进行监督管理和指导。

省级生态环境主管部门负责在本行政区域内组织开展碳排放配额分配和清缴、温室气体排放报告的核查等相关活动，并进行监督管理。

设区的市级生态环境主管部门负责配合省级生态环境主管部门落实相关具体工作，并根据本办法有关规定实施监督管理。

第七条　全国碳排放权注册登记机构和全国碳排放权交易机构及其工作人员，应当遵守全国碳排放权交易及相关活动的技术规范，并遵守国家其他有关主管部门关于交易监管的规定。

第二章　温室气体重点排放单位

第八条　温室气体排放单位符合下列条件的，应当列入温室气体重点排放单位（以下简称重点排放单位）名录：

（一）属于全国碳排放权交易市场覆盖行业；

（二）年度温室气体排放量达到2.6万吨二氧化碳当量。

第九条　省级生态环境主管部门应当按照生态环境部的有关规定，确定本行政区域重点排放单位名录，向生态环境部报告，并向社会公开。

第十条　重点排放单位应当控制温室气体排放，报告碳排放数据，清缴碳排放配额，公开交易及相关活动信息，并接受生态环境主管部门的监督管理。

第十一条　存在下列情形之一的，确定名录的省级生态环境主管部门应当将相关温室气体排放单位从重点排放单位名录中移出：

（一）连续二年温室气体排放未达到2.6万吨二氧化碳当量的；

（二）因停业、关闭或者其他原因不再从事生产经营活动，因而不再排放温室气体的。

第十二条　温室气体排放单位申请纳入重点排放单位名录的，确定名录的省级生态环境主管部门应当进行核实；经核实符合本办法第八条规定条件的，应当将其纳入重点排放单位名录。

第十三条　纳入全国碳排放权交易市场的重点排放单位，不再参与地方碳排放权交易试点市场。

第三章　分配与登记

第十四条　生态环境部根据国家温室气体排放控制要求，综合考虑经济增长、产业结构调整、能源结构优化、大气污染物排放协同控制等因素，制定碳排放配额总量确定与分配方案。

省级生态环境主管部门应当根据生态环境部制定的碳排放配额总量确定与分配方案，向本行政区域内的重点排放单位分配规定年度的碳排放配额。

第十五条　碳排放配额分配以免费分配为主，可以根据国家有关要求适时引入有偿分配。

第十六条　省级生态环境主管部门确定碳排放配额后，应当书面通知重点排放单位。

重点排放单位对分配的碳排放配额有异议的，可以自接到通知之日起七个工作日内，向分配配额的省级生态环境主管部门申请复核；省级生态环境主管部门应当自接到复核申请之日起十个工作日内，作出复核决定。

第十七条　重点排放单位应当在全国碳排放权注册登记系统开立账户，进行相关业务操作。

第十八条　重点排放单位发生合并、分立等情形需要变更单位名称、碳排放配额等事项的，应当报经所在地省级生态环境主管部门审核后，向全国碳排放权注册登记机构申请变更登记。全国碳排放权注册登记机构应当通过全国碳排放权注册登记系统进行变更登记，并向社会公开。

第十九条　国家鼓励重点排放单位、机构和个人，出于减少温室气体排放等公益目的自愿注销其所持有的碳排放配额。

自愿注销的碳排放配额，在国家碳排放配额总量中予以等量核减，不再进行分配、登记或者交易。相关注销情况应当向社会公开。

第四章　排 放 交 易

第二十条　全国碳排放权交易市场的交易产品为碳排放配额，生态环境部可以根据国家有关规定适时增加其他交易产品。

第二十一条　重点排放单位以及符合国家有关交易规则的机构和个人，是全国碳排放权交易市场的交易主体。

第二十二条　碳排放权交易应当通过全国碳排放权交易系统进行，可以采取协议转让、单向竞价或者其他符合规定的方式。

全国碳排放权交易机构应当按照生态环境部有关规定，采取有效措施，发挥全国碳排放权交易市场引导温室气体减排的作用，防止过度投机的交易行为，维护市场健康发展。

第二十三条　全国碳排放权注册登记机构应当根据全国碳排放权交易机构提供的成交结果，通过全国碳排放权注册登记系统为交易主体及时更新相关信息。

第二十四条　全国碳排放权注册登记机构和全国碳排放权交易机构应当按照国家有关规定，实现数据及时、准确、安全交换。

第五章　排放核查与配额清缴

第二十五条　重点排放单位应当根据生态环境部制定的温室气体排放核算与报告技术规范，编制该单位上一年度的温室气体排放报告，载明排放量，并于每年 3 月 31 日前报生产经营场所所在地的省级生态环境主管部门。排放报告所涉数据的原始记录和管理台账应当至少保存五年。

重点排放单位对温室气体排放报告的真实性、完整性、准确性负责。

重点排放单位编制的年度温室气体排放报告应当定期公开，接受社会监督，涉及国家秘密和商业秘密的除外。

第二十六条　省级生态环境主管部门应当组织开展对重点排放单位温室气体排放报告的核查，并将核查结果告知重点排放单位。核查结果应当作为重点排放单位碳排放配额清缴依据。

省级生态环境主管部门可以通过政府购买服务的方式委托技术服务机构提供核查服务。技术服务机构应当对提交的核查结果的真实性、完整性和准确性负责。

第二十七条　重点排放单位对核查结果有异议的，可以自被告知核查结果之日起七个工作日内，向组织核查的省级生态环境主管部门申请复核；省级生态环境主管部门应当自接到复核申请之日起十个工作日内，作出复核决定。

第二十八条　重点排放单位应当在生态环境部规定的时限内，向分配配额的省级生态环境主管部门清缴上年度的碳排放配额。清缴量应当大于等于省级生态环境主管部门核查结果确认的该单位上年度温室气体实际排放量。

第二十九条　重点排放单位每年可以使用国家核证自愿减排量抵销碳排放配额的清缴，抵销比例不得超过应清缴碳排放配额的 5%。相关规定由生态环境部另行制定。

用于抵销的国家核证自愿减排量，不得来自纳入全国碳排放权交易市场配额管理的减排项目。

第六章　监 督 管 理

第三十条　上级生态环境主管部门应当加强对下级生态环境主管部门的重点排放单位名录确定、全国碳排放权交易及相关活动情况的监督检查和指导。

第三十一条　设区的市级以上地方生态环境主管部门根据对重点排放单位温室气体排放报告的核查结果,确定监督检查重点和频次。

设区的市级以上地方生态环境主管部门应当采取“双随机、一公开”的方式,监督检查重点排放单位温室气体排放和碳排放配额清缴情况,相关情况按程序报生态环境部。

第三十二条　生态环境部和省级生态环境主管部门,应当按照职责分工,定期公开重点排放单位年度碳排放配额清缴情况等信息。

第三十三条　全国碳排放权注册登记机构和全国碳排放权交易机构应当遵守国家交易监管等相关规定,建立风险管理机制和信息披露制度,制定风险管理预案,及时公布碳排放权登记、交易、结算等信息。

全国碳排放权注册登记机构和全国碳排放权交易机构的工作人员不得利用职务便利谋取不正当利益,不得泄露商业秘密。

第三十四条　交易主体违反本办法关于碳排放权注册登记、结算或者交易相关规定的,全国碳排放权注册登记机构和全国碳排放权交易机构可以按照国家有关规定,对其采取限制交易措施。

第三十五条　鼓励公众、新闻媒体等对重点排放单位和其他交易主体的碳排放权交易及相关活动进行监督。

重点排放单位和其他交易主体应当按照生态环境部有关规定,及时公开有关全国碳排放权交易及相关活动信息,自觉接受公众监督。

第三十六条　公民、法人和其他组织发现重点排放单位和其他交易主体有违反本办法规定行为的,有权向设区的市级以上地方生态环境主管部门举报。

接受举报的生态环境主管部门应当依法予以处理,并按照有关规定反馈处理结果,同时为举报人保密。

第七章　罚　　则

第三十七条　生态环境部、省级生态环境主管部门、设区的市级生态环境主管部门的有关工作人员,在全国碳排放权交易及相关活动的监督管理中滥用职权、玩忽职守、徇私舞弊的,由其上级行政机关或者监察机关责令改正,并依法给予处分。

第三十八条 全国碳排放权注册登记机构和全国碳排放权交易机构及其工作人员违反本办法规定,有下列行为之一的,由生态环境部依法给予处分,并向社会公开处理结果:

(一)利用职务便利谋取不正当利益的;

(二)有其他滥用职权、玩忽职守、徇私舞弊行为的。

全国碳排放权注册登记机构和全国碳排放权交易机构及其工作人员违反本办法规定,泄露有关商业秘密或者有构成其他违反国家交易监管规定行为的,依照其他有关规定处理。

第三十九条 重点排放单位虚报、瞒报温室气体排放报告,或者拒绝履行温室气体排放报告义务的,由其生产经营场所所在地设区的市级以上地方生态环境主管部门责令限期改正,处一万元以上三万元以下的罚款。逾期未改正的,由重点排放单位生产经营场所所在地的省级生态环境主管部门测算其温室气体实际排放量,并将该排放量作为碳排放配额清缴的依据;对虚报、瞒报部分,等量核减其下一年度碳排放配额。

第四十条 重点排放单位未按时足额清缴碳排放配额的,由其生产经营场所所在地设区的市级以上地方生态环境主管部门责令限期改正,处二万元以上三万元以下的罚款;逾期未改正的,对欠缴部分,由重点排放单位生产经营场所所在地的省级生态环境主管部门等量核减其下一年度碳排放配额。

第四十一条 违反本办法规定,涉嫌构成犯罪的,有关生态环境主管部门应当依法移送司法机关。

第八章 附　　则

第四十二条 本办法中下列用语的含义:

(一)温室气体:是指大气中吸收和重新放出红外辐射的自然和人为的气态成分,包括二氧化碳(CO_2)、甲烷(CH_4)、氧化亚氮(N_2O)、氢氟碳化物(HFCs)、全氟化碳(PFCs)、六氟化硫(SF_6)和三氟化氮(NF_3)。

(二)碳排放:是指煤炭、石油、天然气等化石能源燃烧活动和工业生产过程以及土地利用变化与林业等活动产生的温室气体排放,也包括因使用外购的电力和热力等所导致的温室气体排放。

(三)碳排放权:是指分配给重点排放单位的规定时期内的碳排放额度。

（四）国家核证自愿减排量：是指对我国境内可再生能源、林业碳汇、甲烷利用等项目的温室气体减排效果进行量化核证，并在国家温室气体自愿减排交易注册登记系统中登记的温室气体减排量。

第四十三条 本办法自2021年2月1日起施行。

关于发布《碳排放权登记管理规则(试行)》《碳排放权交易管理规则(试行)》和《碳排放权结算管理规则(试行)》的公告

(2021 年 5 月 14 日生态环境部公告 2021 年第 21 号公布)

为进一步规范全国碳排放权登记、交易、结算活动,保护全国碳排放权交易市场各参与方合法权益,我部根据《碳排放权交易管理办法(试行)》,组织制定了《碳排放权登记管理规则(试行)》《碳排放权交易管理规则(试行)》和《碳排放权结算管理规则(试行)》,现将有关事项公告如下:

一、全国碳排放权注册登记机构成立前,由湖北碳排放权交易中心有限公司承担全国碳排放权注册登记系统账户开立和运行维护等具体工作。

二、全国碳排放权交易机构成立前,由上海环境能源交易所股份有限公司承担全国碳排放权交易系统账户开立和运行维护等具体工作。

三、《碳排放权登记管理规则(试行)》《碳排放权交易管理规则(试行)》和《碳排放权结算管理规则(试行)》自本公告发布之日起施行。

特此公告。

附件:1. 碳排放权登记管理规则(试行)

2. 碳排放权交易管理规则(试行)

3. 碳排放权结算管理规则(试行)

碳排放权登记管理规则(试行)

第一章　总　　则

第一条　为规范全国碳排放权登记活动,保护全国碳排放权交易市场各参与方的合法权益,维护全国碳排放权交易市场秩序,根据《碳排放权交易管理办法(试行)》,制定本规则。

第二条 全国碳排放权持有、变更、清缴、注销的登记及相关业务的监督管理，适用本规则。全国碳排放权注册登记机构（以下简称注册登记机构）、全国碳排放权交易机构（以下简称交易机构）、登记主体及其他相关参与方应当遵守本规则。

第三条 注册登记机构通过全国碳排放权注册登记系统（以下简称注册登记系统）对全国碳排放权的持有、变更、清缴和注销等实施集中统一登记。注册登记系统记录的信息是判断碳排放配额归属的最终依据。

第四条 重点排放单位以及符合规定的机构和个人，是全国碳排放权登记主体。

第五条 全国碳排放权登记应当遵循公开、公平、公正、安全和高效的原则。

第二章 账户管理

第六条 注册登记机构依申请为登记主体在注册登记系统中开立登记账户，该账户用于记录全国碳排放权的持有、变更、清缴和注销等信息。

第七条 每个登记主体只能开立一个登记账户。登记主体应当以本人或者本单位名义申请开立登记账户，不得冒用他人或者其他单位名义或者使用虚假证件开立登记账户。

第八条 登记主体申请开立登记账户时，应当根据注册登记机构有关规定提供申请材料，并确保相关申请材料真实、准确、完整、有效。委托他人或者其他单位代办的，还应当提供授权委托书等证明委托事项的必要材料。

第九条 登记主体申请开立登记账户的材料中应当包括登记主体基本信息、联系信息以及相关证明材料等。

第十条 注册登记机构在收到开户申请后，对登记主体提交相关材料进行形式审核，材料审核通过后 5 个工作日内完成账户开立并通知登记主体。

第十一条 登记主体下列信息发生变化时，应当及时向注册登记机构提交信息变更证明材料，办理登记账户信息变更手续：

（一）登记主体名称或者姓名；

（二）营业执照，有效身份证明文件类型、号码及有效期；

（三）法律法规、部门规章等规定的其他事项。

注册登记机构在完成信息变更材料审核后 5 个工作日内完成账户信息变更并通知登记主体。

联系电话、邮箱、通讯地址等联系信息发生变化的，登记主体应当及时通过注册登记系统在登记账户中予以更新。

第十二条 登记主体应当妥善保管登记账户的用户名和密码等信息。登记主体登记账户下发生的一切活动均视为其本人或者本单位行为。

第十三条 注册登记机构定期检查登记账户使用情况，发现营业执照、有效身份证明文件与实际情况不符，或者发生变化且未按要求及时办理登记账户信息变更手续的，注册登记机构应当对有关不合格账户采取限制使用等措施，其中涉及交易活动的应当及时通知交易机构。

对已采取限制使用等措施的不合格账户，登记主体申请恢复使用的，应当向注册登记机构申请办理账户规范手续。能够规范为合格账户的，注册登记机构应当解除限制使用措施。

第十四条 发生下列情形的，登记主体或者依法承继其权利义务的主体应当提交相关申请材料，申请注销登记账户：

（一）法人以及非法人组织登记主体因合并、分立、依法被解散或者破产等原因导致主体资格丧失；

（二）自然人登记主体死亡；

（三）法律法规、部门规章等规定的其他情况。

登记主体申请注销登记账户时，应当了结其相关业务。申请注销登记账户期间和登记账户注销后，登记主体无法使用该账户进行交易等相关操作。

第十五条 登记主体如对第十三条所述限制使用措施有异议，可以在措施生效后15个工作日内向注册登记机构申请复核；注册登记机构应当在收到复核申请后10个工作日内予以书面回复。

第三章 登　记

第十六条 登记主体可以通过注册登记系统查询碳排放配额持有数量和持有状态等信息。

第十七条 注册登记机构根据生态环境部制定的碳排放配额分配方案和省级生态环境主管部门确定的配额分配结果，为登记主体办理初始分配登记。

第十八条 注册登记机构应当根据交易机构提供的成交结果办理交易登记，根据经省级生态环境主管部门确认的碳排放配额清缴结果办理清缴登记。

第十九条 重点排放单位可以使用符合生态环境部规定的国家核证自愿减排量抵销配额清缴。用于清缴部分的国家核证自愿减排量应当在国家温室气体自愿减排交易注册登记系统注销，并由重点排放单位向注册登记机构提交有关注销证明材料。注册登记机构核验相关材料后，按照生态环境部相关规定办理抵销登记。

第二十条 登记主体出于减少温室气体排放等公益目的自愿注销其所持有的碳排放配额，注册登记机构应当为其办理变更登记，并出具相关证明。

第二十一条 碳排放配额以承继、强制执行等方式转让的，登记主体或者依法承继其权利义务的主体应当向注册登记机构提供有效的证明文件，注册登记机构审核后办理变更登记。

第二十二条 司法机关要求冻结登记主体碳排放配额的，注册登记机构应当予以配合；涉及司法扣划的，注册登记机构应当根据人民法院的生效裁判，对涉及登记主体被扣划部分的碳排放配额进行核验，配合办理变更登记并公告。

第四章 信息管理

第二十三条 司法机关和国家监察机关依照法定条件和程序向注册登记机构查询全国碳排放权登记相关数据和资料的，注册登记机构应当予以配合。

第二十四条 注册登记机构应当依照法律、行政法规及生态环境部相关规定建立信息管理制度，对涉及国家秘密、商业秘密的，按照相关法律法规执行。

第二十五条 注册登记机构应当与交易机构建立管理协调机制，实现注册登记系统与交易系统的互通互联，确保相关数据和信息及时、准确、安全、有效交换。

第二十六条 注册登记机构应当建设灾备系统，建立灾备管理机制和技术支撑体系，确保注册登记系统和交易系统数据、信息安全，实现信息共享与交换。

第五章 监督管理

第二十七条 生态环境部加强对注册登记机构和注册登记活动的监督管理，可以采取询问注册登记机构及其从业人员、查阅和复制与登记活动有关的信息资料、以及法律法规规定的其他措施等进行监管。

第二十八条 各级生态环境主管部门及其相关直属业务支撑机构工作人员，注册登记机构、交易机构、核查技术服务机构及其工作人员，不得持有碳排放配额。已持有碳排放配额的，应当依法予以转让。

任何人在成为前款所列人员时，其本人已持有或者委托他人代为持有的碳排放配额，应当依法转让并办理完成相关手续，向供职单位报告全部转让相关信息并备案在册。

第二十九条 注册登记机构应当妥善保存登记的原始凭证及有关文件和资

料,保存期限不得少于20年,并进行凭证电子化管理。

第六章　附　　则

第三十条　注册登记机构可以根据本规则制定登记业务规则等实施细则。

第三十一条　本规则自公布之日起施行。

碳排放权交易管理规则(试行)

第一章　总　　则

第一条　为规范全国碳排放权交易,保护全国碳排放权交易市场各参与方的合法权益,维护全国碳排放权交易市场秩序,根据《碳排放权交易管理办法(试行)》,制定本规则。

第二条　本规则适用于全国碳排放权交易及相关服务业务的监督管理。全国碳排放权交易机构(以下简称交易机构)、全国碳排放权注册登记机构(以下简称注册登记机构)、交易主体及其他相关参与方应当遵守本规则。

第三条　全国碳排放权交易应当遵循公开、公平、公正和诚实信用的原则。

第二章　交　　易

第四条　全国碳排放权交易主体包括重点排放单位以及符合国家有关交易规则的机构和个人。

第五条　全国碳排放权交易市场的交易产品为碳排放配额,生态环境部可以根据国家有关规定适时增加其他交易产品。

第六条　碳排放权交易应当通过全国碳排放权交易系统进行,可以采取协议转让、单向竞价或者其他符合规定的方式。

协议转让是指交易双方协商达成一致意见并确认成交的交易方式,包括挂牌协议交易及大宗协议交易。其中,挂牌协议交易是指交易主体通过交易系统提交卖出或者买入挂牌申报,意向受让方或者出让方对挂牌申报进行协商并确认成交的交易方式。大宗协议交易是指交易双方通过交易系统进行报价、询价并确认成交的交易方式。

单向竞价是指交易主体向交易机构提出卖出或买入申请，交易机构发布竞价公告，多个意向受让方或者出让方按照规定报价，在约定时间内通过交易系统成交的交易方式。

第七条 交易机构可以对不同交易方式设置不同交易时段，具体交易时段的设置和调整由交易机构公布后报生态环境部备案。

第八条 交易主体参与全国碳排放权交易，应当在交易机构开立实名交易账户，取得交易编码，并在注册登记机构和结算银行分别开立登记账户和资金账户。每个交易主体只能开设一个交易账户。

第九条 碳排放配额交易以“每吨二氧化碳当量价格”为计价单位，买卖申报量的最小变动计量为 1 吨二氧化碳当量，申报价格的最小变动计量为 0.01 元人民币。

第十条 交易机构应当对不同交易方式的单笔买卖最小申报数量及最大申报数量进行设定，并可以根据市场风险状况进行调整。单笔买卖申报数量的设定和调整，由交易机构公布后报生态环境部备案。

第十一条 交易主体申报卖出交易产品的数量，不得超出其交易账户内可交易数量。交易主体申报买入交易产品的相应资金，不得超出其交易账户内的可用资金。

第十二条 碳排放配额买卖的申报被交易系统接受后即刻生效，并在当日交易时间内有效，交易主体交易账户内相应的资金和交易产品即被锁定。未成交的买卖申报可以撤销。如未撤销，未成交申报在该日交易结束后自动失效。

第十三条 买卖申报在交易系统成交后，交易即告成立。符合本规则达成的交易于成立时即告交易生效，买卖双方应当承认交易结果，履行清算交收义务。依照本规则达成的交易，其成交结果以交易系统记录的成交数据为准。

第十四条 已买入的交易产品当日内不得再次卖出。卖出交易产品的资金可以用于该交易日内的交易。

第十五条 交易主体可以通过交易机构获取交易凭证及其他相关记录。

第十六条 碳排放配额的清算交收业务，由注册登记机构根据交易机构提供的成交结果按规定办理。

第十七条 交易机构应当妥善保存交易相关的原始凭证及有关文件和资料，保存期限不得少于 20 年。

第三章 风险管理

第十八条 生态环境部可以根据维护全国碳排放权交易市场健康发展的需要，建立市场调节保护机制。当交易价格出现异常波动触发调节保护机制时，生态环境部可以采取公开市场操作、调节国家核证自愿减排量使用方式等措施，进行必要的市场调节。

第十九条 交易机构应建立风险管理制度，并报生态环境部备案。

第二十条 交易机构实行涨跌幅限制制度。

交易机构应当设定不同交易方式的涨跌幅比例，并可以根据市场风险状况对涨跌幅比例进行调整。

第二十一条 交易机构实行最大持仓量限制制度。交易机构对交易主体的最大持仓量进行实时监控，注册登记机构应当对交易机构实时监控提供必要支持。

交易主体交易产品持仓量不得超过交易机构规定的限额。

交易机构可以根据市场风险状况，对最大持仓量限额进行调整。

第二十二条 交易机构实行大户报告制度。

交易主体的持仓量达到交易机构规定的大户报告标准的，交易主体应当向交易机构报告。

第二十三条 交易机构实行风险警示制度。交易机构可以采取要求交易主体报告情况、发布书面警示和风险警示公告、限制交易等措施，警示和化解风险。

第二十四条 交易机构应当建立风险准备金制度。风险准备金是指由交易机构设立，用于为维护碳排放权交易市场正常运转提供财务担保和弥补不可预见风险带来的亏损的资金。风险准备金应当单独核算，专户存储。

第二十五条 交易机构实行异常交易监控制度。交易主体违反本规则或者交易机构业务规则、对市场正在产生或者将产生重大影响的，交易机构可以对该交易主体采取以下临时措施：

（一）限制资金或者交易产品的划转和交易；

（二）限制相关账户使用。

上述措施涉及注册登记机构的，应当及时通知注册登记机构。

第二十六条 因不可抗力、不可归责于交易机构的重大技术故障等原因导致部分或者全部交易无法正常进行的，交易机构可以采取暂停交易措施。

导致暂停交易的原因消除后，交易机构应当及时恢复交易。

第二十七条 交易机构采取暂停交易、恢复交易等措施时，应当予以公告，并向生态环境部报告。

第四章 信 息 管 理

第二十八条 交易机构应建立信息披露与管理制度，并报生态环境部备案。

交易机构应当在每个交易日发布碳排放配额交易行情等公开信息,定期编制并发布反映市场成交情况的各类报表。

根据市场发展需要,交易机构可以调整信息发布的具体方式和相关内容。

第二十九条 交易机构应当与注册登记机构建立管理协调机制,实现交易系统与注册登记系统的互通互联,确保相关数据和信息及时、准确、安全、有效交换。

第三十条 交易机构应当建立交易系统的灾备系统,建立灾备管理机制和技术支撑体系,确保交易系统和注册登记系统数据、信息安全。

第三十一条 交易机构不得发布或者串通其他单位和个人发布虚假信息或者误导性陈述。

第五章　监 督 管 理

第三十二条 生态环境部加强对交易机构和交易活动的监督管理,可以采取询问交易机构及其从业人员、查阅和复制与交易活动有关的信息资料、以及法律法规规定的其他措施等进行监管。

第三十三条 全国碳排放权交易活动中,涉及交易经营、财务或者对碳排放配额市场价格有影响的尚未公开的信息及其他相关信息内容,属于内幕信息。禁止内幕信息的知情人、非法获取内幕信息的人员利用内幕信息从事全国碳排放权交易活动。

第三十四条 禁止任何机构和个人通过直接或者间接的方法,操纵或者扰乱全国碳排放权交易市场秩序、妨碍或者有损公正交易的行为。因为上述原因造成严重后果的交易,交易机构可以采取适当措施并公告。

第三十五条 交易机构应当定期向生态环境部报告的事项包括交易机构运行情况和年度工作报告、经会计师事务所审计的年度财务报告、财务预决算方案、重大开支项目情况等。

交易机构应当及时向生态环境部报告的事项包括交易价格出现连续涨跌停或者大幅波动、发现重大业务风险和技术风险、重大违法违规行为或者涉及重大诉讼、交易机构治理和运行管理等出现重大变化等。

第三十六条 交易机构对全国碳排放权交易相关信息负有保密义务。交易机构工作人员应当忠于职守、依法办事,除用于信息披露的信息之外,不得泄露所知悉的市场交易主体的账户信息和业务信息等信息。交易系统软硬件服务提供者等全国碳排放权交易或者服务参与、介入相关主体不得泄露全国碳排放权交易或者服务中获取的商业秘密。

第三十七条　交易机构对全国碳排放权交易进行实时监控和风险控制，监控内容主要包括交易主体的交易及其相关活动的异常业务行为，以及可能造成市场风险的全国碳排放权交易行为。

第六章　争 议 处 置

第三十八条　交易主体之间发生有关全国碳排放权交易的纠纷，可以自行协商解决，也可以向交易机构提出调解申请，还可以依法向仲裁机构申请仲裁或者向人民法院提起诉讼。

交易机构与交易主体之间发生有关全国碳排放权交易的纠纷，可以自行协商解决，也可以依法向仲裁机构申请仲裁或者向人民法院提起诉讼。

第三十九条　申请交易机构调解的当事人，应当提出书面调解申请。交易机构的调解意见，经当事人确认并在调解意见书上签章后生效。

第四十条　交易机构和交易主体，或者交易主体间发生交易纠纷的，当事人均应当记录有关情况，以备查阅。交易纠纷影响正常交易的，交易机构应当及时采取止损措施。

第七章　附　　则

第四十一条　交易机构可以根据本规则制定交易业务规则等实施细则。

第四十二条　本规则自公布之日起施行。

碳排放权结算管理规则(试行)

第一章　总　　则

第一条　为规范全国碳排放权交易的结算活动，保护全国碳排放权交易市场各参与方的合法权益，维护全国碳排放权交易市场秩序，根据《碳排放权交易管理办法(试行)》，制定本规则。

第二条　本规则适用于全国碳排放权交易的结算监督管理。全国碳排放权注册登记机构(以下简称注册登记机构)、全国碳排放权交易机构(以下简称交易机构)、交易主体及其他相关参与方应当遵守本规则。

第三条 注册登记机构负责全国碳排放权交易的统一结算,管理交易结算资金,防范结算风险。

第四条 全国碳排放权交易的结算应当遵守法律、行政法规、国家金融监管的相关规定以及注册登记机构相关业务规则等,遵循公开、公平、公正、安全和高效的原则。

第二章 资金结算账户管理

第五条 注册登记机构应当选择符合条件的商业银行作为结算银行,并在结算银行开立交易结算资金专用账户,用于存放各交易主体的交易资金和相关款项。

注册登记机构对各交易主体存入交易结算资金专用账户的交易资金实行分账管理。

注册登记机构与交易主体之间的业务资金往来,应当通过结算银行所开设的专用账户办理。

第六条 注册登记机构应与结算银行签订结算协议,依据中国人民银行等有关主管部门的规定和协议约定,保障各交易主体存入交易结算资金专用账户的交易资金安全。

第三章 结 算

第七条 在当日交易结束后,注册登记机构应当根据交易系统的成交结果,按照货银对付的原则,以每个交易主体为结算单位,通过注册登记系统进行碳排放配额与资金的逐笔全额清算和统一交收。

第八条 当日完成清算后,注册登记机构应当将结果反馈给交易机构。经双方确认无误后,注册登记机构根据清算结果完成碳排放配额和资金的交收。

第九条 当日结算完成后,注册登记机构向交易主体发送结算数据。如遇到特殊情况导致注册登记机构不能在当日发送结算数据的,注册登记机构应及时通知相关交易主体,并采取限制出入金等风险管控措施。

第十条 交易主体应当及时核对当日结算结果,对结算结果有异议的,应在下一交易日开市前,以书面形式向注册登记机构提出。交易主体在规定时间内没有对结算结果提出异议的,视作认可结算结果。

第四章　监督与风险管理

第十一条　注册登记机构针对结算过程采取以下监督措施：

（一）专岗专人。根据结算业务流程分设专职岗位，防范结算操作风险。

（二）分级审核。结算业务采取两级审核制度，初审负责结算操作及银行间头寸划拨的准确性、真实性和完整性，复审负责结算事项的合法合规性。

（三）信息保密。注册登记机构工作人员应当对结算情况和相关信息严格保密。

第十二条　注册登记机构应当制定完善的风险防范制度，构建完善的技术系统和应急响应程序，对全国碳排放权结算业务实施风险防范和控制。

第十三条　注册登记机构建立结算风险准备金制度。结算风险准备金由注册登记机构设立，用于垫付或者弥补因违约交收、技术故障、操作失误、不可抗力等造成的损失。风险准备金应当单独核算，专户存储。

第十四条　注册登记机构应当与交易机构相互配合，建立全国碳排放权交易结算风险联防联控制度。

第十五条　当出现以下情形之一的，注册登记机构应当及时发布异常情况公告，采取紧急措施化解风险：

（一）因不可抗力、不可归责于注册登记机构的重大技术故障等原因导致结算无法正常进行；

（二）交易主体及结算银行出现结算、交收危机，对结算产生或者将产生重大影响。

第十六条　注册登记机构实行风险警示制度。注册登记机构认为有必要的，可以采取发布风险警示公告，或者采取限制账户使用等措施，以警示和化解风险，涉及交易活动的应当及时通知交易机构。

出现下列情形之一的，注册登记机构可以要求交易主体报告情况，向相关机构或者人员发出风险警示并采取限制账户使用等处置措施：

（一）交易主体碳排放配额、资金持仓量变化波动较大；

（二）交易主体的碳排放配额被法院冻结、扣划的；

（三）其他违反国家法律、行政法规和部门规章规定的情况。

第十七条　提供结算业务的银行不得参与碳排放权交易。

第十八条　交易主体发生交收违约的，注册登记机构应当通知交易主体在规定期限内补足资金，交易主体未在规定时间内补足资金的，注册登记机构应当使用结算风险准备金或自有资金予以弥补,并向违约方追偿。

第十九条 交易主体涉嫌重大违法违规,正在被司法机关、国家监察机关和生态环境部调查的,注册登记机构可以对其采取限制登记账户使用的措施,其中涉及交易活动的应当及时通知交易机构,经交易机构确认后采取相关限制措施。

第五章 附 则

第二十条 清算:是指按照确定的规则计算碳排放权和资金的应收应付数额的行为。

交收:是指根据确定的清算结果,通过变更碳排放权和资金履行相关债权债务的行为。

头寸:指的是银行当前所有可以运用的资金的总和,主要包括在中国人民银行的超额准备金、存放同业清算款项净额、银行存款以及现金等部分。

第二十一条 注册登记机构可以根据本规则制定结算业务规则等实施细则。

第二十二条 本规则自公布之日起施行。

国务院办公厅转发国家发展改革委、国家能源局《关于促进新时代新能源高质量发展实施方案》的通知

（2022 年 5 月 14 日　国办函〔2022〕39 号）

各省、自治区、直辖市人民政府，国务院各部委、各直属机构：

国家发展改革委、国家能源局《关于促进新时代新能源高质量发展的实施方案》已经国务院同意，现转发给你们，请认真贯彻落实。

关于促进新时代新能源高质量发展的实施方案

国家发展改革委　国家能源局

近年来，我国以风电、光伏发电为代表的新能源发展成效显著，装机规模稳居全球首位，发电量占比稳步提升，成本快速下降，已基本进入平价无补贴发展的新阶段。同时，新能源开发利用仍存在电力系统对大规模高比例新能源接网和消纳的适应性不足、土地资源约束明显等制约因素。要实现到 2030 年风电、太阳能发电总装机容量达到 12 亿千瓦以上的目标，加快构建清洁低碳、安全高效的能源体系，必须坚持以习近平新时代中国特色社会主义思想为指导，完整、准确、全面贯彻新发展理念，统筹发展和安全，坚持先立后破、通盘谋划，更好发挥新能源在能源保供增供方面的作用，助力扎实做好碳达峰、碳中和工作。按照党中央、国务院决策部署，现就促进新时代新能源高质量发展制定如下实施方案。

一、创新新能源开发利用模式

（一）加快推进以沙漠、戈壁、荒漠地区为重点的大型风电光伏基地建设。加大力度规划建设以大型风光电基地为基础、以其周边清洁高效先进节能的煤电为支撑、以稳定安全可靠的特高压输变电线路为载体的新能源供给消纳体系，在土地预审、规划选址、环境保护等方面加强协调指导，提高审批效率。按照推动煤炭和新能

源优化组合的要求,鼓励煤电企业与新能源企业开展实质性联营。

(二)促进新能源开发利用与乡村振兴融合发展。鼓励地方政府加大力度支持农民利用自有建筑屋顶建设户用光伏,积极推进乡村分散式风电开发。统筹农村能源革命与农村集体经济发展,培育农村能源合作社等新型市场主体,鼓励村集体依法利用存量集体土地通过作价入股、收益共享等机制,参与新能源项目开发。鼓励金融机构为农民投资新能源项目提供创新产品和服务。

(三)推动新能源在工业和建筑领域应用。在具备条件的工业企业、工业园区,加快发展分布式光伏、分散式风电等新能源项目,支持工业绿色微电网和源网荷储一体化项目建设,推进多能互补高效利用,开展新能源电力直供电试点,提高终端用能的新能源电力比重。推动太阳能与建筑深度融合发展。完善光伏建筑一体化应用技术体系,壮大光伏电力生产型消费者群体。到2025年,公共机构新建建筑屋顶光伏覆盖率力争达到50%;鼓励公共机构既有建筑等安装光伏或太阳能热利用设施。

(四)引导全社会消费新能源等绿色电力。开展绿色电力交易试点,推动绿色电力在交易组织、电网调度、价格形成机制等方面体现优先地位,为市场主体提供功能健全、友好易用的绿色电力交易服务。建立完善新能源绿色消费认证、标识体系和公示制度。完善绿色电力证书制度,推广绿色电力证书交易,加强与碳排放权交易市场的有效衔接。加大认证采信力度,引导企业利用新能源等绿色电力制造产品和提供服务。鼓励各类用户购买新能源等绿色电力制造的产品。

二、加快构建适应新能源占比逐渐提高的新型电力系统

(五)全面提升电力系统调节能力和灵活性。充分发挥电网企业在构建新型电力系统中的平台和枢纽作用,支持和指导电网企业积极接入和消纳新能源。完善调峰调频电源补偿机制,加大煤电机组灵活性改造、水电扩机、抽水蓄能和太阳能热发电项目建设力度,推动新型储能快速发展。研究储能成本回收机制。鼓励西部等光照条件好的地区使用太阳能热发电作为调峰电源。深入挖掘需求响应潜力,提高负荷侧对新能源的调节能力。

(六)着力提高配电网接纳分布式新能源的能力。发展分布式智能电网,推动电网企业加强有源配电网(主动配电网)规划、设计、运行方法研究,加大投资建设改造力度,提高配电网智能化水平,着力提升配电网接入分布式新能源的能力。合理确定配电网接入分布式新能源的比例要求。探索开展适应分布式新能源接入的直流配电网工程示范。

(七)稳妥推进新能源参与电力市场交易。支持新能源项目与用户开展直接交

易,鼓励签订长期购售电协议,电网企业应采取有效措施确保协议执行。对国家已有明确价格政策的新能源项目,电网企业应按照有关法规严格落实全额保障性收购政策,全生命周期合理小时数外电量可以参与电力市场交易。在电力现货市场试点地区,鼓励新能源项目以差价合约形式参与电力市场交易。

(八)完善可再生能源电力消纳责任权重制度。科学合理设定各省(自治区、直辖市)中长期可再生能源电力消纳责任权重,做好可再生能源电力消纳责任权重制度与新增可再生能源不纳入能源消费总量控制的衔接。建立完善可再生能源电力消纳责任考评指标体系和奖惩机制。

三、深化新能源领域"放管服"改革

(九)持续提高项目审批效率。完善新能源项目投资核准(备案)制度,加强事前事中事后全链条全领域监管。依托全国投资项目在线审批监管平台,建立新能源项目集中审批绿色通道,制定项目准入负面清单和企业承诺事项清单,推进实施企业投资项目承诺制,不得以任何名义增加新能源企业的不合理投资成本。推动风电项目由核准制调整为备案制。以新能源为主体的多能互补、源网荷储、微电网等综合能源项目,可作为整体统一办理核准(备案)手续。

(十)优化新能源项目接网流程。地方能源主管部门、电网企业要结合新能源项目发展需要,及时优化电网规划建设方案和投资计划安排。推动电网企业建立新能源项目接网一站式服务平台,提供新能源项目可用接入点、可接入容量、技术规范等信息,实现新能源项目接网全流程线上办理,大幅压缩接网时间。接网及送出工程原则上由电网企业投资建设,电网企业要改进完善内部审批流程,合理安排建设时序,确保送出工程与电源建设的进度相匹配;由发电企业建设的新能源接网及送出工程,电网企业可在双方协商同意后依法依规回购。

(十一)健全新能源相关公共服务体系。开展全国新能源资源勘查与评价,建立可开发资源数据库,形成县级以上行政区域内各类新能源资源详查评价成果和图谱并向社会发布。建立测风塔及测风数据共享机制。完善新能源产业防灾减灾综合服务体系。加快推动新能源装备标准和检测认证等公共服务体系建设,支持建设国家新能源装备质量公告平台和关键产品公共检测平台。

四、支持引导新能源产业健康有序发展

(十二)推进科技创新与产业升级。建立产学研一体化平台,建设国家级新能源实验室和研发平台,加大基础理论研究投入,超前布局前沿技术和颠覆性技术。推行"揭榜挂帅"、"赛马"等机制,推动企业、科研院所、高校等针对新能源占比逐渐

提高的电力系统安全稳定可靠等问题开展系统性研究,提出解决方案。加大对产业智能制造和数字化升级的支持力度。编制实施智能光伏产业发展行动计划,提升产品全周期智能化、信息化水平。推进高效太阳能电池、先进风电设备等关键技术突破,加快推动关键基础材料、设备、零部件等技术升级。推动退役风电机组、光伏组件回收处理技术和相关新产业链发展,实现全生命周期闭环式绿色发展。

(十三)保障产业链供应链安全。出台推动能源电子产业发展的指导意见,加快电子信息技术与新能源产业融合创新。推动强链补链,依照新能源产业链分工对供应链上下游实施科学统筹管理。增加扩产项目信息透明度,增强设备、材料企业对产业供需变化的响应能力,防控价格异常波动,增强新能源产业链供应链韧性。指导地方政府做好新能源产业规划,落实光伏产业规范条件。优化新能源产业知识产权保护环境,加大侵权惩罚力度。规范新能源产业发展秩序,遏制低水平项目盲目发展,及时纠正违反公平竞争的做法,破除地方保护主义,优化新能源企业兼并重组市场环境和审批流程。

(十四)提高新能源产业国际化水平。加强新能源产业知识产权国际合作,推动计量、检测和试验研究能力达到世界先进水平,积极参与风电、光伏、海洋能、氢能、储能、智慧能源及电动汽车等领域国际标准、合格评定程序的制定和修订,提高计量和合格评定结果互认水平,提升我国标准和检测认证机构的国际认可度和影响力。

五、保障新能源发展合理空间需求

(十五)完善新能源项目用地管制规则。建立自然资源、生态环境、能源主管部门等相关单位的协同机制。在符合国土空间规划和用途管制要求基础上,充分利用沙漠、戈壁、荒漠等未利用地,布局建设大型风光电基地。将新能源项目的空间信息按规定纳入国土空间规划"一张图",严格落实生态环境分区管控要求,统筹安排大型风光电基地建设项目用地用林用草。地方政府要严格依法征收土地使用税费,不得超出法律规定征收费用。

(十六)提高国土空间资源利用效率。新建新能源项目要严格执行土地使用标准,不得突破标准控制,鼓励推广应用节地技术和节地模式,用地节约集约化程度必须达到国内同行业先进水平。优化调整近岸风电场布局,鼓励发展深远海风电项目;规范设置登陆电缆管廊,最大程度减少对岸线的占用和影响。鼓励"风光渔"融合发展,切实提高风电、光伏发电项目海域资源利用效率。

六、充分发挥新能源的生态环境保护效益

（十七）大力推广生态修复类新能源项目。坚持生态优先，科学评价新能源项目生态环境影响和效益，研究出台光伏治沙等生态修复类新能源项目设计、施工、运维等标准规范，支持在石漠化、荒漠化土地以及采煤沉陷区等矿区开展具有生态环境保护和修复效益的新能源项目。

（十八）助力农村人居环境整治提升。因地制宜推动生物质能、地热能、太阳能供暖，在保障能源安全稳定供应基础上有序开展新能源替代散煤行动，促进农村清洁取暖、农业清洁生产。深入推进秸秆综合利用和畜禽粪污资源化利用。制定符合生物质燃烧特性的专用设备技术标准，推广利用生物质成型燃料。

七、完善支持新能源发展的财政金融政策

（十九）优化财政资金使用。加强央地联动，按照以收定支原则用好可再生能源发展基金。全面落实税务部门征收可再生能源发展基金的有关要求，确保应收尽收。利用好现有资金渠道支持新能源发展。研究将新能源领域符合条件的公益性建设项目纳入地方政府债券支持范围。

（二十）完善金融相关支持措施。在依法合规、风险可控、商业可持续前提下，金融机构可以自主确定是否对已纳入可再生能源发电补贴清单的项目发放补贴确权贷款，金融机构和企业可自主协商确定贷款金额、期限、利率、还款计划等。充分发挥电网企业融资优势，积极拓展资金来源，推动可再生能源发电延续补贴资金年度收支平衡。支持符合条件的金融机构提供绿色资产支持（商业）票据、保理等创新方案，解决新能源企业资金需求。

（二十一）丰富绿色金融产品服务。合理界定新能源绿色金融项目的信用评级标准和评估准入条件。加大绿色债券、绿色信贷对新能源项目的支持力度。研究探索将新能源项目纳入基础设施不动产投资信托基金（REITs）试点支持范围。支持将符合条件的新能源项目温室气体核证减排量纳入全国碳排放权交易市场进行配额清缴抵销。

国家能源局综合司关于积极推动新能源发电项目能并尽并、多发满发有关工作的通知

（2021 年 10 月 15 日）

国家电网有限公司、中国南方电网有限责任公司、内蒙古电力（集团）有限责任公司：

今年以来，我国电力、煤炭消费较快增长，电力供需持续偏紧。加快风电、光伏发电项目建设并网，增加清洁电力供应，既有利于缓解电力供需紧张形势，也有利于助力完成能耗双控目标，促进能源低碳转型。为进一步做好 2021 年度新能源发电项目并网接入工作，现将有关事项明确如下。

一、请各电网企业按照“能并尽并”原则，对具备并网条件的风电、光伏发电项目，切实采取有效措施，保障及时并网。

二、请各电网企业按照“多发满发”原则，严格落实优先发电制度，加强科学调度，优化安排系统运行方式，实现新能源发电项目多发满发，进一步提高电力供应能力。

三、请各单位加大统筹协调力度，加快风电、光伏发电项目配套接网工程建设，与新能源发电项目建设做好充分衔接，保障同步投运。

四、请各单位科学组织力量，优化工作流程，合理安排工期，在确保安全生产的前提下，做好各项工作，为能源电力供应发挥积极作用。

国家发展改革委办公厅、国家能源局综合司关于做好新能源配套送出工程投资建设有关事项的通知

（2021年5月31日　发改办运行〔2021〕445号）

各省、自治区、直辖市发展改革委、经信委（工信委、工信厅、经信厅、工信局）、能源局，国家电网有限公司、中国南方电网有限责任公司、中国华能集团有限公司、中国大唐集团有限公司、中国华电集团有限公司、国家电力投资集团有限公司、中国长江三峡集团有限公司、国家能源投资集团有限责任公司、国家开发投资集团有限公司：

在碳达峰、碳中和目标背景下，风电、光伏发电装机将快速增长，并网消纳成为越来越重要的条件。为更好推动我国能源转型，满足新能源快速增长需求，避免风电、光伏发电等电源送出工程成为制约新能源发展的因素，现就有关事项通知如下：

一、高度重视电源配套送出工程对新能源并网的影响。为努力实现碳达峰、碳中和目标，需要进一步加快发展风电、光伏发电等非化石能源。新能源机组和配套送出工程建设的不同步将影响新能源并网消纳，各地和有关企业要高度重视新能源配套工程建设，采取切实行动，尽快解决并网消纳矛盾，满足快速增长的并网消纳需求。

二、加强电网和电源规划统筹协调。统筹资源开发条件和电源送出通道，科学合理选取新能源布点，做好新能源与配套送出工程的统一规划；考虑规划整体性和运行需要，优先电网企业承建新能源配套送出工程，满足新能源并网需求，确保送出工程与电源建设的进度相匹配；结合不同工程特点和建设周期，衔接好网源建设进度，保障风电、光伏发电等电源项目和配套送出工程同步规划、同步核准、同步建设、同步投运，做到电源与电网协同发展。

三、允许新能源配套送出工程由发电企业建设。对电网企业建设有困难或规划建设时序不匹配的新能源配套送出工程，允许发电企业投资建设，缓解新能源快速发展并网消纳压力。发电企业建设配套送出工程应充分进行论证，并完全自愿，

可以多家企业联合建设,也可以一家企业建设,多家企业共享。

四、做好配套工程回购工作。发电企业建设的新能源配套工程,经电网企业与发电企业双方协商同意,可在适当时机由电网企业依法依规进行回购。

五、确保新能源并网消纳安全。投资建设承建主体转变仅涉及产权变化,调度运行模式保持不变。各投资主体应做好配套送出工程的运行维护工作,确保系统安全运行。

请各地高度重视新能源并网消纳工作,会同相关电网、发电企业,科学规划,加强监管,简化核准或备案手续,规范程序,合理确定承建主体,尽量缩短时间,以满足新能源高质量发展需要。

国家发展改革委、国家能源局、财政部、自然资源部、生态环境部、住房和城乡建设部、农业农村部、中国气象局、国家林业和草原局关于印发“十四五”可再生能源发展规划的通知

（2021 年 10 月 21 日　发改能源〔2021〕1445 号）

各省、自治区、直辖市、新疆生产建设兵团发展改革委、能源局、财政厅、自然资源厅、生态环境厅、住房和城乡建设厅、农业农村厅、气象局、林业和草原局，国家能源局各派出机构，有关中央企业：

为深入贯彻“四个革命、一个合作”能源安全新战略，落实碳达峰、碳中和目标，推动可再生能源产业高质量发展，根据《中华人民共和国国民经济和社会发展第十四个五年规划和2035 年远景目标纲要》和《“十四五”现代能源体系规划》有关要求，我们组织编制了《“十四五”可再生能源发展规划》。现印发给你们，请遵照执行。

附件：《“十四五”可再生能源发展规划》

“十四五”可再生能源发展规划

目　录

前　言

当前,全球新一轮能源革命和科技革命深度演变、方兴未艾,大力发展可再生能源已经成为全球能源转型和应对气候变化的重大战略方向和一致宏大行动。加快发展可再生能源、实施可再生能源替代行动,是推进能源革命和构建清洁低碳、安全高效能源体系的重大举措,是保障国家能源安全的必然选择,是我国生态文明建设、可持续发展的客观要求,是构建人类命运共同体、践行应对气候变化自主贡献承诺的主导力量。

"十四五"时期是我国全面建成小康社会、实现第一个百年奋斗目标之后,乘势而上开启全面建设社会主义现代化国家新征程、向第二个百年奋斗目标进军的第一个五年,也是推动能源绿色低碳转型、落实应对气候变化国家自主贡献目标的攻坚期,我国可再生能源将进入全新的发展阶段。按照《中华人民共和国可再生能源法》要求,根据《中华人民共和国国民经济和社会发展第十四个五年规划和2035年远景目标纲要》和《"十四五"现代能源体系规划》,制订本规划。

一、发展基础和发展形势

(一)可再生能源发展取得显著成就。

"十三五"期间,我国可再生能源实现跨越式发展,装机规模、利用水平、技术装备、产业竞争力迈上新台阶,取得了举世瞩目的成就,为可再生能源进一步高质量发展奠定了坚实基础。

开发规模持续扩大。截至2020年底,我国可再生能源发电装机达到9.34亿千瓦,占发电总装机的42.5%,风电、光伏发电、水电、生物质发电装机分别达到2.8、2.5、3.4、0.3亿千瓦,连续多年稳居世界第一。

利用水平显著提升。2020年我国可再生能源利用总量达6.8亿吨标准煤,占一次能源消费总量的13.6%。其中,可再生能源发电量2.2万亿千瓦时,占全部发电量的29.1%,主要流域水电、风电、光伏发电利用率分别达到97%、97%、98%;可再生能源非电利用量约5000万吨标准煤。

技术水平不断提高。水电具备百万千瓦级水轮机组自主设计制造能力，特高坝和大型地下洞室设计施工能力世界领先。陆上低风速风电技术国际一流，海上大容量风电机组技术保持国际同步。光伏技术快速迭代，多次刷新电池转换效率世界纪录，量产单晶硅、多晶硅电池平均转换效率分别达到22.8%和20.8%。

产业优势持续增强。水电产业优势明显，我国已成为全球水电建设的中坚力量。风电产业链完整，7家风电整机制造企业位列全球前十。光伏产业占据全球主导地位，多晶硅、硅片、电池片和组件分别占全球产量的76%、96%、83%和76%。全产业链集成制造有力推动我国可再生能源装备制造成本持续下降、国际竞争力持续增强。

政策体系日益完善。以可再生能源法为基础，可再生能源发电全额保障性收购管理办法出台，可再生能源电力消纳保障机制稳步实施，市场化竞争性配置有序推进，监测预警机制逐步完善，事中事后监管进一步加强，稳定了市场预期，调动了各类市场主体的积极性。

但也应该看到，虽然可再生能源发电增长较快，但在能源消费增量中的比重还低于国际平均水平；可再生能源规模化发展和高效消纳利用的矛盾仍然突出，新型电力系统亟待加快构建；制造成本下降较快，但非技术成本仍相对较高；可再生能源非电利用发展相对滞后；保障可再生能源高质量发展的体制机制有待进一步健全完善。

（二）可再生能源发展面临新形势。

“十四五”及今后一段时期是世界能源转型的关键期，全球能源将加速向低碳、零碳方向演进，可再生能源将逐步成长为支撑经济社会发展的主力能源；我国将坚决落实碳达峰、碳中和目标任务，大力推进能源革命向纵深发展，我国可再生能源发展正处于大有可为的战略机遇期。

从国际看，大力发展可再生能源成为全球能源革命和应对气候变化的主导方向和一致行动。全球能源转型进程明显加快，以风电、光伏发电为代表的新能源呈现性能快速提高、经济性持续提升、应用规模加速扩张态势，形成了加快替代传统化石能源的世界潮流。过去五年，全球新增发电装机中可再生能源约占70%，全球新增发电量中可再生能源约占60%。各主要国家和地区纷纷提高应对气候变化自主贡献力度，进一步催生可再生能源大规模阶跃式发展新动能，推动可再生能源成为全球能源低碳转型的主导方向，预计2050年全球80%左右的电力消费来自可再生能源。科技创新高度活跃，新一代信息技术、新材料技术为可再生能源高效发展提供有力支撑，储能技术、精准天气预测技术、柔性输电技术、可中断工业负荷技术等持续进步,可再生能源与信息、交通、建筑等领域交叉融合,为可再生能源发展开辟了更加广阔的前景。能源系统形态加速迭代演进,分散化、扁平化、去中心化的趋势特征日益明显,传统能源生产和消费之间的界限逐步打破,为可再生能源营造了更加开放多元的发展环境。

从国内看,我国可再生能源发展面临新任务新要求,机遇前所未有,高质量跃升发展任重道远。我国经济长期向好,能源需求仍将持续增长,发展可再生能源是增强国家能源安全保障能力、逐步实现能源独立的必然选择。按照2035年生态环境根本好转、美丽中国建设目标基本实现的远景目标,发展可再生能源是我国生态文明建设、可持续发展的客观要求。我国承诺二氧化碳排放力争于2030年前达到峰值、努力争取2060年前实现碳中和,明确2030年风电和太阳能发电总装机容量达到12亿千瓦以上,对可再生能源发展提出了新任务、新要求。作为碳减排的重要举措,我国可再生能源将加快步入跃升发展新阶段,实现对化石能源的加速替代,成为积极应对气候变化、构建人类命运共同体的主导力量。我国风电和光伏发电技术持续进步、竞争力不断提升,正处于平价上网的历史性拐点,迎来成本优势凸显的重大机遇,将全面进入无补贴平价甚至低价市场化发展新时期。同时,我国可再生能源发展面临既要大规模开发、又要高水平消纳、更要保障电力安全可靠供应等多重挑战,必须加大力度解决高比例消纳、关键技术创新、稳定性可靠性等关键问题,可再生能源高质量发展的任务艰巨而繁重。

综合判断,“十四五”时期我国可再生能源将进入高质量跃升发展新阶段,呈现新特征:一是大规模发展,在跨越式发展基础上,进一步加快提高发电装机占比;二是高比例发展,由能源电力消费增量补充转为增量主体,在能源电力消费中的占比快速提升;三是市场化发展,由补贴支撑发展转为平价低价发展,由政策驱动发展转为市场驱动发展;四是高质量发展,既大规模开发、也高水平消纳、更保障电力稳定可靠供应。我国可再生能源将进一步引领能源生产和消费革命的主流方向,发挥能源绿色低碳转型的主导作用,为实现碳达峰、碳中和目标提供主力支撑。

二、指导方针和发展目标

(一)指导思想。

以习近平新时代中国特色社会主义思想为指导,全面贯彻党的十九大和十九届历次全会精神,完整、准确、全面贯彻新发展理念,深入实施能源安全新战略,坚持稳中求进工作总基调,锚定碳达峰、碳中和目标,以高质量跃升发展为主题,以提质增效为主线,以改革创新为动力,坚持可再生能源优先发展、大力发展不动摇,以区域布局优化发展、以重大基地支撑发展、以示范工程引领发展、以行动计划落实发展,实施可再生能源替代行动,提高可再生能源消纳和存储能力,巩固提升可再生能源产业核心竞争力,加快构建新型电力系统,促进可再生能源大规模、高比例、市场化、高质量发展,有效支撑清洁低碳、安全高效的能源体系建设。

(二)基本原则。

坚持创新驱动。把创新作为可再生能源发展的根本动力,着力推动可再生能源技术进步、成本下降、效率提升、体制完善,加快培育可再生能源新技术、新模式、新业态,持续提升可再生能源产业链供应链现代化水平,巩固提升可再生能源产业创新力和竞争力。

坚持多元迭代。优化发展方式,坚持集中式与分布式并举、陆上与海上并举、就地消纳与外送消纳并举、单品种开发与多品种互补并举、单一场景与综合场景并举,构建可再生能源多能互补、因地制宜、多元迭代发展新局面。

坚持系统观念。统筹电源与电网、可再生能源与传统化石能源、可再生能源开发与消纳的关系,加快构建新型电力系统,提升可再生能源消纳和存储能力,实现能源绿色低碳转型与安全可靠供应相统一。

坚持市场主导。落实"放管服"改革,健全市场机制,破除市场壁垒,营造公平开放、充分竞争的市场环境,充分发挥市场在资源配置中的决定性作用,更好发挥政府作用,调动全社会开发利用可再生能源的积极性,不断提升可再生能源自我发展、自主发展能力。

坚持生态优先。践行绿水青山就是金山银山的发展理念,把生态环境保护摆到更加突出的位置,贯穿到可再生能源规划建设全过程,充分发挥可再生能源的生态环境效益和生态治理效益,推动可再生能源开发利用与生态环境保护协调发展、相得益彰。

坚持协同融合。加强可再生能源与国土、环保、水利、财税、金融等政策协同,形成促进新时代可再生能源高质量发展的强大合力,推动可再生能源与新兴技术、新型城镇化、乡村振兴、新基建等深度融合,不断拓展可再生能源发展新领域、新场景。

(三)发展目标。

1. 2035 年远景目标

展望 2035 年,我国将基本实现社会主义现代化,碳排放达峰后稳中有降,在 2030 年非化石能源消费占比达到 25% 左右和风电、太阳能发电总装机容量达到 12 亿千瓦以上的基础上,上述指标均进一步提高。可再生能源加速替代化石能源,新型电力系统取得实质性成效,可再生能源产业竞争力进一步巩固提升,基本建成清洁低碳、安全高效的能源体系。

2. "十四五"可再生能源发展主要目标锚定碳达峰、碳中和与 2035 年远景目标,按照2025年非化石能源消费占比20%左右任务要求,大力推动可再生能源发电开发利用,积极扩大可再生能源非电利用规模,“十四五”主要发展目标是:

——可再生能源总量目标。2025年,可再生能源消费总量达到10亿吨标准煤左右。“十四五”期间,可再生能源在一次能源消费增量中占比超过50%。

——可再生能源发电目标。2025年,可再生能源年发电量达到3.3万亿千瓦时左右。“十四五”期间,可再生能源发电量增量在全社会用电量增量中的占比超过50%,风电和太阳能发电量实现翻倍。

——可再生能源电力消纳目标。2025年,全国可再生能源电力总量消纳责任权重达到33%左右,可再生能源电力非水电消纳责任权重达到18%左右,可再生能源利用率保持在合理水平。

——可再生能源非电利用目标。2025年,地热能供暖、生物质供热、生物质燃料、太阳能热利用等非电利用规模达到6000万吨标准煤以上。

专栏1　2025年可再生能源开发利用主要目标

类别	单位	2020年	2025年	属性
1　可再生能源发电利用				
1.1　可再生能源电力总量消纳责任权重	%	28.8	33	预期性
1.2　非水电可再生能源电力消纳责任权重	%	11.4	18	预期性
1.3　可再生能源发电量	万亿千瓦时	2.21	3.3	预期性
2　可再生能源非电利用	万吨	—	6000	预期性
3　可再生能源利用总量	亿吨标准煤	6.8	10	预期性

三、优化发展方式,大规模开发可再生能源

坚持生态优先、因地制宜、多元融合发展,在“三北”地区优化推动风电和光伏发电基地化规模化开发,在西南地区统筹推进水风光综合开发,在中东南部地区重点推动风电和光伏发电就地就近开发,在东部沿海地区积极推进海上风电集群化开发,稳步推动生物质能多元化开发,积极推动地热能规模化开发,稳妥推进海洋能示范化开发。

(一)大力推进风电和光伏发电基地化开发。

在风能和太阳能资源禀赋较好、建设条件优越、具备持续规模化开发条件的地区,着力提升新能源就地消纳和外送能力,重点建设新疆、黄河上游、河西走廊、黄河几字弯、冀北、松辽、黄河下游新能源基地和海上风电基地集群。

统筹推进陆上风电和光伏发电基地建设。发挥区域市场优势，主要依托省级和区域电网消纳能力提升，创新开发利用方式，推进松辽、冀北、黄河下游等以就地消纳为主的大型风电和光伏发电基地建设。利用省内省外两个市场，依托既有和新增跨省跨区输电通道、火电“点对网”外送通道，推动光伏治沙、可再生能源制氢和多能互补开发，重点建设新疆、黄河上游、河西走廊、黄河几字弯等新能源基地。

加快推进以沙漠、戈壁、荒漠地区为重点的大型风电太阳能发电基地。以风光资源为依托、以区域电网为支撑、以输电通道为牵引、以高效消纳为目标，统筹优化风电光伏布局和支撑调节电源，在内蒙古、青海、甘肃等西部北部沙漠、戈壁、荒漠地区，加快建设一批生态友好、经济优越、体现国家战略和国家意志的大型风电光伏基地项目。依托已建跨省区输电通道和火电“点对网”输电通道，重点提升存量输电通道输电能力和新能源电量占比，多措并举增配风电光伏基地。依托“十四五”期间建成投产和开工建设的重点输电通道，按照新增通道中可再生能源电量占比不低于50%的要求，配套建设风电光伏基地。依托“十四五”期间研究论证输电通道，规划建设风电光伏基地。创新发展方式和应用模式，建设一批就地消纳的风电光伏项目。发挥区域电网内资源时空互济能力，统筹区域电网调峰资源，打破省际电网消纳边界，加强送受两端协调，保障大型风电光伏基地消纳。

专栏2 “十四五”重大陆上新能源基地	
01	新疆新能源基地 结合哈密－郑州、准东－皖南特高压通道输电能力提升和哈密－重庆新规划外送通道建设，统筹本地消纳和外送消纳，在北疆以风电为主建设千万千瓦级的新能源基地；在南疆以光伏为主建设千万千瓦级的新能源基地，探索光伏治沙等新发展方式；在东疆风电、光伏发电、光热发电相结合，建设千万千瓦级新能源基地。
02	黄河上游新能源基地 发挥黄河上游水电调节优势，重点在青海海西州、海南州等地区统筹推进光伏发电和风电基地化开发。在甘肃庆阳、白银等地区建设千万千瓦级风电光伏基地。
03	河西走廊新能源基地 依托甘肃省内新能源消纳能力和酒泉－湖南特高压直流输电能力提升，有序推进酒泉风电基地二期后续风电项目建设，重点在河西地区新增布局若干个百万千瓦级的新能源基地。
04	黄河几字弯新能源基地 依托宁夏－浙江、宁东－山东、上海庙－山东、蒙西－天津南、陕北－湖北等跨省跨区输电通道，结合黄河流域生态保护和高质量发展，有序推进配套新能源基地开发建设，推动传统能源基地向综合绿色能源基地转型，形成辐射地域广阔的新能源基地集群。重点在内蒙古西部阿拉善、巴彦淖尔、鄂尔多斯、包头，陕西榆林、延安、渭南，山西大同、忻州、朔州、运城，宁夏北部和东部地区布局建设新能源基地。

05	冀北新能源基地 切实提高锡盟－山东、锡盟－泰州、张北－雄安等既有输电通道利用率和新能源电量占比，加快推进张家口可再生能源示范区建设，重点在张家口、承德、乌兰察布、锡盟等地区布局一批百万千瓦级新能源基地。“十四五”期间，重点推进河北地区张家口可再生能源示范区、承德风电基地三期建设；推进内蒙古锡盟特高压通道和火电“点对网”通道增配新能源基地建设，继续推进乌兰察布风电基地建设。
06	松辽新能源基地 推进黑龙江大庆可再生能源综合应用示范区建设和哈尔滨、佳木斯等地区新能源基地建设；在吉林结合本地负荷增长、扎鲁特－青州特高压通道外送能力提升等，推动白城、松原、四平新能源基地（陆上风光三峡）开发建设；在辽西北铁岭、朝阳、阜新等地区结合工矿废弃土地修复、乡村振兴及光伏治沙开展新能源项目建设；在蒙东地区结合通辽、赤峰本地负荷增长以及扎鲁特－青州输电通道外送能力提升，推动新能源基地建设。
07	黄河下游绿色能源廊道 在河南、山东的黄河下游干支流及周边区域，集中规划实施一批风电、光伏发电规模化应用工程。在河南洛阳、新乡、商丘、平顶山等地区重点推进风电开发；在山东滨州、潍坊等鲁北地区利用丰富的盐碱滩涂地等未利用土地资源，推动新能源与储能等融合发展。

有序推进海上风电基地建设。开展省级海上风电规划制修订，同步开展规划环评，优化近海海上风电布局，鼓励地方政府出台支持政策，积极推动近海海上风电规模化发展。开展深远海海上风电规划，完善深远海海上风电开发建设管理，推动深远海海上风电技术创新和示范应用，探索集中送出和集中运维模式，积极推进深远海海上风电降本增效，开展深远海海上风电平价示范。探索推进具有海上能源资源供给转换枢纽特征的海上能源岛建设示范，建设海洋能、储能、制氢、海水淡化等多种能源资源转换利用一体化设施。加快推动海上风电集群化开发，重点建设山东半岛、长三角、闽南、粤东和北部湾五大海上风电基地。

专栏3　“十四五”海上风电开发建设重点	
01	海上风电基地集群 推动山东半岛、长三角、闽南、粤东、北部湾等千万千瓦级海上风电基地开发建设，推进一批百万千瓦级的重点项目集中连片开发，结合基地开发建设推进深远海海上风电平价示范和海上能源岛示范工程。
02	深远海海上风电平价示范 推进漂浮式风电机组基础、远海柔性直流输电技术创新和示范应用，力争“十四五”期间开工建设我国首个漂浮式商业化海上风电项目。在广东、广西、福建、山东、江苏、浙江、上海等资源和建设条件好的区域，结合基地项目建设，推动一批百万千瓦级深远海海上风电示范工程开工建设，2025年前力争建成一至两个平价海上风电场工程。

03	海上能源岛示范 结合山东半岛、长三角、闽南、粤东和北部湾等重点风电基地开发，融合区域储能、海水淡化、海洋养殖等发展需求，在基地内或附近配套建设1～2个海上能源岛示范工程。
04	海上风电与海洋油气田深度融合发展示范 统筹海上风电与油气田开发，形成海上风电与油气田区域电力系统互补供电模式，逐步实现海上风电与海洋油气产业融合发展。

（二）积极推进风电和光伏发电分布式开发。

积极推动风电分布式就近开发。在工业园区、经济开发区、油气矿区及周边地区，积极推进风电分散式开发。重点推广应用低风速风电技术，合理利用荒山丘陵、沿海滩涂等土地资源，在符合区域生态环境保护要求的前提下，因地制宜推进中东南部风电就地就近开发。创新风电投资建设模式和土地利用机制，实施"千乡万村驭风行动"，大力推进乡村风电开发。积极推进资源优质地区老旧风电机组升级改造，提升风能利用效率。

大力推动光伏发电多场景融合开发。全面推进分布式光伏开发，重点推进工业园区、经济开发区、公共建筑等屋顶光伏开发利用行动，在新建厂房和公共建筑积极推进光伏建筑一体化开发，实施"千家万户沐光行动"，规范有序推进整县（区）屋顶分布式光伏开发，建设光伏新村。积极推进"光伏＋"综合利用行动，鼓励农（牧）光互补、渔光互补等复合开发模式，推动光伏发电与5G基站、大数据中心等信息产业融合发展，推动光伏在新能源汽车充电桩、铁路沿线设施、高速公路服务区及沿线等交通领域应用，因地制宜开展光伏廊道示范。推进光伏电站开发建设，优先利用采煤沉陷区、矿山排土场等工矿废弃土地及油气矿区建设光伏电站。积极推动老旧光伏电站技改升级行动，提升发电效益。

专栏4	风电和光伏发电分布式开发
01	城镇屋顶光伏行动 重点推动可利用屋顶面积充裕、电网接入和消纳条件好的政府大楼、交通枢纽、学校医院、工业园区等建筑屋顶，发展"自发自用、余电上网"的分布式光伏发电，提高建筑屋顶分布式光伏覆盖率。"十四五"期间，新建工业园区、新增大型公共建筑分布式光伏安装率达到50%以上。
02	"光伏＋"综合利用行动 推动农光互补、渔光互补等光伏发电复合开发，在新能源汽车充电桩、高速铁路沿线设施、高速公路服务区等交通领域和5G基站、数据中心等信息产业领域推动"光伏＋"综合利用。

03	千乡万村驭风行动 以县域为单元大力推动乡村风电建设，推动100个左右的县、10000个左右的行政村乡村风电开发。
04	千家万户沐光行动 结合乡村振兴战略，统筹农村具备条件的屋顶或统筹安排村集体集中场地开展分布式光伏建设，建成1000个左右光伏示范村。
05	新能源电站升级改造行动 在风光资源禀赋优越区域，推进已达或临近寿命期的风电和光伏发电设备退役改造，提升装机容量、发电效率和电站经济性。因地制宜推进受环保约束与经济性提升要求需提早退役的风电机组和光伏电站升级改造，理顺相关政策与管理机制，推动有序发展。
06	光伏廊道示范 重点利用铁路边坡、高速公路、主干渠道、园区道路和农村道路两侧用地范围外的空闲土地资源，推进分布式光伏或小型集中式光伏开发建设，拓展光伏应用场景，推进光伏发电与生态环保、文化旅游相结合。

（三）统筹推进水风光综合基地一体化开发。

科学有序推进大型水电基地建设。推进前期工作，实施雅鲁藏布江下游水电开发。做好金沙江中上游等主要河流战略性工程和控制性水库的勘测设计工作，按照生态优先、统筹考虑、适度开发、确保底线原则，进一步优化工程建设方案。积极推动金沙江岗托、奔子栏、龙盘，雅砻江牙根二级，大渡河丹巴等水电站前期工作。推动工程建设，实现金沙江乌东德、白鹤滩，雅砻江两河口等水电站按期投产；推进金沙江拉哇、大渡河双江口等水电站建设；重点开工建设金沙江旭龙、雅砻江孟底沟、黄河羊曲等水电站。落实网源衔接，推进白鹤滩送电江苏、浙江输电通道建成投产，推进金沙江上游送电湖北等水电基地外送输电通道开工建设。加强四川等地的电网网架结构，提升丰水期通道输电能力，保障水电丰水期送出。

积极推进大型水电站优化升级，发挥水电调节潜力。充分发挥水电既有调峰潜力，在保护生态的前提下，进一步提升水电灵活调节能力，支撑风电和光伏发电大规模开发。在中东部及西部地区，适应新能源的大规模发展，对已建、在建水电机组进行增容改造。科学推进金沙江、雅砻江、大渡河、乌江、红水河、黄河上游等主要水电基地扩机。

做好生态环境保护与移民安置。继续做好水电规划环境影响评价和项目环境影响评价，加强保护措施效果跟踪监测，推进环境影响跟踪评价，持续改进和提升生态环境保护措施及其运行效果。建立健全移民、地方、企业共享水电开发利益的长效机制，充分发挥水电开发的经济效益和社会效益，推动库区发展、移民收益与电站效益结合，增强库区发展动力，构筑水电开发共建、共享、共赢的新局面。

依托西南水电基地统筹推进水风光综合基地开发建设。做好主要流域周边风能、太阳能资源勘查，依托已建成水电、“十四五”期间新投产水电调节能力和水电外送通道，推进“十四五”期间水风光综合基地统筹开发。针对前期和规划水电项目，按照建设水风光综合基地为导向，统筹进行水风光综合开发前期工作。统筹水电和新能源开发时序，做好风电和光伏发电开发及电网接入，明确风电和光伏发电消纳市场，完善水风光综合基地的资源开发、市场交易和调度运行机制，推进川滇黔桂、藏东南水风光综合基地开发建设。

专栏5 “十四五”水风光综合基地	
01	川滇黔桂水风光综合基地 依托水电调节能力及外送通道，重点推进金沙江上游川藏段(四川侧)和川滇段、金沙江中下游、大渡河、雅砻江、乌江、红水河等水风光基地综合开发。
02	藏东南水风光综合基地 “十四五”期间，重点推进金沙江上游川藏段(西藏侧)、雅鲁藏布江下游等水风光基地综合开发。中长期依托西藏地区水电大规模开发，持续推进西藏主要流域水风光综合基地规划论证和统筹建设。

(四)稳步推进生物质能多元化开发。

稳步发展生物质发电。优化生物质发电开发布局，稳步发展城镇生活垃圾焚烧发电，有序发展农林生物质发电和沼气发电，探索生物质发电与碳捕集、利用与封存相结合的发展潜力和示范研究。有序发展生物质热电联产，因地制宜加快生物质发电向热电联产转型升级，为具备资源条件的县城、人口集中的乡村提供民用供暖，为中小工业园区集中供热。开展生物质发电市场化示范，完善区域垃圾焚烧处理收费制度，还原生物质发电环境价值。

积极发展生物质能清洁供暖。合理发展以农林生物质、生物质成型燃料等为主的生物质锅炉供暖，鼓励采用大中型锅炉，在城镇等人口聚集区进行集中供暖，开展农林生物质供暖供热示范。在大气污染防治非重点地区乡村，可按照就地取材原则，因地制宜推广户用成型燃料炉具供暖。

加快发展生物天然气。在粮食主产区、林业三剩物富集区、畜禽养殖集中区等种植养殖大县，以县域为单元建立产业体系，积极开展生物天然气示范。统筹规划建设年产千万立方米级的生物天然气工程，形成并入城市燃气管网以及车辆用气、锅炉燃料、发电等多元应用模式。

大力发展非粮生物质液体燃料。积极发展纤维素等非粮燃料乙醇，鼓励开展醇、电、气、肥等多联产示范。支持生物柴油、生物航空煤油等领域先进技术装备研发和推广使用。

专栏6　生物质能多元化开发
01　生物天然气示范 在河北、山东、河南、安徽、内蒙古、吉林、新疆等有机废弃物丰富、禽畜粪污处理紧迫、用气需求量大的区域，开展生物天然气示范县建设，每县推进1～3个年产千万立方米级的生物天然气工程，带动农村有机废弃物处理、有机肥生产和消费、清洁燃气利用的循环产业体系建立。
02　生物质发电市场化示范 在长三角、珠三角等经济发达、垃圾处理收费基础好的地区优先试点，开展生活垃圾焚烧发电市场化运行示范，示范区内新核准垃圾焚烧发电项目上网电价参考当地燃煤发电基准价实行竞争性电价机制。
03　生物质能清洁供暖示范 在华北、东北、华中等乡村地区开展生物质能清洁供暖试点示范，坚持因地制宜，推广"生物质成型燃料＋户用炉具"、集中式生物质锅炉供暖等不同类型应用。

（五）积极推进地热能规模化开发。

积极推进中深层地热能供暖制冷。结合资源情况和市场需求，在北方地区大力推进中深层地热能供暖，因地制宜选择"取热不耗水、完全同层回灌"或"密封式、井下换热"技术，最大程度减少对地下土壤、岩层和水体的干扰。探索新型管理技术和市场运营模式，鼓励采取地热区块整体开发方式，推广"地热能＋"多能互补的供暖形式。推动中深层地热能供暖集中规划、统一开发，鼓励开展地热能与旅游业、种养殖业及工业等产业的综合利用。加强中深层地热能制冷研究，积极探索东南沿海中深层地热能制冷技术应用。

全面推进浅层地热能开发。重点在具有供暖制冷双需求的华北平原、长江经济带等地区，优先发展土壤源热泵，积极发展再生水源热泵，适度发展地表水源热泵，扩大浅层地热能开发利用规模。满足南方地区不断增长的供暖需求，大力推进云贵等高寒地区地热能开发利用。

有序推动地热能发电发展。在西藏、青海、四川等地区推动高温地热能发电发展，支持干热岩与增强型地热能发电等先进技术示范。在东中部等中低温地热资源富集地区，因地制宜推进中低温地热能发电。支持地热能发电与其他可再生能源一体化发展。

专栏 7　地热能规模化开发重点	
01	中深层地热能开发 大力推进华北平原、汾渭平原、松辽平原、鄂尔多斯盆地等地区水热型地热供暖开发，重点推动河南千万平方米级中深层地热供暖规模化利用。鼓励利用不同地热资源品位，开展中深层地热能供暖利用模式和应用范围示范，探索有利于地热能开发利用的新型管理技术和市场运营模式。
02	浅层地热能开发 在满足土壤热平衡情况下，积极采用地埋管地源热泵供暖供冷；在确保 100% 回灌的前提下，积极稳妥推广地下水源热泵供暖供冷；对地表水资源丰富的长江中下游区域，积极发展地表水源热泵供暖供冷；大力推进云贵高寒地区地热能利用。在京津冀晋鲁豫以及长江流域地区，结合供暖（制冷）需求因地制宜推进浅层地热能开发，推进浅层地热能集群化利用示范。

（六）稳妥推进海洋能示范化开发。

稳步发展潮汐能发电。优先支持具有一定工作基础、站址优良的潮汐能电站建设，推动万千瓦级潮汐能示范电站建设。开展潟湖式、动态潮汐能技术等环境友好型新型潮汐能技术示范，开展具备综合利用前景的潮汐能综合开发工程示范。

开展潮流能和波浪能示范。继续实施潮流能示范工程，积极推进兆瓦级潮流能发电机组应用，开展潮流能独立供电示范应用。探索推进波浪能发电示范工程建设，推动多种形式的波浪能发电装置应用。

探索开发海岛可再生能源。结合“生态岛礁”工程，选择有电力需求、可再生能源资源丰富的海岛，开展海岛可再生能源多能互补示范，探索海洋能在海岛多能互补电力系统的推广应用。

四、促进存储消纳，高比例利用可再生能源

加快建设可再生能源存储调节设施，强化多元化智能化电网基础设施支撑，提升新型电力系统对高比例可再生能源的适应能力。加强可再生能源发电终端直接利用，扩大可再生能源多元化非电利用规模，推动可再生能源规模化制氢利用，促进乡村可再生能源综合利用，多措并举提升可再生能源利用水平。

（一）提升可再生能源存储能力。

加快推进抽水蓄能电站建设。开展各省（区、市）抽水蓄能电站需求论证，积极开展省级抽水蓄能资源调查行动，明确抽水蓄能电站的建设规模和布局，编制全国新一轮抽水蓄能中长期规划。大力推动项目建设，实现丰宁、长龙山等在建抽水蓄能电站按期投产；加快已纳入规划、条件成熟的大型抽水蓄能电站开工建设；加快纳入全国抽水蓄能电站中长期规划项目前期工作并力争开工。在新能源快速发展

地区,因地制宜开展灵活分散的中小型抽水蓄能电站示范,扩大抽水蓄能发展规模。

专栏 8 "十四五"抽水蓄能电站开发建设重点	
01	重点开工抽水蓄能项目 已批复电站:华北电网区域的河北滦平、徐水、灵寿,内蒙古美岱、乌海,山东泰安二期,山西浑源;东北电网区域的辽宁庄河、大雅河,黑龙江尚志;华东电网区域的浙江磐安、泰顺、天台、建德、桐庐,安徽桐城、宁国、岳西、石台、霍山,江苏连云港,福建云霄;华中电网区域的江西奉新、洪屏二期,河南鲁山,湖北大幕山、平坦原、紫云山,湖南安化;西南电网区域的重庆栗子湾;西北电网区域的甘肃昌马,青海哇让,宁夏牛首山;南方电网区域的广西南宁,贵州贵阳(石厂坝)、黔南(黄丝),海南羊林。 中长期规划电站:依据全国抽水蓄能电站中长期规划,积极推进纳规项目前期工作,加快推进具备条件的项目开工建设。
02	抽水蓄能资源调查行动 坚持生态优先,避让生态保护红线、天然林和基本草原等管控因素,加大抽水蓄能电站选点工作力度,选择地形条件、工程地质、水文泥沙等建设条件合适、距高比等关键经济指标合理的抽水蓄能站点,按照能纳尽纳的原则,纳入中长期抽水蓄能发展规划。
03	中小型抽水蓄能示范 统筹大规模电力送受、新能源渗透率不断提高等因素,在中东南部地区利用已建成的山谷水库和沿岸山顶地势,试点推进灵活分散的中小型抽水蓄能电站建设,提升区域新能源电力消纳能力。研究探索利用矿井等开展中小型抽水蓄能电站布局。

推进黄河上游梯级电站大型储能试点项目建设。开展黄河上游梯级电站大型储能项目研究,解决工程技术问题,提升开发建设经济性。探索新能源发电抽水与梯级储能电站、流域梯级水电站的联合运行,创新运行机制。充分利用黄河上游已建成梯级水电站调节库容,推进龙羊峡－拉西瓦河段百万千瓦级梯级电站大型储能试点项目建设,支撑青海省新能源消纳和外送。

有序推进长时储热型太阳能热发电发展。推进关键核心技术攻关,推动太阳能热发电成本明显下降。在青海、甘肃、新疆、内蒙古、吉林等资源优质区域,发挥太阳能热发电储能调节能力和系统支撑能力,建设长时储热型太阳能热发电项目,推动太阳能热发电与风电、光伏发电基地一体化建设运行,提升新能源发电的稳定性可靠性。

推动其他新型储能规模化应用。明确新型储能独立市场主体地位,完善储能参与各类电力市场的交易机制和技术标准,发挥储能调峰调频、应急备用、容量支撑等多元功能,促进储能在电源侧、电网侧和用户侧多场景应用。创新储能发展商业模式,明确储能价格形成机制,鼓励储能为可再生能源发电和电力用户提供各类调节服务。创新协同运行模式,有序推动储能与可再生能源协同发展,提升可再生能源消纳利用水平。

（二）促进可再生能源就地就近消纳。

加强电网基础设施建设及智能化升级，提升电网对可再生能源的支撑保障能力。加强可再生能源富集地区电网配套工程及主网架建设，提升关键局部断面送出能力，支撑可再生能源在区域内统筹消纳。推动配电网扩容改造和智能化升级，提升配电网柔性开放接入能力、灵活控制能力和抗扰动能力，增强电网就地就近平衡能力，构建适应大规模分布式可再生能源并网和多元负荷需要的智能配电网。

提升可再生能源就地消纳能力。积极推进煤电灵活性改造，推动自备电厂主动参与调峰，在新能源资源富集地区合理布局一批天然气调峰电站，充分提升系统调节能力。优化电力调度运行，合理安排系统开机方式，动态调整各类电源发电计划，探索推进多种电源联合调度。引导区域电网内共享调峰和备用资源，创新调度运行与市场机制，促进可再生能源在区域电网内就地消纳。

（三）推动可再生能源外送消纳。

加强送受端电网支撑，提升"三北"地区既有特高压输电通道新能源外送规模。强化送受端地区网架结构，提升电网基础设施支撑能力，推动"三北"地区既有特高压交直流通道输电能力尽快达到设计水平。统筹配套一批风电和光伏发电基地，充分提升输电通道中新能源电量占比，扩大跨省跨区可再生能源消纳规模，持续提升存量特高压通道可再生能源电量输送比例。

提升基础设施利用率，推动既有火电"点对网"专用输电通道外送新能源。利用上都、托克托、锦界、府谷等火电"点对网"专用输电通道，就近布局风电和光伏发电项目，通过火电专用通道外送，推动传统单一煤电基地向风光火（储）一体化综合能源基地转型。

优化新建通道布局，推动可再生能源跨省跨区消纳。加快建设白鹤滩至华东、金沙江上游至湖北特高压输电通道，在确保水电外送的基础上，扩大风电和光伏发电外送规模。加快建设陕北至湖北、哈密至重庆、陇东至山东等特高压直流输电通道建设，提升配套火电深度调峰能力，在送端区域内统筹布局风电和光伏发电基地，可再生能源电量占比原则上不低于50%。

（四）加强可再生能源多元直接利用。

推动可再生能源发电在终端直接应用。在工业园区、大型生产企业和大数据中心等周边地区，因地制宜开展新能源电力专线供电，建设新能源自备电站，推动绿色电力直接供应和对燃煤自备电厂替代，建设一批绿色直供电示范工厂和示范园区，开展发供用高比例新能源示范。结合增量配电网试点，积极发展以可再生能源为主的微电网、直流配电网，扩大分布式可再生能源终端直接应用规模。在边远地区，结合新型储能，构建基于高比例可再生能源的独立供电系统，推动可再生能源直接应用。

扩大可再生能源非电直接利用规模。做好区域可再生能源供暖与国土空间规划、城市规划等的衔接，在北方清洁供暖中因地制宜优先利用可再生能源供暖，在具备条件的地区开展规模化可再生能源供暖行动。在城镇新区推动可再生能源供暖与天然气、电力等其他清洁供暖方式的耦合集成，示范建设以可再生能源供暖为主的多能互补供暖体系。持续推进燃料乙醇、生物柴油等清洁液体燃料商业化应用，在科学研究动力和安全性能的基础上，扩大在重型道路交通、航空和航运中对汽油柴油的规模化替代。提高燃气、热力管网等基础设施对可再生能源应用的兼容性，加快完善相关标准，探索推动地热能集中供暖纳入城镇供热管网、生物天然气并入城乡燃气管网。

开展高比例可再生能源应用示范。在学校医院、机场车站、工业园区等区域，推动可再生能源与终端冷热水电气等集成耦合利用，促进可再生能源技术融合、应用方式和体制机制等创新，建设高度自平衡的可再生能源局域能源网，实现高比例可再生能源自产自用。在可再生能源资源富集、体制机制创新先行先试地区等，扩大分布式能源接入和应用规模，以县域为单位统筹可再生能源开发利用，创新可再生能源全产业链开发利用合作模式，因地制宜创建绿色能源示范县(园)。继续推进清洁能源示范省建设，推动可再生能源资源丰富地区率先实现碳达峰，并在支撑全国能源清洁低碳转型中发挥更大作用，推动中东部能源消费集中的地区显著提升可再生能源消费比重。

专栏9 可再生能源多元直接利用	
01	可再生能源规模化供热行动 推动建筑领域、工业领域可再生能源供热，开展生物质替代城镇燃料工程。统筹规划、建设和改造供热基础设施，建立可再生能源与传统能源协同互补、梯级利用的供热体系。
02	发供用高比例新能源示范 在有条件的地区，利用新能源直供电、风光氢储耦合、柔性负荷等技术，通过开发利用模式创新，推动新能源开发、输送与终端消费的一体化融合，打造发供用高比例新能源示范，实现新能源电力消费占比达到70%以上。
03	绿色能源示范县(园) 选择国际合作生态园、国家经济开发区、省级产业园区等示范带动作用显著的园区，开展区域内新增能源消费100%由可再生能源供给的绿色能源园区示范。
04	清洁能源示范省 继续推进清洁能源示范省建设，推动四川、宁夏、甘肃、青海等可再生能源资源丰富地区进一步提升可再生能源消费占比，争取率先实现碳达峰，增强可再生能源供给能力。推动浙江等中东部能源消费集中的地区，创新体制机制，挖掘省内可再生能源资源潜力，扩大外部调入规模，显著提升可再生能源消费比重。

(五)推动可再生能源规模化制氢利用。

开展规模化可再生能源制氢示范。在可再生能源发电成本低、氢能储输用产业发展条件较好的地区,推进可再生能源发电制氢产业化发展,打造规模化的绿氢生产基地。

推进化工、煤矿、交通等重点领域绿氢替代。推广燃料电池在工矿区、港区、船舶、重点产业园区等示范应用,统筹推进绿氢终端供应设施和能力建设,提高交通领域绿氢使用比例。在可再生能源资源丰富、现代煤化工或石油化工产业基础好的地区,重点开展能源化工基地绿氢替代。积极探索氢气在冶金化工领域的替代应用,降低冶金化工领域化石能源消耗。

专栏 10　可再生能源规模化制氢利用
创新可再生能源利用方式,开展大规模离网制氢示范和并网型风光制氢示范。

(六)扩大乡村可再生能源综合利用。

加快构建以可再生能源为基础的乡村清洁能源利用体系。利用建筑屋顶、院落空地、田间地头、设施农业、集体闲置土地等推进风电和光伏发电分布式发展,提升乡村就地绿色供电能力。继续实施北方地区清洁取暖工程,因地制宜推动生物质能、地热能、太阳能、电能供暖,完善产业基础,构建县域内城乡融合的多能互补清洁供暖体系。提高农林废弃物、畜禽粪便的资源化利用率,发展生物天然气和沼气,助力农村人居环境整治提升。推动乡村能源技术和体制创新,促进乡村可再生能源充分开发和就地消纳,建立经济可持续的乡村清洁能源开发利用模式。开展村镇新能源微能网示范,扩大乡村绿色能源消费市场,提升乡村用能清洁化、电气化水平,支撑生态宜居美丽乡村建设。

持续推进农村电网巩固提升。加大农村电网基础设施投入,加快实施农村电网巩固提升工程,聚焦脱贫地区等农村电网薄弱环节,加快消除农村电力基础设施短板,提升农村电网供电可靠性。全面提升乡村电气化水平,建设满足大规模分布式可再生能源接入、电动汽车下乡等发展需要的县域内城乡互联配电网,筑牢乡村振兴电气化基础。

提升乡村可再生能源普遍服务水平。统筹乡村可再生能源发展与乡村集体经济,通过集体土地作价入股、收益共享等机制,培育乡村能源合作社等新型集体经济模式,支持乡村振兴。强化县域可再生能源开发利用综合服务能力,积极开展乡村能源站行动,建设具备分布式可再生能源诊断检修、电动汽车充换电服务、生物质成型燃料加工等能力的乡村能源站,培养专业化服务队伍,提高乡村能源公共服务能力。结合数字乡村建设工程,推动城乡可再生能源数字化、智能化水平同步发展,推进可再生能源与农业农村生产经营深度融合,提升乡村智慧用能水平。积极探索能源服务商业模式和运行机制,引导鼓励社会主体参与,壮大乡村能源队伍,构建功能齐全、上下联动、自我发展的乡村可再生能源服务体系。

专栏 11　乡村可再生能源综合利用	
01	乡村能源站行动 在居住分散、集中供暖供气困难、可再生能源资源丰富的乡村地区,建设以生物质成型燃料加工站为主的乡村能源站;在人口规模较大、具备集中供暖条件的乡村地区,建设以生物质锅炉、地热能等为主的乡村能源站,实现当地可再生能源资源集约开发和高效运营管理。
02	农村电网巩固提升行动 加快西部及脱贫地区,特别是国家乡村振兴重点地区及革命老区的农村电网巩固提升工程。推进中东部地区城乡供电服务均等化进程,加快提升农村电网信息化、自动化、智能化水平,筑牢乡村振兴电气化基础。
03	村镇新能源微能网示范 在有条件的区域结合当地资源及用能特点,以村镇为单元,综合利用新能源和各类能源新技术,构建以风、光、生物质为主,储能、天然气为辅,高度自给的新能源微能网。

五、坚持创新驱动,高质量发展可再生能源

布局前沿方向,激发创新活力,完善可再生能源创新链,加大可再生能源关键技术攻关力度,加快培育新模式新业态,提高产业链现代化水平,提升供应链弹性韧性,持续巩固提升我国可再生能源产业竞争力。

(一)加大可再生能源技术创新攻关力度。

推行"揭榜挂帅"、"赛马制"等创新机制,提升新型电力系统稳定性可靠性。改善新能源发电涉网性能,提高风能、太阳能资源预报准确度和风电、光伏发电功率预测精度,提升风电、光伏发电主动支撑能力和适应电力系统扰动的能力。加大新型电力系统关键技术研究与推广应用,提升系统智能化水平,创新高比例可再生能源、高比例电力电子装置的电力系统稳定理论、规划方法和运行控制技术,提升系统安全稳定运行水平。研究建立电力应急保障体系,合理配置长时新型储能,优化系统风光水火储发展结构,提高多元互济能力,提高气象灾害预警精度,提升电力可靠供应裕度和应急保障能力。

加强可再生能源前沿技术和核心技术装备攻关。加强前瞻性研究,加快可再生能源前沿性、颠覆性开发利用技术攻关。重点开展超大型海上风电机组研制、高海拔大功率风电机组关键技术研究,开展光伏发电户外实证示范,掌握钙钛矿等新一代高

效低成本光伏电池制备及产业化生产技术,突破适用于可再生能源灵活制氢的电解水制氢设备关键技术,研发储备钠离子电池、液态金属电池、固态锂离子电池、金属空气电池、锂硫电池等高能量密度储能技术。推进大容量风电机组创新突破;突破生物天然气原料预处理、消化、利用等全产业链关键技术;推进适用于可再生能源制氢的新型电解水设备研制;加快大容量、高密度、高安全、低成本新型储能装置研制。

持续推进可再生能源工程技术创新及应用。以重大工程为依托,推动水电特殊地质条件地区地基处理与筑坝技术研究,突破高水头大容量水轮发电机组制造技术。重点推进深远海海域海上风电勘察、施工、输电、运维新技术研究和应用。推进光热发电工程施工技术与配套装备创新,研发光热电站集成技术。支持干热岩开发技术、高温地热发电技术的研究与应用,开展中深层地热供暖技术创新。

专栏 12　可再生能源技术创新示范	
01	深远海风电技术 支持大容量风电机组由近(海)及远(海)应用,开展海上新型漂浮式基础风电机组示范,推进新型基础的使用,提升海上风电柔性直流输电技术,推动海上风电运维数字化、智能化发展。
02	光伏发电户外实证 结合不同地区气候特点,在寒温、暖温、高原、湿热等典型气候地区进行光伏发电实证基地建设,开展光伏关键部件及系统实证研究,为光伏产业升级提供支撑。
03	新型高效光伏电池技术 开展新型高效晶硅电池、钙钛矿电池等先进高效电池技术应用示范,以规模化市场推动前沿技术发展,持续推进光伏发电技术进步、产业升级。
04	地热能发电技术 研发大容量高效地热型蒸汽轮机设备;研发单机容量兆瓦级以上规模的地热发电系统关键设备及系统集成技术,并开展示范。
05	中深层地热供暖技术 开发中深层水热型地热开采模拟软件,攻关砂岩地层尾水回灌技术,研究降低钻井成本、提高深埋管传热效率技术,实现气举反循环钻进工艺在中深含水层储能成井方面的应用,实现防腐蚀井管和滤水管成井工艺应用,研发地下水抽灌系统的防垢和除垢系统。

(二)培育可再生能源发展新模式新业态。

推动可再生能源智慧化发展。推动可再生能源与人工智能、物联网、区块链等新兴技术深度融合,发展智能化、联网化、共享化的可再生能源生产和消费新模式。推广新能源云平台应用,汇聚能源全产业链信息,推动能源领域数字经济发展。

大力发展综合能源服务。依托智能配电网、城镇燃气网、热力管网等能源网络，综合可再生能源、储能、柔性网络等先进能源技术和互联通信技术，推动分布式可再生能源高效灵活接入与生产消费一体化，建设冷热水电气一体供应的区域综合能源系统。发展与大规模分布式可再生能源相适应的专业化、网格化运行维护服务体系，通过移动用户终端等方式实现分布式能源设备运行状态监测、故障检修的快速响应，培养一批高专业化水平的新能源"店小二"。

推动可再生能源与电动汽车融合发展。利用大数据和智能控制等新技术，将波动性可再生能源与电动汽车充放电互动匹配，实现车电互联。采用现代信息技术与智能管理技术，整合分散的电动汽车充电设施，通过电力市场交易等促进可再生能源与电动汽车互动发展。

创新推动光伏治沙规模化发展。开展光伏治沙示范应用，因地制宜科学选择治理模式、种植作物等，探索形成不同条件下合理的光伏治沙建设方案。重点在内蒙古西部的库布其、乌兰布和、巴丹吉林、腾格里沙漠地区，新疆南部塔里木盆地，青海西部柴达木盆地，甘肃河西走廊北部，陕西北部等地区，统筹资源条件和消纳能力，建设一批光伏治沙新能源发电基地。带动沙漠治理、耐旱作物种植、观光旅游等相关产业发展，形成沙漠治理、生态修复、生态经济、沙漠产业多位一体、治用并行、平衡发展的体系。

（三）提升可再生能源产业链供应链现代化水平。

锻造产业链供应链长板。推动可再生能源产业优化升级，加强制造设备升级和新产品规模化应用，实施可再生能源产业智能制造和绿色制造工程，推动产业高端化、智能化、绿色化发展。

补齐产业链供应链短板。推动可再生能源产业基础再造，加快重要产业技术工程化攻关。推动退役风电机组、光伏组件回收处理技术与新产业链发展，补齐风电、光伏发电绿色产业链最后一环，实现全生命周期绿色闭环式发展。发展可再生能源发电、供热、制气等先进适用技术，推动可再生能源产业链供应链多元化。

完善产业标准认证体系。健全可再生能源技术装备标准、检测、认证和质量监督组织体系，完善可再生能源设备生产、项目建设和运营管理。鼓励国内企业积极参与国际可再生能源领域标准制定，推进标准体系、合格评定体系与国际接轨，促进认证结果国际互认。

（四）完善可再生能源创新链。

加强科技创新支撑。加大对能源研发创新平台支持力度，重点支持可再生能源、新型电力系统、规模化储能、氢能等技术领域，整合资源、组织力量对核心技术方向实施重大科技协同研究和重大工程技术协同创新。加大高水平人才培养与引进力度，鼓励各类院校开设可再生能源专业学科并与企业开展人才培养合作，完善可再生能源领域高端人才引进机制，完善人才评价和激励机制，造就一批具有国际竞争力的科技人才与创新团队。

打通科技成果转化通道。发展大容量风电机组及其关键零部件测试技术与平台，建设典型气候条件下光伏发电技术实证公共服务平台，加快推动新技术实证验证与工程转化。加强知识产权保护，推进创新创业机构改革，建设专业化市场化技术转移机构和技术经理人队伍，促进科技成果转化，通过产学研展洽会等多种形式，加强国内外先进科技成果转化对接。

六、健全体制机制，市场化发展可再生能源

深化能源体制和"放管服"改革，推进能源低碳转型，激发市场主体活力，完善可再生能源电力消纳保障机制，健全可再生能源市场化发展体制机制，健全绿色能源消费机制，充分发挥市场在资源配置中的决定性作用，更好发挥政府作用，为可再生能源发展营造良好环境。

（一）深化可再生能源行业"放管服"改革。

加大简政放权力度。落实政府权责清单制度，持续优化可再生能源市场化法治化营商环境。实施市场准入负面清单制度，破除清单之外隐性准入壁垒，进一步放宽准入限制。完善投资管理机制，对不涉及国家安全、全国重大生产力布局和战略性资源开发的可再生能源项目，推动核准改备案，鼓励实施企业投资项目承诺制。优化可再生能源项目核准和备案流程，规范风电和光伏发电增容更新、延寿运行等管理，进一步简化分布式可再生能源投资管理程序。

完善监督管理机制。构建有利于可再生能源发展的协同监管机制，加强可再生能源规划、产业政策、开发建设、电网接入、调度交易、消纳利用等监管，确保国家规划政策有效实施。对可再生能源新产业新业态实施包容审慎监管。推进可再生能源行业信用体系建设，大力推进信用监管，建立市场主体信用评级制度，健全守信激励和失信惩戒机制。

提升政务服务水平。创新政务服务方式，构建能源与自然资源、生态环境等多部门联动审批机制，推行项目核准（备案）"一站式"服务。深入开展"互联网+政务服务"，促进政务服务标准化规范化，推动政务服务质量和效能全面提升。建立可再生能源开发利用多部门协调机制，优化相关权证办理流程，推动落实项目建设条件，营造良好发展环境。

（二）健全可再生能源电力消纳保障机制。

强化可再生能源电力消纳责任权重引导。建立以可再生能源利用为导向的

开发建设管理机制,明确可再生能源电力消纳责任权重目标并逐年提升,逐步缩小各地权重目标差异,引导各地加强可再生能源开发利用,推动跨省跨区可再生能源电力交易。强化权重目标分解落实,促进各类市场主体公平合理共担可再生能源电力消纳责任,推动自备电厂、市场化电力用户等积极消纳利用可再生能源。

加强可再生能源电力消纳责任权重评价考核。加强对省级行政区域消纳责任权重完成情况监测评价,推动纳入地方政府考核体系,强化对电网、市场主体消纳量完成情况考核,压实地方责任。完善激励机制,建立完善鼓励消纳、优先利用可再生能源的政策机制,扩大可再生能源消纳利用规模。

建立健全可再生能源电力消纳长效机制。科学制定可再生能源合理利用率指标,形成有利于可再生能源发展和系统整体优化的动态调整机制。统筹电源侧、电网侧、负荷侧资源,完善调度运行机制,多维度提升电力系统调节能力。推动源网荷共担消纳责任,构建由电网保障消纳、市场化自主消纳、分布式发电交易消纳共同组成的多元并网消纳机制。

(三)完善可再生能源市场化发展机制。

健全可再生能源开发建设管理机制。完善风电、光伏发电项目开发建设管理办法,建立以市场化竞争配置为主、竞争配置和市场自主相结合的项目开发管理机制。开展生物质发电项目竞争性配置,逐步形成有效的市场化开发机制,推动生物质发电补贴逐步退坡。探索水风光综合基地市场化开发管理机制,推动各类投资主体积极参与水风光综合开发。加强风电、太阳能、生物质能、地热能项目开发建设统计和非电利用生产运行信息统计,推进可再生能源行业统计体系全覆盖。发挥全国统一电力市场体系价格信号引导作用,通过市场机制优化可再生能源开发建设布局。

完善可再生能源全额保障性收购制度。落实可再生能源法,进一步完善全额保障性收购制度,做好可再生能源电力保障性收购与市场化交易的衔接。逐步扩大可再生能源参与市场化交易比重,对保障小时数以外电量,鼓励参与市场实现充分消纳。

完善可再生能源价格形成和补偿机制。完善风电和光伏发电市场化价格形成机制,促进技术进步和成本下降,稳定投资预期。建立完善有利于分布式发电发展、可再生能源消纳利用的输配电价机制。完善抽水蓄能电站价格形成机制,提升抽水蓄能电站开发建设积极性,促进抽水蓄能大规模、高质量发展。建立完善地热能发电、生物质发电价格机制。

构建可再生能源参与市场交易机制。完善可再生能源参与电力市场交易规则,破除市场和行政壁垒,形成充分反映可再生能源环境价值、与传统电源公平竞争的市场机制。推动可再生能源与电力消纳责任主体签订多年长期购售电协议,推动受端市场用户直接参与可再生能源跨省交易。完善可再生能源参与现货市场相关机制,充分发挥日内、实时市场作用。完善电力辅助服务补偿和分摊机制,体现调峰气电、储能等灵活性调节资源的市场价值,促进区域电网内调峰和备用资源的共享。完善分布式发电市场化交易机制,规范交易流程,扩大交易规模。

(四)建立健全绿色能源消费机制。

完善绿色电力证书机制。强化绿证的绿色电力消费属性标识功能,拓展绿证核发范围,推动绿证价格由市场形成,鼓励平价项目积极开展绿证交易。做好绿证与可再生能源电力消纳保障机制的衔接。做好绿证交易与碳交易的衔接,进一步体现可再生能源的生态环境价值。

建立绿色能源消费评价、认证与标识体系。在统一的绿色产品标识与认证体系下,推动建立绿色能源消费评价体系,逐步建立基于绿证的绿色能源消费认证标准、制度和标识体系,激发绿证交易活力,以评价、认证为手段促进科学、灵活的绿色能源消费体系构建。

积极引导绿色能源消费。发挥媒体作用,深入开展绿色能源消费公益宣传和教育,加大对使用可再生能源的企业、服务、活动等消费主体和消费行为的认证力度。加大绿色能源消费产品认证力度,鼓励新能源设备制造、汽车、IT 等企业提高绿色能源使用比例,生产绿色产品。提高工业、建筑、交通等领域和公共机构绿色用能要求,运用政府采购政策支持可再生能源消费。

七、坚持开放融入,深化可再生能源国际合作

加强应对气候变化国际合作,积极参与全球能源转型变革,深层次推进可再生能源产业国际合作。

(一)持续参与全球绿色低碳能源体系建设。

持续完善国际合作交流机制和平台。用好“一带一路”能源部长会平台,打造绿色、包容的“一带一路”能源合作伙伴关系,凝聚“一带一路”绿色发展共识。办好国际能源变革论坛及相关活动。加强与重要国际组织和国家间的可再生能源政策对话及合作,深入开展规划引领、政策设计、技术交流、融资互动、经验分享等全方位对接,发出中国声音、讲好中国故事。

积极参与全球能源与气候治理。强化与其他发展中国家能源绿色发展合作,提高发展中国家能源领域应对气候变化能力。为有需要的国家提供能力建设、低

碳转型等支持，务实推动全球能源转型。

（二）深化推进国际技术与产能合作。

加强可再生能源与新能源技术创新合作。围绕构建新型电力系统，加强与相关国家在高效低成本新能源发电技术、储能、氢能等先进技术上的务实合作。鼓励可再生能源领域国际技术创新交流，积极融入全球可再生能源创新网络。

推进可再生能源产业国际化和国际产能合作。充分把握国际国内市场差异化特点，发挥国内市场规模大、应用场景多等优势，积极探索与国外先进企业合作的新模式、新途径。鼓励制造业企业开展包括装备、技术、标准、品牌在内的可再生能源优质产业走出去。

（三）积极参与可再生能源国际标准体系建设。

加大可再生能源技术标准的交流合作与互认，积极参与国际电工委员会等可再生能源合格评定互认体系，支持国内企业和机构参与国际标准的制修订，提升我国在国际认证、认可、检测等领域的贡献度。

八、保障措施

强化政策协同保障，开展可再生能源资源详查与储量评估，完善可再生能源发展相关土地、财政、金融等政策，为可再生能源快速发展提供保障。

（一）完善可再生能源资源评估和服务体系。

加强可再生能源开发生态环境保护关键技术研究。重点针对水电、风电等开发过程中对生态环境造成的影响，开展水生生态、陆生生态影响基础研究及相关环境影响减缓技术研究。

加强可再生能源资源开发储量评估。会同自然资源、气象等管理部门共同开展地热能利用、风电和光伏发电开发资源量评估，对全国可利用的风电和光伏发电资源进行全面勘查评价，按照资源禀赋、土地用途、生态保护、城乡建设等情况，准确识别各县域单元具备开发利用条件的资源潜力，建立全国风电和光伏发电可开发资源数据库，并及时将可再生能源资源的可开发利用范围等空间信息纳入同级国土空间基础信息平台和国土空间规划一张图，对重要的新能源开发基地、储备基地、抽水蓄能站点等进行前瞻性布局。会同建筑管理部门开展建筑附加和建筑一体化太阳能资源评估。会同农业农村管理部门开展农村生物质能等新能源资源评估，明确可再生能源发展空间。

构建资源详查评估服务体系。发挥各级公共机构和各类企业优势，健全网格化、立体式新能源资源详查评估服务体系，通过政府组织等方式，实现各类新能源资源共享，科学引导新能源产业投资与项目开发。

(二)加强可再生能源土地和环境支持保障。

依据国土空间规划,完善可再生能源空间用途管制规则,出台可再生能源空间布局专项规划,保障可再生能源开发利用合理的用地用海空间需求。统一土地性质认定,明确不同地类的用地标准,优化土地用途和生态环境保护管理,完善复合用地政策,降低不合理的土地使用成本。全面评估秸秆综合利用、畜禽粪污资源化利用、垃圾焚烧等的环境保护价值,强化生物质能利用与大气污染物排放标准等环境保护要求和政策的协同,加强生物质能的资源化利用,推进生物质成型燃料及专用设备标准制定。

(三)加强可再生能源财政政策支持。

加大可再生能源发展基金征收力度,央地联动,根据"以收定支"的原则,研究完善深远海风电、生物质能、地热能等对于碳达峰有重要作用的可再生能源支持政策。

(四)完善可再生能源绿色金融体系。

完善绿色金融标准体系,实施金融支持绿色低碳发展专项政策,把可再生能源领域融资按规定纳入地方政府贴息等激励计划,建立支持终端分布式可再生能源的资金扶持机制。丰富绿色金融产品和市场体系,开展水电、风电、太阳能、抽水蓄能电站基础设施不动产投资信托基金等试点,进一步加大绿色债券、绿色信贷对符合条件新能源项目的支持力度。鼓励社会资本按照市场化原则,多渠道筹资,设立投资基金,支持可再生能源产业发展。

九、规划实施

(一)加强规划衔接。

以国家发展规划为统领,以国土空间规划为基础,强化可再生能源发展规划与中长期能源规划、现代能源体系规划和各分领域能源规划的衔接。建立健全能源领域规划会商与协调机制,协调可再生能源开发规模、布局、时序与系统调节能力、跨省跨区输电通道建设,保障可再生能源规划重点任务、重大工程实施。

(二)细化任务落实。

更好发挥国家规划对地方规划的导向作用,各省级政府应将本规划确定的主要目标、重点任务和重大工程等列入本地区能源发展规划及相关专项规划,明确责任主体、进度要求和考核机制。

(三)加强国家统筹。

对纳入国家基地的项目,坚持自上而下、上下结合、国家统筹、省负总责,建立国家和省两级协调,在现有投资管理体制下,以省为主体统筹开展基地开发建设,各类企业平等竞争，开发企业、电网企业和项目所在地方政府具体落实。国家对基地项目实行统一规划、统一布局、明确标准和要求，对纳入国家基地项目协调落实土地、环保、送出消纳、并网运行等建设条件。

（四）加强监测评估。

坚持对规划实施情况进行动态监测、中期评估和总结评估，严格评估程序，适时开展评估工作，及时总结经验、分析问题、制订对策，对规划滚动实施提出建议，规划确需调整的，由国家能源局按程序修订后公布。建立可再生能源发电项目开发建设月度调度机制，及时掌握项目建设运行情况、协调解决重大问题。

十、环境影响分析

可再生能源开发利用可替代大量化石能源消耗、减少温室气体和污染物排放、显著增加新的就业岗位，对环境和社会发展起到重要且积极作用。可再生能源上游装备制造业绿色发展趋势明确，业内主流的风电、光伏发电设备制造企业纷纷做出100%使用可再生能源、大幅提前实现企业碳中和等公开承诺，产能不断向可再生能源资源丰富区域优化布局，降低生产过程碳排放等环境影响。水电、风电、太阳能发电、太阳能热利用在能源生产过程中不排放污染物和温室气体，可显著减少各类化石能源消耗，同时降低煤炭开采的生态破坏和燃煤发电的水资源消耗。农林生物质从生长到最终利用的全生命周期内不增加二氧化碳排放，生物质发电排放的二氧化硫、氮氧化物和烟尘等污染物也远少于燃煤发电。可再生能源尤其是风电、光伏发电设备批量退役与回收处理问题将制定具体的管理办法。随着全生命周期碳排放管理、全生命周期环境影响评价体系的建立和完善，可再生能源产业将积极构建全生命周期绿色闭环式发展体系。同时，对于可再生能源大规模开发的重点地区，将根据有关法规要求，做好区域资源环境承载能力分析和生态环境影响预测评估，分析重大项目建设的环境影响，提出预防或减轻不良环境影响的政策、管理、技术措施，进一步促进可再生能源开发利用与生态环境保护协调发展。

2025年，全国可再生能源年利用量折合10亿吨标准煤，届时可再生能源年利用量相当于减少二氧化碳排放量约26亿吨，减少二氧化硫排放量约50万吨，减少氮氧化物排放约60万吨，减少烟尘排放约10万吨，年节约用水约40亿立方米，环境效益显著。

国家发展改革委、国家能源局关于鼓励可再生能源发电企业自建或购买调峰能力增加并网规模的通知

（2021 年 7 月 29 日　发改运行〔2021〕1138 号）

各省、自治区、直辖市发展改革委、经信委（工信委、工信厅）、能源局，北京市城市管理委员会，国家电网有限公司、中国南方电网有限责任公司，中国华能集团有限公司、中国大唐集团有限公司、中国华电集团有限公司、国家电力投资集团有限公司、国家能源投资集团有限责任公司、国家开发投资集团有限公司、华润集团有限公司：

为努力实现应对气候变化自主贡献目标，促进风电、太阳能发电等可再生能源大力发展和充分消纳，依据可再生能源相关法律法规和政策的规定，按照能源产供储销体系建设和可再生能源消纳的相关要求，在电网企业承担可再生能源保障性并网责任的基础上，鼓励发电企业通过自建或购买调峰储能能力的方式，增加可再生能源发电装机并网规模，现通知如下：

一、充分认识提高可再生能源并网规模的重要性和紧迫性

近年来，我国可再生能源迅猛发展，但电力系统灵活性不足、调节能力不够等短板和问题突出，制约更高比例和更大规模可再生能源发展。未来我国实现 2030 年前碳达峰和努力争取 2060 年前碳中和的目标任务艰巨，需要付出艰苦卓绝的努力。实现碳达峰关键在促进可再生能源发展，促进可再生能源发展关键在于消纳，保障可再生能源消纳关键在于电网接入、调峰和储能。各地、各有关电力企业要充分认识可再生能源发展和消纳的同等重要意义，高度重视可再生能源并网工作，将可再生能源发展、并网、消纳同步研究、同步推进，确保 2030 年前碳达峰、2060 年前碳中和目标如期实现。

二、引导市场主体多渠道增加可再生能源并网规模

（一）多渠道增加可再生能源并网消纳能力。电网企业要切实承担电网建设发

展和可再生能源并网消纳的主体责任,统筹调峰能力建设和资源利用,每年新增的并网消纳规模中,电网企业应承担主要责任,电源企业适当承担可再生能源并网消纳责任。随着新能源发电技术进步、效率提高,以及系统调峰成本的下降,将电网企业承担的消纳规模和比例有序调减。

(二)鼓励发电企业自建储能或调峰能力增加并网规模。在电网企业承担风电和太阳能发电等可再生能源保障性并网责任以外,仍有投资建设意愿的可再生能源发电企业,鼓励在自愿的前提下自建储能或调峰资源增加并网规模。对按规定比例要求配建储能或调峰能力的可再生能源发电企业,经电网企业按程序认定后,可安排相应装机并网。

(三)允许发电企业购买储能或调峰能力增加并网规模。在电网企业承担风电和太阳能发电等可再生能源保障性并网责任以外,仍有投资建设意愿的可再生能源发电企业,可通过与调峰资源市场主体进行市场化交易的方式承担调峰责任,以增加可再生能源发电装机并网规模。鼓励可再生能源发电企业与新增抽水蓄能和储能电站等签订新增消纳能力的协议或合同,明确市场化调峰资源的建设、运营等责任义务。签订储能或调峰能力合同的可再生能源发电企业,经电网企业按程序认定后,可安排相应装机并网。

(四)鼓励多渠道增加调峰资源。承担可再生能源消纳对应的调峰资源,包括抽水蓄能电站、化学储能等新型储能、气电、光热电站、灵活性制造改造的煤电。以上调峰资源不包括已列为应急备用和调峰电源的资源。

三、自建合建调峰和储能能力的确认与管理

(一)自建调峰资源方式挂钩比例要求。自建调峰资源指发电企业按全资比例建设抽水蓄能、化学储能电站、气电、光热电站或开展煤电灵活性改造。为鼓励发电企业市场化参与调峰资源建设,超过电网企业保障性并网以外的规模初期按照功率15%的挂钩比例(时长4小时以上,下同)配建调峰能力,按照20%以上挂钩比例进行配建的优先并网。配建比例2022年后根据情况适时调整,每年公布一次。各省级主管部门组织电网企业或第三方技术机构对项目调峰能力措施和效果进行评估确认后,可结合实际情况对挂钩比例进行适当调整。

(二)合建调峰资源方式挂钩比例要求。合建调峰资源指发电企业按一定出资比例与其他市场主体联合建设抽水蓄能、化学储能电站、气电、光热电站或开展煤电灵活性改造。合建调峰资源完成后,可按照自建调峰资源方式挂钩比例乘以出资比例配建可再生能源发电。为鼓励发电企业积极参与自建调峰资源,初期可以适当高于出资比例进行配建。

（三）自建合建调峰和储能能力确定。自建合建调峰和储能能力按照“企业承诺、政府备案、过程核查、假一罚二”的原则进行确定。主动自建合建调峰和储能能力的发电企业，自行提供调峰和储能项目建设证明材料，对项目基本情况、调峰能力、投产时间等作出明确承诺，提交省级政府主管部门备案；实施过程中省级主管部门委托电网企业或第三方机构对企业自建合建项目进行全面核查或抽查，对于发现未按承诺履行建设责任的企业，在计算调峰能力时按照未完成容量的 2 倍予以扣除；相关企业要限期整改，未按期整改的企业不得参与下年度可再生能源市场化并网。

（四）加强自建合建调峰和储能项目运行管理。自建合建调峰和储能项目建成投运后，企业可选择自主运营项目或交由本地电网企业调度管理。对于发电企业自主运营的调峰和储能项目，可作为独立市场主体参与电力市场，按照国家相关政策获取收益；对于交由电网企业调度管理的调峰和储能项目，电网调度机构根据电网调峰需要对相关项目开展调度管理，项目按相关价格政策获取收益。为保证项目调峰和储能能力可用性，电网调度机构不定期对相关项目开展调度测试。

四、购买调峰与储能能力的确认与管理

（一）购买调峰资源主要方式。购买调峰资源指发电企业通过市场交易的方式向抽水蓄能、化学储能电站、气电、光热电站或开展灵活性改造的火电等市场主体购买调峰能力，包括购买调峰储能项目和购买调峰储能服务两种方式。为保证发电企业购买的调峰资源不占用电网企业统筹负责的系统消纳能力，被购买的主体仅限于本年度新建的调峰资源。

（二）购买调峰资源挂钩比例要求。超过电网企业保障性并网以外的规模初期按照 15% 的挂钩比例购买调峰能力，鼓励按照 20% 以上挂钩比例购买。购买比例 2022 年后根据情况适时调整，每年度公布一次。各省级主管部门组织电网企业或第三方技术机构对项目调峰能力措施和效果进行评估确认后，可结合实际情况对挂钩比例进行适当调整。

（三）购买调峰和储能能力确定。购买调峰和储能项目由买方企业向省级政府主管部门作出承诺并提供购买合同，根据购买合同中签订的调峰能力进行确定。实施过程中买方企业负责督促卖方企业保证项目落实到位，省级政府主管部门委托电网企业或第三方机构对购买合同中的项目进行全面核查或抽查，对于发现未按承诺履行建设责任的企业，在计算调峰能力时按照未完成容量的 2 倍予以扣除；相关企业要限期整改，未按期整改的企业不得参与下年度可再生能源市场化并网。

（四）加强购买调峰和储能项目运行管理。购买调峰和储能项目建成投运后，

对于购买调峰储能项目的,视同企业自建项目进行运行管理;对于购买调峰储能服务的,发电企业与调峰储能项目企业签订调峰服务绑定协议或合同,约定双方权责和收益分配方式,鼓励签订10年以上的长期协议或合同。为保证项目调峰和储能能力可用性,电网调度机构不定期对相关项目开展调度测试。

五、自建或购买调峰与储能能力的数量标准与动态调整

(一)抽水蓄能、电化学储能和光热电站调峰能力认定。抽水蓄能电站、电化学储能和光热电站,按照装机规模认定调峰能力。

(二)气电调峰能力认定。气电按照机组设计出力认定调峰能力,对于因气源、天气等原因导致发电出力受限的情况,按照实际最大出力认定调峰能力。

(三)煤电灵活性制造改造调峰能力认定。灵活性制造改造的煤电机组,按照制造改造可调出力范围与改造前可调出力或者平均可调出力范围的差值认定调峰能力。

(四)统筹安排发电和调峰项目建设投产时序。考虑新建调峰资源项目的建设周期,各地在安排发电项目时要做到与新增调峰项目同步建成、同步并网。调峰储能配建比例按可再生能源发电项目核准(备案)当年标准执行。

(五)建立调峰与储能能力标准和配建比例动态调整机制。随着可再生能源并网规模和比例的不断扩大,以及调峰储能技术进步和成本下降,各地要统筹处理好企业积极性和系统调峰需求的关系,可结合本地实际情况对调峰与储能能力标准和配建比例进行动态调整。

六、调峰和储能交易机制的运行与监管

(一)未用完的调峰资源可交易至其他市场主体。通过自建或合建方式落实调峰资源的发电企业,如果当年配建的可再生能源发电规模低于规定比例,不允许结转至下年继续使用,可通过市场化方式交易给其他发电企业。

(二)指标交易需在省内统筹。为保证新增调峰能力切实发挥促进可再生能源消纳作用,发电企业在自建、共建、购买调峰资源以及开展调峰资源指标交易过程中,均在本省(区、市)范围内进行统筹。

(三)加强运行监管。各地政府主管部门会同电网企业,对发电企业承诺自建、共建或购买调峰项目加强监管,项目投产后调度机构不定期按照企业承诺的调峰能力开展调度运行,确保调峰能力真实可信可操作,对于虚假承诺调峰能力的企业,取消下年度自行承担可再生能源消纳责任资格。

七、保障措施

（一）加强组织领导。国家发展改革委、国家能源局统筹推进全国可再生能源发电企业自建或购买调峰能力增加并网规模相关工作，全面跟踪各地、各企业落实进展，协调解决推进中的重大问题。各省（自治区、直辖市）发展改革委、能源局会同省级相关部门结合本地电力发展实际，推动本地发电企业自行承担可再生能源消纳责任相关工作，与电网企业保障性并网、应急备用和调峰机组建设工作做好有效衔接，避免项目重复计入。

（二）电网企业切实发挥监督和并网责任。国家电网公司、南方电网公司要组织好各地电网企业，配合地方政府主管部门加强对发电企业自建共建和购买调峰储能项目的有效监督，保证各项目顺利推进和真实可用。对于按要求完成调峰储能能力建设的企业，要认真做好相应匹配规模新能源并网接入工作。

（三）健全完善奖惩和评估机制。国家发展改革委、国家能源局将健全完善奖惩和评估机制，对可再生能源发电企业自建或购买调峰能力增加并网规模工作进展成效显著的地区进行表扬，对工作进展滞后的地区进行约谈；在工作推进过程中，将适时采取第三方评估等方式，对各地可再生能源发电企业自建或购买调峰能力增加并网规模工作开展全面评估。

可再生能源发电有关管理规定

(2006年1月5日国家发展改革委印发 发改能源〔2006〕13号)

第一章 总 则

第一条 为了促进可再生能源发电产业的发展,依据《中华人民共和国可再生能源法》和《中华人民共和国电力法》,特制定本规定。

第二条 本规定所称的可再生能源发电包括:水力发电、风力发电、生物质发电(包括农林废弃物直接燃烧和气化发电、垃圾焚烧和垃圾填埋气发电、沼气发电)、太阳能发电、地热能发电以及海洋能发电等。

第三条 依照法律和国务院规定取得行政许可的可再生能源并网发电项目和电网尚未覆盖地区的可再生能源独立发电项目适用本规定。

第四条 可再生能源发电项目实行中央和地方分级管理。

国家发展和改革委员会负责全国可再生能源发电项目的规划、政策制定和需国家核准或审批项目的管理。省级人民政府能源主管部门负责本辖区内属地方权限范围内的可再生能源发电项目的管理工作。

可再生能源发电规划应纳入同级电力规划。

第二章 项目管理

第五条 可再生能源开发利用要坚持按规划建设的原则。可再生能源发电规划的制定要充分考虑资源特点、市场需求和生态环境保护等因素,要注重发挥资源优势和规模效益。项目建设要符合省级以上发展规划和建设布局的总体要求,做到合理有序开发。

第六条 主要河流上建设的水电项目和25万千瓦及以上水电项目,5万千瓦及以上风力发电项目,由国家发展和改革委员会核准或审批。其他项目由省级人民政府投资主管部门核准或审批,并报国家发展和改革委员会备案。需要国家政策和资金支持的生物质发电、地热能发电、海洋能发电和太阳能发电项目向国家发展和改革委员会申报。

第七条 可再生能源发电项目的上网电价,由国务院价格主管部门根据不同类型可再生能源发电的特点和不同地区的情况,按照有利于促进可再生能源开发利用和经济合理的原则确定,并根据可再生能源开发利用技术的发展适时调整和公布。

实行招标的可再生能源发电项目的上网电价,按照中标确定的价格执行;电网企业收购和销售非水电可再生能源电量增加的费用在全国范围内由电力用户分摊,具体办法另行制定。

第八条 国家发展和改革委员会负责制定可再生能源发电统计管理办法。省级人民政府能源主管部门负责可再生能源发电的统计管理和汇总,并于每年2月10日前上报国家发展和改革委员会。

第九条 国家电力监管委员会负责可再生能源发电企业的运营监管工作,协调发电企业和电网企业的关系,对可再生能源发电、上网和结算进行监管。

第三章 电网企业责任

第十条 省级(含)以上电网企业应根据省级(含)以上人民政府制定的可再生能源发电中长期规划,制定可再生能源发电配套电网设施建设规划,并纳入国家和省级电网发展规划,报省级人民政府与国家发展和改革委员会批准后实施。

第十一条 电网企业应当根据规划要求,积极开展电网设计和研究论证工作,根据可再生能源发电项目建设进度和需要,进行电网建设与改造,确保可再生能源发电全额上网。

第十二条 可再生能源并网发电项目的接入系统,由电网企业建设和管理。

对直接接入输电网的水力发电、风力发电、生物质发电等大中型可再生能源发电项目,其接入系统由电网企业投资,产权分界点为电站(场)升压站外第一杆(架)。

对直接接入配电网的太阳能发电、沼气发电等小型可再生能源发电项目,其接入系统原则上由电网企业投资建设。发电企业(个人)经与电网企业协商,也可以投资建设。

第十三条 电网企业负责对其所收购的可再生能源电量进行计量、统计,省级电网企业应于每年1月20日前汇总报送省级人民政府能源主管部门,并抄报国家发展和改革委员会。

第四章　发电企业责任

第十四条　发电企业应当积极投资建设可再生能源发电项目,并承担国家规定的可再生能源发电配额义务。发电配额指标及管理办法另行规定。

大型发电企业应当优先投资可再生能源发电项目。

第十五条　可再生能源发电项目建设、运行和管理应符合国家和电力行业的有关法律法规、技术标准和规程规范,注重节约用地,满足环保、安全等要求。

第十六条　发电企业应按国家可再生能源发电项目管理的有关规定,认真做好设计、用地、水资源、环保等有关前期准备工作,依法取得行政许可,未经许可不得擅自开工建设。

获得行政许可的项目,应在规定的期限内开工和建成发电。未经原项目许可部门同意,不得对项目进行转让、拍卖或变更投资方。

第十七条　可再生能源发电项目建设,应当严格执行国家基本建设项目管理的有关规定,落实环境保护、生态建设、水土保持等措施,加强施工管理,确保工程质量。

第十八条　发电企业应该安装合格的发电计量系统,并在每年的 1 月 15 日前将上年度的装机容量、发电量及上网电量上报省级人民政府能源主管部门。

第五章　附　　则

第十九条　电网企业和发电企业发生争议,可以根据事由向国家发展和改革委员会或国家电力监管委员会申请调解,不接受调解的,可以通过民事诉讼裁处。

第二十条　不执行本规定造成企业和国家损失的,由国家发展和改革委员会或省级人民政府委托的审计事务所进行审查核定损失,按照核定的损失额赔偿损失。有关罚款办法另行制定。

第二十一条　本规定自发布之日起执行。

第二十二条　本规定由国家发展和改革委员会负责解释。

分布式发电管理暂行办法

（2013年7月18日国家发展改革委印发 发改能源〔2013〕1381号）

第一章 总 则

第一条 为推进分布式发电发展，加快可再生能源开发利用，提高能源效率，保护生态环境，根据《中华人民共和国可再生能源法》、《中华人民共和国节约能源法》等规定，制定本办法。

第二条 本办法所指分布式发电，是指在用户所在场地或附近建设安装、运行方式以用户端自发自用为主、多余电量上网，且在配电网系统平衡调节为特征的发电设施或有电力输出的能量综合梯级利用多联供设施。

第三条 本办法适用于以下分布式发电方式：

（一）总装机容量5万千瓦及以下的小水电站；

（二）以各个电压等级接入配电网的风能、太阳能、生物质能、海洋能、地热能等新能源发电；

（三）除煤炭直接燃烧以外的各种废弃物发电，多种能源互补发电，余热余压余气发电、煤矿瓦斯发电等资源综合利用发电；

（四）总装机容量5万千瓦及以下的煤层气发电；

（五）综合能源利用效率高于70%且电力就地消纳的天然气热电冷联供等。

第四条 分布式发电应遵循因地制宜、清洁高效、分散布局、就近利用的原则，充分利用当地可再生能源和综合利用资源，替代和减少化石能源消费。

第五条 分布式发电在投资、设计、建设、运营等各个环节均依法实行开放、公平的市场竞争机制。分布式发电项目应符合有关管理要求，保证工程质量和生产安全。

第六条 国务院能源主管部门会同有关部门制定全国分布式发电产业政策，发布技术标准和工程规范，指导和监督各地区分布式发电的发展规划、建设和运行的管理工作。

第二章　资源评价和综合规划

第七条　发展分布式发电的领域包括：

（一）各类企业、工业园区、经济开发区等；

（二）政府机关和事业单位的建筑物或设施；

（三）文化、体育、医疗、教育、交通枢纽等公共建筑物或设施；

（四）商场、宾馆、写字楼等商业建筑物或设施；

（五）城市居民小区、住宅楼及独立的住宅建筑物；

（六）农村地区村庄和乡镇；

（七）偏远农牧区和海岛；

（八）适合分布式发电的其他领域。

第八条　目前适用于分布式发电的技术包括：

（一）小水电发供用一体化技术；

（二）与建筑物结合的用户侧光伏发电技术；

（三）分散布局建设的并网型风电、太阳能发电技术；

（四）小型风光储等多能互补发电技术；

（五）工业余热余压余气发电及多联供技术；

（六）以农林剩余物、畜禽养殖废弃物、有机废水和生活垃圾等为原料的气化、直燃和沼气发电及多联供技术；

（七）地热能、海洋能发电及多联供技术；

（八）天然气多联供技术、煤层气（煤矿瓦斯）发电技术；

（九）其他分布式发电技术。

第九条　省级能源主管部门会同有关部门，对可用于分布式发电的资源进行调查评价，为分布式发电规划编制和项目建设提供科学依据。

第十条　省级能源主管部门会同有关部门，根据各种可用于分布式发电的资源情况和当地用能需求，编制本省、自治区、直辖市分布式发电综合规划，明确分布式发电各重点领域的发展目标、建设规模和总体布局等，报国务院能源主管部门备案。

第十一条　分布式发电综合规划应与经济社会发展总体规划、城市规划、天然气管网规划、配电网建设规划和无电地区电力建设规划等相衔接。

第三章　项目建设和管理

第十二条　鼓励企业、专业化能源服务公司和包括个人在内的各类电力用户投资建设并经营分布式发电项目，豁免分布式发电项目发电业务许可。

第十三条　各省级投资主管部门和能源主管部门组织实施本地区分布式发电建设。依据简化程序、提高效率的原则，实行分级管理。

第十四条　国务院能源主管部门组织分布式发电示范项目建设，推动分布式发电发展和管理方式创新，促进技术进步和产业化。

第四章　电 网 接 入

第十五条　国务院能源主管部门会同有关方面制定分布式发电接入配电网的技术标准、工程规范和相关管理办法。

第十六条　电网企业负责分布式发电外部接网设施以及由接入引起公共电网改造部分的投资建设，并为分布式发电提供便捷、及时、高效的接入电网服务，与投资经营分布式发电设施的项目单位（或个体经营者、家庭用户）签订并网协议和购售电合同。

第十七条　电网企业应制定分布式发电并网工作流程，以城市或县为单位设立并公布接受分布式发电投资人申报的地点及联系方式，提高服务效率，保证无障碍接入。

对于以35千伏及以下电压等级接入配电网的分布式发电，电网企业应按专门设置的简化流程办理并网申请，并提供咨询、调试和并网验收等服务。

对于小水电站和以35千伏以上电压等级接入配电网的分布式发电，电网企业应根据其接入方式、电量使用范围，本着简便和及时高效的原则做好并网管理，提供相关服务。

第十八条　鼓励结合分布式发电应用建设智能电网和微电网，提高分布式能源的利用效率和安全稳定运行水平。

第十九条　国务院能源主管部门派出机构负责建立分布式发电监管和并网争议解决机制，切实保障各方权益。

第五章 运 行 管 理

第二十条 分布式发电有关并网协议、购售电合同的执行及多余上网电量的收购、调剂等事项，由国务院能源主管部门派出机构会同省级能源主管部门协调，或委托下级部门协调。

分布式发电如涉及供电营业范围调整，由国务院能源主管部门派出机构会同省级能源主管部门根据相关法律法规予以明确。

第二十一条 分布式发电以自发自用为主，多余电量上网，电网调剂余缺。采用双向计量电量结算或净电量结算的方式，并可考虑峰谷电价因素。结算周期在合同中商定，原则上按月结算。电网企业应保证分布式发电多余电量的优先上网和全额收购。

第二十二条 国务院能源主管部门派出机构会同省级能源主管部门组织建立分布式发电的监测、统计、信息交换和信息公开等体系，可委托电网企业承担有关信息统计工作，分布式发电项目单位（或个体经营者、家庭用户）应配合提供有关信息。

第二十三条 分布式发电投资方要建立健全运行管理规章制度。包括个人和家庭用户在内的所有投资方，均有义务在电网企业的指导下配合或参与运行维护，保障项目安全可靠运行。

第二十四条 分布式发电设施并网接入点应安装电能计量装置，满足上网电量的结算需要。电网企业负责对电能计量进行管理。

分布式发电在运行过程中应保存完整的能量输出和燃料消耗计量数据。

第二十五条 拥有分布式发电设施的项目单位、个人及家庭用户应接受能源主管部门及相关部门的监督检查，如实提供包括原始数据在内的运行记录。

第二十六条 分布式发电应满足有关发电、供电质量要求，运行管理应满足有关技术、管理规定和规程规范要求。

电网及电力运行管理机构应优先保障分布式发电正常运行。具备条件的分布式发电在紧急情况下应接受并服从电力运行管理机构的应急调度。

第六章 政策保障及措施

第二十七条 根据有关法律法规及政策规定，对符合条件的分布式发电给予建设资金补贴或单位发电量补贴。建设资金补贴方式仅限于电力普遍服务范围。

享受建设资金补贴的，不再给予单位发电量补贴。

享受补贴的分布式发电包括：风力发电、太阳能发电、生物质发电、地热发电、海洋能发电等新能源发电。其他分布式发电的补贴政策按相关规定执行。

第二十八条 对农村、牧区、偏远地区和海岛的分布式发电，以及分布式发电的科学技术研究、标准制定和示范工程，国家给予资金支持。

第二十九条 加强科学技术普及和舆论宣传工作，营造有利于加快发展分布式发电的社会氛围。

第七章 附 则

第三十条 各省级能源主管部门会同国务院能源主管部门派出机构及价格、财政等主管部门，根据本办法制定分布式发电管理实施细则。

第三十一条 本办法自发布之日起施行。

风电开发建设管理暂行办法

(2011 年 8 月 25 日国家能源局印发 国能新能〔2011〕285 号)

第一章 总 则

第一条 为加强风能资源开发管理,规范风电项目建设,促进风电有序健康发展,根据《中华人民共和国行政许可法》、《中华人民共和国可再生能源法》和《企业投资项目核准暂行办法》,制定本办法。

第二条 风电开发建设管理包括风电场工程的建设规划、项目前期工作、项目核准、竣工验收、运行监督等环节的行政组织管理和技术质量管理。

第三条 国务院能源主管部门负责全国风电开发建设管理。各省(区、市)政府能源主管部门在国务院能源主管部门的指导和组织下,按照国家有关规定负责本地区风电开发建设管理。委托国家风电建设技术归口管理单位承担全国风电技术质量管理。

第四条 本办法适用于国务院投资主管部门和省级政府投资主管部门核准的所有风电项目。海上风电开发建设还应符合《海上风电开发建设管理暂行办法》(国能新能〔2010〕29 号)的要求。

第二章 建 设 规 划

第五条 风电场工程建设规划是风电场工程项目建设的基本依据,要坚持"统筹规划、有序开发、分步实施、协调发展"的方针,协调好风电开发与环境保护、土地及海域利用、军事设施保护、电网建设及运行的关系。

第六条 国务院能源主管部门负责全国风电场工程建设规划(含百万千瓦级、千万千瓦级风电基地规划)的编制和实施工作,在进行风能资源评价、风电市场消纳、土地及海域使用、环境保护等建设条件论证的基础上,确定全国风电建设规模和区域布局。

第七条 省级政府能源主管部门根据全国风电场工程建设规划要求,在落实项目风能资源、项目场址和电网接入等条件的基础上，综合项目建设的经济效益和社会效益，按照有关技术规范要求组织编制本地区的风电场工程建设规划与年度开发计划，报国务院能源主管部门备案，并抄送国家风电建设技术归口管理单位。

第八条 风电建设技术归口管理单位综合考虑风能资源、能源需求和技术进步等因素，负责对各省（区、市）风电场工程建设规划与年度开发计划进行技术经济评价。

第九条 国务院能源主管部门依法对地方规划进行备案管理，各省（区、市）风电场工程年度开发计划内的项目经国务院能源主管部门备案后，方可享受国家可再生能源发展基金的电价补贴。

第十条 各电网企业依据国务院能源主管部门备案的各省（区、市）风电场工程建设规划、年度开发计划，落实风电场工程配套电力送出工程。

第三章 项目前期工作

第十一条 项目前期工作包括选址测风、风能资源评价、建设条件论证、项目开发申请、可行性研究和项目核准前的各项准备工作。

企业开展测风要向县级以上政府能源主管部门提出申请，按照气象观测管理要求开展相关工作。

第十二条 风电项目开发企业开展前期工作之前应向省级以上政府能源主管部门提出开展风电场项目开发前期工作的申请。按照项目核准权限划分，5 万千瓦及以上项目开发前期工作申请由省级政府能源主管部门受理后，上报国务院能源主管部门批复。

第十三条 省级政府能源主管部门提出的年度开发计划，应包括建设总规模和各项目的开发申请报告，国务院投资主管部门和省级政府投资主管部门核准的项目均应包括在内。项目的开发申请报告应在预可行性研究阶段工作成果的基础上编制，包括以下内容：

（一）风电场风能资源测量与评估成果、风电场地形图测量成果、工程地质勘察成果及工程建设条件；

（二）项目建设必要性，初步确定开发任务、工程规模、设计方案和电网接入条件；

（三）初拟建设用地或用海的类别、范围，环境影响初步评价；

（四）初步的项目经济和社会效益分析；

国务院能源主管部门对满足上述要求的项目予以备案。

第十四条　为促进风电技术进步,国务院能源主管部门可根据需要选择特定开发区域及项目,组织省级政府能源主管部门采取特许权招标方式确定项目投资开发主体及项目关键设备。也可对已明确投资开发主体的大型风电基地的项目提出统一的技术条件,会同项目所在地省级政府能源主管部门指导项目单位对关键设备集中招标采购。

第四章　项 目 核 准

第十五条　为做好地方规划及项目建设与国家规划衔接,根据项目核准管理权限,省级政府投资主管部门核准的风电场工程项目,须按照报国务院能源主管部门备案后的风电场工程建设规划和年度开发计划进行。

第十六条　风电场工程项目按照国务院规定的项目核准管理权限,分别由国务院投资主管部门和省级政府投资主管部门核准。

由国务院投资主管部门核准的风电场工程项目,经所在地省级政府能源主管部门对项目申请报告初审后,按项目核准程序,上报国务院投资主管部门核准。项目单位属于中央企业的,所属集团公司需同时向国务院投资主管部门报送项目核准申请。

第十七条　项目单位应遵循节约、集约和合理利用土地资源的原则,按照有关法律法规与技术规定要求落实建设方案和建设条件,编写项目申请报告,办理项目核准所需的支持性文件。

第十八条　风电场工程项目申请报告应达到可行性研究的深度,并附有下列文件:

(一)项目列入全国或所在省(区、市)风电场工程建设规划及年度开发计划的依据文件;

(二)项目开发前期工作批复文件,或项目特许权协议,或特许权项目中标通知书;

(三)项目可行性研究报告及其技术审查意见;

(四)土地管理部门出具的关于项目用地预审意见;

(五)环境保护管理部门出具的环境影响评价批复意见;

(六)安全生产监督管理部门出具的风电场工程安全预评价报告备案函;

(七)电网企业出具的关于风电场接入电网运行的意见,或省级以上政府能源主管部门关于项目接入电网的协调意见。

(八)金融机构同意给予项目融资贷款的文件;

(九)根据有关法律法规应提交的其它文件。

第十九条 风电场工程项目须经过核准后方可开工建设。项目核准后2年内不开工建设的,项目原核准机构可按照规定收回项目。风电场工程开工以第一台风电机组基础施工为标志。

第五章 竣工验收与运行监督

第二十条 项目所在省级政府能源主管部门负责指导和监督项目竣工验收,协调和督促电网企业完成电网接入配套设施建设并与项目单位签订并网调度协议和购售电合同。项目单位完成土建施工、设备安装和配套电力送出设施,办理好各专项验收,待电网企业建成电力送出配套电网设施后,制定整体工程竣工验收方案,报项目所在地省级政府能源主管部门备案。项目单位和电网企业按有关技术规定和备案的验收方案进行竣工验收,将结果报告省级政府能源主管部门,省级政府能源主管部门审核后报国务院能源主管部门备案。

第二十一条 电网企业配合进行项目并网运行调试,按照相关技术规定进行项目电力送出工程和并网运行的竣工验收。完成竣工验收后将结果报告省级政府能源主管部门,省级政府能源主管部门审核后报国务院能源主管部门备案。

第二十二条 项目单位应根据电网调度和信息管理要求,向电网调度机构及可再生能源信息管理机构传送和报告运行信息。未经批准,项目运行实时数据不得向境外传送,项目控制系统不能与公共互联网直接联接。项目单位长期保留的测风塔、机组附带的测风仪的使用要符合气象观测管理的有关要求。

第二十三条 项目投产1年后,国务院能源主管部门可组织有规定资质的单位,根据相关技术规定对项目建设和运行情况进行后评估,3个月内完成评估报告,评估结果作为项目单位参与后续风电项目开发的依据。项目单位应按照评估报告对项目设施和运行管理进行必要的改进。

第二十四条 多个风电场工程在同一地域同期建设,可由项目所在地省级政府能源主管部门组织有关单位统一协调办理电网接入、建设用地或用海预审、环境影响评价、安全预评价等手续。

第二十五条 风电项目单位应按照国务院能源主管部门及国家可再生能源信息管理机构的要求,报告风电场工程相关运行信息。如发生火灾、风电机组严重损毁以及其他停产7天以上事故,或风电机组部件发生批量质量问题,应在第一时间向国务院能源主管部门及省级政府能源主管部门报告。

第六章 违 规 责 任

第二十六条 风电场工程未按规定程序和条件获得核准擅自开工建设,不能享受国家可再生能源发展基金的电价补贴,电网企业不予接受其并网运行。

第二十七条 对于违规擅自开工建设的项目,一经发现,省级以上政府能源主管部门将责令其停止建设,并依法追究有关责任人的法律和行政责任。

第二十八条 通过国家特许权招标方式获得投资开发主体资格的项目单位发生违约,项目单位承担特许权协议规定的相关责任;情节严重的,按照招投标法规定,自违约时间起3年内取消其参与同类项目投标资格,并予以公告。参加国家特许权项目招标或设备集中招标的设备制造企业违反招标约定,自违约发生时间起3年内该企业不得参与同类项目投标。

第二十九条 风电场发生火灾、风电机组严重损毁以及其他停产7天以上事故,或风电机组部件发生批量质量问题,超过7天未以任何方式报告情况,或未按规定向国家可再生能源信息管理机构提交有关信息的,省级以上政府能源主管部门将责令其改正,并依法追究有关责任人的法律和行政责任。

第七章 附 则

第三十条 本办法由国家能源局负责解释。

第三十一条 本办法由国家能源局发布,自发布之日起施行。

分散式风电项目开发建设暂行管理办法

（2018 年 4 月 3 日国家能源局印发　国能发新能〔2018〕30 号）

第一章　总　　则

第一条　为推进分散式风电发展，规范分散式风电项目建设管理，根据《中华人民共和国可再生能源法》《中华人民共和国电力法》《中华人民共和国行政许可法》《中华人民共和国土地管理法》以及《分布式发电管理暂行办法》，制定本办法。

第二条　分散式风电项目是指所产生电力可自用，也可上网且在配电系统平衡调节的风电项目。项目建设应满足以下技术要求：

（一）接入电压等级应为 110 千伏及以下，并在 110 千伏及以下电压等级内消纳，不向 110 千伏的上一级电压等级电网反送电。

（二）35 千伏及以下电压等级接入的分散式风电项目，应充分利用电网现有变电站和配电系统设施，优先以 T 或者 π 接的方式接入电网。

（三）110 千伏（东北地区 66 千伏）电压等级接入的分散式风电项目只能有 1 个并网点，且总容量不应超过 50 兆瓦。

（四）在一个并网点接入的风电容量上限以不影响电网安全运行为前提，统筹考虑各电压等级的接入总容量。

国家关于分布式发电的政策和管理规定均适用于分散式风电项目；110 千伏（东北地区 66 千伏）电压等级接入的分散式风电项目，接入系统设计和管理按照集中式风电场执行。

第三条　鼓励各类企业及个人作为项目单位，在符合土地利用总体规划的前提下，投资、建设和经营分散式风电项目。鼓励开展商业模式创新，吸引社会资本参与分散式风电项目开发，充分激发市场活力。

第四条　各省级能源主管部门在国务院能源主管部门的组织和指导下，负责本地区分散式风电项目的开发规划、建设管理以及质量和安全监督管理职责。

第二章 规划指导

第五条 地方各级能源主管部门会同国土、环保、规划等部门和相关企业，依据当地土地利用总体规划和风能资源、电网接入、清洁能源消纳能力等开发建设条件，制订当地分散式风电开发建设规划，并依法开展环境影响评价工作，编制规划环境影响报告书，同时结合实际情况及时对规划进行滚动修编。分散式风电开发建设规划应做好与《风电发展“十三五”规划》的衔接，在落实消纳条件和分散式风电技术要求的条件下，严格按照《国家能源局关于可再生能源发展“十三五”规划实施的指导意见》对风电建设规模的相关要求以及我局关于风电预警管理的相关规定编制，不得随意扩大建设规模。

规划编制可按以下流程开展：1. 能源主管部门根据土地、资源等提出规模及布点方案；2. 电网企业据此方案，基于电网、负荷，按照电网接入条件约束进行容量和布点的优化；3. 能源主管部门公开发布分散式风电规划报告并进行滚动修编。

第六条 全面拓宽应用领域。鼓励分散式风电项目与太阳能、天然气、生物质能、地热能、海洋能等各类能源形式综合开发，提高区域可再生能源利用水平；与生态旅游、美丽乡村、特色小镇等民生改善工程深入结合，促进县域经济发展；与智慧城市、智慧园区、智慧社区等有效融合，为构建未来城市（社区）形态提供能源支撑；与海岛资源开发利用充分结合，促进发展海洋经济、拓宽发展空间。

第七条 各级电网企业应积极配合分散式风电开发建设规划制订工作，提供本地区电网建设规划、潮流、新能源消纳等相关信息，并明确各并网点及其潜在接入容量等数据。鼓励分散式风电等分布式发电建设条件好的市（县）及地区电网企业编制分布式新能源电网接入和消纳的专项规划。

第八条 分散式风电项目开发建设规划应与土地利用、生态保护、乡村发展、电网建设等相关规划有效衔接，并符合城乡规划，避免分散式风电开发建设规划与其他规划冲突。

第三章 项目建设和管理

第九条 各地方要简化分散式风电项目核准流程，建立简便高效规范的核准管理工作机制，鼓励试行项目核准承诺制。地方能源主管部门制订完善的分散式风电项目核准管理工作细则，建立简便高效规范的工作流程，明确项目核准的申报材料、办理流程和办理时限等，并向社会公布。对于试行项目核准承诺制的地区，地方能源主管部门不再审查前置要件，审查方式转变为企业提交相关材料并作出信用承诺，地方能源主管部门审核通过后，即对项目予以核准。

第十条 鼓励各地方政府设立以能源主管部门牵头的“一站式”管理服务窗口，建立国土、环保等多部门高效协调的管理工作机制，并与电网企业有效衔接，建立与电网接入申请、并网调试、电费结算和补贴发放等相结合的分散式风电项目核准等“一站式”服务体系。

第十一条 分散式风电项目开发企业在项目取得土地、规划、环保等职能部门的支持性文件后，按照地方政府有关规定，向相应的项目核准机关报送项目申请报告。各地相关部门要针对分散式风电项目的特点简化工作流程，降低项目前期成本。

第十二条 开发企业应按照核准文件的要求进行建设。项目核准后两年内不开工建设的，按照《企业投资项目核准和备案管理办法》（国家发展和改革委员会令第2号）处理。项目开工以第一台风电机组基础浇筑为标志。

第十三条 在满足国家环保、安全生产等相关要求的前提下，开发企业可使用本单位自有建设用地（如园区土地），也可租用其他单位建设用地开发分散式风电项目。

分散式风电项目不得占用永久基本农田。对于占用其他类型土地的，应依法办理建设用地审批手续；在原土地所有权人、使用权人同意的情况下，可通过协议等途径取得建设用地使用权。

第十四条 分散式风电项目申请核准时可选择“自发自用、余电上网”或“全额上网”中的一种模式。自发自用部分电量不享受国家可再生能源发展基金补贴，上网电量由电网企业按照当地风电标杆上网电价收购，其中电网企业承担燃煤机组标杆上网电价部分，当地风电标杆上网电价与燃煤机组标杆上网电价差额部分由可再生能源发展基金补贴。对未严格按照技术要求建设的分散式风电项目，国家不予补贴。

第十五条 鼓励开发企业将位于同一县域内的多个电网接入点的风电机组打捆成一个项目统一开展前期工作，办理相关支持性文件，进行项目前期工作和开发建设。

第四章 电网接入

第十六条 通过110千伏（东北地区66千伏）电压等级接入的分散式风电项目，应满足国家标准GB/T 19963《风电场接入电力系统技术规定》及其他国家/行业相关标准的技术要求;通过35千伏及以下电压等级接入的分散式风电项目,应满足国家标准GB/T 33593《分布式电源并网技术要求》及其他国家/行业相关标准的技术要求。

第十七条　电网企业应为纳入专项规划的35千伏及以下电压等级的分散式风电项目接入电网提供便利条件,为接入系统工程建设开辟绿色通道。接入公共电网的分散式风电项目,接入系统工程以及接入引起的公共电网改造部分由电网企业投资建设。接入用户侧的分散式风电项目,在用户范围内的接入系统工程由项目业主投资建设,接入引起的公共电网改造部分由电网企业投资建设。

第十八条　电网企业应完善35千伏及以下电压等级接入分散式风电项目接网和并网运行服务。由地市或县级电网企业设立分散式风电项目"一站式"并网服务窗口,按照简化程序办理电网接入,提供相应并网服务,并及时向社会公布配电网可接入容量信息。

第十九条　35千伏及以下电压等级接入分散式风电项目办理并网手续的工作流程、办理时限,参照以下要求执行:

(一)地市或县级电网企业客户服务中心为分散式风电项目业主提供并网申请受理服务,向项目业主填写并网申请表提供咨询指导,接受相关支持性文件,不得以政府核准文件、客户有效身份证明之外的材料缺失为由拒绝并网申请。

(二)电网企业为分散式风电项目业主提供接入系统方案制订和咨询服务,并在受理并网申请后20个工作日内,由客户服务中心将接入系统方案送达项目业主,经项目业主确认后实施。

(三)分散式风电项目主体工程和接入系统工程竣工后,客户服务中心受理项目业主并网调试申请,接收相关材料。

(四)电网企业在受理并网调试申请后,10个工作日内完成关口电能计量装置安装服务,并与项目业主(或电力用户)签署购售电合同和并网调度协议。合同和协议内容参照有关部门制订的示范文本内容。

(五)电网企业在关口电能计量装置安装完成后,10个工作日内组织并网调试,调试通过后直接转入并网运行。

(六)电网企业在并网申请受理、接入系统方案制订、合同和协议签署、并网调试全过程服务中,不收取任何费用。

第二十条　电网企业应按规定的并网点及时完成应承担的接网工程,在符合电网运行安全以及网络与信息安全技术要求的前提下,尽可能在用户侧以较低电压等级接入,允许内部多点接入配电系统,避免安装不必要的升压设备。

第二十一条　电网企业应根据分散式风电接入方式、电量使用范围,本着安全、简便、及时、高效的原则做好并网管理，提供相关服务。

第二十二条 分散式风电与电网的产权分界点为风电机组集电线路最靠近电网的最后一台风电机组处，电量计量点原则上尽可能接近产权分界点，在技术条件复杂时可由开发企业与当地电网企业协商确定。电网企业提供的电能计量表应可明确区分项目总发电量、“自发自用”电量和上网电量。

第二十三条 完善分散式风电项目电费结算和补贴拨付。

（一）电网企业按月（或双方约定）与分散式风电项目单位（含个人）结算电费和转付国家补贴资金，按分散式风电项目优先原则做好补贴资金使用预算和计划，保障国家补贴资金及时足额转付到位。

（二）电网企业应按照有关规定配合当地税务部门处理好购买自然人（个人）分散式风电项目电力产品发票开具和税款征收问题。

（三）电网企业应做好项目电费结算和补贴发放情况的统计，并按要求向国务院能源主管部门及其派出机构、省级能源主管部门报送相关信息。

（四）分散式风电项目并网调试完成，并具备正式结算条件后，由电网企业按季度按流程向财政部、国家发展改革委、国家能源局申报纳入可再生能源发电补贴目录。

第二十四条 对于接入 10 千伏及以上电压等级电力系统的分散式风电项目，开发企业应确保其安装的风电机组型号通过了相关国家标准、行业标准所规定的测试，并网运行时电能质量和所在公共电网的接入点电压合格。分散式风电应充分利用自身无功电压调节能力，补偿分散式风电接入带来的无功和电能质量控制需求。电网企业根据当地电网运行需要，统一建立覆盖本地区的功率预测预报体系。

第二十五条 分散式风电项目根据其所用的风电机组技术特性运行，在确保电力系统网络与信息安全的前提下，向地市或县级电网调度部门上传运行信息。

第五章 运行管理

第二十六条 分散式风电项目运营主体应当遵守电力业务许可制度，依法开展发电相关业务，并接受国务院能源主管部门及其派出机构的监管。

第二十七条 加强分散式风电项目监测和评价。电网企业应与分散式风电项目建立沟通协调机制，及时掌握分散式风电运行情况。在电网和分散式风电项目检修期间，做好接入点隔离措施。

第二十八条　完善产业技术服务体系。通过市场机制培育分散式风电项目规划设计、工程建设、评估认证、运行维护等环节的专业化服务能力，满足分散式风电项目多元化参与主体的技术需求。

第二十九条　探索新型专业化的运维商业模式。鼓励分散式风电项目应用智能化运行管理技术，实现无人值守的运行模式；鼓励开发企业委托第三方专业机构提供运维服务。

第三十条　完善分散式风电项目机组退役管理。制订风电机组剩余寿命评估标准，在风电机组并网运行达到设计寿命前1～2年内，对机组状况、运行条件及剩余寿命等进行综合评估，按照标准要求对机组采取延期服役或拆除处理。

第六章　金融和投资开发模式创新

第三十一条　创新投融资机制。鼓励各类企业、社会机构、农村集体经济组织和个人参与投资分散式风电项目，实现投资主体多元化。

（一）鼓励项目所在地政府建立分散式风电项目融资服务平台，与银行、保险公司等金融机构合作开展金融服务创新，如设立公共担保基金、风险补偿基金等。鼓励项目所在地政府结合民生项目对分散式风电项目提供贷款贴息。

（二）鼓励银行等金融机构，在有效防控风险的前提下，综合考虑社会效益和商业可持续性，积极为分散式风电项目提供金融服务，探索以项目售电收费权和项目资产为质押的贷款机制。

（三）在确保不增加地方政府隐性债务的前提下，鼓励合法合规地采用融资租赁方式为分散式风电项目提供一体化融资租赁服务；鼓励各类基金、保险、信托等与产业资本结合，探索建立分散式风电项目投资基金；鼓励担保机构对中小企业和个人提供建设分散式风电项目的信用担保，支持分散式风电入户、入社区（乡村和工业园区等）。

第三十二条　积极开展商业模式创新。在农民自愿的前提下，可以将征地补偿费和租用农用地费作为资产入股项目，形成集体股权，并量化给农村集体经济组织成员，建立公平、公正、公开的项目收益分配制度，以组、村、乡镇不同层级农村集体经济组织为股权持有者，其成员为集体股权受益主体，推动实现共享发展。鼓励社会资本采取混合所有制、设立基金、组建联合体等多种方式，以PPP合作模式参与地方政府主导的分散式风电项目投资建设。

第三十三条　鼓励项目所在地开展分散式风电电力市场化交易试点，允许分散式风电项目向配电网内就近电力用户直接售电，市场化交易范围、交易方式、交易电价、输配电价、交易各主体权利和义务等按照分布式发电市场化交易相关规定执行。

第七章　附　　则

第三十四条　本办法自颁布之日起实施，有效期5年。

第三十五条　本办法由国家能源局负责解释。

海上风电开发建设管理办法

（2016 年 12 月 29 日国家能源局、国家海洋局印发
国能新能〔2016〕394 号）

第一章　总　　则

第一条　为规范海上风电项目开发建设管理，促进海上风电有序开发、规范建设和持续发展，根据《行政许可法》、《可再生能源法》、《海域使用管理法》、《海洋环境保护法》和《海岛保护法》，特制定本办法。

第二条　本办法所称海上风电项目是指沿海多年平均大潮高潮线以下海域的风电项目，包括在相应开发海域内无居民海岛上的风电项目。

第三条　海上风电开发建设管理包括海上风电发展规划、项目核准、海域海岛使用、环境保护、施工及运行等环节的行政组织管理和技术质量管理。

第四条　国家能源局负责全国海上风电开发建设管理。各省（自治区、直辖市）能源主管部门在国家能源局指导下，负责本地区海上风电开发建设管理。可再生能源技术支撑单位做好海上风电技术服务。

第五条　海洋行政主管部门负责海上风电开发建设海域海岛使用和环境保护的管理和监督。

第二章　发 展 规 划

第六条　海上风电发展规划包括全国海上风电发展规划、各省（自治区、直辖市）以及市县级海上风电发展规划。全国海上风电发展规划和各省（自治区、直辖市）海上风电发展规划应当与可再生能源发展规划、海洋主体功能区规划、海洋功能区划、海岛保护规划、海洋经济发展规划相协调。各省（自治区、直辖市）海上风电发展规划应符合全国海上风电发展规划。

第七条　海上风电场应当按照生态文明建设要求，统筹考虑开发强度和资源环境承载能力，原则上应在离岸距离不少于 10 公里、滩涂宽度超过 10 公里时海域

水深不得少于10米的海域布局。在各种海洋自然保护区、海洋特别保护区、自然历史遗迹保护区、重要渔业水域、河口、海湾、滨海湿地、鸟类迁徙通道、栖息地等重要、敏感和脆弱生态区域,以及划定的生态红线区内不得规划布局海上风电场。

第八条 国家能源局统一组织全国海上风电发展规划编制和管理;会同国家海洋局审定各省(自治区、直辖市)海上风电发展规划;适时组织有关技术单位对各省(自治区、直辖市)海上风电发展规划进行评估。

第九条 各省(自治区、直辖市)能源主管部门组织有关单位,按照标准要求编制本省(自治区、直辖市)管理海域内的海上风电发展规划,并落实电网接入方案和市场消纳方案。

第十条 各省(自治区、直辖市)海洋行政主管部门,根据全国和各省(自治区、直辖市)海洋主体功能区规划、海洋功能区划、海岛保护规划、海洋经济发展规划,对本地区海上风电发展规划提出用海用岛初审和环境影响评价初步意见。

第十一条 鼓励海上风能资源丰富、潜在开发规模较大的沿海县市编制本辖区海上风电规划,重点研究海域使用、海缆路由及配套电网工程规划等工作,上报当地省级能源主管部门审定。

第十二条 各省(自治区、直辖市)能源主管部门可根据国家可再生能源发展相关政策及海上风电行业发展状况,开展海上风电发展规划滚动调整工作,具体程序按照规划编制要求进行。

第三章 项目核准

第十三条 省级及以下能源主管部门按照有关法律法规,依据经国家能源局审定的海上风电发展规划,核准具备建设条件的海上风电项目。核准文件应及时对全社会公开并抄送国家能源局和同级海洋行政主管部门。

未纳入海上风电发展规划的海上风电项目,开发企业不得开展海上风电项目建设。

鼓励海上风电项目采取连片规模化方式开发建设。

第十四条 国家能源局组织有关技术单位按年度对全国海上风电核准建设情况进行评估总结,根据产业发展的实际情况完善支持海上风电发展的政策措施和规划调整的建议。

第十五条 鼓励海上风电项目采取招标方式选择开发投资企业,各省(自治区、直辖市)能源主管部门组织开展招投标工作,上网电价、工程方案、技术能力等作为重要考量指标。

第十六条　项目投资企业应按要求落实工程建设方案和建设条件,办理项目核准所需的支持性文件。

第十七条　省级及以下能源主管部门应严格按照有关法律法规明确海上风电项目核准所需支持性文件,不得随意增加支持性文件。

第十八条　项目开工前,应落实有关利益协调解决方案或协议,完成通航安全、接入系统等相关专题的论证工作,并依法取得相应主管部门的批复文件。

海底电缆按照《铺设海底电缆管道管理规定》及实施办法的规定,办理路由调查勘测及铺设施工许可手续。

第四章　海域海岛使用

第十九条　海上风电项目建设用海应遵循节约和集约利用海域和海岸线资源的原则,合理布局,统一规划海上送出工程输电电缆通道和登陆点,严格限制无居民海岛风电项目建设。

第二十条　海上风电项目建设用海面积和范围按照风电设施实际占用海域面积和安全区占用海域面积界定。海上风电机组用海面积为所有风电机组塔架占用海域面积之和,单个风电机组塔架用海面积一般按塔架中心点至基础外缘线点再向外扩 50m 为半径的圆形区域计算;海底电缆用海面积按电缆外缘向两侧各外扩 10m 宽为界计算;其他永久设施用海面积按《海籍调查规范》的规定计算。各种用海面积不重复计算。

第二十一条　项目单位向省级及以下能源主管部门申请核准前,应向海洋行政主管部门提出用海预审申请,按规定程序和要求审查后,由海洋行政主管部门出具项目用海预审意见。

第二十二条　海上风电项目核准后,项目单位应按照程序及时向海洋行政主管部门提出海域使用申请,依法取得海域使用权后方可开工建设。

第二十三条　使用无居民海岛建设海上风电的项目单位应当按照《海岛保护法》等法律法规办理无居民海岛使用申请审批手续,并取得无居民海岛使用权后,方可开工建设。

第五章　环 境 保 护

第二十四条　项目单位在提出海域使用权申请前,应当按照《海洋环境保护法》、《防治海洋工程建设项目污染损害海洋环境管理条例》、地方海洋环境保护相关法规及相关技术标准要求,委托有相应资质的机构编制海上风电项目环境影响报告书,报海洋行政主管部门审查批准。

第二十五条 海上风电项目核准后,项目单位应按环境影响报告书及批准意见的要求,加强环境保护设计,落实环境保护措施;项目核准后建设条件发生变化,应在开工前按《海洋工程环境影响评价管理规定》办理。

第二十六条 海上风电项目建成后,按规定程序申请环境保护设施竣工验收,验收合格后,该项目方可正式投入运营。

第六章 施工及运行

第二十七条 海上风电项目经核准后,项目单位应制定施工方案,办理相关施工手续,施工企业应具备海洋工程施工资质。项目单位和施工企业应制定应急预案。

项目开工以第一台风电机组基础施工为标志。

第二十八条 项目单位负责海上风电项目的竣工验收工作,项目所在省(自治区、直辖市)能源主管部门负责海上风电项目竣工验收的协调和监督工作。

第二十九条 项目单位应建立自动化风电机组监控系统,按规定向电网调度机构和国家可再生能源信息管理中心传送风电场的相关数据。

第三十条 项目单位应建立安全生产制度,发生重大事故和设备故障应及时向电网调度机构、当地能源主管部门和能源监管派出机构报告,当地能源主管部门和能源监管派出机构按照有关规定向国家能源局报告。

第三十一条 项目单位应长期监测项目所在区域的风资源、海洋环境等数据,监测结果应定期向省级能源主管部门、海洋行政主管部门和国家可再生能源信息管理中心报告。

第三十二条 新建项目投产一年后,项目建设单位应视实际情况,及时委托有资质的咨询单位,对项目建设和运行情况进行后评估,并向省级能源主管部门报备。

第三十三条 海上风电设计方案、建设施工、验收及运行等必须严格遵守国家、地方、行业相关标准、规程规范,国家能源局组织相关机构进行工程质量监督检查工作,形成海上风电项目质量监督检查评价工作报告,并向全社会予以发布。

第七章 其 它

第三十四条 海上风电基地或大型海上风电项目,可由当地省级能源主管部门组织有关单位统一协调办理电网接入系统、建设用海预审、环境影响评价等相关手续。

第三十五条　各省(自治区、直辖市)能源主管部门可根据本办法,制定本地区海上风电开发建设管理办法实施细则。

第八章　附　　则

第三十六条　本办法由国家能源局和国家海洋局负责解释。

第三十七条　本办法由国家能源局和国家海洋局联合发布,自发布之日起施行,原发布的《海上风电开发建设管理暂行办法》(国能新能〔2010〕29 号)和《海上风电开发建设管理暂行办法实施细则》(国能新能〔2011〕210 号)自动失效。

光伏电站开发建设管理办法

（2022年11月30日国家能源局印发　国能发新能规〔2022〕104号）

第一章　总　　则

第一条　为规范光伏电站开发建设管理，保障光伏电站和电力系统清洁低碳、安全高效运行，促进光伏发电行业持续健康高质量发展，根据《中华人民共和国可再生能源法》《中华人民共和国电力法》《企业投资项目核准和备案管理条例》《电力监管条例》《国务院关于促进光伏产业健康发展的若干意见》《国务院办公厅转发国家发展改革委　国家能源局关于促进新时代新能源高质量发展实施方案的通知》等有关规定，制定本办法。

第二条　本办法适用于集中式光伏电站的行业管理、年度开发建设方案、项目建设管理、电网接入管理、运行监测等。分布式光伏发电管理另行规定。

第三条　国家能源局负责全国光伏电站开发建设和运行的监督管理工作。省级能源主管部门在国家能源局指导下，负责本省（区、市）光伏电站开发建设和运行的监督管理工作。国家能源局派出机构负责所辖区域内光伏电站的国家规划与政策执行、资质许可、公平接网、电力消纳等方面的监管工作。电网企业承担光伏电站并网条件的落实或认定、电网接入、调度能力优化、电量收购等工作，配合各级能源主管部门分析测算电网消纳能力与接入送出条件。有关方面按照国家法律法规和部门职责等规定做好光伏电站的安全生产监督管理工作。

第二章　行 业 管 理

第四条　国家能源局编制全国可再生能源发展规划，确定全国光伏电站开发建设的总体目标和重大布局，并结合发展实际与需要适时调整。

第五条　国家能源局依托国家可再生能源发电项目信息管理平台组织开展并网在运光伏电站项目的建档立卡工作。建档立卡的内容主要包括项目名称、建设地点、项目业主、装机容量、并网时间、项目运行状态等信息。每个建档立卡的光伏电站项目由系统自动生成项目编码,作为项目全生命周期的唯一身份识别代码。

第六条　国家能源局加强对光伏电站项目开发建设及运行的全过程监测,规范市场开发秩序,优化发展环境,根据光伏电站发展的实际情况及时完善行业政策、规范和标准等,并会同有关部门深化"放管服"改革,完善相关支持政策。

第三章　年度开发建设方案

第七条　省级能源主管部门负责做好本省(区、市)可再生能源发展规划与国家能源、可再生能源、电力等发展规划和重大布局的衔接,根据本省(区、市)可再生能源发展规划、非水电可再生能源电力消纳责任权重以及电网接入与消纳条件等,制定光伏电站年度开发建设方案。涉及跨省跨区外送消纳的光伏电站,相关送受端省(区、市)能源主管部门在制定可再生能源发展规划、年度开发建设方案时应充分做好衔接。

第八条　省级能源主管部门制定的光伏电站年度开发建设方案可包括项目清单、开工建设与投产时间、建设要求、保障措施等内容,其中项目清单可视发展需要并结合本地实际分类确定为保障性并网项目和市场化并网项目。各地可结合实际,一次性或分批确定项目清单,并及时向社会公布相关情况。纳入光伏电站年度开发建设方案的项目,电网企业应及时办理电网接入手续。鼓励各级能源主管部门采用建立项目库的管理方式,做好光伏电站项目储备。

第九条　保障性并网项目原则上由省级能源主管部门通过竞争性配置方式确定。市场化并网项目按照国家和各省(区、市)有关规定确定,电网企业应配合省级能源主管部门对市场化并网项目通过自建、合建共享或购买服务等市场化方式落实的并网条件予以认定。

第十条　各省(区、市)光伏电站年度开发建设方案和竞争性配置项目办法应及时向国家能源局报备,并抄送当地国家能源局派出机构。各级能源主管部门要优化营商环境,规范开发建设秩序,不得将强制配套产业或投资、违规收取项目保证金等作为项目开发建设的门槛。

第四章　项目建设管理

第十一条　光伏电站项目建设前应做好规划选址、资源测评、建设条件论证、市场需求分析等各项准备工作,重点落实光伏电站项目的接网消纳条件,符合用地用海和河湖管理、生态环保等有关要求。

第十二条 按照国务院投资项目管理规定,光伏电站项目实行备案管理。各省(区、市)可制定本省(区、市)光伏电站项目备案管理办法,明确备案机关及其权限等,并向社会公布。备案机关及其工作人员应当依法对项目进行备案,不得擅自增减审查条件,不得超出办理时限。备案机关及有关部门应当加强对光伏电站的事中事后监管。

第十三条 光伏电站完成项目备案后,项目单位应抓紧落实各项建设条件。已经完成备案并纳入年度开发建设方案的项目,在办理完成相关法律法规要求的各项建设手续后应及时开工建设,并会同电网企业做好与配套电力送出工程的衔接。

第十四条 光伏电站项目备案容量原则上为交流侧容量(即逆变器额定输出功率之和)。项目单位应按照备案信息进行建设,不得自行变更项目备案信息的重要事项。项目备案后,项目法人发生变化,项目建设地点、规模、内容发生重大变更,或者放弃项目建设的,项目单位应当及时告知备案机关并修改相关信息。各省级能源主管部门和备案机关可视需要组织核查备案后 2 年内未开工建设或者未办理任何其他手续的项目,及时废止确实不具备建设条件的项目。

第五章 电网接入管理

第十五条 光伏电站配套电力送出工程(含汇集站,下同)建设应与光伏电站建设相协调。光伏电站项目单位负责投资建设项目场址内集电线路和升压站(开关站)工程,原则上电网企业负责投资建设项目场址外配套电力送出工程。各省级能源主管部门负责做好协调工作。

第十六条 电网企业应根据国家确定的光伏电站开发建设总体目标和重大布局、各地区可再生能源发展规划和年度开发建设方案,结合光伏电站发展需要,及时优化电网规划建设方案和投资计划安排,统筹开展光伏电站配套电网建设和改造,鼓励采用智能电网等先进技术,提高电力系统接纳光伏发电的能力。

第十七条 光伏电站项目接入系统设计工作一般应在电源项目本体可行性研究阶段开展,在纳入年度开发建设方案后 20 个工作日内向电网企业提交接入系统设计方案报告。电网企业应按照积极服务、简捷高效的原则,建立和完善光伏电站项目接网审核和服务程序。项目单位提交接入系统设计报告评审申请后,电网企业应按照电网公平开放的有关要求在规定时间内出具书面回复意见,对于确实不具备接入条件的项目应书面说明原因。鼓励电网企业推广新能源云等信息平台,提供项目可用接入点、可接入容量、技术规范等信息,实现接网全流程线上办理,提高接网申请审核效率。

第十八条　500 千伏及以上的光伏电站配套电力送出工程，由项目所在地省（区、市）能源主管部门上报国家能源局，履行纳入规划程序；500 千伏以下的光伏电站配套电力送出工程经项目所在地省（区、市）能源主管部门会同电网企业审核确认后自动纳入相应电力规划。

第十九条　电网企业应改进完善内部审批流程，合理安排建设时序，加强网源协调发展，建立网源沟通机制，提高光伏电站配套电力送出工程相关工作的效率，衔接好网源建设进度，确保配套电力送出工程与光伏电站项目建设的进度相匹配，满足相应并网条件后"能并尽并"。光伏电站并网后，电网企业应及时掌握情况并按月报送相关信息。

第二十条　电网企业建设确有困难或规划建设时序不匹配的光伏电站配套电力送出工程，允许光伏电站项目单位投资建设。光伏电站项目单位建设配套送出工程应充分进行论证，并完全自愿，可以多家企业联合建设，也可以一家企业建设，多家企业共享。光伏电站项目单位建设的配套电力送出工程，经电网企业与光伏电站项目单位双方协商同意，可由电网企业依法依规进行回购。

第二十一条　光伏电站项目应符合国家有关光伏电站接入电网的技术标准规范等有关要求，科学合理确定容配比，交流侧容量不得大于备案容量或年度开发建设方案确定的规模。涉网设备必须通过经国家认可的检测认证机构检测认证，经检测认证合格的设备，电网企业非必要不得要求重复检测。项目单位要认真做好涉网设备管理，不得擅自停运和调整参数。

第二十二条　项目主体工程和配套电力送出工程完工后，项目单位应及时组织项目竣工验收。项目单位提交并网运行申请书后，电网企业应按国家有关技术标准规范和管理规定，在规定时间内配合开展光伏电站涉网设备和电力送出工程的并网调试、竣工验收，并参照《新能源场站并网调度协议示范文本》《购售电合同示范文本》与项目单位签订并网调度协议和购售电合同。对于符合条件且自愿参与市场化交易的光伏电站，项目单位按照相关电力市场规则要求执行。

第二十三条　除国家能源局规定的豁免情形外，光伏电站项目应当在并网后 6 个月内取得电力业务许可证，国家能源局派出机构按规定公开行政许可信息。电网企业不得允许并网后 6 个月内未取得电力业务许可证的光伏电站项目发电上网。

第二十四条　电网企业应采取系统性技术措施，合理安排电网运行方式，完善光伏电站并网运行的调度技术体系，按照有关规定保障光伏电站安全高效并网运行。光伏电站项目单位应加强运行维护管理，积极配合电网企业的并网运行调度管理。

第六章　运行监测

第二十五条　光伏电站项目单位负责电站建设和运营,是光伏电站的安全生产责任主体,必须贯彻执行国家及行业安全生产管理规定,依法加强光伏电站建设运营全过程的安全生产管理,并加大对安全生产的投入保障力度,改善安全生产条件,提高安全生产水平,确保安全生产。

第二十六条　国家能源局负责全国光伏电站工程的安全监管(包括施工安全监管、质量监督管理及运行监管),国家能源局派出机构依职责承担所辖区域内光伏电站工程的安全监管,地方政府电力管理等部门依据法律法规和相关规定落实“管行业必须管安全、管业务必须管安全、管生产经营必须管安全”的相关工作。光伏电站建设、调试、运行和维护过程中发生电力事故、电力安全事件和信息安全事件时,项目单位和有关参建单位应按相关规定要求及时向有关部门报告。

第二十七条　国家能源局依托国家可再生能源发电项目信息管理平台和全国新能源电力消纳监测预警平台开展光伏电站项目全过程信息监测。省级能源主管部门应督促项目单位按照有关要求,及时在国家可再生能源发电项目信息管理平台和全国新能源电力消纳监测预警平台报送相关信息,填写、更新项目建档立卡内容。

第二十八条　电网企业要会同全国新能源消纳监测预警中心及时公布各省级区域并网消纳情况及预测分析,引导理性投资、有序建设。对项目单位反映的有关问题,省级能源主管部门要会同电网企业等有关单位及时协调、督导和纠正。

第二十九条　鼓励光伏电站开展改造升级工作,应用先进、高效、安全的技术和设备。光伏电站的拆除、设备回收与再利用,应符合国家资源回收利用和生态环境、安全生产等相关法律法规与政策要求,不得造成环境污染破坏与安全事故事件,鼓励项目单位为设备回收与再利用创造便利条件。

第三十条　各省级能源主管部门可根据本办法,制定适应本省(区、市)实际的具体管理办法。

第七章　附　　则

第三十一条　本办法由国家能源局负责解释。

第三十二条　本办法自发布之日起施行,有效期 5 年。《光伏电站项目管理暂行办法》(国能新能〔2013〕329 号)同时废止。

分布式光伏发电项目管理暂行办法

（2013 年 11 月 18 日国家能源局印发 国能新能〔2013〕433 号）

第一章 总 则

第一条 为规范分布式光伏发电项目建设管理，推进分布式光伏发电应用，根据《中华人民共和国可再生能源法》、《中华人民共和国电力法》、《中华人民共和国行政许可法》，以及《国务院关于促进光伏产业健康发展的若干意见》，制定本办法。

第二条 分布式光伏发电是指在用户所在场地或附近建设运行，以用户侧自发自用为主、多余电量上网且在配电网系统平衡调节为特征的光伏发电设施。

第三条 鼓励各类电力用户、投资企业、专业化合同能源服务公司、个人等作为项目单位，投资建设和经营分布式光伏发电项目。

第四条 国务院能源主管部门负责全国分布式光伏发电规划指导和监督管理；地方能源主管部门在国务院能源主管部门指导下，负责本地区分布式光伏发电规划、建设的监督管理；国家能源局派出机构负责对本地区分布式光伏发电规划和政策执行、并网运行、市场公平及运行安全进行监管。

第五条 分布式光伏发电实行“自发自用、余电上网、就近消纳、电网调节”的运营模式。电网企业采用先进技术优化电网运行管理，为分布式光伏发电运行提供系统支撑，保障电力用户安全用电。鼓励项目投资经营主体与同一供电区内的电力用户在电网企业配合下以多种方式实现分布式光伏发电就近消纳。

第二章 规 模 管 理

第六条 国务院能源主管部门依据全国太阳能发电相关规划、各地区分布式光伏发电发展需求和建设条件，对需要国家资金补贴的项目实行总量平衡和年度指导规模管理。不需要国家资金补贴的项目不纳入年度指导规模管理范围。

第七条 省级能源主管部门根据本地区分布式光伏发电发展情况，提出下一年度需要国家资金补贴的项目规模申请。国务院能源主管部门结合各地项目资源、实际应用以及可再生能源电价附加征收情况,统筹协调平衡后,下达各地区年度指导规模,在年度中期可视各地区实施情况进行微调。

第八条 国务院能源主管部门下达的分布式光伏发电年度指导规模,在该年度内未使用的规模指标自动失效。当年规模指标与实际需求差距较大的,地方能源主管部门可适时提出调整申请。

第九条 鼓励各级地方政府通过市场竞争方式降低分布式光伏发电的补贴标准。优先支持申请低于国家补贴标准的分布式光伏发电项目建设。

第三章 项目备案

第十条 省级及以下能源主管部门依据国务院投资项目管理规定和国务院能源主管部门下达的本地区分布式光伏发电的年度指导规模指标,对分布式光伏发电项目实行备案管理。具体备案办法由省级人民政府制定。

第十一条 项目备案工作应根据分布式光伏发电项目特点尽可能简化程序,免除发电业务许可、规划选址、土地预审、水土保持、环境影响评价、节能评估及社会风险评估等支持性文件。

第十二条 对个人利用自有住宅及在住宅区域内建设的分布式光伏发电项目,由当地电网企业直接登记并集中向当地能源主管部门备案。不需要国家资金补贴的项目由省级能源主管部门自行管理。

第十三条 各级管理部门和项目单位不得自行变更项目备案文件的主要事项,包括投资主体、建设地点、项目规模、运营模式等。确需变更时,由备案部门按程序办理。

第十四条 在年度指导规模指标范围内的分布式光伏发电项目,自备案之日起两年内未建成投产的,在年度指导规模中取消,并同时取消享受国家资金补贴的资格。

第十五条 鼓励地市级或县级政府结合当地实际,建立与电网接入申请、并网调试和验收、电费结算和补贴发放等相结合的分布式光伏发电项目备案、竣工验收等一站式服务体系,简化办理流程,提高管理效率。

第四章 建设条件

第十六条 分布式光伏发电项目所依托的建筑物及设施应具有合法性,项目单位与项目所依托的建筑物、场地及设施所有人非同一主体时,项目单位应与所有人签订建筑物、场地及设施的使用或租用协议，视经营方式与电力用户签订合同能源服务协议。

第十七条　分布式光伏发电项目的设计和安装应符合有关管理规定、设备标准、建筑工程规范和安全规范等要求。承担项目设计、咨询、安装和监理的单位，应具有国家规定的相应资质。

第十八条　分布式光伏发电项目采用的光伏电池组件、逆变器等设备应通过符合国家规定的认证认可机构的检测认证，符合相关接入电网的技术要求。

第五章　电网接入和运行

第十九条　电网企业收到项目单位并网接入申请后，应在20个工作日内出具并网接入意见，对于集中多点接入的分布式光伏发电项目可延长到30个工作日。

第二十条　以35千伏及以下电压等级接入电网的分布式光伏发电项目，由地市级或县级电网企业按照简化程序办理相关并网手续，并提供并网咨询、电能表安装、并网调试及验收等服务。

第二十一条　以35千伏以上电压等级接入电网且所发电力在并网点范围内使用的分布式光伏发电项目，电网企业应根据其接入方式、电量使用范围，本着简便和及时高效的原则做好并网管理，提供相关服务。

第二十二条　接入公共电网的分布式光伏发电项目，接入系统工程以及因接入引起的公共电网改造部分由电网企业投资建设。接入用户侧的分布式光伏发电项目，用户侧的配套工程由项目单位投资建设。因项目接入电网引起的公共电网改造部分由电网企业投资建设。

第二十三条　电网企业应采用先进运行控制技术，提高配电网智能化水平，为接纳分布式光伏发电创造条件。在分布式光伏发电安装规模较大、占电网负荷比重较高的供电区，电网企业应根据发展需要建设分布式光伏发电并网运行监测、功率预测和优化运行相结合的综合技术体系，实现分布式光伏发电高效利用和系统安全运行。

第六章　计量与结算

第二十四条　分布式光伏发电项目本体工程建成后，向电网企业提出并网调试和验收申请。电网企业指导和配合项目单位开展并网运行调试和验收。电网企业应根据国家有关标准制定分布式光伏发电电网接入和并网运行验收办法。

第二十五条 电网企业负责对分布式光伏发电项目的全部发电量、上网电量分别计量,免费提供并安装电能计量表,不向项目单位收取系统备用容量费。电网企业在有关并网接入和运行等所有环节提供的服务均不向项目单位收取费用。

第二十六条 享受电量补贴政策的分布式光伏发电项目,由电网企业负责向项目单位按月转付国家补贴资金,按月结算余电上网电量电费。

第二十七条 在经济开发区等相对独立的供电区统一组织建设的分布式光伏发电项目,余电上网部分可向该供电区内其他电力用户直接售电。

第七章 产业信息监测

第二十八条 组织地市级或县级能源主管部门按月汇总项目备案信息。省级能源主管部门按季分类汇总备案信息后报送国务院能源主管部门。

第二十九条 各省级能源主管部门负责本地区分布式光伏发电项目建设和运行信息统计,并分别于每年7月、次年1月向国务院能源主管部门报送上半年和上一年度的统计信息,同时抄送国家能源局及其派出监管机构、国家可再生能源信息中心。

第三十条 电网企业负责建设本级电网覆盖范围内分布式光伏发电的运行监测体系,配合本级能源主管部门向所在地的能源管理部门按季报送项目建设运行信息,包括项目建设、发电量、上网电量、电费和补贴发放与结算等信息。

第三十一条 国务院能源主管部门委托国家可再生能源信息中心开展分布式光伏发电行业信息管理,组织研究制定工程设计、安装、验收等环节的标准规范,统计全国分布式光伏发电项目建设运行信息,分析评价行业发展现状和趋势,及时提出相关政策建议。经国务院能源主管部门批准,适时发布相关产业信息。

第八章 违规责任

第三十二条 电网企业未按照规定收购分布式光伏发电项目余电上网电量,造成项目单位损失的,应当按照《中华人民共和国可再生能源法》的规定承担经济赔偿责任。

第九章 附　　则

第三十三条 本办法由国家能源局负责解释,自发布之日起施行。

光伏扶贫电站管理办法

（2018 年 3 月 26 日国家能源局、国务院扶贫办印发
国能发新能〔2018〕29 号）

第一条　光伏扶贫是资产收益扶贫的有效方式，是产业扶贫的有效途径。为规范光伏扶贫电站建设运行管理，保障光伏扶贫实施效果，根据《中共中央国务院关于打赢脱贫攻坚战的决定》（中发〔2015〕34 号）和《关于实施光伏发电扶贫工作的意见》（发改能源〔2016〕621 号），制定本办法。

第二条　光伏扶贫电站是以扶贫为目的，在具备光伏扶贫实施条件的地区，利用政府性资金投资建设的光伏电站，其产权归村集体所有，全部收益用于扶贫。

第三条　本办法适用于国家“十三五”光伏扶贫电站项目。

第四条　光伏扶贫对象为列入国家光伏扶贫实施范围的建档立卡贫困村的建档立卡贫困户，优先扶持深度贫困地区和弱劳动能力贫困人口。

第五条　光伏扶贫电站原则上应在建档立卡贫困村按照村级电站方式建设。根据当地实际情况，确有必要并经充分论证可以联建方式建设村级电站。

第六条　光伏扶贫电站由各地根据财力可能筹措资金建设，包括各级财政资金以及东西协作、定点帮扶和社会捐赠资金。光伏扶贫电站不得负债建设，企业不得投资入股。

第七条　村级扶贫电站规模根据帮扶的贫困户数量按户均 5 千瓦左右配置，最大不超过 7 千瓦，单个电站规模原则上不超过 300 千瓦，具备就近接入和消纳条件的可放宽至 500 千瓦。村级联建电站外送线路电压等级不超过 10 千伏，建设规模不超过 6000 千瓦。

第八条　光伏扶贫电站由县级政府按照“规划、设计、施工、验收、运维”五统一的原则实施，运用市场化方式委托专业机构负责光伏扶贫电站的建设、运行和维护。电站建设应符合国家相关规程规范和技术要求，确保质量与安全。光伏组件、逆变器等主要设备应采用国家资质检测认证机构认证的产品，鼓励采用达到“领跑者”技术指标的先进技术。鼓励采用设计施工采购（EPC）总承包方式统一开展县域内村级电站建设。

第九条 县级政府负责落实村级扶贫电站的建设场址和用地，场址土地不得属于征收土地使用税、耕地占用税的范围，不得占用基本农田，并符合《国土资源部 国务院扶贫办 国家能源局关于支持光伏扶贫和规范光伏发电产业用地的意见》(国土资规〔2017〕8 号)规定。

电网公司负责建设配套接入电网工程，将光伏扶贫电站接网工程优先纳入电网改造升级计划，确保村级扶贫电站和接入电网工程同步建成投产。

第十条 省级政府能源、扶贫主管部门根据光伏扶贫政策要求组织对各县级光伏扶贫电站进行验收和评估，并将验收和评估情况形成书面报告报送国家能源局和国务院扶贫办。国家能源局会同国务院扶贫办对光伏扶贫电站验收和评估情况进行监督检查。

第十一条 电网公司保障光伏扶贫项目优先调度与全额消纳。

第十二条 光伏扶贫电站不参与竞价，执行国家制定的光伏扶贫价格政策。

第十三条 光伏扶贫电站优先纳入可再生能源补助目录，补助资金优先发放，原则上年度补助资金于次年 1 季度前发放到位。

第十四条 光伏扶贫电站收益分配与使用管理，按国务院扶贫办《村级光伏扶贫电站收益分配管理办法》(国开办〔2017〕61 号)执行。

第十五条 光伏扶贫电站实行目录管理。国家能源局会同国务院扶贫办按建档立卡贫困村代码，对光伏扶贫电站统一编码、建立目录。纳入目录的，享受光伏扶贫电站政策。光伏扶贫电站有关信息统一纳入国家可再生能源信息管理平台。

第十六条 光伏扶贫电站项目计划下达后，对于一年内未开工建设、验收不合格且未按期整改的项目撤回计划，并给予通报。

第十七条 国家能源局、国务院扶贫办负责组织协调光伏扶贫重大问题，会同相关部门审核各省光伏扶贫实施方案，下达项目计划，对各省光伏扶贫实施工作进行指导监督。国务院扶贫办负责扶贫对象的识别认定和扶贫收益分配的管理监督。省级政府能源、扶贫主管部门负责本省光伏扶贫工作的统筹协调和管理监督，审核县级政府申报的扶贫实施方案和光伏扶贫补助目录，编制本省光伏扶贫实施方案并上报项目计划，出台本省光伏扶贫管理实施细则，组织本省光伏扶贫电站的验收和评估，保障本省光伏扶贫电站财政补助资金及时拨付和收益合理分配。县级政府负责落实光伏扶贫电站各项建设条件，编制本县光伏扶贫实施方案，申报光伏扶贫补助目录，组织实施光伏电站建设与运维，做好光伏扶贫收益分配。

第十八条 鼓励光伏企业积极履行社会责任，采取农光、牧光、渔光等复合方式，以市场化收益支持扶贫。

第十九条 本办法发布前已纳入国家光伏扶贫计划且已建成的集中式电站，

按本办法执行。省级政府能源、扶贫主管部门应根据本办法制定本省光伏扶贫实施细则。

第二十条　本办法由国家能源局会同国务院扶贫办负责解释，自发布之日起施行。

光伏电站消纳监测统计管理办法

（2021 年 12 月 3 日国家能源局印发　国能发新能规〔2021〕57 号）

第一章　总　　则

第一条　为提高光伏行业监测管理水平，进一步规范和完善光伏电站消纳统计工作，建立健全光伏电站消纳监测体系和信息发布制度，统一光伏电站消纳利用率计算方法，制定本办法。

第二条　本办法适用于接入电网运行并接受电网调度的集中式光伏电站，分布式及其他光伏发电项目可参照执行。

第三条　国家能源局组织全国新能源消纳监测预警中心，依托全国新能源电力消纳监测预警平台，利用现代信息技术开展光伏电站消纳监测工作。

第四条　相关信息平台及监测系统的建设和运行应符合《中华人民共和国网络安全法》、《电力监控系统安全防护规定》（国家发展改革委 2014 年第 14 号令）和《国家能源局关于印发电力监控系统安全防护总体方案等安全防护方案和评估规范的通知》（国能安全〔2015〕36 号）有关要求。

第二章　光伏电站数据报送

第五条　数据采集和报送以单个光伏电站为单元。

第六条　各光伏电站应按照电网企业的相关要求提供光伏电站基础数据以及满足质量、精度要求的预测和实时运行数据。

（1）光伏电站基础数据：包括光伏电站装机容量、逆变器型号与台数、逆变器容量、逆变器效率、光伏组件型号与数量、光伏组件标准工况下的设备参数、样板逆变器台数及容量等。

（2）光伏电站预测和实时运行数据：包括逆变器功率、发电量、运行状态等，样板逆变器实时出力曲线，光伏电站并网点预测功率、实际功率，光伏电站可用功率，气象监测数据。数据应实时采集，采集周期根据光伏电站实际情况确定，一般不超过5分钟。

第三章 数据统计管理

第七条 光伏电站应配合电网企业加强光伏电站消纳监测工作，每月5日前填写上月消纳数据统计/披露表（附件1），与运行数据一并报送至电网企业。

第八条 电网企业对光伏电站运行数据进行监测、归集、整理、校核，开展光伏电站消纳监测统计相关工作，并于每月8日前向光伏电站披露消纳统计数据，反馈消纳数据统计/披露表（附件1）。

第九条 光伏电站通过全国新能源电力消纳监测预警平台，按月报送各光伏电站的可用发电量、实际发电量、受限电量等消纳统计数据，以便开展消纳统计校核工作。对电网企业披露结果存在异议的，每月10日前向电网企业反馈。

第十条 电网企业应于每月15日前以省为单位报送上月经营区域内光伏电站可用发电量、实际发电量、受限电量、利用率等消纳统计数据，并将光伏电站消纳数据统计表（附件2）、分布式及其他光伏发电项目消纳数据统计表（附件3）通过全国新能源电力消纳监测预警平台报送国家能源局并抄送所属辖区内国家能源局派出机构，相关计算依据《光伏电站消纳利用率计算导则》（附件4）。电网企业保留光伏电站运行相关数据3年以上，以备抽查。

第十一条 国家能源局组织全国新能源消纳监测预警中心，按《光伏电站消纳利用率计算导则》相关规定完成各区域光伏电站消纳情况分析和统计校核工作。

第十二条 国家能源局派出机构要加强光伏电站消纳统计监管工作，定期组织对光伏电站消纳统计情况进行抽查。可依据本办法制定实施细则，并报国家能源局备案。

第十三条 相关单位应严格按照本办法计算光伏电站消纳情况，如实完整报送统计数据，未按要求报送、弄虚作假、谎报、瞒报的，由国家能源局派出机构责令其改正；情节严重的，给予通报。

第四章 全国光伏电站消纳信息统计与发布

第十四条 国家能源局组织全国新能源消纳监测预警中心按月监测、按季评估，滚动公布各省级区域光伏电站消纳情况。

第十五条 光伏电站消纳情况发布需遵循国家相关法律法规和保密规定。

第五章　附　　则

第十六条　本办法由国家能源局负责解释,自发布之日起施行,有效期5年。

附件:(略)

风电场利用率监测统计管理办法

（2022 年 4 月 26 日国家能源局印发　国能发新能规〔2022〕49 号）

第一条　为进一步规范完善风电场受限电量和利用率的监测统计工作，促进风电消纳和风电行业高质量发展，制定本办法。

第二条　本办法适用于全国各级电网企业及并网风电场。

第三条　本办法中风电场受限电量是指排除场内设备故障、缺陷或检修等自身原因影响后，风电场可发而未发出的电量。

第四条　风电企业应在风电场开发建设、运行等方面，电网企业应在电网规划建设和调度运行管理等方面，分别落实有效措施，共同促进风电消纳。风电场出力受限时，风电企业和电网企业应相互配合做好受限电量统计工作。

第五条　风电场每日受限电量按如下公式计算：

受限电量 = 受限时段风电场可用机组可发电量 - 受限时段风电场实发电量

其中，风电场可用机组可发电量指风电场内除受场内设备故障、缺陷或检修等因素影响风电机组外，剩余可用风电机组在所处自然条件和设备状态下（不考虑电力系统运行因素影响），在相应时间内理论上可发出的电量。

系统原因受限电量 = 受限电量 - 特殊原因受限电量

其中，系统原因受限电量是指风电场受电力系统用电负荷及调峰能力、网架约束、安全稳定运行等因素影响可发而未能发出的电量。

特殊原因受限电量包括以下情况：

（一）因台风、地震、洪水、覆冰、泥石流等不可抗因素导致的风电场出力受限；

（二）风电场处于并网调试阶段或自动发电控制系统（AGC）测试阶段、风电场以临时方案接入系统时输送功率超过输变电设备送电极限、风电场出力超出场站并网调度协议载明的装机容量等情况下造成的出力受限；

（三）风电场由于并网技术条件不满足相关标准要求，或违反并网管理要求等原因进行整改造成的出力受限；

（四）由于风电场送出输变电设备正常计划检修造成的出力受限；

（五）市场化方式并网风电场因未落实并网条件导致的出力受限；

（六）风电场因市场化交易决策不当导致的出力受限；

（七）因风电场外重大工程施工、重大社会活动、执行特殊保电任务导致的出力受限。

多种特殊原因同时产生受限电量时，统计时按照主要原因归纳为上述某一类情况。

第六条 风电受限电量计算方法主要采用机舱风速法，各地区风电场根据设备条件差异也可结合实际采用样板机法、测风塔外推法等其他经过验证的计算方法；具体可由风电企业与所属电网调度机构协商确定。

机舱风速法是指基于风电机组实际风速－功率曲线，通过实测的机舱风速得出风机理论发电功率，进而计算风电场受限电量的方法。样板机法是指根据风电场风机地理位置和地势分布，在选定一定数量“样板机”（一般不超过风电场全部风机数量的10%，“样板机”不限电）基础上，通过“样板机”电量推算得出限电风机理论发电功率，进而计算受限电量的方法。测风塔外推法是在测风塔优化选址基础上，根据风电场所处区域的地形、地貌，采用微观气象学、计算流体力学理论，将测风塔风速、风向推算至风电场每台风机轮毂高度处的风速、风向，并通过风速－功率曲线得出风机理论发电功率，进而计算受限电量的方法。

第七条 风电场受限时段以电力调度机构下达限电指令和解除限电指令时间为准，或以调度自动化系统自动控制时段为准。电力调度机构和风电场均应准确记录限电时间、出力限值和原因。

第八条 风电场定期向电力调度机构提供风电场受限电量计算所需的基础数据和满足质量、精度要求的实时运行数据。电力调度机构定期对风电场所提供数据的准确性、合理性进行校核。电力调度机构和风电场定期在风电场出力不受限时段（不少于6小时）对所采用计算方法的准确性进行测试，偏差较大时应及时调整相关方法策略。

第九条 风电场利用率和地区风电利用率区分两种情况按如下公式计算：

（一）考虑全部原因受限电量情况

风电场利用率＝风电场实际发电量/风电场可用机组可发电量

地区风电利用率＝∑风电场实际发电量/∑风电场可用机组可发电量

（二）仅考虑系统原因受限电量情况

风电场利用率＝（风电场可用机组可发电量－系统原因受限电量）/风电场可用机组可发电量

地区风电利用率＝∑（风电场可用机组可发电量－系统原因受限电量）/∑风电场可用机组可发电量

第十条　风电场发电数据报送以单个风电场为单元。各风电场于每月5日前将风电场上月月度发电信息表(附件1)报送至相应电力调度机构,同时在国家可再生能源信息管理平台和全国新能源电力消纳监测预警平台填报。

第十一条　省级电网企业对其调度机构调度范围内风电场每月报送数据进行汇总、整理、分析和校核,在每月15日前向国家能源局当地派出机构报送各省(区、市)风电场月度发电信息报表(附件2),同时在国家可再生能源信息管理平台和全国新能源电力消纳监测预警平台填报,并向其调度机构调度范围内各风电场披露。

第十二条　风电场如对省级电网企业每月披露结果存在异议,可及时联系相应电力调度机构进行校验修正,并向电力调度机构提供相关依据;对校验修正结果仍有异议的,可申请国家能源局当地派出机构督促进一步校核。

第十三条　国家能源局派出机构对风电企业、电网企业执行本办法的相关情况开展监督检查,并依照有关法规对违规行为予以处理。

第十四条　相关单位应严格按照本办法计算风电场消纳情况,如实完整报送统计数据,未按要求报送、弄虚作假、谎报、瞒报的,由国家能源局派出机构按照《电力监管条例》有关规定进行处理。

第十五条　国家能源局组织全国新能源消纳监测预警中心按月监测、按季评估,滚动公布各省级区域风电场消纳情况。

第十六条　风电场消纳情况发布需遵循国家相关法律法规和保密规定。

第十七条　国家能源局派出机构可依据本办法制定当地实施细则。

第十八条　本办法由国家能源局负责解释,自发布之日起施行,有效期暂定为5年,原《风电场弃风电量计算办法(试行)》(办输电〔2012〕154号)同时废止。

附件:(略)

国家林业和草原局关于
规范风电场项目建设使用林地的通知

（2019 年 2 月 26 日　林资发〔2019〕17 号）

各省、自治区、直辖市林业和草原主管部门，内蒙古、大兴安岭森工（林业）集团公司，新疆生产建设兵团林业和草原局，国家林业和草原局各派出机构：

近些年来，各地大规模发展风电，风电场项目占用森林和林地面积大幅上升，违法违规使用林地、野蛮施工、植被恢复不到位等问题时有发生，对森林生态功能、森林景观等造成较大损害，引起社会广泛关注。为规范风电场项目建设使用林地，减少对森林植被和生态环境的损害与影响，现将有关事项通知如下：

一、充分认识规范风电场建设使用林地的重要性

陆上风电场项目建设过程中，多沿地势较高的山脊、山岗布设风机，并配套建设道路和集电线路，点多线长，这些地方既是山地生态系统重要的分水岭，也是生态最脆弱的地带，风机基础挖掘、场地平整、道路和集电线路施工等使用林地，大范围扰动地表，破坏地表植被，极易造成大面积水土流失，加剧区域生态退化，对森林资源安全和森林生态整体功能发挥影响较大。发展风电产业是我国推进能源转型、应对气候变化的重要途径之一，但是，我国是一个缺林少绿、生态脆弱的国家，风电开发必须正确处理好与森林资源保护的关系。各地要深入贯彻落实党的十九大精神，以习近平生态文明思想为指导，牢固树立社会主义生态文明观，坚持节约资源和保护环境的基本国策，实行最严格的生态保护制度，依法规范风电场建设使用林地，促进风电产业健康发展，推动人与自然和谐共生。

二、风电场建设使用林地禁建区域

严格保护生态功能重要、生态脆弱敏感区域的林地。自然遗产地、国家公园、自然保护区、森林公园、湿地公园、地质公园、风景名胜区、鸟类主要迁徙通道和迁徙地等区域以及沿海基干林带和消浪林带，为风电场项目禁止建设区域。

三、风电场建设使用林地限制范围

风电场建设应当节约集约使用林地。风机基础、施工和检修道路、升压站、集电线路等，禁止占用天然乔木林（竹林）地、年降雨量400毫米以下区域的有林地、一级国家级公益林地和二级国家级公益林中的有林地。本通知下发之前已经核准但未取得使用林地手续的风电场项目，要重新合理优化选址和建设方案，加强生态影响分析和评估，不得占用年降雨量400毫米以下区域的有林地和一级国家级公益林地，避让二级国家级公益林中有林地集中区域。

四、强化风电场道路建设和临时用地管理

风电场施工和检修道路，应尽可能利用现有森林防火道路、林区道路、乡村道路等道路，在其基础上扩建的风电场道路原则上不得改变现有道路性质。风电场新建配套道路应与风电场一同办理使用林地手续，风电场配套道路要严格控制道路宽度，提高标准，合理建设排水沟、过水涵洞、挡土墙等设施；严格按照设计规范施工，禁止强推强挖式放坡施工，防止废弃砂石任意放置和随意滚落，同步实施水土保持和恢复林业生产条件的措施。吊装平台、施工道路、弃渣场、集电线路等临时占用林地的，应在临时占用林地期满后一年内恢复林业生产条件，并及时恢复植被。

五、加强风电场建设使用林地的指导和监管

各级林业和草原主管部门要与本地区能源主管部门做好风电开发建设规划和核准工作的衔接，提前介入测风选址工作，指导建设单位避让生态脆弱区和生态敏感区；定期检查，依法严厉打击风电场项目未批先占、少批多占、拆分报批、以其他名义骗取使用林地行政许可等违法违规行为；对野蛮施工破坏林地、林木，未及时恢复林业生产条件及弄虚作假骗取使用林地行政许可的风电场项目，要依法追责。

国家林业和草原局各派驻森林资源监督机构要加强对风电场项目建设的监督检查。

本通知自发布之日起施行，有效期至2024年2月28日。

特此通知。

国家发展改革委、国家能源局关于积极推进风电、光伏发电无补贴平价上网有关工作的通知

（2019年1月7日　发改能源〔2019〕19号）

各省、自治区、直辖市、新疆生产建设兵团发展改革委（能源局）、经信委（工信委、工信厅），各国家能源局派出机构，国家电网公司、南方电网公司、内蒙古电力公司、中国华能集团公司、中国大唐集团公司、中国华电集团公司、国家能源投资集团公司、国家电力投资集团公司、中国华润集团公司、中国长江三峡集团公司、国家开发投资公司、中国核工业集团公司、中国广核集团有限公司、电力规划设计总院、水电水利规划设计总院：

随着风电、光伏发电规模化发展和技术快速进步，在资源优良、建设成本低、投资和市场条件好的地区，已基本具备与燃煤标杆上网电价平价（不需要国家补贴）的条件。为促进可再生能源高质量发展，提高风电、光伏发电的市场竞争力，现将推进风电、光伏发电无补贴平价上网的有关要求和支持政策措施通知如下。

一、开展平价上网项目和低价上网试点项目建设。各地区要认真总结本地区风电、光伏发电开发建设经验，结合资源、消纳和新技术应用等条件，推进建设不需要国家补贴执行燃煤标杆上网电价的风电、光伏发电平价上网试点项目（以下简称平价上网项目）。在资源条件优良和市场消纳条件保障度高的地区，引导建设一批上网电价低于燃煤标杆上网电价的低价上网试点项目（以下简称低价上网项目）。在符合本省（自治区、直辖市）可再生能源建设规划、国家风电、光伏发电年度监测预警有关管理要求、电网企业落实接网和消纳条件的前提下，由省级政府能源主管部门组织实施本地区平价上网项目和低价上网项目，有关项目不受年度建设规模限制。对于未在规定期限内开工并完成建设的风电、光伏发电项目，项目核准（备案）机关应及时予以清理和废止，为平价上网项目和低价上网项目让出市场空间。

二、优化平价上网项目和低价上网项目投资环境。有关地方政府部门对平价上网项目和低价上网项目在土地利用及土地相关收费方面予以支持，做好相关规划衔接，优先利用国有未利用土地，鼓励按复合型方式用地，降低项目场址相关成

本，协调落实项目建设和电力送出消纳条件，禁止收取任何形式的资源出让费等费用，不得将在本地投资建厂、要求或变相要求采购本地设备作为项目建设的捆绑条件，切实降低项目的非技术成本。各级地方政府能源主管部门可会同其他相关部门出台一定时期内的补贴政策，仅享受地方补贴的项目仍视为平价上网项目。

三、保障优先发电和全额保障性收购。对风电、光伏发电平价上网项目和低价上网项目，电网企业应确保项目所发电量全额上网，并按照可再生能源监测评价体系要求监测项目弃风、弃光状况。如存在弃风弃光情况，将限发电量核定为可转让的优先发电计划。经核定的优先发电计划可在全国范围内参加发电权交易（转让），交易价格由市场确定。电力交易机构应完善交易平台和交易品种，组织实施相关交易。

四、鼓励平价上网项目和低价上网项目通过绿证交易获得合理收益补偿。风电、光伏发电平价上网项目和低价上网项目，可按国家可再生能源绿色电力证书管理机制和政策获得可交易的可再生能源绿色电力证书（以下简称绿证），通过出售绿证获得收益。国家通过多种措施引导绿证市场化交易。

五、认真落实电网企业接网工程建设责任。在风电、光伏发电平价上网项目和低价上网项目规划阶段，有关省级能源主管部门要督促省级电网企业做好项目接网方案和消纳条件的论证工作。有关省级电网企业负责投资项目升压站之外的接网等全部配套电网工程，做好接网等配套电网建设与项目建设进度衔接，使项目建成后能够及时并网运行。

六、促进风电、光伏发电通过电力市场化交易无补贴发展。国家发展改革委、国家能源局会同有关单位组织开展分布式发电市场化交易试点工作。鼓励在国家组织实施的社会资本投资增量配电网、清洁能源消纳产业园区、局域网、新能源微电网、能源互联网等示范项目中建设无需国家补贴的风电、光伏发电项目，并以试点方式开展就近直接交易。鼓励用电负荷较大且持续稳定的工业企业、数据中心和配电网经营企业与风电、光伏发电企业开展中长期电力交易，实现有关风电、光伏发电项目无需国家补贴的市场化发展。

七、降低就近直接交易的输配电价及收费。对纳入国家有关试点示范中的分布式市场化交易试点项目，交易电量仅执行风电、光伏发电项目接网及消纳所涉及电压等级的配电网输配电价，免交未涉及的上一电压等级的输电费。对纳入试点的就近直接交易可再生能源电量，政策性交叉补贴予以减免。

八、扎实推进本地消纳平价上网项目和低价上网项目建设。接入公共电网在本省级电网区域内消纳的无补贴风电、光伏发电平价上网项目和低价上网项目，由有关省级能源主管部门协调落实支持政策后自主组织建设。省级电网企业承担收购平价上网项目和低价上网项目的电量收购责任,按项目核准时国家规定的当地燃煤标杆上网电价与风电、光伏发电项目单位签订长期固定电价购售电合同(不少于20年),不要求此类项目参与电力市场化交易(就近直接交易试点和分布式市场交易除外)。

九、结合跨省跨区输电通道建设推进无补贴风电、光伏发电项目建设。利用跨省跨区输电通道外送消纳的无补贴风电、光伏发电项目,在送受端双方充分衔接落实消纳市场和电价并明确建设规模和时序后,由送受端省级能源主管部门具体组织实施。鼓励具备跨省跨区输电通道的送端地区优先配置无补贴风电、光伏发电项目,按受端地区燃煤标杆上网电价(或略低)扣除输电通道的输电价格确定送端的上网电价,受端地区有关政府部门和电网企业负责落实跨省跨区输送无补贴风电、光伏发电项目的电量消纳,在送受端电网企业协商一致的基础上,与风电、光伏发电企业签订长期固定电价购售电合同(不少于20年)。对无补贴风电、光伏发电项目要严格落实优先上网和全额保障性收购政策,不要求参与跨区电力市场化交易。

十、创新金融支持方式。国家开发银行、四大国有商业银行等金融机构应根据国家新能源发电发展规划和有关地区新能源发电平价上网实施方案,合理安排信贷资金规模,创新金融服务,开发适合项目特点的金融产品,积极支持新能源发电实现平价上网。同时,鼓励支持符合条件的发电项目及相关发行人通过发行企业债券进行融资,并参考专项债券品种推进审核。

十一、做好预警管理衔接。风电、光伏发电监测预警(评价)为红色的地区除已安排建设的平价上网示范项目及通过跨省跨区输电通道外送消纳的无补贴风电、光伏发电项目外,原则上不安排新的本地消纳的平价上网项目和低价上网项目;鼓励橙色地区选取资源条件较好的已核准(备案)项目开展平价上网和低价上网工作;绿色地区在落实消纳条件的基础上自行开展平价上网项目和低价上网项目建设。

十二、动态完善能源消费总量考核支持机制。开展省级人民政府能源消耗总量和强度"双控"考核时,在确保完成全国能耗"双控"目标条件下,对各地区超出规划部分可再生能源消费量不纳入其"双控"考核。

请各有关单位按照上述要求,积极推进风电、光伏发电平价上网项目和低价上网项目建设,各省(自治区、直辖市)能源主管部门应将有关项目信息报送国家能源局。国家发展改革委、国家能源局将及时公布平价上网项目和低价上网项目名单,协调和督促有关方面做好相关支持政策的落实工作。

对按照本通知要求在2020年底前核准(备案)并开工建设的风电、光伏发电平价上网项目和低价上网项目,在其项目经营期内有关支持政策保持不变。国家发展改革委、国家能源局将及时研究总结各地区的试点经验,根据风电、光伏发电的发展状况适时调整2020年后的平价上网政策。

关于促进非水可再生能源发电健康发展的若干意见

(2020 年 1 月 20 日财政部、国家发展改革委、
国家能源局发布　财建〔2020〕4 号)

各省、自治区、直辖市财政厅(局)、发展改革委、物价局、能源局,新疆生产建设兵团财政局、发展改革委,国家电网有限公司、中国南方电网有限责任公司:

非水可再生能源是能源供应体系的重要组成部分,是保障能源安全的重要内容。当前,非水可再生能源发电已进入产业转型升级和技术进步的关键期,风电、光伏等可再生能源已基本具备与煤电等传统能源平价的条件。为促进非水可再生能源发电健康稳定发展,提出以下意见。

一、完善现行补贴方式

(一)以收定支,合理确定新增补贴项目规模。根据可再生能源发展规划、补助资金年度增收水平等情况,合理确定补助资金当年支持新增项目种类和规模。财政部将商有关部门公布年度新增补贴总额。国家发展改革委、国家能源局在不超过年度补贴总额范围内,合理确定各类需补贴的可再生能源发电项目新增装机规模,并及早向社会公布,引导行业稳定发展。新增海上风电和光热项目不再纳入中央财政补贴范围,按规定完成核准(备案)并于 2021 年 12 月 31 日前全部机组完成并网的存量海上风力发电和太阳能光热发电项目,按相应价格政策纳入中央财政补贴范围。

(二)充分保障政策延续性和存量项目合理收益。已按规定核准(备案)、全部机组完成并网,同时经审核纳入补贴目录的可再生能源发电项目,按合理利用小时数核定中央财政补贴额度。对于自愿转为平价项目的存量项目,财政、能源主管部门将在补贴优先兑付、新增项目规模等方面给予政策支持。价格主管部门将根据行业发展需要和成本变化情况,及时完善垃圾焚烧发电价格形成机制。

(三)全面推行绿色电力证书交易。自 2021 年 1 月 1 日起,实行配额制下的绿色电力证书交易(以下简称绿证),同时研究将燃煤发电企业优先发电权、优先保障

企业煤炭进口等与绿证挂钩,持续扩大绿证市场交易规模,并通过多种市场化方式推广绿证交易。企业通过绿证交易获得收入相应替代财政补贴。

二、完善市场配置资源和补贴退坡机制

(四)持续推动陆上风电、光伏电站、工商业分布式光伏价格退坡。继续实施陆上风电、光伏电站、工商业分布式光伏等上网指导价退坡机制,合理设置退坡幅度,引导陆上风电、光伏电站、工商业分布式光伏尽快实现平价上网。

(五)积极支持户用分布式光伏发展。通过定额补贴方式,支持自然人安装使用"自发自用、余电上网"模式的户用分布式光伏设备。同时,根据行业技术进步、成本变化以及户用光伏市场情况,及时调整自然人分布式光伏发电项目定额补贴标准。

(六)通过竞争性方式配置新增项目。在年度补贴资金总额确定的情况下,进一步完善非水可再生能源发电项目的市场化配置机制,通过市场竞争的方式优先选择补贴强度低、退坡幅度大、技术水平高的项目。

三、优化补贴兑付流程

(七)简化目录制管理。国家不再发布可再生能源电价附加目录。所有可再生能源项目通过国家可再生能源信息管理平台填报电价附加申请信息。电网企业根据财政部等部门确定的原则,依照项目类型、并网时间、技术水平等条件,确定并定期向全社会公开符合补助条件的可再生能源发电项目清单,并将清单审核情况报财政部、国家发展改革委、国家能源局。此前,三部委已发文公布的1－7批目录内项目直接列入电网企业可再生能源发电项目补贴清单。

(八)明确补贴兑付主体责任。电网企业依法依规收购可再生能源发电量,及时兑付电价,收购电价(可再生能源发电上网电价)超出常规能源发电平均上网电价的部分,中央财政按照既定的规则与电网企业进行结算。

(九)补贴资金按年度拨付。财政部根据年度可再生能源电价附加收入预算和补助资金申请情况,将补助资金拨付到国家电网有限公司、中国南方电网有限责任公司和省级财政部门,电网企业根据补助资金收支情况,按照相关部门确定的优先顺序兑付补助资金,光伏扶贫、自然人分布式、参与绿色电力证书交易、自愿转为平价项目等项目可优先拨付资金。电网企业应切实加快兑付进度,确保资金及时拨付。

(十)鼓励金融机构按照市场化原则对列入补贴发电项目清单的企业予以支持。鼓励金融机构按照市场化原则对于符合规划并纳入补贴清单的发电项目,合

理安排信贷资金规模，切实解决企业合规新能源项目融资问题。同时，鼓励金融机构加强支持力度，创新融资方式，加快推动已列入补贴清单发电项目的资产证券化进程。

四、加强组织领导

促进非水可再生能源高质量发展是推动能源战略转型、加快生态文明建设的重要内容，各有关方面要采取有力措施，全面实施预算绩效管理，保障各项政策实施效果。各省级发改、财政、能源部门要加强对本地区非水可再生能源的管理，结合实际制定发展规划。各省级电网要按照《中华人民共和国可再生能源法》以及其他政策法规规定，通过挖掘燃煤发电机组调峰潜力、增加电网调峰电源、优化调度运行方式等，提高非水可再生能源电力消纳水平，确保全额保障性收购政策落实到位。

关于《关于促进非水可再生能源发电健康发展的若干意见》有关事项的补充通知

（2020 年 9 月 29 日财政部、发展改革委、
国家能源局发布　财建〔2020〕426 号）

各省、自治区、直辖市财政厅（局）、发展改革委、能源局，新疆生产建设兵团财政局、发展改革委，国家电网有限公司，中国南方电网有限责任公司：

为促进可再生能源高质量发展，2020 年 1 月，财政部、发展改革委、国家能源局印发了《关于促进非水可再生能源发电健康发展的若干意见》（财建〔2020〕4 号，以下简称 4 号文），明确了可再生能源电价附加补助资金（以下简称补贴资金）结算规则。为进一步明确相关政策，稳定行业预期，现将补贴资金有关事项补充通知如下：

一、项目合理利用小时数

4 号文明确，按合理利用小时数核定可再生能源发电项目中央财政补贴资金额度。为确保存量项目合理收益，基于核定电价时全生命周期发电小时数等因素，现确定各类项目全生命周期合理利用小时数如下：

（一）风电一类、二类、三类、四类资源区项目全生命周期合理利用小时数分别为 48000 小时、44000 小时、40000 小时和 36000 小时。海上风电全生命周期合理利用小时数为 52000 小时。

（二）光伏发电一类、二类、三类资源区项目全生命周期合理利用小时数为 32000 小时、26000 小时和 22000 小时。国家确定的光伏领跑者基地项目和 2019、2020 年竞价项目全生命周期合理利用小时数在所在资源区小时数基础上增加 10%。

（三）生物质发电项目，包括农林生物质发电、垃圾焚烧发电和沼气发电项目，全生命周期合理利用小时数为 82500 小时。

二、项目补贴电量

项目全生命周期补贴电量 = 项目容量 × 项目全生命周期合理利用小时数。其

中,项目容量按核准(备案)时确定的容量为准。如项目实际容量小于核准(备案)容量的,以实际容量为准。

三、补贴标准

按照《可再生能源电价附加补助资金管理办法》(财建〔2020〕5号,以下简称5号文)规定纳入可再生能源发电补贴清单范围的项目,全生命周期补贴电量内所发电量,按照上网电价给予补贴,补贴标准=(可再生能源标杆上网电价(含通过招标等竞争方式确定的上网电价)-当地燃煤发电上网基准价)/(1+适用增值税率)。

在未超过项目全生命周期合理利用小时数时,按可再生能源发电项目当年实际发电量给予补贴。

按照5号文规定纳入可再生能源发电补贴清单范围的项目,所发电量超过全生命周期补贴电量部分,不再享受中央财政补贴资金,核发绿证准许参与绿证交易。

按照5号文规定纳入可再生能源发电补贴清单范围的项目,风电、光伏发电项目自并网之日起满20年后,生物质发电项目自并网之日起满15年后,无论项目是否达到全生命周期补贴电量,不再享受中央财政补贴资金,核发绿证准许参与绿证交易。

四、加强项目核查

发展改革委、国家能源局、财政部将组织对补贴项目有关情况进行核查。其中,价格主管部门负责核查电价确定和执行等情况;电网企业负责核查项目核准(备案)和容量等情况,能源主管部门负责制定相关核查标准;财政主管部门负责核查补贴发放等情况。

电网企业应建立信息化数据平台,对接入的可再生能源发电项目装机、发电量、利用小时数等运行情况进行连续监测,对电费和补贴结算进行追踪分析,确保项目信息真实有效,符合国家制定的价格、项目和补贴管理办法。

(一)项目纳入可再生能源发电补贴清单时,项目业主应对项目实际容量进行申报。如在核查中发现申报容量与实际容量不符的,将按不符容量的2倍核减补贴资金。

(二)电网企业应按确定的项目补贴电量和补贴标准兑付补贴资金。如在核查中发现超标准拨付的情况,由电网企业自行承担。

特此通知。

可再生能源调峰机组优先发电试行办法

（2016年7月14日国家发展改革委、国家能源局印发
发改运行〔2016〕1558号）

第一章　总　　则

第一条　为贯彻《中共中央　国务院关于进一步深化电力体制改革的若干意见》（中发〔2015〕9号）文件精神，落实《国家发展改革委、国家能源局关于印发电力体制改革配套文件的通知》（发改经体〔2015〕2752号）的要求，提高电力系统调峰能力，有效缓解弃水、弃风、弃光，促进可再生能源消纳，制定试行办法。

第二条　为促进可再生能源消纳，在全国范围内通过企业自愿、电网和发电企业双方约定的方式确定部分机组为可再生能源调峰。在履行正常调峰义务基础上，可再生能源调峰机组优先调度，按照"谁调峰、谁受益"原则，建立调峰机组激励机制。

第三条　可再生能源调峰应坚持本地为主，鼓励跨省区实施，坚持因地制宜，坚持市场化方向。

第二章　完善调峰激励

第四条　结合可再生能源建设规模、消纳情况、电源结构和负荷特性，各省（区、市）安排一定规模煤电机组为可再生能源调峰，具体数量由各省（区、市）政府有关部门会同电力企业根据实际情况确定并调整。

第五条　为平抑可再生能源发电波动，调峰机组应优先增加或压减出力，调峰能力应至少满足《发电厂并网运行管理规定》有关要求。单机容量30万千瓦及以下的常规煤电机组，出力至少能降到额定容量50%以下；30万千瓦以上的机组，出力至少能降到额定容量60%以下。出力低于60%的部分视为为可再生能源调峰的压减出力部分。一般地区可实行轮流7－10天的停机调峰；调峰困难地区或困难时段，视情况延长停机调峰的时间。

第六条 逐步改变热电机组年度发电计划安排原则,坚持"以热定电",鼓励热电机组在采暖期参与调峰。安排为可再生能源调峰机组的热电机组,在国家出台相关统一技术标准之前,热电比高于50%的,调峰能力应达到50%,热电比低于50%的,调峰能力应达到60%。

第七条 根据建立优先发电制度的要求,对于可再生能源调峰机组,按照高于上年本地火电平均利用小时一定水平安排发电计划,具体数额由各省(区、市)政府有关部门会同有关单位确定,增加的利用小时数与承诺的调峰次数和调峰深度挂钩。

第八条 可再生能源调峰机组因调峰无法完成的优先发电计划,应遵照节能低碳电力调度的原则,通过替代发电交易给其他机组。替代发电优先在同一发电集团内部进行,鼓励可再生能源发电参与替代。替代双方依据平等协商原则,确定替代电量、交易时段、补偿价格、网损、结算方式等。替代发电按月组织,次月交易执行。已建立电力市场交易平台的,应通过市场机制开展发电权交易,通过市场机制确定电量、价格等。确定为可再生能源调峰机组的,不得参与电力直接交易。

第九条 鼓励自备电厂纯凝汽发电机组参与调峰。参与电网调峰时,如果增加受电量,增加部分可视同替代电量获得一定补偿;调峰能力达到50%及以上的,在承担相应社会责任并成为合格发电市场主体后,可参加电力直接交易出售富余电量。

第三章 鼓励跨省区补偿

第十条 积极推进跨省区辅助服务市场化。加强国家调度、区域调度、省级调度间沟通协调,充分利用地区间高峰时间差,开展旋转备用、事故备用共享,减少可再生能源富集地区开机容量,提升可再生能源消纳水平。

第十一条 根据可再生能源波动性特点,建立跨省区灵活日前和日内交易机制,实现调峰资源与可再生能源发电的动态匹配。

第十二条 跨省区送受可再生能源电量的,应以国家指令性计划和政府间框架协议为基础,送受省份协商确定送受电计划。

协商不一致的,按照政府确定的计划(协议)执行。鼓励市场化探索,协商确定的计划以外的电量,通过市场竞争机制确定价格,送电地区的降价空间应按一定比例用于受电省份可再生能源调峰机组补偿。跨省区送受可再生能源的电价按照《国家发展改革委关于完善跨省跨区电能交易价格形成机制有关问题的通知》(发改价格〔2015〕962号)执行。

第四章 增加调峰能力

第十三条 鼓励发电企业对煤电机组稳燃、汽轮机、汽路以及制粉等进行技术改造，在保证运行稳定和满足环保要求的前提下，争取提升机组调峰能力10%－20%；对热电机组安装在线监测系统，加快储热、热电解耦等技术改造，争取提升热电机组调峰能力10%－20%。

第十四条 鼓励建设背压机组供热，系统调峰困难地区，严格限制现役纯凝机组供热改造，确需供热改造满足采暖需求的，需同步安装蓄热装置，确保系统调峰安全。

第十五条 对发电企业技术改造，制定鼓励政策，支持企业发行债券融资或实施贷款贴息。

第十六条 可再生能源发电在规划时应明确电力消纳市场，同步制定配套电网送出规划，完善政府协调保障机制，确保电源与电网工程同步投产。

第十七条 考虑电网系统调峰需求，合理布局规划、有序开发建设一批抽水蓄能、燃气等调峰机组，发展储能装置。

第十八条 提高发电机组的调峰能力技术标准，在设计、制造和设备选型环节，考虑电网调峰要求。

第五章 强化信用监管

第十九条 充分发挥信用监管的作用，将调峰情况纳入发电企业信用评价指标体系，作为一项信用记录，录入电力行业信息平台，使调峰信息状况透明，可追溯、可核查。

第二十条 电力调度机构定期将调峰情况提供政府有关部门和第三方征信机构，第三方征信机构根据政府有关要求，建立完善调峰信息公示制度，推动信息披露规范化、制度化、程序化，在指定网站发布信息，接受市场主体的监督和政府部门的监管。

第二十一条 建立针对发电企业调峰情况的守信激励和失信惩戒机制，对于按照约定实施调峰的发电企业按照有关规定给予优惠政策，对于失信违反约定的发电企业要予以警告，严重失信的要纳入不良信息记录，并按有关规定进行惩戒。

第六章　加强组织管理

第二十二条　各省(区、市)政府有关部门会同电网企业根据实际情况,公布具体调峰机组名单,定期更新调峰机组的调峰能力,制定可再生能源调峰机组的运行管理办法,落实可再生能源调峰机组激励政策,加强调峰机组优先发电政策执行情况考核。已经开展调峰辅助服务补偿的地区,要在满足《并网发电厂辅助服务管理暂行规定》有关要求基础上,加强政策间的有效衔接,确保相互促进、形成合力。

第二十三条　发电企业按照自愿原则参与可再生能源调峰,具备调峰能力的发电企业与电网企业签订优先发电协议或合同,服从调度统一安排,满足电网调峰要求。

第二十四条　电网企业应创造条件安排可再生能源调峰机组试验,加强对可再生能源调峰机组的运行考核,落实优先发电协议或合同,保障优先发电量予以落实。可再生能源调峰机组发电量进度可不受"三公"调度考核的限制。

第二十五条　可再生能源调峰优先发电应结合可再生能源就近消纳试点共同开展,试点地区及时总结经验,为下一步推广打好基础。

第七章　附　　则

第二十六条　本办法自印发之日起施行。

可再生能源发电全额保障性收购管理办法

（2016年3月24日国家发展改革委印发 发改能源〔2016〕625号）

第一章 总 则

第一条 为贯彻落实《中共中央 国务院关于进一步深化电力体制改革的若干意见》（中发〔2015〕9号）及相关配套文件的有关要求，加强可再生能源发电全额保障性收购管理，保障非化石能源消费比重目标的实现，推动能源生产和消费革命，根据《中华人民共和国可再生能源法》等法律法规，制定本办法。

第二条 本办法适用于风力发电、太阳能发电、生物质能发电、地热能发电、海洋能发电等非水可再生能源。水力发电参照执行。

第二章 全额保障性收购

第三条 可再生能源发电全额保障性收购是指电网企业（含电力调度机构）根据国家确定的上网标杆电价和保障性收购利用小时数，结合市场竞争机制，通过落实优先发电制度，在确保供电安全的前提下，全额收购规划范围内的可再生能源发电项目的上网电量。

水力发电根据国家确定的上网标杆电价（或核定的电站上网电价）和设计平均利用小时数，通过落实长期购售电协议、优先安排年度发电计划和参与现货市场交易等多种形式，落实优先发电制度和全额保障性收购。根据水电特点，为促进新能源消纳和优化系统运行，水力发电中的调峰机组和大型机组享有靠前优先顺序。

第四条 各电网企业和其他供电主体（以下简称电网企业）承担其电网覆盖范围内，按照可再生能源开发利用规划建设、依法取得行政许可或者报送备案、符合并网技术标准的可再生能源发电项目全额保障性收购的实施责任。

第五条 可再生能源并网发电项目年发电量分为保障性收购电量部分和市场交易电量部分。其中，保障性收购电量部分通过优先安排年度发电计划、与电网公司签订优先发电合同（实物合同或差价合同）保障全额按标杆上网电价收购；市场交易电量部分由可再生能源发电企业通过参与市场竞争方式获得发电合同，电网企业按照优先调度原则执行发电合同。

第六条 国务院能源主管部门会同经济运行主管部门对可再生能源发电受限地区，根据电网输送和系统消纳能力，按照各类标杆电价覆盖区域，参考准许成本加合理收益，核定各类可再生能源并网发电项目保障性收购年利用小时数并予以公布，并根据产业发展情况和可再生能源装机投产情况对各地区各类可再生能源发电保障性收购年利用小时数适时进行调整。地方有关主管部门负责在具体工作中落实该小时数，可再生能源并网发电项目根据该小时数和装机容量确定保障性收购年上网电量。

第七条 不存在限制可再生能源发电情况的地区，电网企业应根据其资源条件保障可再生能源并网发电项目发电量全额收购。

第八条 生物质能、地热能、海洋能发电以及分布式光伏发电项目暂时不参与市场竞争，上网电量由电网企业全额收购；各类特许权项目、示范项目按特许权协议或技术方案明确的利用小时数确定保障性收购年利用小时数。

第九条 保障性收购电量范围内，受非系统安全因素影响，非可再生能源发电挤占消纳空间和输电通道导致的可再生能源并网发电项目限发电量视为优先发电合同转让至系统内优先级较低的其他机组，由相应机组按影响大小承担对可再生能源并网发电项目的补偿费用，并做好与可再生能源调峰机组优先发电的衔接。计入补偿的限发电量最大不超过保障性收购电量与可再生能源实际发电量的差值。保障性收购电量范围内的可再生能源优先发电合同不得主动通过市场交易转让。

因并网线路故障（超出设计标准的自然灾害等不可抗力造成的故障除外）、非计划检修导致的可再生能源并网发电项目限发电量由电网企业承担补偿。

由于可再生能源资源条件造成实际发电量达不到保障发电量以及因自身设备故障、检修等原因造成的可再生能源并网发电项目发电量损失由可再生能源发电项目自行承担，不予补偿。可再生能源发电由于自身原因，造成不能履行的发电量应采用市场竞争的方式由各类机组竞价执行。

可再生能源并网发电项目保障性收购电量范围内的限电补偿费用标准按项目所在地对应的最新可再生能源上网标杆电价或核定电价执行。

第十条 电网企业协助电力交易机构（未设立交易机构地区由电网企业负责）负责根据限发时段电网实际运行情况，参照调度优先级由低到高顺序确定承担可再生能源并网发电项目限发电量补偿费用的机组范围（含自备电厂），并根据相应机组实际发电量大小分摊补偿费用。保障性收购电量范围内限发电量及补偿费用分摊情况按月统计报送国务院能源主管部门派出机构和省级经济运行主管部门备案,限发电量补偿分摊可根据实际发电情况在月度间滚动调整,并按年度结算相关费用。

第十一条　鼓励超出保障性收购电量范围的可再生能源发电量参与各种形式的电力市场交易,充分发挥可再生能源电力边际成本低的优势,通过市场竞争的方式实现优先发电,促进可再生能源电力多发满发。

对已建立电力现货市场交易机制的地区,鼓励可再生能源发电参与现货市场和中长期电力合约交易,优先发电合同逐步按现货交易及相关市场规则以市场化方式实现;参与市场交易的可再生能源发电量按照项目所在地的补贴标准享受可再生能源电价补贴。

第三章　保 障 措 施

第十二条　国务院能源主管部门按照全国可再生能源开发利用规划,确定在规划期内应当达到的可再生能源发电量占全部发电量的比重。省级能源主管部门会同经济运行主管部门指导电网企业制定落实可再生能源发电量比重目标的措施,并在年度发电计划和调度运行方式安排中予以落实。

第十三条　省级经济运行主管部门在制定发电量计划时,严格落实可再生能源优先发电制度,使可再生能源并网发电项目保障性收购电量部分通过充分安排优先发电并严格执行予以保障。

发电计划须预留年内计划投产可再生能源并网发电项目的发电计划空间,在年度建设规模内的当年新投产项目按投产时间占全年比重确定保障性收购年利用小时数。

第十四条　电网企业应按照本办法与可再生能源并网发电项目企业在每年第四季度签订可再生能源优先发电合同。

第十五条　电网企业应按照节能低碳电力调度原则,依据有关部门制定的市场规则,优先执行可再生能源发电计划和可再生能源电力交易合同,保障风能、太阳能、生物质能等可再生能源发电享有最高优先调度等级,不得要求可再生能源项目向优先级较低的发电项目支付费用的方式实现优先发电。电网企业应与可再生能源发电企业在共同做好可再生能源功率预测预报的基础上,将发电计划和合同分解到月、周、日、小时等时段,优先安排可再生能源发电。

第十六条　电网企业应建立完善适应高比例可再生能源并网的调度运行机制,充分挖掘系统调峰潜力,科学安排机组组合,合理调整旋转备用容量,逐步改变按省平衡的调度方式,扩大调度平衡范围。各省(区、市)有关部门和省级电网企业应积极配合，促进可再生能源跨省跨区交易，合理扩大可再生能源电力消纳范围。

第十七条 风电、太阳能发电等可再生能源发电企业应配合电网企业加强功率预测预报工作，提高短期和中长期预测水平，按相关规定向电网企业或电力交易机构提交预报结果，由电网企业统筹确定网内可再生能源发电预测曲线，确保保障性收购电量的分解落实，并促进市场交易电量部分多发满发。可再生能源发电企业应按有关规定参与辅助服务费用分摊。

第十八条 建立供需互动的需求侧响应机制，形成用户参与辅助服务分担共享机制。鼓励通过价格手段引导电力用户优化用电负荷特性，实现负荷移峰填谷。鼓励用户参与调峰调频等辅助服务，提高系统的灵活性和可再生能源消纳能力。

第四章 监督管理

第十九条 国务院能源主管部门及派出机构履行可再生能源发电全额保障性收购的监管责任。

第二十条 国务院能源主管部门派出机构应会同省级经济运行主管部门，根据本办法，结合本地实际情况，制定实施细则，报国家发展改革委、国家能源局同意后实施。

第二十一条 国务院能源主管部门派出机构会同省级能源主管部门和经济运行主管部门负责对电网企业与可再生能源并网发电项目企业签订优先发电合同情况和执行情况进行监管。

第二十二条 可再生能源并网发电项目限发电量由电网企业和可再生能源发电企业协助电力交易机构按国家有关规定的进行计算统计。对于可再生能源并网发电项目限发电量及补偿费用分摊存在异议的，可由国务院能源主管部门派出机构会同省级经济运行主管部门协调。

第二十三条 对于发生限制可再生能源发电的情况，电网企业应及时分析原因，并保留相关运行数据，以备监管机构检查。

相关情况由国务院能源主管部门及派出机构定期向社会公布。

第五章 附 则

第二十四条 本办法由国家发展改革委、国家能源局负责解释，并根据电力体制改革和电力市场建设情况适时修订。

第二十五条 本办法自发布之日起施行。

国务院办公厅关于加快电动汽车充电基础设施建设的指导意见

（2015 年 9 月 29 日　国办发〔2015〕73 号）

各省、自治区、直辖市人民政府，国务院各部委、各直属机构：

充电基础设施是指为电动汽车提供电能补给的各类充换电设施，是新型的城市基础设施。大力推进充电基础设施建设，有利于解决电动汽车充电难题，是发展新能源汽车产业的重要保障，对于打造大众创业、万众创新和增加公共产品、公共服务"双引擎"，实现稳增长、调结构、惠民生具有重要意义。近年来，各地区、各部门认真贯彻落实国务院决策部署，积极推动电动汽车充电基础设施建设，各项工作取得积极进展，但仍存在认识不统一、配套政策不完善、协调推进难度大、标准规范不健全等问题。为加快电动汽车充电基础设施建设，经国务院同意，现提出以下意见：

一、总体要求

（一）指导思想。全面贯彻落实党的十八大和十八届二中、三中、四中全会精神，按照国务院决策部署，坚持以纯电驱动为新能源汽车发展的主要战略取向，将充电基础设施建设放在更加重要的位置，加强统筹规划，统一标准规范，完善扶持政策，创新发展模式，培育良好的市场服务和应用环境，形成布局合理、科学高效的充电基础设施体系，增加公共产品有效投资，提高公共服务水平，促进电动汽车产业发展和电力消费，方便群众生活，更好惠及民生。

（二）基本原则。

统筹规划，科学布局。加强充电基础设施发展顶层设计，按照"因地制宜、快慢互济、经济合理"的要求，根据各地发展实际，做好充电基础设施建设整体规划，加大公共资源整合力度，科学确定建设规模和空间布局，同步建设充电智能服务平台，形成较为完善的充电基础设施体系。

适度超前，有序建设。着眼于电动汽车未来发展，结合不同领域、不同层次的充电需求，按照"桩站先行"的要求，根据规划确定的规模和布局，分类有序推进建设，确保建设规模适度超前。

统一标准，通用开放。加快制修订充换电关键技术标准，完善有关工程建设、运营服务、维护管理的标准。严格按照工程建设标准建设改造充电基础设施，健全电动汽车和充电设备的产品认证与准入管理体系，促进不同充电服务平台互联互通，提高设施通用性和开放性。

依托市场，创新机制。充分发挥市场主导作用，通过推广政府和社会资本合作(PPP)模式、加大财政扶持力度、建立合理价格机制等方式，引导社会资本参与充电基础设施体系建设运营。鼓励企业结合“互联网+”，创新商业合作与服务模式，创造更多经济社会效益，实现可持续发展。

(三)工作目标。到2020年，基本建成适度超前、车桩相随、智能高效的充电基础设施体系，满足超过500万辆电动汽车的充电需求；建立较完善的标准规范和市场监管体系，形成统一开放、竞争有序的充电服务市场；形成可持续发展的“互联网+充电基础设施”产业生态体系，在科技和商业创新上取得突破，培育一批具有国际竞争力的充电服务企业。

二、加大建设力度

(四)加强专项规划设计和指导。各地要将充电基础设施专项规划有关内容纳入城乡规划，完善独立占地的充电基础设施布局，明确各类建筑物配建停车场及社会公共停车场中充电设施的建设比例或预留建设安装条件要求。要以用户居住地停车位、单位停车场、公交及出租车场站等配建的专用充电设施为主体，以公共建筑物停车场、社会公共停车场、临时停车位等配建的公共充电设施为辅助，以独立占地的城市快充站、换电站和高速公路服务区配建的城际快充站为补充，形成电动汽车充电基础设施体系。原则上，新建住宅配建停车位应100%建设充电设施或预留建设安装条件，大型公共建筑物配建停车场、社会公共停车场建设充电设施或预留建设安装条件的车位比例不低于10%，每2000辆电动汽车至少配套建设一座公共充电站。鼓励建设占地少、成本低、见效快的机械式与立体式停车充电一体化设施。

(五)建设用户居住地充电设施。鼓励充电服务、物业服务等企业参与居民区充电设施建设运营管理，统一开展停车位改造，直接办理报装接电手续，在符合有关法律法规的前提下向用户适当收取费用。对有固定停车位的用户，优先在停车位配建充电设施；对没有固定停车位的用户，鼓励通过在居民区配建公共充电车位，建立充电车位分时共享机制，为用户充电创造条件。

(六)建设单位内部充电设施。具备条件的政府机关、公共机构和企事业单位，要结合单位电动汽车配备更新计划以及职工购买使用电动汽车需求，利用内部停车场资源，规划建设电动汽车专用停车位和充电设施。各地可将有关单位配建充电设施情况纳入节能减排考核奖励范围。

（七）建设公共服务领域充电设施。对于公交、环卫、机场通勤等定点定线运行的公共服务领域电动汽车，应根据线路运营需求，优先在停车场站配建充电设施，沿途合理建设独立占地的快充站和换电站。对于出租、物流、租赁、公安巡逻等非定点定线运行的公共服务领域电动汽车，应充分挖掘单位内部停车场站配建充电设施的潜力，结合城市公共充电设施，实现高效互补。

（八）建设城市公共充电设施。公共充电设施建设应从城市中心向边缘、从城市优先发展区域向一般区域逐步推进。优先在大型商场、超市、文体场馆等建筑物配建停车场以及交通枢纽、驻车换乘（P + R）等公共停车场建设公共充电设施。鼓励在具备条件的加油站配建公共快充设施，适当新建独立占地的公共快充站。鼓励有条件的单位和个人充电设施向社会公众开放。

（九）建设城际快速充电网络。充分利用高速公路服务区停车位建设城际快充站。优先推进京津冀鲁、长三角、珠三角区域城际快充网络建设，适时推进长江中游城市群、中原城市群、成渝城市群、哈长城市群城际快充网络建设，到2020年初步形成覆盖大部分主要城市的城际快充网络，满足电动汽车城际、省际出行需求。

三、完善服务体系

（十）完善充电设施标准规范。加快修订出台充电接口及通信协议等标准，积极推进充电接口互操作性检测、充电服务平台间数据交换等标准的制修订工作，实现充电标准统一。开展充电设施设置场所消防等安全技术措施研究，及时制修订相关标准。完善充换电设备、电动汽车电池等产品标准，明确防火安全要求。制定无线充电等新型充电技术标准。完善充电基础设施计量、计费、结算等运营服务管理规范，加快建立充电基础设施的道路交通标志体系。

（十一）建设充电智能服务平台。大力推进“互联网 + 充电基础设施”，提高充电服务智能化水平，提升运营效率和用户体验，促进电动汽车与智能电网间能量和信息的双向互动。鼓励围绕用户需求，运用移动互联网、物联网、大数据等技术，为用户提供充电导航、状态查询、充电预约、费用结算等服务，拓展平台增值业务。

（十二）建立互联互通促进机制。组建国家电动汽车充电基础设施促进联盟，配合有关政府部门严格充电设施产品准入管理，开展充电设施互操作性的检测与认证。构建充电基础设施信息服务平台，统一信息交换协议，有效整合不同企业和不同城市的充电服务平台信息资源，促进不同充电服务平台互联互通，为制定实施财税、监管等政策提供支撑。

（十三）做好配套电网接入服务。各地要将充电基础设施配套电网建设与改造项目纳入配电网专项规划，在用地保障、廊道通行等方面给予支持。电网企业要加强充电基础设施配套电网建设与改造，确保电力供应满足充换电设施运营需求；要为充电基础设施接入电网提供便利条件，开辟绿色通道，限时办结。电网企业负责建设、运行和维护充电基础设施产权分界点至电网的配套接网工程，不得收取接网费用，相应资产全额纳入有效资产，成本据实计入准许成本，并按照电网输配电价回收。

（十四）创新充电服务商业模式。鼓励探索大型充换电站与商业地产相结合的发展方式，引导商场、超市、电影院、便利店等商业场所为用户提供辅助充电服务。鼓励充电服务企业通过与整车企业合作、众筹等方式，创新建设充电基础设施商业合作模式，并采取线上线下相结合等方式，提供智能充放电、电子商务、广告等增值服务，提升充电服务企业可持续发展能力。

四、强化支撑保障

（十五）简化规划建设审批。各地要按照简政放权、放管结合、优化服务的要求，减少充电基础设施规划建设审批环节，加快办理速度。个人在自有停车库、停车位，各居住区、单位在既有停车位安装充电设施的，无需办理建设用地规划许可证、建设工程规划许可证和施工许可证。建设城市公共停车场时，无需为同步建设充电桩群等充电基础设施单独办理建设工程规划许可证和施工许可证。新建独立占地的集中式充换电站应符合城市规划，并办理建设用地规划许可证、建设工程规划许可证和施工许可证。

（十六）完善财政价格政策。加大对充电基础设施的补贴力度，加快制定“十三五”期间充电基础设施建设财政奖励办法，督促各地尽快制定有关支持政策并向社会公布，给予市场稳定的政策预期。在产业发展初期通过中央基建投资资金给予适度支持。对向电网经营企业直接报装接电的经营性集中式充换电设施用电，执行大工业用电价格，2020 年前暂免收取基本电费；其他充电设施按其所在场所执行分类目录电价。允许充电服务企业向用户收取电费及服务费，对不同类别充电基础设施，指导各地兼顾投资运营主体合理收益与用户使用经济性等，及早出台充电服务费分类指导价格，并在总结各地经验基础上，逐步规范充电服务价格机制。

（十七）拓宽多元融资渠道。各地要有效整合公交、出租车场站以及社会公共停车场等各类公共资源，通过 PPP 等方式，为社会资本参与充电基础设施建设运营创造条件。鼓励金融机构在商业可持续原则下，创新金融产品和保险品种，综合运用风险补偿等政策,完善金融服务体系。推广股权、项目收益权、特许经营权等质押融资方式,加快建立包括财政出资和社会资本投入的多层次担保体系,积极推动设立融资担保基金,拓宽充电基础设施投资运营企业与设备厂商的融资渠道。鼓励利用社会资本设立充电基础设施发展专项基金,发行充电基础设施企业债券,探索利用基本养老保险基金投资支持充电基础设施建设。

(十八)加大用地支持力度。各地要将独立占地的集中式充换电站用地纳入公用设施营业网点用地范围,按照加油加气站用地供应模式,根据可供应国有建设用地情况,优先安排土地供应。供应新建项目用地需配建充电基础设施的,可将配建要求纳入土地供应条件,允许土地使用权取得人与其他市场主体合作,按要求投资建设运营充电基础设施。鼓励在已有各类建筑物配建停车场、公交场站、社会公共停车场、高速公路服务区等场所配建充电基础设施,地方政府应协调有关单位在用地方面予以支持。

(十九)加大业主委员会协调力度。制定全国统一的私人用户居住地充电基础设施建设管理示范文本。各地房地产行政主管部门、街道办事处和居委会要按照示范文本,主动加强对业主委员会的指导和监督,引导业主支持充电基础设施建设。业主大会、业主委员会应依据示范文本,结合自身实际,明确物业服务区域内建设管理充电基础设施的流程。

(二十)支持关键技术研发。依托示范项目,积极探索充电基础设施与智能电网、分布式可再生能源、智能交通融合发展的技术方案,加强检测认证、安全防护、与电网双向互动、电池梯次利用、无人值守自助式服务、桩群协同控制等关键技术研发。充分发挥企业创新主体作用,加快推动高功率密度、高转换效率、高适用性、无线充电、移动充电等新型充换电技术及装备研发。

(二十一)明确安全管理要求。各地要建立充电基础设施安全管理体系,完善有关制度和标准,加大对用户私拉电线、违规用电、不规范建设施工等行为的查处力度。依法依规对充电基础设施设置场所实施消防设计审核、消防验收以及备案抽查,并加强消防监督检查。行业主管部门要督促充电基础设施运营使用的单位或个人,加强对充电基础设施及其设置场所的日常消防安全检查及管理,及时消除安全隐患。

五、做好组织实施

(二十二)落实地方主体责任。各地要切实承担起统筹推进充电基础设施发展的主体责任,将充电基础设施建设管理作为政府专项工作。建立由发展改革(能源)部门牵头、相关部门紧密配合的协同推进机制,明确职责分工,完善配套政策。

2016年3月底前发布充电基础设施专项规划,制定出台充电基础设施建设运营管理办法,并抓好组织实施。

(二十三)加大示范推广力度。各地要结合新能源汽车推广应用需要,针对充电基础设施发展的重点和难点,开展充电基础设施建设与运营模式试点示范。建立"示范小区与单位"、"示范城市与区县"、"城际快充示范区域"三级示范工程体系。在示范项目中要充分发挥现有公共设施的作用,加强政企合作,创新城市充电基础设施建设与运营模式,完善相关标准规范与配套政策,探索各种先进适用充电技术,总结形成可复制、可推广的充电基础设施发展经验,促进充电基础设施加快普及。

(二十四)营造良好舆论环境。各有关部门、企业和新闻媒体要通过多种形式加强对充电基础设施发展政策、规划布局和建设动态等的宣传,让社会各界全面了解充电基础设施,吸引更多社会资本参与充电基础设施建设运营,同时加强舆论监督,曝光阻碍充电基础设施建设、损害消费者权益等行为,形成有利于充电基础设施发展的舆论氛围。

(二十五)形成合力协同推进。发展改革委、能源局要会同工业和信息化部、住房城乡建设部、国土资源部等有关部门,依托节能与新能源汽车产业发展部际联席会议制度,加强部门协同配合,强化对各地的指导与监督,及时总结推广成功经验和有效做法,重大情况及时向国务院报告。能源局要从严格标准执行、理顺价格机制、加强供电监管、促进互联互通、引入社会资本等方面加快完善充电服务监管;住房城乡建设部、国土资源部、公安部要分别从规划建设标准、设施用地、消防安全和交通标志等方面为充电基础设施建设运营创造有利条件;财政部、银监会、保监会要通过加大财政支持、强化金融服务与保障等方式,增强社会资本信心。国管局、国资委要分别指导政府机关、公共机构和国有企事业单位率先在内部停车场建设充电基础设施。其他相关部门要按照各自职责分工,做好协同配合工作。

国家发展改革委等部门关于进一步提升电动汽车充电基础设施服务保障能力的实施意见

（2022 年 1 月 10 日　发改能源规〔2022〕53 号）

各省、自治区、直辖市、新疆生产建设兵团发展改革委、能源局、工业和信息化厅（委、局）、财政厅（局）、自然资源主管部门、住房和城乡建设厅（委、管委、局）、交通运输厅（局、委）、农业农村厅（局、委）、应急厅（局）、市场监管局（厅、委）、消防救援总队，国家能源局各派出机构，国家电网有限公司、中国南方电网有限责任公司：

“十三五”期间，我国充电基础设施实现了跨越式发展，充电技术快速提升，标准体系逐步完备，产业生态稳步形成，建成世界上数量最多、辐射面积最大、服务车辆最全的充电基础设施体系。但快速发展的背后仍存在居住社区建桩难、公共充电设施发展不均衡、用户充电体验有待提升、行业质量与安全监管体系有待完善等突出问题，亟需加快相关技术、模式与机制创新，进一步提升充电服务保障能力。

为全面贯彻落实《国务院办公厅关于印发新能源汽车产业发展规划（2021—2035 年）的通知》（国办发〔2020〕39 号），支撑新能源汽车产业发展，突破充电基础设施发展瓶颈，推动构建新型电力系统，助力“双碳”目标实现，制定如下实施意见。

到“十四五”末，我国电动汽车充电保障能力进一步提升，形成适度超前、布局均衡、智能高效的充电基础设施体系，能够满足超过 2000 万辆电动汽车充电需求。

一、加快推进居住社区充电设施建设安装

（一）完善居住社区充电设施建设推进机制。各地发展改革、能源部门应加强与住房和城乡建设等部门的统筹协作，共同推进居住社区充电设施建设与改造。居住社区管理单位应积极配合用户安装充电设施并提供必要协助。业主委员会应结合自身实际，明确物业服务区域内充电设施建设的具体流程。

（二）推进既有居住社区充电设施建设。各地发展改革、能源、住房和城乡建设部门等应制定既有居住社区充电设施建设改造行动计划，明确行动目标、重点任务和推进时序，结合城镇老旧小区改造及城市居住社区建设补短板行动，因地制宜推进。具备安装条件的，居住社区要配建一定比例的公共充电车位，建立充电车位分

时共享机制,为用户充电创造条件。

(三)严格落实新建居住社区配建要求。新建居住社区要确保固定车位100%建设充电设施或预留安装条件。预留安装条件时需将管线和桥架等供电设施建设到车位以满足直接装表接电需要。各地相关部门应在新建住宅项目规划报批、竣工验收环节依法监督。

(四)创新居住社区充电服务商业模式。鼓励充电运营企业或居住社区管理单位接受业主委托,开展居住社区充电设施"统建统营",统一提供充电设施建设、运营与维护等有偿服务,提高充电设施安全管理水平和绿电消费比例。鼓励"临近车位共享""多车一桩"等新模式。

二、提升城乡地区充换电保障能力

(五)建立健全规划工作机制。各地发展改革、能源部门要积极会同工业和信息化、自然资源、住房和城乡建设、交通运输等部门,科学编制省级充电基础设施"十四五"专项规划,指导地市以区县为基本单元编制布局规划。优先利用存量停车场等土地资源,以新增土地供应方式建设的公共充电场站,应加强论证。涉及布局、土地利用和用途管制等方面的内容,应与相关规划做好衔接。

(六)优化城市公共充电网络建设布局。进一步优化中心城区公共充电网络布局,加大外围城区公共充电设施建设力度,因地制宜布局换电站,提升公共充电服务保障能力。充分考虑公交、出租、物流等专用车充电需求,结合停车场站等建设专用充电站。鼓励充电运营企业通过新建、改建、扩容、迁移等方式,逐步提高快充桩占比。

(七)加强县城、乡镇充电网络布局。按照全面推进乡村振兴有关要求,结合推进以县城为重要载体的城镇化建设,加快补齐县城、乡镇充电基础设施建设短板,加快实现电动汽车充电站"县县全覆盖"、充电桩"乡乡全覆盖"。优先在企事业单位、商业建筑、交通枢纽、公共停车场等场所配置公共充电设施。

(八)加快高速公路快充网络有效覆盖。加快制定各省高速公路快充网络分阶段覆盖方案。明确高速公路快充站建设标准规范,将快充站纳入高速公路服务区配套基础设施范围,加强高速公路快充站项目立项与验收环节管理,做好建设用地和配套电源保障工作。力争到2025年,国家生态文明试验区、大气污染防治重点区域的高速公路服务区快充站覆盖率不低于80%,其他地区不低于60%。

(九)提升单位和园区内部充电保障。政府机关、企事业单位、工业园区等内部停车场加快配建相应比例充电设施或预留建设安装条件,满足公务用车和职工私家车充电需要。鼓励单位和园区内部充电桩对外开放,进一步提升公共充电供给能力。

三、加强车网互动等新技术研发应用

（十）推进车网互动技术创新与试点示范。支持电网企业联合车企等产业链上下游打造新能源汽车与智慧能源融合创新平台，开展跨行业联合创新与技术研发，加速推进车网互动试验测试与标准化体系建设。积极推进试点示范，探索新能源汽车参与电力现货市场的实施路径，研究完善新能源汽车消费和储放绿色电力的交易和调度机制。探索单位和园区内部充电设施开展“光储充放”一体化试点应用。

（十一）鼓励推广智能有序充电。各地发展改革、能源部门要引导居民参与智能有序充电，加快开展智能有序充电示范小区建设，逐步提高智能有序充电桩建设比例。各地价格主管部门要抓好充电设施峰谷电价政策落实。鼓励将智能有序充电纳入充电桩和新能源汽车产品功能范围，加快形成行业统一标准。

（十二）加强充换电技术创新与标准支撑。加快大功率充电标准制定与推广应用，加强跨行业协作，推动产业各方协同升级。推进无线充电、自动无人充电等新技术研发。推动主要应用领域形成统一的换电标准，提升换电模式的安全性、可靠性与经济性。完善新能源汽车电池和充电设施之间的数据交互标准。

（十三）加快换电模式推广应用。围绕矿场、港口、城市转运等场景，支持建设布局专用换电站，加快车电分离模式探索和推广，促进重型货车和港口内部集卡等领域电动化转型。探索出租、物流运输等领域的共享换电模式，优化提升共享换电服务。

四、加强充电设施运维和网络服务

（十四）加强充电设备运维与充电秩序维护。充电运营企业要完善充电设备运维体系，通过智能化和数字化手段，提升设备可用率和故障处理能力。鼓励停车场与充电运营企业创新技术与管理措施，引导燃油汽车与新能源汽车分区停放，维护良好充电秩序。

（十五）提升公共充电网络服务体验。加快推进充电运营企业平台互联互通，实现信息共享与跨平台、多渠道支付结算，提升充电便利性和用户体验。鼓励停车充电一体化等模式创新，实现停车和充电数据信息互联互通，落实充电车辆停车优惠等惠民措施。

五、做好配套电网建设与供电服务

（十六）加强配套电网建设保障。电网企业要做好电网规划与充电设施规划的衔接，加大配套电网建设投入，合理预留高压、大功率充电保障能力。各地自然资源、住房和城乡建设部门要对充电设施配套电网建设用地、廊道空间等资源予以保障，加大工程建设协调推进力度。

（十七）加强配套供电服务和监管。电网企业要全面提升“获得电力”服务水平，优化线上用电保障服务，落实“三零”“三省”服务举措，为充电运营企业和个人业务办理提供契约式服务、实施限时办结。国家能源局派出机构要加大供电和价格政策执行情况监管力度，配合地方政府市场监管部门规范转供电行为，做好配套供电服务保障工作。

六、加强质量和安全监管

（十八）建立健全行业监管体系。推动建立充电设备产品质量认证运营商采信制度。建立“僵尸企业”和“僵尸桩”退出机制，支持优势企业兼并重组、做大做强。严格按照“三管三必须”要求，落实各方安全责任。强化汽车、电池和充电设施生产企业产品质量安全责任，严格建设、设计、施工、监理单位建设安装质量安全把关。在加油站、加气站建设安装充电设施应布置在辅助服务区内。充电设施业主、居住社区管理单位、售后维保单位等应加强充电设施安全管理，及时发现、消除安全隐患。各地能源、住房和城乡建设、消防部门结合职责，加强配套供电、规划建设及集中充电场所的消防安全监督管理。建立完善各级安全管理机制，加强充电设施运营安全监管，强化社区用电安全管理。建立火灾事故调查处理、溯源机制，鼓励相关安全责任保险推广应用。

（十九）加快建立国家、省、市三级监管平台体系。扩大监管平台覆盖城市范围，逐步建成纵向贯通、横向协同的国家、省、市三级充电设施监管平台体系，完善数据服务、安全监管、运行分析等功能，推进跨平台安全预警信息交换共享。加快充电设施监管平台与新能源汽车监测平台数据融合，探索构建车桩一体化监管体系。政府监管平台应保持立场公正，定期向社会发布本省充电基础设施运行情况。

七、加大财政金融支持力度

（二十）优化财政支持政策。对作为公共设施的充电桩建设给予财政支持。鼓励地方建立与服务质量挂钩的运营补贴标准，进一步向优质场站倾斜。鼓励地方加强大功率充电、车网互动等示范类设施的补贴力度，促进行业转型升级。

（二十一）提高金融服务能力。创新利用专项债券和基金等金融工具，重点支持充电设施以及配套电网建设与改造项目。鼓励各类金融机构通过多种渠道，为充电设施建设提供金融支持。鼓励保险机构开发适合充电设施的保险产品。

请各有关单位按照上述要求，严格落实责任分工，结合本地区实际完善相关管理工作机制。本实施意见自印发之日起施行，有效期5年。

国家发展改革委、国家能源局
关于开展全国煤电机组改造升级的通知

（2021 年 10 月 29 日　发改运行〔2021〕1519 号）

各省、自治区、直辖市发展改革委、经信委（工信委、工信厅）、能源局，北京市城市管理委员会，国家能源局各派出能源监管机构，国家电网有限公司、中国南方电网有限责任公司，中国华能集团有限公司、中国大唐集团有限公司、中国华电集团有限公司、国家电力投资集团有限公司、国家能源投资集团有限责任公司、国家开发投资集团有限公司、华润集团有限公司：

为认真贯彻落实《中共中央　国务院关于完整准确全面贯彻新发展理念做好碳达峰碳中和工作的意见》精神，推动能源行业结构优化升级，进一步提升煤电机组清洁高效灵活性水平，促进电力行业清洁低碳转型，助力全国碳达峰、碳中和目标如期实现，国家发展改革委、国家能源局会同有关方面制定了《全国煤电机组改造升级实施方案》（以下简称《实施方案》），现印发你们，请遵照执行。现将有关落实事项通知如下：

一、高度重视。我国力争实现 2030 年前碳达峰和努力争取 2060 年前碳中和的目标，对优化能源结构和煤炭清洁高效利用提出了更高要求。煤电机组改造升级是提高电煤利用效率、减少电煤消耗、促进清洁能源消纳的重要手段，对推动碳达峰碳中和目标如期实现具有重要意义。各地、各企业要高度重视，将煤电机组改造升级作为一项重要工作抓好抓实抓细，切实提高煤电机组运行水平。

二、扎实推进。各地政府主管部门要会同有关方面，完整、准确、全面贯彻新发展理念，按照《实施方案》要求，科学确定本地煤电机组改造升级目标和实施路径，研究制定本省（区、市）煤电机组改造升级实施方案，于 11 月底前报送国家发展改革委、国家能源局，经国家发展改革委、国家能源局组织第三方综合评估论证后，于年底前形成操作性实施方案。

三、加强统筹。各地在推进煤电机组改造升级工作过程中，需统筹考虑煤电节能降耗改造、供热改造和灵活性改造制造，实现“三改”联动。同时，要合理安排机组改造时序，保证本地电力安全可靠供应。

四、完善政策。各地要结合本地实际，在财政、金融、价格等方面健全完善相关政策，对煤电机组改造升级工作予以支持，提高企业改造积极性，保证改造工作平稳推进。

五、明确分工。各地要明确牵头部门，与相关部门明确责任分工形成合力，共同推进煤电机组改造升级工作。中央发电企业要与各地政府主管部门做好充分沟通，保证集团煤电机组改造升级工作与地方有效衔接。电网企业要合理安排煤电机组检修方案，保证各地煤电机组改造过程中电网安全平稳运行。

附件：全国煤电机组改造升级实施方案

全国煤电机组改造升级实施方案

为贯彻落实《中共中央　国务院关于完整准确全面贯彻新发展理念做好碳达峰碳中和工作的意见》精神，进一步降低煤电机组能耗，提升灵活性和调节能力，提高清洁高效水平，促进电力行业清洁低碳转型，助力全国碳达峰、碳中和目标如期实现，制定全国煤电机组改造升级实施方案如下。

一、充分认识煤电机组改造升级的重要意义

电力行业是煤炭消耗的主要行业之一，是国家节能减排工作重点管控行业。“十一五”“十二五”“十三五”期间，电力行业按照国家的要求和部署，深入实施煤电节能减排升级改造，火电供电煤耗持续下降。2020 年全国 6000 千瓦及以上火电厂供电煤耗为 305.5 克标准煤/千瓦时，比 2015 年下降 9.9 克/千瓦时，比 2010 年下降 27.5 克/千瓦时，比 2005 年下降 64.5 克/千瓦时。以 2005 年为基准年，2006—2020 年，供电煤耗降低累计减少电力二氧化碳排放 66.7 亿吨，对电力二氧化碳减排贡献率为 36%，有效减缓了电力二氧化碳排放总量的增长。与此同时也要看到，目前我国发电和供热行业二氧化碳排放量占全国排放量的比重超过 40%，是全国二氧化碳排放的重点行业。因此，进一步推进煤电机组节能降耗是提高能源利用效率的有效手段，对实现电力行业碳排放达峰，乃至全国碳达峰、碳中和目标具有重要意义。

二、总体要求

（一）指导思想。

以习近平新时代中国特色社会主义思想为指导，全面贯彻党的十九大和十九届二中、三中、四中、五中全会精神，深入贯彻习近平生态文明思想，完整、准确、全面

贯彻新发展理念,处理好发展和减排、整体和局部、短期和中长期的关系,推行更严格能效环保标准,推动煤电行业实施节能降耗改造、供热改造和灵活性改造制造“三改联动”,严控煤电项目,持续优化能源电力结构和布局,深入推进煤电清洁、高效、灵活、低碳、智能化高质量发展,努力实现我国煤电行业碳达峰目标。

(二)基本原则。

坚持底线思维,确保电力安全。坚守能源电力安全稳定供应底线,统筹好发展和安全、增量和存量的关系,准确把握并科学发挥煤电的兜底保障作用和灵活调节能力,为加快构建以新能源为主体的新型电力系统做出积极贡献。

坚持统筹联动,实现降耗减碳。统筹推进节能改造、供热改造和灵活性改造,鼓励企业采取先进技术,持续降低碳排放、污染物排放和能耗水平,提供综合服务,实现角色转变,不断提升清洁低碳、高效灵活发展能力。

坚持政策引导,合理把握节奏。进一步完善鼓励企业改造的产业政策、市场机制和配套措施,合理保障煤电企业存续发展条件。坚持分类施策、分企施策、一厂一策、一机一策,指导企业科学编制改造方案,并结合电力供需情况合理把握节奏、稳妥有序实施。

坚持市场导向,经济技术可行。优先推广使用成熟适用技术进行煤电节能减排改造,进一步加强新装备、新技术研发和试验示范工作,推动行业整体节能降耗。充分尊重企业市场主体地位,制定切实可行的改造目标和任务,统筹兼顾安全、技术和经济目标。

(三)主要目标。

全面梳理煤电机组供电煤耗水平,结合不同煤耗水平煤电机组实际情况,探索多种技术改造方式,分类提出改造实施方案。统筹考虑大型风电光伏基地项目外送和就近消纳调峰需要,以区域电网为基本单元,在相关地区妥善安排配套煤电调峰电源改造升级,提升煤电机组运行水平和调峰能力。按特定要求新建的煤电机组,除特定需求外,原则上采用超超临界、且供电煤耗低于 270 克标准煤/千瓦时的机组。设计工况下供电煤耗高于 285 克标准煤/千瓦时的湿冷煤电机组和高于 300 克标准煤/千瓦时的空冷煤电机组不允许新建。到 2025 年,全国火电平均供电煤耗降至 300 克标准煤/千瓦时以下。

节煤降耗改造。对供电煤耗在 300 克标准煤/千瓦时以上的煤电机组,应加快创造条件实施节能改造,对无法改造的机组逐步淘汰关停,并视情况将具备条件的转为应急备用电源。“十四五”期间改造规模不低于 3.5 亿千瓦。

供热改造。鼓励现有燃煤发电机组替代供热,积极关停采暖和工业供汽小锅炉,对具备供热条件的纯凝机组开展供热改造,在落实热负荷需求的前提下,“十四五”期间改造规模力争达到5000万千瓦。

灵活性改造制造。存量煤电机组灵活性改造应改尽改,“十四五”期间完成2亿千瓦,增加系统调节能力3000—4000万千瓦,促进清洁能源消纳。“十四五”期间,实现煤电机组灵活制造规模1.5亿千瓦。

三、推动煤电机组节能提效升级和清洁化利用

(一)开展汽轮机通流改造。进一步提升煤电机组能效水平,重点针对服役时间较长、通流效率低、热耗高的60万千瓦及以下等级亚临界、超临界机组,推广采用汽轮机通流部分改造技术,因厂制宜开展综合性、系统性节能改造,改造后供电煤耗力争达到同类型机组先进水平。

(二)开展锅炉和汽轮机冷端余热深度利用改造。大力推广煤电机组冷端优化和烟气余热深度利用技术。鼓励采取成熟适用的改造措施,提高机组运行真空,提升节能提效水平。鼓励现役机组应用烟气余热深度利用技术。

(三)开展煤电机组能量梯级利用改造。鼓励有条件的机组结合实际情况对锅炉尾部烟气余热利用系统与锅炉本体烟风系统、汽机热力系统等进行综合集成优化。

(四)探索高温亚临界综合升级改造。探索创新煤电机组节能改造技术,及时总结高温亚临界综合升级改造示范项目先进经验,适时向全国推广应用。梳理排查具备改造条件的亚临界煤电机组,统筹衔接上下游设备供应能力和电力电量供需平衡,科学制定改造实施方案,有序推进高温亚临界综合升级改造。

(五)推动煤电机组清洁化利用。新建燃煤发电机组应同步建设先进高效的脱硫、脱硝和除尘设施,确保满足最低技术出力以上全负荷范围达到超低排放要求。支持有条件的发电企业同步开展大气污染物协同脱除,减少三氧化硫、汞、砷等污染物排放。对于环保约束条件较严格的区域,鼓励新建机组实现适度优于超低排放限值的水平。

四、开展煤电机组供热改造

(一)全力拓展集中式供热需求。着力整合供热资源,支持配套热网工程建设和老旧管网改造工程,加快推进供热区域热网互联互通,尽早实现各类热源联网运行,充分发挥热电联产机组供热能力。鼓励热电联产机组在技术经济合理的前提下,适当发展长输供热项目,吸引工业热负荷企业向存量煤电企业周边发展,扩大供热范围。同步推进小热电机组科学整合,鼓励有条件的地区通过替代建设高效清洁供热热源等方式,逐步淘汰单机容量小、能耗高、污染重的燃煤小热

电机组。

（二）推动具备条件的纯凝机组开展热电联产改造。优先对城市或工业园区周边具备改造条件且运行未满 15 年的在役纯凝发电机组实施采暖供热改造。因厂制宜采用打孔抽气、低真空供热、循环水余热利用等成熟适用技术，鼓励具备条件的机组改造为背压热电联产机组，加大力度推广应用工业余热供热、热泵供热等先进供热技术。

（三）优化已投产热电联产机组运行。鼓励对热电联产机组实施技术改造，充分回收利用电厂余热，进一步提高供热能力，满足新增热负荷需求。继续实施煤电机组灵活性制造和灵活性改造，综合考虑技术可行性、经济性和运行安全性，现役机组灵活性改造后，最小发电出力达到 30% 左右额定负荷。

五、加快实施煤电机组灵活性制造灵活性改造

（一）新建机组全部实现灵活性制造。新建煤电机组纯凝工况调峰能力的一般化要求为最小发电出力达到 35% 额定负荷，采暖热电机组在供热期运行时要通过热电解耦力争实现单日 6h 最小发电出力达到 40% 额定负荷的调峰能力，其他类型机组应采取措施尽量降低最小发电出力。鼓励通过技术创新示范，探索进一步降低机组最小发电出力的可靠措施。

（二）现役机组灵活性改造应改尽改。纯凝工况调峰能力的一般要求为最小发电出力达到 35% 额定负荷，采暖热电机组在供热期运行时要通过热电解耦力争实现单日 6h 最小发电出力达到 40% 额定负荷的调峰能力。

六、淘汰关停低参数小火电

（一）加快淘汰煤电落后产能。落实《国家发展改革委　国家能源局关于深入推进供给侧结构性改革　进一步淘汰煤电落后产能促进煤电行业优化升级的意见》（发改能源〔2019〕431 号）等相关文件要求，加大淘汰煤电落后产能工作力度，倒逼煤电产业结构优化调整。淘汰关停的煤电机组“关而不拆”，原则上全部创造条件转为应急备用和调峰电源，确有必要进行拆除的，需报国家发展改革委和国家能源局同意。淘汰关停的煤电机组，可用于容量替代新建清洁高效煤电机组。

（二）合理安排关停机组纳入应急备用。符合能效、环保、安全等政策和标准要求的机组，在无需原址重建、“退城进郊”异地建设等情况下，可“关而不拆”，作为应急备用电源发挥作用。科学认定和退出应急备用机组，严格应急备用电源运行调度管理，常态下停机备用，应急状态下启动，顶峰运行后停机，在发挥保供作用的同

时为降低整体能耗和排放作出贡献。“十四五”期间,形成并保持1500万千瓦的应急备用能力。

七、规范燃煤自备电厂运行

(一)全面清理违法违规燃煤自备电厂。对违规核准、未核先建、批建不符、擅自变更或超出自备机组配套项目转供电等违法违规问题进行严肃查处。禁止以各种名义将公用电厂转为燃煤自备电厂。健全机制,引导自备电厂与清洁能源开展替代发电。

(二)加大自备煤电机组节能减排力度。加强监管,确保自备电厂严格执行公用燃煤电厂的最新大气污染物排放标准和总量控制要求,污染物排放不符合环保要求的要限产或停产改造。严格按照国家能耗、环保政策和相关标准梳理不达标机组,对于符合淘汰条件的自备机组应限时实施淘汰关停,并做好电源热源衔接,排放和能耗水平偏高的自备机组要加快实施超低排放和节能改造。

八、优化煤电机组运行管理

(一)提升大容量高参数机组负荷利用率。提高电网调度的灵活性和智能化水平,优化机组运行和开机方式,合理利用系统内各类调峰资源,充分发挥60万千瓦及以上大容量高参数机组承担基本负荷时的清洁高效优势。充分发挥负荷侧调节能力,发展各类灵活性用电负荷,通过完善市场机制和价格机制引导用户错峰用电,实现快速灵活的需求侧响应。通过优化整合本地电源侧、电网侧、负荷侧资源,依托“云大物移智”等技术,进一步加强源网荷储多项互动和高度融合。

(二)提升煤电企业管理水平。各发电企业应采用专业化运营模式,提高煤电项目的专业化运行管理水平,确保项目安全高效运行。加强燃煤发电机组综合诊断,积极开展运行优化试验,科学制定优化运行方案,合理确定运行方式和参数,使机组在各种负荷范围内保持最佳运行状态。扎实做好燃煤发电机组设备运行维护,提高机组安全健康水平和设备可用率。鼓励有条件的发电企业积极探索节能降耗路径,提高机组的生产效率和经济效益,进一步提升电厂清洁高效发展水平。

(三)提升电煤煤质。通过优先释放煤矿项目优质产能、保障煤炭跨区运输铁路运力等措施,提高电煤产运需保障水平。同等条件下,优先保障能效水平先进的燃煤发电机组的燃料供应。充分发挥市场作用,平抑电煤价格大幅波动,确保电厂燃用设计煤种,最大限度避免因燃料品质波动造成的机组实际运行能耗增加。

九、严格新增煤电机组节能降耗标准

（一）严格能效准入门槛。加强对新增煤电项目设计煤耗水平的管控，鼓励煤电项目的前期论证、设备选择、工艺设计等各个环节提高标准，设计工况下供电煤耗高于285克标准煤/千瓦时的湿冷煤电机组和高于300克标准煤/千瓦时的空冷煤电机组不允许建设投产。

（二）提高机组参数水平。新建非热电联产燃煤发电项目原则上采用60万千瓦及以上超超临界机组。机组设计供电煤耗结合出力系数、深度调峰、煤质等因素进行修正后，应不高于《常规燃煤发电机组单位产品能源消耗限额》（GB 21258）、《热电联产单位产品能源消耗限额》（GB 35574）中新（改、扩）建机组能耗准入值，并根据国家标准的最新要求实时调整。

十、加大对节能降耗改造机组政策支持

（一）加强煤电技术攻关。实行揭榜挂帅制度，结合行业技术成熟度和应用需求，进一步加大对煤电节能减排重大关键技术和设备研发支持力度，提升技术装备自主化水平。稳步推进650℃等级超超临界燃煤发电技术、低成本超低排放循环流化床锅炉发电技术、智能电厂技术、燃煤电厂大规模二氧化碳捕集利用与封存技术、整体煤气化燃料电池发电集成优化技术、综合能源基地一体化集成技术，以及亚临界机组升级改造等节能减排突出技术的集中攻关和试点示范，条件成熟的适时推广应用。建立发电企业、电网企业、设备制造企业、设计单位和研究机构多方参与的技术创新应用体系，推动产学研联合，鼓励各发电企业充分发挥主观能动性积极提高节能减排水平，加强低碳发展意识和能力建设，积极推进煤电节能减排和绿色低碳转型先进技术集成应用示范项目建设和科研创新成果产业化。积极开展先进技术经验交流，实现技术共享。

（二）加大财政、金融等方面支持力度。统筹运用相关资金，对煤电节能减排综合升级改造重大技术研发和示范项目建设适当给予资金支持。鼓励各地因地制宜制定背压式热电机组支持政策以及燃煤耦合生物质发电项目电量奖补政策等。鼓励社会资本等各类投资主体以多种投融资模式进入煤电节能减排综合升级改造领域。引导金融机构加大对煤电节能减排综合升级改造项目给予优惠信贷等投融资支持力度。拓宽煤电节能减排综合升级改造投融资渠道，为煤电节能减排综合升级改造提供资金支持。支持符合条件的企业发行企业债券，募集资金用于煤电节能减排综合升级改造等领域。鼓励发电企业与有关技术服务机构合作，通过合同能源管理等第三方投资模式推进煤电节能减排综合升级改造。

(三)健全市场化交易机制。在交易组织、合同签订、合同分解执行等环节中,充分考虑煤电机组煤耗水平,引导节能减排指标好的煤电机组多签市场化合同。加强优化运行调度,建立机组发电量与能耗水平挂钩机制,促进供电煤耗低的煤电机组多发电。加快健全完善辅助服务市场机制,使参与灵活性改造制造的调峰机组获得相应收益。

国家能源局综合司关于开展可再生能源发电项目开发建设按月调度的通知[①]

（2021 年 7 月 29 日）

各省（自治区、直辖市）能源局，有关省（自治区、直辖市）及新疆生产建设兵团发展改革委，国家电网、南方电网、内蒙古电力公司，国家可再生能源信息管理中心，各有关企业：

根据《国家发展改革委　国家能源局关于 2021 年可再生能源电力消纳责任权重及有关事项的通知》（发改能源〔2021〕704 号）和《国家能源局关于 2021 年风电、光伏发电开发建设有关事项的通知》（国能发新能〔2021〕25 号）要求，为进一步推动可再生能源发电项目开发建设，确保实现全年开发建设目标，拟按月开展项目开发建设情况调度，现将有关事项通知如下：

一、建立可再生能源发电项目开发建设按月调度机制，对可再生能源发电项目从核准（审批、备案）、开工、建设、并网到投产进行全过程调度。

二、自 2021 年 8 月起，各省级能源主管部门、各主要中央发电企业于每月 15 日前分别将本省（区、市）、本企业可再生能源发电项目上月开发建设情况（包括新核准容量、新开工容量、累计在建容量、累计并网容量、预计年底并网容量等）统计汇总后直报国家能源局新能源司（具体见附件）。

三、国家电网公司每月 15 日前将新能源云平台覆盖范围内可再生能源项目上月开发建设情况报国家能源局新能源司。南方电网公司、内蒙古电力公司将企业经营区域内可再生能源项目并网、投产信息每月 15 日前报国家能源局新能源司。

四、各省级能源主管部门要组织本省可再生能源项目开发建设单位依托国家可再生能源信息管理中心可再生能源发电项目信息管理系统及时填报可再生能源发电项目开发建设情况。国家可再生能源信息管理中心每月 20 日前要将上月全国

① 本文件略有删减。

可再生能源电力开发建设情况形成月度监测评估报告报国家能源局新能源司,并抄报各省级能源主管部门。

附件:可再生能源电力开发建设月度监测情况表(略)

国家能源局关于2021年
风电、光伏发电开发建设有关事项的通知

（2021年5月11日　国能发新能〔2021〕25号）

各省（自治区、直辖市）能源局，有关省（自治区、直辖市）及新疆生产建设兵团发展改革委，各派出机构，国家电网、南方电网、内蒙古电力公司、电规总院、水电总院，各有关企业，各有关行业协会（学会、商会）：

2021年是“十四五”开局之年，风电、光伏发电进入新发展阶段。为持续推动风电、光伏发电高质量发展，现就2021年风电、光伏发电开发建设有关事项通知如下：

一、总体要求

深入学习贯彻习近平生态文明思想和习近平总书记关于能源安全新战略的重要论述，落实碳达峰、碳中和目标，以及2030年非化石能源占一次能源消费比重达到25%左右、风电太阳能发电总装机容量达到12亿千瓦以上等任务，坚持目标导向，完善发展机制，释放消纳空间，优化发展环境，发挥地方主导作用，调动投资主体积极性，推动风电、光伏发电高质量跃升发展。2021年，全国风电、光伏发电发电量占全社会用电量的比重达到11%左右，后续逐年提高，确保2025年非化石能源消费占一次能源消费的比重达到20%左右。

二、强化可再生能源电力消纳责任权重引导机制

按照目标导向和责任共担原则，根据“十四五”规划目标，制定发布各省级行政区域可再生能源电力消纳责任权重和新能源合理利用率目标，引导各省级能源主管部门依据本区域非水电可再生能源电力消纳责任权重和新能源合理利用率目标，积极推动本省（区、市）风电、光伏发电项目建设和跨省区电力交易，确定本省（区、市）完成非水电可再生能源电力最低消纳责任权重所必需的年度新增风电、光伏发电项目并网规模和新增核准（备案）规模，认真组织并统筹衔接做好项目开发建设和储备工作。

三、建立并网多元保障机制

建立保障性并网、市场化并网等并网多元保障机制。

各省(区、市)完成年度非水电最低消纳责任权重所必需的新增并网项目,由电网企业实行保障性并网,2021年保障性并网规模不低于9000万千瓦。保障性并网规模可省际置换,通过跨省区电力交易落实非水电消纳责任权重的,经送、受省份协商并会同电网企业签订长期协议后,根据输送(交易)新能源电量相应调减受端省保障性并网规模并调增至送端省。保障性并网项目由各省级能源主管部门通过竞争性配置统一组织。

对于保障性并网范围以外仍有意愿并网的项目,可通过自建、合建共享或购买服务等市场化方式落实并网条件后,由电网企业予以并网。并网条件主要包括配套新增的抽水蓄能、储热型光热发电、火电调峰、新型储能、可调节负荷等灵活调节能力。

四、加快推进存量项目建设

2020年底前已核准且在核准有效期内的风电项目、2019年和2020年平价风电光伏项目、以及竞价光伏项目直接纳入各省(区、市)保障性并网项目范围。各类存量项目应在规定时限内建成投产,对于超出核准(备案)有效期而长期不建的项目,各省级能源主管部门应及时组织清理,对确实不具备建设条件的,应及时予以废止。

各省2021年保障性并网规模主要用于安排存量项目。存量项目不能满足今年非水电最低消纳责任权重要求、保障性并网仍有空间的省(区、市),省级能源主管部门应按剩余保障性并网规模抓紧组织开展竞争性配置,确定2021年并网的新增项目,加快核准(备案),积极推进建设,确保尽早建成投产。

五、稳步推进户用光伏发电建设

2021年户用光伏发电项目国家财政补贴预算额度为5亿元,度电补贴额度按照国务院价格主管部门发布的2021年相关政策执行,项目管理和申报程序按照《国家能源局关于2019年风电、光伏发电项目建设有关事项的通知》(国能发新能〔2019〕49号)有关要求执行。在确保安全前提下,鼓励有条件的户用光伏项目配备储能。户用光伏发电项目由电网企业保障并网消纳。

六、抓紧推进项目储备和建设

各省级能源主管部门应根据《可再生能源发展“十四五”规划》明确的方向和任

务,依据本省(区、市)2022 年非水电最低消纳责任权重,确定 2022 年度保障性并网规模,抓紧组织开展保障性并网项目竞争性配置,组织核准(备案)一批新增风电、光伏发电项目,做好项目储备,推动项目及时开工建设,实现接续发展。

七、保障措施

各省级能源主管部门要及时公布保障性并网规模,落实保障性并网和市场化并网项目,及时编制年度开发建设方案并抓紧组织实施。要优化营商环境,规范开发建设秩序,不得将配套产业作为项目开发建设的门槛。要督促地方落实项目建设条件,推动出台土地、财税和金融等支持政策,减轻新能源开发建设不合理负担,调动各类市场主体投资积极性。要加大与自然资源、林业草原、生态环境、住房建设等部门的协调,为风电、光伏发电项目开发建设创造有利条件。

电网企业要简化接网流程、方便接网手续办理,推广新能源云平台,实现全国全覆盖,服务新能源为主体的新型电力系统。要加强接网工程建设,确保纳入年度开发建设方案的保障性并网和市场化并网项目"能并尽并",不得附加额外条件。要会同全国新能源消纳监测预警中心及时公布各省级区域并网消纳情况及预测分析,引导理性投资、有序建设。

发电企业对纳入年度开发建设方案的项目,要按照核准(备案)文件要求,及时组织开展项目建设。要加强工程质量管控,确保建设安全和生产安全。要及时在国家可再生能源发电项目信息管理平台填报并按月更新项目信息。

国家可再生能源信息管理中心要按月统计项目信息并报国家能源局,抄送各省级能源主管部门和相关派出机构。

国家能源局将加强可再生能源电力消纳责任权重落实情况监测评估,引导和促进风电、光伏发电开发建设。各派出机构要加强对辖区内风电、光伏发电规划落实、项目竞争性配置、电网送出工程建设、项目并网消纳等事项的监管,按要求组织开展清洁能源消纳情况综合监管,保障风电、光伏发电开发建设运行规范有序。

国家发展改革委办公厅、国家能源局综合司关于公布2020年风电、光伏发电平价上网项目的通知

（2020年7月31日　发改办能源〔2020〕588号）

各省、自治区、直辖市及新疆生产建设兵团发展改革委、能源局，国家能源局各派出机构，国家电网有限公司、中国南方电网有限责任公司、内蒙古电力（集团）有限责任公司、电力规划设计总院、水电水利规划设计总院、各有关发电企业：

根据《国家发展改革委　国家能源局关于积极推进风电、光伏发电无补贴平价上网有关工作的通知》（发改能源〔2019〕19号）、《关于2020年风电、光伏发电项目建设有关事项的通知》（国能发新能〔2020〕17号）要求，结合各省级能源主管部门报送信息，2020年风电平价上网项目装机规模1139.67万千瓦、光伏发电平价上网项目装机规模3305.06万千瓦，现予公布。

请有关项目单位抓紧做好风电、光伏发电平价上网项目开发建设工作，2019年第一批和2020年风电、光伏发电平价上网项目须于2020年底前核准（备案）并开工建设，除并网消纳受限原因以外，风电项目须于2022年底前并网，光伏发电项目须于2021年底前并网。国家能源局将按年度梳理并公布在规定时限内并网的风电、光伏发电平价上网项目，未在规定时限内并网的风电、光伏发电平价上网项目将从2019年第一批、2020年风电、光伏发电平价上网项目清单中移除。

请电网企业按照平价上网项目有关政策要求，认真落实接网工程建设责任，确保平价上网项目优先发电和全额保障性收购，按项目核准时国家规定的当地燃煤标杆上网电价与风电、光伏发电平价上网项目单位签订长期固定电价购售电合同（不少于20年）。

请有关省级能源主管部门和国家能源局派出机构协调推进有关项目建设，加强对有关支持政策的督促落实。

附件：1. 2020年风电、光伏发电平价上网项目信息汇总表（略）

2. 2020年拟建平价上网项目信息表（略）

3. 2019年平价上网项目信息调整情况一览表（略）

第八章　电力安全

国家能源局关于印发《电力安全生产“十四五”行动计划》的通知

（2021 年 12 月 8 日　国能发安全〔2021〕62 号）

各省（自治区、直辖市）能源局，有关省（自治区、直辖市）及新疆生产建设兵团发展改革委、经信委（工信厅、经信厅），北京市城市管理委员会，各派出机构，全国电力安全生产委员会企业成员单位：

为贯彻落实党中央、国务院关于加强安全生产工作的决策部署，统筹发展和安全，深入贯彻“四个革命、一个合作”能源安全新战略，牢固树立“四个安全”治理理念，不断提升全国电力安全生产水平，保障电力系统安全稳定运行和电力可靠供应，特制定《电力安全生产“十四五”行动计划》。现予以印发，请按照执行。

附件：电力安全生产“十四五”行动计划

电力安全生产“十四五”行动计划

目　录

（一）指导思想

（二）基本原则

（三）行动目标

三、主要任务

（一）学习贯彻习近平总书记关于安全生产重要论述

（二）提高依法治理水平

（三）提升能源转型安全保障能力

（四）发挥技术支撑作用

（五）筑牢安全管理基础

（六）推进安全文化建设

（七）强化安全责任落实

（八）抓实电力安全专项工作

（九）提升电力应急处置水平

四、重点行动

（一）电力安全生产政策法规体系建设行动

（二）量化评价指标体系建设行动

（三）电网安全运行水平提升行动

（四）构建新型电力系统安全技术体系专项行动

（五）强化新能源安全管理专项行动

（六）强化常规发电安全管理专项行动

（七）加强水电站大坝安全管理专项行动

（八）电力工程建设安全水平提升行动

（九）电力监控系统安全防护能力提升行动

（十）网络与信息安全基础能力提升行动

（十一）电力应急体系建设专项行动

（十二）电力应急能力现代化建设行动

（十三）电力安全生产反违章行动

（十四）安全教育培训体系构建行动

（十五）安全文化精品工程建设推广行动

（十六）电力安全审计行动

五、保障措施

（一）加强组织领导

（二）强化政策支持

(三)增强资源保障

(四)抓好监督落实

前 言

电力是重要基础产业,电力安全生产事关人民生命财产安全,关系国计民生和经济发展全局。做好电力安全生产工作是坚持以人民为中心发展思想的客观要求,是落实总体国家安全观和能源安全新战略的具体体现。当前,世界百年未有之大变局加速演进,我国经济发展、能源消费增速强劲,“碳达峰、碳中和”目标已经明确,多元供给保障能力正在逐步提高,能源转型变革任重道远。“十四五”是开启全面建成社会主义现代化国家新征程、向第二个百年奋斗目标进军的第一个五年,是“双碳”目标启航的关键时期。坚持人民至上、生命至上,统筹发展和安全,按照“三管三必须”原则,以“安全是技术、安全是管理、安全是文化、安全是责任”治理理念为引领,大力提升电力安全生产整体水平,确保电力系统安全稳定运行,确保人民群众安康幸福、共享改革发展和社会文明进步成果,是电力行业的重大历史使命。

本行动计划依据《中华人民共和国国民经济和社会发展第十四个五年规划和2035年远景目标纲要》《“十四五”国家应急体系规划》等编制,主要阐明“十四五”电力安全生产工作的指导思想、基本原则、行动目标、主要任务、重点行动和保障措施,是“十四五”时期我国电力安全生产工作的总体蓝图。

一、总体形势

(一)“十三五”时期电力安全生产成效

“十三五”期间,电力行业认真学习领会习近平总书记关于安全生产重要论述,坚决贯彻落实党中央、国务院关于安全生产决策部署,深刻汲取电力重特大事故教训,大力推进电力安全生产领域改革发展,逐步形成了“安全是技术、安全是管理、安全是文化、安全是责任”的“四个安全”治理理念并有力指导了电力安全生产实践,各项工作取得了明显成效。

——安全技术蓬勃发展。拥有自主知识产权的大型电力装备达到国际领先水平,以云大物智移等为代表的新一代电力技术广泛应用于电力安全生产各个环节,人身安全防护、设备防误操作等方面的安全技术不断创新,技术对提升本质安全的关键作用得到了有效发挥。

——安全管理水平稳步提升。安全生产标准化、防事故二十五项重点要求等基础工作进一步夯实,风险分级管控和隐患排查治理双重预防机制有效落实,电力行业基本建立起危险源辨识、风险分析、风险评估、风险控制为一体的闭环和分层次管理的安全风险管控体系，建立起近期与远期结合、常态与极端结合、综合与专项结合“三结合”的电力安全风险管控机制并坚持不懈推动落地实施，电力事故防范能力大幅提升。

——安全文化逐步形成。“和谐·守规”的电力安全文化氛围基本形成，“电力安全文化建设年”活动成效明显，电力企业安全文化建设广泛开展并各具特色，初步构建起了自我约束、持续改进的安全文化建设长效机制。

——安全责任层层压实。电力企业严格履行法定责任，健全全员安全生产责任制，法定代表人和实际控制人同为安全生产第一责任人的要求得到全面落实。行业监管和属地安全管理责任逐步落实，安全监管执法不断强化，责任追究机制不断完善，齐抓共管工作格局初步形成。

——应急能力显著提高。应急预案体系持续完善，应急指挥协调联动机制不断加强，应急保障、预防预警、救援处置能力进一步提升。成功处置应对金沙江堰塞湖等重大险情和台风、洪涝等自然灾害，圆满完成各项重大活动保电任务。

自2017年以来，电力人身伤亡事故起数和伤亡人数总体下降并保持较低数字，没有发生大面积停电事件以及电力系统水电站大坝垮坝、漫坝等对社会造成重大影响的事件，电力安全生产局面总体稳定。

（二）“十四五”时期电力安全生产形势

“十四五”时期，我国能源消费增长迅猛，能源发展进入新阶段，在保供压力明显增大的情形下，电力安全发展的一些深层次矛盾凸显，风险隐患增多。

——电力供需平衡压力增大。受人民生活水平改善、工业生产及外贸增长大幅拉动、经济和社会活动大规模恢复等因素影响，预计“十四五”期间，全国用电增长将维持在5%左右的中高速区间，2025年全社会用电量将达到9.5－9.8万亿千瓦时。能源转型过程中，系统调峰能力阶段性不足，部分时段电力供应能力受到挑战，错峰限电风险将增加。

——电力系统安全运行风险显著加大。电网规模持续扩大，系统结构愈加复杂，交直流混联大电网与微电网等新型网架结构深度耦合，“双高”“双峰”特征凸显，灵活调节能力不足，系统性风险始终存在。电力设备规模大幅增长，输电通道日益密集，储能等新业态蓬勃发展，设施设备运维管控风险骤增。

——网络与信息安全风险持续升高。新能源、分布式电源大量接入电网，源网荷储能量交互新形式不断涌现，电力行业网络与信息系统安全边界向末端延伸。电力大数据获取、存储、处理使数据篡改和泄漏可能性增加，云计算、物联网、移动互联技术在电力系统深度应用，电力行业网络安全暴露面持续扩大。

——电力建设施工安全风险集中凸显。“十四五”是向“碳达峰”目标迈进的关键期和窗口期,新能源及配套送出项目密集建设,电力工程作业面和风险点快速扩大,建设资源进一步摊薄,建设、监理等施工力量不足的矛盾将进一步加剧,安全主体责任落实及施工作业现场安全管控难度加大。水电资源开发、抽水蓄能电站建设进入新阶段,各类风险防范和安全管理任务艰巨。

——重大突发事件应对能力明显不足。近年来,我国遭受的自然灾害突发性强、破坏性大,监测预警难度不断提高,部分重要密集输电通道、枢纽变电站、大型发电厂因灾受损风险升高。部分城市防范电力突发事件应急处置能力不足,效率不高。流域梯级水电站、新能源厂站综合应急能力存在短板,威胁电力系统安全稳定运行和电力可靠供应。

今后五年,是全国各行业大力实施“碳达峰、碳中和”战略目标的关键时期,也是电力体制改革继续深化、电力科技快速发展的重要时期,对于企业发展转型、安全新技术应用、电力市场化交易体系建设等方面可能给电力安全生产带来的风险因素,需要及时做出分析预判,也需要予以积极应对。

二、指导思想、基本原则和行动目标

(一)指导思想

以习近平新时代中国特色社会主义思想为指导,全面贯彻党的十九大和十九届二中、三中、四中、五中、六中全会精神,坚持“人民至上、生命至上”,统筹发展和安全,深入贯彻“四个革命、一个合作”能源安全新战略,把握“十四五”时期电力发展新阶段新特征新要求,按照“三管三必须”原则,牢固树立“四个安全”治理理念,着力强化企业安全生产主体责任,加快构建科学量化的安全指标体系,全面落实风险分级管控和隐患排查治理双重预防机制,切实增强安全防范治理能力,有效遏制电力安全事故,坚决杜绝电力生产安全重特大事故,为实施“双碳”重大战略决策、推动经济社会高质量发展、实现第二个百年奋斗目标提供坚强的电力安全保障。

(二)基本原则

——坚持安全发展。贯彻以人民为中心的发展思想,坚持底线思维,服务能源低碳转型和新型电力系统构建大局,统筹发展和安全,加强电力规划建设、运行管理、应急保障等各环节安全风险管控,实现电力高质量发展和高水平安全的良性互动。

——坚持理念引领。以“四个安全”治理理念为引领,依托技术保障安全、管理提升安全、文化促进安全、责任守护安全,系统谋划技术支撑、管理提升、文化建设和责任落实的各项措施,全面提升电力本质安全水平。

——坚持关口前移。严格安全生产准入,健全电力安全风险分级管控体系,完善隐患排查治理和挂牌督办机制,建立电力重大基础设施安全评估机制,强化电力应急体系和应急能力建设,构建电力安全治理长效机制。

——坚持创新驱动。运用现代科技手段,提升电力安全生产信息化、数字化、智能化水平,推动电力安全治理数字化转型升级。构建科学量化的安全指标体系,探索电力安全审计、安全责任保险、安全信用惩戒等管理模式创新,推动安全责任落实。

——坚持齐抓共管。强化电力安全生产主体责任,落实行业监管责任和地方各级政府有关部门的电力安全管理责任。有效发挥行业协会、科研高校等社会力量作用,充分激发电力企业员工主动参与安全生产工作积极性,共谋安全治理,共享安全成果。

(三)行动目标

——总体目标。到 2025 年底,电力安全生产监督管理量化评价指标体系基本形成,电力安全治理体系基本完善,治理能力现代化水平明显提升。以本质安全为目标的新技术应用覆盖率显著提高,面向新型电力系统的安全保障体系初步建立。安全文化核心理念实现全员渗透,安全生产责任层层落实机制有效运转。电力系统运行风险有效控制,电力安全生产状况稳定在控,电力突发事件处置应对有力,电力人身责任起数和事故死亡人数趋于“零”。

——目标量化指标。

序号	关键指标	预期值	指标性质
1	电力人身事故死亡人数	五年平均降幅≥30%	约束性
2	电力人身伤亡事故起数	五年平均降幅≥30%	约束性
3	电力设备事故起数	五年平均起数≤2 起	约束性
4	电力安全事故起数	五年总起数≤3 起	约束性
5	电力安全事件起数	五年平均起数≤4 起	约束性
6	电力网络安全事件起数	五年平均起数≤4 起	约束性
7	自然灾害导致重大以上大面积停电后,减供负荷恢复 80% 以上及停电重点地区、重要城市负荷恢复 90% 以上的时间	≤7 天	预期性

续表

序号	关键指标	预期值	指标性质
8	省、市、县三级大面积停电事件应急预案修编完成率	100%	预期性
9	电力企业网络安全事件应急预案修编完成率	100%	预期性
10	电力安全生产标准化建设覆盖率	100%	预期性
注 1：指标 1 和指标 2 的基准值为 2020 年电力人身事故死亡人数（45 人）和起数（36 起）。 注 2：降幅最低限约束条件："十四五"期间争取 1 年或多年实现电力人身事故死亡人数和起数个位数，其他年份降幅比照基准值不低于 20%。 注 3：降幅最低限计算公式：五年平均值 =（基准值 * 4 年 * 20% +（基准值 - 9））/5 年/基准值 * 100%。			

三、主要任务

（一）学习贯彻习近平总书记关于安全生产重要论述

认真学习贯彻习近平总书记关于安全生产重要论述，贯彻落实党中央、国务院关于安全生产的重大决策部署，加强对电力行业安全生产的监管。建立健全长效学习机制，着力提升传达时效，充分利用全国电力安委会、联席会议、"季会周报"等平台，将学习要点第一时间向全行业传达到位。持续丰富学习形式，推动电力行业各单位学习传达，在安全培训、安规教育、班组建设等开辟学习专栏，促进电力从业者全员入脑入心。坚持做好督导检查，将学习情况纳入安全审计、业务指导、事故调查等各项工作，督促各有关单位细化方案措施，列出清单台账，确保学习贯彻工作不缺课、不走样、有收获、有成效。不断推动实践促学，把习近平总书记关于安全生产重要论述的内涵要义与电力行业特点紧密结合，真正落实到电力安全风险管控、事故事件应急处置等工作当中，切实提高电力安全生产水平。

（二）提高依法治理水平

完善电力安全生产政策法规体系。研究跟进"碳达峰、碳中和"战略发展路径，及时制定和调整电力安全生产指导政策，支持和保障电力企业减碳措施有效实施。加强电力安全生产法规规章科学性、系统性、完备性建设，基于综合管理、电网安全、发电安全、建设安全和质量、应急管理、网络安全、大坝安全、行业监管八个纵向维度，技术、管理、文化、责任四个横向要素，构建网格化的法规规章体系。贯彻落实新修订的《安全生产法》及相关法规，及时制定、修订电力安全生产规章制度。牢固树立法规规章的严肃性和权威性，制定监管执法机构行政处罚裁量权适用指引，增强现场执法的可操作性。

构建科学量化的评价指标体系。针对不同类型的电力企业,围绕治理体系核心要素,整合现有安全评价体系,采取简洁、通用、可提取的指标形式,构建能够真实反映电力安全生产水平的评价指标体系,推进电力安全生产监督管理从定性向定量转变。建设电力安全生产评价指标信息化平台,依托电力行业安全专家团队,构建"线上+线下"评价方式,基本实现评价结果成为辅助安全生产决策部署的有效手段。

推进电力安全监管效能提升。构建企业负责、职工参与、政府监管、行业自律、社会监督的协同共治机制,实施分级分类监管、重点监管和精准监管。建立以安全信用为核心的新型监管机制,充分发挥"信用能源"等平台的安全信息公示监督作用,制定失信行为认定标准,落实联合惩戒措施。提升监管现代化水平,加快推进电力安全生产监管信息化工程建设,统筹利用非现场监管和现场监管两种模式,重点增强非现场监管能力。完善随机抽查执法制度,明确执法清单和权力清单,明确电力安全监管执法人员选任标准和程序,完善电力安全监管执法人员上岗培训制度,规范执法行为、提高执法能力。

(三)提升能源转型安全保障能力

强化电力供应安全保障。建立电力企业与燃料供应企业、管网企业的信息共享与应急联动机制,完善一次能源储备预警机制,强化一次能源安全供应保障。推动微电网等新型供电形式安全发展,形成多元化多层次电力安全供应保障体系。加强电网调度安全管理,强化跨省跨区安全调剂余缺能力。提升电网灵活安全调节能力,推动应急备用和调峰电源建设,推动建立健全可调负荷资源参与辅助服务市场机制,推动各类储能安全发展,为新能源发展提供安全保障。推动需求侧响应能力建设,完善高峰用电时段有序用电制度和执行监督手段,切实保障民生用电和重点用电。

提升电网对新能源的安全消纳能力。加强新能源机组并网安全性和稳定性,强化关键节点频率、电压安全支撑。推动建立次同步振荡广域监控系统,提升新形态稳定问题风险防控能力。推动建立新能源规划发展政企会商机制,提升电网对新能源的安全消纳能力。

强化新能源发展安全保障。积极探索新能源发电安全管理新思路,厘清安全责任界面,创新安全管理模式和技术措施,加强新能源开发,特别是以沙漠、戈壁、荒漠地区为重点的大型风电、光伏基地项目的安全风险评估和管控。完善新能源发电安全技术标准体系,加强新能源和储能电站发电并网安全管理,强化抽水蓄能电站建设运行安全监管,提升新能源发电运行安全水平。

强化新型电力系统运行安全保障。加强新型电力系统安全运行基础理论研究,重点开展新型电力系统运行特性分析与故障辨识、安全规划、安全防御、智能调度系统以及大规模新能源并网安全等研究。结合智慧城市建设及微电网建设,开展配电网安全运行关键技术研究,全面提高输配电系统安全水平。针对火电机组日益复杂的运行工况,利用智能计算和大数据挖掘技术,推动开展燃煤电厂智能DCS控制技术研究和应用,提高发电安全运行水平。

(四)发挥技术支撑作用

加快电力安全生产数字化转型升级。适应数字化发展趋势,探索数字化治理手段,推进数字化技术赋能"四个安全"治理,逐步实现安全业务数字化,以技术驱动电力安全业务转型升级。贯彻落实《"工业互联网+安全生产"行动计划(2021-2023)》,整合电力行业和企业安全生产信息化系统,推进"工业互联网+安全生产"电力行业分中心建设,为国家安全生产监管平台提供数据支撑。打造基于工业互联网的电力安全生产新型能力,组织开展"工业互联网+安全生产"应用试点,推动5G+安全生产、边缘计算、数字孪生、智慧屏、安全芯片等新技术新产品应用和展示,全面提升电力安全快速感知能力、实时监测能力、超前预警能力、应急处置能力和系统评估能力。

推进人身安全防护新技术研究与应用。推广基于物联网技术的智能安全工器具、实时在线防止电气误操作系统,利用视频和大数据开展人员身份识别、行为识别、定位识别,逐步实现违章作业自动智能告警,有效保障受限空间、临时作业现场等施工区域现场作业人员安全。逐步推进高危作业人工替代技术,开发应用带电作业机器人、炉内无人机和爬壁作业机器人等新技术,从根本上消除安全隐患。在安全培训领域广泛应用虚拟现实技术和人机交互技术,提高从业人员特别是现场作业人员风险预知和应急处置实战能力。

推进设备运行安全新技术研究与应用。提高设备状态监测技术水平,加快突破综合管廊工程、碳纤维导线、特高压换流变压器等状态监测和风险预警技术难题。提高设备设施运维技术水平,针对通信共享铁塔应用趋势,研究调整杆塔校核技术。推广应用新型智能故障定位技术,加大智能巡检机器人应用覆盖率。高度重视重大电磁风险防控,加快研究极端地磁暴等复杂电磁环境安全防护技术。大力推进电力设备振动诊断、预警与治理关键技术国产化,力争突破一批进口设备"卡脖子"问题。深入开展大型变压器、电缆火灾早期预警和灭火技术研究,推广应用电化学储能电站安全运行提升技术,有效防止设备火灾事故。

推进大坝安全新技术研究与应用。研究高坝大库监测检测、缺陷处理及补强加固技术,研制研发专用材料、装备,增强大坝安全隐患排查治理能力。研究大坝安全智能化运行管理技术,实现大坝安全保障水平和管理效能双提升。研究大坝安全应急勘察、抢险救援技术，研发专用装备，推进大坝安全应急能力现代化建设。总结复杂环境条件下水电工程勘察、设计、施工和建设管理技术经验，构建完善大坝全生命周期安全风险管控体系。

推进电力应急能力提升关键技术研究与应用。利用现代信息技术与先进能源电力技术深度融合，推进灾害监测、应急装备、辅助决策等大面积停电应急关键技术研究应用。推广应用能够有效支撑用能设施“即插即用”的设备装置，提升应急救援装备的可靠性和应急单兵作业能力。推广新型减震、隔震技术，优化结构抗震性能，提高电力基础设施设备抗震能力。推进地质灾害、风电防雷、海洋生物等监测预警技术研究，以及海上风电、偏远地区新能源防灾救灾技术研究，加快灾后勘察及灾损快速评估技术研究和专业抢险救援设备研制应用。

完善电力安全生产技术标准体系。提高安全技术标准体系设计的系统性、前瞻性，建立安全技术标准制定统筹工作机制。充分发挥团体标准作用，利用社会资源，制定边界更加宽泛、要求更加严格适用的安全生产技术团体标准。推进标准普及和宣传。积极参与国际安全标准制定工作，加快与国际标准接轨，提高企业国际市场竞争力。

（五）筑牢安全管理基础

加强电力安全生产管理理论和应用研究。认真研究落实党中央、国务院关于安全生产的新精神新要求，发挥国家和行业智库作用，组织电力行业和社会各界专家学者，开展安全生产管理理论研究。研究分析“碳达峰、碳中和”背景下，电力安全生产管理面临的新形势新任务，鼓励跨界探索和理论创新。打造电力行业安全生产品牌论坛、品牌业务圈，搭建更加广泛的沟通交流平台，使全行业共享电力安全生产管理应用最佳实践成果。

夯实电力安全生产管理基础。进一步强化企业安全生产基础管理，坚持抓好安全例会、安全检查、“两票”管理等基础工作，组织修订并严格落实《防止电力生产事故的二十五项重点要求》，坚决执行电力安全生产禁令。不断提升电力企业班组安全管理水平，加快根治违章指挥、违章作业、违反劳动纪律的行为。完善电力技术监督管理体系和标准体系，规范监督服务工作，加强专业交流沟通。在按期完成《电力安全生产专项整治三年行动方案》各项任务的基础上，巩固整治成果，构建安全生产管理长效机制。

全面加强风险分级管控与隐患排查治理双重预防机制建设。继续健全隐患排查治理制度、重大隐患治理情况向所在地负有安全监管职责的部门和企业职代会“双报告”制度，修订《电力安全隐患监督管理暂行规定》，进一步明确隐患排查治理标准和信息报送流程，严格重大隐患挂牌督办制度。继续完善电力行业风险管控长效机制,落实风险分级管控责任,坚持定期召开行业和企业层面的风险分析例会,形成风险辨识、评估、预警、防范和管控的有效闭环管理。制定发布电力行业风险管控体系建设指导意见,开展电网、发电、电力建设安全风险监测预警系统和数据库建设,加快形成风险大数据分析支撑能力。

深化电力安全生产标准化建设。深入贯彻国家关于安全生产标准化工作要求,坚持电力行业安全生产标准化工作统一规范管理,强化落实安全生产标准化的法定工作职责。及时修订电网、发电、电力建设施工企业等安全生产标准化规范,做好企业自查自评工作。建立电力安全生产标准化达标评级管理新模式,充分发挥电力行业相关协会学会作用,推行电力企业安全生产标准化建设定级制度。研究制定电力企业班组安全标准化建设规范,进一步提升班组人员的安全意识和履职能力。

加强电网安全运行管理。推动优化电力系统结构布局,有效控制并逐步化解电力系统重大结构性风险,强化分层分区运行能力。加强电力设施保护,常态化开展枢纽变电站、重要换流站、主干电网和重要输电通道动态风险评估,优化电力设施运行环境,提升防外力破坏监测能力。加强涉网安全管理,做深做细年度运行方式分析,完善常态化电网安全风险管控工作机制。强化新能源场站涉网安全管理,促进厂网协调支撑,保障电力系统安全平稳转型。加强配电网和农村电网升级改造的安全管理。

加强发电运行安全管理。加强能源转型背景下火电机组新运行特征研究,完善安全风险管控措施。制定二次再热等新型高参数大容量火电机组运行规程规范,确保新投运机组运行安全。强化老旧机组改造安全风险分析,加强叶片疲劳度等燃机安全运行状态深度分析,构建设备运行状况评估及寿命预估体系。研究制定综合智慧能源利用项目安全管理指导政策,出台一批安全标准。加强核电保安电源管理,加强核电冷源安全风险防范,从规划布局、建设运行、监测监视、预报预警等方面,辨识核电冷源系统安全风险,研究制定针对性防范措施和应急预案。

加强电力建设安全管理。按照高危行业管理要求,严格落实电力建设施工企业强制性安全措施。制定电力建设危险性较大工程行业标准和安全管理规定,明确危险性较大的分部分项工程、超过一定规模危险性较大的分部分项清单,建立重大建设工程外部安全专家定期巡查制度。制定电力建设工程管理、现场管理禁令清单,制定落后工艺和设备淘汰清单。研究制定电力建设施工企业安全总监岗位职责指导规范,有效落实电力企业技术负责人安全生产技术决策和指挥权。加强电力建设工程工期管理。规范电力建设安全生产费用提取,专款专用。

全面强化外委工程、外协人员管理。进一步强化准入管理，严格外委工程承包单位资质审查和外协人员资格审查，定期开展外委工程承包单位安全履约能力评价，实行违法违规单位及其主要负责人“双黑名单”制。将“两外”人员纳入本单位安全管理体系，杜绝“以包代管”，切实做到统一标准、统一要求。加强“两外”人员安全生产培训管理，加强培训效果评估，提高外委工程、外协人员的事故风险预控能力。

（六）推进安全文化建设

持续加强“和谐·守规”安全文化建设。贯彻落实《电力安全文化建设指导意见》，推进文化制度、组织机构、传播体系、产业发展机制、品牌创建、教育培训等六项重点工程建设，利用工业互联网、大数据、人工智能技术，形成电力安全文化新形态。完善电力企业安全文化建设基本规范，打造各具特色的企业安全文化。强化电力企业管理层的安全文化引领作用，提高主要负责人参与安全文化活动的频度。大力开展电力安全科普基地建设和科普宣传工作，利用“安全生产月”“国家防灾减灾日”等活动，固化一批安全科普精品活动项目，提高全员安全文化建设参与度。

完善电力安全生产教育培训体系。加强对电力行业安全教育培训工作指导，完善相关规章制度，利用信息化技术建立安全培训教材库和师资库，整合分享教学资源和师资力量，全面提高培训水平。要在企业内部建立分层分类的安全生产培训管理标准，重点加强对安全管理人员、新入职人员及临时务工人员的培训，提高培训标准，保障培训效果。进一步规范电力从业人员职业技能取证培训和技能鉴定管理，研究建立电力行业注册安全工程师联合培养机制。建设电力行业安全生产教育培训信息化平台，开展安全培训大数据分析和应用，促进培训质量提升和人才资源共享。

构建电力安全文化建设评估体系。针对电网、火电、水电、新能源、电力建设等不同类型企业，研究电力安全文化评估方法，确定电力安全文化建设评估指标，建立电力安全文化建设评估体系。试点开展电力企业班组安全文化建设成效评估，进一步探索员工安全文化建设评估方式，对员工安全意识、安全行为、安全能力、安全习惯等安全文化素养进行系统评估，激发企业安全工作活力，营造安全生产良好氛围。

（七）强化安全责任落实

落实电力企业安全生产主体责任。开展针对电力企业主要负责人、分管负责人和安全管理人员的安全生产法规定期轮训，强化安全生产意识。健全电力企业从主要负责人到一线岗位员工的全员安全生产责任制，完善安全责任层层落实机制，建立主要负责人对风险管控、隐患排查、应急救援和信息报送等关键环节的主责制度。结合国家法律法规和企业实际，建立动态安全履职责任清单和权力清单。

推进建立"党建+安全"工作机制。鼓励企业基层党组织结合党建活动，通过多种形式，促进形成学安全、知安全、懂安全、促安全的良好氛围。发挥车间、班组等基层党组织的战斗堡垒作用，用好"党员责任区""党员示范岗""党员服务队"等载体，积极开展"党员无违章""党员身边无违章"等活动，引导党员在安全生产实际行动中发挥模范先锋带头作用。加强党员安全模范宣传示范，将安全工作成效纳入优秀党支部、优秀党员评选条件。

创新安全责任落实方式和手段。推进建立电力企业安全履职情况第三方评估考核制度，试点开展以电力安全生产责任落实为核心的电力安全审计，构建更加科学有效的安全责任落实长效机制。鼓励电力企业参加安全生产责任保险，用责任保险等经济手段，加强安全生产管理。积极探索数字技术赋能安全责任落实，建立日常生产管理系统与企业和员工安全责任的数据关联，实现以大数据为支撑的安全责任动态监测和履职监督。

完善安全生产执法监督和考核机制。推动明确各级地方政府在电力建设工程、网络与信息安全、电力应急管理等方面的安全职责，进一步强化行业监管和地方电力安全管理的协同配合。健全电力安全现场检查、行政处罚、事故查处、责任追究等制度，强化电力安全监管执法和企业安全生产考核。落实"四不放过"，完善电力事故事件责任追究制度，建立电力事故问题整改督办制度，确保事故问责闭环管理。建立政府购买服务和第三方机构协助监管机制，有效发挥第三方机构技术、人才等作用。

（八）抓实电力安全专项工作

强化可靠性管理作用。加快《电力可靠性管理办法》及相关配套规范文件的修订和颁布，健全电力可靠性信息统计、发布和可靠性评价、评估、预测等制度，建立反映电力系统充裕性和安全性的可靠性评价指标体系。督促市场主体落实电力可靠性管理责任，推进电力可靠性管理方式现代化，提高可靠性数据的可靠性和实用性。发挥大数据在电力可靠性管理中的应用，依靠可靠性数据构建风险监测预警体系，通过对典型事件、运行工况、设备缺陷、地域特征等多方面数据分析，为电力安全提供辅助决策，实现可靠性管理和电力安全深度融合。

强化电力建设工程质量监督。进一步理顺电力建设工程质量监督体系，加强质监机构和专家队伍建设，推进构建电力建设工程质量分级监督管理体制。完善质量监督相关制度和技术标准,更新质监检查检测手段。建设数字化监督管理平台,提升质量监督水平和效率。全面落实工程参建各方主体质量责任,强化建设单位首要责任和勘察、设计、施工单位主体责任,加强工程质量检测管理。建立质量监督信用管理工作机制,进一步发挥质量投诉举报和质量问题通报的监督作用。

强化水电站大坝安全保障。完善大坝安全法律法规及技术标准体系,推动大坝安全领域风险分级管控和隐患排查治理双重预防机制建设,提高水电站大坝运行安全风险管控水平。加强电力企业隐患自查自改自报的规范管理。进一步加强电力企业大坝安全应急管理,不断完善以大坝安全应急预案建设为重点的电力企业突发事件预防与应急准备。进一步发挥科技引领作用,加大创新力度,推动北斗系统、智能大坝等新技术研发和推广应用,促进水电站大坝安全管理新技术的应用。

强化流域梯级水电站风险管控措施。健全流域梯级水电站风险管控体制机制,推进国家、省、市、县四级流域梯级水电站安全应急组织机构和流域梯级水电企业安全应急管理机构建设,组建流域梯级水电安全及应急技术中心。研究制定流域梯级水电站安全应急管理办法和流域梯级水电站失事专项应急预案,规范流域水电站应急预案编制、备案、演练和培训工作。开展流域水电站安全风险评价及应急能力评估工作,提升应急指挥及应急技术装备水平。

强化网络与信息安全管理。健全电力系统网络安全制度规范,加强行业网络安全等级保护、关键信息基础设施保护制度,落实监督检查,推进电力数据分类分级和安全保护,强化行业关键数据保护、个人信息保护,强化电力关键信息基础设施网络安全审查和供应链安全管控。统筹新型电力系统网络安全防护顶层设计,优化电力监控系统安全防护体系,提升配电系统网络安全水平,增强新型电力系统业务网络安全支撑能力。提升网络攻击态势感知与实战攻防能力,建设行业侧网络安全态势感知平台、网络安全仿真验证环境(靶场),开展多层级电力行业特色网络安全攻防演习,推动网络安全监测全场景覆盖与情报共享。提升网络安全自主可控能力,加快推进关键信息基础设施漏洞库、北斗系统、商用密码应用基础设施建设。加强行业网络安全专家和专业队伍培养,推进行业级网络安全实验室建设,持续加强宣传教育,提升全员网络安全意识。

(九)提升电力应急处置水平

强化电力应急预案体系和应急演练。修订《电力企业应急预案编制导则》等管理规定,推进企业应急预案修编和预案体系完善工作。制订年度大面积停电应急预案编制和演练计划,推进县级以上地方各级政府开展大面积停电事件应急预案编修和演练。建设各类专项预案、现场处置方案、典型事故、自然灾害事件应急演练示范库，开展电力重特大事故和自然灾害事件情景构建，提升应急演练水平。

加强电力应急能力建设。完善电力企业应急能力建设评估工作长效机制，定期规范开展评估工作，滚动提升电力企业应急能力。针对重大事件的不确定性影响，开展复杂性叠加性情景构建，以保障人身安全和基本生产秩序为出发点，提高电力企业综合应急能力。开展以新型储能技术为支撑的局部电网黑启动专项研究，提高极端状况下电网应急处置能力。

推进电力应急资源共建共享。完善国家和地方电力应急专家库，制定专家管理规则，保持一批专业精干的专家队伍，为电力应急日常管理和突发事件处置提供技术支撑。继续推进国家级电力应急救援基地建设，打造电力应急救援新技术装备试点应用和应急救援队伍专业培训平台。建设 2 - 3 个标准化应急演练场所，推进利用互联网开展应急演练。建设电力行业应急资源信息共享平台，盘活闲置应急资源，实现应急物资的共享应用。

加强电力应急协同处置机制建设。建设电力行业应急指挥系统平台，推进安全监管和应急处置信息的实时采集、监测预警，全面提升电力突发事件综合指挥和协调处置能力。提高地方政府大面积停电事件应急处置能力，健全京津冀、环渤海、粤港澳、长江经济带、陆上丝绸之路等跨地区应急救援资源共享及联合处置机制，开展跨省和跨区域的联合应急演练。推进大面积停电事件应急能力示范县(市)建设，提升基层应对能力。继续推进应急产业发展，在技术转化、产品研发和应对机制方面加大军民融合力度，提高联合应对重大电力突发事件能力。

四、重点行动

(一)电力安全生产政策法规体系建设行动

根据国家安全生产政策法规制修订情况，结合能源转型发展和新型电力系统构建过程中出现的新特点、新业态和新动向，不断修订完善电力行业安全生产政策法规，并加强培训和宣贯。

专栏 1　电力安全生产政策法规制定修订重点
■ 推动修订《电力安全事故应急处置和调查处理条例》(中华人民共和国国务院令第 599 号)和《电力安全生产监督管理办法》(国家发展和改革委员会令第 21 号)、《水电站大坝安全运行监督管理规定》(国家发展和改革委员会令第 23 号)、《电力建设工程施工安全监督管理办法》(国家发展和改革委员会令第 28 号)、《电力监控系统安全防护规定》(国家发展和改革委员会令第 14 号)、《电力可靠性监督管理办法》(国家电力监管委员会令第 24 号)等法规。 ■ 修订电力建设工程质量监督检查系列大纲、《电力安全隐患监督管理暂行规定》等。 ■ 制定电力建设工程质量监督管理办法、电网安全评估办法、电力安全风险管控办法、电力安全监管行政处罚自由裁量适用规则、电力事故经济损失认定标准、小型电力建设项目工程施工安全监督管理简易适用规则等规范性文件。 ■ 制定电力建设工程施工安全反事故措施、基建领域安全生产标准化实施规范、安全生产标准化建设工作指引、电力行业安全生产"党政同责、一岗双责、齐抓共管"工作指南等规范标准。

(二)量化评价指标体系建设行动

根据不同类型电力企业,构建科学的电力安全生产监督管理量化指标体系模型和关键"指标库",建设评价体系管理平台,实现全过程数字化展现,形成"线上 + 线下"评价模式。组织电力企业开展指标体系应用试点,积累实践经验,至"十四五"末,实现对电力行业安全生产状况的全面量化评价,形成安全生产状况预警管理和辅助安全生产决策部署能力。

专栏 2　电力安全生产关键指标示例(预防和发展引领指标)
■ 技术类一级指标:人身安全、电力系统安全、电力设备设施安全、网络信息安全、安全技术管理、前沿科技应用。 ■ 管理类一级指标:安全管理体系、组织机构保障、安全生产投入、人员管理、相关方管理、双重预防机制建设、安全基础管理、安全培训、应急管理。 ■ 文化类一级指标:全员参与程度、文化宣传程度、安全文化水平。 ■ 责任类一级指标:安全责任制、激励约束机制、安全事故管理。

(三)电网安全运行水平提升行动

加强电网安全评估,提升目标网架本质安全水平。完善跨省、跨区电网格局,管控影响电网安全稳定运行的各类风险隐患。完善电网安全风险管控制度,做深做细年度运行方式分析,有效控制并逐步化解电力系统重大结构性风险。强化电网重大基础设施安全风险管控,加强特高压直流系统、密集输电通道、枢纽变电站、重要换流站、电力调控中心等运行安全管理。

专栏3　提升电网安全运行水平重点任务
■ 制定各级电网安全评估制度。在发输供电能力充裕性、系统稳定性、极端情形应对能力等方面,对各级电网安全进行评估校核。 ■ 推动优化电力系统结构布局。严格执行新版《电力系统安全稳定导则》,优化电力系统结构布局,着力预防短路电流超标、局部潮流重载等系统安全问题。 ■ 加强电网运行方式分析和风险管控。研究编制年度运行方式分析报告内容深度规定,实施风险失控问责制度。 ■ 完善电网重大基础设施安全风险管控体系。推动电力设施保护条例修订,完善密集输电通道联防联控工作机制,建立"一道一策"风险管控制度,推动将密集通道纳入社会治安综合治理范围。建立枢纽变电站(换流站)、电力调度控制中心安全风险管控体系。 ■ 强化特高压直流系统运行风险管控。对直流近区雷击、山火、飘挂物等风险源进行定期治理。加强直流线路杆塔地网维护,督促电网企业建立直流谐振、山火、飘挂物等隐患风险台账并动态更新。 ■ 加强新能源并网安全管理。加强电网企业并网安全技术管理,确保机组相关参数性能满足并网运行条件

(四)构建新型电力系统安全技术体系专项行动

结合高性能计算等技术提出新型电力系统仿真分析技术,并以此为基础,深入研究新型电力系统运行特性及故障机理,提出设计安全约束及安全评估技术。提出适应高比例新能源和高比例电力电子装备接入、源网荷储灵活互动的系统安全稳定控制技术。开发面向新型电力系统安全稳定运行关键装备,推动安全技术创新实验室及标准创新基地建设。

专栏4　新型电力系统安全攻关重点
■ 新型电力系统仿真分析技术。研发电力电子设备/集群精细化建模与高效仿真技术,更大规模和更高精度的交直流混联电网仿真技术,建立智能化计算分析镜像系统。 ■ 新型电力系统运行特性分析与故障辨识。研究新型电力系统电力电量平衡特征、安全稳定运行主要风险、系统稳定特性及应对措施、故障演化机理及状态辨识技术。开展安稳导则适用性研究,提出新型电力系统的安全约束条件及安全校核方法,研究提出安全性评估指标体系。 ■ 新型电力系统安全稳定运行技术。突破源网荷储多元接入的多级调度协同、广域协调安全稳定控制技术,高比例新能源和高比例电力电子装备接入电网稳定运行控制技术,多馈入直流系统换相失败综合防治技术。智慧能源系统安全稳定运行控制技术。 ■ 新型电力系统安全运行关键装备。研制交直流协调控制快速控制保护装置、直流故障限流器,开发过电压抑制与监测、主动电压支撑、暂态潮流调控、故障电流限制、振荡动态阻尼等装备。

(五)强化新能源安全管理专项行动

针对点多面广、区域分散、增速迅猛的新能源发电,积极探索新形势下安全监管工作的新思路、新方式、新做法,创新安全管理模式,有效管控安全风险,不断提高新能源发电安全生产水平。

专栏 5 新能源发电安全管理重点推进方向
■ 探索新能源发电项目区域集中管控模式。开展新能源发电项目"无人值班、少人值守、运维管一体化"的区域集中管控中心试点，厘清集控中心与电网调度机构管理界面，提升新能源发电安全管控水平。 ■ 加快新能源安全管理专业人才培养。加快新能源发电安全管理专业队伍建设，积极培育熟悉新能源领域的安全管理人才。 ■ 完善新能源发电安全技术标准体系。根据风电、光伏等新能源发电安全生产特点，制修订新能源发电项目并网等相关技术标准和规程规范，增强监管法规标准体系适用性，扩大技术标准覆盖面。 ■ 大力推进新能源智慧电站建设。运用基于三维数字信息模型技术，实现机组设备在线故障诊断和异常情况即时预警功能，提高新能源发电安全管理成效。

（六）强化常规发电安全管理专项行动

采取有效措施大力提升常规发电安全生产总体水平。

专栏 6 常规发电安全管理重点推进方向
■ 推进"两个清单"管理。研究制定发电企业安全风险管控体系建设导则，强化发电安全生产"两个清单"管理，动态更新问题和措施"两个清单"，实现安全生产风险隐患闭环管理。 ■ 开展机组检修安全专项行动。强化机组检修技改期间风险管控和安全管理，落实反事故措施，开展检修现场督导检查，遏制检修事故多发态势。 ■ 加强机组延寿安全管理。构建完善机组延寿安全评估标准，做好延寿机组改造，确保延寿机组符合安全生产要求。 ■ 开展尿素替代液氨改造。按照国家危化品使用管理有关要求，加快推进煤电企业尿素替代液氨系统改造，消除重大危险源。

（七）加强水电站大坝安全管理专项行动

加强常规水电站大坝安全管理，严格管控水电站大坝全生命周期安全风险。根据抽水蓄能电站特点，研究制定相关技术标准和安全防范措施，确保大坝运行安全。

专栏 7 水电站大坝安全管理重点推进方向
■ 推进大坝安全在线监控系统建设。按照《水电站大坝安全运行监督管理规定》要求，加快推进坝高 100 米以上、库容 1 亿立方米以上大坝和病险坝的运行和管理单位，建设大坝安全在线监控系统，力争到 2025 年实现全覆盖。 ■ 完善大坝安全技术支撑体系。推动具有一定规模水电装机的发电企业，根据情况设立大坝安全管理中心，加强大坝安全技术管理。

- ■ 强化大坝安全技术应用。建设基于 BIM + GIS 的大坝安全灾害影响分析及三维交互展示系统,实现大坝安全智能辅助决策。研究高坝大库监测检测、缺陷处理及补强加固技术,研制研发专用材料、装备,增强大坝安全隐患排查治理能力。研究智能巡检、视频监控、北斗变形监测、卫星遥感勘察等在水电站大坝场景下的应用技术,实现大坝安全风险智能感知。
- ■ 制定抽蓄电站引水隧洞检查技术标准。规范抽蓄电站引水隧洞定期检查内容、程序。
- ■ 加大抽蓄电站漫坝事故防范力度。针对抽蓄电站发电工况(上库水流至下库)叠加下库遭遇洪水或山体塌方等自然灾害的情形,研究制定下库漫坝防范措施。完善运行管理制度,做好电站库水位预警和监视装置的检修维护,杜绝"超抽"事件发生。

（八）电力工程建设安全水平提升行动

健全施工安全标准规范体系,推行作业人员实名制管理,加强电力建设项目分包单位准入,提升现场施工安全监理水平,开展施工示范班组建设,加强技术支撑保障,提升电力工程建设安全管理水平。

专栏 8　电力工程建设本质安全提升

- ■ 建立覆盖全行业从业人员信息管理平台。利用"互联网 + "等技术,建立作业人员数据库,记录培训和技能状况、从业经历、信用信息等情况。
- ■ 开展工程监理能力专项提升行动。加强监理队伍建设,强化现场施工安全监理。
- ■ 完善标准化制度体系。围绕"四个安全"治理理念,积极开展安全生产标准化工程建设,研究出台电力建设工程安全检查标准、电力建设工程安全生产风险分级管控体系实施指南、电力建设工程隐患排查治理体系实施指南等电力建设工程行业标准规范,推动形成完整的安全生产标准体系。
- ■ 加强分包单位及人员安全管理。加强电力建设项目分包单位准入管理,合理确定资质、能力、业绩条件,从源头管控人员安全风险,实行分包人员与本单位职工"无差别"管理。
- ■ 开展示范班组建设。从班组安全生产责任落实、班组安全规章制度建设、班组安全教育和培训、班组应急能力建设、班组安全文化建设等方面树立样板和标杆,逐步把相关经验推广覆盖到企业其他班组。
- ■ 开展"智慧工地"建设工程。深入推进全站安全视频监控、智能安全帽、沉浸式的安全教育体验、人工智能安全隐患和违章识别技术等应用。
- ■ 高危作业人工替代技术方面。研发和应用推广适用于电力建设工程的硬岩全断面隧道掘进机,全地形基坑机械作业装备,塔吊安装、拆除及使用安全监测等技术。

（九）电力监控系统安全防护能力提升行动

进一步完善电力监控系统纵深防御体系,强化发电厂电力监控系统网络安全综合防御能力,全面提升电力监控系统网络安全保护水平。

专栏9 电力监控系统安全防护能力提升重点推进方向
■ 持续完善电力监控系统安全防护体系，修订和补充电力监控系统安全防护相关配套方案，落实关键信息基础设施安全重点保护要求。 ■ 加强电力监控系统相关全业务全周期网络安全管理，建立电力监控系统设备准入、运行、退役定期检测机制，加强软件安全检测和版本控制，加强电力网络安全防护专用设备的安全管理。 ■ 进一步提升电力生产控制大区网络结构安全和系统本体安全，提升系统及重要应用的安全可信水平，研究加强新型电力系统建设背景下的新能源场站自身安全和厂网信息交互安全，完善电力监控系统应急备用措施。

（十）网络与信息安全基础能力提升行动

建立健全电力行业和企业网络安全态势感知、监测预警、应急指挥体系，强化仿真验证能力，推动电力北斗系统研发应用创新，推进密码基础设施建设，提升基础设施的安全可控水平。

专栏10 网络与信息安全基础能力提升攻关重点
■ 建设行业级网络安全态势感知平台，统筹开展行业攻防演练，健全网络安全应急指挥体系。 ■ 搭建覆盖发、输、变、配、用、调电力全业务的高仿真行业级网络安全仿真验证环境，支撑网络安全仿真验证、攻防对抗演练培训、电力系统漏洞挖掘验证。 ■ 推进电力北斗系统应用创新技术攻关，推进北斗系统在电力行业关键领域深入应用。 ■ 加快推进密码应用基础设施建设、密码改造和商用密码应用安全性评估。

（十一）电力应急体系建设专项行动

着力完善巨灾情形下的电力应急预案，探索实施大面积停电智慧应急预案管理，健全电力应急预案体系。汇聚行业优势资源，建设覆盖政策研究、科技攻关、产业推广等领域的电力应急支撑平台，完善电力应急支撑保障体系。

专栏11 电力应急体系现代化建设重点
■ 完善巨灾电力应急预案。针对可能发生极为罕见、特别重大的自然灾害等突发事件，编制巨灾应对专项预案，明确各方任务分工、应急响应流程等。 ■ 探索实施智慧应急预案管理。推进电力突发事件应急预案数字化管理，开展重大事件情景构建和应用探索，根据事件地点和类型自动调阅，自动分解形成应急指挥预口令，为应急指挥决策提供支持。 ■ 建立国家级新型电力系统综合应急基地。依托基地重点研究分析新型电力系统应对重大自然灾害、重大电力事故的薄弱环节，针对性补强应急队伍、装备、物资，示范引领带动行业综合应急能力提升。 ■ 培育国家级电力应急研究中心。开展电力应急前沿技术研究，制定国家电力应急关键技术攻关指南，制定重要电力应急物资产品推广名录，推动建设电力应急物资储备库，制定电力应急产业推荐目录、鼓励清单，加快发展应急能力建设评估等电力应急服务业。

（十二）电力应急能力现代化建设行动

建设国家电力应急指挥中心，实现全国电力行业统一应急指挥调度。开展电力行业自然灾害风险普查，实施能源重大基础设施安全风险评估，摸清重大危险源、主要承灾体、重大基础设施底数。着力提高综合监测预警、电力应急辅助决策、电力系统抢修恢复能力、重点用户自保自救能力。

专栏 12　电力应急能力现代化建设重点
■ 开展自然灾害风险普查。制定电力行业自然灾害风险普查实施工作方案，摸清电力行业重大自然灾害、主要承灾体底数，形成分布图、明细表。 ■ 实施重大基础设施安全风险评估。出台电力重大基础设施安全风险评估实施细则，明确重大基础设施分级分类标准，开展重大基础设施首次登记，滚动开展安全风险评估。 ■ 建设国家电力应急指挥中心。与国务院安委办、国家防总等部门，各省电力主管部门，国家能源局各派出机构，全国电力安委会企业成员单位等实现音视频互联互通。整合电力安全应急领域重要数据资源，实现关键数据的实时互动展现，监测预警，资源智能调配，以及事故、事件等数据的常规和应急报送。 ■ 开展电力应急强基专项督查。推动制定重点电力应急预案“流程图”。重点推动电力应急相关岗位人员做到“三个清楚”，清楚应急职责，清楚应急预案，清楚应急流程。 ■ 加强用户自备应急电源建设。推动《重要电力用户供电电源及自备应急电源配置技术规范》升级为国家强制性标准。充分挖掘新型能源动力设施减灾方面“源荷一体，可储可供”的潜力。 ■ 建设可移动应急电源储备库。开展可移动应急电源分布调查，针对性补强可移动应急电源资源。建立市场协议储备机制或社会协调联动机制，满足巨灾情形下跨省、跨区域抢修恢复需求。 ■ 提升关键领域抢修恢复能力。重点开展复杂地形特高压输电设施损毁抢修、城市地下电力设施快速抢修等技术攻关，着力提升雨雪冰冻灾害、极端强降雨等情形下的抢修恢复能力。

（十三）电力安全生产反违章行动

研究建立“重大违章停岗”“多次违章下岗”等违章处罚机制。建立安全生产违章行为信息库及分专业分级标准，研究制定违章扣分及处罚规范。全面推行“双随机、一公开”安全执法检查，进一步健全电力安全约束和惩戒失信行为机制，推动对电力安全领域严重失信行为实施联合惩戒。对接社会信用体系建设，建立电力安全领域信用激励和惩戒措施清单。

专栏 13　电力安全信用体系建设重点方向
■ 健全电力安全约束和惩戒失信行为机制。 ■ 建立电力安全领域信用红黑名单制度。 ■ 建立电力安全领域信用激励和惩戒措施清单。 ■ 建立外委电力工程施工人员个人信用统一管理模式。 ■ 建立电力安全联合执法工作机制。

（十四）安全教育培训体系构建行动

指导电力行业构建安全教育培训体系，健全完善规章制度、标准规范及评估评级管理体系，研究建立电力安全管理人员持证上岗机制。推动电力行业探索开展安全教育培训课程互认、学分互认机制建设，建立安全培训基础信息收集与大数据分析管理机制，开展安全培训大数据分析和应用，促进培训质量提升。

专栏 14　安全教育培训体系建设重点方向

■ 构建安全教育培训体系。
■ 制定安全教育培训管理标准。
■ 建立安全教育培训教材库。
■ 建立安全教育培训师资库。
■ 研究建立电力安全管理人员持证上岗机制。

（十五）安全文化精品工程建设推广行动

研究制定电力企业安全文化精品工程建设标准，针对不同类型企业，不同地域和专业特点，总结和培育一批特色鲜明、参与度广、确有实效的安全文化精品工程。设立电力行业安全文化建设指导中心，汇聚行业和社会资源，培养一批高水平的专家人才，切实服务电力企业安全文化建设。建设安全文化交流平台和网络传播平台，集中宣传推广精品工程建设成果。进一步完善激励机制，加强青年专业人才队伍建设，激发员工共同参与安全文化建设的活力，形成良好的安全文化氛围。

专栏 15　安全文化传播体系构建主要内容

■ 传播组织载体建设。成立正式和非正式团体，培养兼具专业素养和安全素养的复合型安全文化人才。
■ 传播环境载体建设。鼓励企业在生产、办公、作业现场加强安全文化宣传，形成外在环境载体；鼓励企业在不同部门、工种、班组构建安全文化氛围，形成内在环境载体。
■ 传播设施载体建设。建设电力安全文化教育室、VR 体验室、安全展室展厅、安全文化长廊。
■ 传播活动载体建设。建设以文娱、体育、竞赛、知识性和趣味性活动为主体的电力安全文化传播活动载体；针对不同岗位、不同工种组织开展安全文化教育课堂、讲座、培训，打造全方位的教育培训载体。
■ 传播媒介载体建设。发挥企业内部刊物、宣传橱窗、黑板报等媒介载体作用，完善传统媒介载体建设；利用企业网站、微博、微信、抖音、第三方客户端等新媒体宣传阵地，开发系列漫画、短视频、小游戏、网剧等文化产品，完善新型媒介载体建设。

（十六）电力安全审计行动

以落实安全生产责任为核心，试点开展电力企业安全审计工作，强化企业和企业主要负责人及相关负责人的安全责任意识。以国家法律法规和行业规章制度为基础，研究制定安全审计标准和工作指引，构建安全审计工作机制和监管机制，探索独立客观的第三方审计服务模式。

专栏 16　电力安全审计主要方向
■ 企业安全生产主体责任管理机制的建设和运作情况。 ■ 企业安全生产规章制度和操作规程的编制和执行情况。 ■ 企业安全教育培训计划的编制和实施情况。 ■ 企业安全生产投入安排的准确性和有效性。 ■ 企业安全风险分级管控和隐患排查治理双重预防机制建设及运转情况。 ■ 企业安全生产标准化、信息化建设情况。 ■ 企业应急管理体系建设及生产安全事故应急处置情况。 ■ 企业生产安全事故调查处理及信息报送管理情况。

五、保障措施

（一）加强组织领导

建立健全国家能源局牵头组织、国家能源局各派出机构协同各级地方能源管理部门督促指导、各电力企业细化落实的电力安全生产“十四五”行动计划实施工作机制。各级地方能源管理部门、国家能源局各派出机构和电力企业要加强组织领导，密切协调配合，制定实施方案，分解建设任务，合理安排进度，科学有序推进。各单位应做好本行动计划与《电力安全生产三年行动计划（2018－2020）》《电力行业应急能力建设三年行动计划（2018－2020）》《电力安全生产专项整治三年行动方案》等文件落实的衔接工作。

（二）强化政策支持

建立健全政府引导、企业为主、社会资本共同参与的多元化安全投入长效机制，设立企业安全生产专项资金和应急救援资金，实行安全生产费用专款专用，持续加大安全生产资金投入。大力支持电力安全技术创新，鼓励采用与社会资本合作的方式，吸引社会资本参与有合理回报的安全基础设施项目建设和重大安全科技攻关。支持培育电力安全生产基础共性技术产品研发、公共服务平台建设和解决方案提供商及电力安全社会化服务机构。

（三）增强资源保障

建立政府、企业、社会多方参与的电力安全生产治理支撑体系，推动电力企业与高校、科研院所形成产学研用战略联盟，加强电力安全科学与工程专业技术领军人才和青年技术拔尖人才培养，建设电力安全科技人才流动机制。建设一批电力安全生产基础理论研究和协同创新团队，设立一批电力安全技术支撑机构。结合国家安全与应急产业发展政策，开展电力安全科技示范项目建设，推进电力安全与应急产业示范基地建设。

（四）抓好监督落实

各级地方能源管理部门、国家能源局各派出机构和电力企业，要建立以自评估与督导检查相结合的动态评估机制，按照目标评价与过程监测相结合的评估及考核原则，分年度就行动计划实施情况进行监测、评估，密切跟踪行动计划执行情况。要总结实施经验，发现问题及时修改完善，充分发挥行动计划的约束和引领作用，保证行动计划顺利执行，有关情况及时报告国家能源局。

国家能源局关于加强电力企业安全风险预控体系建设的指导意见

（2015 年 1 月 7 日　国能安全〔2015〕1 号）

国家电网公司、南方电网公司，中国华能、大唐、华电、国电、中电投集团公司，中国电建、能建集团公司，有关电力企业：

为进一步深化“安全第一、预防为主、综合治理”的安全生产方针，实现电力安全生产的系统化、科学化、标准化和精细化管理，提高电力企业安全管理水平，有效防范各类电力事故的发生，现就加强电力行业安全风险预控体系建设提出如下意见。

一、总体要求和建设目标

（一）总体要求。准确把握电力生产的特点和规律，深入研究如何在现有安全管理基础上提升安全管理的系统性、前瞻性、可控性，探索适合电力行业生产实际的、基于风险的，系统化、规范化与持续改进的安全风险管理模式，逐步构建一套理念先进、方法得当、管控有效的安全风险预控体系，建立隐患排查新常态和安全生产长效机制，有效防范各类事故，保持电力安全生产形势的持续稳定，为我国经济社会的快速发展提供安全可靠的电力保障。

（二）建设目标。以风险控制为主线，以危害辨识、风险评估、风险控制和持续改进的闭环管理为原则，结合本单位生产实际，系统地提出电网、设备设施、劳动安全、作业环境、职业健康风险管控的内容、目标与途径，强调事前危害辨识与风险评估、事中落实管控措施、事后总结与改进，最终达到风险超前控制和持续改进的目的。

二、主要建设任务

（三）实施危害辨识和风险评估。电力企业要建立科学的风险评估技术标准，规范风险评估方法，量化风险等级。要发动全员，全方位、全过程地辨识生产系统、设备设施、人员行为、环境条件等因素可能导致的安全、健康和社会影响等方面的风险,确保危害辨识和风险评估的及时性、全面性、科学性。要对辨识出的风险分类梳理、分级管控、分层落实,确定出各类、各级、各层的安全预控重点。要建立风险数据库并持续地开展动态辨识,评估更新,对辨识出的风险进行动态管理。

(四)完善管理制度和技术标准。电力企业要按照“沿用、完善、建立”的总体思路,“以规范、简洁、高效”为指导思想,以风险控制为主线,以 PDCA(策划 - 执行 - 检查 - 改进)的闭环管理为原则,系统梳理完善风险预控的规程、标准和制度,建立企业安全风险预控体系文件,为体系建设提供技术支撑。在制度和标准的编制过程中,应详细梳理各项管理业务,明确各项业务的工作流程和工作步骤,并在制度中以流程图等直观、简明的形式让风险管理的要求有效落地,为全面规范、深化体系应用奠定基础。

(五)做好风险管控工作。电力企业要对评估出来的不可接受的风险,结合风险类型和性质,结合企业自身的安全技术和经济能力,结合安全生产隐患排查治理、标准化创建、技术改造等日常管理工作,制定针对性的应对措施。对不同种类、不同等级的风险应该明确相应的管理职责和实施主体,使风险管控在日常工作得到落实。

(六)建立检查、审核等持续改进的工作机制。电力企业要对风险预控工作进行定期检查,并通过安全生产工作会、安全分析会等形式对风险预控工作进行总结和分析,对检查和回顾中发现的问题,要及时纠正、限期整改。要建立体系审核工作机制,编制体系审核管理办法,明确审核内容和方法,检验风险预控体系的有效性、全面性和适宜性,确保风险可控在控。要根据人员、设备、环境和管理等因素变化,持续地进行危害辨识、风险评估、管控与更新完善,实现风险预控体系的持续改进。

三、措施保障

(七)树立“关口前移、系统管控”的安全理念,为体系建设奠定思想基础。各单位要从促进电力工业科学发展、安全发展的高度,提高对安全风险预控体系重要性的认识,树立关口前移和系统控制的安全理念,以理念指导思想,以思想引领行动,从源头上消除不安全意识和行为,为安全风险预控体系建设奠定坚实的思想基础。

(八)强化理念宣贯和人员培训,为体系建设构筑人才保障。体系的建立和实施涉及安全生产各环节,需要全体员工的积极、主动参与。电力企业在体系的推进过程中必须进行理念的宣贯和全员培训,使企业员工,特别是各级管理人员掌握体系管理内容、体系结构和运作方法,解决员工基本认知,并掌握体系核心内涵,彻底消除员工畏难情绪和抵触情绪,激励全员做好体系建设的内在动力,有效推动体系的建设和实施。

(九)坚持闭环管理的工作原则,为体系建设提供有效手段。电力企业要按照体系建设PDCA闭环管理的原则,结合本单位实际情况,建立起符合本单位生产实际的、科学的、规范的风险预控流程:从构建目标责任机制、运行推进机制、考核激励机制、持续改进机制等方面下功夫,将安全风险预控体系建立和日常管理有机结合,建立常态化、制度化、体系化的工作机制。

(十)培育安全文化,为体系建设营造良好氛围。电力企业要大力实施理念引领,文化渗透工程。大力弘扬先进的安全理念,培养员工"事前风险辨识、事中风险管控、事后回顾总结"的作业与管理行为模式,推动企业安全管理从他律阶段向自律阶段、团队互助阶段过渡,实现从"要我安全"到"我要安全"的转变,实现安全管理的自主管理、自主提升。

四、工作要求

(十一)结合生产实际,实现体系本土化和专业化。电力企业安全风险体系建设应基于本单位安全生产管理现状,能够切实解决安全生产实际问题。在建设过程中,要结合电力安全生产传统有效的管理方法和手段,对国际上先进的安全管理体系要加以消化和吸收,坚持传承和创新并重,实现体系本土化和专业化,避免生搬硬套。各级各类人员的业务技能,包括管理技能、技术技能,是风险预控管理建设质量的最大制约因素,需要不断进行培训,提高体系专业化水平。

(十二)加强组织领导,建立协调机制。电力企业要结合安全风险预控体系建设需求,加强组织领导,设立体系建设组织机构,确定管理机构职责、人员构成和职责分工。要根据体系建设的基础和初步准备情况,制定推动体系建设的工作目标、工作任务、工作方法、责任分工和工作周期等。在体系的推行过程中,要强化生产技术、调度、安监、教育培训等部门的通力合作、相互协调,发挥专业优势,确保所制定的制度标准符合生产实际和风险预控的要求。

(十三)坚持全员参与,促进安全意识的提升。风险预控体系以一种自下而上的方式,电力企业要发动全员(包括承包商及其员工)参与到岗位危害的辨识、风险评估和管控工作中,使员工清楚自身面临的安全风险、可能后果和控制方法,建立按标准做事的行为模式,促进全员安全意识的提升。

(十四)杜绝形式主义,实现持续改进。安全风险管理体系推行要坚决杜绝形式主义,不能将体系的建设和实施作为一种运动和一项短期工作进行突击,各单位要切实把推行体系建设作为提高安全生产管理水平,实现持续改进的手段,切实发挥体系作用。

电力建设工程施工安全监督管理办法

（2015年8月18日国家发展和改革委员会令第28号公布
自2015年10月1日起施行）

第一章　总　　则

第一条　为了加强电力建设工程施工安全监督管理，保障人民群众生命和财产安全，根据《中华人民共和国安全生产法》、《中华人民共和国特种设备安全法》、《建设工程安全生产管理条例》、《电力监管条例》、《生产安全事故报告和调查处理条例》，制定本办法。

第二条　本办法适用于电力建设工程的新建、扩建、改建、拆除等有关活动，以及国家能源局及其派出机构对电力建设工程施工安全实施监督管理。

本办法所称电力建设工程，包括火电、水电、核电（除核岛外）、风电、太阳能发电等发电建设工程，输电、配电等电网建设工程，及其他电力设施建设工程。

本办法所称电力建设工程施工安全包括电力建设、勘察设计、施工、监理单位等涉及施工安全的生产活动。

第三条　电力建设工程施工安全坚持"安全第一、预防为主、综合治理"的方针，建立"企业负责、职工参与、行业自律、政府监管、社会监督"的管理机制。

第四条　电力建设单位、勘察设计单位、施工单位、监理单位及其他与电力建设工程施工安全有关的单位，必须遵守安全生产法律法规和标准规范，建立健全安全生产保证体系和监督体系，建立安全生产责任制和安全生产规章制度，保证电力建设工程施工安全，依法承担安全生产责任。

第五条　开展电力建设工程施工安全的科学技术研究和先进技术的推广应用，推进企业和工程建设项目实施安全生产标准化建设，推进电力建设工程安全生产科学管理，提高电力建设工程施工安全水平。

第二章　建设单位安全责任

第六条　建设单位对电力建设工程施工安全负全面管理责任，具体内容包括：

（一）建立健全安全生产组织和管理机制，负责电力建设工程安全生产组织、协调、监督职责；

（二）建立健全安全生产监督检查和隐患排查治理机制，实施施工现场全过程安全生产管理；

（三）建立健全安全生产应急响应和事故处置机制，实施突发事件应急抢险和事故救援；

（四）建立电力建设工程项目应急管理体系，编制应急综合预案，组织勘察设计、施工、监理等单位制定各类安全事故应急预案，落实应急组织、程序、资源及措施，定期组织演练，建立与国家有关部门、地方政府应急体系的协调联动机制，确保应急工作有效实施；

（五）及时协调和解决影响安全生产重大问题。

建设工程实行工程总承包的，总承包单位应当按照合同约定，履行建设单位对工程的安全生产责任；建设单位应当监督工程总承包单位履行对工程的安全生产责任。

第七条　建设单位应当按照国家有关规定实施电力建设工程招投标管理，具体包括：

（一）应当将电力建设工程发包给具有相应资质等级的单位，禁止中标单位将中标项目的主体和关键性工作分包给他人完成；

（二）应当在电力建设工程招标文件中对投标单位的资质、安全生产条件、安全生产费用使用、安全生产保障措施等提出明确要求；

（三）应当审查投标单位主要负责人、项目负责人、专职安全生产管理人员是否满足国家规定的资格要求；

（四）应当与勘察设计、施工、监理等中标单位签订安全生产协议。

第八条　按照国家有关安全生产费用投入和使用管理规定，电力建设工程概算应当单独计列安全生产费用，不得在电力建设工程投标中列入竞争性报价。根据电力建设工程进展情况，及时、足额向参建单位支付安全生产费用。

第九条　建设单位应当向参建单位提供满足安全生产的要求的施工现场及毗邻区域内各种地下管线、气象、水文、地质等相关资料，提供相邻建筑物和构筑物、地下工程等有关资料。

第十条　建设单位应当组织参建单位落实防灾减灾责任，建立健全自然灾害预测预警和应急响应机制，对重点区域、重要部位地质灾害情况进行评估检查。

应当对施工营地选址布置方案进行风险分析和评估，合理选址。组织施工单位对易发生泥石流、山体滑坡等地质灾害工程项目的生活办公营地、生产设备设施、施工现场及周边环境开展地质灾害隐患排查,制定和落实防范措施。

第十一条 建设单位应当执行定额工期,不得压缩合同约定的工期。如工期确需调整,应当对安全影响进行论证和评估。论证和评估应当提出相应的施工组织措施和安全保障措施。

第十二条 建设单位应当履行工程分包管理责任,严禁施工单位转包和违法分包,将分包单位纳入工程安全管理体系,严禁以包代管。

第十三条 建设单位应在电力建设工程开工报告批准之日起 15 日内,将保证安全施工的措施,包括电力建设工程基本情况、参建单位基本情况、安全组织及管理措施、安全投入计划、施工组织方案、应急预案等内容向建设工程所在地国家能源局派出机构备案。

第三章 勘察设计单位安全责任

第十四条 勘察设计单位应当按照法律法规和工程建设强制性标准进行电力建设工程的勘察设计,提供的勘察设计文件应当真实、准确、完整,满足工程施工安全的需要。

在编制设计计划书时应当识别设计适用的工程建设强制性标准并编制条文清单。

第十五条 勘察单位在勘察作业过程中,应当制定并落实安全生产技术措施,保证作业人员安全,保障勘察区域各类管线、设施和周边建筑物、构筑物安全。

第十六条 电力建设工程所在区域存在自然灾害或电力建设活动可能引发地质灾害风险时,勘察设计单位应当制定相应专项安全技术措施,并向建设单位提出灾害防治方案建议。

应当监控基础开挖、洞室开挖、水下作业等重大危险作业的地质条件变化情况,及时调整设计方案和安全技术措施。

第十七条 设计单位在规划阶段应当开展安全风险、地质灾害分析和评估,优化工程选线、选址方案;可行性研究阶段应当对涉及电力建设工程安全的重大问题进行分析和评价;初步设计应当提出相应施工方案和安全防护措施。

第十八条 对于采用新技术、新工艺、新流程、新设备、新材料和特殊结构的电力建设工程,勘察设计单位应当在设计文件中提出保障施工作业人员安全和预防生产安全事故的措施建议;不符合现行相关安全技术规范或标准规定的,应当提请建设单位组织专题技术论证,报送相应主管部门同意。

第十九条 勘察设计单位应当根据施工安全操作和防护的需要,在设计文件中注明涉及施工安全的重点部位和环节，提出防范安全生产事故的指导意见；工程开工前，应当向参建单位进行技术和安全交底，说明设计意图；施工过程中，对不能满足安全生产要求的设计，应当及时变更。

第四章　施工单位安全责任

第二十条　施工单位应当具备相应的资质等级，具备国家规定的安全生产条件，取得安全生产许可证，在许可的范围内从事电力建设工程施工活动。

第二十一条　施工单位应当按照国家法律法规和标准规范组织施工，对其施工现场的安全生产负责。应当设立安全生产管理机构，按规定配备专(兼)职安全生产管理人员，制定安全管理制度和操作规程。

第二十二条　施工单位应当按照国家有关规定计列和使用安全生产费用。应当编制安全生产费用使用计划，专款专用。

第二十三条　电力建设工程实行施工总承包的，由施工总承包单位对施工现场的安全生产负总责，具体包括：

(一)施工单位或施工总承包单位应当自行完成主体工程的施工，除可依法对劳务作业进行劳务分包外，不得对主体工程进行其它形式的施工分包；禁止任何形式的转包和违法分包；

(二)施工单位或施工总承包单位依法将主体工程以外项目进行专业分包的，分包单位必须具有相应资质和安全生产许可证，合同中应当明确双方在安全生产方面的权利和义务。施工单位或施工总承包单位履行电力建设工程安全生产监督管理职责，承担工程安全生产连带管理责任，分包单位对其承包的施工现场安全生产负责；

(三)施工单位或施工总承包单位和专业承包单位实行劳务分包的，应当分包给具有相应资质的单位，并对施工现场的安全生产承担主体责任。

第二十四条　施工单位应当履行劳务分包安全管理责任，将劳务派遣人员、临时用工人员纳入其安全管理体系，落实安全措施，加强作业现场管理和控制。

第二十五条　电力建设工程开工前，施工单位应当开展现场查勘，编制施工组织设计、施工方案和安全技术措施并按技术管理相关规定报建设单位、监理单位同意。

分部分项工程施工前，施工单位负责项目管理的技术人员应当向作业人员进行安全技术交底，如实告知作业场所和工作岗位可能存在的风险因素、防范措施以及现场应急处置方案，并由双方签字确认；对复杂自然条件、复杂结构、技术难度大及危险性较大的分部分项工程需编制专项施工方案并附安全验算结果,必要时召开专家会议论证确认。

第二十六条 施工单位应当定期组织施工现场安全检查和隐患排查治理,严格落实施工现场安全措施,杜绝违章指挥、违章作业、违反劳动纪律行为发生。

第二十七条 施工单位应当对因电力建设工程施工可能造成损害和影响的毗邻建筑物、构筑物、地下管线、架空线缆、设施及周边环境采取专项防护措施。对施工现场出入口、通道口、孔洞口、邻近带电区、易燃易爆及危险化学品存放处等危险区域和部位采取防护措施并设置明显的安全警示标志。

第二十八条 施工单位应当制定用火、用电、易燃易爆材料使用等消防安全管理制度,确定消防安全责任人,按规定设置消防通道、消防水源,配备消防设施和灭火器材。

第二十九条 施工单位应当按照国家有关规定采购、租赁、验收、检测、发放、使用、维护和管理施工机械、特种设备,建立施工设备安全管理制度、安全操作规程及相应的管理台账和维保记录档案。

施工单位使用的特种设备应当是取得许可生产并经检验合格的特种设备。特种设备的登记标志、检测合格标志应当置于该特种设备的显著位置。

安装、改造、修理特种设备的单位,应当具有国家规定的相应资质,在施工前按规定履行告知手续,施工过程按照相关规定接受监督检验。

第三十条 施工单位应当按照相关规定组织开展安全生产教育培训工作。企业主要负责人、项目负责人、专职安全生产管理人员、特种作业人员需经培训合格后持证上岗,新入场人员应当按规定经过三级安全教育。

第三十一条 施工单位对电力建设工程进行调试、试运行前,应当按照法律法规和工程建设强制性标准,编制调试大纲、试验方案,对各项试验方案制定安全技术措施并严格实施。

第三十二条 施工单位应当根据电力建设工程施工特点、范围,制定应急救援预案、现场处置方案,对施工现场易发生事故的部位、环节进行监控。实行施工总承包的,由施工总承包单位组织分包单位开展应急管理工作。

第五章 监理单位安全责任

第三十三条 监理单位应当按照法律法规和工程建设强制性标准实施监理,履行电力建设工程安全生产管理的监理职责。监理单位资源配置应当满足工程监理要求,依据合同约定履行电力建设工程施工安全监理职责,确保安全生产监理与工程质量控制、工期控制、投资控制的同步实施。

第三十四条 监理单位应当建立健全安全监理工作制度，编制含有安全监理内容的监理规划和监理实施细则，明确监理人员安全职责以及相关工作安全监理措施和目标。

第三十五条 监理单位应当组织或参加各类安全检查活动，掌握现场安全生产动态，建立安全管理台账。重点审查、监督下列工作：

（一）按照工程建设强制性标准和安全生产标准及时审查施工组织设计中的安全技术措施和专项施工方案；

（二）审查和验证分包单位的资质文件和拟签订的分包合同、人员资质、安全协议；

（三）审查安全管理人员、特种作业人员、特种设备操作人员资格证明文件和主要施工机械、工器具、安全用具的安全性能证明文件是否符合国家有关标准；检查现场作业人员及设备配置是否满足安全施工的要求；

（四）对大中型起重机械、脚手架、跨越架、施工用电、危险品库房等重要施工设施投入使用前进行安全检查签证。土建交付安装、安装交付调试及整套启动等重大工序交接前进行安全检查签证；

（五）对工程关键部位、关键工序、特殊作业和危险作业进行旁站监理；对复杂自然条件、复杂结构、技术难度大及危险性较大分部分项工程专项施工方案的实施进行现场监理；监督交叉作业和工序交接中的安全施工措施的落实；

（六）监督施工单位安全生产费的使用、安全教育培训情况。

第三十六条 在实施监理过程中，发现存在生产安全事故隐患的，应当要求施工单位及时整改；情节严重的，应当要求施工单位暂时或部分停止施工，并及时报告建设单位。施工单位拒不整改或者不停止施工的，监理单位应当及时向国家能源局派出机构和政府有关部门报告。

第六章 监 督 管 理

第三十七条 国家能源局依法实施电力建设工程施工安全的监督管理，具体内容包括：

（一）建立健全电力建设工程安全生产监管机制，制定电力建设工程施工安全行业标准；

（二）建立电力建设工程施工安全生产事故和重大事故隐患约谈、诫勉制度；

（三）加强层级监督指导，对事故多发地区、安全管理薄弱的企业和安全隐患突出的项目、部位实施重点监督检查。

第三十八条　国家能源局派出机构按照国家能源局授权实施辖区内电力建设工程施工安全监督管理，具体内容如下：

（一）部署和组织开展辖区内电力建设工程施工安全监督检查；

（二）建立电力建设工程施工安全生产事故和重大事故隐患约谈、诫勉制度；

（三）依法组织或参加辖区内电力建设工程施工安全事故的调查与处理，做好事故分析和上报工作。

第三十九条　国家能源局及其派出机构履行电力建设工程施工安全监督管理职责时，可以采取下列监管措施：

（一）要求被检查单位提供有关安全生产的文件和资料（含相关照片、录像及电子文本等），按照国家规定如实公开有关信息；

（二）进入被检查单位施工现场进行监督检查，纠正施工中违反安全生产要求的行为；

（三）对检查中发现的生产安全事故隐患，责令整改；对重大生产安全事故隐患实施挂牌督办，重大生产安全事故隐患整改前或整改过程中无法保证安全的，责令其从危险区域撤出作业人员或者暂时停止施工；

（四）约谈存在生产安全事故隐患整改不到位的单位，受理和查处有关安全生产违法行为的举报和投诉，披露违反本办法有关规定的行为和单位，并向社会公布；

（五）法律法规规定的其它措施。

第四十条　国家能源局及其派出机构应建立电力建设工程施工安全领域相关单位和人员的信用记录，并将其纳入国家统一的信用信息平台，依法公开严重违法失信信息，并对相关责任单位和人员采取一定期限内市场禁入等惩戒措施。

第四十一条　生产安全事故或自然灾害发生后，有关单位应当及时启动相关应急预案，采取有效措施，最大程度减少人员伤亡、财产损失，防止事故扩大和衍生事故发生。建设、勘察设计、施工、监理等单位应当按规定报告事故信息。

第七章　罚　　则

第四十二条　国家能源局及其派出机构有下列行为之一的，对直接负责的主管人员和其它直接责任人员依法给予处分；构成犯罪的，依法追究刑事责任：

（一）迟报、漏报、瞒报、谎报事故的；

（二）阻碍、干涉事故调查工作的；

（三）在事故调查中营私舞弊、作伪证或者指使他人作伪证的；

（四）不依法履行监管职责或者监督不力，造成严重后果的；

（五）在实施监管过程中索取或者收受他人财物或者谋取其他利益；

（六）其他违反国家法律法规的行为。

第四十三条 建设单位未按规定提取和使用安全生产费用的，责令限期改正；逾期未改正的，责令该建设工程停止施工。

第四十四条 电力建设工程参建单位有下列情形之一的，责令改正；拒不改正的，处5万元以上50万元以下的罚款；造成严重后果，构成犯罪的，依法追究刑事责任：

（一）拒绝或者阻碍国家能源局及其派出机构及其从事监管工作的人员依法履行监管职责的；

（二）提供虚假或者隐瞒重要事实的文件、资料；

（三）未按照国家有关监管规章、规则的规定披露有关信息的。

第四十五条 建设单位有下列行为之一的，责令限期改正，并处20万元以上50万元以下的罚款；造成重大安全事故，构成犯罪的，对直接责任人员，依照刑法有关规定追究刑事责任；造成损失的，依法承担赔偿责任：

（一）对电力勘察、设计、施工、调试、监理等单位提出不符合安全生产法律、法规和强制性标准规定的要求的；

（二）违规压缩合同约定工期的；

（三）将工程发包给不具有相应资质等级的施工单位的。

第四十六条 电力勘察设计单位有下列行为之一的，责令限期改正，并处10万元以上30万元以下的罚款；情节严重的，责令停业整顿，提请相关部门降低资质等级，直至吊销资质证书；造成重大安全事故，构成犯罪的，对直接责任人员，依照刑法有关规定追究刑事责任；造成损失的，依法承担赔偿责任：

（一）未按照法律、法规和工程建设强制性标准进行勘察、设计的；

（二）采用新技术、新工艺、新流程、新设备、新材料的电力建设工程和特殊结构的电力建设工程，设计单位未在设计中提出保障施工作业人员安全和预防生产安全事故的措施建议的。

第四十七条 施工单位有下列行为之一的，责令限期改正；逾期未改正的，责令停业整顿，并处10万元以上30万元以下的罚款；情节严重的，提请相关部门降低资质等级，直至吊销资质证书；造成重大安全事故，构成犯罪的，对直接责任人员，依照刑法有关规定追究刑事责任；造成损失的，依法承担赔偿责任：

（一）未按本办法设立安全生产管理机构、配备专（兼）职安全生产管理人员或

者分部分项工程施工时无专(兼)职安全生产管理人员现场监督的;

(二)主要负责人、项目负责人、专职安全生产管理人员、特种(殊)作业人员未持证上岗的;

(三)使用国家明令淘汰、禁止使用的危及电力施工安全的工艺、设备、材料的;

(四)未按照规定在施工起重机械和整体提升脚手架、模板等自升式架设设施验收合格后取得使用登记证书的;

(五)未向作业人员提供安全防护用品、用具的;

(六)未在施工现场的危险部位设置明显的安全警示标志,或者未按照国家有关规定在施工现场设置消防通道、消防水源、配备消防设施和灭火器材的。

第四十八条　挪用安全生产费用的,责令限期改正,并处挪用费用20%以上50%以下的罚款;造成重大安全事故,构成犯罪的,依法追究刑事责任。

第四十九条　监理单位有下列行为之一的,责令限期改正;逾期未改正的,责令停业整顿,并处10万元以上30万元以下的罚款;情节严重的,提请相关部门降低资质等级,直至吊销资质证书;造成重大安全事故,构成犯罪的,对直接责任人员,依照刑法有关规定追究刑事责任;造成损失的,依法承担赔偿责任:

(一)未对重大安全技术措施或者专项施工方案进行审查的;

(二)发现安全事故隐患未及时要求施工单位整改或者暂时停止施工的;

(三)施工单位拒不整改或者不停止施工,未及时向有关主管部门报告的;

(四)未依照法律、法规和工程建设强制性标准实施监理的。

第五十条　违反本办法的规定,施工单位的主要负责人、项目负责人未履行安全生产管理职责的,责令限期改正;逾期未改正的,责令施工单位停业整顿;造成重大安全事故、重大伤亡事故或者其他严重后果,构成犯罪的,依照刑法有关规定追究刑事责任。

作业人员不服管理、违反规章制度和操作规程冒险作业造成重大伤亡事故或者其他严重后果,构成犯罪的,依照刑法有关规定追究刑事责任。

施工单位的主要负责人、项目负责人有前款违法行为,尚不够刑事处罚的,处2万元以上20万元以下的罚款或者按照管理权限给予撤职处分;自刑罚执行完毕或者受处分之日起,5年内不得担任任何施工单位的主要负责人、项目负责人。

第五十一条　本办法规定的行政处罚,由国家能源局及其派出机构或者其他有关部门依照法定职权决定。有关法律、行政法规对电力建设工程安全生产违法行为的行政处罚决定机关另有规定的,从其规定。

第八章　附　　则

第五十二条　本办法自公布之日起30日后施行,原电监会发布的《电力建设安全生产监督管理办法》(电监安全〔2007〕38号)同时废止。

第五十三条　本办法由国家发展和改革委员会负责解释。

电网安全风险管控办法(试行)

(2014 年 3 月 19 日国家能源局印发　国能安全〔2014〕123 号)

第一章　总　　则

第一条　为了有效防范电网大面积停电风险,建立以科学防范为导向,流程管理为手段,全过程闭环监管为支撑的全面覆盖、全程管控、高效协同的电网安全风险管控机制,制定本办法。

第二条　电网企业及其电力调度机构、发电企业、电力用户在电网安全风险管控中负主体责任,国家能源局及其派出机构负责电网安全风险管控工作的监督管理。

第三条　各有关单位应当高度重视电网安全风险管控工作,定期梳理电网安全风险,有针对性地做好风险识别、风险分级、风险监视、风险控制工作,以便及时了解、掌握和化解电网安全风险。

第二章　电网安全风险识别

第四条　电网企业及其电力调度机构负责组织进行风险识别,发电企业、电力用户应当配合电网企业及其电力调度机构做好风险识别工作。风险识别工作在于合理确定风险防控范围。风险识别应明确风险可能导致的后果、查找风险原因、判明故障场景。

第五条　风险可能导致的后果由各级电网企业及其电力调度机构根据电力安全事故(事件)的标准,结合本地电网的实际情况确定,可以选用电网减供负荷、停电用户的比例或对电网稳定运行和电能质量的影响程度等指标。

第六条　风险根据形成原因可以分为内在风险和外在风险。内在风险主要包括电网结构风险、设备风险(含一次设备风险和二次设备风险);外在风险主要包括人为风险、自然风险、外力破坏风险。部分风险可以由多个原因组合而成。

第七条　故障场景可以参照《电力系统安全稳定导则》规定的三级大扰动,各电力企业可以根据实际情况将第三级大扰动中的多重故障、其他偶然因素进行细化。

第三章　电网安全风险分级

第八条　电网企业及其电力调度机构负责组织进行风险分级。风险分级在于判明风险大小,并为后续监视和控制提供依据。

第九条　风险等级主要根据风险可能导致的后果来进行划分。对于可能导致特别重大或重大电力安全事故的风险,定义为一级风险;对于可能导致较大或一般电力安全事故的风险,定义为二级风险;其他定义为三级风险。

第四章　电网安全风险监视

第十条　电网安全风险监视在于密切跟踪风险的发展变化情况。风险监视工作应当遵循“分区、分级”的原则。

第十一条　对于跨区电网风险,由国家电网公司负责监视,国家能源局负责相关工作的监督指导;对于区域内跨省电网风险,由当地区域电网企业负责监视,国家能源局当地区域派出机构负责相关工作的监督指导;对于省内电网风险,由当地电网企业负责监视,国家能源局当地派出机构负责相关工作的监督指导。

第十二条　对于三级电网安全风险,由相关电网企业自行监视;对于二级以上电网安全风险,相关电网企业应当报告国家能源局当地派出机构;对于一级电网安全风险,国家能源局当地派出机构应当上报国家能源局并抄报当地省(自治区、直辖市)人民政府。

第五章　电网安全风险控制

第十三条　电网安全风险控制在于把电网安全风险可能导致的后果限制在合理范围内。各电力企业负责本企业范围内风险控制措施的落实,国家能源局及其派出机构负责督促指导电力企业的风险控制工作。

第十四条　电网企业应当制定风险控制方案,按照国家有关法规和技术规定、规程等的要求,综合考虑风险控制方法与途径,必要时与发电企业、电力用户等其它风险相关方进行沟通和说明,确保风险控制措施的可行性和可操作性。各风险相关方应当落实各自责任,保证风险控制所需的人力、物力、财力。

第十五条　临时控制电网安全风险的具体措施可以分为降低风险概率、减轻风险后果、提高应急处置能力等方面。降低风险概率的措施包括但不限于专项隐患排查、组织设备特巡、精心挑选作业人员、加强现场安全监督、加强设备技术监督管理。减轻风险后果的措施包括但不限于转移负荷、调整运行方式、合理安排作业时间、采取需求侧管理措施。提高应急处置能力的措施包括但不限于制定现场应急处置方案、开展反事故应急演练、提前告知用户安全风险、提前预警灾害性天气。

第十六条　降低电网安全风险的途径包括但不限于纳入电网规划和建设计划、纳入技改检修项目计划、纳入管理制度和标准、纳入日常生产工作计划、纳入培训教育计划。

第十七条　各电力企业应当对风险控制方案的实施效果进行评估,对下级单位风险控制方案的落实情况进行检查,确保风险控制措施得到有效实施。

第六章　风险管控与其他工作的衔接

第十八条　风险管控应当与电网规划相结合,通过优化电网规划,适当调整规划项目实施次序,增强网架结构,提高系统抵御风险能力。

第十九条　风险管控应当与电网建设相结合,通过严格执行设计方案,强化过程控制,提升建设施工水平,严格竣工验收,确保电网建设工程质量。

第二十条　风险管控应当与生产计划安排相结合,在安排检修计划和夏(冬)高峰、丰(枯)水期、重要保电、配合大型工程建设等特殊时期方式时,应同时考虑风险管控措施。

第二十一条　风险管控应当与物资管理相结合,通过加强设备物资采购管理,加强设备监造工作,提升输变电设备整体技术和质量水平。

第二十二条　风险管控应当与隐患排查治理相结合,通过加强日常安全隐患排查和治理工作,消除影响电力系统安全运行的重大隐患和薄弱环节,减少事故,确保电网安全。

第二十三条　风险管控应当与可靠性管理相结合,通过加强设备全寿命周期管理,分析设备的运行状况、健康水平,落实整改措施,降低电网运行的潜在风险。同时加强设备可靠性统计工作,为风险的识别、分级提供技术支持。

第二十四条　风险管控应当与应急管理相结合,通过完善应急预案体系,建立健全应急联动机制,加强应急演练,形成多元化应急物资储备方式,控制和减少事故造成的损失。

第七章　工作实施和监督管理

第二十五条　各省级以上电网企业应按年度对所辖220千伏以上电网开展电网安全风险管控工作,并在此基础上形成本企业年度风险管控报告。报告中应包括以下内容:

(一)全面总结本企业电网安全风险管控工作开展情况;

(二)深入分析所辖电网存在的安全风险;

(三)提出有针对性的风险管控措施和建议。

各省级以上电网企业应当于当年9月30日前将本企业年度风险管控报告报国家能源局或者有关派出机构。

第二十六条　国家能源局各派出机构应当汇总形成本省(区域)年度风险管控报告,于当年10月15日前上报国家能源局。

第二十七条　对于二级以上的电网安全风险,电网企业要将风险控制方案和实施效果评估报告报担负相应风险监视监督指导职责的国家能源局或者有关派出机构。对于发电企业、电力用户等风险相关方未落实风险控制方案的,电网企业要及时报告国家能源局当地派出机构和地方政府有关部门。

第二十八条　国家能源局及其派出机构应当加强对企业上报的电网安全风险的跟踪监视,不定期开展对电网安全风险管控落实情况的监督检查或重点抽查。

第二十九条　对于未按要求报告或未及时采取管控措施而导致电力安全事故或事件的,国家能源局或者有关派出机构将依据有关法律法规对责任单位和责任人从严处理。

第八章　附　　则

第三十条　本办法由国家能源局负责解释。

第三十一条　国家能源局各派出机构及各电力企业可依据本办法制定具体的实施细则。

第三十二条　本办法中所称“以上”均包括本数。

第三十三条　本办法自公布之日起试行。

电力企业应急预案管理办法

（2014 年 11 月 27 日国家能源局印发　国能安全〔2014〕508 号）

第一章　总　　则

第一条　为规范电力企业应急预案管理工作，完善电力企业应急预案体系，增强电力企业应急预案的科学性、针对性、实效性和可操作性，依据《中华人民共和国突发事件应对法》、《电力安全事故应急处置和调查处理条例》、《电力安全生产监督管理办法》、《突发事件应急预案管理办法》、《生产经营单位生产安全事故应急预案编制导则》等法律、法规、规章和标准，制定本办法。

第二条　本办法适用于电力企业应急预案的编制、评审、发布、备案、培训、演练和修订等工作。

第三条　电力企业应急预案管理工作应当遵循分类管理、分级负责、条块结合、网厂协调的原则。对涉及国家机密的应急预案，应当严格按照国家保密规定进行管理。

第四条　国家能源局负责对电力企业应急预案管理工作进行监督和指导。国家能源局派出机构在授权范围内，负责对辖区内电力企业应急预案管理工作进行监督和指导。

涉及跨区域的电力企业应急预案管理的监督指导工作，由国家能源局协调确定；同一区域内涉及跨省的电力企业应急预案管理的监督指导工作，由区域监管局负责。

第五条　电力企业是应急预案管理工作的责任主体，应当按照本办法的规定，建立健全应急预案管理制度，完善应急预案体系，规范开展应急预案的编制、评审、发布、备案、培训、演练、修订等工作，保障应急预案的有效实施。

第二章　预 案 编 制

第六条　电力企业应当依据有关法律、法规、规章、标准和规范性文件要求，结合本单位实际情况,编制相关应急预案,并按照“横向到边,纵向到底”的原则建立覆盖全面、上下衔接的应急预案体系。

第七条 电力企业应急预案体系主要由综合应急预案、专项应急预案和现场处置方案构成。

第八条 电力企业应当根据本单位的组织结构、管理模式、生产规模、风险种类、应急能力及周边环境等,组织编制综合应急预案。

综合应急预案是应急预案体系的总纲,主要从总体上阐述突发事件的应急工作原则,包括应急预案体系、风险分析、应急组织机构及职责、预警及信息报告、应急响应、保障措施等内容。

第九条 电力企业应当针对本单位可能发生的自然灾害类、事故灾难类、公共卫生事件类和社会安全事件类等各类突发事件,组织编制相应的专项应急预案。

专项应急预案是电力企业为应对某一类或某几类突发事件,或者针对重要生产设施、重大危险源、重大活动等内容而制定的应急预案。专项应急预案主要包括事件类型和危害程度分析、应急指挥机构及职责、信息报告、应急响应程序和处置措施等内容。

第十条 电力企业应当根据风险评估情况、岗位操作规程以及风险防控措施,组织本单位现场作业人员及相关专业人员共同编制现场处置方案。

现场处置方案是电力企业根据不同突发事件类别,针对具体的场所、装置或设施所制定的应急处置措施,主要包括事件特征、应急组织及职责、应急处置和注意事项等内容。

第十一条 电力企业应当成立以主要负责人(或分管负责人)为组长,相关部门人员参加的应急预案编制工作组,明确工作职责和任务分工,制定工作计划,组织开展应急预案编制工作。应急预案编制工作组成员中的安全管理人员应当持有国家能源局颁发的电力安全培训合格证。

开展本单位应急预案编制工作前,电力企业应当组织对应急预案编制工作组成员进行培训,明确应急预案编制步骤、编制要素以及编制注意事项等内容。

第十二条 电力企业编制应急预案应当在开展风险评估和应急能力评估的基础上进行。

(一)风险评估。电力企业应对本单位存在的危险因素、可能发生的突发事件类型及后果进行分析,评估突发事件的危害程度和影响范围,提出风险防控措施。

(二)应急能力评估。电力企业应在全面调查和客观分析本单位应急队伍、装备、物资等情况以及可利用社会应急资源的基础上开展应急能力评估,并依据评估结果,完善应急保障措施。

第十三条　电力企业编制的应急预案应当符合下列基本要求：

（一）应急组织和人员的职责分工明确，并有具体的落实措施；

（二）有明确、具体的突发事件预防措施和应急程序，并与其应急能力相适应；

（三）有明确的应急保障措施，并能满足本单位的应急工作要求；

（四）预案基本要素齐全、完整，预案附件提供的信息准确；

（五）相关应急预案之间以及与所涉及的其他单位或政府有关部门的应急预案在内容上应相互衔接。

第十四条　电力企业可结合本单位具体情况，以应急实用手册或应急处置卡的形式，图文并茂地说明预案中的应急组织机构及职责、响应程序、处置措施、现场急救及逃生知识等内容。

第十五条　预案编制完成后，电力企业应当在应急预案评审前组织预案涉及的相关部门或人员对预案进行桌面演练，以检验预案的可操作性，并记录在案。

第三章　预 案 评 审

第十六条　电力企业应当组织本单位应急预案评审工作，组建评审专家组，涉及网厂协调和社会联动的应急预案的评审，可邀请政府相关部门、国家能源局及其派出机构和其他相关单位人员参加。

第十七条　应急预案评审结果应当形成评审意见，评审专家应当按照“谁评审、谁签字、谁负责”的原则在评审意见上签字。电力企业应当按照评审专家组意见对应急预案进行修订完善。

评审意见应当记录、存档。

第十八条　预案评审应当注重电力企业应急预案的实用性、基本要素的完整性、预防措施的针对性、组织体系的科学性、响应程序的操作性、应急保障措施的可行性、应急预案的衔接性等内容。

第十九条　电力企业应急预案经评审合格后，由电力企业主要负责人签署印发。

第四章　预 案 备 案

第二十条　电力企业应当按照以下规定将应急预案报国家能源局或其派出机构备案：

（一）中央电力企业（集团公司或总部）向国家能源局备案。

中国南方电网有限责任公司同时向当地国家能源局区域派出机构备案。

其他电力企业向所在地国家能源局派出机构备案。

（二）需要备案的应急预案包括：综合应急预案，自然灾害类、事故灾难类相关专项应急预案。

第二十一条 电力企业报备应急预案时，应先通过预案报备管理系统进行网上申请，经国家能源局或其派出机构网上审查并准予备案登记后，将有关材料刻盘送至国家能源局或其派出机构备案。

第二十二条 国家能源局及其派出机构应当指导、督促检查电力企业做好应急预案备案工作，并对电力企业应急预案的备案情况和备案内容提出审查意见。对于符合备案要求的电力企业应急预案，应当出具《电力企业应急预案备案登记表》，并建立预案库登记管理；对于不符合备案要求的电力企业应急预案，应当要求企业完善后重新备案。

第五章 预案培训

第二十三条 电力企业应当组织开展应急预案培训工作，确保所有从业人员熟悉本单位应急预案、具备基本的应急技能、掌握本岗位事故防范措施和应急处置程序。应急预案教育培训情况应当记录在案。

第二十四条 电力企业应当将应急预案的培训纳入本单位安全生产培训工作计划，每年至少组织一次预案培训，并进行考核。培训的主要内容应当包括：本单位的应急预案体系构成、应急组织机构及职责、应急资源保障情况以及针对不同类型突发事件的预防和处置措施等。

第二十五条 对需要公众广泛参与的非涉密应急预案，电力企业应当配合有关政府部门做好宣传工作。

第六章 预案演练

第二十六条 电力企业应当建立应急预案演练制度，根据实际情况采取灵活多样的演练形式，组织开展人员广泛参与、处置联动性强、节约高效的应急预案演练。

第二十七条 电力企业应当对应急预案演练进行整体规划，并制定具体的应急预案演练计划。

第二十八条 电力企业根据本单位的风险防控重点，每年应当至少组织一次专项应急预案演练,每半年应当至少组织一次现场处置方案演练。

第二十九条 电力企业在开展应急预案演练前,应当制定演练方案,明确演练目的、演练范围、演练步骤和保障措施等,保证演练效果和演练安全。

第三十条 电力企业在开展应急预案演练后,应当对演练效果进行评估,并针对演练过程中发现的问题对相关应急预案提出修订意见。评估和修订意见应当有书面记录。

第七章 预案修订

第三十一条 电力企业编制的应急预案应当每三年至少修订一次,预案修订结果应当详细记录。

第三十二条 有下列情形之一的,电力企业应当及时对应急预案进行相应修订:

(一)企业生产规模发生较大变化或进行重大技术改造的;

(二)企业隶属关系发生变化的;

(三)周围环境发生变化、形成重大危险源的;

(四)应急指挥体系、主要负责人、相关部门人员或职责已经调整的;

(五)依据的法律、法规和标准发生变化的;

(六)应急预案演练、实施或应急预案评估报告提出整改要求的;

(七)国家能源局及其派出机构或有关部门提出要求的。

第三十三条 应急预案修订涉及应急组织体系与职责、应急处置程序、主要处置措施、事件分级标准等重要内容的,修订工作应当参照本办法规定的预案编制、评审与发布、备案程序组织进行。仅涉及其他内容的,修订程序可根据情况适当简化。

第八章 监督管理

第三十四条 对于在电力企业应急预案编制和管理工作中做出显著成绩的单位和人员,国家能源局及其派出机构可以给予表彰和奖励。

第三十五条 电力企业未按照本办法规定实施应急预案管理有关工作的,国家能源局及其派出机构应责令其限期整改;造成后果的将依据有关规定追究其责任。

第三十六条 国家能源局及其派出机构可不定期督查和重点抽查电力企业应

急预案编制和评审情况。对评审过程存在不规范行为的，应当责令其改正；发现弄虚作假的，则撤销备案。

第九章　附　　则

第三十七条　本办法中所称电力企业是指以从事发电、输电、供电生产和电力建设等为主营业务的企业。

第三十八条　核电站涉及核事件的应急预案管理工作不适用于本办法。

第三十九条　本办法自发布之日起施行。原国家电力监管委员会《电力企业应急预案管理办法》同时废止。

电力企业应急能力建设评估管理办法

(2020 年 12 月 1 日国家能源局印发　国能发安全〔2020〕66 号)

第一章　总　　则

第一条　为加强电力应急管理制度化、规范化和标准化建设，提高电力突发事件应对能力，依据《中华人民共和国安全生产法》《中华人民共和国突发事件应对法》《电力安全事故应急处置和调查处理条例》等法律、行政法规，制定本办法。

第二条　电力企业应急能力建设评估（以下简称“应急能力建设评估”）是指以电力企业为评估主体，以应急能力建设和提升为目标，对突发事件综合应对能力进行评估，查找应急能力存在的问题和不足，指导电力企业建设完善应急体系的过程。

第三条　本办法原则上适用于省级及以上区域发电集团公司、300 兆瓦及以上火力发电企业、50 兆瓦及以上水力发电企业，各省（自治区、直辖市）电力（电网）公司、各市（地、州、盟）供电公司以及电力建设企业。其他类型电力企业可参照本办法自行开展评估。

第四条　应急能力建设评估工作遵循行业指导、企业自主、分类量化、持续改进的原则。对涉及国家机密的，应当严格按照国家保密规定进行管理。

第五条　国家能源局负责组织制修订应急能力建设评估标准规范，对应急能力建设评估工作进行监督和指导。国家能源局派出机构、地方电力管理部门负责对辖区内应急能力建设评估工作进行监督和指导。电力企业应当制定完善应急能力建设评估规章制度，明确管理部门、职责和目标考核要求，保障工作有效落实。

第六条　电力企业应当滚动开展应急能力建设评估工作，原则上评估周期不超过 5 年。电力企业应急预案修订涉及应急组织体系与职责、应急处置程序、主要处置措施、事件分级标准等重要内容的，或重要应急资源发生重大变化时应当及时开展评估。

第二章　评估内容和方法

第七条　应急能力建设评估内容参照最新有效的《电网企业应急能力建设评

估规范》《发电企业应急能力建设评估规范》《电力建设企业应急能力建设评估规范》。

第八条 应急能力建设评估应当以应急预案和应急体制、机制、法制为核心，围绕预防与应急准备、监测与预警、应急处置与救援、事后恢复与重建四个方面开展。

第九条 预防与应急准备方面包括法规制度、规划实施、组织体系、预案体系、培训演练、应急队伍、指挥中心等。监测与预警方面包括事件监测、预警管理等。应急处置与救援方面包括先期处置、应急指挥、现场救援、信息报送和发布、舆情应对等。事后恢复与重建方面包括后期处置、处置评估、恢复重建等。

第十条 应急能力建设评估应当以静态评估和动态评估相结合的方法进行。静态评估应当对电力企业应急管理相关制度文件、物资装备等体系建设方面相关资料进行评估，主要方式包括检查资料、现场勘查等。动态评估应当重点考察电力企业应急管理第一责任人及相关人员对本岗位职责、应急基本常识、国家相关法律法规等的掌握程度，主要方式包括访谈、考问、考试、演练等。

第三章 评估组织

第十一条 电力企业应当在评估前制定评估工作方案。评估工作方案的内容至少应当包括评估内容、评估组专家信息、评估期间日程安排、电力企业参与评估及配合人员安排等。

第十二条 电力企业可自行或委托第三方机构组建评估工作组，工作组由不少于5名评估人员（含1名组长）组成。评估工作组中应当至少包含1名电力安全应急专家库中的专家，且选用专家须为非被评估单位人员。

第十三条 评估工作应当严格依据评分标准对各项指标进行评分，逐级汇总并转化为得分率。评估工作组应当对评估结果的真实性负责。

第十四条 评估结果应当根据评估得分率确定，分为合格、不合格。评估得分率在80%以上的为合格，得分率在80%以下的为不合格。

第十五条 评估工作结束后，电力企业应当及时组织编制应急能力建设评估报告。评估结果为合格的，电力企业应当在30日内将评估报告直接报送国家能源局派出机构和地方电力管理部门；评估结果为不合格的，电力企业应当根据专家组意见进行整改并重新组织评估，合格后再将评估报告和整改计划一并报送国家能源局派出机构和地方电力管理部门。

第四章 评估结果应用

第十六条 全国电力安委会企业成员单位、国家能源局派出机构、地方电力管理部门应当于每年1月底前,将本系统、本地区上一年度应急能力建设评估工作情况报送国家能源局。

第十七条 国家能源局研究推进应急能力评估信息化平台建设、应用及数据共享工作。国家能源局派出机构、地方电力管理部门根据评估工作情况,可以选择应急能力评估得分率较高的电力企业推广交流经验,促进提高应急能力建设水平。

第十八条 电力企业应当总结评估工作经验,发现问题及时整改,强化闭环管理,完善制度体系,将应急能力建设评估与安全生产标准化、风险分级管控和隐患排查治理等有机结合,不断强化电力安全生产与应急管理工作。

第五章 监督管理

第十九条 国家能源局派出机构、地方电力管理部门应当将应急能力建设评估情况纳入安全生产监管范围,重点对评估结果不合格的电力企业应急能力建设工作加强监督管理。根据电力应急管理工作需要,可将其他电力企业纳入本办法适用范围。

第二十条 国家能源局及其派出机构、地方电力管理部门应当不定期对应急能力建设评估报告进行抽查与复核。经抽查与复核发现评估报告与实际不符,应急能力未达到有关规定的要求,相关电力企业应当限期改正或者重新评估,并在30日内提交整改报告。

第二十一条 国家能源局及其派出机构、地方电力管理部门对评估报告弄虚作假、评估工作不按规定开展的电力企业,应当采取约谈、通报等方式督促整改;情节严重的,应当按照相关规定给予处理。

第六章 附则

第二十二条 本办法由国家能源局负责解释。

第二十三条 本办法自2021年1月1日起施行。

电力安全隐患治理监督管理规定

（2022 年 12 月 29 日国家能源局印发　国能发安全规〔2022〕116 号）

第一章　总　　则

第一条　为贯彻落实“安全第一、预防为主、综合治理”方针，规范电力安全隐患（以下简称隐患）排查治理工作，建立隐患监督管理长效机制，防范电力事故和电力安全事件发生，依据《中华人民共和国安全生产法》《电力监管条例》等相关法律法规和电力行业相关规定，制定本规定。

第二条　本规定所称隐患是指电力企业（含电力建设施工企业）违反安全生产法律、法规、规章、标准、规程和安全生产管理制度的规定，或者因其他因素在电力生产和建设施工过程中产生的可能导致电力事故和电力安全事件的人的不安全行为、设备设施的不安全状态、不良的工作环境以及安全管理方面的缺失。核安全隐患除外。

第三条　电力企业负隐患排查治理主体责任，按照本规定开展隐患排查治理工作。国家能源局及其派出机构、地方电力管理部门依据相关法律法规和相关规定负隐患监督管理责任，在职责范围内按照本规定对电力企业隐患排查治理工作开展相关监督管理。

第四条　国家能源局及其派出机构、地方电力管理部门依法对重大隐患进行督办。重大隐患判定标准由国家能源局负责制定。其他隐患判定由电力企业负责。

第二章　隐患排查治理

第五条　电力企业主要负责人是本单位隐患排查治理的第一责任人，对隐患排查治理工作全面负责，组织建立并落实隐患排查治理制度机制，督促、检查本单位隐患排查治理工作，及时消除隐患。

第六条　电力企业应当建立包括下列内容的隐患排查治理制度：

（一）主要负责人、分管负责人、部门和岗位人员隐患排查治理工作要求、职责范围、防控责任；

（二）隐患排查事项、具体内容和排查周期；

（三）重大隐患以外的其他隐患判定标准；

（四）隐患的治理流程；

（五）重大隐患治理结果评估；

（六）隐患排查治理能力培训；

（七）资金、人员和设备设施保障；

（八）应当纳入的其他内容。

第七条　电力企业应当定期组织安全生产管理人员、专业技术人员和其他相关人员根据《防止电力生产事故的二十五项重点要求》《防止电力建设工程施工安全事故三十项重点要求》等电力安全生产相关法规、标准、规程排查本单位的隐患，对排查出的隐患应当进行登记。

登记信息应当包括排查对象、时间、人员、隐患级别、隐患具体描述等内容，经隐患排查工作责任人审核确认后妥善保存。

第八条　电力企业应当建立重大隐患即时报告制度，发现重大隐患立即向国家能源局派出机构、地方电力管理部门报告，涉及水电站大坝安全的重大隐患应同时报送国家能源局大坝安全监察中心。涉及消防、环保、防洪、航运和灌溉等重大隐患，电力企业要同时报告地方人民政府有关部门。重大隐患信息报告应包括：隐患名称、隐患现状及其产生的原因、隐患危害程度和治理难易程度分析、隐患的治理计划等（详见附件）。

第九条　隐患涉及相邻地区、单位或者社会公众安全的，电力企业应及时通知相邻地区、单位，并报告地方人民政府有关部门，现场进行必要的隔离并设置安全警示标志。

第十条　电力企业要建立隐患管理台账，制定切实可行的治理方案，落实治理责任、治理资金、治理措施和治理期限，限期将隐患整改到位。在隐患治理过程中，应当加强监测，采取有效的预防措施，确保安全，必要时应制定应急预案，开展应急演练。

隐患治理工作涉及其他单位的，电力企业应协调相关单位及时治理，存在困难的应报告国家能源局及其派出机构、地方电力管理部门协调解决。

第十一条　在重大隐患排除前或者排除过程中无法保证安全的，电力企业应当停产停业，或者停止运行存在重大隐患的设备设施，撤离人员，并及时向国家能源局派出机构、地方电力管理部门报告。

第十二条　重大隐患治理工作结束后，电力企业应当组织对隐患的治理情况进行评估。电力企业委托第三方机构提供隐患排查治理服务的，隐患排查治理的责任仍由本单位承担。

第十三条 对国家能源局及其派出机构、地方电力管理部门检查发现并责令停产停业治理的重大隐患，生产经营单位完成治理并经评估后，符合安全生产条件和检查单位要求的，方可恢复生产经营和使用。

第十四条 电力企业应如实记录隐患排查治理情况，通过职工大会或者职工代表大会、信息公示栏等方式向本单位从业人员通报。重大隐患排查治理情况应当及时向职工大会或者职工代表大会报告。

第十五条 鼓励电力企业建立隐患排查治理激励约束制度，对发现、报告和消除隐患的有功人员，给予奖励或者表彰；对排查治理不力的人员予以相应处理。

第十六条 电力企业应当定期对本单位隐患排查治理情况进行统计分析，相关情况及时向国家能源局派出机构、地方电力管理部门报送。

第三章 监督管理

第十七条 对发现的重大隐患，国家能源局派出机构、地方电力管理部门应于10个工作日内将隐患情况（详见附件）逐级报送至国家能源局。

国家能源局派出机构、地方电力管理部门应依照法律法规和相关规定对重大隐患治理进行督办，国家能源局认为有必要的，可直接督办。督办可采用督办通知单的方式，内容主要包括：督办名称、督办事项、整改和过程防控要求、办理期限、督办解除程序和方式。

第十八条 任何单位或者个人发现隐患或者隐患排查治理违法行为，均有权向国家能源局及其派出机构、地方电力管理部门报告或者举报。

第十九条 国家能源局派出机构、地方电力管理部门应加强信息化建设，定期统计分析电力企业隐患排查治理情况，并将重大隐患纳入相关信息系统管理。

第二十条 国家能源局及其派出机构、地方电力管理部门对检查中发现的隐患，应当责令立即治理；重大隐患排除前或者排除过程中无法保证安全的，应当责令从危险区域内撤出作业人员，责令暂时停产停业，或者停止使用相关设备设施。

第二十一条 电力企业有下列情形之一的，由国家能源局及其派出机构、地方电力管理部门依照法律法规和相关规定进行处罚，并将涉及的违法违规行为纳入信用记录，实施失信惩戒；构成犯罪的，转相关部门追究刑事责任。

（一）电力企业未将隐患排查治理情况如实记录或者未向从业人员通报的；

（二）电力企业主要负责人未履行隐患排查治理相应职责的；

（三）未建立隐患排查治理制度或者重大隐患排查治理情况未按照规定报告、未采取措施消除隐患的；

（四）其他违反隐患排查治理相关规定应予处罚的情形。

第四章　附　　则

第二十二条　本规定自2023年2月1日起施行，有效期5年。《电力安全隐患监督管理暂行规定》（电监安全〔2013〕5号）同时废止。

附件：重大电力安全隐患信息报告单

附件

重大电力安全隐患信息报告单

填报单位（签章）：　　　　　　　　　　　　　　　　填报时间：　年　月　日

隐患名称：	
隐患所属单位：	
隐患评估时间：　　　年　　月　　日	
安全第一责任人：	电话：
治理负责人：	电话：
隐患现状：	
隐患产生的原因：	
隐患危害程度和治理难易程度分析：	
防控措施：	
治理措施：	
隐患治理计划：	
应急预案简述：	

备注：信息报告单内容以简要叙述为主，文字超过本表内容的，可单独附页说明。

电力安全事故调查程序规定

(2012年6月13日国家电力监管委员会令第31号公布
自2012年8月1日起施行)

第一条 为了规范电力安全事故调查工作,根据《电力安全事故应急处置和调查处理条例》和《生产安全事故报告和调查处理条例》,制定本规定。

第二条 国家电力监管委员会及其派出机构(以下简称电力监管机构)组织调查电力安全事故(以下简称事故),适用本规定。

国务院授权国家电力监管委员会(以下简称电监会)组织调查特别重大事故,国家另有规定的,从其规定。

第三条 事故调查应当按照依法依规、实事求是、科学严谨、注重实效的原则,及时、准确地查清事故原因,查明事故性质和责任,总结事故教训,提出整改措施和处理意见。

第四条 任何单位和个人不得阻挠和干涉对事故的依法调查。

第五条 电力监管机构调查事故,应当及时组织事故调查组。

第六条 下列事故由电监会组织事故调查组:

(一)国务院授权组织调查的特别重大事故;

(二)重大事故;

(三)电监会认为有必要调查的较大事故。

第七条 较大事故、一般事故由事故发生地派出机构组织事故调查组。

较大事故、一般事故跨省(自治区、直辖市)的,由事故发生地电监会区域监管局组织事故调查组;较大事故、一般事故跨区域的,由电监会指定派出机构组织事故调查组。

电监会认为必要的,可以指令派出机构组织事故调查组调查一般事故。

第八条 组织事故调查组应当遵循精简、高效的原则。根据事故的具体情况,事故调查组由电力监管机构、有关地方人民政府、安全生产监督管理部门、负有安全生产监督管理职责的有关部门派人组成。

事故有关人员涉嫌失职、渎职或者涉嫌犯罪的,电力监管机构应当邀请监察机关、公安机关、人民检察院派人参加。

电力监管机构可以聘请有关专家参加事故调查组,协助事故调查。

第九条　事故有关单位、人员涉嫌违法,电力监管机构依法予以立案的,电力监管机构稽查工作部门应当派人参加事故调查组。

第十条　事故调查组成员应当具有事故调查所需要的知识和专长,与所调查的事故、事故发生单位及其主要负责人、主管人员、有关责任人员没有直接利害关系。

第十一条　事故调查组成员名单和组长建议人选由电力监管机构安全监管部门提出,报电力监管机构负责人批准。

事故调查组组长主持事故调查组的工作。

第十二条　根据事故调查需要,电力监管机构可以重新组织事故调查组或者调整事故调查组成员。

第十三条　事故调查组应当制定事故调查方案。事故调查方案包括事故调查的职责分工、方法步骤、时间安排等内容。

第十四条　事故调查组进行事故调查,应当制作事故调查通知书。事故调查通知书应当向事故发生单位、事故涉及单位出示。

第十五条　事故调查组勘查事故现场,可以采取照相、录像、绘制现场图、采集电子数据、制作现场勘查笔录等方法记录现场情况,提取与事故有关的痕迹、物品等证据材料。事故调查组应当要求事故发生单位移交事故应急处置形成的有关资料、材料。

第十六条　事故调查组可以进入事故发生单位、事故涉及单位的工作场所或者其他有关场所,查阅、复制与事故有关的工作日志、工作票、操作票等文件、资料,对可能被转移、隐匿、销毁的文件、资料予以封存。

第十七条　事故调查组应当根据事故调查需要,对事故发生单位有关人员、应急处置人员等知情人员进行询问。询问应当制作询问笔录。

事故发生单位负责人和有关人员在事故调查期间不得擅离职守,并随时接受事故调查组的询问,如实提供有关情况。

第十八条　事故调查组进行现场勘查、检查或者询问知情人员,调查人员不得少于2人。

第十九条　事故调查需要进行技术鉴定的,事故调查组应当委托具有国家规定资质的单位进行。必要时,事故调查组可以直接组织专家进行。技术鉴定所需时间不计入事故调查期限。

第二十条　事故调查组应当收集与事故有关的原始资料、材料。因客观原因不能收集原始资料、材料，或者收集原始资料、材料有困难的，可以收集与原始资料、材料核对无误的复印件、复制品、抄录件、部分样品或者证明该原件、原物的照片、录像等其他证据。

现场勘查笔录、检查笔录、询问笔录和鉴定意见应当由调查人员、勘查现场有关人员、被询问人员和鉴定人签名。

事故调查组应当依照法定程序收集与事故有关的资料、材料，并妥善保存。

第二十一条 事故调查组成员在事故调查工作中应当诚信公正，恪尽职守，遵守纪律，保守秘密。

未经事故调查组组长允许，事故调查组成员不得擅自发布有关事故的信息。

第二十二条 事故调查组应当查明下列情况：

(一)事故发生单位的基本情况；

(二)事故发生的时间、地点、现场环境、气象等情况，事故发生前电力系统的运行情况；

(三)事故经过、事故应急处置情况，事故现场有关人员的工作内容、作业时间、作业程序、从业资格等情况；

(四)与事故有关的仪表、自动装置、断路器、继电保护装置、故障录波器、调整装置等设备和监控系统、调度自动化系统的记录、动作情况；

(五)事故影响范围，电网减供负荷比例、城市供电用户停电比例、停电持续时间、停止供热持续时间、发电机组停运时间、设施设备损坏等情况；

(六)事故涉及设施设备的规划、设计、选型、制造、加工、采购、施工安装、调试、运行、检修等方面的情况；

(七)电力监管机构认为应当查明的其他情况。

第二十三条 事故调查组应当查明事故发生单位执行国家有关安全生产规定，加强安全生产管理，建立健全安全生产责任制度，完善安全生产条件等情况。

第二十四条 涉及人身伤亡的事故，事故调查组除应查明本规定第二十二条、第二十三条规定的情况外，还应当查明：

(一)人员伤亡数量、人身伤害程度等情况；

(二)伤亡人员的单位、姓名、文化程度、工种等基本情况；

(三)事故发生前伤亡人员的技术水平、安全教育记录、从业资格、健康状况等情况；

(四)事故发生时采取安全防护措施的情况和伤亡人员使用个人防护用品的情况；

(五)电力监管机构认为应当查明的其他情况。

第二十五条　事故调查组应当在查明事故情况的基础上，确定事故发生的直接原因、间接原因和其他原因，判断事故性质并做出责任认定。

第二十六条　事故调查组应当根据现场调查、原因分析、性质判断和责任认定等情况，撰写事故调查报告。

事故调查报告的内容应当符合《电力安全事故应急处置和调查处理条例》的规定，并附具有关证据材料和技术分析报告。

第二十七条　事故调查组成员应当在事故调查报告上签名。事故调查组成员对事故调查报告的内容有不同意见的，应当在事故调查报告中注明。

第二十八条　事故调查报告经电力监管机构负责人办公会议审查同意，事故调查工作即告结束。事故发生地派出机构组织调查的较大事故，事故调查报告应当先经电监会安全监管部门审核。

由事故发生地派出机构组织调查的一般事故和较大事故，事故调查报告应当报电监会安全监管部门备案。

第二十九条　事故调查应当按照《电力安全事故应急处置和调查处理条例》规定的期限进行。

第三十条　事故调查涉及行政处罚的，应当符合行政处罚案件立案、调查、审查和决定的有关规定。

第三十一条　电力监管机构应当依据事故调查报告，对事故发生单位及其有关人员依法给予行政处罚。

第三十二条　电力监管机构应当依据事故调查报告，制作监管意见书，对有关人员提出给予处分或者其他处理的意见，送达有关单位。有关单位应当依据监管意见书依法处理，并将处理情况报告电力监管机构。

第三十三条　事故调查过程中发现违法行为和安全隐患，电力监管机构有权予以纠正或者要求限期整改。要求限期整改的，电力监管机构应当及时制作整改通知书。

被责令整改的单位应当按照电力监管机构的要求进行整改，并将整改情况以书面形式报电力监管机构。

第三十四条　电力监管机构应当加强监督检查，督促事故发生单位和有关人员落实事故防范和整改措施，必要时进行专项督办。

第三十五条　电力生产或者电网运行过程中发生发电设备或者输变电设备损坏，造成直接经济损失的事故，未影响电力系统安全稳定运行以及电力正常供应的，由电力监管机构依照本规定组织事故调查组对重大事故、较大事故和一般事故进行调查。

第三十六条 未造成供电用户停电的一般事故,电力监管机构委托事故发生单位组织事故调查的,电力监管机构应当制作事故调查委托书,确定事故调查组组长,审查事故调查报告。事故发生单位组织事故调查,参照本规定执行。

第三十七条 本规定自 2012 年 8 月 1 日起施行。

电力安全事故应急处置和调查处理条例

（2011年7月7日国务院令第599号公布 自2011年9月1日起施行）

第一章 总 则

第一条 为了加强电力安全事故的应急处置工作，规范电力安全事故的调查处理，控制、减轻和消除电力安全事故损害，制定本条例。

第二条 本条例所称电力安全事故，是指电力生产或者电网运行过程中发生的影响电力系统安全稳定运行或者影响电力正常供应的事故（包括热电厂发生的影响热力正常供应的事故）。

第三条 根据电力安全事故（以下简称事故）影响电力系统安全稳定运行或者影响电力（热力）正常供应的程度，事故分为特别重大事故、重大事故、较大事故和一般事故。事故等级划分标准由本条例附表列示。事故等级划分标准的部分项目需要调整的，由国务院电力监管机构提出方案，报国务院批准。

由独立的或者通过单一输电线路与外省连接的省级电网供电的省级人民政府所在地城市，以及由单一输电线路或者单一变电站供电的其他设区的市、县级市，其电网减供负荷或者造成供电用户停电的事故等级划分标准，由国务院电力监管机构另行制定，报国务院批准。

第四条 国务院电力监管机构应当加强电力安全监督管理，依法建立健全事故应急处置和调查处理的各项制度，组织或者参与事故的调查处理。

国务院电力监管机构、国务院能源主管部门和国务院其他有关部门、地方人民政府及有关部门按照国家规定的权限和程序，组织、协调、参与事故的应急处置工作。

第五条 电力企业、电力用户以及其他有关单位和个人，应当遵守电力安全管理规定，落实事故预防措施，防止和避免事故发生。

县级以上地方人民政府有关部门确定的重要电力用户，应当按照国务院电力监管机构的规定配置自备应急电源，并加强安全使用管理。

第六条 事故发生后，电力企业和其他有关单位应当按照规定及时、准确报告事故情况,开展应急处置工作,防止事故扩大,减轻事故损害。电力企业应当尽快恢复电力生产、电网运行和电力(热力)正常供应。

第七条 任何单位和个人不得阻挠和干涉对事故的报告、应急处置和依法调查处理。

第二章 事故报告

第八条 事故发生后,事故现场有关人员应当立即向发电厂、变电站运行值班人员、电力调度机构值班人员或者本企业现场负责人报告。有关人员接到报告后,应当立即向上一级电力调度机构和本企业负责人报告。本企业负责人接到报告后,应当立即向国务院电力监管机构设在当地的派出机构(以下称事故发生地电力监管机构)、县级以上人民政府安全生产监督管理部门报告;热电厂事故影响热力正常供应的,还应当向供热管理部门报告;事故涉及水电厂(站)大坝安全的,还应当同时向有管辖权的水行政主管部门或者流域管理机构报告。

电力企业及其有关人员不得迟报、漏报或者瞒报、谎报事故情况。

第九条 事故发生地电力监管机构接到事故报告后,应当立即核实有关情况,向国务院电力监管机构报告;事故造成供电用户停电的,应当同时通报事故发生地县级以上地方人民政府。

对特别重大事故、重大事故,国务院电力监管机构接到事故报告后应当立即报告国务院,并通报国务院安全生产监督管理部门、国务院能源主管部门等有关部门。

第十条 事故报告应当包括下列内容:

(一)事故发生的时间、地点(区域)以及事故发生单位;

(二)已知的电力设备、设施损坏情况,停运的发电(供热)机组数量、电网减供负荷或者发电厂减少出力的数值、停电(停热)范围;

(三)事故原因的初步判断;

(四)事故发生后采取的措施、电网运行方式、发电机组运行状况以及事故控制情况;

(五)其他应当报告的情况。

事故报告后出现新情况的,应当及时补报。

第十一条 事故发生后,有关单位和人员应当妥善保护事故现场以及工作日志、工作票、操作票等相关材料,及时保存故障录波图、电力调度数据、发电机组运行数据和输变电设备运行数据等相关资料,并在事故调查组成立后将相关材料、资料移交事故调查组。

因抢救人员或者采取恢复电力生产、电网运行和电力供应等紧急措施，需要改变事故现场、移动电力设备的，应当作出标记、绘制现场简图，妥善保存重要痕迹、物证，并作出书面记录。

任何单位和个人不得故意破坏事故现场，不得伪造、隐匿或者毁灭相关证据。

第三章　事故应急处置

第十二条　国务院电力监管机构依照《中华人民共和国突发事件应对法》和《国家突发公共事件总体应急预案》，组织编制国家处置电网大面积停电事件应急预案，报国务院批准。

有关地方人民政府应当依照法律、行政法规和国家处置电网大面积停电事件应急预案，组织制定本行政区域处置电网大面积停电事件应急预案。

处置电网大面积停电事件应急预案应当对应急组织指挥体系及职责，应急处置的各项措施，以及人员、资金、物资、技术等应急保障作出具体规定。

第十三条　电力企业应当按照国家有关规定，制定本企业事故应急预案。

电力监管机构应当指导电力企业加强电力应急救援队伍建设，完善应急物资储备制度。

第十四条　事故发生后，有关电力企业应当立即采取相应的紧急处置措施，控制事故范围，防止发生电网系统性崩溃和瓦解；事故危及人身和设备安全的，发电厂、变电站运行值班人员可以按照有关规定，立即采取停运发电机组和输变电设备等紧急处置措施。

事故造成电力设备、设施损坏的，有关电力企业应当立即组织抢修。

第十五条　根据事故的具体情况，电力调度机构可以发布开启或者关停发电机组、调整发电机组有功和无功负荷、调整电网运行方式、调整供电调度计划等电力调度命令，发电企业、电力用户应当执行。

事故可能导致破坏电力系统稳定和电网大面积停电的，电力调度机构有权决定采取拉限负荷、解列电网、解列发电机组等必要措施。

第十六条　事故造成电网大面积停电的，国务院电力监管机构和国务院其他有关部门、有关地方人民政府、电力企业应当按照国家有关规定，启动相应的应急预案，成立应急指挥机构，尽快恢复电网运行和电力供应，防止各种次生灾害的发生。

第十七条　事故造成电网大面积停电的，有关地方人民政府及有关部门应当立即组织开展下列应急处置工作：

（一）加强对停电地区关系国计民生、国家安全和公共安全的重点单位的安全保卫，防范破坏社会秩序的行为，维护社会稳定；

（二）及时排除因停电发生的各种险情；

（三）事故造成重大人员伤亡或者需要紧急转移、安置受困人员的，及时组织实施救治、转移、安置工作；

（四）加强停电地区道路交通指挥和疏导，做好铁路、民航运输以及通信保障工作；

（五）组织应急物资的紧急生产和调用，保证电网恢复运行所需物资和居民基本生活资料的供给。

第十八条 事故造成重要电力用户供电中断的，重要电力用户应当按照有关技术要求迅速启动自备应急电源；启动自备应急电源无效的，电网企业应当提供必要的支援。

事故造成地铁、机场、高层建筑、商场、影剧院、体育场馆等人员聚集场所停电的，应当迅速启用应急照明，组织人员有序疏散。

第十九条 恢复电网运行和电力供应，应当优先保证重要电厂厂用电源、重要输变电设备、电力主干网架的恢复，优先恢复重要电力用户、重要城市、重点地区的电力供应。

第二十条 事故应急指挥机构或者电力监管机构应当按照有关规定，统一、准确、及时发布有关事故影响范围、处置工作进度、预计恢复供电时间等信息。

第四章 事故调查处理

第二十一条 特别重大事故由国务院或者国务院授权的部门组织事故调查组进行调查。

重大事故由国务院电力监管机构组织事故调查组进行调查。

较大事故、一般事故由事故发生地电力监管机构组织事故调查组进行调查。国务院电力监管机构认为必要的，可以组织事故调查组对较大事故进行调查。

未造成供电用户停电的一般事故，事故发生地电力监管机构也可以委托事故发生单位调查处理。

第二十二条 根据事故的具体情况，事故调查组由电力监管机构、有关地方人民政府、安全生产监督管理部门、负有安全生产监督管理职责的有关部门派人组成；有关人员涉嫌失职、渎职或者涉嫌犯罪的，应当邀请监察机关、公安机关、人民检察院派人参加。

根据事故调查工作的需要,事故调查组可以聘请有关专家协助调查。

事故调查组组长由组织事故调查组的机关指定。

第二十三条 事故调查组应当按照国家有关规定开展事故调查,并在下列期限内向组织事故调查组的机关提交事故调查报告:

(一)特别重大事故和重大事故的调查期限为60日;特殊情况下,经组织事故调查组的机关批准,可以适当延长,但延长的期限不得超过60日。

(二)较大事故和一般事故的调查期限为45日;特殊情况下,经组织事故调查组的机关批准,可以适当延长,但延长的期限不得超过45日。

事故调查期限自事故发生之日起计算。

第二十四条 事故调查报告应当包括下列内容:

(一)事故发生单位概况和事故发生经过;

(二)事故造成的直接经济损失和事故对电网运行、电力(热力)正常供应的影响情况;

(三)事故发生的原因和事故性质;

(四)事故应急处置和恢复电力生产、电网运行的情况;

(五)事故责任认定和对事故责任单位、责任人的处理建议;

(六)事故防范和整改措施。

事故调查报告应当附具有关证据材料和技术分析报告。事故调查组成员应当在事故调查报告上签字。

第二十五条 事故调查报告报经组织事故调查组的机关同意,事故调查工作即告结束;委托事故发生单位调查的一般事故,事故调查报告应当报经事故发生地电力监管机构同意。

有关机关应当依法对事故发生单位和有关人员进行处罚,对负有事故责任的国家工作人员给予处分。

事故发生单位应当对本单位负有事故责任的人员进行处理。

第二十六条 事故发生单位和有关人员应当认真吸取事故教训,落实事故防范和整改措施,防止事故再次发生。

电力监管机构、安全生产监督管理部门和负有安全生产监督管理职责的有关部门应当对事故发生单位和有关人员落实事故防范和整改措施的情况进行监督检查。

第五章 法律责任

第二十七条 发生事故的电力企业主要负责人有下列行为之一的,由电力监管机构处其上一年年收入40%至80%的罚款；属于国家工作人员的，并依法给予处分；构成犯罪的，依法追究刑事责任：

（一）不立即组织事故抢救的；

（二）迟报或者漏报事故的；

（三）在事故调查处理期间擅离职守的。

第二十八条 发生事故的电力企业及其有关人员有下列行为之一的，由电力监管机构对电力企业处100万元以上500万元以下的罚款；对主要负责人、直接负责的主管人员和其他直接责任人员处其上一年年收入60%至100%的罚款，属于国家工作人员的，并依法给予处分；构成违反治安管理行为的，由公安机关依法给予治安管理处罚；构成犯罪的，依法追究刑事责任：

（一）谎报或者瞒报事故的；

（二）伪造或者故意破坏事故现场的；

（三）转移、隐匿资金、财产，或者销毁有关证据、资料的；

（四）拒绝接受调查或者拒绝提供有关情况和资料的；

（五）在事故调查中作伪证或者指使他人作伪证的；

（六）事故发生后逃匿的。

第二十九条 电力企业对事故发生负有责任的，由电力监管机构依照下列规定处以罚款：

（一）发生一般事故的，处10万元以上20万元以下的罚款；

（二）发生较大事故的，处20万元以上50万元以下的罚款；

（三）发生重大事故的，处50万元以上200万元以下的罚款；

（四）发生特别重大事故的，处200万元以上500万元以下的罚款。

第三十条 电力企业主要负责人未依法履行安全生产管理职责，导致事故发生的，由电力监管机构依照下列规定处以罚款；属于国家工作人员的，并依法给予处分；构成犯罪的，依法追究刑事责任：

（一）发生一般事故的，处其上一年年收入30%的罚款；

（二）发生较大事故的，处其上一年年收入40%的罚款；

（三）发生重大事故的，处其上一年年收入60%的罚款；

（四）发生特别重大事故的，处其上一年年收入80%的罚款。

第三十一条 电力企业主要负责人依照本条例第二十七条、第二十八条、第三十条规定受到撤职处分或者刑事处罚的，自受处分之日或者刑罚执行完毕之日起5年内，不得担任任何生产经营单位主要负责人。

第三十二条 电力监管机构、有关地方人民政府以及其他负有安全生产监督管理职责的有关部门有下列行为之一的，对直接负责的主管人员和其他直接责任人员依法给予处分；直接负责的主管人员和其他直接责任人员构成犯罪的，依法追究刑事责任：

（一）不立即组织事故抢救的；

（二）迟报、漏报或者瞒报、谎报事故的；

（三）阻碍、干涉事故调查工作的；

（四）在事故调查中作伪证或者指使他人作伪证的。

第三十三条　参与事故调查的人员在事故调查中有下列行为之一的，依法给予处分；构成犯罪的，依法追究刑事责任：

（一）对事故调查工作不负责任，致使事故调查工作有重大疏漏的；

（二）包庇、袒护负有事故责任的人员或者借机打击报复的。

第六章　附　　则

第三十四条　发生本条例规定的事故，同时造成人员伤亡或者直接经济损失，依照本条例确定的事故等级与依照《生产安全事故报告和调查处理条例》确定的事故等级不相同的，按事故等级较高者确定事故等级，依照本条例的规定调查处理；事故造成人员伤亡，构成《生产安全事故报告和调查处理条例》规定的重大事故或者特别重大事故的，依照《生产安全事故报告和调查处理条例》的规定调查处理。

电力生产或者电网运行过程中发生发电设备或者输变电设备损坏，造成直接经济损失的事故，未影响电力系统安全稳定运行以及电力正常供应的，由电力监管机构依照《生产安全事故报告和调查处理条例》的规定组成事故调查组对重大事故、较大事故、一般事故进行调查处理。

第三十五条　本条例对事故报告和调查处理未作规定的，适用《生产安全事故报告和调查处理条例》的规定。

第三十六条　核电厂核事故的应急处置和调查处理，依照《核电厂核事故应急管理条例》的规定执行。

第三十七条　本条例自2011年9月1日起施行。

附：电力安全事故等级划分标准（略）

核电厂核事故应急管理条例

（1993年8月4日国务院令第124号公布　根据2011年1月8日《国务院关于废止和修改部分行政法规的决定》修订）

第一章　总　　则

第一条　为了加强核电厂核事故应急管理工作，控制和减少核事故危害，制定本条例。

第二条　本条例适用于可能或者已经引起放射性物质释放、造成重大辐射后果的核电厂核事故（以下简称核事故）应急管理工作。

第三条　核事故应急管理工作实行常备不懈，积极兼容，统一指挥，大力协同，保护公众，保护环境的方针。

第二章　应急机构及其职责

第四条　全国的核事故应急管理工作由国务院指定的部门负责，其主要职责是：

（一）拟定国家核事故应急工作政策；

（二）统一协调国务院有关部门、军队和地方人民政府的核事故应急工作；

（三）组织制定和实施国家核事故应急计划，审查批准场外核事故应急计划；

（四）适时批准进入和终止场外应急状态；

（五）提出实施核事故应急响应行动的建议；

（六）审查批准核事故公报、国际通报，提出请求国际援助的方案。

必要时，由国务院领导、组织、协调全国的核事故应急管理工作。

第五条　核电厂所在地的省、自治区、直辖市人民政府指定的部门负责本行政区域内的核事故应急管理工作，其主要职责是：

（一）执行国家核事故应急工作的法规和政策；

（二）组织制定场外核事故应急计划，做好核事故应急准备工作；

(三)统一指挥场外核事故应急响应行动;

(四)组织支援核事故应急响应行动;

(五)及时向相邻的省、自治区、直辖市通报核事故情况。

必要时,由省、自治区、直辖市人民政府领导、组织、协调本行政区域内的核事故应急管理工作。

第六条　核电厂的核事故应急机构的主要职责是:

(一)执行国家核事故应急工作的法规和政策;

(二)制定场内核事故应急计划,做好核事故应急准备工作;

(三)确定核事故应急状态等级,统一指挥本单位的核事故应急响应行动;

(四)及时向上级主管部门、国务院核安全部门和省级人民政府指定的部门报告事故情况,提出进入场外应急状态和采取应急防护措施的建议;

(五)协助和配合省级人民政府指定的部门做好核事故应急管理工作。

第七条　核电厂的上级主管部门领导核电厂的核事故应急工作。

国务院核安全部门、环境保护部门和卫生部门等有关部门在各自的职责范围内做好相应的核事故应急工作。

第八条　中国人民解放军作为核事故应急工作的重要力量,应当在核事故应急响应中实施有效的支援。

第三章　应急准备

第九条　针对核电厂可能发生的核事故,核电厂的核事故应急机构、省级人民政府指定的部门和国务院指定的部门应当预先制定核事故应急计划。

核事故应急计划包括场内核事故应急计划、场外核事故应急计划和国家核事故应急计划。各级核事故应急计划应当相互衔接、协调一致。

第十条　场内核事故应急计划由核电厂核事故应急机构制定,经其主管部门审查后,送国务院核安全部门审评并报国务院指定的部门备案。

第十一条　场外核事故应急计划由核电厂所在地的省级人民政府指定的部门组织制定,报国务院指定的部门审查批准。

第十二条　国家核事故应急计划由国务院指定的部门组织制定。

国务院有关部门和中国人民解放军总部应当根据国家核事故应急计划,制定相应的核事故应急方案,报国务院指定的部门备案。

第十三条　场内核事故应急计划、场外核事故应急计划应当包括下列内容:

(一)核事故应急工作的基本任务;

（二）核事故应急响应组织及其职责；

（三）烟羽应急计划区和食入应急计划区的范围；

（四）干预水平和导出干预水平；

（五）核事故应急准备和应急响应的详细方案；

（六）应急设施、设备、器材和其他物资；

（七）核电厂核事故应急机构同省级人民政府指定的部门之间以及同其他有关方面相互配合、支援的事项及措施。

第十四条 有关部门在进行核电厂选址和设计工作时，应当考虑核事故应急工作的要求。

新建的核电厂必须在其场内和场外核事故应急计划审查批准后，方可装料。

第十五条 国务院指定的部门、省级人民政府指定的部门和核电厂的核事故应急机构应当具有必要的应急设施、设备和相互之间快速可靠的通讯联络系统。

核电厂的核事故应急机构和省级人民政府指定的部门应当具有辐射监测系统、防护器材、药械和其他物资。

用于核事故应急工作的设施、设备和通讯联络系统、辐射监测系统以及防护器材、药械等，应当处于良好状态。

第十六条 核电厂应当对职工进行核安全、辐射防护和核事故应急知识的专门教育。

省级人民政府指定的部门应当在核电厂的协助下对附近的公众进行核安全、辐射防护和核事故应急知识的普及教育。

第十七条 核电厂的核事故应急机构和省级人民政府指定的部门应当对核事故应急工作人员进行培训。

第十八条 核电厂的核事故应急机构和省级人民政府指定的部门应当适时组织不同专业和不同规模的核事故应急演习。

在核电厂首次装料前，核电厂的核事故应急机构和省级人民政府指定的部门应当组织场内、场外核事故应急演习。

第四章 应急对策和应急防护措施

第十九条 核事故应急状态分为下列四级：

（一）应急待命。出现可能导致危及核电厂核安全的某些特定情况或者外部事件，核电厂有关人员进入戒备状态。

（二）厂房应急。事故后果仅限于核电厂的局部区域，核电厂人员按照场内核事故应急计划的要求采取核事故应急响应行动,通知厂外有关核事故应急响应组织。

(三)场区应急。事故后果蔓延至整个场区,场区内的人员采取核事故应急响应行动,通知省级人民政府指定的部门,某些厂外核事故应急响应组织可能采取核事故应急响应行动。

(四)场外应急。事故后果超越场区边界,实施场内和场外核事故应急计划。

第二十条 当核电厂进入应急待命状态时,核电厂核事故应急机构应当及时向核电厂的上级主管部门和国务院核安全部门报告情况,并视情况决定是否向省级人民政府指定的部门报告。当出现可能或者已经有放射性物质释放的情况时,应当根据情况,及时决定进入厂房应急或者场区应急状态,并迅速向核电厂的上级主管部门、国务院核安全部门和省级人民政府指定的部门报告情况;在放射性物质可能或者已经扩散到核电厂场区以外时,应当迅速向省级人民政府指定的部门提出进入场外应急状态并采取应急防护措施的建议。

省级人民政府指定的部门接到核电厂核事故应急机构的事故情况报告后,应当迅速采取相应的核事故应急对策和应急防护措施,并及时向国务院指定的部门报告情况。需要决定进入场外应急状态时,应当经国务院指定的部门批准;在特殊情况下,省级人民政府指定的部门可以先行决定进入场外应急状态,但是应当立即向国务院指定的部门报告。

第二十一条 核电厂的核事故应急机构和省级人民政府指定的部门应当做好核事故后果预测与评价以及环境放射性监测等工作,为采取核事故应急对策和应急防护措施提供依据。

第二十二条 省级人民政府指定的部门应当适时选用隐蔽、服用稳定性碘制剂、控制通道、控制食物和水源、撤离、迁移、对受影响的区域去污等应急防护措施。

第二十三条 省级人民政府指定的部门在核事故应急响应过程中应当将必要的信息及时地告知当地公众。

第二十四条 在核事故现场,各核事故应急响应组织应当实行有效的剂量监督。现场核事故应急响应人员和其他人员都应当在辐射防护人员的监督和指导下活动,尽量防止接受过大剂量的照射。

第二十五条 核电厂的核事故应急机构和省级人民政府指定的部门应当做好核事故现场接受照射人员的救护、洗消、转运和医学处置工作。

第二十六条 在核事故应急进入场外应急状态时,国务院指定的部门应当及时派出人员赶赴现场,指导核事故应急响应行动,必要时提出派出救援力量的建议。

第二十七条 因核事故应急响应需要,可以实行地区封锁。省、自治区、直辖市行政区域内的地区封锁,由省、自治区、直辖市人民政府决定;跨省、自治区、直辖市的地区封锁,以及导致中断干线交通或者封锁国境的地区封锁,由国务院决定。

地区封锁的解除,由原决定机关宣布。

第二十八条 有关核事故的新闻由国务院授权的单位统一发布。

第五章 应急状态的终止和恢复措施

第二十九条 场外应急状态的终止由省级人民政府指定的部门会同核电厂核事故应急机构提出建议,报国务院指定的部门批准,由省级人民政府指定的部门发布。

第三十条 省级人民政府指定的部门应当根据受影响地区的放射性水平,采取有效的恢复措施。

第三十一条 核事故应急状态终止后,核电厂核事故应急机构应当向国务院指定的部门、核电厂的上级主管部门、国务院核安全部门和省级人民政府指定的部门提交详细的事故报告;省级人民政府指定的部门应当向国务院指定的部门提交场外核事故应急工作的总结报告。

第三十二条 核事故使核安全重要物项的安全性能达不到国家标准时,核电厂的重新起动计划应当按照国家有关规定审查批准。

第六章 资金和物资保障

第三十三条 国务院有关部门、军队、地方各级人民政府和核电厂在核事故应急准备工作中应当充分利用现有组织机构、人员、设施和设备等,努力提高核事故应急准备资金和物资的使用效益,并使核事故应急准备工作与地方和核电厂的发展规划相结合。各有关单位应当提供支援。

第三十四条 场内核事故应急准备资金由核电厂承担,列入核电厂工程项目投资概算和运行成本。

场外核事故应急准备资金由核电厂和地方人民政府共同承担,资金数额由国务院指定的部门会同有关部门审定。核电厂承担的资金,在投产前根据核电厂容量、在投产后根据实际发电量确定一定的比例交纳,由国务院计划部门综合平衡后用于地方场外核事故应急准备工作;其余部分由地方人民政府解决。具体办法由国务院指定的部门会同国务院计划部门和国务院财政部门规定。

国务院有关部门和军队所需的核事故应急准备资金,根据各自在核事故应急工作中的职责和任务,充分利用现有条件进行安排,不足部分按照各自的计划和资金渠道上报。

第三十五条　国家的和地方的物资供应部门及其他有关部门应当保证供给核事故应急所需的设备、器材和其他物资。

第三十六条　因核电厂核事故应急响应需要，执行核事故应急响应行动的行政机关有权征用非用于核事故应急响应的设备、器材和其他物资。

对征用的设备、器材和其他物资，应当予以登记并在使用后及时归还；造成损坏的，由征用单位补偿。

第七章　奖励与处罚

第三十七条　在核事故应急工作中有下列事迹之一的单位和个人，由主管部门或者所在单位给予表彰或者奖励：

（一）完成核事故应急响应任务的；

（二）保护公众安全和国家的、集体的和公民的财产，成绩显著的；

（三）对核事故应急准备与响应提出重大建议，实施效果显著的；

（四）辐射、气象预报和测报准确及时，从而减轻损失的；

（五）有其他特殊贡献的。

第三十八条　有下列行为之一的，对有关责任人员视情节和危害后果，由其所在单位或者上级机关给予行政处分；属于违反治安管理行为的，由公安机关依照治安管理处罚法的规定予以处罚；构成犯罪的，由司法机关依法追究刑事责任：

（一）不按照规定制定核事故应急计划，拒绝承担核事故应急准备义务的；

（二）玩忽职守，引起核事故发生的；

（三）不按照规定报告、通报核事故真实情况的；

（四）拒不执行核事故应急计划，不服从命令和指挥，或者在核事故应急响应时临阵脱逃的；

（五）盗窃、挪用、贪污核事故应急工作所用资金或者物资的；

（六）阻碍核事故应急工作人员依法执行职务或者进行破坏活动的；

（七）散布谣言，扰乱社会秩序的；

（八）有其他对核事故应急工作造成危害的行为的。

第八章　附　　则

第三十九条　本条例中下列用语的含义：

（一）核事故应急，是指为了控制或者缓解核事故、减轻核事故后果而采取的不同于正常秩序和正常工作程序的紧急行动。

（二）场区，是指由核电厂管理的区域。

（三）应急计划区，是指在核电厂周围建立的，制定有核事故应急计划、并预计采取核事故应急对策和应急防护措施的区域。

（四）烟羽应急计划区，是指针对放射性烟云引起的照射而建立的应急计划区。

（五）食入应急计划区，是指针对食入放射性污染的水或者食物引起照射而建立的应急计划区。

（六）干预水平，是指预先规定的用于在异常状态下确定需要对公众采取应急防护措施的剂量水平。

（七）导出干预水平，是指由干预水平推导得出的放射性物质在环境介质中的浓度或者水平。

（八）应急防护措施，是指在核事故情况下用于控制工作人员和公众所接受的剂量而采取的保护措施。

（九）核安全重要物项，是指对核电厂安全有重要意义的建筑物、构筑物、系统、部件和设施等。

第四十条　除核电厂外，其他核设施的核事故应急管理，可以根据具体情况，参照本条例的有关规定执行。

第四十一条　对可能或者已经造成放射性物质释放超越国界的核事故应急，除执行本条例的规定外，并应当执行中华人民共和国缔结或者参加的国际条约的规定，但是中华人民共和国声明保留的条款除外。

第四十二条　本条例自发布之日起施行。

国家大面积停电事件应急预案

（2015 年 11 月 13 日国务院办公厅印发 国办函〔2015〕134 号）

1　总则

1.1　编制目的

建立健全大面积停电事件应对工作机制，提高应对效率，最大程度减少人员伤亡和财产损失，维护国家安全和社会稳定。

1.2　编制依据

依据《中华人民共和国突发事件应对法》、《中华人民共和国安全生产法》、《中华人民共和国电力法》、《生产安全事故报告和调查处理条例》、《电力安全事故应急处置和调查处理条例》、《电网调度管理条例》、《国家突发公共事件总体应急预案》及相关法律法规等，制定本预案。

1.3　适用范围

本预案适用于我国境内发生的大面积停电事件应对工作。

大面积停电事件是指由于自然灾害、电力安全事故和外力破坏等原因造成区域性电网、省级电网或城市电网大量减供负荷，对国家安全、社会稳定以及人民群众生产生活造成影响和威胁的停电事件。

1.4　工作原则

大面积停电事件应对工作坚持统一领导、综合协调，属地为主、分工负责，保障民生、维护安全，全社会共同参与的原则。大面积停电事件发生后，地方人民政府及其有关部门、能源局相关派出机构、电力企业、重要电力用户应立即按照职责分工和相关预案开展处置工作。

1.5　事件分级

按照事件严重性和受影响程度，大面积停电事件分为特别重大、重大、较大和一般四级。分级标准见附件1。

2　组织体系

2.1　国家层面组织指挥机构

能源局负责大面积停电事件应对的指导协调和组织管理工作。当发生重大、特别重大大面积停电事件时，能源局或事发地省级人民政府按程序报请国务院批准，或根据国务院领导同志指示，成立国务院工作组，负责指导、协调、支持有关地方人民政府开展大面积停电事件应对工作。必要时，由国务院或国务院授权发展改革委成立国家大面积停电事件应急指挥部，统一领导、组织和指挥大面积停电事件应对工作。应急指挥部组成及工作组职责见附件2。

2.2　地方层面组织指挥机构

县级以上地方人民政府负责指挥、协调本行政区域内大面积停电事件应对工作，要结合本地实际，明确相应组织指挥机构，建立健全应急联动机制。

发生跨行政区域的大面积停电事件时，有关地方人民政府应根据需要建立跨区域大面积停电事件应急合作机制。

2.3　现场指挥机构

负责大面积停电事件应对的人民政府根据需要成立现场指挥部，负责现场组织指挥工作。参与现场处置的有关单位和人员应服从现场指挥部的统一指挥。

2.4　电力企业

电力企业（包括电网企业、发电企业等，下同）建立健全应急指挥机构，在政府组织指挥机构领导下开展大面积停电事件应对工作。电网调度工作按照《电网调度管理条例》及相关规程执行。

2.5　专家组

各级组织指挥机构根据需要成立大面积停电事件应急专家组，成员由电力、气象、地质、水文等领域相关专家组成，对大面积停电事件应对工作提供技术咨询和建议。

3　监测预警和信息报告

3.1　监测和风险分析

电力企业要结合实际加强对重要电力设施设备运行、发电燃料供应等情况的监测,建立与气象、水利、林业、地震、公安、交通运输、国土资源、工业和信息化等部门的信息共享机制,及时分析各类情况对电力运行可能造成的影响,预估可能影响的范围和程度。

3.2 预警

3.2.1 预警信息发布

电力企业研判可能造成大面积停电事件时,要及时将有关情况报告受影响区域地方人民政府电力运行主管部门和能源局相关派出机构,提出预警信息发布建议,并视情通知重要电力用户。地方人民政府电力运行主管部门应及时组织研判,必要时报请当地人民政府批准后向社会公众发布预警,并通报同级其他相关部门和单位。当可能发生重大以上大面积停电事件时,中央电力企业同时报告能源局。

3.2.2 预警行动

预警信息发布后,电力企业要加强设备巡查检修和运行监测,采取有效措施控制事态发展;组织相关应急救援队伍和人员进入待命状态,动员后备人员做好参加应急救援和处置工作准备,并做好大面积停电事件应急所需物资、装备和设备等应急保障准备工作。重要电力用户做好自备应急电源启用准备。受影响区域地方人民政府启动应急联动机制,组织有关部门和单位做好维持公共秩序、供水供气供热、商品供应、交通物流等方面的应急准备;加强相关舆情监测,主动回应社会公众关注的热点问题,及时澄清谣言传言,做好舆论引导工作。

3.2.3 预警解除

根据事态发展,经研判不会发生大面积停电事件时,按照"谁发布、谁解除"的原则,由发布单位宣布解除预警,适时终止相关措施。

3.3 信息报告

大面积停电事件发生后,相关电力企业应立即向受影响区域地方人民政府电力运行主管部门和能源局相关派出机构报告,中央电力企业同时报告能源局。

事发地人民政府电力运行主管部门接到大面积停电事件信息报告或者监测到相关信息后,应当立即进行核实,对大面积停电事件的性质和类别作出初步认定,按照国家规定的时限、程序和要求向上级电力运行主管部门和同级人民政府报告,并通报同级其他相关部门和单位。地方各级人民政府及其电力运行主管部门应当按照有关规定逐级上报,必要时可越级上报。能源局相关派出机构接到大面积停电事件报告后,应当立即核实有关情况并向能源局报告,同时通报事发地县级以上地方人民政府。对初判为重大以上的大面积停电事件,省级人民政府和能源局要立即按程序向国务院报告。

4　应急响应

4.1　响应分级

根据大面积停电事件的严重程度和发展态势，将应急响应设定为Ⅰ级、Ⅱ级、Ⅲ级和Ⅳ级四个等级。初判发生特别重大大面积停电事件，启动Ⅰ级应急响应，由事发地省级人民政府负责指挥应对工作。必要时，由国务院或国务院授权发展改革委成立国家大面积停电事件应急指挥部，统一领导、组织和指挥大面积停电事件应对工作。初判发生重大大面积停电事件，启动Ⅱ级应急响应，由事发地省级人民政府负责指挥应对工作。初判发生较大、一般大面积停电事件，分别启动Ⅲ级、Ⅳ级应急响应，根据事件影响范围，由事发地县级或市级人民政府负责指挥应对工作。

对于尚未达到一般大面积停电事件标准，但对社会产生较大影响的其他停电事件，地方人民政府可结合实际情况启动应急响应。

应急响应启动后，可视事件造成损失情况及其发展趋势调整响应级别，避免响应不足或响应过度。

4.2　响应措施

大面积停电事件发生后，相关电力企业和重要电力用户要立即实施先期处置，全力控制事件发展态势，减少损失。各有关地方、部门和单位根据工作需要，组织采取以下措施。

4.2.1　抢修电网并恢复运行

电力调度机构合理安排运行方式，控制停电范围；尽快恢复重要输变电设备、电力主干网架运行；在条件具备时，优先恢复重要电力用户、重要城市和重点地区的电力供应。

电网企业迅速组织力量抢修受损电网设备设施，根据应急指挥机构要求，向重要电力用户及重要设施提供必要的电力支援。

发电企业保证设备安全，抢修受损设备，做好发电机组并网运行准备，按照电力调度指令恢复运行。

4.2.2　防范次生衍生事故

重要电力用户按照有关技术要求迅速启动自备应急电源，加强重大危险源、重要目标、重大关键基础设施隐患排查与监测预警，及时采取防范措施，防止发生次生衍生事故。

4.2.3　保障居民基本生活

启用应急供水措施，保障居民用水需求；采用多种方式，保障燃气供应和采暖期内居民生活热力供应;组织生活必需品的应急生产、调配和运输,保障停电期间居民基本生活。

4.2.4 维护社会稳定

加强涉及国家安全和公共安全的重点单位安全保卫工作,严密防范和严厉打击违法犯罪活动。加强对停电区域内繁华街区、大型居民区、大型商场、学校、医院、金融机构、机场、城市轨道交通设施、车站、码头及其他重要生产经营场所等重点地区、重点部位、人员密集场所的治安巡逻,及时疏散人员,解救被困人员,防范治安事件。加强交通疏导,维护道路交通秩序。尽快恢复企业生产经营活动。严厉打击造谣惑众、囤积居奇、哄抬物价等各种违法行为。

4.2.5 加强信息发布

按照及时准确、公开透明、客观统一的原则,加强信息发布和舆论引导,主动向社会发布停电相关信息和应对工作情况,提示相关注意事项和安保措施。加强舆情收集分析,及时回应社会关切,澄清不实信息,正确引导社会舆论,稳定公众情绪。

4.2.6 组织事态评估

及时组织对大面积停电事件影响范围、影响程度、发展趋势及恢复进度进行评估,为进一步做好应对工作提供依据。

4.3 国家层面应对

4.3.1 部门应对

初判发生一般或较大大面积停电事件时,能源局开展以下工作:

(1)密切跟踪事态发展,督促相关电力企业迅速开展电力抢修恢复等工作,指导督促地方有关部门做好应对工作;

(2)视情派出部门工作组赴现场指导协调事件应对等工作;

(3)根据中央电力企业和地方请求,协调有关方面为应对工作提供支援和技术支持;

(4)指导做好舆情信息收集、分析和应对工作。

4.3.2 国务院工作组应对

初判发生重大或特别重大大面积停电事件时,国务院工作组主要开展以下工作:

(1)传达国务院领导同志指示批示精神,督促地方人民政府、有关部门和中央电力企业贯彻落实;

(2)了解事件基本情况、造成的损失和影响、应对进展及当地需求等,根据地方和中央电力企业请求,协调有关方面派出应急队伍、调运应急物资和装备、安排专家和技术人员等,为应对工作提供支援和技术支持;

(3)对跨省级行政区域大面积停电事件应对工作进行协调;

(4)赶赴现场指导地方开展事件应对工作;

(5)指导开展事件处置评估;

(6)协调指导大面积停电事件宣传报道工作;

(7)及时向国务院报告相关情况。

4.3.3 国家大面积停电事件应急指挥部应对

根据事件应对工作需要和国务院决策部署,成立国家大面积停电事件应急指挥部。主要开展以下工作:

(1)组织有关部门和单位、专家组进行会商,研究分析事态,部署应对工作;

(2)根据需要赴事发现场,或派出前方工作组赴事发现场,协调开展应对工作;

(3)研究决定地方人民政府、有关部门和中央电力企业提出的请求事项,重要事项报国务院决策;

(4)统一组织信息发布和舆论引导工作;

(5)组织开展事件处置评估;

(6)对事件处置工作进行总结并报告国务院。

4.4 响应终止

同时满足以下条件时,由启动响应的人民政府终止应急响应:

(1)电网主干网架基本恢复正常,电网运行参数保持在稳定限额之内,主要发电厂机组运行稳定;

(2)减供负荷恢复80%以上,受停电影响的重点地区、重要城市负荷恢复90%以上;

(3)造成大面积停电事件的隐患基本消除;

(4)大面积停电事件造成的重特大次生衍生事故基本处置完成。

5 后期处置

5.1 处置评估

大面积停电事件应急响应终止后,履行统一领导职责的人民政府要及时组织对事件处置工作进行评估,总结经验教训,分析查找问题,提出改进措施,形成处置评估报告。鼓励开展第三方评估。

5.2 事件调查

大面积停电事件发生后,根据有关规定成立调查组,查明事件原因、性质、影响范围、经济损失等情况，提出防范、整改措施和处理处置建议。

5.3 善后处置

事发地人民政府要及时组织制订善后工作方案并组织实施。保险机构要及时开展相关理赔工作，尽快消除大面积停电事件的影响。

5.4 恢复重建

大面积停电事件应急响应终止后，需对电网网架结构和设备设施进行修复或重建的，由能源局或事发地省级人民政府根据实际工作需要组织编制恢复重建规划。相关电力企业和受影响区域地方各级人民政府应当根据规划做好受损电力系统恢复重建工作。

6 保障措施

6.1 队伍保障

电力企业应建立健全电力抢修应急专业队伍，加强设备维护和应急抢修技能方面的人员培训，定期开展应急演练，提高应急救援能力。地方各级人民政府根据需要组织动员其他专业应急队伍和志愿者等参与大面积停电事件及其次生衍生灾害处置工作。军队、武警部队、公安消防等要做好应急力量支援保障。

6.2 装备物资保障

电力企业应储备必要的专业应急装备及物资，建立和完善相应保障体系。国家有关部门和地方各级人民政府要加强应急救援装备物资及生产生活物资的紧急生产、储备调拨和紧急配送工作，保障支援大面积停电事件应对工作需要。鼓励支持社会化储备。

6.3 通信、交通与运输保障

地方各级人民政府及通信主管部门要建立健全大面积停电事件应急通信保障体系，形成可靠的通信保障能力，确保应急期间通信联络和信息传递需要。交通运输部门要健全紧急运输保障体系，保障应急响应所需人员、物资、装备、器材等的运输；公安部门要加强交通应急管理，保障应急救援车辆优先通行；根据全面推进公务用车制度改革有关规定，有关单位应配备必要的应急车辆，保障应急救援需要。

6.4 技术保障

电力行业要加强大面积停电事件应对和监测先进技术、装备的研发，制定电力应急技术标准，加强电网、电厂安全应急信息化平台建设。有关部门要为电力日常监测预警及电力应急抢险提供必要的气象、地质、水文等服务。

6.5 应急电源保障

提高电力系统快速恢复能力，加强电网“黑启动”能力建设。国家有关部门和电力企业应充分考虑电源规划布局,保障各地区"黑启动"电源。电力企业应配备适量的应急发电装备,必要时提供应急电源支援。重要电力用户应按照国家有关技术要求配置应急电源,并加强维护和管理,确保应急状态下能够投入运行。

6.6 资金保障

发展改革委、财政部、民政部、国资委、能源局等有关部门和地方各级人民政府以及各相关电力企业应按照有关规定,对大面积停电事件处置工作提供必要的资金保障。

7 附则

7.1 预案管理

本预案实施后,能源局要会同有关部门组织预案宣传、培训和演练,并根据实际情况,适时组织评估和修订。地方各级人民政府要结合当地实际制定或修订本级大面积停电事件应急预案。

7.2 预案解释

本预案由能源局负责解释。

7.3 预案实施时间

本预案自印发之日起实施。

附件1:

大面积停电事件分级标准

一、特别重大大面积停电事件

1.区域性电网:减供负荷30%以上。

2.省、自治区电网:负荷20000兆瓦以上的减供负荷30%以上,负荷5000兆瓦以上20000兆瓦以下的减供负荷40%以上。

3.直辖市电网:减供负荷50%以上,或60%以上供电用户停电。

4.省、自治区人民政府所在地城市电网:负荷2000兆瓦以上的减供负荷60%以上,或70%以上供电用户停电。

二、重大大面积停电事件

1.区域性电网:减供负荷10%以上30%以下。

2.省、自治区电网:负荷20000兆瓦以上的减供负荷13%以上30%以下,负荷

5000 兆瓦以上 20000 兆瓦以下的减供负荷 16% 以上 40% 以下，负荷 1000 兆瓦以上 5000 兆瓦以下的减供负荷 50% 以上。

3. 直辖市电网：减供负荷 20% 以上 50% 以下，或 30% 以上 60% 以下供电用户停电。

4. 省、自治区人民政府所在地城市电网：负荷 2000 兆瓦以上的减供负荷 40% 以上 60% 以下，或 50% 以上 70% 以下供电用户停电；负荷 2000 兆瓦以下的减供负荷 40% 以上，或 50% 以上供电用户停电。

5. 其他设区的市电网：负荷 600 兆瓦以上的减供负荷 60% 以上，或 70% 以上供电用户停电。

三、较大大面积停电事件

1. 区域性电网：减供负荷 7% 以上 10% 以下。

2. 省、自治区电网：负荷 20000 兆瓦以上的减供负荷 10% 以上 13% 以下，负荷 5000 兆瓦以上 20000 兆瓦以下的减供负荷 12% 以上 16% 以下，负荷 1000 兆瓦以上 5000 兆瓦以下的减供负荷 20% 以上 50% 以下，负荷 1000 兆瓦以下的减供负荷 40% 以上。

3. 直辖市电网：减供负荷 10% 以上 20% 以下，或 15% 以上 30% 以下供电用户停电。

4. 省、自治区人民政府所在地城市电网：减供负荷 20% 以上 40% 以下，或 30% 以上 50% 以下供电用户停电。

5. 其他设区的市电网：负荷 600 兆瓦以上的减供负荷 40% 以上 60% 以下，或 50% 以上 70% 以下供电用户停电；负荷 600 兆瓦以下的减供负荷 40% 以上，或 50% 以上供电用户停电。

6. 县级市电网：负荷 150 兆瓦以上的减供负荷 60% 以上，或 70% 以上供电用户停电。

四、一般大面积停电事件

1. 区域性电网：减供负荷 4% 以上 7% 以下。

2. 省、自治区电网：负荷 20000 兆瓦以上的减供负荷 5% 以上 10% 以下，负荷 5000 兆瓦以上 20000 兆瓦以下的减供负荷 6% 以上 12% 以下，负荷 1000 兆瓦以上 5000 兆瓦以下的减供负荷 10% 以上 20% 以下，负荷 1000 兆瓦以下的减供负荷 25% 以上 40% 以下。

3. 直辖市电网：减供负荷 5% 以上 10% 以下，或 10% 以上 15% 以下供电用户停电。

4. 省、自治区人民政府所在地城市电网：减供负荷 10% 以上 20% 以下，或 15%

以上 30% 以下供电用户停电。

5. 其他设区的市电网：减供负荷 20% 以上 40% 以下，或 30% 以上 50% 以下供电用户停电。

6. 县级市电网：负荷 150 兆瓦以上的减供负荷 40% 以上 60% 以下，或 50% 以上 70% 以下供电用户停电；负荷 150 兆瓦以下的减供负荷 40% 以上，或 50% 以上供电用户停电。

上述分级标准有关数量的表述中，“以上”含本数，“以下”不含本数。

附件 2：

国家大面积停电事件应急指挥部组成及工作组职责

国家大面积停电事件应急指挥部主要由发展改革委、中央宣传部（新闻办）、中央网信办、工业和信息化部、公安部、民政部、财政部、国土资源部、住房城乡建设部、交通运输部、水利部、商务部、国资委、新闻出版广电总局、安全监管总局、林业局、地震局、气象局、能源局、测绘地信局、铁路局、民航局、总参作战部、武警总部、中国铁路总公司、国家电网公司、中国南方电网有限责任公司等部门和单位组成，并可根据应对工作需要，增加有关地方人民政府、其他有关部门和相关电力企业。

国家大面积停电事件应急指挥部设立相应工作组，各工作组组成及职责分工如下：

一、电力恢复组：由发展改革委牵头，工业和信息化部、公安部、水利部、安全监管总局、林业局、地震局、气象局、能源局、测绘地信局、总参作战部、武警总部、国家电网公司、中国南方电网有限责任公司等参加，视情增加其他电力企业。

主要职责：组织进行技术研判，开展事态分析；组织电力抢修恢复工作，尽快恢复受影响区域供电工作；负责重要电力用户、重点区域的临时供电保障；负责组织跨区域的电力应急抢修恢复协调工作；协调军队、武警有关力量参与应对。

二、新闻宣传组：由中央宣传部（新闻办）牵头，中央网信办、发展改革委、工业和信息化部、公安部、新闻出版广电总局、安全监管总局、能源局等参加。

主要职责：组织开展事件进展、应急工作情况等权威信息发布，加强新闻宣传报道；收集分析国内外舆情和社会公众动态，加强媒体、电信和互联网管理，正确引导舆论；及时澄清不实信息，回应社会关切。

三、综合保障组：由发展改革委牵头，工业和信息化部、公安部、民政部、财政部、国土资源部、住房城乡建设部、交通运输部、水利部、商务部、国资委、新闻出版广电总局、能源局、铁路局、民航局、中国铁路总公司、国家电网公司、中国南方电网有限责任公司等参加,视情增加其他电力企业。

主要职责:对大面积停电事件受灾情况进行核实,指导恢复电力抢修方案,落实人员、资金和物资;组织做好应急救援装备物资及生产生活物资的紧急生产、储备调拨和紧急配送工作;及时组织调运重要生活必需品,保障群众基本生活和市场供应;维护供水、供气、供热、通信、广播电视等设施正常运行;维护铁路、道路、水路、民航等基本交通运行;组织开展事件处置评估。

四、社会稳定组:由公安部牵头,中央网信办、发展改革委、工业和信息化部、民政部、交通运输部、商务部、能源局、总参作战部、武警总部等参加。

主要职责:加强受影响地区社会治安管理,严厉打击借机传播谣言制造社会恐慌,以及趁机盗窃、抢劫、哄抢等违法犯罪行为;加强转移人员安置点、救灾物资存放点等重点地区治安管控;加强对重要生活必需品等商品的市场监管和调控,打击囤积居奇行为;加强对重点区域、重点单位的警戒;做好受影响人员与涉事单位、地方人民政府及有关部门矛盾纠纷化解等工作,切实维护社会稳定。

电力安全生产监督管理办法

（2015 年 2 月 17 日国家发展和改革委员会令第 21 号公布
自 2015 年 3 月 1 日起施行）

第一章　总　　则

第一条　为了有效实施电力安全生产监督管理，预防和减少电力事故，保障电力系统安全稳定运行和电力可靠供应，依据《中华人民共和国安全生产法》、《中华人民共和国突发事件应对法》、《电力监管条例》、《生产安全事故报告和调查处理条例》、《电力安全事故应急处置和调查处理条例》等法律法规，制定本办法。

第二条　本办法适用于中华人民共和国境内以发电、输电、供电、电力建设为主营业务并取得相关业务许可或按规定豁免电力业务许可的电力企业。

第三条　国家能源局及其派出机构依照本办法，对电力企业的电力运行安全（不包括核安全）、电力建设施工安全、电力工程质量安全、电力应急、水电站大坝运行安全和电力可靠性工作等方面实施监督管理。

第四条　电力安全生产工作应当坚持“安全第一、预防为主、综合治理”的方针，建立电力企业具体负责、政府监管、行业自律和社会监督的工作机制。

第五条　电力企业是电力安全生产的责任主体，应当遵照国家有关安全生产的法律法规、制度和标准，建立健全电力安全生产责任制，加强电力安全生产管理，完善电力安全生产条件，确保电力安全生产。

第六条　任何单位和个人对违反本办法和国家有关电力安全生产监督管理规定的行为，有权向国家能源局及其派出机构投诉和举报，国家能源局及其派出机构应当依法处理。

第二章　电力企业的安全生产责任

第七条　电力企业的主要负责人对本单位的安全生产工作全面负责。电力企业从业人员应当依法履行安全生产方面的义务。

第八条 电力企业应当履行下列电力安全生产管理基本职责：

（一）依照国家安全生产法律法规、制度和标准，制定并落实本单位电力安全生产管理制度和规程；

（二）建立健全电力安全生产保证体系和监督体系，落实安全生产责任；

（三）按照国家有关法律法规设置安全生产管理机构、配备专职安全管理人员；

（四）按照规定提取和使用电力安全生产费用，专门用于改善安全生产条件；

（五）按照有关规定建立健全电力安全生产隐患排查治理制度和风险预控体系，开展隐患排查及风险辨识、评估和监控工作，并对安全隐患和风险进行治理、管控；

（六）开展电力安全生产标准化建设；

（七）开展电力安全生产培训宣传教育工作，负责以班组长、新工人、农民工为重点的从业人员安全培训；

（八）开展电力可靠性管理工作，建立健全电力可靠性管理工作体系，准确、及时、完整报送电力可靠性信息；

（九）建立电力应急管理体系，健全协调联动机制，制定各级各类应急预案并开展应急演练，建设应急救援队伍，完善应急物资储备制度；

（十）按照规定报告电力事故和电力安全事件信息并及时开展应急处置，对电力安全事件进行调查处理。

第九条 发电企业应当按照规定对水电站大坝进行安全注册，开展大坝安全定期检查和信息化建设工作；对燃煤发电厂贮灰场进行安全备案，开展安全巡查和定期安全评估工作。

第十条 电力建设单位应当对电力建设工程施工安全和工程质量安全负全面管理责任，履行工程组织、协调和监督职责，并按照规定将电力工程项目的安全生产管理情况向当地派出机构备案，向相关电力工程质监机构进行工程项目质量监督注册申请。

第十一条 供电企业应当配合地方政府对电力用户安全用电提供技术指导。

第三章　电力系统安全

第十二条 电力企业应当共同维护电力系统安全稳定运行。在电网互联、发电机组并网过程中应严格履行安全责任，并在双方的联（并）网调度协议中具体明确，不得擅自联（并）网和解网。

第十三条 各级电力调度机构是涉及电力系统安全的电力安全事故（事件）处

置的指挥机构,发生电力安全事故(事件)或遇有危及电力系统安全的情况时,电力调度机构有权采取必要的应急处置措施,相关电力企业应当严格执行调度指令。

第十四条　电力调度机构应当加强电力系统安全稳定运行管理,科学合理安排系统运行方式,开展电力系统安全分析评估,统筹协调电网安全和并网运行机组安全。

第十五条　电力企业应当加强发电设备设施和输变配电设备设施安全管理和技术管理,强化电力监控系统(或设备)专业管理,完善电力系统调频、调峰、调压、调相、事故备用等性能,满足电力系统安全稳定运行的需要。

第十六条　发电机组、风电场以及光伏电站等并入电网运行,应当满足相关技术标准,符合电网运行的有关安全要求。

第十七条　电力企业应当根据国家有关规定和标准,制订、完善和落实预防电网大面积停电的安全技术措施、反事故措施和应急预案,建立完善与国家能源局及其派出机构、地方人民政府及电力用户等的应急协调联动机制。

第四章　电力安全生产的监督管理

第十八条　国家能源局依法负责全国电力安全生产监督管理工作。国家能源局派出机构(以下简称"派出机构")按照属地化管理的原则,负责辖区内电力安全生产监督管理工作。

涉及跨区域的电力安全生产监督管理工作,由国家能源局负责或者协调确定具体负责的区域派出机构;同一区域内涉及跨省的电力安全生产监督管理工作,由当地区域派出机构负责或者协调确定具体负责的省级派出机构。

50 兆瓦以下小水电站的安全生产监督管理工作,按照相关规定执行。50 兆瓦以下小水电站的涉网安全由派出机构负责监督管理。

第十九条　国家能源局及其派出机构应当采取多种形式,加强有关安全生产的法律法规、制度和标准的宣传,向电力企业传达国家有关安全生产工作各项要求,提高从业人员的安全生产意识。

第二十条　国家能源局及其派出机构应当建立健全电力行业安全生产工作协调机制,及时协调、解决安全生产监督管理中存在的重大问题。

第二十一条　国家能源局及其派出机构应当依法对电力企业执行有关安全生产法规、标准和规范情况进行监督检查。

国家能源局组织开展全国范围的电力安全生产大检查,制定检查工作方案,并对重点地区、重要电力企业、关键环节开展重点督查。派出机构组织开展辖区内的电力安全生产大检查,对部分电力企业进行抽查。

第二十二条 国家能源局及其派出机构对现场检查中发现的安全生产违法、违规行为,应当责令电力企业当场予以纠正或者限期整改。对现场检查中发现的重大安全隐患,应当责令其立即整改;安全隐患危及人身安全时,应当责令其立即从危险区域内撤离人员。

第二十三条 国家能源局及其派出机构应当监督指导电力企业隐患排查治理工作,按照有关规定对重大安全隐患挂牌督办。

第二十四条 国家能源局及其派出机构应当统计分析电力安全生产信息,并定期向社会公布。根据工作需要,可以要求电力企业报送与电力安全生产相关的文件、资料、图纸、音频或视频记录和有关数据。

国家能源局及其派出机构发现电力企业在报送资料中存在弄虚作假及其他违规行为的,应当及时纠正和处理。

第二十五条 国家能源局及其派出机构应当依法组织或参与电力事故调查处理。

国家能源局组织或参与重大和特别重大电力事故调查处理;督办有重大社会影响的电力安全事件。派出机构组织或参与较大和一般电力事故调查处理,对电力系统安全稳定运行或对社会造成较大影响的电力安全事件组织专项督查。

第二十六条 国家能源局及其派出机构应当依法组织开展电力应急管理工作。

国家能源局负责制定电力应急体系发展规划和国家大面积停电事件专项应急预案,开展重大电力突发安全事件应急处置和分析评估工作。派出机构应当按照规定权限和程序,组织、协调、指导电力突发安全事件应急处置工作。

第二十七条 国家能源局及其派出机构应当组织开展电力安全培训和宣传教育工作。

第二十八条 国家能源局及其派出机构配合地方政府有关部门、相关行业管理部门,对重要电力用户安全用电、供电电源配置、自备应急电源配置和使用实施监督管理。

第二十九条 国家能源局及其派出机构应当建立安全生产举报制度,公开举报电话、信箱和电子邮件地址,受理有关电力安全生产的举报;受理的举报事项经核实后,对违法行为严重的电力企业,应当向社会公告。

第五章 罚　　则

第三十条 电力企业造成电力事故的,依照《生产安全事故报告和调查处理条例》和《电力安全事故应急处置和调查处理条例》，承担相应的法律责任。

第三十一条　国家能源局及其派出机构从事电力安全生产监督管理工作的人员滥用职权、玩忽职守或者徇私舞弊的，依法给予行政处分；构成犯罪的，由司法机关依法追究刑事责任。

第三十二条　国家能源局及其派出机构通过现场检查发现电力企业有违反本办法规定的行为时，可以对电力企业主要负责人或安全生产分管负责人进行约谈，情节严重的，依据《安全生产法》第九十条，可以要求其停工整顿，对发电企业要求其暂停并网运行。

第三十三条　电力企业有违反本办法规定的行为时，国家能源局及其派出机构可以对其违规情况向行业进行通报，对影响电力用户安全可靠供电行为的处理情况，向社会公布。

第三十四条　电力企业发生电力安全事件后，存在下列情况之一的，国家能源局及其派出机构可以责令限期改正，逾期不改正的应当将其列入安全生产不良信用记录和安全生产诚信“黑名单”，并处以 1 万元以下的罚款：

（一）迟报、漏报、谎报、瞒报电力安全事件信息的；

（二）不及时组织应急处置的；

（三）未按规定对电力安全事件进行调查处理的。

第三十五条　电力企业未履行本办法第八条规定的，由国家能源局及其派出机构责令限期整改，逾期不整改的，对电力企业主要负责人予以警告；情节严重的，由国家能源局及其派出机构对电力企业主要负责人处以 1 万元以下的罚款。

第三十六条　电力企业有下列情形之一的，由国家能源局及其派出机构责令限期改正；逾期不改正的，由国家能源局及其派出机构依据《电力监管条例》第三十四条，对其处以 5 万元以上、50 万元以下的罚款，并将其列入安全生产不良信用记录和安全生产诚信“黑名单”：

（一）拒绝或阻挠国家能源局及其派出机构从事监督管理工作的人员依法履行电力安全生产监督管理职责的；

（二）向国家能源局及其派出机构提供虚假或隐瞒重要事实的文件、资料的。

第六章　附　　则

第三十七条　本办法下列用语的含义：

（一）电力系统，是指由发电、输电、变电、配电以及电力调度等环节组成的电能生产、传输和分配的系统。

（二）电力事故，是指电力生产、建设过程中发生的电力安全事故、电力人身伤亡事故、发电设备或输变电设备设施损坏造成直接经济损失的事故。

（三）电力安全事件，是指未构成电力安全事故，但影响电力（热力）正常供应，或对电力系统安全稳定运行构成威胁，可能引发电力安全事故或造成较大社会影响的事件。

（四）重大安全隐患，是指可能造成一般以上人身伤亡事故、电力安全事故、直接经济损失100万元以上的电力设备事故和其他对社会造成较大影响的隐患。

第三十八条 本办法自2015年3月1日起施行。原国家电力监管委员会《电力安全生产监管办法》同时废止。

电力可靠性管理办法(暂行)

(2022 年 4 月 16 日国家发展和改革委员会令第 50 号公布
自 2022 年 6 月 1 日起施行)

第一章　总　　则

第一条　能源安全事关国家经济社会发展全局,电力供应保障是能源安全的重要组成部分。党中央、国务院高度重视电力供应保障工作,习近平总书记多次作出重要指示批示。为充分发挥电力可靠性管理在电力供应保障工作中的基础性作用,促进电力工业高质量发展,提升供电水平,满足人民日益增长的美好生活需要,依据《中华人民共和国电力法》《电力供应与使用条例》《电网调度管理条例》《电力设施保护条例》和《电力监管条例》等法律法规,制定本办法。

第二条　电力可靠性管理是指为提高电力可靠性水平而开展的管理活动,包括电力系统、发电、输变电、供电、用户可靠性管理等。

第三条　电力企业和电力用户依照本办法开展电力可靠性管理工作。国家能源局及其派出机构、地方政府能源管理部门和电力运行管理部门依据本办法对电力可靠性管理工作进行监督管理。

第四条　国家能源局负责全国电力可靠性的监督管理,国家能源局派出机构、地方政府能源管理部门和电力运行管理部门根据各自职责和国家有关规定负责辖区内的电力可靠性监督管理。

第五条　电力企业是电力可靠性管理的重要责任主体,其法定代表人是电力可靠性管理第一责任人。电力企业按照下列要求开展本企业电力可靠性管理工作:

(一)贯彻执行国家有关电力可靠性管理规定,制定本企业电力可靠性管理工作制度;

(二)建立电力可靠性管理工作体系,落实电力可靠性管理相关岗位及职责;

(三)采集分析电力可靠性信息,并按规定准确、及时、完整报送;

(四)开展电力可靠性管理创新、成果应用以及培训交流。

第六条 电力用户是其产权内配用电系统和设备可靠性管理的责任主体,做好配用电系统和设备的配置与运行维护。

第七条 鼓励电力设备制造企业充分应用电力可靠性管理的成果,加强产品可靠性设计、试验及生产过程质量控制,依靠技术进步、管理创新和标准完善,提升设备可靠性水平。

第八条 充分发挥行业协会等的作用,开展行业自律和服务,提供技术支持,推动可靠性信息应用,开展交流与合作。

第二章 电力系统可靠性管理

第九条 电力系统可靠性管理指为保障电力系统充裕性和安全性而开展的活动,包括电力系统风险的事前预测预警、事中过程管控、事后总结评估及采取的防范措施。

第十条 电网企业应当对电力供应及安全风险进行预测,对运行数据开展监测分析并评估电力系统满足电力电量需求的能力。在系统稳定破坏事件、影响系统安全的非计划停运事件和停电事件发生时,电网企业应当依据《电网调度管理条例》果断快速处置;开展事后评价,对发现的风险进行闭环管控。

第十一条 电网企业应当根据电力系统风险和自然灾害影响,制定风险管控措施,完善输电系统网络结构。对发现的风险和隐患按规定向政府有关部门和相关电力企业预警。

第十二条 发电企业和配置自备发电机组的其他企业要根据政府有关部门和电力调度机构的要求做好电力供应保障工作,提高设备运行可靠性,不得无故停运或隐瞒真实原因申请停运。

发电企业应当做好涉网安全管理,加强机组燃料、蓄水管控,制定重要时期的燃料计划与预案,制定水库调度运行计划,对发现的风险和隐患及时报电力调度机构。

新能源发电企业应当加强发电功率预测管理。

第十三条 积极稳妥推动发电侧、电网侧和用户侧储能建设,合理确定建设规模,加强安全管理,推进源网荷储一体化和多能互补。建立新型储能建设需求发布机制,充分考虑系统各类灵活性调节资源的性能,允许各类储能设施参与系统运行,增强电力系统的综合调节能力。

第十四条 各级能源管理部门应当科学制定并适时调整电力规划,优化配置各种类型的电源规模和比例,统筹安排备用容量,合理划分黑启动区域。国家能源局派出机构应当对辖区省级电力规划的执行情况进行监管。

负荷备用容量为最大发电负荷的 2 – 5%，事故备用容量为最大发电负荷的10%左右，区外来电、新能源发电、不可中断用户占比高的地区，应当适当提高负荷备用容量。每个黑启动区域须合理配置 1 – 2 台具备黑启动能力且具有足够容量的机组。

第十五条　经国务院批复的国家级城市群，应当适当提高电力可靠性标准，加强区域电力系统的统筹规划和项目建设衔接，优化资源配置，推进电网协调有序发展。

第十六条　国家能源局及其派出机构应当按照权限和程序，指导有关单位制订大面积停电应急预案，组织、协调、指导电力突发安全事件应急处置工作，对电力供应和运行的风险管控情况进行监管。地方政府电力运行管理部门应当会同有关部门开展电力需求侧管理，严格审核事故及超计划用电的限电序位表，严禁发生非不可抗力拉闸限电。

第三章　发电可靠性管理

第十七条　发电可靠性管理是指为实现发电机组及配套设备的可靠性目标而开展的活动，包括并网燃煤（燃气）、水力、核能、风力、太阳能等发电机组及配套设备的可靠性管理。

第十八条　燃煤（燃气）发电企业应当对参与深度调峰的发电机组开展可靠性评估，加强关键部件监测，确保调峰安全裕度。电力调度机构应当优化调峰控制策略，综合考虑发电机组的安全性和经济性。

第十九条　水电流域梯级电站和具备调节性能的水电站应当建立水情自动测报系统，做好电站水库优化调度，建立信息共享机制。

第二十条　核电企业应当对常规岛和配套设备（非核级设备）开展设备分级、监测与诊断、健康管理、全寿命周期可靠性管理、动态风险评价等工作。

第二十一条　沙漠、戈壁、荒漠地区的大规模风力、太阳能等可再生能源发电企业要建立与之适应的电力可靠性管理体系，加强系统和设备的可靠性管理，防止大面积脱网，对电网稳定运行造成影响。

第二十二条　发电企业应当建立发电设备分级管理制度，完善事故预警机制，构建设备标准化管理流程。发电企业应当基于可靠性信息，建立动态优化的设备运行、检修和缺陷管理体系，定期评估影响机组可靠性的风险因素，掌握设备状态、特性和运行规律，发挥对机组运行维护的指导作用。

第二十三条 地方政府能源管理部门和电力运行管理部门应当对燃煤（燃气）发电企业的燃料库存、水电站入库水量情况进行监测分析、协调处理，保障能源供应。

第四章 输变电可靠性管理

第二十四条 输变电可靠性管理是指为实现输变电系统和设备的可靠性目标而开展的活动，包括交流和直流的输变电系统和设备的可靠性管理。

第二十五条 电力企业应当合理安排变电站站址和线路路径，科学选择主接线和站间联络方式，增加系统运行的安全裕度。

第二十六条 电力企业应当加强线路带电作业、无人机巡检、设备状态监测等先进技术应用，优化输变电设备运维检修模式。

第二十七条 鼓励电力企业基于可靠性数据开展电力设备选型和运行维护工作，建立核心组部件溯源管理机制，优先选用高可靠性的输变电设备，鼓励开展状态检修，提高设备运行可靠性。

第二十八条 地方政府能源管理部门和电力运行管理部门按职责组织指导开展电力设施保护工作。

第五章 供电可靠性管理

第二十九条 供电可靠性管理是指为实现向用户可靠供电的目标而开展的活动，包括配电系统和设备的可靠性管理。

第三十条 供电企业应当加强城乡配电网建设，合理设置变电站、配变布点，合理选择配电网接线方式，保障供电能力。

第三十一条 供电企业应当强化设备的监测和分析，加强巡视和维护，及时消除设备缺陷和隐患。

第三十二条 供电企业应当开展综合停电和配电网故障快速抢修复电管理，推广不停电作业和配电自动化等技术，减少停电时间、次数和影响范围。

第三十三条 地方政府能源管理部门应当将供电可靠性指标纳入电力系统规划，并与城乡建设总体规划衔接。

第三十四条 地方政府发展改革部门可依据本地区供电可靠性水平，按照合理成本和优质优价原则，完善可靠性电价机制。

第六章 用户可靠性管理

第三十五条 用户可靠性管理是指为保证用电的可靠性目标,减少对电网安全和其他用户造成影响,对其产权内的配用电系统和设备开展的活动。

第三十六条 电力用户应当根据国家有关规定和标准开展配用电工程建设与运行维护,消除设备隐患,预防电气设备事故,防止对公用电网造成影响。

第三十七条 电力用户配用电设备危及系统安全时,应当立即检修或者停用。因用户原因导致电力企业无法向其他用户正常供电或造成其他严重后果的,应当承担相应责任。

第三十八条 重要电力用户应当按规定配置自备应急电源,加强运行维护,容量应当达到保安负荷的120%。地方政府电力运行管理部门应当确定重要电力用户名单,对重要电力用户自备应急电源配置和使用情况进行监督管理。国家能源局派出机构对重要电力用户供电电源配置情况进行监督管理。

第三十九条 供电企业应当按规定为重要电力用户提供相应的供电电源,指导和督促重要用户安全使用自备应急电源。对重要电力用户较为集中的区域,供电企业应当科学合理规划和建设供电设施,及时满足重要用户用电需要,确保供电能力和供电质量。

第七章 网 络 安 全

第四十条 电力网络安全坚持积极防御、综合防范的方针,坚持安全分区、网络专用、横向隔离、纵向认证的原则,加强全业务、全生命周期网络安全管理,提高电力可靠性。

第四十一条 电力企业应当落实网络安全保护责任,健全网络安全组织体系,设立专门的网络安全管理及监督机构,加快各级网络安全专业人员配备;落实网络安全等级保护、关键信息基础设施安全保护和数据安全制度,加强网络安全审查、容灾备份、监测审计、态势感知、纵深防御、信任体系建设、供应链管理等工作;开展网络安全监测、风险评估和隐患排查治理,提高网络安全监测分析与应急处置能力。

第四十二条 电力企业应当强化电力监控系统安全防护,完善结构安全、本体安全和基础设施安全,逐步推广安全免疫。电力企业应当开展电力监控系统安全防护评估,并将其纳入电力系统安全评价体系。电力调度机构应当加强对直接调度范围内的发电厂涉网部分电力监控系统安全防护的技术监督。

第四十三条 电力用户是其产权内配用电系统和设备网络安全责任主体，应当根据国家有关规定和标准开展网络安全防护，预防网络安全事件，防止对公用电网造成影响。电力企业应当在并网协议中明确网络安全相关要求并监督落实。

第四十四条 国家能源局依法依规履行电力行业网络安全监督管理职责，地方各级人民政府有关部门按照法律、行政法规和国务院的规定，履行网络安全属地监督管理职责，国家能源局派出机构根据授权开展网络安全监督管理工作。

第八章 信息管理

第四十五条 电力可靠性信息实行统一管理、分级负责。国家能源局负责全国电力可靠性信息的统计、分析、发布和核查，国家能源局派出机构负责辖区内电力可靠性信息分析、发布和核查。

根据工作需要，国家能源局及其派出机构可以委托行业协会、科研单位及技术咨询机构等协助开展电力可靠性信息统计分析、预测、评估、评价等工作。

第四十六条 国家能源局应当建立电力可靠性监督管理信息系统，实施全国范围内电力可靠性信息注册、报送、分析、评价、应用、核查等监督管理工作，通过电力可靠性监督管理信息系统实时向国家能源局派出机构、省级政府能源管理部门和电力运行管理部门推送辖区内电力可靠性信息。

第四十七条 电力企业应当建立电力可靠性信息报送机制和校核制度，准确、及时、完整报送电力可靠性信息。

供电企业应当按国家有关规定定期公布供电可靠性指标。

第四十八条 电力企业应当通过电力可靠性监督管理信息系统向国家能源局报送以下电力可靠性信息：

（一）发电设备可靠性信息，包括100兆瓦及以上容量火力发电机组、300兆瓦及以上容量核电机组常规岛、50兆瓦及以上容量水力发电机组的可靠性信息，总装机50兆瓦及以上容量风力发电场、10兆瓦及以上集中式太阳能发电站的可靠性信息；

（二）输变电设备可靠性信息，包括110（66）千伏及以上电压等级输变电设备可靠性信息；

（三）直流输电系统可靠性信息，包括±120千伏及以上电压等级直流输电系统可靠性信息；

（四）供电可靠性信息，包括35千伏及以下电压等级供电系统用户可靠性信息；

（五）其他电力可靠性信息。

第四十九条 电力可靠性信息报送应当符合下列期限要求：

（一）每月 8 日前报送上月火力发电机组主要设备、核电机组、水力发电机组、输变电设备、直流输电系统以及供电系统用户可靠性信息；

（二）每季度首月 12 日前报送上一季度发电机组辅助设备、风力发电场和太阳能发电站的可靠性信息。

第五十条 电力企业应当于每年 2 月 15 日前将上一年度电力可靠性管理和技术分析报告报送所在地国家能源局派出机构、省级政府能源管理部门和电力运行管理部门；中央电力企业总部于每年 3 月 1 日前报送国家能源局。

省级电网企业应当于每年 1 月份将上一年度电力系统可靠性的评估和本年度的预测情况，报国家能源局派出机构、省级政府能源管理部门和电力运行管理部门；中央电网企业总部于每年 2 月份报送国家能源局。

系统稳定破坏事件、非计划停运事件、停电事件的等级分类、信息报送内容和程序由国家能源局另行规定。

第五十一条 国家能源局应当定期发布电力可靠性指标。

第五十二条 电力可靠性监督管理信息系统中的原始信息、统计分析信息及年度电力可靠性评价、评估、预测结果等须按程序经国家能源局审核后对外发布或使用。

第九章 监 督 管 理

第五十三条 国家能源局负责以下电力可靠性监督管理工作：

（一）研究起草电力可靠性监督管理规章、制定电力可靠性监督管理规范性文件和电力可靠性行业技术标准，并组织实施；

（二）建立健全电力可靠性监督管理工作体系；

（三）对国家能源局派出机构、地方政府能源管理部门和电力运行管理部门、电力企业、电力用户贯彻执行电力可靠性管理规章制度的情况进行监督管理；

（四）组织建立电力可靠性监督管理信息系统，统计分析电力可靠性信息，组织实施电力可靠性预测、评估和评价工作；

（五）组织开展电力可靠性管理工作检查、核查；

（六）发布电力可靠性指标和电力可靠性监管报告；

（七）对特别重大系统稳定破坏事件、特别重大非计划停运事件、特别重大停电事件进行分析、核查；

（八）推动电力可靠性理论研究和技术应用；

（九）组织电力可靠性技术和管理培训；

（十）开展电力可靠性国际交流与合作。

第五十四条 国家能源局派出机构负责辖区内以下电力可靠性监督管理工作：

（一）建立健全电力可靠性监督管理工作体系；

（二）对电力企业贯彻执行电力可靠性管理规章制度的情况进行监督管理；

（三）分析、发布可靠性信息，组织实施电力可靠性预测、评估和评价工作；

（四）开展电力可靠性管理工作检查、核查、处罚；

（五）对重大系统稳定破坏事件、重大非计划停运事件、重大停电事件进行分析、核查；

（六）监督指导电力企业排查治理电力可靠性管理中发现的风险和隐患；

（七）发布电力可靠性指标和电力可靠性监管报告。

第五十五条 地方政府能源管理部门和电力运行管理部门按各自职责负责辖区内以下电力可靠性监督管理工作：

（一）建立健全地方政府电力可靠性监督管理工作体系；

（二）对电力系统的充裕性进行监测协调和监督管理，保障电力供应；

（三）对电力用户贯彻执行电力可靠性管理规章制度的情况进行监督管理；

（四）组织落实国家乡村振兴、优化营商环境、电网升级改造等工作中相关电力可靠性要求；

（五）监督指导重要电力用户排查治理电力可靠性管理中发现的风险和隐患；

（六）支持和配合国家能源局派出机构开展相关电力可靠性监督管理工作。

第五十六条 国家能源局派出机构应当会同地方政府能源管理部门和电力运行管理部门建立电力可靠性联席协调机制，定期分析、通报电力供需和电网运行情况，协调解决电力供应和电力系统稳定运行面临的问题。

第五十七条 国家能源局及其派出机构、地方政府能源管理部门和电力运行管理部门对电力可靠性管理规章制度落实情况进行监督检查，可以采取以下措施：

（一）进入电力企业进行检查并询问相关人员，要求其对检查事项作出说明；

（二）查阅、复制与检查事项有关的文件、资料和信息。

第五十八条 国家能源局及其派出机构、地方政府能源管理部门和电力运行管理部门对电力企业报送的信息和报告存在疑问的，应当要求作出说明，可以开展现场核查。

第五十九条 任何单位和个人发现电力可靠性管理不到位或存在弄虚作假情况的,有权向国家能源局及其派出机构、地方政府能源管理部门和电力运行管理部门举报,国家能源局及其派出机构、地方政府能源管理部门和电力运行管理部门应当及时处理。

第十章 奖惩措施

第六十条 鼓励电力企业、科研单位和电力用户等根据电力规划、建设、生产、供应、使用和设备制造等工作需要,研究、开发和采用先进的可靠性科学技术和管理方法,对取得显著成绩的单位和个人给予表彰奖励。

第六十一条 国家能源局及其派出机构、地方政府能源管理部门和电力运行管理部门未按照本办法实施电力可靠性监督管理有关工作并造成严重后果的,依法追究其责任。

第六十二条 电力企业有下列情形之一的,由国家能源局及其派出机构根据《电力监管条例》第三十四条的规定予以处罚:

(一)拒绝或者阻碍国家能源局及其派出机构从事电力可靠性监管工作的人员依法履行监管职责的;

(二)提供虚假或者隐瞒重要事实的电力可靠性信息的;

(三)供电企业未按照本办法规定定期披露其供电可靠性指标的。

第六十三条 国家能源局及其派出机构、地方政府能源管理部门和电力运行管理部门按照电力行业信用体系规定,对电力可靠性监督检查过程中产生的约谈、通报、奖励、处罚等记录依法依规进行归集、共享和公示,对相应的责任主体依法实施守信激励与失信惩戒。

第十一章 附 则

第六十四条 本办法自2022年6月1日起施行,《电力可靠性监督管理办法》(国家电力监管委员会令第24号)同时废止。

电力生产事故调查暂行规定

（2004 年 12 月 28 日国家电力监管委员会令第 4 号公布
自 2005 年 3 月 1 日起施行）

第一章　总　　则

第一条　为了及时报告、调查、统计、处理电力生产事故，规范电力生产事故管理和调查行为，制定本规定。

第二条　电力生产事故调查的任务是贯彻安全第一、预防为主的方针，总结经验教训，研究电力生产事故规律，采取预防措施，防止和减少电力生产事故的发生。

第三条　电力生产事故调查应当实事求是、尊重科学，做到事故原因未查清不放过，责任人员未处理不放过，整改措施未落实不放过，有关人员未受到教育不放过。

第四条　电力生产事故统计报告应当及时、准确、完整。电力生产事故统计分析应当与可靠性分析相结合，全面评价安全水平。

第五条　任何单位和个人对违反本规定的行为、隐瞒电力生产事故或者阻碍电力生产事故调查的行为，有权向国家电力监管委员会（以下简称电监会）及其派出机构、政府有关部门举报。

第六条　本规定适用于中华人民共和国境内的电力企业。

第二章　事故定义和级别

第七条　电力企业发生有下列情形之一的人身伤亡，为电力生产人身事故：

（一）员工从事与电力生产有关的工作过程中，发生人身伤亡（含生产性急性中毒造成的人身伤亡，下同）的；

（二）员工从事与电力生产有关的工作过程中，发生本企业负有同等以上责任的交通事故，造成人身伤亡的；

（三）在电力生产区域内，外单位人员从事与电力生产有关的工作过程中，发生本企业负有责任的人身伤亡的。

电力生产人身事故的等级划分和标准，执行国家有关规定。

第八条　电网发生有下列情形之一的大面积停电，为特大电网事故：

（一）省、自治区电网或者区域电网减供负荷达到下列数值之一的：

1. 电网负荷为20000兆瓦以上的，减供负荷20%；

2. 电网负荷为10000兆瓦以上不满20000兆瓦的，减供负荷30%或者4000兆瓦；

3. 电网负荷为5000兆瓦以上不满10000兆瓦的，减供负荷40%或者3000兆瓦；

4. 电网负荷为1000兆瓦以上不满5000兆瓦的，减供负荷50%或者2000兆瓦。

（二）直辖市减供负荷50%以上的；

（三）省和自治区人民政府所在地城市以及其他大城市减供负荷80%以上的。

第九条　电网发生有下列情形之一的大面积停电，为重大电网事故：

（一）省、自治区电网或者区域电网减供负荷达到下列数值之一的：

1. 电网负荷为20000兆瓦以上的，减供负荷8%；

2. 电网负荷为10000兆瓦以上不满20000兆瓦的，减供负荷10%或者1600兆瓦；

3. 电网负荷为5000兆瓦以上不满10000兆瓦的，减供负荷15%或者1000兆瓦；

4. 电网负荷为1000兆瓦以上不满5000兆瓦的，减供负荷20%或者750兆瓦；

5. 电网负荷为不满1000兆瓦的，减供负荷40%或者200兆瓦。

（二）直辖市减供负荷20%以上的；

（三）省和自治区人民政府所在地城市以及其他大城市减供负荷40%以上的；

（四）中等城市减供负荷60%以上的；

（五）小城市减供负荷80%以上的。

第十条　电力企业发生有下列情形之一的事故，为一般电网事故：

（一）110千伏以上省级电网或者区域电网非正常解列，并造成全网减供负荷达到下列数值之一的：

1. 电网负荷为20000兆瓦以上的，减供负荷4%；

2. 电网负荷为10000兆瓦以上不满20000兆瓦的，减供负荷5%或者800兆瓦；

3. 电网负荷为5000兆瓦以上不满10000兆瓦的，减供负荷8%或者500兆瓦；

4. 电网负荷为1000兆瓦以上不满5000兆瓦的，减供负荷10%或者400兆瓦；

5. 电网负荷为不满1000兆瓦的，减供负荷20%或者100兆瓦。

（二）变电所220千伏以上任一电压等级母线全停的。

（三）电网电能质量降低，造成下列情形之一的：

1. 装机容量3000兆瓦以上的电网，频率偏差超出50±0.2赫兹，且延续时间30分钟以上；或者频率偏差超出50±0.5赫兹，且延续时间15分钟以上。

2. 装机容量不满3000兆瓦的电网，频率偏差超出50±0.5赫兹，且延续时间30分钟以上；或者频率偏差超出50±1赫兹，且延续时间15分钟以上。

3. 电压监视控制点电压偏差超出电力调度规定的电压曲线值±5%，且延续时间超过2小时；或者电压偏差超出电力调度规定的电压曲线值±10%，且延续时间超过1小时。

第十一条 电力企业发生设备、设施、施工机械、运输工具损坏，造成直接经济损失超过规定数额的，为电力生产设备事故。

电力生产设备事故的等级划分和标准，执行本规定第十二条、第十三条和国家有关规定。

第十二条 装机容量400兆瓦以上的发电厂，一次事故造成2台以上机组非计划停运，并造成全厂对外停电的，为重大设备事故。

第十三条 电力企业有下列情形之一，未构成重大设备事故的，为一般设备事故：

（一）发电厂2台以上机组非计划停运，并造成全厂对外停电的；

（二）发电厂升压站110千伏以上任一电压等级母线全停的；

（三）发电厂200兆瓦以上机组被迫停止运行，时间超过24小时的；

（四）电网35千伏以上输变电设备被迫停止运行，并造成对用户中断供电的；

（五）水电厂由于水工设备、水工建筑损坏或者其他原因，造成水库不能正常蓄水、泄洪或者其他损坏的。

第十四条 火灾事故的定义、等级划分和标准，执行国家有关规定。

第三章 事故调查

第十五条 电力企业发生事故后，应当按照国家有关规定，及时向上级主管单位和当地人民政府有关部门如实报告。

第十六条 电力企业发生重大以上的人身事故、电网事故、设备事故或者火灾事故，电厂垮坝事故以及对社会造成严重影响的停电事故，应当立即将事故发生的时间、地点、事故概况、正在采取的紧急措施等情况向电监会报告，最迟不得超过24小时。

第十七条　电力生产事故的组织调查，按照下列规定进行：

（一）人身事故、火灾事故、交通事故和特大设备事故，按照国家有关规定组织调查；

（二）特大电网事故、重大电网事故、重大设备事故由电监会组织调查；

（三）一般电网事故、一般设备事故由发生事故的单位组织调查。

涉及电网企业、发电企业等2个或者2个以上企业的一般事故，进行联合调查时发生争议，一方申请电监会处理的，由电监会组织调查。

第十八条　电力生产事故的调查，按照下列规定进行：

（一）事故发生后，发生事故的单位应当迅速抢救伤员和进行事故应急处理，并派专人严格保护事故现场。未经调查和记录的事故现场，不得任意变动。

（二）事故发生后，发生事故的单位应当立即对事故现场和损坏的设备进行照相、录像、绘制草图。

（三）事故发生后，发生事故的单位应当立即组织有关人员收集事故经过、现场情况、财产损失等原始材料。

（四）发生事故的单位应当及时向事故调查组提供完整的相关资料。

（五）事故调查组有权向发生事故的单位、有关人员了解事故情况并索取有关资料，任何单位和个人不得拒绝。

（六）事故调查组在《事故调查报告书》中应当明确事故原因、性质、责任、防范措施和处理意见。

（七）根据事故调查组对事故的处理意见，有关单位应当按照管理权限对发生事故的单位、责任人员进行处理。

第四章　统计报告

第十九条　电力生产事故的统计和报告，按照电监会《电力安全生产信息报送暂行规定》办理。

涉及电网企业、发电企业等2个以上企业的事故，如果各企业均构成事故，各企业都应当按照有关规定统计、上报。

一起事故既符合电网事故条件，又符合设备事故条件的，按照“不同等级的事故，选取等级高的事故；相同等级的事故，选取电网事故”的原则统计、上报。

伴有人身事故的电网事故或者设备事故，应当按照本规定要求将人身事故、电网事故或者设备事故分别统计、上报。

第二十条　按照国家有关规定，由人民政府有关部门组织调查的事故，发生事故的单位应当自收到《事故调查报告书》之日起 1 周内,将有关情况报送电监会。

第二十一条 发电企业、供电企业和电力调度机构连续无事故的天数累计达到 100 天为 1 个安全周期。

发生重伤以上人身事故,发生本单位应承担责任的一般以上电网事故、设备事故或者火灾事故,均应当中断安全周期。

第五章 附 则

第二十二条 本规定下列用语的含义:

(一)电力企业,是指以发电、输变电、供电、电力调度、电力检修、电力试验、电力建设等为主要业务的企业(单位)。

(二)员工,是指企业(单位)中各种用工形式的人员,包括固定工、合同工,临时聘用、雇用、借用的人员,以及代训工和实习生。

(三)与电力生产有关的工作,是指发电、输变电、供电、电力调度、电力检修、电力试验、电力建设等生产性工作,如电力设备(设施)的运行、检修维护、施工安装、试验、生产性管理工作以及电力设备的更新改造、业扩、用户电力设备的安装、检修和试验等工作。

(四)电力生产区域,是指与电力生产有关的运行、检修维护、施工安装、试验、修配场所,以及生产仓库、汽车库、线路及电力通信设施的走廊等。

(五)第七条第一款第(三)项中的"本企业负有责任",是指有下列情形之一的,本企业负有责任:

1. 资质审查不严,项目承包方不符合要求;

2. 在开工前未对承包方负责人、工程技术人员和安监人员进行全面的安全技术交底,或者没有完整的记录;

3. 对危险性生产区域内作业未事先进行专门的安全技术交底,未要求承包方制定安全措施,未配合做好相关的安全措施(包括有关设施、设备上设置明确的安全警告标志等);

4. 未签订安全生产管理协议,或者协议中未明确各自的安全生产职责和应当采取的安全措施。

(六)区域电网,是指华北、东北、西北、华东、华中和南方电网。

(七)电网负荷,是指电力调度机构统一调度的电网在事故发生前的负荷。

(八)大城市、中等城市、小城市,是指《中华人民共和国城市规划法》规定的大城市、中等城市、小城市。

（九）电网非正常解列包括自动解列、继电保护及安全自动装置动作解列。

（十）施工机械，是指大型起吊设备、运输设备、挖掘设备、钻探设备、张力牵引设备等。

（十一）直接经济损失包括更换的备品配件、材料、人工和运输所发生的费用。如设备损坏不能再修复，则按同类型设备重置金额计算损失费用。保险公司赔偿费和设备残值不能冲减直接经济损失费用。

（十二）全厂对外停电，是指发电厂对外有功负荷降到零。虽电网经发电厂母线转送的负荷没有停止，仍视为全厂对外停电。

（十三）电网减供负荷波及多个省级电网时，除引发事故的省级电网计算1次事故外，区域电网另计算1次，其电网负荷按照区域电网事故前全网负荷计算。减供负荷的计算范围与计算电网负荷时的范围相同。

（十四）城市的减供负荷，是指市区范围的减供负荷，不包括市管辖的县或者县级市。

（十五）电力设备事故包括电气设备发生电弧引燃绝缘（包括绝缘油）、油系统（不包括油罐）、制粉系统损坏起火等。

第二十三条　各电力企业应当根据本规定制定与生产事故调查相关的内部规程。

第二十四条　本规定自2005年3月1日起施行。1994年12月22日原电力工业部发布的《电业生产事故调查规程》同时废止。

水电站大坝运行安全监督管理规定

（2015 年 4 月 1 日国家发展和改革委员会令第 23 号公布）

第一章　总　　则

第一条　为了加强水电站大坝运行安全监督管理，保障人民生命财产安全，促进经济社会持续健康安全发展，根据《中华人民共和国安全生产法》、《水库大坝安全管理条例》、《电力监管条例》、《生产安全事故报告和调查处理条例》、《电力安全事故应急处置和调查处理条例》等法律法规，制定本规定。

第二条　水电站大坝运行安全管理应当坚持安全第一、预防为主、综合治理的方针。

第三条　本规定适用于以发电为主、总装机容量 5 万千瓦及以上的大、中型水电站大坝（以下简称大坝）。

本规定所称大坝，是指包括横跨河床和水库周围垭口的所有永久性挡水建筑物、泄洪建筑物、输水和过船建筑物的挡水结构以及这些建筑物与结构的地基、近坝库岸、边坡和附属设施。

第四条　电力企业是大坝运行安全的责任主体，应当遵守国家有关法律法规和标准规范，建立健全大坝运行安全组织体系和应急工作机制，加强大坝运行全过程安全管理，确保大坝运行安全。

第五条　国家能源局负责大坝运行安全综合监督管理。

国家能源局派出机构（以下简称派出机构）具体负责本辖区大坝运行安全监督管理。

国家能源局大坝安全监察中心（以下简称大坝中心）负责大坝运行安全技术监督管理服务，为国家能源局及其派出机构开展大坝运行安全监督管理提供技术支持。

第二章　运 行 管 理

第六条　电力企业应当保证大坝安全监测系统、泄洪消能和防护设施、应急电源等安全设施与大坝主体工程同时设计、同时施工、同时投入运行。

大坝蓄水验收和枢纽工程专项验收前应当分别经过蓄水安全鉴定和竣工安全鉴定。

第七条 电力企业应当加强大坝安全检查、运行维护与除险加固等工作,保证大坝主体结构完好,大坝安全设施运行可靠。

第八条 电力企业应当加强大坝安全监测与信息化建设工作,及时整理分析监测成果,监控大坝运行安全状态,并且按照要求向大坝中心报送大坝运行安全信息。对坝高100米以上的大坝、库容1亿立方米以上的大坝和病险坝,电力企业应当建立大坝安全在线监控系统,并且接受大坝中心的监督。

第九条 电力企业应当对大坝进行日常巡视检查。每年汛期及汛前、汛后,枯水期、冰冻期,遭遇大洪水、发生有感地震或者极端气象等特殊情况,电力企业应当对大坝进行详细检查。

电力企业应当及时处理发现的大坝缺陷和隐患。

第十条 电力企业应当每年年底开展大坝安全年度详查,总结本年度大坝安全管理工作,整编分析大坝监测资料,分析水库、水工建筑物、闸门及启闭机、监测系统和应急电源的运行情况,提出大坝安全年度详查报告并且报送大坝中心。

第十一条 电力企业应当按照国家规定做好水电站防洪度汛工作。

水库调度和发电运行应当以确保大坝运行安全为前提,严格遵循批准的汛期调度运用计划和水库运用与电站运行调度规程。汛期水库汛限水位以上防洪库容的运用,必须服从防汛指挥机构的调度指挥。

汛期发生影响正常泄洪的情况时,电力企业应当及时处置并且报告大坝中心。

第十二条 电力企业应当建立大坝安全应急管理体系,制定大坝安全应急预案,建立与地方政府、相关单位的应急联动机制。

遇有超标准洪水、地震、地质灾害、大体积漂浮物等险情,电力企业应当按照规定启动大坝安全应急机制,采取必要措施保障大坝安全,并且报告派出机构和大坝中心。

第十三条 任何单位、部门不得擅自改变或者调整水电站原批准的功能。任何改变或者调整水电站功能的方案,应当依法报有关项目核准(或者审批)部门批准。

第十四条 水电站进行工程改造或者扩建,应当依法报有关项目核准(或者审批)部门批准。

大坝枢纽范围内新建、改建或者扩建建筑物,应当按照规定进行大坝安全影响专项论证并且经过大坝安全技术监督单位评审。

第十五条 工程降低等别以及大坝退役(包括大坝报废、拆除或者拆除重建)应当充分论证,经过有关项目核准(或者审批)部门同意后方可以实施。

第十六条 电力企业负责人及相关管理人员应当具备大坝安全专业知识和管理能力,定期培训。

从事大坝运行安全监测、维护及闸门启闭操作的作业人员应当经过相关技术培训,持证上岗。

第十七条 电力企业应当按照国家规定及时收集、整理和保存大坝建设工程档案、运行维护资料及相应原始记录。

第十八条 电力企业委托大坝运行安全专业技术服务单位承担大坝运行安全分析、监测、测试、检验、检查、维护等具体工作的,大坝运行安全责任仍由委托方承担。

国家对专业技术服务有资质要求的,承担技术服务的单位应当具有相应资质。

第三章 定期检查

第十九条 大坝中心应当定期检查大坝安全状况,评定大坝安全等级。

定期检查一般每5年进行1次,检查时间一般不超过1.5年。首次定期检查后,定期检查间隔可以根据大坝安全风险情况动态调整,但不得少于3年或者超过10年。

第二十条 大坝遭受超标准洪水或者破坏性地震等自然灾害以及其他严重事件后,大坝中心应当对大坝进行特种检查,重新评定大坝安全等级。

第二十一条 大坝安全等级分为正常坝、病坝和险坝三级。符合下列条件的大坝,评定为正常坝:

(一)防洪能力符合规范要求;或者非常运用情况下的防洪能力略有不足,但大坝安全风险低且可控;

(二)坝基良好;或者虽然存在局部缺陷但无趋势性恶化,大坝整体安全;

(三)大坝结构安全度符合规范要求;或者略有不足,但大坝安全风险低且可控;

(四)大坝运行性态总体正常;

(五)近坝库岸和工程边坡稳定或者基本稳定。

具有下列情形之一的大坝,评定为病坝:

(一)正常运用情况下的防洪能力略有不足,但风险较低;或者非常运用情况下的防洪能力不足,风险较高;

(二)坝基存在局部缺陷,且有趋势性恶化,可能危及大坝整体安全;

(三)大坝结构安全度不符合规范要求,存在安全风险,可能危及大坝整体安全;

(四)大坝运行性态异常,存在安全风险,可能危及大坝安全;

(五)近坝库岸和工程边坡有失稳征兆,失稳后影响工程正常运用。

具有下列情形之一的大坝,评定为险坝:

(一)正常运用情况下防洪能力不足,风险较高;或者非常运用情况下防洪能力不足,风险很高;

(二)坝基存在的缺陷持续恶化,已危及大坝安全;

(三)大坝结构安全度严重不符合规范要求,已危及大坝安全;

(四)大坝存在事故征兆;

(五)近坝库岸或者工程边坡有失稳征兆,失稳后危及大坝安全。

第二十二条　电力企业应当限期完成对病坝、险坝的处理。

病坝、险坝以及正常坝的重大工程缺陷和隐患的处理应当专项设计、专项审查、专项施工和专项验收。

第二十三条　大坝评定为险坝后,电力企业应当立即降低水库运行水位,直至放空水库。病坝消缺前或者消缺过程中,如情况恶化或者发生重大险情,应当降低水库运行水位,极端情况下可以放空水库。

第四章　注册登记

第二十四条　大坝运行实行安全注册登记制度。电力企业应当在规定期限内申请办理大坝安全注册登记。

在规定期限内不申请办理安全注册登记的大坝,不得投入运行,其发电机组不得并网发电。

第二十五条　大坝安全注册应当符合下列条件:

(一)依法取得核准(或者审批)手续;

(二)新建大坝具有竣工安全鉴定报告及其专题报告;已运行大坝具有近期的定期检查报告和定期检查审查意见;

(三)有完整的大坝勘测、设计、施工、监理资料和运行资料;

(四)有职责明确的管理机构、符合岗位要求的专业运行人员、健全的大坝安全管理规章制度和操作规程。

第二十六条　大坝中心具体受理大坝安全注册登记申请,组织注册现场检查并且提出注册检查意见,经国家能源局批准后向电力企业颁发大坝安全注册登记证。

第二十七条 大坝安全注册等级分为甲、乙、丙三级。

(一)通过竣工安全鉴定或者安全等级评定为正常坝的,根据管理实绩考核结果,颁发甲级注册登记证或者乙级注册登记证;

(二)安全等级评定为病坝的,管理实绩考核结果满足要求的,颁发丙级注册登记证;

(三)安全等级评定为险坝的,在完成除险加固后颁发相应注册登记证。

不满足注册条件或者未取得注册登记证的大坝,电力企业应当在大坝中心登记备案,并且限期完成大坝安全注册。

第二十八条 大坝安全注册实行动态管理。甲级注册登记证有效期为 5 年,乙级、丙级注册登记证有效期为 3 年。

注册事项发生变化,电力企业应当及时办理注册变更。

注册登记证有效期满前,电力企业应当申请大坝安全换证注册。期满后逾期 6 个月仍未申请换证的,注销注册登记证。

工程降低等别应当办理大坝安全注册变更手续;大坝退役应当办理大坝安全注册注销手续。

第二十九条 新建大坝通过蓄水安全鉴定后,在其发电机组转入商业运营前,应当将工程蓄水安全鉴定报告和蓄水验收鉴定书以及有关安全管理情况等报大坝中心备案。

第五章 监督管理

第三十条 国家能源局应当定期公布大坝安全注册登记和定期检查情况。

派出机构应当督促电力企业开展安全注册登记和定期检查工作,并且结合注册现场检查、定期检查等工作对电力企业执行国家有关安全法律法规和标准规范的情况进行监督检查,发现违法违规行为,依法处理;发现重大安全隐患,责令电力企业及时整改。

派出机构应当会同大坝中心对电力企业病坝治理、险坝除险加固等重大安全隐患治理和风险管控工作进行安全督查,督促电力企业按照要求开展相关工作。

第三十一条 大坝中心应当对电力企业大坝安全监测、检查、维护、信息化建设及信息报送等工作进行监督、检查和指导,对大坝安全监测系统进行评价鉴定,对电力企业报送的大坝运行安全信息进行分析处理,对注册(备案)登记的大坝运行安全进行远程在线技术监督。

第三十二条 国家能源局及其派出机构、大坝中心应当依法对大坝退役安全进行监督管理。

国家能源局及其派出机构、大坝中心应当依法组织或者参与大坝溃坝、库水漫坝等运行安全事故的调查处理。

第三十三条 电力企业应当积极配合国家能源局及其派出机构、大坝中心做好大坝安全监督管理工作。

第六章 法律责任

第三十四条 电力企业有下列情形之一的,依据《安全生产法》第九十五条,由派出机构责令停止建设或者停产停业整顿,限期改正;逾期未改正的,将其列入安全生产不良信用记录和安全生产诚信"黑名单",处以50万元以上100万元以下的罚款,对其直接负责的主管人员和其他直接责任人员处以2万元以上5万元以下的罚款:

(一)大坝安全设施未与主体工程同时设计、同时施工、同时投入运行的;

(二)未按照规定组织蓄水安全鉴定和竣工安全鉴定的;

(三)未按照规定开展大坝安全定期检查的;

(四)擅自改变、调整水电站原批准功能的,擅自进行工程改造或者扩建的,擅自降低工程等别或者实施大坝退役的。

第三十五条 电力企业未按照规定及时开展病坝治理、险坝除险加固等重大安全隐患治理和风险管控工作的,依据《安全生产法》第九十九条,由派出机构给予警告并且责令限期整改;拒不整改的,责令停产停业整顿,将其列入安全生产不良信用记录和安全生产诚信"黑名单",并且处以10万元以上50万元以下的罚款,对其直接负责的主管人员和其他直接责任人员处以2万元以上5万元以下的罚款。

第三十六条 电力企业有下列情形之一的,依据《安全生产法》第九十八条,由派出机构责令限期改正,可以处以10万元以下的罚款;逾期未改正的,责令停产停业整顿,将其列入安全生产不良信用记录和安全生产诚信"黑名单",并且处以10万元以上20万元以下的罚款,对其直接负责的主管人员和其他直接责任人员处以2万元以上5万元以下的罚款:

(一)未在规定期限内办理大坝安全注册登记和备案的;

(二)未按照规定制定大坝安全应急预案的。

第三十七条 电力企业未按照规定及时报告大坝险情或者提供虚假报告的,依据《安全生产法》第九十一条,由派出机构对其主要负责人处以2万元以上5万元以下的罚款,将其列入安全生产不良信用记录和安全生产诚信“黑名单”。

第三十八条 电力企业有下列情形之一的,由派出机构给予警告并且责令限期改正;逾期未改正的,可以处以1万元的罚款,并且对其主要负责人处以1万元的罚款:

(一)未按照规定开展大坝安全监测、检查、运行维护、年度详查、信息报送和信息化建设的;

(二)未按照规定收集、整理、分析和保存大坝运行资料的。

第三十九条 从事大坝安全分析、监测、测试、检验等专业技术服务的单位,出具虚假材料或者造成事故的,依法追究责任,并且将其列入安全生产不良信用记录和安全生产诚信“黑名单”。

第四十条 大坝中心违反本规定,有下列情形之一的,由国家能源局责令限期改正;逾期未改正的,对直接负责的主管人员和其他直接责任人员,依法给予行政处分:

(一)没有正当理由,拒不受理大坝安全注册登记申请和备案的;

(二)未经批准,擅自颁发大坝安全注册登记证的;

(三)不按照要求开展定期检查和特种检查的。

第四十一条 大坝安全监督管理工作人员未按照本规定履行大坝安全监督管理职责的,由所在单位责令限期改正;存在徇私舞弊、滥用职权、玩忽职守行为的,由所在单位或者上级行政机关依法给予行政处分;构成犯罪的,依法追究刑事责任。

第七章 附 则

第四十二条 水电站输水隧洞、压力钢管、调压井、发电厂房、尾水隧洞等输水发电建筑物及过坝建筑物及其附属设施应当参照本规定相关要求开展安全检查,发现缺陷及时处理。

第四十三条 对运行大坝进行安全评价等技术服务,依照国家有关规定,实行公示基准价格的有偿服务。

第四十四条 以发电为主、总装机容量小于5万千瓦的大坝运行安全监督管理,参照本规定执行。

第四十五条 大坝安全注册登记、备案、定期检查、除险加固、安全监测、信息报送、信息化建设以及应急管理等方面的具体要求由国家能源局另行制定。

第四十六条 本规定自2015年4月1日起施行。原国家电力监管委员会《水电站大坝运行安全管理规定》同时废止。

电力监控系统安全防护规定

（2014年8月1日国家发展和改革委员会令第14号公布
自2014年9月1日起施行）

第一章 总 则

第一条 为了加强电力监控系统的信息安全管理，防范黑客及恶意代码等对电力监控系统的攻击及侵害，保障电力系统的安全稳定运行，根据《电力监管条例》、《中华人民共和国计算机信息系统安全保护条例》和国家有关规定，结合电力监控系统的实际情况，制定本规定。

第二条 电力监控系统安全防护工作应当落实国家信息安全等级保护制度，按照国家信息安全等级保护的有关要求，坚持“安全分区、网络专用、横向隔离、纵向认证”的原则，保障电力监控系统的安全。

第三条 本规定所称电力监控系统，是指用于监视和控制电力生产及供应过程的、基于计算机及网络技术的业务系统及智能设备，以及做为基础支撑的通信及数据网络等。

第四条 本规定适用于发电企业、电网企业以及相关规划设计、施工建设、安装调试、研究开发等单位。

第五条 国家能源局及其派出机构依法对电力监控系统安全防护工作进行监督管理。

第二章 技术管理

第六条 发电企业、电网企业内部基于计算机和网络技术的业务系统，应当划分为生产控制大区和管理信息大区。

生产控制大区可以分为控制区（安全区Ⅰ）和非控制区（安全区Ⅱ）；管理信息大区内部在不影响生产控制大区安全的前提下，可以根据各企业不同安全要求划分安全区。

根据应用系统实际情况,在满足总体安全要求的前提下,可以简化安全区的设置,但是应当避免形成不同安全区的纵向交叉联接。

第七条 电力调度数据网应当在专用通道上使用独立的网络设备组网,在物理层面上实现与电力企业其他数据网及外部公用数据网的安全隔离。

电力调度数据网划分为逻辑隔离的实时子网和非实时子网,分别连接控制区和非控制区。

第八条 生产控制大区的业务系统在与其终端的纵向联接中使用无线通信网、电力企业其他数据网(非电力调度数据网)或者外部公用数据网的虚拟专用网络方式(VPN)等进行通信的,应当设立安全接入区。

第九条 在生产控制大区与管理信息大区之间必须设置经国家指定部门检测认证的电力专用横向单向安全隔离装置。

生产控制大区内部的安全区之间应当采用具有访问控制功能的设备、防火墙或者相当功能的设施,实现逻辑隔离。

安全接入区与生产控制大区中其他部分的联接处必须设置经国家指定部门检测认证的电力专用横向单向安全隔离装置。

第十条 在生产控制大区与广域网的纵向联接处应当设置经过国家指定部门检测认证的电力专用纵向加密认证装置或者加密认证网关及相应设施。

第十一条 安全区边界应当采取必要的安全防护措施,禁止任何穿越生产控制大区和管理信息大区之间边界的通用网络服务。

生产控制大区中的业务系统应当具有高安全性和高可靠性,禁止采用安全风险高的通用网络服务功能。

第十二条 依照电力调度管理体制建立基于公钥技术的分布式电力调度数字证书及安全标签,生产控制大区中的重要业务系统应当采用认证加密机制。

第十三条 电力监控系统在设备选型及配置时,应当禁止选用经国家相关管理部门检测认定并经国家能源局通报存在漏洞和风险的系统及设备;对于已经投入运行的系统及设备,应当按照国家能源局及其派出机构的要求及时进行整改,同时应当加强相关系统及设备的运行管理和安全防护。生产控制大区中除安全接入区外,应当禁止选用具有无线通信功能的设备。

第三章 安全管理

第十四条 电力监控系统安全防护是电力安全生产管理体系的有机组成部分。电力企业应当按照“谁主管谁负责,谁运营谁负责”的原则,建立健全电力监控系统安全防护管理制度，将电力监控系统安全防护工作及其信息报送纳入日常安全生产管理体系，落实分级负责的责任制。

电力调度机构负责直接调度范围内的下一级电力调度机构、变电站、发电厂涉网部分的电力监控系统安全防护的技术监督，发电厂内其他监控系统的安全防护可以由其上级主管单位实施技术监督。

第十五条　电力调度机构、发电厂、变电站等运行单位的电力监控系统安全防护实施方案必须经本企业的上级专业管理部门和信息安全管理部门以及相应电力调度机构的审核，方案实施完成后应当由上述机构验收。

接入电力调度数据网络的设备和应用系统，其接入技术方案和安全防护措施必须经直接负责的电力调度机构同意。

第十六条　建立健全电力监控系统安全防护评估制度，采取以自评估为主、检查评估为辅的方式，将电力监控系统安全防护评估纳入电力系统安全评价体系。

第十七条　建立健全电力监控系统安全的联合防护和应急机制，制定应急预案。电力调度机构负责统一指挥调度范围内的电力监控系统安全应急处理。

当遭受网络攻击，生产控制大区的电力监控系统出现异常或者故障时，应当立即向其上级电力调度机构以及当地国家能源局派出机构报告，并联合采取紧急防护措施，防止事态扩大，同时应当注意保护现场，以便进行调查取证。

第四章　保 密 管 理

第十八条　电力监控系统相关设备及系统的开发单位、供应商应当以合同条款或者保密协议的方式保证其所提供的设备及系统符合本规定的要求，并在设备及系统的全生命周期内对其负责。

电力监控系统专用安全产品的开发单位、使用单位及供应商，应当按国家有关要求做好保密工作，禁止关键技术和设备的扩散。

第十九条　对生产控制大区安全评估的所有评估资料和评估结果，应当按国家有关要求做好保密工作。

第五章　监 督 管 理

第二十条　国家能源局及其派出机构负责制定电力监控系统安全防护相关管理和技术规范，并监督实施。

第二十一条　对于不符合本规定要求的，相关单位应当在规定的期限内整改；

逾期未整改的,由国家能源局及其派出机构依据国家有关规定予以处罚。

第二十二条 对于因违反本规定,造成电力监控系统故障的,由其上级单位按相关规程规定进行处理;发生电力设备事故或者造成电力安全事故(事件)的,按国家有关事故(事件)调查规定进行处理。

第六章 附 则

第二十三条 本规定下列用语的含义或范围:

(一)电力监控系统具体包括电力数据采集与监控系统、能量管理系统、变电站自动化系统、换流站计算机监控系统、发电厂计算机监控系统、配电自动化系统、微机继电保护和安全自动装置、广域相量测量系统、负荷控制系统、水调自动化系统和水电梯级调度自动化系统、电能量计量系统、实时电力市场的辅助控制系统、电力调度数据网络等。

(二)电力调度数据网络,是指各级电力调度专用广域数据网络、电力生产专用拨号网络等。

(三)控制区,是指由具有实时监控功能、纵向联接使用电力调度数据网的实时子网或者专用通道的各业务系统构成的安全区域。

(四)非控制区,是指在生产控制范围内由在线运行但不直接参与控制、是电力生产过程的必要环节、纵向联接使用电力调度数据网的非实时子网的各业务系统构成的安全区域。

第二十四条 本规定自 2014 年 9 月 1 日起施行。2004 年 12 月 20 日原国家电力监管委员会发布的《电力二次系统安全防护规定》(国家电力监管委员会令第 5 号)同时废止。

电力安全监管约谈办法

（2018 年 11 月 28 日国家能源局印发 国能发安全〔2018〕79 号）

第一条 为加强电力安全监管工作，规范监管行为，防范和遏制重特大电力事故，依据《中共中央 国务院关于推进安全生产领域改革发展的意见》《电力安全生产监督管理办法》《电力建设工程施工安全监督管理办法》，制定本办法。

第二条 本办法所称电力安全监管约谈（以下简称约谈），是指国家能源局及其派出机构约见电力企业，就电力安全生产有关问题进行提醒告诫、督促整改的谈话。

第三条 国家能源局组织的约谈由国家能源局负有电力安全监管职责的部门组织，派出能源监管机构组织的约谈由派出能源监管机构负有电力安全监管职责的处室组织。约谈可视需要邀请单位主要领导、分管领导或相关部门人员及专家参加。

第四条 电力企业发生以下情形之一由国家能源局负责组织约谈。

（一）发生《电力安全事故应急处置和调查处理条例》所规定的电力安全事故；

（二）发生重大及以上生产安全事故；

（三）发生性质严重、社会影响恶劣的较大生产安全事故；

（四）3 个月内发生 2 起以上较大生产安全事故；

（五）3 个月内发生 5 起以上一般及以上生产安全事故；

（六）发生造成重大社会影响的电力安全事件；

（七）谎报、迟报、瞒报、漏报电力安全信息；

（八）未贯彻落实安全生产法律法规和党中央、国务院有关安全生产的决策部署，安全生产责任制落实不到位；

（九）发现重大安全生产隐患或存在重大安全生产风险；

（十）国家能源局认定有必要实施监管约谈的其他情形。

各派出能源监管机构根据辖区内实际情况确定实施约谈的情形，并报国家能源局负有电力安全监管职责的部门备案。

第五条 约谈对象为电力企业安全生产第一责任人、分管安全生产工作的负责人及有关人员。原则上国家能源局约谈电力企业(集团)总部,派出能源监管机构约谈所辖区域电力企业。

第六条 组织约谈前,由负有电力安全监管职责的部门(处室)制定约谈方案,报国家能源局(派出能源监管机构)分管负责人批准。

约谈方案应包括约谈事由、约谈方组成人员、被约谈方组成单位及人员等内容。

第七条 约谈经批准后,由约谈方书面通知被约谈方,告知被约谈方约谈事由、时间、地点、参加人员、需要提交的材料以及提交时限等。

第八条 被约谈方应按照要求准备书面材料,主要包括安全生产基本情况、存在问题及原因分析、主要教训及整改措施等。被约谈方应按要求时限向约谈方报送参加人员名单和书面材料。

第九条 具体约谈过程按照以下程序实施。

(一)约谈方说明约谈事由,通报被约谈方存在的问题;

(二)被约谈方就约谈事项进行陈述说明,提出下一步拟采取的整改措施,并回答约谈方提出的质询;

(三)约谈方提出整改要求,被约谈方表态;

(四)形成约谈纪要送相关单位并归档。

第十条 被约谈方应当在要求的时限内完成整改并报送整改落实报告。

约谈方应对整改落实报告进行审核,必要时可进行现场核查。对落实整改措施不力,连续发生事故的,约谈方要在行业内给予通报,依法依规从严处理。

第十一条 约谈方可根据政务公开的要求依法依规向社会公开约谈的情况。

第十二条 约谈方人员应当依法行政、廉洁奉公。有下列情形之一的,给予批评教育;情节严重的,给予行政处分。

(一)约谈过程态度蛮横或者故意刁难被约谈方的;

(二)滥用约谈手段谋取私利、违法乱纪的;

(三)徇私舞弊、玩忽职守的;

(四)其他违反监管人员工作纪律的行为。

电力安全事件监督管理规定

（2014年5月10日国家能源局印发　国能发安全〔2014〕205号）

第一条　为贯彻落实《电力安全事故应急处置和调查处理条例》（以下简称《条例》），加强对可能引发电力安全事故的重大风险管控，防止和减少电力安全事故，制定本规定。

第二条　本规定所称电力安全事件，是指未构成电力安全事故，但影响电力（热力）正常供应，或对电力系统安全稳定运行构成威胁，可能引发电力安全事故或造成较大社会影响的事件。

第三条　电力企业应当加强对电力安全事件的管理，严格落实安全生产责任，建立健全相关的管理制度，完善安全风险管控体系，强化基层基础安全管理工作，防止和减少电力安全事件。

第四条　电力企业应当依据《条例》和本规定，制定本企业电力安全事件相关管理规定，明确电力安全事件分级分类标准、信息报送制度、调查处理程序和责任追究制度等内容。

第五条　电力企业制定的电力安全事件相关管理规定应当报送国家能源局及其派出机构。属于全国电力安全生产委员会成员单位的电力企业向国家能源局报送，其他电力企业向当地国家能源局派出机构（以下简称“派出机构”）报送。电力安全事件相关管理规定作出修订后，应当重新报送。

第六条　国家能源局及其派出机构指导、督促电力企业开展电力安全事件防范工作，并重点加强对以下电力安全事件的监督管理：

（一）因安全故障（含人员误操作，下同）造成城市电网（含直辖市、省级人民政府所在地城市、其它设区的市、县级市电网）减供负荷比例或者城市供电用户停电比例超过《电力安全事故应急处置和调查处理条例》规定的一般电力安全事故比例数值60%以上；

（二）500千伏以上系统中，一次事件造成同一输电断面两回以上线路同时停运；

（三）省级以上电力调度机构管辖的安全稳定控制装置拒动或误动、330千伏以

上线路主保护拒动或误动、330 千伏以上断路器拒动;

(四)装机总容量 1000 兆瓦以上的发电厂、330 千伏以上变电站因安全故障造成全厂(全站)对外停电;

(五)±400 千伏以上直流输电线路双极闭锁或一次事件造成多回直流输电线路单级闭锁;

(六)发生地市级以上地方人民政府有关部门确定的特级或者一级重要电力用户外部供电电源因安全故障全部中断;

(七)因安全故障造成发电厂一次减少出力 1200 兆瓦以上,或者装机容量 5000 兆瓦以上发电厂一次减少出力 2000 兆瓦以上,或者风电场一次减少出力 200 兆瓦以上;

(八)水电站由于水工设备、水工建筑损坏或者其他原因,造成水库不能正常蓄水、泄洪,水淹厂房、库水漫坝;或者水电站在泄洪过程中发生消能防冲设施破坏、下游近坝堤岸垮塌;

(九)燃煤发电厂贮灰场大坝发生溃决,或发生严重泄漏并造成环境污染;

(十)供热机组装机容量 200 兆瓦以上的热电厂,在当地人民政府规定的采暖期内同时发生 2 台以上供热机组因安全故障停止运行并持续 12 小时。

第七条 发生第六条所列电力安全事件后,对于造成较大社会影响的,发生事件的单位负责人接到报告后应当于 1 小时内向上级主管单位和当地派出机构报告,在未设派出机构的省、自治区、直辖市,应向当地国家能源局区域派出机构报告。全国电力安全生产委员会成员单位接到报告后应当于 1 小时内向国家能源局报告。

其他电力安全事件报国家能源局的时限为事件发生后 24 小时。同时,当地派出机构要对事件进一步核实,及时向国家能源局报送事件情况的书面报告。

第八条 电力企业对发生的电力安全事件,应当吸取教训,按照本企业的相关管理规定,制定和落实防范整改措施。

对第六条所列电力安全事件,电力企业应当依据国家有关事故调查程序,组织调查组进行调查处理。

对电力系统安全稳定运行或对社会造成较大影响的电力安全事件,国家能源局及其派出机构认为必要时,可以专项督查。

第九条 对第六条所列电力安全事件的调查期限依据《电力安全事故应急处置和调查处理条例》规定的一般电力安全事故调查期限执行,调查工作结束后 5 个工作日内,电力企业应当将调查结果以书面形式报国家能源局及其派出机构。

第十条 涉及电网企业、发电企业等两个或者两个以上企业的电力安全事件,组织联合调查时发生争议且一方申请国家能源局及其派出机构调查的,可以由国家能源局及其派出机构组织调查。

第十一条　对发生第六条所列电力安全事件且负有主要责任的电力企业，国家能源局及其派出机构将视情况采取约谈、通报、现场检查和专项督办等手段加强督导，督促电力企业落实安全生产主体责任，全面排查安全隐患，落实防范整改措施，切实提高安全生产管理水平，防止类似事件重复发生，防止由电力安全事件引发电力安全事故。

第十二条　电力企业违反本规定要求的，由国家能源局及其派出机构依据有关规定处理。

第十三条　派出机构可根据本规定，结合本辖区实际，制定相关实施细则。

第十四条　本规定自发布之日起执行。

重大活动电力安全保障工作规定

（2020 年 3 月 12 日国家能源局印发　国能发安全〔2020〕18 号）

第一章　总　　则

第一条　为规范重大活动电力安全保障工作，加强电力安全保障工作的监督管理，保证供用电安全，依据《安全生产法》《网络安全法》《电力监管条例》等法律法规和国家有关规定，制定本规定。

重大活动承办方、电力管理部门、派出机构、电力企业（含经营配电网的企业）、重点用户应当依照本规定做好重大活动电力安全保障工作。

第二条　本规定所称重大活动，是指由省级以上人民政府组织或认定的、具有重大影响和特定规模的政治、经济、科技、文化、体育等活动。

第三条　重大活动电力安全保障工作启动的依据包括：

（一）国务院安委会及党中央、国务院有关部门工作部署要求；

（二）重大活动主办方、承办方的正式通知；

（三）省级以上人民政府发布的社会公告；

（四）省级以上人民政府相关部门、电力企业等获取的信息，并被确认有必要开展电力安全保障工作的情形。

第四条　重大活动电力安全保障工作的总体目标是：确保重大活动期间电力系统安全稳定运行，确保重点用户供用电安全，杜绝造成严重社会影响的停电事件发生。

第五条　重大活动电力安全保障应当遵循超前部署、规范管理、各负其责、相互协作的工作原则。

第六条　重大活动电力安全保障工作分为准备、实施、总结三个阶段。

准备阶段，主要包括保障工作组织机构建立、保障工作方案制定、安全评估和隐患治理、网络安全保障、电力设施安全保卫和反恐怖防范、配套电力工程建设和用电设施改造、合理调整电力设备检修计划、应急准备，以及检查、督查等工作。

实施阶段，主要包括落实保障工作方案、人员到岗到位、重要电力设施及用电设施、关键信息基础设施的巡视检查和现场保障、突发事件应急处置、信息报告、值班值守等工作。

总结阶段，主要包括保障工作评估总结、经验交流、表彰奖励等工作。

第七条　重大活动电力安全保障工作中应当严格执行保密制度，防止涉密资料和敏感信息外泄。

第八条　重大活动承办方、电力管理部门、派出机构、电力企业、重点用户等相关单位应当相互沟通，密切配合，建立重大活动电力安全保障工作机制，共同做好电力安全保障工作。

第二章　工 作 职 责

第九条　重大活动承办方对电力安全保障工作的协作事项包括：

（一）及时向电力管理部门、派出机构、电力企业、重点用户通知重大活动时间、地点、内容等；

（二）协调电力企业和重点用户落实电力安全保障任务，做好供用电衔接，支持配套电力工程建设；

（三）支持、配合保电督查检查。

第十条　电力管理部门重大活动电力安全保障工作主要职责是：

（一）贯彻落实重大活动电力安全保障工作的决策部署；

（二）建立重大活动电力安全保障管理机制，组织、指导、监督检查电力企业、重点用户电力安全保障工作；

（三）协调重大活动期间电网调度运行管理，协调重大活动承办方、政府有关部门解决电力安全保障工作相关重大问题；

（四）制定电力安全保障工作方案。

第十一条　派出机构重大活动电力安全保障工作主要职责是：

（一）贯彻落实重大活动电力安全保障工作的决策部署；

（二）监督检查相关电力企业开展重大活动电力安全保障工作；

（三）建立重大活动电力安全保障网源协调机制；

（四）制定电力安全保障监管工作方案。

第十二条　电力企业重大活动电力安全保障工作主要职责是：

（一）贯彻落实各级政府和有关部门关于重大活动电力安全保障工作的决策部署；

（二）提出本单位重大活动电力安全保障工作的目标和要求，制定本单位保障工作方案并组织实施；

（三）开展安全评估和隐患治理、网络安全保障、电力设施安全保卫和反恐怖防范等工作；

（四）建立重大活动电力安全保障应急体系和应急机制，制定完善应急预案，开展应急培训和演练，及时处置电力突发事件；

（五）协助重点用户开展用电安全检查，指导重点用户进行隐患整改，开展重点用户供电服务工作；

（六）及时向重大活动承办方、电力管理部门、派出机构报送电力安全保障工作情况；

（七）加强涉及重点用户的发、输、变、配电设施运行维护，保障重点用户可靠供电。

第十三条 重点用户重大活动电力安全保障工作主要职责是：

（一）贯彻落实各级政府和有关部门关于重大活动电力安全保障工作的决策部署，配合开展督查检查；

（二）制定执行重大活动用电安全管理制度，制定电力安全保障工作方案并组织实施；

（三）及时开展用电安全检查和安全评估，对用电设施安全隐患进行排查治理并进行必要的用电设施改造；

（四）结合重大活动情况，确定重要负荷范围，提前配置满足重要负荷需求的不间断电源和应急发电设备，保障不间断电源完好可靠；

（五）建立重大活动电力安全保障应急机制，制定停电事件应急预案，开展应急培训和演练，及时处置涉及用电安全的突发事件；

（六）及时向重大活动承办方、电力管理部门报告电力安全保障工作中出现的重大问题。

第三章 风险评估与隐患治理

第十四条 电力企业、重点用户要建立重大活动电力供应和使用过程中的风险管控和隐患排查治理双重预防机制。重大活动前，对影响电力安全保障的重点设备、场所、环节开展评估，有针对性地做好风险识别、分级、监视、控制工作，保证风险管控和隐患排查治理所需的人力、物力、财力，对发现的问题及时处理。

第十五条 电网企业开展重大活动保障风险评估包括：电网运行评估、设备运行评估、网络安全评估、电力设施保卫和反恐怖防范风险评估、应急能力评估和用户侧安全评估等方面的情况。

第十六条　发电企业开展重大活动保障风险评估包括：设备运行评估、燃料物资保障能力评估、危险源安全状况评估、网络安全评估、电力设施保卫和反恐怖防范风险评估、应急能力评估和水电站大坝安全风险评估等方面的情况。

第十七条　重点用户开展重大活动保障风险评估包括：用电设施的运行状况、定期试验、重要负荷、电气运行人员配置，以及应急预案、应急演练、备品备件、自备应急电源配置等方面的情况。

第十八条　电力企业、重点用户是风险管控和隐患治理工作的责任主体，应当结合风险评估和隐患排查工作，严格管控安全风险，全面治理安全隐患。

电网企业发现重点用户存在安全隐患，应及时告知用户并提出整改建议。电力安全保障实施阶段前无法完成整改的，重点用户应当制定防范措施，做好应急准备。

第十九条　电力企业、重点用户应当将重大活动风险评估和隐患整改情况向有关部门报告。

第四章　网络安全保障

第二十条　电力企业应严格落实网络安全管理制度和责任，加强关键信息基础设施保护，结合实际制定网络安全保障专项工作方案和应急预案，成立保障组织机构，明确目标任务，细化措施要求，组织预案演练，做好宣贯动员，防范网络安全重大风险，防止发生重大网络安全事件，确保重要信息系统、电力监控系统安全稳定运行。

第二十一条　电力企业应严格落实专项工作方案，全面开展网络安全隐患排查整改、风险评估和资产清查。针对已知风险隐患及时整改，对于系统薄弱环节和短期内不具备整改条件的网络安全隐患，制定专项防控措施，检查应急预案的有效性，提高应急处置能力。

（一）电力企业应严格落实“安全分区、网络专用、横向隔离、纵向认证”的总体防护原则，全面加强网络边界防护，杜绝违规外联行为，确保网络边界和入口安全防护措施可靠有效。

（二）电力企业应全面防范网络安全风险，做好系统和主机加固。清查互联网资产，防范数据被窃取，清理废弃设备，加强在运老旧系统安全监控和风险防控。

（三）电力企业应综合考虑业务需求与安全风险，采取必要措施保障网络安全。落实基础设施物理安全防护，重要保障时段，加强重要场所人员管控，防范社会工程学攻击。

（四）电力企业应严格管控重要信息系统、电力监控系统检修维护行为，合理安排检修计划，加强现场运维人员和检修工作的管理，维护过程中加强监护。

第二十二条 电力企业应加强网络安全值班和实时监测。采用自建队伍或者采购第三方服务等方式，明确应急支撑队伍以及职责任务、响应时限等要求。发现网络攻击后，及时分析研判，做好信息报告，制定具体有效的应急措施，快速进行阻断处置，确保关键业务连续稳定运行。

第二十三条 电力调度机构应切实加强对调管发电厂特别是新能源发电厂涉网部分电力监控系统安全防护的技术监督，明确保障工作要求，加强沟通协作，督促电厂加强现场人员管理，认真排查整改安全隐患，杜绝网络违规外联等行为。

第二十四条 重点用户设备系统与电力企业电力监控系统相连接的，重点用户应采取可靠的网络安全防护措施。

第五章 电力设施安全保卫

第二十五条 电力企业应当建立电力设施安全保卫长效机制，综合采取人防、物防、技防措施，防止外力破坏、盗窃、恐怖袭击等因素影响重大活动电力安全保障工作。

第二十六条 电力企业应当在地方政府指导下与公安、当地群众建立联动机制，根据重大活动的时段安排和重要电力设施对重大活动可靠供电的影响程度，确定重要电力设施的保卫方式。

（一）警企联防。电力企业在发电厂、变电站、电力调度中心等相关电力设施、生产场所周边设置固定、流动岗位，由公安人员与本单位安全保卫人员联合站岗值勤；在重要输电线路沿线，由公安人员、企业专业护线人员、沿线群众按照事先制定的保卫方案进行现场值守和巡视检查。

（二）专群联防。电力企业在发电厂、变电站、电力调度中心等相关电力设施、生产场所周边设置固定、流动岗位，由本单位安全保卫人员站岗值勤；在重要输电线路沿线，由本单位专业护线人员、沿线群众按照事先制定的保卫方案进行现场值守和巡视检查。

（三）企业自防。电力企业组织本单位生产操作、安全保卫等人员，按照事先制定的保卫方案，对相关电力设施、生产场所进行现场值守和巡视检查。

第二十七条 电力企业应按照公安等有关部门的要求，开展电力设施反恐怖防范工作，在重大活动举办前向公安等有关部门报告反恐怖防范措施落实情况，遇有重大情况及时向公安等有关部门报告。

第二十八条　电力企业应当按照重大活动电力设施安全保卫工作的需要，配置、使用、维护安保器材和防暴装置。

第二十九条　电力企业应当在重要电力设施内部及周界安装视频监控等技防系统，并保证技防系统投入使用后的设备可靠性及数据准确性。

第三十条　重要电力生产场所应当实行分区管理和现场准入制度，对出入人员、车辆和物品进行安全检查。

第六章　配套电力工程建设

第三十一条　电力企业、重点用户应根据重大活动电力安全保障需求，依据产权范围，组织建设配套电力工程。重大活动承办方、电力管理部门、电力企业应为用户外电源建设等工程提供必要的支持和便利。

第三十二条　电力企业、重点用户要切实履行安全生产主体责任，采取可靠措施，确保配套电力工程质量和施工安全，保证工程按期投入使用。

第三十三条　电力企业、重点用户应当及时组织完成新投产设备的电气传动试验、大负荷试验等工作，并对新设备运行情况进行重点监测。

第七章　用电安全管理

第三十四条　重大活动承办方选择活动主办场所、相关服务场所时，应当优先选择具备以下条件的场所：

（一）具备双回路及以上供电电源且自备应急电源容量满足重要负荷用电要求；

（二）符合重要电力用户供电电源及自备应急电源配置方面的国家、行业标准要求；

（三）用电安全制度健全，运行管理规范，设备设施维护保养完好。

对不具备上述条件的场所，重大活动承办方、电力管理部门、派出机构应当协调相关单位，采取改造用电设施、建设临时电力工程、租赁应急电源等方式，提高供电可靠性。

第三十五条　重大活动承办方、电力管理部门应组织电力企业与活动主办场所的管理单位、用电设施的运行维护单位等相关方协商一致，明确重大活动供用电安全责任。对于产权不清晰的电力设施，由电力管理部门协调明确重大活动期间的责任归属。

第三十六条 电力企业应当开展重点用户供用电服务，提出安全用电建议，做好缺陷隐患告知工作，指导重点用户进行安全隐患整改，协助重点用户制定停电事件应急预案。

第三十七条 重点用户应当掌握所属用电设施的基本情况，建立并及时更新变(配)电设备清册、电气接线图、设备定期试验报告、二次设备整定参数等技术资料，以备电力安全保障工作需要。

第三十八条 重点用户应当根据电力安全保障工作需要，制定重大活动期间用电设施运行巡检专项方案、自备应急电源运行方式优化方案、安全保卫专项措施、应急处置专项方案等，对相关人员应进行专项培训，保证用电设施安全运行。

第三十九条 重点用户应当根据重大活动保障工作需要，储备必要的用电设施备品、备件和应急物资，为应急发电装备接入提前预留设备接口。

第四十条 重点用户应当定期开展对所属用电设施专项隐患排查、试验检查，并进行大负荷试验，落实重要负荷的保障措施，及时消除安全隐患。

第四十一条 重点用户电气运行维护人员数量应当满足用电设施运行维护需要，电气运行维护人员应当按照国家和行业规定持证上岗。

第八章 电力应急处置

第四十二条 电力企业、重点用户应当根据活动需要开展联合演练，及时完善相关应急预案，提高突发事件处置能力。

第四十三条 电力企业应当配置应急队伍及装备，足额储备应急物资，并在重大活动电力安全保障实施阶段前落实到位。

第四十四条 电力企业应当开展监测预警工作，及时掌握气象信息、自然灾害情况，研判电网负荷变化趋势，适时发布电力预警信息。

第四十五条 重大活动期间，电网企业原则上安排相关电网保持全接线、全保护运行方式，不安排设备计划检修和调试。

第四十六条 电力企业、重点用户应当实时监视、监测电力系统和用电设施运行状态，严格按照电力安全保障工作方案规定开展重要电力设施、用电设施特巡检查，及时消除设备缺陷。

第四十七条 重大活动电力安全保障实施阶段，电力管理部门、派出机构、电力企业、重点用户应当严格执行 24 小时值班制度。

第四十八条 电力企业应当按照要求指定专人负责，及时、完整地报送电力安全保障工作信息，主要包括：

(一)电力系统运行情况;

(二)发电、输电、供电设备故障情况;

(三)重点用户可靠供电情况,供电服务开展情况;

(四)电力设施安全保卫和反恐怖防范工作情况;

(五)网络安全情况;

(六)自然灾害对电力系统的影响情况;

(七)需要报告的其他情况。

第四十九条　突发停电事件发生后,电力企业、重点用户应当按照预案及时启动应急响应,采取有效措施恢复供电,并将有关情况及时向电力管理部门及派出机构报告。

电力管理部门应协调相关政府部门为电力企业的突发事件应急处置和应急救援工作提供交通、通信等方面的支援。

第五十条　电力企业、重点用户发生重要电力设施破坏、恐怖袭击、网络安全等突发事件后,电力企业、重点用户应立即进行先期处置,并向电力管理部门和地方政府相关部门,以及派出机构报告。

第九章　监督管理

第五十一条　国家能源局负责重大活动电力安全保障工作的指导和监督。对于常规性、延续时间较短的活动,可视情况委托有关单位监督管理。

第五十二条　电力管理部门、派出机构应当对电力企业重大活动电力安全保障工作进行监督管理,督促电力企业对存在的问题进行整改。电力管理部门应对重点用户重大活动电力安全保障工作组织开展检查并督促问题的整改。

对于未定期开展用电设备设施运行维护及检测试验、存在安全隐患的电力企业、重点用户,派出机构和电力管理部门应督促其整改。对于未按要求整改的电力企业,派出机构应依法依规进行处罚;对于拒不整改的用户,电力管理部门应依法依规进行处理,并视情况提请活动主办方取消其承办活动的资格。

第五十三条　电力管理部门和派出机构应当编制重大活动电力安全保障突发事件应急预案,主要内容包括:各部门职责、应急处置程序、应急保障措施等。

电力管理部门和派出机构应当对本单位工作人员开展应急管理培训。

第五十四条　电力管理部门应当与举办地政府有关部门沟通协调,通报电力安全保障工作情况,协调解决电力设施安全保卫和反恐怖防范、发电燃料供应、重点用户用电安全等方面遇到的问题。

第十章　附　　则

第五十五条　本规定下列用词的含义：

（一）“重点用户”，是指重大活动主办场所、服务场所相关用户，以及可能对重大活动造成严重影响的其他用电单位。

（二）“重要电力设施”，是指与重大活动电力安全保障相关的发电厂、变电站（换流站）、输（配）电线路、配电室、电力调度中心、电力应急指挥中心等电力设施或场所。

（三）“配套电力工程”，是指与重大活动电力安全保障工作相关的永久性或临时性新建、改建、扩建电力工程。

第五十六条　省级人民政府电力管理部门可会同派出机构依据本规定，制定辖区重大活动电力安全保障实施办法。

第五十七条　本规定自印发之日起施行，有效期五年。原电监会《关于印发〈重大活动电力安全保障工作规定（试行）〉的通知》（办安全〔2010〕88 号）同时废止。

燃煤发电厂贮灰场安全监督管理规定

（2022 年 5 月 27 日国家能源局印发　国能发安全规〔2022〕53 号）

第一条　为了进一步加强燃煤发电厂贮灰场安全监督管理，预防贮灰场安全事故，根据《中华人民共和国安全生产法》《中华人民共和国电力法》《电力监管条例》《电力安全事故应急处置和调查处理条例》等法律法规，制定本规定。

第二条　燃煤发电厂贮灰场（以下简称贮灰场）建设、运行、闭库和闭库后的安全监督管理，适用本规定。

本规定所称贮灰场，是指筑坝拦截谷口或者围地形成的具有一定容积、主要用以贮存粉煤灰和石膏的专用场地，包括灰坝（含灰堤）、场内粉煤灰排放系统、排水系统、排渗系统、喷淋系统、回水泵站、贮灰场管理站等建（构）筑物和设备设施。

第三条　燃煤发电厂（以下简称发电企业）是本厂贮灰场安全生产的责任主体，应当遵守国家有关法律法规和标准规范，坚持以人为本，坚持人民至上、生命至上，落实全员安全生产责任制，加强安全生产标准化建设，保障安全生产投入，构建安全风险分级管控和隐患排查治理双重预防机制，明确贮灰场安全管理机构，配备熟知贮灰场安全知识、具备贮灰场相应专业技能的管理人员、技术人员和作业人员。

第四条　贮灰场（含构筑子坝）的勘察设计、建设施工、运行管理、安全评估等单位应当具备相应能力，并承担相应的安全责任。

第五条　勘察设计单位应当按照国家有关标准开展贮灰场勘察（测）、设计工作，对贮灰场及灰坝稳定性、防排洪能力、安全设施可靠性、环境保护、坝基适用性等进行充分论证。

贮灰场的安全设施应当与主体工程同时设计、同时施工、同时投入使用，并符合电力安全生产设施有关规定要求。

第六条　施工单位应当严格执行国家有关法律法规和标准规范的规定，按照贮灰场设计图纸施工，确保贮灰场工程质量，并做好施工技术资料的管理和归档工作。

贮灰场施工过程中需要对设计做局部修改时，应当经原设计单位进行设计变更。

第七条 发电企业应当在贮灰场建成投运后的一个月内，向所在地的国家能源局派出机构和地方政府电力管理等有关部门报告。报告应当提交以下资料：

（一）贮灰场的地理位置、面积及下游（或者周边）村庄、建筑物、居民等情况；

（二）贮灰场建设时间、参建单位以及建设期间曾经出现过的重大问题、处理措施、处理结果；

（三）贮灰场主要技术参数，包括灰坝轴线位置、灰坝高、总库容、灰坝外坡坡比、灰坝结构、筑坝材料、筑坝方式、灰渣堆积量等；

（四）灰坝坝体防渗、排渗及反滤层的设置；

（五）防排洪系统的型式、布置及主要技术参数；

（六）贮灰场工程设计审批文件、施工质量及竣工验收相关资料；

（七）贮灰场的安全管理机构、安全管理责任人以及安全管理制度；

（八）其他需要报送的材料。

第八条 贮灰场以下事项发生变化的，发电企业应当及时报告所在地的国家能源局派出机构和地方政府电力管理等有关部门：

（一）加筑子坝；

（二）灰坝筑坝方式；

（三）灰坝轴线位置、贮灰场库容、灰坝外坡坡比、灰坝坝型、最终堆积标高；

（四）灰坝坝体防渗、排渗及反滤层的设置；

（五）防排洪系统的型式、布置及主要技术参数；

（六）贮灰场闭库。

第九条 贮灰场的运行管理单位应当建立运行管理制度，对灰坝坝体、除灰管路及排水设施等进行经常性检查，认真开展隐患排查治理工作，建立健全隐患排查治理档案。贮灰场重大及以上隐患的治理应坚持专项设计、专项审查、专项施工和专项验收的原则。

贮灰场存在重大及以上隐患且无法保证安全的，应当立即停止继续排灰，及时采取有效措施予以控制，并报告所在地的国家能源局派出机构和地方政府电力管理等有关部门。

贮灰场的运行管理单位应当在有较大危险因素的坝体和有关设施、设备上设置规范的安全警示标志。

第十条 运行管理单位应当加强贮灰场运行管理，完善贮灰场排灰和取灰方案，优化贮灰场运行方式，依据设计文件控制贮灰场灰水位、堆灰坡向、预留安全加高等，保持满足安全运行的干滩长度。

第十一条 运行管理单位应当保持坝体观测设施齐全、完好,并定期进行坝体位移、坝体沉降、坝体浸润线埋深及其出溢点变化情况等安全监测:

(一)坝体位移监测。在贮灰场竣工三年内,每月监测一次;竣工三年后,一般情况下,每季度监测一次;

(二)坝体沉降监测。一般情况下,每季度监测一次;

(三)浸润线监测。正常情况下,每月测量一次。根据浸润线监测数据,应当及时绘出坝体浸润线;

(四)地下水位变化监测。地下水位监测应当重点监测其变化幅度及与地表水的联系。系统动态监测时间不少于1个水文年,并每月监测一次,雨季应当增加监测次数;

(五)蚁穴、兽洞观测。根据当地气候特点,每年春季、秋季应当对坝体蚁穴、兽洞等进行全面检查。

鼓励采用北斗卫星高精度变形监测等先进技术监测坝体位移、沉降等变化情况。

第十二条 在汛期或者发生地震、暴雨、洪水、泥石流以及其他可能影响贮灰坝安全等异常情况时,运行管理单位应当加强巡视检查,并增加监测频次和监测项目。

第十三条 运行管理单位应当加强安全监测数据分析和管理,发现监测数据异常或者通过监测分析发现坝体有裂缝、滑坡征兆等严重异常情况时,应当立即采取措施予以处理并及时报告。

第十四条 发电企业和运行管理单位应当加强贮灰场防汛安全管理。每年汛期前应当对贮灰场排洪设施进行检查、试运、维修和疏通。汛期后应当对贮灰场坝体和排洪构筑物进行全面检查与清理,发现问题及时处理。

第十五条 发电企业和运行管理单位应当加强贮灰场堆灰和取灰管理,制定完善堆灰和取灰方案。堆灰和取灰工作不得影响贮灰场安全。

第十六条 运行管理单位应当做好贮灰场喷淋设施运行维护管理,以及贮灰场植被和贮灰场周边的防尘绿化带维护管理,防止扬尘污染。运行管理单位应当按照《一般工业固体废物贮存和填埋污染控制标准》(GB 18599)对贮灰场排放灰水及渗漏水定期进行水质监测。

第十七条 运行管理单位发现贮灰场安全管理范围内存在爆破、打井、采石、采矿、取土等危及贮灰场安全的活动时,应当及时制止,采取应对防范措施,并报告有关单位和地方政府有关部门,请求协调解决。

第十八条 发电企业应当加强贮灰场闭库工作及闭库后安全管理工作。对于解散或者关闭破产的发电企业,贮灰场安全管理由资产所有者或者其上级主管单位负责。

第十九条 发电企业应当对运行以及闭库后的贮灰场定期组织开展安全评估,形成评估报告。安全评估原则上每三年进行一次。

发生以下情形之一的,发电企业应当及时开展专项安全评估:

(一)加筑子坝后;

(二)遭遇特大洪水、破坏性地震等自然灾害;

(三)发生贮灰场安全事故后或者重大及以上隐患治理完成后;

(四)其他影响贮灰场安全运行的异常情况。

不具备安全评估能力的发电企业可以委托具有相应能力的企业开展,评估单位对评估报告的真实性负责。发电企业应当及时将安全评估报告和专项安全评估报告报送所在地的国家能源局派出机构和地方政府电力管理等有关部门。

第二十条 贮灰场安全等级分为正常贮灰场、病态贮灰场、险情贮灰场。

具备下列条件,评定为正常贮灰场:

(一)设计标准:符合现行规范要求;

(二)防洪能力:满足灰坝设计级别所规定的洪水标准,运行贮灰标高不超过限制贮灰标高,有足够的防洪容积和安全加高;

(三)排水设施:排水系统(含排洪系统)设施符合设计标准要求,运行工况正常;

(四)坝体结构:坝体结构完整、沉降稳定、未发现裂缝和滑移现象,抗滑稳定安全系数满足规范要求;

(五)渗流防治:排渗设施有效,渗透水量平稳、水质清澈,没有影响坝体渗透稳定的状况。防渗设施完好,没有造成地下水位抬高和地下水水质污染。

存在下列情况之一,评定为病态贮灰场:

(一)设计标准:不符合现行规范要求,已限制贮灰场运行条件;

(二)防洪能力:安全加高不满足设计洪水标准要求;

(三)排水设施:排水建(构)筑物出现裂缝、钢筋腐蚀、管接头漏泥或者局部损坏的状况;

(四)坝体结构:坝体整体外坡陡于设计值,坝坡冲刷严重形成冲沟,或者坝体抗滑稳定安全系数小于规范允许值但不小于0.95倍规范允许值;

(五)渗流防治:坝体浸润线位置过高,有高位出溢点,坡面出现湿片。渗透水对地下水位抬高和地下水水质造成一定影响。

存在下列情况之一,评定为险情贮灰场:

（一）设计标准：低于现行规范要求，明显影响贮灰场安全；

（二）防洪能力：无安全加高或者防洪容积不满足设计洪水标准要求；

（三）排水设施：排水系统存在局部堵塞、排水不畅的情况，存在大范围破损状况，严重影响排水系统安全运行，甚至丧失排水能力的情况；

（四）坝体结构：坝体出现裂缝、坍塌、浅层滑坡现象，或者坝体抗滑稳定安全系数小于0.95倍规范允许值；

（五）渗流防治：坝坡存在大面积渗流，或者出现管涌流土现象，形成渗流破坏；渗透水对地下水位抬高和地下水水质造成严重影响。

第二十一条　评定为险情贮灰场的，发电企业和运行管理单位应当在限定的时间内采取工程措施消除险情，情况危急的，应当立即停运，并进行抢险；评定为病态贮灰场的，发电企业和运行管理单位应当在限定的时间内按照正常贮灰场标准进行整治，及时消除缺陷或者隐患。

第二十二条　发电企业和运行管理单位应当加强贮灰场应急管理工作，制定针对灰坝垮坝、洪水漫顶、水位超警戒线、坝坡滑动、防排洪系统失效等运行安全事故，以及可能影响贮灰场安全运行的台风、洪水、地震、地质灾害等自然灾害的应急预案，并定期开展应急培训和演练。

贮灰场遇有险情时，应当按照规定启动应急预案，采取有效措施，确保贮灰场安全。

第二十三条　贮灰场发生安全事故或者出现异常情况时，发电企业应当立即启动应急预案，进行抢险，防止事故扩大或者异常情况升级为安全事故，避免和减少人员伤亡及财产损失，并立即报告上级主管单位、所在地的国家能源局派出机构以及地方政府电力管理等有关部门。

第二十四条　地方政府电力管理等有关部门按照“管行业必须管安全、管业务必须管安全、管生产经营必须管安全”原则，落实地方安全管理责任，国家能源局派出机构负责贮灰场安全监督管理工作。

第二十五条　本规定下列用语的含义：

（一）灰坝：挡粉煤灰和水的贮灰场外围构筑物，常泛指贮灰场初期坝和分期加高坝的总体。

（二）贮灰场安全设施：主要指贮灰场观测设施及其他用于保证贮灰场安全的设施。

（三）浸润线：水沿着粉煤灰颗粒间隙向坝体下游渗透形成的稳定渗流自由水面。

（四）排洪设施：包括截洪沟、溢洪道、排水井、排水管和排水隧洞等构筑物。

（五）干滩长度：垂直坝轴线的断面上，贮灰场水面与灰面的交点至灰面与上游坝坡交点间的水平距离。

（六）限制贮灰标高：各期设计坝顶标高所允许的最高贮灰标高。

（七）安全加高：贮灰场在限制贮灰标高条件下蓄洪水位至灰坝坝顶之间的高度。

（八）闭库：为使一座停用的贮灰场能够满足长期安全稳定的要求而开展的一系列工作的全过程。包括两种情况：

1. 贮灰场已达到设计最终堆积高程并不再进行继续加高扩容的；

2. 贮灰场尚未达到设计最终堆积高程但由于各种原因提前停止使用的。

（九）贮灰场安全事故或者异常情况：发生《中华人民共和国安全生产法》《生产安全事故报告和调查处理条例》和《电力安全事故应急处置和调查处理条例》规定的生产安全事故，以及其他导致严重后果的运行安全异常情况，如灰坝溃决、严重断裂、倒塌、滑移；洪水漫顶、淹没；排洪设施严重破坏；近坝库岸及边坡大规模塌滑等。

第二十六条 本规定自印发之日起施行，有效期 5 年。原国家电力监管委员会《燃煤发电厂贮灰场安全监督管理规定》（电监安全〔2013〕3 号）同时废止。

国家能源局综合司关于做好重要电力设施森林草原火灾防范工作的通知[①]

（2022 年 4 月 29 日）

全国电力安全生产委员会各企业成员单位，有关单位：

随着我国电力系统规模不断扩大，电力设施与林牧区植被的“树线矛盾”等问题长期存在。2021 年冬季以来，四川攀西地区开展林下可燃物计划性烧除过程中发生多起火势失控事件，造成四川电网特高压直流线路降压运行及多条 500 千伏线路跳闸或主动避险。2022 年 4 月 23 日，辽宁沈阳、抚顺与铁岭交界处发生山火，导致电网多条输电线路、发电机组停运。为深入贯彻习近平总书记关于森林草原防灭火重要指示精神和李克强总理重要批示要求，认真落实 3 月 17 日全国森林草原防灭火工作电视电话会议部署，坚决做好重要电力设施森林草原火灾风险防范工作，现将有关事项通知如下：

一、高度重视，强化责任落实。各电力企业要深刻认识森林草原输配电线路火灾防治工作的极端重要性，清醒认识当前森林草原火灾高发、多发的严峻形势，进一步强化忧患意识和底线思维，认真总结近年来电力设施山火防控经验，聚焦突出问题治理和重大风险整治，对可能受森林草原火灾影响的重要电力设施及设备通道风险做到心中有数。要加强工作组织管理，落实落细各级责任，完善监督考核机制，确保把各项山火防控工作落到实处。

二、建立重点森林草原区域电力设施台账。各电力企业要结合本地区实际，组织开展重点森林草原区域（重点林牧区、重点火险县）的电力设施情况梳理，包括但不限于密集通道等重要输电通道、500 千伏及以上线路、重要用户供电线路、枢纽变电站（换流站）、30 万千瓦以上发电厂（含集中式新能源厂站）等，建立相关设备台账，包括设施数量、电压等级、行政区域、经纬度坐标、风险区段、地形及植被情况、运维管理体系等内容。同时，统计穿越重点森林草原区域的 220 千伏输电线路数量。以上台账信息，于 6 月底前报送地方电力管理部门、国家能源局（电力安全监

① 本文件略有删减。

管司)。

三、做好重点森林草原区域电力设施火灾隐患排查治理工作。各电力企业要对可能受森林草原火灾影响的重要电力设施,评估可能受到火灾影响的程度以及故障后对电力系统的影响程度。要制定完善重点森林草原区域电力设施风险管控方案,明确设备主人、属地责任人。要结合季节特点和节日习俗,对严重危及重要电力设施安全的隐患要采取易燃物清理、开设防火隔离带等措施加以治理。要组织做好电力线路可能造成火源点的设备本体缺陷隐患排查及治理工作,确保不发生电力设施故障缺陷引起的森林草原火灾。

四、强化运维巡视和监测预警。各电力企业要加大可视化装置、红外摄像头、无人机、卫星巡视等各类山火监测手段应用,充分利用远程监控平台,加强重点时段、重点区段山火巡视监测。制定差异化运维策略,对重要电力设施实施特巡特护,在山火高发区、烧荒祭祀高峰、大风干燥天气等特殊时期,加大巡视频次和人员投入,必要时开展现场值守。要加强重要电力设施山火监测预警,密切关注气象预报和预警情况,及时发布山火预警,组织运维单位落实好重点线路区段防控措施。

五、加强联防联控和应急处置。各电力企业要积极主动对接地方政府、森林草原防灭火指挥部、应急等有关部门,健全火情信息共享、火险联合会商机制,加强计划性烧除联合管控,明确快速响应、联合处置流程,完善山火应急预案,做好应急联动和演练。要充分利用广播、网络、传单、宣传牌等形式,加大重要电力设施防山火宣传力度,倡导规范烧除、文明祭祀,营造群防群治的良好氛围。

国家能源局综合司关于进一步加强电力行业地质和地震灾害防范应对工作的通知

（2022 年 4 月 29 日　国能综通安全〔2022〕42 号）

全国电力安全生产委员会各企业成员单位，有关电力企业：

为深入贯彻习近平总书记关于防灾减灾救灾重要指示精神，积极践行“两个坚持、三个转变”防灾减灾救灾理念，进一步提升电力行业防范应对地质和地震灾害能力，最大程度减轻灾害风险，降低灾害对电力系统的影响，全力保障电力系统安全稳定运行和电力可靠供应，现就有关事项通知如下。

一、加强组织管理，健全制度体系

（一）完善组织体系。电力企业（指以发电、输电、供电和电力建设为主营业务的企业）要将灾害防范应对工作纳入安全生产日常管理工作之中，加强地质和地震灾害防范应对工作的组织领导，健全组织机构，明确工作职责，形成分工明确、职责清晰的工作组织体系，科学有序做好企业灾害防范工作。

（二）健全制度机制。电力企业要建立以防为主、防抗救相结合的新型灾害防范应对制度机制，明确灾情防范应对全链条程序规范，细化监测预警、隐患排查、信息报送、联防联控、应急处突、指挥协调、会商研判、力量调派、物资调拨、教育培训、资金保障、科技支撑、物资储备等各环节工作机制，提升防范应对地质和地震灾害能力。

二、强化建设工程管理，切实提高防灾能力

（三）严格建设工程前期论证。电力企业要按照国家地质灾害防治和防震减灾有关法律法规规范性文件要求以及国家建设工程核准有关规定，依据国家及地方政府发布的地质灾害防治规划、抗震设防要求以及国家和行业有关标准，开展电力工程建设前期工作，科学论证项目选址，尽量避开地质灾害易发区、地震高烈度设防地区和地震重点监视防御区（以下统称为灾害重点防范区）。

（四）适当提高灾害重点防范区设防标准。对确实需要在灾害重点防范区内建

设的电力工程,应当在充分论证的基础上,采取差异化措施,进一步优化电力设施设计,适当提高重要电力设施设防标准。减少同一灾害重点防范区内重要输电通道的数量,对于同一方向的重要输电通道要尽可能分散走廊。

(五)加强建设工程防灾措施。对于存在地质灾害风险以及可能引发地质灾害的电力建设工程,应当加强地质勘察并建设灾害防治工程,灾害防治工程的设计、施工和验收应当与主体工程的设计、施工、验收同时进行,必要时同步设置永久监测措施。电力企业应当将灾害防治工程资金纳入项目预算内,并监督施工单位按规定足额使用。对于施工方案变更后产生地质灾害风险的,电力企业应当组织电力建设工程勘察(测)、设计、施工、监理等参建单位(以下统称为工程参建方)进行充分的论证,必要时委托专业评估机构提出防治措施。鼓励在电力建设工程中采用隔震减震等技术,提高抗震性能。

(六)做好施工现场和营地的灾害规避。电力企业应优化施工方案,防止和减少施工造成地表环境变化引发的灾害风险隐患。施工单位要严格按照设计方案和施工组织设计进行施工,不得随意更改设计和擅自扩大施工范围,严防施工诱发次生地质灾害;对施工营地选址布置方案要进行风险分析和评估,生活办公营地应当选择在地形平坦开阔区域,避开灾害多发区。电力企业要定期对工程施工营地的灾害风险防范工作进行监督检查,督促施工单位开展灾害风险辨识,最大限度降低风险。

三、定期开展排查工作,加强风险隐患整治

(七)定期开展灾害风险隐患排查。电力企业要结合生产实际,定期组织专业人员对电力设施和电力建设工程及周边进行地质灾害风险辨识和抗震减灾安全检查,全面排查灾害风险隐患,建立风险隐患底数台账,实行清单化管理。发现严重地质和地震灾害风险隐患或地质灾害监测数据发生突变,以及附近地区发生地震等重大自然灾害后,相关单位要对电力设施或电力建设工程进行全面的灾害风险隐患排查分析,及时采取防范治理措施。

(八)加强风险隐患整治工作。对于地质或地震灾害风险隐患,相关责任单位要立即进行整治。对于重大以上风险隐患,要进行专门勘察分析,提出治理方案,及时完成整治,并严格落实挂牌督办机制。对短期内难以完成整治的重大以上风险隐患,要采取针对性防治措施,加强跟踪监测,确保人身和设备安全,分批分类推动除险整治工作。对非防范工作责任范围内且对电力设施和建设工程项目构成威胁的风险隐患,相关电力企业要及时向地方政府报告,并配合地方政府开展整治工作。要重视流域梯级水电站地质灾害风险的防范,加强大坝及近坝库岸边坡的除

险加固,强化大坝安全监测管理,防止地质或地震灾害引发漫坝、溃坝风险。对出现地质灾害前兆、可能造成人员伤亡及重大经济损失的区域,应当立即划定灾害警戒区,加强观察警戒,指定疏散路线及临时安置场所等。

四、加强灾害监测预警,畅通信息传递渠道

(九)加强灾害监测预警工作。电力企业要结合地质灾害风险隐患点分布情况,科学开展监测工作。对于已经发现的风险隐患点,按照国家有关防治监测规定,合理布设监测点,定期进行监测,并及时汇总、分析、上报监测信息。要重点强化汛期以及恶劣天气发生期间的监测预警工作,增加监测频次,及时发现新增风险隐患,划定危险区域,设置警示标识;安排专人值守,加强巡视检查,强化重点区域监测预警,研判灾害前兆,及时发出预警信息,并采取有效防范措施。要充分发挥专业机构作用,紧紧依靠当地群众,共同做好群测群防工作,发现险情及时向有关部门报告。

(十)健全完善监测预警机制。电力企业要加强与地方政府自然资源、气象、水利、地震、应急等部门的联系沟通,明确地质和地震灾害监测预警工作程序,畅通灾害预警信息和应急信息传递渠道,落实责任单位和人员,及时接收、传递监测预警信息,并按照要求上传有关监测信息。在接到有关部门发布的地质或地震灾害预警信息,或者对本单位监测信息研判后认为可能发生地质灾害时,要立即通知灾害可能影响到的有关单位,并及时有序组织人员安全转移。

五、完善灾害应急体系,提高应急响应能力

(十一)完善灾害应急体系。电力企业要将地质和地震灾害防范应急管理纳入本单位应急体系,建立快速反应、处置有效的应急响应机制。重大电力建设工程和灾害重点防范区内的电力建设工程,电力企业要组织成立各工程参建方参加的灾害应急工作指挥协调小组,统一开展应急救援、抢修恢复等工作,及时传递应急响应信息。

(十二)加强应急预案编制和演练。健全完善各项应急预案和保障方案,保证各项预案之间上下贯通、左右衔接,并根据地质条件变化情况及时修订。专项应急预案要按照有关规定报国家能源局派出机构和地方政府有关部门备案。定期组织应急演练,对演练效果进行评估,及时完善应急预案,地质灾害应急演练应在每年汛期来临前开展。对于灾害重点防范区内的重要电力设施和电力建设工程,相关单位应开展功能性演练和实战性演练,具备条件的还应开展联合演练。对于灾害可能威胁到人身安全的情况,还应编制人员避险逃生方案,定期组织全部相关人员开展避险逃生演练。

（十三）及时开展应急抢险救援。地质或地震灾害发生后，电力企业要及时做出应急响应，开展先期电力应急抢险救援工作，并按规定在地方政府或其建立的抢险救灾领导机构统一指挥协调下，及时调集应急救援队伍和抢险物资等力量资源，开展应急值班、设备抢修、灾情调查、险情分析、次生灾害防范等应急工作。要按照电力安全信息报送有关规定，及时向地方电力管理部门和国家能源局派出机构报送险情和灾情信息。

（十四）加强应急物资储备和队伍基地建设。根据灾害重点防范区分布情况，积极推动电力应急物资储备库和物资装备体系建设，优化储备布局和方式，合理确定储备品种和规模，完善跨地区、跨单位的电力应急物资装备生产、储备、调拨、紧急配送机制。加强电力应急救援队伍建设，强化地质和地震灾害应对专业技能，重点提升在生命搜救、装备使用、专业协同等方面的能力。鼓励有条件的企业建立电力应急基地，充分发挥基地对电力应急工作的强大支撑作用。

六、加强科技支撑和教育培训，不断提高专业能力

（十五）不断完善科技支撑机制。电力企业要统筹协调灾害防范应对科技资源和力量，充分发挥专家学者的技术支撑作用，加强地质和地震灾害防范应对人才培养，探索建立科技支撑长效机制。进一步完善产学研协同创新机制和技术标准体系，推动相关科研成果的集成转化、示范和推广应用。

（十六）提高灾害防范应对科技水平。要不断探索推进“互联网＋”、大数据、物联网、云计算、人工智能、区块链、卫星遥感、无人机等现代科技手段融入地质和地震灾害防范应对体系，建立相应规模的灾害监测自动化预警系统，提高灾情信息获取、模拟仿真、预报预测、风险评估、隐患排查、应急抢险、通信保障等各方面能力。

（十七）积极开展灾害教育培训。积极组织开展地质和地震灾害识灾防灾、灾情报告、避险自救等知识的宣传普及，以提升相关人员防范意识和自我保护能力为重点，提高防灾宣传教育培训工作的实效性和针对性。灾害重点防范区内的电力企业要定期组织全体人员重点开展灾害防范应对和临灾避险技能培训。

国务院办公厅关于加强电力安全工作的通知

（2003 年 12 月 5 日　国办发〔2003〕98 号）

各省、自治区、直辖市人民政府，国务院各部委、各直属机构：

电力工业是关系国计民生的重要基础产业和公用事业，电力安全事关经济发展和社会稳定，与人民群众的生产生活密切相关。长期以来，我国电力建设和运行坚持"统一规划、统一调度"的原则，电源电网布局基本合理，电网结构清晰，电压等级简明，二次系统同步，基本建立了保障电力安全的法律法规、技术标准和管理体系，保证了电力系统安全，对保障我国国民经济持续快速健康发展发挥了重要作用。但是，我国电力工业正处在发展阶段，电力需求增长很快，电力供需矛盾突出，部分地区发电和输变电备用容量不足，电网网架结构薄弱，安全运行存在隐患；电力生产运行中违反调度规则和指令的情况时有发生，各地违章施工、偷盗电力设施等严重危害电力安全的情况屡禁不止；现行电力安全法律法规有的不适应当前形势或新的体制，需要进一步修改和完善。为加强电力安全工作，经国务院同意，现将有关事项通知如下：

一、加强法规建设，切实落实电力安全生产责任制

电力系统安全和应急处置事关国家安全和社会稳定大局，各地区、各部门要高度重视电力安全工作，强化电力安全生产责任，严格安全生产监督检查。为了加强电力安全监管工作，国务院授权电监会具体负责电力安全监督管理，安全监管局负责综合管理。有关部门要根据电力体制改革的新形势和电力安全工作的新要求，抓紧研究提出修订电力安全生产方面行政法规的意见，完善电力安全法律保障体系。

地方各级人民政府要加强电力设施保护方面法律法规的宣传教育工作，增强全社会维护电力设施安全的守法意识。同时，各地公安等有关部门要加大执法力度，严厉打击各类破坏电力设施的违法犯罪行为，为电力系统的安全稳定运行创造良好的社会环境。

电力企业要始终坚持"安全第一、预防为主"的方针，切实落实企业内部安全生

产责任制，严明组织纪律，加强安全技术培训，提高电力系统运行可靠性和电力企业安全管理水平，确保电力安全生产和供应。国家电网公司和中国南方电网有限责任公司分别负责所辖范围内的电网安全，南方电网与其他区域电网联网线路的安全责任由国家电网公司承担。

二、完善调度协调体系，建立有效的电力安全应急机制

电力系统运行要坚持统一调度、分级管理、分区分层运行的原则，进一步完善统一的调度协调体系。在电网运行方式、备用容量安排、设备检修计划、紧急事故处理以及事故发生后恢复等方面做到统筹安排。电力企业要顾全大局，服从统一调度，严格按照调度指令安排运行方式，做到令行禁止。

地方各级人民政府要借鉴国内外处理公共突发事件的经验，抓紧建立适合本地区实际情况的电力安全应急处理机制，制订周密、完备的应急预案，并向社会广泛宣传和定期组织演习。党政机关、金融机构、通信企业、广播电台、电视台、医院和机场等重要单位要安装备用电源。对建设备用电源确有困难的单位，要给予必要的支持。

电力企业要建立有效的电力系统突发事件应急机制，针对电力生产运行中的薄弱环节，定期进行反事故演习，提高处理事故的能力。特别是电网企业要制订完备的“黑启动”预案，并定期组织演练。

三、抓紧制订电力发展规划，统筹安排电源和电网建设

电力发展要坚持统一规划的原则，抓紧制订电力发展中长期规划，以科学的规划指导电力建设，保证供需平衡，满足国民经济发展和人民生活的需要。电力发展规划要充分论证，统筹兼顾，适当超前，使电力工业稳步有序发展，避免大起大落。要统筹安排电源和电网建设，优化电源布局和电网结构，保持电源与电网稳步协调发展，促进水电、煤电、核电和蓄能电站等电源合理互补。加快“西电东送”项目建设，实现更大范围内的电力资源优化配置。有关部门要抓紧协调落实资金渠道，加快电网建设。

要依靠科学技术，坚持全国统一的电力技术标准、技术规范和电网安全技术手段，加强电力系统安全运行的基础，提高电力系统抗风险能力。区域电网要因地因网制宜，重视网架结构和布局的科学合理性，建设坚强、清晰、合理、可靠的骨干网架。重视电网二次系统的同步配套建设，加强电网安全的监控和保护。继续改造城市电网，解决城市电网薄弱、配电容量不足问题，提高城市电力供应的可靠性，减少安全隐患。电网公司可拥有必要的调峰调频及事故备用发电容量，提高系统安

全性。

新建电力项目必须服从国家的统一规划，严格执行国家规定的审批程序。对违规建设的电力项目要依法处理。要适当简化规划内电力建设项目审批程序，加快建设步伐，增加电力供应。

四、加强用电侧管理，科学引导电力消费

加强用电侧管理既是当前做好电力供应工作的一个重要内容，又是电力工业节约能源，实现可持续发展的有效途径。在缺电时错峰用电，在紧急情况下按预案有序切断负荷，是保证电网安全的必要手段。要充分运用价格杠杆等经济手段，加快实行发电和用电的峰谷电价，科学引导电力消费，缓解电网峰谷差矛盾，提高电网运行的可靠性。

五、积极稳妥地推进电力体制改革

电力体制改革是适应社会主义市场经济需要、优化电力资源配置、促进电力工业发展的重要举措。各有关部门和地区要继续按照电力体制改革方案，积极、稳妥、分步推进各项改革措施。要正确处理改革和电力安全生产的关系，在保证电力安全生产和电力系统稳定运行的前提下不断把改革推向深入。

电力体制改革工作小组要加强对电力体制改革工作的领导，各成员单位要按照统一部署和工作分工，密切配合，各司其职，认真完成改革方案确定的各项任务。

国家能源局综合司关于进一步加强发电安全生产工作的通知

（2021年9月29日）

各省（自治区、直辖市）能源局，有关省（自治区、直辖市）及新疆生产建设兵团发展改革委、经信委（工信委），北京市城市管理委员会，各派出机构，大坝中心、电力可靠性和质监中心，全国电力安委会各企业成员单位：

9月22日，大唐华银株洲发电有限公司4号机组除尘器1、2号通道及出口烟道发生整体垮塌事故，导致4人被压覆、2人重度烫伤、1人轻度烫伤。此外，近期全国发电领域还发生多起人身伤亡情况，发电安全生产形势非常严峻。9月3日，陕西榆林能源集团横山煤电有限公司在卸煤沟区域发生车辆挤压伤害，1人死亡；9月14日，国家能源集团开远发电有限公司在处理锅炉给水主路放水管泄漏过程中，发生一起烫伤导致高处坠落事故，2人死亡，1人受伤；9月16日，国家能源集团山西霍州发电厂圆形煤场区域，发生一起车辆伤害事故，1人死亡；9月20日，京能集团内蒙古华宁热电厂在2号锅炉检修过程中，发生一起高处坠落事故，2人死亡。

事故暴露出部分电力企业在安全发展理念树立、规章制度执行、安全风险辨识、事故隐患查治、作业现场管控、人员教育培训等方面还存在重大薄弱环节。各企业发电机组经过"迎峰度夏"期间连续高负荷运行，累积了一定风险隐患。当前正是电力企业秋季检修和"迎峰度冬"准备工作关键时期，也是安全风险叠加、事故易发多发阶段。为深入贯彻落实习近平总书记关于安全生产重要论述精神，进一步加强发电安全生产工作，防范遏制各类事故发生，现提出如下要求。

一是严格落实企业主体责任。各电力企业要深刻汲取系列事故教训，清醒认识当前严峻形势，自觉把思想和行动统一到党中央、国务院重大决策部署上来，树牢"人民至上、生命至上"思想，守住安全发展底线，切实担负起安全生产主体责任。企业主要负责人作为本单位安全生产第一责任人，要以对党和人民高度负责的态度，不断加强组织领导，亲自研究、亲自部署、亲自检查安全生产工作；班子成员要严格落实"一岗双责"，加强对分管领域安全生产的监督指导。其他各级领导干部要认真履行岗位职责，狠抓工作落实，大力提升安全生产水平。

二是强化安全风险隐患整治。各电力企业要高度重视作业现场安全管控，持续开展安全风险和事故隐患排查治理，严防风险演变为隐患、隐患恶化为事故；要强化重点环节管理，高风险作业必须严格执行规程和相关要求，坚决做到措施执行到位、工作监护到位、安全监督到位；要强化班组一线安全生产保障，加大安全投入，认真开展技术交底，配备必要劳保用品和安全防护工器具，改善安全生产条件；要加强机组运维管理，科学安排消缺检修计划，尽量避免在极端天气、夜间照明不良等时段开展作业，防范人身和设备事故发生。

三是强化安全生产教育培训。各电力企业要加强安全生产教育培训，落实"三级"安全教育要求，培训不合格的一律下岗待岗转岗；要加强典型案例警示教育，及时通报行业内外事故事件，剖析问题根源，对照检查自身薄弱环节，及时补齐短板弱项；要加强对外包项目、外委队伍等外来人员的安全培训，督促其遵守本单位安全管理规定，了解安全生产风险隐患；要加强安全教育培训管理，严肃考核考试纪律，切实发挥安全教育树立理念、培育意识、提升技能的重要作用，坚决杜绝安全教育弄虚作假、搞形式走过场现象。

四是认真开展安全专项检查。各电力企业要坚持问题导向，认真开展安全专项检查，对于发现的问题要及时彻底整改，整改不力的要严肃问责。火电企业要重点检查"两票三制"执行、机组检修和技术改造风险管控、输煤制粉系统管理、脱硫脱硝除尘设备运维、液氨罐区重大危险源管理等情况。水电企业要重点检查大坝注册定检问题整改、重大灾害隐患治理、大坝安全监测和信息报送、闸门启闭设备和应急电源管理等情况。新能源企业要重点检查运维一体化或集中监控生产方式下"两票"制度执行、委托管理场站安全责任落实、光伏组件和风机叶片覆冰防控措施等情况。

五是不断加强安全监管执法。各派出机构要强化"四不两直""双随机一公开"等方式运用，不断加强电力安全监督检查，建立并动态更新问题措施"两个清单"，逐项整改销号，实现管理闭环；要加大安全监管执法力度，对于安全管理混乱、风险隐患整治不力、事故事件多发的企业，以"零容忍"的态度依法依规采取行政处罚、监管约谈、通报批评等监管手段，严肃追究责任，并将处理结果通报其上级企业及行业管理、资产管理等部门。地方各级政府电力管理部门要严格按照"三个必须"原则要求，落实电力安全属地管理责任，加强对电力企业的监督检查，督促指导企业落实主体责任，加强和改进安全生产工作。

国家能源局综合司关于进一步做好发电安全生产工作的通知

（2021 年 4 月 29 日）

各省(自治区、直辖市)能源局,有关省(自治区、直辖市)及新疆生产建设兵团发展改革委、经信委(工信委),北京市城市管理委员会,各派出机构,大坝中心、电力可靠性和质监中心,全国电力安委会各企业成员单位:

今年以来,全国发电生产领域事故多发,安全生产形势较为严峻。1 月 16 日,浙能集团长兴电厂在石膏排放输送皮带机清扫过程中,发生一起机械伤害事故,造成 1 人死亡;1 月 19 日,中国大唐哈尔滨第一热电厂在电极锅炉保护盾检修过程中,发生一起物体打击事故,造成 1 人死亡;2 月 23 日,中国大唐潮州发电厂在空预器改造作业中,发生一起机械伤害事故,造成 1 人死亡;3 月 12 日,中国电建五一桥水电站在备用线路技改过程中,发生一起高处坠落事故,造成 1 人死亡;3 月 14 日,内蒙古能源发电投资集团公主岭风电场发生一起风机机舱着火事故;3 月 15 日,国家电投上海外高桥电厂在进行封闭煤场施工过程中,发生一起高处坠落事故,造成 1 人死亡;4 月 8 日,中国大唐信阳发电厂在封闭煤场改造过程中,发生一起高处坠落事故,造成 1 人死亡;4 月 11 日,国家能源集团康平电厂在锅炉检修过程中,发生一起高处坠落事故,造成 1 人死亡;4 月 24 日,华润电力常熟电厂在给煤机检修过程中,发生一起机械伤害事故,造成 1 人死亡。

发生事故的企业普遍存在制度执行不认真、风险辨识不全面、安全措施不落实、外包管理不严格、现场管控不到位、教育培训走过场、追责问责高举轻放等问题,充分表明企业红线意识和底线思维依然薄弱,安全发展理念尚未树牢。今年是建党 100 周年,是“十四五”开局之年,抓好电力安全生产工作、保障电力稳定可靠供应,意义格外重大。各单位要清醒认识当前形势,深刻汲取事故教训,不断加强和改进安全生产工作,防范遏制各类事故发生,全力保障人身、设备、系统安全。现就进一步做好发电安全生产工作通知如下。

一要严格落实企业主体责任。各电力企业要深入贯彻习近平总书记关于安全生产重要论述精神,坚持以人民为中心,不断强化红线意识,坚决守住安全底线。要不断健全安全生产责任制,完善责任链条,打通责任压力传导堵点,确保安全责任落实到岗到人。要将安全生产列为"一把手"工程,主要负责人要切实担起安全生产第一责任人的责任,带头履行法定安全职责,亲自研究部署安全生产工作,亲自督促检查责任落实情况,亲自推动解决安全生产问题。

二要强化风险管控和隐患查治。各电力企业要不断强化双重预防机制,严格落实电力安全风险管控"周报季会"工作要求,扎实开展风险管控和隐患查治。要切实增强风险意识,全面辨识人机环管特别是高处作业、带电作业、动火作业、有限空间作业等安全风险,落实有效管控措施,坚决做到"不辨识、不作业,不管控、不作业"。要按照"隐患就是事故"的原则,加强生产现场巡查,及时发现并消除缺陷隐患,确保发电机组设备处于良好工况。

三要认真开展安全教育培训。各发电企业要制定年度教育培训计划,并严格按照计划开展相关工作。要坚持因地制宜因材施教,根据不同岗位和不同人员,安排相应教育培训课程。要丰富教育培训方式,采用易于接受的形式语言,将规章规程要求植根于脑海、牢记在心中;要突出教育培训重点,针对新进、转岗、复岗、外派等人员,要加大培训力度,培训合格方可上岗作业。要保证教育培训实效,严肃查处教育培训弄虚作假、搞形式走过场、因培训不到位等导致发生事故的行为。

四要加强外包安全管理。外包领域日益成为事故重灾区,外包安全压力日益凸显。各电力企业要加强外包安全源头管控,把牢准入关口,严格审查承包商资质及作业人员的年龄、健康、能力等状况,对不符合资质条件或健康状况、技能水平不满足安全生产需要的单位和个人,要坚决清退出场;要将外包单位和人员纳入本单位统一管理,鼓励推行业主带班制度,有效杜绝外包管理"两张皮"现象;要加强外包单位安全工器具和劳保用品管理,定期开展检查校验,检验合格方可投入使用,切实发挥关键时刻"保命"作用。

五要强化责任落实考核问责。发电企业要严格按照"四不放过"原则,对安全风险管控不到位、事故隐患整治不彻底的企业和人员要加强绩效考核,在评先评优、职务晋升、薪酬待遇等方面实行"一票否决";对发生事故的企业要加大处罚力度,对相关责任人特别是事故企业主要负责人,要以"零容忍"的态度从严从快问责,警醒众人、教育全体,以考核问责倒逼安全生产主体责任落地落实。

六要加强电力安全监管执法。各派出机构、各省级电力管理部门、各有关直属单位要加大电力安全监督管理力度,鼓励开展联合执法行动,综合运用通报批评、警示谈话、监管约谈、行政处罚、推送"黑名单"、项目限批等安全监管措施和行业管理手段,严肃查处电力安全生产违法违规行为。建立事故"说清楚"制度,发生一般事故的企业要主动到管辖派出机构和省级电力管理部门"说清楚",发生较大及以上事故的企业,要及时到国家能源局安全司"说清楚"。

第九章　电力监管与信息公开

电力监管条例

（2005年2月15日国务院令第432号公布
自2005年5月1日起施行）

第一章　总　　则

第一条　为了加强电力监管，规范电力监管行为，完善电力监管制度，制定本条例。

第二条　电力监管的任务是维护电力市场秩序，依法保护电力投资者、经营者、使用者的合法权益和社会公共利益，保障电力系统安全稳定运行，促进电力事业健康发展。

第三条　电力监管应当依法进行，并遵循公开、公正和效率的原则。

第四条　国务院电力监管机构依照本条例和国务院有关规定，履行电力监管和行政执法职能；国务院有关部门依照有关法律、行政法规和国务院有关规定，履行相关的监管职能和行政执法职能。

第五条　任何单位和个人对违反本条例和国家有关电力监管规定的行为有权向电力监管机构和政府有关部门举报，电力监管机构和政府有关部门应当及时处理，并依照有关规定对举报有功人员给予奖励。

第二章　监 管 机 构

第六条　国务院电力监管机构根据履行职责的需要，经国务院批准，设立派出机构。国务院电力监管机构对派出机构实行统一领导和管理。

国务院电力监管机构的派出机构在国务院电力监管机构的授权范围内，履行电力监管职责。

第七条　电力监管机构从事监管工作的人员，应当具备与电力监管工作相适应的专业知识和业务工作经验。

第八条　电力监管机构从事监管工作的人员，应当忠于职守，依法办事，公正廉洁，不得利用职务便利谋取不正当利益，不得在电力企业、电力调度交易机构兼任职务。

第九条　电力监管机构应当建立监管责任制度和监管信息公开制度。

第十条　电力监管机构及其从事监管工作的人员依法履行电力监管职责，有关单位和人员应当予以配合和协助。

第十一条　电力监管机构应当接受国务院财政、监察、审计等部门依法实施的监督。

第三章　监 管 职 责

第十二条　国务院电力监管机构依照有关法律、行政法规和本条例的规定，在其职责范围内制定并发布电力监管规章、规则。

第十三条　电力监管机构依照有关法律和国务院有关规定，颁发和管理电力业务许可证。

第十四条　电力监管机构按照国家有关规定，对发电企业在各电力市场中所占份额的比例实施监管。

第十五条　电力监管机构对发电厂并网、电网互联以及发电厂与电网协调运行中执行有关规章、规则的情况实施监管。

第十六条　电力监管机构对电力市场向从事电力交易的主体公平、无歧视开放的情况以及输电企业公平开放电网的情况依法实施监管。

第十七条　电力监管机构对电力企业、电力调度交易机构执行电力市场运行规则的情况，以及电力调度交易机构执行电力调度规则的情况实施监管。

第十八条　电力监管机构对供电企业按照国家规定的电能质量和供电服务质量标准向用户提供供电服务的情况实施监管。

第十九条　电力监管机构具体负责电力安全监督管理工作。

国务院电力监管机构经商国务院发展改革部门、国务院安全生产监督管理部门等有关部门后，制订重大电力生产安全事故处置预案，建立重大电力生产安全事故应急处置制度。

第二十条 国务院价格主管部门、国务院电力监管机构依照法律、行政法规和国务院的规定，对电价实施监管。

第四章 监管措施

第二十一条 电力监管机构根据履行监管职责的需要，有权要求电力企业、电力调度交易机构报送与监管事项相关的文件、资料。

电力企业、电力调度交易机构应当如实提供有关文件、资料。

第二十二条 国务院电力监管机构应当建立电力监管信息系统。电力企业、电力调度交易机构应当按照国务院电力监管机构的规定将与监管相关的信息系统接入电力监管信息系统。

第二十三条 电力监管机构有权责令电力企业、电力调度交易机构按照国家有关电力监管规章、规则的规定如实披露有关信息。

第二十四条 电力监管机构依法履行职责，可以采取下列措施，进行现场检查：

（一）进入电力企业、电力调度交易机构进行检查；

（二）询问电力企业、电力调度交易机构的工作人员，要求其对有关检查事项作出说明；

（三）查阅、复制与检查事项有关的文件、资料，对可能被转移、隐匿、损毁的文件、资料予以封存；

（四）对检查中发现的违法行为，有权当场予以纠正或者要求限期改正。

第二十五条 依法从事电力监管工作的人员在进行现场检查时，应当出示有效执法证件；未出示有效执法证件的，电力企业、电力调度交易机构有权拒绝检查。

第二十六条 发电厂与电网并网、电网与电网互联，并网双方或者互联双方达不成协议，影响电力交易正常进行的，电力监管机构应当进行协调；经协调仍不能达成协议的，由电力监管机构作出裁决。

第二十七条 电力企业发生电力生产安全事故，应当及时采取措施，防止事故扩大，并向电力监管机构和其他有关部门报告。电力监管机构接到发生重大电力生产安全事故报告后，应当按照重大电力生产安全事故处置预案，及时采取处置措施。电力监管机构按照国家有关规定组织或者参加电力生产安全事故的调查处理。

第二十八条 电力监管机构对电力企业、电力调度交易机构违反有关电力监管的法律、行政法规或者有关电力监管规章、规则，损害社会公共利益的行为及其处理情况，可以向社会公布。

第五章　法 律 责 任

第二十九条　电力监管机构从事监管工作的人员有下列情形之一的，依法给予行政处分；构成犯罪的，依法追究刑事责任：

（一）违反有关法律和国务院有关规定颁发电力业务许可证的；

（二）发现未经许可擅自经营电力业务的行为，不依法进行处理的；

（三）发现违法行为或者接到对违法行为的举报后，不及时进行处理的；

（四）利用职务便利谋取不正当利益的。

电力监管机构从事监管工作的人员在电力企业、电力调度交易机构兼任职务的，由电力监管机构责令改正，没收兼职所得；拒不改正的，予以辞退或者开除。

第三十条　违反规定未取得电力业务许可证擅自经营电力业务的，由电力监管机构责令改正，没收违法所得，可以并处违法所得 5 倍以下的罚款；构成犯罪的，依法追究刑事责任。

第三十一条　电力企业违反本条例规定，有下列情形之一的，由电力监管机构责令改正；拒不改正的，处 10 万元以上 100 万元以下的罚款；对直接负责的主管人员和其他直接责任人员，依法给予处分；情节严重的，可以吊销电力业务许可证：

（一）不遵守电力市场运行规则的；

（二）发电厂并网、电网互联不遵守有关规章、规则的；

（三）不向从事电力交易的主体公平、无歧视开放电力市场或者不按照规定公平开放电网的。

第三十二条　供电企业未按照国家规定的电能质量和供电服务质量标准向用户提供供电服务的，由电力监管机构责令改正，给予警告；情节严重的，对直接负责的主管人员和其他直接责任人员，依法给予处分。

第三十三条　电力调度交易机构违反本条例规定，不按照电力市场运行规则组织交易的，由电力监管机构责令改正；拒不改正的，处 10 万元以上 100 万元以下的罚款；对直接负责的主管人员和其他直接责任人员，依法给予处分。

电力调度交易机构工作人员泄露电力交易内幕信息的，由电力监管机构责令改正，并依法给予处分。

第三十四条　电力企业、电力调度交易机构有下列情形之一的，由电力监管机构责令改正；拒不改正的，处 5 万元以上 50 万元以下的罚款，对直接负责的主管人员和其他直接责任人员，依法给予处分；构成犯罪的，依法追究刑事责任：

（一）拒绝或者阻碍电力监管机构及其从事监管工作的人员依法履行监管职

责的；

（二）提供虚假或者隐瞒重要事实的文件、资料的；

（三）未按照国家有关电力监管规章、规则的规定披露有关信息的。

第三十五条 本条例规定的罚款和没收的违法所得，按照国家有关规定上缴国库。

第六章 附 则

第三十六条 电力企业应当按照国务院价格主管部门、财政部门的有关规定缴纳电力监管费。

第三十七条 本条例自2005年5月1日起施行。

电力市场监管办法

(2005 年 10 月 13 日国家电力监管委员会令第 11 号公布
自 2005 年 12 月 1 日起施行)

第一章　总　　则

第一条　为了维护电力市场秩序,保证电力市场的统一、开放、竞争、有序,根据《电力监管条例》和有关法律、行政法规,制定本办法。

第二条　本办法适用于中华人民共和国境内的电力市场监管。

第三条　国家电力监管委员会(以下简称电监会)履行全国电力市场监管职责。

国家电力监管委员会区域监管局(以下简称区域电监局)负责辖区内电力市场监管工作。国家电力监管委员会城市监管办公室协助区域电监局从事电力市场监管工作。

第四条　电力市场监管依法进行,并遵循公开、公正和效率的原则。

第五条　电力市场主体、电力调度交易机构应当自觉遵守有关电力市场的法规、规章。

第六条　任何单位和个人对违反本规定的行为有权向电力监管机构举报,电力监管机构应当及时处理,并为举报人保密。

第二章　监管对象与内容

第七条　电力市场监管的对象包括电力市场主体和电力调度交易机构。电力市场主体包括按照有关规定取得电力业务许可证的发电企业、输电企业、供电企业,以及经电力监管机构核准的用户。电力调度交易机构包括区域电力调度交易中心和省、自治区、直辖市电力调度机构。

前款所称供电企业包括独立配售电企业;前款所称区域电力调度交易中心包括区域电力调度中心、区域电力交易中心。

第八条 电力监管机构对电力市场主体和电力调度交易机构的下列情况实施监管：

（一）履行电力系统安全义务的情况；

（二）进入和退出电力市场的情况；

（三）参与电力市场交易资质的情况；

（四）执行电力市场运行规则的情况；

（五）进行交易和电费结算情况；

（六）披露信息的情况；

（七）执行国家标准、行业标准的情况；

（八）平衡资金账户管理和资金使用情况。

第九条 除本办法第八条所列情况外，电力监管机构还对发电企业的下列情况实施监管：

（一）在各电力市场中所占份额的比例；

（二）新增装机、兼并、重组、股权变动或者租赁经营的情况；

（三）不正当竞争、串通报价和违规交易行为；

（四）执行调度指令的情况；

（五）执行与用户签订的有关合同的情况。

第十条 除本办法第八条所列情况外，电力监管机构还对输电企业的下列情况实施监管：

（一）公平、无歧视开放电网和提供输电服务的情况；

（二）电网互联的情况；

（三）所属发电企业的发电情况；

（四）执行输电价格的情况；

（五）对有偿辅助服务补偿的情况。

第十一条 除本办法第八条所列情况外，电力监管机构还对供电企业的下列情况实施监管：

（一）执行配电价格、售电价格的情况；

（二）按照国家规定的电能质量和供电服务质量标准向用户提供供电服务的情况。

第十二条 除本办法第八条所列情况外，电力监管机构还对电力调度交易机构的下列情况实施监管：

（一）公开、公平、公正地实施电力调度的情况；

（二）执行电力调度规则的情况；

（三）按照电力市场运营规则组织电力市场交易的情况；

（四）对电力市场实施干预的情况；

（五）对电力市场技术支持系统的建设、维护、运营和管理的情况；

（六）执行市场限价的情况。

第十三条　电力监管机构对用户履行与发电企业签订的有关合同的情况进行监管。

第三章　电力市场运营规则

第十四条　电力监管机构负责制定并组织实施电力市场运营规则。电力市场运营规则包括电力市场运营基本规则、区域电力市场运营规则和与区域电力市场运营规则相配套的相关细则。

第十五条　电监会制定电力市场运营基本规则；区域电监局拟定区域电力市场运营规则，报电监会批准后执行；区域电监局制定与区域电力市场运营规则配套的有关细则，报电监会备案。

第十六条　有下列情形之一的，电力监管机构应当修改电力市场运营规则：

（一）法律或者国家政策发生重大调整的；

（二）电力市场运行环境发生重大变化的；

（三）电力市场主体或者电力调度交易机构提出修改的意见和建议，电力监管机构认为确有必要的；

（四）电力监管机构认为必要的其他情形。

第十七条　电力监管机构制定或者修改电力市场运营规则，应当充分听取电力市场主体、电力调度交易机构、相关利益主体和社会有关方面的意见。

第四章　电力市场注册管理

第十八条　电力市场实行注册管理制度。进入或者退出电力市场应当办理相应的注册手续。电力调度交易机构具体负责电力市场注册管理工作。

第十九条　电力市场主体进入电力市场，应当向电力调度交易机构提出注册申请。经过批准后，方可参与电力市场交易。电力市场主体申请进入注册应当符合下列条件：

（一）取得电力业务许可证并在工商行政管理部门登记、注册；

（二）承诺遵守电力市场运营的法律法规并履行电力市场主体的责任和义务；

(三)具有符合电力市场要求的技术条件。

第二十条 电力市场主体申请进入注册应当提供与申请事项有关的经济、技术、安全等信息。

第二十一条 电力市场主体变更注册或者撤销注册,应当按照区域电力市场运营规则的规定,向电力调度交易机构提出书面申请。经过批准后,方可变更或者撤销注册。

第二十二条 电力调度交易机构应当按照电力市场运营规则规定的程序和时限,办理注册手续。注册审核情况应当向电力市场主体公布并报电力监管机构备案。

第五章 电力市场干预与中止

第二十三条 电力调度交易机构为保证电力市场安全运营,依据电力市场运营规则,可以进行市场干预。电力调度交易机构进行市场干预应当向电力市场主体公布干预原因。

第二十四条 有下列情形之一的,电力调度交易机构可以进行市场干预:

(一)电力系统出力不足,无法保证电力市场正常运行的;

(二)电力系统内发生重大事故危及电网安全的;

(三)电力市场技术支持系统、自动化系统、数据通信系统等发生故障导致交易无法正常进行的;

(四)电力监管机构做出中止电力市场决定的;

(五)电力监管机构规定的其他情形。

第二十五条 有下列情形之一的,电力监管机构可以做出中止电力市场的决定,并向电力市场主体公布中止原因:

(一)电力市场未按照规则运行和管理的;

(二)电力市场运营规则不适应电力市场交易需要,必须进行重大修改的;

(三)电力市场交易发生恶意串通操纵市场的行为,并严重影响交易结果的;

(四)电力市场技术支持系统、自动化系统、数据通信系统等发生重大故障,导致交易长时间无法进行的;

(五)因不可抗力不能竞价交易的;

(六)电力监管机构规定的其他情形。

第二十六条 干预或者中止电力市场时,电力市场交易的方式按照区域电力市场运营规则执行。

第二十七条　干预或者中止电力市场期间,电力调度交易机构应当采取措施保证电力系统安全,记录干预或者中止过程,并向电力监管机构报告。电力监管机构应当向电力市场主体公布干预或中止过程。

第六章　电力市场争议处理

第二十八条　电力市场主体之间、电力市场主体与电力调度交易机构之间因电力市场交易发生争议,由电力监管机构依法协调或者裁决。其中,因履行合同发生的争议,可以由电力监管机构按照电力争议调解的有关规定进行调解。

第二十九条　电力市场主体、电力调度交易机构对电力监管机构的处理决定不服的,可以依法申请行政复议或者提起行政诉讼。

第七章　信息公开与披露

第三十条　电力监管机构按照电力监管信息公开的有关规定向电力投资者、经营者、使用者和社会公众公开电力市场监管信息。

第三十一条　电力市场主体、电力调度交易机构应当按照有关规定,及时、真实、准确和完整地披露有关信息。

第三十二条　电力监管机构、电力市场主体、电力调度交易机构不得泄露影响公平竞争的交易秘密。

第八章　法 律 责 任

第三十三条　电力监管机构从事监管工作的人员违反有关规定的,按照《电力监管条例》第二十九条的规定处理。

第三十四条　电力市场主体违反本办法规定,有下列情形之一的,按照《电力监管条例》第三十一条的规定处理:

(一)未按照规定办理电力市场注册手续的;

(二)提供虚假注册资料的;

(三)未履行电力系统安全义务的;

(四)有关设备、设施不符合国家标准、行业标准的;

(五)行使市场操纵力的;

(六)有不正当竞争、串通报价等违规交易行为的;

(七)不执行调度指令的;

(八)发电厂并网、电网互联不遵守有关规章、规则的。

第三十五条 供电企业未按照国家规定的电能质量和供电服务质量标准向用户提供供电服务的,按照《电力监管条例》第三十二条的规定处理。

第三十六条 电力调度交易机构违反本办法规定,有下列情形之一的,按照《电力监管条例》第三十三条的规定处理:

(一)未按照规定办理电力市场注册的;

(二)未按照电力市场运行规则组织电力市场交易的;

(三)未按照规定公开、公平、公正地实施电力调度的;

(四)未执行电力调度规则的;

(五)未按照规定对电力市场进行干预的;

(六)泄露电力交易内幕信息的。

第三十七条 电力企业、电力调度交易机构未按照本办法和电力市场运行规则的规定披露有关信息的,按照《电力监管条例》第三十四条的有关规定处理。

第九章 附 则

第三十八条 电力业务许可证制度实施以前,电力企业进入电力市场的资格,由电力监管机构审查批准。

第三十九条 区域电监局应当根据本办法制定实施办法,报电监会批准后实施。

第四十条 本办法自2005年12月1日起施行。国家电力监管委员会2003年7月24日公布的《电力市场监管办法(试行)》同时废止。

电力企业信息报送规定

(2005年11月30日国家电力监管委员会令第13号公布
自2006年1月1日起施行)

第一章　总　　则

第一条　为了加强电力监管,规范电力企业、电力调度交易机构信息报送行为,维护电力市场秩序,根据《电力监管条例》,制定本规定。

第二条　电力企业、电力调度交易机构向国家电力监管委员会及其派出机构(以下简称电力监管机构)报送与监管事项相关的文件、资料,适用本规定。

第三条　电力企业、电力调度交易机构报送信息遵循真实、及时、完整的原则。

第四条　电力监管机构根据电力企业、电力调度交易机构报送的信息,对电力企业、电力调度交易机构依法从事电力业务的情况实施监管。

第二章　报送内容

第五条　从事发电业务的企业应当报送下列信息:

(一)企业基本情况;

(二)签订和履行并网调度协议、购售电合同的情况;

(三)上网电价情况;

(四)电力安全生产情况;

(五)电力监管机构要求报送的其他信息。

第六条　从事输电业务的企业应当报送下列信息:

(一)电网结构情况,网内发电装机分布和容量情况;

(二)签订和履行购售电合同的情况;

(三)执行输电电价情况;

(四)输电成本构成及其变动情况;

(五)电力安全生产情况;

（六）电力监管机构要求报送的其他信息。

第七条 从事供电业务的企业应当报送下列信息：

（一）提供供电服务的情况；

（二）提供电力社会普遍服务的情况；

（三）执行配电电价、销售电价的情况；

（四）供电成本构成及其变动情况；

（五）电力安全生产情况；

（六）电力监管机构要求报送的其他信息。

第八条 电力调度交易机构应当报送下列信息：

（一）电力系统运行基本情况；

（二）执行电力市场运行规则、电力调度规则和电网运行规则的情况；

（三）跨区域、跨省（自治区、直辖市）送电情况和电能交易情况；

（四）签订和履行并网调度协议的情况；

（五）电力安全生产情况；

（六）电力监管机构要求报送的其他信息。

第三章 报送程序

第九条 国家电力监管委员会区域监管局城市监管办公室（以下简称城市电监办）辖区内的电力企业、省级电力调度机构向城市电监办报送信息。城市电监办汇总后报国家电力监管委员会区域监管局（以下简称区域电监局）。

未设立城市电监办的省（自治区、直辖市）范围内的电力企业、省级电力调度机构，直接向所在区域电监局报送信息。

第十条 中国南方电网有限责任公司、国家电网公司所属区域电网公司、区域电力调度交易机构向区域电监局报送信息。

第十一条 区域电监局汇总本辖区内的信息，报国家电力监管委员会（以下简称电监会）。

第十二条 中央电力企业、国家电力调度机构向电监会报送信息。

第十三条 电力企业、电力调度交易机构应当指定具体负责信息报送的机构和人员，并报电力监管机构备案。

第十四条 电力企业、电力调度交易机构报送信息，应当经本单位负责的主管人员审核、签发，重要信息应当经主要负责人签发。

第四章 报 送 方 式

第十五条 电力监管机构根据电力企业、电力调度交易机构报送信息的内容，确定具体的报送形式和期限。

第十六条 电力企业、电力调度交易机构应当按照有关规定，通过信函、电报、电传、传真、电子数据交换和电子邮件等方式报送信息。

第十七条 电力企业、电力调度交易机构报送信息应当按照有关规定，填报报表、提交报告或者提供有关材料。

第十八条 电力企业、电力调度交易机构报送信息应当符合下列期限要求：

(一)日报应当在下一日12时前报出；

(二)周报或者旬报应当在下一周或者下一旬的第2日前报出；

(三)月报应当在下一月的8日前报出；

(四)季报应当在下一季度的第12日前报出；

(五)年报快报应当在下一年的1月20日前报出；

(六)年报应当在下一年的3月20日前报出。

电力企业、电力调度交易机构应当按照电监会的有关规定将与监管相关的信息系统接入电力监管信息系统，报送有关实时信息。

电力安全生产信息、企业财务信息的报送期限，法律、法规、规章另有规定的，从其规定。

第十九条 电力监管机构根据履行监管职责的需要，要求电力企业、电力调度交易机构即时报送有关信息的，电力企业、电力调度交易机构应当按照要求报送。

第二十条 电力企业、电力调度交易机构未能按照规定期限报送信息的，应当及时向电力监管机构报告，并在电力监管机构批准的期限内补报。

第五章 信 息 使 用

第二十一条 电力监管机构审查电力企业、电力调度交易机构报送的信息，发现有违反电力监管法规、规章情形的，应当责令其改正并按照有关规定做出处理。

第二十二条 电力监管机构审查电力企业、电力调度交易机构报送的信息，发现电力企业、电力调度交易机构在安全生产、成本管理和服务质量等方面存在问题的，应当对其提出整改建议。

第二十三条 电力监管机构整理、分析电力企业、电力调度交易机构报送的信息,适时向社会公开。

第六章 监督管理

第二十四条 电力监管机构建立电力企业报送信息的内部管理制度,明确工作程序、职责分工和责任。

电力监管机构工作人员应当严格遵守保密纪律,保守在监管工作中知悉的国家秘密、商业秘密。

第二十五条 电力监管机构对电力企业、电力调度交易机构报送信息的情况进行监督检查。

第二十六条 电力监管机构通过网站等媒介定期通报电力企业、电力调度交易机构信息报送情况,对在信息报送工作中表现突出的单位和人员给予表彰。

第二十七条 电力企业、电力调度交易机构未按照本规定报送信息的,由电力监管机构责令其改正;情节严重的,给予通报批评。

第二十八条 电力企业、电力调度交易机构提供虚假信息或者隐瞒重要事实的,由电力监管机构责令其改正;拒不改正的,处5万元以上50万元以下的罚款,对直接负责的主管人员和其他直接责任人员,依法给予处分;构成犯罪的,依法追究刑事责任。

第七章 附则

第二十九条 区域电监局根据本规定制定实施办法,报电监会批准后施行。

第三十条 本规定自2006年1月1日起施行。

供电监管办法

（2009年11月26日国家电力监管委员会令第27号公布
自2010年1月1日起施行）

第一章 总 则

第一条 为了加强供电监管，规范供电行为，维护供电市场秩序，保护电力使用者的合法权益和社会公共利益，根据《电力监管条例》和国家有关规定，制定本办法。

第二条 国家电力监管委员会（以下简称电监会）依照本办法和国家有关规定，履行全国供电监管和行政执法职能。

电监会派出机构（以下简称派出机构）负责辖区内供电监管和行政执法工作。

第三条 供电监管应当依法进行，并遵循公开、公正和效率的原则。

第四条 供电企业应当依法从事供电业务，并接受电监会及其派出机构（以下简称电力监管机构）的监管。供电企业依法经营，其合法权益受法律保护。

本办法所称供电企业是指依法取得电力业务许可证、从事供电业务的企业。

第五条 任何单位和个人对供电企业违反本办法和国家有关供电监管规定的行为，有权向电力监管机构投诉和举报，电力监管机构应当依法处理。

第二章 监 管 内 容

第六条 电力监管机构对供电企业的供电能力实施监管。

供电企业应当加强供电设施建设，具有能够满足其供电区域内用电需求的供电能力，保障供电设施的正常运行。

第七条 电力监管机构对供电企业的供电质量实施监管。

在电力系统正常的情况下，供电企业的供电质量应当符合下列规定：

（一）向用户提供的电能质量符合国家标准或者电力行业标准；

（二）城市地区年供电可靠率不低于99%，城市居民用户受电端电压合格率不

低于95%,10千伏以上供电用户受电端电压合格率不低于98%;

(三)农村地区年供电可靠率和农村居民用户受电端电压合格率符合派出机构的规定。派出机构有关农村地区年供电可靠率和农村居民用户受电端电压合格率的规定,应当报电监会备案。

供电企业应当审核用电设施产生谐波、冲击负荷的情况,按照国家有关规定拒绝不符合规定的用电设施接入电网。用电设施产生谐波、冲击负荷影响供电质量或者干扰电力系统安全运行的,供电企业应当及时告知用户采取有效措施予以消除;用户不采取措施或者采取措施不力,产生的谐波、冲击负荷仍超过国家标准的,供电企业可以按照国家有关规定拒绝其接入电网或者中止供电。

第八条 电力监管机构对供电企业设置电压监测点的情况实施监管。

供电企业应当按照下列规定选择电压监测点:

(一)35千伏专线供电用户和110千伏以上供电用户应当设置电压监测点;

(二)35千伏非专线供电用户或者66千伏供电用户、10(6、20)千伏供电用户,每10000千瓦负荷选择具有代表性的用户设置1个以上电压监测点,所选用户应当包括对供电质量有较高要求的重要电力用户和变电站10(6、20)千伏母线所带具有代表性线路的末端用户;

(三)低压供电用户,每百台配电变压器选择具有代表性的用户设置1个以上电压监测点,所选用户应当是重要电力用户和低压配电网的首末两端用户。

供电企业应当于每年3月31日前将上一年度设置电压监测点的情况报送所在地派出机构。

供电企业应当按照国家有关规定选择、安装、校验电压监测装置,监测和统计用户电压情况。监测数据和统计数据应当及时、真实、完整。

第九条 电力监管机构对供电企业保障供电安全的情况实施监管。

供电企业应当坚持安全第一、预防为主、综合治理的方针,遵守有关供电安全的法律、法规和规章,加强供电安全管理,建立、健全供电安全责任制度,完善安全供电条件,维护电力系统安全稳定运行,依法处置供电突发事件,保障电力稳定、可靠供应。

供电企业应当按照国家有关规定加强重要电力用户安全供电管理,指导重要电力用户配置和使用自备应急电源,建立自备应急电源基础档案数据库。

供电企业发现用电设施存在安全隐患,应当及时告知用户采取有效措施进行治理。用户应当按照国家有关规定消除用电设施安全隐患。用电设施存在严重威胁电力系统安全运行和人身安全的隐患,用户拒不治理的,供电企业可以按照国家有关规定对该用户中止供电。

第十条 电力监管机构对供电企业履行电力社会普遍服务义务的情况实施监管。

供电企业应当按照国家规定履行电力社会普遍服务义务,依法保障任何人能够按照国家规定的价格获得最基本的供电服务。

第十一条 电力监管机构对供电企业办理用电业务的情况实施监管。

供电企业办理用电业务的期限应当符合下列规定:

(一)向用户提供供电方案的期限,自受理用户用电申请之日起,居民用户不超过3个工作日,其他低压供电用户不超过8个工作日,高压单电源供电用户不超过20个工作日,高压双电源供电用户不超过45个工作日;

(二)对用户受电工程设计文件和有关资料审核的期限,自受理之日起,低压供电用户不超过8个工作日,高压供电用户不超过20个工作日;

(三)对用户受电工程启动中间检查的期限,自接到用户申请之日起,低压供电用户不超过3个工作日,高压供电用户不超过5个工作日;

(四)对用户受电工程启动竣工检验的期限,自接到用户受电装置竣工报告和检验申请之日起,低压供电用户不超过5个工作日,高压供电用户不超过7个工作日;

(五)给用户装表接电的期限,自受电装置检验合格并办结相关手续之日起,居民用户不超过3个工作日,其他低压供电用户不超过5个工作日,高压供电用户不超过7个工作日。

前款第(二)项规定的受电工程设计,用户应当按照供电企业确定的供电方案进行。

第十二条 电力监管机构对供电企业向用户受电工程提供服务的情况实施监管。

供电企业应当对用户受电工程建设提供必要的业务咨询和技术标准咨询;对用户受电工程进行中间检查和竣工检验,应当执行国家有关标准;发现用户受电设施存在故障隐患时,应当及时一次性书面告知用户并指导其予以消除;发现用户受电设施存在严重威胁电力系统安全运行和人身安全的隐患时,应当指导其立即消除,在隐患消除前不得送电。

第十三条 电力监管机构对供电企业实施停电、限电或者中止供电的情况进行监管。

在电力系统正常的情况下,供电企业应当连续向用户供电。需要停电或者限电的,应当符合下列规定:

(一)因供电设施计划检修需要停电的,供电企业应当提前7日公告停电区域、停电线路、停电时间；

（二）因供电设施临时检修需要停电的，供电企业应当提前24小时公告停电区域、停电线路、停电时间；

（三）因电网发生故障或者电力供需紧张等原因需要停电、限电的，供电企业应当按照所在地人民政府批准的有序用电方案或者事故应急处置方案执行。

引起停电或者限电的原因消除后，供电企业应当尽快恢复正常供电。

供电企业对用户中止供电应当按照国家有关规定执行。

供电企业对重要电力用户实施停电、限电、中止供电或者恢复供电，应当按照国家有关规定执行。

第十四条 电力监管机构对供电企业处理供电故障的情况实施监管。

供电企业应当建立完善的报修服务制度，公开报修电话，保持电话畅通，24小时受理供电故障报修。

供电企业应当迅速组织人员处理供电故障，尽快恢复正常供电。供电企业工作人员到达现场抢修的时限，自接到报修之时起，城区范围不超过60分钟，农村地区不超过120分钟，边远、交通不便地区不超过240分钟。因天气、交通等特殊原因无法在规定时限内到达现场的，应当向用户做出解释。

第十五条 电力监管机构对供电企业履行紧急供电义务的情况实施监管。

因抢险救灾、突发事件需要紧急供电时，供电企业应当及时提供电力供应。

第十六条 电力监管机构对供电企业处理用电投诉的情况实施监管。

供电企业应当建立用电投诉处理制度，公开投诉电话。对用户的投诉，供电企业应当自接到投诉之日起10个工作日内提出处理意见并答复用户。

供电企业应当在供电营业场所设置公布电力服务热线电话和电力监管投诉举报电话的标识，该标识应当固定在供电营业场所的显著位置。

第十七条 电力监管机构对供电企业执行国家有关电力行政许可规定的情况实施监管。

供电企业应当遵守国家有关供电营业区、供电业务许可、承装（修、试）电力设施许可和电工进网作业许可等规定。

第十八条 电力监管机构对供电企业公平、无歧视开放供电市场的情况实施监管。

供电企业不得从事下列行为：

（一）无正当理由拒绝用户用电申请；

（二）对趸购转售电企业符合国家规定条件的输配电设施，拒绝或者拖延接入系统；

(三)违反市场竞争规则,以不正当手段损害竞争对手的商业信誉或者排挤竞争对手;

(四)对用户受电工程指定设计单位、施工单位和设备材料供应单位;

(五)其他违反国家有关公平竞争规定的行为。

第十九条　电力监管机构对供电企业执行国家规定的电价政策和收费标准的情况实施监管。

供电企业应当严格执行国家电价政策,按照国家核准电价或者市场交易价,依据计量检定机构依法认可的用电计量装置的记录,向用户计收电费。

供电企业不得自定电价,不得擅自变更电价,不得擅自在电费中加收或者代收国家政策规定以外的其他费用。

供电企业不得自立项目或者自定标准收费;对国家已经明令取缔的收费项目,不得向用户收取费用。

供电企业应用户要求对产权属于用户的电气设备提供有偿服务时,应当执行政府定价或者政府指导价。没有政府定价和政府指导价的,参照市场价格协商确定。

第二十条　电力监管机构对供电企业签订供用电合同的情况实施监管。

供电企业应当按照国家有关规定,遵循平等自愿、协商一致、诚实信用的原则,与用户、趸购转售电单位签订供用电合同,并按照合同约定供电。

第二十一条　电力监管机构对供电企业执行国家规定的成本规则的情况实施监管。

供电企业应当按照国家有关成本的规定核算成本。

第二十二条　电力监管机构对供电企业信息公开的情况实施监管。

供电企业应当依照《中华人民共和国政府信息公开条例》、《电力企业信息披露规定》,采取便于用户获取的方式,公开供电服务信息。供电企业公开信息应当真实、及时、完整。

供电企业应当方便用户查询下列信息:

(一)用电报装信息和办理进度;

(二)用电投诉处理情况;

(三)其他用电信息。

第二十三条　电力监管机构对供电企业报送信息的情况实施监管。

供电企业应当按照《电力企业信息报送规定》向电力监管机构报送信息。供电企业报送信息应当真实、及时、完整。

第二十四条　电力监管机构对供电企业执行国家有关节能减排和环境保护政

策的情况实施监管。

供电企业应当减少电能输送和供应环节的损失和浪费。

供电企业应当严格执行政府有关部门依法作出的对淘汰企业、关停企业或者环境违法企业采取停限电措施的决定。未收到政府有关部门决定恢复送电的通知,供电企业不得擅自对政府有关部门责令限期整改的用户恢复送电。

第二十五条 电力监管机构对供电企业实施电力需求侧管理的情况实施监管。

供电企业应当按照国家有关电力需求侧管理规定,采取有效措施,指导用户科学、合理和节约用电,提高电能使用效率。

第三章 监管措施

第二十六条 电力监管机构根据履行监管职责的需要,可以要求供电企业报送与监管事项相关的文件、资料,并责令供电企业按照国家规定如实公开有关信息。

电力监管机构应当对供电企业报送信息和公开信息的情况进行监督检查,发现违法行为及时处理。

第二十七条 供电企业应当按照电力监管机构的规定将与监管相关的信息系统接入电力监管信息系统。

第二十八条 电力监管机构依法履行职责,可以采取下列措施,进行现场检查:

(一)进入供电企业进行检查;

(二)询问供电企业的工作人员,要求其对有关检查事项作出说明;

(三)查阅、复制与检查事项有关的文件、资料,对可能被转移、隐匿、损毁的文件、资料予以封存;

(四)对检查中发现的违法行为,可以当场予以纠正或者要求限期改正。

第二十九条 电力监管机构可以在用户中依法开展供电满意度调查等供电情况调查,并向社会公布调查结果。

第三十条 供电企业违反国家有关供电监管规定的,电力监管机构应当依法查处并予以记录;造成重大损失或者重大影响的,电力监管机构可以对供电企业的主管人员和其他直接责任人员依法提出处理意见和建议。

第三十一条 电力监管机构对供电企业违反国家有关供电监管规定,损害用户合法权益和社会公共利益的行为及其处理情况,可以向社会公布。

第四章 罚　　则

第三十二条 电力监管机构从事监管工作的人员违反电力监管有关规定,损害供电企业、用户的合法权益以及社会公共利益的,依照国家有关规定追究其责任;应当承担纪律责任的,依法给予处分;构成犯罪的,依法追究刑事责任。

第三十三条 供电企业违反本办法第六条规定,没有能力对其供电区域内的用户提供供电服务并造成严重后果的,电力监管机构可以变更或者吊销电力业务许可证,指定其他供电企业供电。

第三十四条 供电企业违反本办法第七条、第八条、第九条、第十条、第十一条、第十二条、第十三条、第十四条、第十五条、第十六条、第二十一条、第二十四条规定的,由电力监管机构责令改正,给予警告;情节严重的,对直接负责的主管人员和其他直接责任人员,依法给予处分。

第三十五条 供电企业违反本办法第十八条规定,由电力监管机构责令改正,拒不改正的,处10万元以上100万元以下罚款;对直接负责的主管人员和其他直接责任人员,依法给予处分;情节严重的,可以吊销电力业务许可证。

第三十六条 供电企业违反本办法第十九条规定的,电力监管机构可以责令改正并向有关部门提出行政处罚建议。

第三十七条 供电企业有下列情形之一的,由电力监管机构责令改正;拒不改正的,处5万元以上50万元以下罚款,对直接负责的主管人员和其他直接责任人员,依法给予处分;构成犯罪的,依法追究刑事责任:

(一)拒绝或者阻碍电力监管机构及其从事监管工作的人员依法履行监管职责的;

(二)提供虚假或者隐瞒重要事实的文件、资料的;

(三)未按照国家有关电力监管规章、规则的规定公开有关信息的。

第三十八条 对于违反本办法并造成严重后果的供电企业主管人员或者直接责任人员,电力监管机构可以建议将其调离现任岗位,3年内不得担任供电企业同类职务。

第五章 附　　则

第三十九条 本办法所称以上、以下、不低于、不超过,包括本数。

第四十条 本办法自2010年1月1日起施行。2005年6月21日电监会发布的《供电服务监管办法(试行)》同时废止。

电网公平开放监管办法

（2021 年 9 月 29 日国家能源局印发　国能发监管规〔2021〕49 号）

第一章　总　　则

第一条　为规范电网公平开放行为，加强电网公平开放监管，保护相关各方合法权益和社会公共利益，根据《中共中央国务院关于进一步深化电力体制改革的若干意见》、《电力监管条例》等有关规定，制定本办法。

第二条　本办法适用于电源接入各类电网，以及地方独立电网、增量配电网、微电网与省级及以下大电网互联工程建设项目的流程、时限、信息公开等相关工作。跨省跨区电源外送和电网互联另行规定。电网企业向电力交易主体公平无歧视提供输配电服务适用电力市场监管相关规定。电力用户接入电网工程适用《供电监管办法》等相关规定。地方电网、增量配电网、微电网等之间的电网互联参照执行。

第三条　电源项目业主和电网企业均享有本办法规定的电网公平开放相关权利，并根据国家法律法规和本办法要求履行相应的义务。

第四条　电网公平开放应遵循以下原则：

（一）依法依规。遵守国家法律法规，满足国家、地方及行业有关政策要求和技术标准；

（二）程序规范。符合国家能源发展战略规划、电力发展规划及地方相关规划要求，加强统筹，避免重复建设，规范有序实施公平开放服务；

（三）公开透明。强化信息公开，保障电网公平开放相关企业知情权；

（四）加强监管。科学高效开展监管工作，严肃查处违法违规行为，维护公平公正的市场秩序。

第五条　国家能源局依照本办法和国家有关规定，负责全国电网公平开放监管和行政执法工作。

国家能源局派出机构负责辖区内电网公平开放监管和行政执法工作。各级地方能源主管部门负责辖区内电网公平开放涉及的电力规划、建设管理工作。

第六条　对电网企业及电源项目业主、电网互联双方违反本办法的行为，任何单位和个人有权通过12398能源监管热线等向国家能源局及其派出机构投诉和举报，国家能源局及其派出机构应依法及时处理。

第二章　电源接入电网

第七条　电网企业应公平无歧视地向电源项目业主提供电网接入服务，不得从事下列行为：

（一）无正当理由拒绝电源项目业主提出的接入申请，或拖延接入系统；

（二）拒绝向电源项目业主提供接入电网须知晓的输配电网络的接入位置、可用容量、实际使用容量、出线方式、可用间隔数量等必要信息；

（三）对分布式发电等符合国家要求建设的发电设施，除保证电网和设备安全运行的必要技术要求外，接入适用的技术要求高于国家和行业技术标准、规范；

（四）违规收取不合理服务费用；

（五）其他违反电网公平开放的行为。

第八条　电网企业应建立电源项目接入电网工作制度，明确提供接入服务的工作部门、工作流程、工作时限，以及负责电源项目配套送出工程建设的工作部门、工作流程。

第九条　向电网企业申请接入电网的电源项目，应满足以下条件：

（一）符合国家产业政策，不属于国家《产业结构调整指导目录》中淘汰类及限制类项目；

（二）已列入政府能源主管部门批准的电力发展规划或专项规划项目，或已纳入省级及以上政府能源主管部门年度实施方案的项目；

（三）接入增量配电网的电源项目，应满足国家关于增量配电业务改革试点的相关政策。

第十条　申请接入电网的电源项目业主应向电网企业提交并网意向书等相关材料，并网意向书应包括以下内容：

（一）电源项目名称及所在地；

（二）电源项目规划及本期工程规模（本期建设总容量、机组数量、单机容量、机组类型、主要技术参数等）；

（三）电源项目拟建成投产时间；

（四）电源项目的性质（公用或自备）；

（五）电源项目前期工作进展情况；

（六）电源项目纳入政府能源主管部门批准的电力发展规划或专项规划，或省级及以上政府能源主管部门年度实施方案的证明文件，以及有权部门出具的核准文件、备案文件等；

（七）与电源项目并网相关的其他必要信息。

第十一条 收到电源项目并网意向书后，电网企业应于5个工作日内（对于分布式新能源发电项目，应于2个工作日内）给予书面回复。电源项目并网意向书的内容完整性和规范性符合相关要求的，电网企业应出具受理通知书；不符合相关要求的，电网企业应出具不予受理的书面凭证，并告知其原因；需要补充相关材料的，电网企业应一次性书面告知。逾期不回复的，电网企业自收到电源项目并网意向书之日起视为已经受理。

第十二条 电源项目业主应委托具有相应资质、独立的设计单位开展电源项目接入系统设计工作（分布式新能源发电项目按相关规定执行），一般应在电源项目本体可行性研究阶段开展。电网企业应按照相关行业标准，根据接入系统设计要求，及时一次性地提供开展接入系统设计所需的电网现状、电网规划、接入条件等基础资料。确实不能及时提供的，电网企业应书面告知电源项目业主，并说明原因。各方应按照国家有关信息安全与保密的要求，规范提供和使用有关资料。

第十三条 在接入系统设计工作完成后，电源项目业主应向电网企业提交接入系统设计方案报告。收到接入系统设计方案报告后，电网企业应于5个工作日内（对于分布式新能源发电项目，应于2个工作日内）给予书面回复。接入系统设计方案报告的内容完整性和规范性符合相关要求的，电网企业应出具受理通知书；不符合相关要求的，电网企业出具不予受理的书面凭证，并告知其原因；需要补充相关材料的，电网企业应一次性书面告知。逾期不回复的，自电网企业收到接入系统设计方案报告之日起即视为已经受理。

第十四条 电网企业受理电源项目接入系统设计方案报告后，应按照“公平、公开、高效、安全”的原则，根据国家和行业技术标准、规范，及时会同电源项目业主组织对接入系统设计方案进行研究，并向电源项目业主出具书面回复意见。

（一）接入系统电压等级为500千伏及以上的，电网企业应于40个工作日内出具书面回复意见；

（二）接入系统电压等级为110（66）～220（330）千伏的，电网企业应于30个工作日内出具书面回复意见，其中分布式新能源发电项目接入应于20个工作日内出具书面答复意见；

（三）接入系统电压等级为35千伏及以下的，电网企业应于20个工作日内出具书面回复意见，其中分布式新能源发电项目接入应于10个工作日内出具答复意见。

第十五条　电网企业应按照国家有关规定依法依规组织开展接入工程相关前期工作。接入工程前期工作所需时间原则上不超过电网企业同电压等级、条件相近的其他电网工程。接入工程受规划、土地、环保等外部条件限制不可实施时，电源项目业主应重新开展接入系统方案设计。

因单方原因调整接入系统设计方案的，应商对方按照程序重新确定新的方案，相关费用原则上由调整提出方承担。

国家政策文件允许的电网企业以外其他投资方开展接入工程相关前期工作时，按照相关政策文件规定执行。

第十六条　电源项目和接入工程项目均核准(备案)后，电网企业与电源项目业主一般情况下应于30个工作日内(对于分布式新能源发电项目，应于15个工作日内)签订接网协议。接网协议应考虑电源本体和接入工程的合法建设和合理工期，内容包括电源项目本期规模、开工时间、投产时间、配套送出工程投产时间、产权分界点、电力电量计量点、并网点电能质量限值要求及控制措施、违约责任及赔偿标准等内容。

第十七条　电网企业、电源项目业主应严格执行接网协议，确保电源电网同步建成投产。因单方原因违反接网协议约定并给对方造成损失的，违约方应根据约定承担违约责任。

第十八条　对于依法核准(备案)建设的分布式新能源发电项目，电网企业应简化工作流程，提供“一站式”办理服务。经双方协商一致，在不违反法律法规及国家有关规定的情况下，可以合并优化或取消某些接入电网工作环节，进一步缩短工作时限。

第三章　电 网 互 联

第十九条　电网企业应公平无歧视提供电网互联服务，不得从事下列行为：

(一)无正当理由拒绝电网互联提出方提出的联网申请，或拖延联网；

(二)拒绝向电网互联提出方提供电网互联须知晓的输配电网络的互联位置、可用容量、实际使用容量、出线方式、可用间隔数量等必要信息；

(三)对电网互联提出方符合国家要求建设的输配电设施，除保证电网和设备安全运行的必要技术要求外，联网适用的技术要求高于国家和行业技术标准、规范；

(四)违规收取不合理服务费用；

(五)其他违反电网公平开放的行为。

第二十条 电网企业应建立本企业电网互联相关工作制度,明确提供联网服务的工作部门、工作流程、工作时限,以及负责电网互联配套工程建设的工作部门、工作流程。

第二十一条 电网互联项目应符合政府能源主管部门批准的电网发展规划。电网互联提出方应向电网企业提交联网意向书等相关材料。

收到电网互联提出方提交的联网意向书后,电网企业应于5个工作日内给予书面回复。纳入电网发展规划的,电网企业应出具受理通知书;未纳入电网发展规划的,电网企业应出具不予受理的书面凭证,并告知其原因;需要补充相关材料的,电网企业应一次性书面告知。逾期不回复的,电网企业自收到联网意向书之日起视为已经受理。

第二十二条 电网互联提出方应组织开展电网互联系统设计工作。在受理联网通知书出具后20个工作日内,电网互联双方互相向对方提供开展联网设计所需的电网现状(包括相关主变的负载率和间隔情况等)、运行方式、电网规划(包括电网投资建设方案等)、电源分布、联网条件等基础资料;不能及时提供的,应书面告知对方原因。电网企业应向电网互联提出方书面告知互联有关的技术标准和要求。双方应按照国家有关信息安全与保密的要求,规范提供和使用有关资料。

第二十三条 在电网互联系统设计工作完成后,电网互联提出方应向电网企业提交电网互联系统设计方案报告。收到电网互联系统设计方案报告后,电网企业应于5个工作日内给予书面回复。电网互联系统设计方案报告的内容完整性和规范性符合相关要求的,电网企业应出具受理通知书;不符合相关要求的,电网企业应出具不予受理的书面凭证,并告知原因;需要补充相关材料的,电网企业应一次性书面告知。逾期不回复的,电网企业自收到电网互联系统设计方案报告之日起即视为已经受理。

鼓励电网企业采用线上方式提供本办法第十一条、第十三条、第二十一条和本条上款规定的受理及回复服务。

第二十四条 电网企业受理电网互联提出方提交的电网互联系统设计方案报告后,按照“公平、公开、高效、安全”原则,根据国家和行业技术标准、规范,及时会同电网互联提出方组织对设计方案进行研究,并出具书面回复意见。

(一)电网互联系统电压等级为110(66)~220(330)千伏的,电网企业应于30个工作日内出具书面回复意见;

(二)电网互联系统电压等级为35千伏及以下的,电网企业应于20个工作日内出具书面回复意见。

双方对互联方案有争议经协商不能达成一致的,由当地省级能源主管部门会同当地国家能源局派出机构协调确定。

第二十五条　电网互联工程投资建设方应按照国家有关规定依法依规开展联网工程相关前期工作。电网互联工程受规划、土地、环保等外部条件限制不可实施时,电网互联提出方应重新开展电网互联系统设计。

因单方原因调整电网互联系统设计方案的,应商对方按照程序重新确定新的方案,相关费用原则上由调整提出方承担。

第二十六条　电网互联工程核准(备案)后,电网互联双方一般情况下应于30个工作日内签订互联协议。互联协议应包括互联工程开工时间、投产时间、产权分界点、电力电量计量点、违约责任及赔偿标准等内容。

第二十七条　电网互联双方应严格执行互联协议,确保互联工程及时建成投产。因单方原因造成投产时间迟于互联协议约定时间并给对方造成损失的,违约方应根据约定承担违约责任。

第四章　信 息 公 开

第二十八条　电网企业应公开电源接入制度,为电源项目业主查询相关信息提供便利,并通过门户网站等方式每月向电源项目业主公布以下信息:

(一)截至上月末配套送出工程尚未投产的电源项目列表,配套送出工程前期工作进展情况,各电源项目业主提交并网意向书、接入系统设计方案报告时间,电网企业出具相应受理通知书、接入系统方案书面回复时间;

(二)上述电源项目配套电网工程项目概况、投产计划及工程建设进度;

(三)与电网公平开放相关的其他信息。

申请接入的电源项目业主应每月向电网企业通报电源项目前期工作进展、方案变化调整情况、建设进度情况以及与电源项目接入电网相关的其他信息。

第二十九条　电网企业应公开电网互联制度,为电网互联提出方查询相关信息提供便利,并通过门户网站等方式每月向电网互联提出方公布以下信息:

(一)截至上月末联网工程尚未投产的电网互联项目列表,电网互联提出方提交联网意向书、电网互联系统设计方案报告时间,电网企业出具相应受理通知书、电网互联系统方案书面回复时间;

(二)与电网公平开放相关的其他信息。

电网互联提出方应每月向电网企业通报电网互联项目概况、前期工作进展、工程计划、建设进度以及与电网互联相关的其他信息。

第三十条 电网公平开放相关企业按照本办法第二十八条、第二十九条规定公开相关信息时,应遵守国家有关信息安全与保密要求。

第五章 监管措施

第三十一条 电网企业按照第八条、第二十条建立的相关工作制度,应在编制完成后一个月内报送国家能源局及其派出机构。上述工作制度如有更新,应于更新之日起10个工作日内另行报送。

电网企业应每季度第一个月10日前向国家能源局及其派出机构报送上一季度电网公平开放情况,包括各类电源接入、电网互联、信息公开等情况。

国家能源局及其派出机构根据履行监管职责的需要,可要求电网企业报送与监管事项相关的其他信息和资料。

第三十二条 国家能源局及其派出机构可采取下列现场监管措施,有关企业及其工作人员应予以配合:

(一)进入电网公平开放相关企业进行检查;

(二)询问电网公平开放相关企业的工作人员,要求其对有关检查事项作出说明;

(三)查阅、复制与检查事项有关的文件、资料和电子数据,对可能被转移、隐匿、损毁的文件、资料予以封存;

(四)通过电网公平开放相关企业数据信息系统对有关信息进行调取、分析。

现场监管时可以邀请第三方机构专家参加并提供专业意见建议。现场监管中发现的违法违规行为,国家能源局及其派出机构有权当场予以纠正或要求限期改正。

第三十三条 电网公平开放相关企业违反本办法规定的,国家能源局及其派出机构应依法查处并予以记录,可以对其采取监管约谈、限期整改、监管通报、出具警示函、行政处罚等措施,依法依规纳入不良信用记录。造成重大损失或重大影响的,国家能源局及其派出机构可对责任单位直接负责的主管人员和其他直接责任人员依法提出处理建议。

第三十四条 国家能源局及其派出机构对电网公平开放相关企业违反本办法规定、损害相关方合法权益和社会公共利益的行为及其处理情况,可适时向社会公布。

第六章　法律责任

第三十五条　国家能源局及其派出机构从事监管工作的人员违反能源监管有关规定,损害电网公平开放相关企业的合法权益或社会公共利益的,依照国家有关规定追究其责任;构成犯罪的,依法追究其刑事责任。

第三十六条　电网企业违反本办法第二章、第三章规定,未按要求提供电源接入电网、电网互联服务的,由国家能源局及其派出机构责令限期改正;拒不改正的,按照《电力监管条例》第三十一条规定进行处罚,并可对直接负责的主管人员和其他直接责任人员提出处理建议。

第三十七条　电网企业有下列情形之一的,由国家能源局及其派出机构责令限期改正;拒不改正的,按照《电力监管条例》第三十四条规定进行处罚,并可对直接负责的主管人员和其他直接责任人员提出处理建议。

(一)拒绝或阻挠国家能源局及其派出机构从事监管工作的人员依法履行监管职责的;

(二)提供虚假或隐瞒重要事实的文件、资料的;

(三)违反本办法第四章规定,未按要求公开有关信息。

第七章　附　　则

第三十八条　本办法下列用语的含义:

(一)本办法所称电网企业是指依法取得电力业务许可证、负责电网设施运营、从事输电或配电业务的企业。

(二)本办法所称地方独立电网是指地方独立电网企业所建设运营的电网系统;本办法所称省级及以下大电网是指国家电网有限公司、中国南方电网有限责任公司所建设运营的省级及以下电网系统。

(三)本办法所称电源包括常规电源、集中式新能源发电、分布式发电、储能等。常规电源是指除分布式发电外的燃煤发电、燃气发电、核电、水电等。集中式新能源发电是指除分布式发电外的风电、太阳能发电、生物质发电等。分布式发电是指在用户所在场地或附近安装,以用户侧自发自用为主、多余电量上网、且在配电网系统平衡调节为特征的发电设施或有电力输出的能量综合梯级利用多联供设施。

(四)本办法所称储能(含抽水蓄能)包括电源侧储能、电网侧储能和用户侧储能等。电源侧储能是指装设并接入在常规电厂、风电场、光伏电站等电源厂站内部的储能设施。电网侧储能是指在专用站址建设,直接接入公用电网的储能设施。电源侧储能、电网侧储能接入电网参照常规电源接入电网。用户侧储能是指在用户内部场地或邻近建设的储能设施。用户侧储能接入电网参照分布式发电接入电网。

(五)本办法所称电网公平开放相关企业包括电网企业和电源项目业主。

第三十九条 国家能源局派出机构可依据本办法会同地方政府有关部门制订辖区实施细则。

第四十条 本办法自发布之日起施行,有效期为5年。

供电企业信息公开实施办法

（2021 年 11 月 23 日国家能源局印发　国能发监管规〔2021〕56 号）

第一条　为了提高供电企业工作透明度，充分发挥供电企业信息公开对人民群众生产生活和经济社会活动的服务作用，切实保障广大电力用户的知情权、参与权、监督权，根据《电力监管条例》《公共企事业单位信息公开规定制定办法》和《电力企业信息披露规定》，制定本办法。

第二条　本办法所称供电企业是指已取得供电类电力业务许可证，依法从事供电业务的企业。

第三条　供电企业信息公开应当遵循真实准确、规范及时、便民利民的原则，并对本企业发布的信息内容负责。

本办法所称供电企业信息，是指供电企业在提供公共服务过程中制作或者获取的，以一定形式记录、保存的信息。

第四条　国务院能源主管部门及其派出机构对供电企业信息公开的情况实施监管。

第五条　供电企业信息公开的内容，分为主动公开的信息和依申请公开的信息。

第六条　依法确定为国家秘密的信息，法律、行政法规禁止公开的信息，以及公开后可能危及国家安全、公共安全、经济安全、社会稳定的信息，不予公开。

涉及商业秘密、个人隐私等公开会对第三方合法权益造成损害的信息，不得公开。但是，不公开会对公共利益造成重大影响或者第三方同意公开的，应当予以公开。

本办法所称的商业秘密，是指不为公众所知悉、具有商业价值并经权利人采取相应保密措施的技术信息、经营信息等商业信息。

第七条　供电企业应当依照本办法和国家有关规定，主动公开以下与人民群众利益密切相关的信息：

（一）供电企业基本情况。企业性质、办公地址、营业场所、联系方式、供电类电力业务许可证及编号等。如有变化，应当自发生变化之日起 10 个工作日内更新；

（二）供电企业办理用电业务有关信息。各类用户办理新装、增容与变更用电性质等用电业务的工作流程、办理时限、办理环节、申请资料以及业务办理环节中涉及审核查验事项的范围、明细和依据等。如有变化，应当自发生变化之日起 10 个工作日内更新。国家另有规定的，按照规定执行；

（三）供电企业执行的电价和收费标准。供电企业向各类用户计收电费时执行的政策文件以及供电企业向用户提供有偿服务时收费的项目、标准和依据等。如有变化，应当自发生变化之日起 10 个工作日内更新；

（四）供电质量情况。包括供电可靠性、用户受电端电压合格率等政策文件和相关标准。如有变化，应当自发生变化之日起 10 个工作日内更新。电压合格率和供电可靠性指标按季度发布，供电可靠性指标应根据国家能源局统一发布的指标进行公布；

（五）停限电有关信息。包括停电区域、停电线路、停电起止时间及供电营业区有序用电方案、限电序位等信息。供电企业应按国家规定将有关情况及时公布；

（六）供电企业供电服务所执行的法律法规以及供电企业制定的涉及用户利益的有关管理制度和技术标准。如有变化，应当自发生变化之日起 10 个工作日内更新；

（七）供电企业供电服务承诺以及供电服务热线、12398 能源监管热线等投诉渠道。供电服务热线与 12398 能源监管热线标识同步、同对象公开。如有变化，应当自发生变化之日起 10 个工作日内更新。供电企业应主动将供电服务热线号码与 12398 能源监管热线号码通过即时通讯软件、短信、移动客户端等渠道推送告知到用户；

（八）用户受电工程市场公平开放相关信息。供电企业执行的规范用户受电工程市场行为的政策文件和制定的相关制度文件。如有变化，应当自发生变化之日起 10 个工作日内更新；

（九）可开放容量有关信息。包括本地区配电网接入能力和容量受限情况，相关情况按季度更新；

（十）其他需要主动公开的信息。

第八条　供电企业应当在门户网站或移动客户端设立专门的信息公开栏目，全面、完整、集中公开本办法第七条规定的信息内容，便于公众查询和获取信息，并可通过公开栏、电子显示屏、便民资料手册、信息发布会、新闻媒体、即时通讯软件、短信等其他便于公众知晓的方式公开。

第九条　除本办法第七条规定供电企业主动公开的信息外，电力用户可以向供电企业申请获取与自身直接相关的信息。

第十条　电力用户依照本办法第九条规定向供电企业申请获取信息的，应当采用书面形式。采用书面形式确有困难的，申请人可以口头提出，由受理该申请的供电企业代为填写信息公开申请。

供电企业信息公开申请应当包括下列内容：

（一）申请人的姓名或者名称、身份证明、联系方式；

（二）申请公开的供电企业信息的名称或者便于供电企业查询的其他特征性描述；

（三）申请公开的供电企业信息的形式要求，包括获取信息的方式、途径；

（四）申请公开内容与其自身相关的描述。

第十一条　信息公开申请内容不明确的，供电企业应当给予指导和释明，并自收到申请之日起 3 个工作日内一次性告知申请人作出补正，说明需要补正的事项和合理的补正期限。答复期限自供电企业收到补正的申请之日起计算。申请人无正当理由逾期未补正的，视为放弃申请，供电企业不再处理该信息公开申请。

第十二条　供电企业收到信息公开申请，能够当场答复的，应当当场予以答复。

供电企业不能当场答复的，应当自收到申请之日起 7 个工作日内予以答复；如需延长答复期限的，应当经供电企业信息公开工作机构负责人同意，并告知申请人，延长答复的期限不得超过 15 个工作日。

如不能公开的，应当说明理由。

第十三条　对供电企业信息公开申请，供电企业根据下列情况分别作出答复：

（一）所申请公开信息已经主动公开的，告知申请人获取该信息的方式、途径；

（二）所申请公开信息可以公开的，向申请人提供该信息；

（三）供电企业依据本办法的规定决定不予公开的，告知申请人不予公开并说明理由；

（四）供电企业已就申请人提出的供电企业信息公开申请作出答复、申请人重复申请公开相同供电企业信息的，告知申请人不予重复处理。

第十四条　申请公开的信息中含有不应当公开或者不属于供电企业信息的内容，但是能够作区分处理的，供电企业应当向申请人提供可以公开的供电企业信息内容，并对不予公开的内容说明理由。

第十五条　申请人以供电企业信息公开申请的形式进行信访、投诉、举报、供电服务查询等活动，供电企业应当告知申请人不作为供电企业信息公开申请处理并可以告知通过相应渠道提出。

申请人提出的申请内容为要求供电企业提供报刊、书籍等公开出版物的，供电企业可以告知获取的途径。

第十六条 供电企业依申请提供信息的,不得向申请人收取费用,国家另有规定的除外。供电企业不得通过其他组织、个人以有偿服务的方式提供信息。

第十七条 供电企业应当编制并公布信息公开指南和目录,如有变动应同步更新。

信息公开指南应当包括信息的分类、获取方式、信息公开工作机构的名称、办公地址、办公时间、联系电话、传真号码、电子邮箱等内容。

信息公开目录,应当包括信息索引、名称、内容概要、生成日期等内容。

第十八条 供电企业应当建立健全信息公开咨询机制,设置信息公开咨询窗口。咨询窗口设置以 95598 等供电服务热线为主,也可设立网站互动交流平台、接受现场咨询等。信息公开咨询原则上应即时办理,不能即时回复的,应当在 3 个工作日内予以回复。

第十九条 供电企业应当建立健全信息发布保密审查机制,明确审查的责任和程序,依照国家相关法律法规以及有关规定对拟公开的信息进行保密审查和管理。

第二十条 供电企业应每年 3 月底前编写上一年度信息公开年报,并在其门户网站上发布,同时按要求报国务院能源主管部门派出机构。

第二十一条 供电企业未按照本办法规定公开有关信息的,由国务院能源主管部门及其派出机构责令改正,拒不改正的,按照《供电监管办法》给予行政处罚。

第二十二条 公民、法人或者其他组织认为供电企业不依法履行信息公开义务的,可以通过信函、邮件或 12398 能源监管热线等方式向国务院能源主管部门及其派出机构申诉。

国务院能源主管部门及其派出机构应当依法依规及时处理申诉事项。信息公开申诉事项的处理应当参照 12398 能源监管热线投诉举报处理有关程序及时限规定。

第二十三条 本办法自发布之日起施行,有效期 5 年。

电力企业信息披露规定

（2005 年 11 月 30 日国家电力监管委员会令第 14 号公布
自 2006 年 1 月 1 日起施行）

第一章　总　　则

第一条　为了加强电力监管，规范电力企业、电力调度交易机构的信息披露行为，维护电力市场秩序，根据《电力监管条例》，制定本规定。

第二条　电力企业、电力调度交易机构披露有关电力建设、生产、经营、价格和服务等方面的信息，适用本规定。

第三条　电力企业、电力调度交易机构披露信息遵循真实、及时、透明的原则。

第四条　国家电力监管委员会及其派出机构（以下简称电力监管机构）对电力企业、电力调度交易机构如实披露有关信息的情况实施监管。

第二章　披 露 内 容

第五条　从事发电业务的企业应当向电力调度交易机构披露下列信息：

（一）发电机组基础参数；

（二）新增或者退役发电机组、装机容量；

（三）机组运行检修情况；

（四）机组设备改造情况；

（五）火电厂燃料情况或者水电厂来水情况；

（六）电力市场运行规则要求披露的信息；

（七）电力监管机构要求披露的其他信息。

第六条　从事输电业务的企业应当向从事发电业务的企业披露下列信息：

（一）输电网结构情况，输电线路和变电站规划、建设、投产的情况；

（二）电网内发电装机情况；

（三）网内负荷和大用户负荷的情况；

（四）电力供需情况；

（五）主要输电通道的构成和关键断面的输电能力，网内发电厂送出线的输电能力；

（六）输变电设备检修计划和检修执行情况；

（七）电力安全生产情况；

（八）输电损耗情况；

（九）国家批准的输电电价；跨区域、跨省（自治区、直辖市）电能交易输电电价；大用户直购电输配电价；国家批准的收费标准；

（十）发电机组、直接供电用户并网接入情况，电网互联情况；

（十一）电力监管机构要求披露的其他信息。

第七条 从事供电业务的企业应当向电力用户披露下列信息：

（一）国家规定的供电质量标准；

（二）国家批准的配电电价、销售电价和收费标准；

（三）用电业务的办理程序；

（四）停电、限电和事故抢修处理情况；

（五）用电投诉处理情况；

（六）电力监管机构要求披露的其他信息。

第八条 电力调度交易机构应当向从事发电业务的企业披露下列信息：

（一）电网结构情况，并网运行机组技术性能等基础资料，新建或者改建发电设备、输电设备投产运行情况；

（二）电网安全运行的主要约束条件，电网重要运行方式的变化情况；

（三）发电设备、重要输变电设备的检修计划和执行情况；

（四）年度电力电量需求预测和电网中长期运行方式，电网年度分月负荷预测；电网总发电量、最高最低负荷和负荷变化情况；年、季、月发电量计划安排和执行情况；

（五）跨区域、跨省（自治区、直辖市）电力电量交换情况；

（六）并网发电厂机组的上网电量、年度合同电量和其他电量完成情况，发电利用小时数；实行峰谷分时电价的，各机组峰、谷、平段发电量情况；

（七）并网发电厂执行调度指令、调度纪律情况，发电机组非计划停运情况，提供调峰、调频、无功调节、备用等辅助服务的情况；

（八）并网发电厂运行考核情况，考核所得电量、资金的使用情况；

（九）电力市场运行规则要求披露的有关信息；

（十）电力监管机构要求披露的其他信息。

第九条 电力监管机构根据监管工作的需要适时调整电力企业、电力调度交易机构披露信息的范围和内容。

第三章 披露方式

第十条 电力监管机构根据电力企业、电力调度交易机构披露信息的范围和内容,确定相应的披露方式和期限。

第十一条 电力企业、电力调度交易机构披露信息可以采取下列方式:

(一)电力企业的门户网站及其子网站;

(二)报刊、广播、电视等媒体;

(三)信息发布会;

(四)简报、公告;

(五)便于及时披露信息的其他方式。

第十二条 电力企业、电力调度交易机构披露信息应当保证所披露信息的真实性、及时性,并方便相关电力企业和用户获取。

第十三条 电力企业、电力调度交易机构应当指定具体负责信息披露的机构和人员,公开咨询电话和电子咨询邮箱,并报电力监管机构备案。

第四章 监督管理

第十四条 电力监管机构对电力企业、电力调度交易机构披露信息的情况进行监督检查。

电力监管机构根据工作需要,对电力企业、电力调度交易机构披露信息的情况进行不定期抽查,并将抽查情况向社会公布。

第十五条 电力监管机构每年对在信息披露工作中取得突出成绩的单位和个人给予表彰。

第十六条 电力企业、电力调度交易机构未按照本规定披露有关信息或者披露虚假信息的,由电力监管机构给予批评,责令改正;拒不改正的,处5万元以上50万元以下的罚款,对直接负责的主管人员和其他直接责任人员,依法给予处分。

第五章 附 则

第十七条 国家电力监管委员会区域监管局根据本规定制定实施办法,报国家电力监管委员会批准后施行。

第十八条 本规定自2006年1月1日起施行。

电力现货市场信息披露办法(暂行)

(2020 年 11 月 6 日国家能源局印发　国能发监管〔2020〕56 号)

第一章　总　　则

第一条　为指导和规范电力现货市场信息披露工作,加强信息披露管理,维护市场主体合法权益,依据《中共中央　国务院关于进一步深化电力体制改革的若干意见》(中发〔2015〕9 号)及其配套文件、《电力监管条例》(中华人民共和国国务院令第 432 号)等有关规定,结合电力现货市场实践,制定本办法。

第二条　本办法适用于开展电力现货交易地区的信息披露。未开展电力现货交易的地区,应当根据各地实际情况,加强和完善信息披露工作,不断丰富信息披露内容,可参照本办法执行。

第三条　本办法所称信息披露主体是指参与电力现货市场的市场成员,包括发电企业、售电公司、电力用户、电网企业和市场运营机构。市场运营机构包括电力交易机构和电力调度机构。本办法所称市场主体是指参与电能量买卖或者辅助服务买卖的市场成员。

第四条　本办法所称信息披露是指信息披露主体提供、发布与电力现货市场相关信息的行为。

第二章　信息披露原则和方式

第五条　信息披露应当遵循真实、准确、完整、及时、易于使用的原则。

第六条　市场竞争所需信息应当充分披露,信息披露主体对其提供信息的真实性、准确性、完整性负责。

第七条　电力交易机构总体负责电力现货市场信息披露的实施,创造良好的信息披露条件,制定信息披露标准格式,开放数据接口。电力交易机构应当设立信息披露平台,信息披露平台原则上以电力交易机构现有信息平台为基础。

第八条　信息披露主体按照标准格式通过信息披露平台向电力交易机构提供

信息，由电力交易机构通过信息披露平台发布信息。

第三章　信息披露内容

第九条　按照信息公开范围，电力现货市场信息分为公众信息、公开信息、私有信息和依申请披露信息四类。

（一）公众信息：是指向社会公众披露的信息。

（二）公开信息：是指向所有市场成员披露的信息。

（三）私有信息：是指向特定的市场主体披露的信息。

（四）依申请披露信息：是指仅在履行申请、审核程序后向申请人披露的信息。

第一节　发电企业

第十条　发电企业应当披露的公众信息包括：

（一）企业全称、企业性质、所属发电集团、工商注册时间、营业执照、统一社会信用代码（以下简称信用代码）、法定代表人（以下简称法人）、联系方式、电源类型、装机容量、所在地区等。

（二）企业变更情况，包括企业减资、合并、分立、解散及申请破产的决定；或者依法进入破产程序、被责令关闭等重大经营信息。

（三）与其他市场主体之间的关联企业信息。

（四）其他政策法规要求向社会公众公开的信息。

第十一条　发电企业应当披露的公开信息包括：

（一）电厂机组信息，包括电厂调度名称、电力业务许可证（发电类）编号、机组调度管辖关系、投运机组台数及编号、单机容量及类型、投运日期、接入电压等级；单机最大出力、核定最低技术出力、核定深调极限出力；机组出力受限的技术类型，如流化床、高背压供热等。

（二）机组出力受限情况、机组检修及设备改造计划等。

第十二条　发电企业私有信息包括：

（一）中长期交易结算曲线、电力市场申报电能量价曲线、上下调报价、机组启动费用、机组空载费用、辅助服务报价信息等。

（二）机组爬坡速率、机组边际能耗曲线、机组最小开停机时间、机组预计并网和解列时间、机组启停出力曲线、机组调试计划曲线、调频、调压、日内允许启停次数、厂用电率、热电联产机组供热信息等机组性能参数。

(三)机组运行情况,包括出力及发电量等。

(四)各新能源发电企业日前、实时发电预测。

(五)发电企业燃料、燃气供应情况、存储情况、燃料供应风险等。

(六)非国际河流水电企业来水情况、水库运行情况等。

第二节 售电公司

第十三条 售电公司应当披露的公众信息包括:

(一)企业全称、企业性质、售电公司类型、工商注册时间、注册资本金、营业执照、信用代码、法人、联系方式、信用承诺书、资产总额、股权结构、年最大售电量等。

(二)企业资产证明、从业人员相关证明材料、资产总额验资报告等。

(三)企业变更情况,企业减资、合并、分立、解散及申请破产的决定;或者依法进入破产程序、被责令关闭等重大经营信息。

(四)与其他市场主体之间的关联关系信息。

(五)其他政策法规要求向社会公众公开的信息。

第十四条 售电公司应当披露的公开信息包括:

(一)拥有配电网运营权的售电公司应当披露电力业务许可证(供电类)编号、配电网电压等级、配电区域、配电价格等信息。

(二)履约保函缴纳信息(如有)。

第十五条 售电公司私有信息包括:

中长期交易结算曲线、电力市场申报电能量价曲线、与代理电力用户签订的相关合同或者协议信息、与发电企业签订的交易合同信息等。

第三节 电力用户

第十六条 电力用户应当披露的公众信息包括:

(一)企业全称、企业性质、行业分类、用户类别、工商注册时间、营业执照、信用代码、法人、联系方式、主营业务、所属行业等。

(二)企业变更情况,包括企业减资、合并、分立、解散及申请破产的决定;或者依法进入破产程序、被责令关闭等重大经营信息。

(三)与其他市场主体之间的关联关系信息。

(四)其他政策法规要求向社会公众公开的信息。

第十七条 电力用户应当披露的公开信息包括：

企业用电类别、接入地区、年用电量、用电电压等级、供电方式、自备电源(如有)、变压器报装容量以及最大需量等。

第十八条 电力用户私有信息包括：

(一)电力用户用电信息,包括用电户号、用电户名、结算户号、计量点信息、用户电量信息、用户用电曲线等。

(二)中长期交易结算曲线、批发用户电力市场申报电能量价曲线、可参与系统调节的响应能力和响应方式等。

第四节 电网企业

第十九条 电网企业应当披露的公众信息包括：

(一)企业全称、企业性质、工商注册时间、营业执照、信用代码、法人、联系人、联系方式、供电区域、政府核定的输配电线损率等。

(二)与其他市场主体之间的关联关系信息。

(三)政府定价类信息,包括输配电价、各类政府性基金及其他市场相关收费标准等。

(四)电网主要网络通道示意图。

(五)其他政策法规要求向社会公众公开的信息。

第二十条 电网企业应当披露的公开信息包括：

(一)电力业务许可证(输电类)、电力业务许可证(供电类)编号。

(二)市场结算收付费总体情况及市场主体欠费情况。

(三)电网企业代理非市场用户每个交易时段的总购电量、总售电量、平均购电价格、平均售电价格等,含事前预测和事后实际执行。

(四)各类型发电机组装机总体情况,各类型发用电负荷总体情况等。

(五)电网设备信息,包括线路、变电站等输变电设备投产、退出和检修情况等。

(六)全社会用电量、重点行业用电量等。

第五节 市场运营机构

第二十一条 市场运营机构应当披露的公众信息包括：

(一)机构全称、机构性质、机构工商注册时间、股权结构、营业执照、信用代码、法人、组织机构、业务流程、服务指南、联系方式、办公地址、网站网址等。

(二)电力市场适用的法律法规、政策文件。

(三)电力市场规则类信息,包括交易规则、交易相关收费标准,制定、修订市场规则过程中涉及的解释性文档,对市场主体问询的答复等。

(四)信用评价类信息,包括市场主体电力交易信用信息、售电公司违约情况等。

(五)其他政策法规要求向社会公众公开的信息。

(六)市场暂停、中止、重新启动等情况。

第二十二条 市场运营机构应当披露的公开信息包括:

(一)公告类信息,包括电力交易机构财务审计报告、信息披露报告等定期报告、经国家能源局派出机构或者地方政府电力管理部门认定的违规行为通报、市场干预情况、第三方校验报告等。

(二)交易公告,包括交易品种、交易主体、交易规模、交易方式、交易准入条件、交易开始时间及终止时间、交易参数、出清方式、交易约束信息、交易操作说明、其他准备信息等。

(三)交易计划及其实际执行情况等。

(四)市场主体申报信息和交易结果,包括参与交易的主体数量、交易总申报电量、成交的主体数量、最终成交电量、成交均价等。

(五)市场边界信息,包括电网安全运行的主要约束条件、输电通道可用容量、关键输电断面及线路传输限额、必开必停机组组合及原因、非市场机组出力曲线、备用及调频等辅助服务需求、抽蓄电站蓄水水位、参与市场新能源总出力预测等。

(六)市场参数信息,包括市场出清模块算法及运行参数、价格限值、约束松弛惩罚因子、节点分配因子及其确定方法、节点及分区划分依据和详细数据等。

(七)预测信息,包括系统负荷预测、外来(外送)电交易计划、可再生能源出力预测,水电发电计划预测等,任何预测类信息都应当在实际运行后一日内发布对应的实际值。

(八)运行信息,包括实际负荷、实时频率、系统备用信息,重要通道实际输电情况、实际运行输电断面约束情况及其影子价格情况、联络线潮流,输变电设备检修计划执行情况、发电机组检修计划执行情况,非市场机组实际出力曲线等。

(九)参与现货市场机组分电源类型中长期合约占比、合约平均价格、总上网电量等。

(十)市场干预情况原始日志,包括干预时间、干预人员、干预操作、干预原因,涉及《电力安全事故应急处置和调查处理条例》(中华人民共和国国务院令第599号)规定电力安全事故等级的事故处理情形除外。

(十一)市场出清类信息,包括各时段出清电价(节点边际电价市场应当披露所有节点的节点边际电价以及各节点边际电价的电能量、阻塞和网损等各分量价格)、出清电量,调频容量价格和调频里程价格,备用总量、备用价格,输电断面约束及阻塞情况,各电压等级计算网损等。

(十二)每个交易时段的分类结算情况,不平衡资金明细及每项不平衡资金的分摊方式等。

第二十三条　市场运营机构应当向特定市场主体披露其私有信息包括:

(一)中长期结算曲线、分时段中长期交易结算电量及结算电价,日前中标出力及日前节点边际电价,实时中标出力及实时节点边际电价。

(二)结算类信息,包括日清算单、月结算单、电费结算依据等。

第六节　依申请披露信息

第二十四条　市场成员应当报送的依申请披露信息包括:

(一)发电企业报送国际河流水电企业相关数据(如有)。

(二)电网企业报送各非市场用户的类型,购售电电量和电价等。

(三)电网企业报送市场用户进入市场前的用电信息。

(四)电网企业报送能够准确复现完整市场出清结果的电力系统市场模型及相关参数(采用节点边际电价、分区边际电价的电力现货市场地区),包括220kV及以上输电设备(输电线路和变压器)联结关系,输电断面包含的输电设备及其系数、潮流方向、潮流上下限额等。

第二十五条　依申请披露信息纳入特定管理流程,由市场成员向试点地区第一责任单位报送。申请人发起申请,经试点地区第一责任单位审核通过并承诺履行保密责任后方可获取相关信息。申请人应当为参与电力现货市场的市场成员,需书面向试点地区第一责任单位提交申请,申请内容至少包括申请人单位、申请信息内容、申请信息必要性说明、联系方式等。

第二十六条　试点地区第一责任单位应当及时审核申请人提出的信息披露申请。如认定不通过或者披露信息范围需要调整,应及时通知申请人。如不能按时披露申请人提出的相关信息,应当明确延期披露的原因及时限,并在信息披露平台上专栏公示。

第七节　其　　他

第二十七条　征得电力用户同意后,电网企业和市场运营机构应当允许售电公司和发电企业获取电力用户历史分时用电数据、用电信息等有关信息，并约定信息开放内容、频率、时效性，以满足市场主体参与现货交易的要求。

第二十八条 市场成员可申请扩增信息，应当将申请发送至信息披露平台，电力交易机构收到扩增信息披露申请后应及时通知所有受影响的市场主体，并报试点地区第一责任单位审核。扩增信息披露申请及审核结果应当通过信息披露平台专栏公示。

第二十九条 信息披露文档形式以可导出的、常规文件格式为主。

第三十条 电力交易机构应当定期向市场主体出具信息披露报告，内容应当包含但不限于电网概况、电力供需及预测情况、市场准入、市场交易、市场结算、市场建设、违规情况、市场干预情况等方面。

第四章 信息保密和封存

第三十一条 任何市场成员不得违规获取或者泄露未经授权披露的信息。市场成员的工作人员未经许可不得公开发表可能影响市场成交结果的言论。市场成员应当建立健全信息保密管理制度，定期开展保密培训，明确保密责任，必要时应当对办公系统、办公场所采取隔离措施。

第三十二条 信息封存是指对关键信息的记录留存。任何有助于还原运行日（指执行日前电力市场交易计划，保证实时电力平衡的自然日）情况的关键信息应当记录、封存。封存信息包括但不限于：

（一）运行日市场出清模型信息。

（二）市场申报量价信息。

（三）市场边界信息，包括外来（外送）电曲线、检修停运类信息、预测信息、新能源发电曲线、电网约束信息等。

（四）市场干预行为，包括修改计划机组出力、修改外来（外送）电出力、修改市场出清参数、修改预设约束条件、调整检修计划、调整既有出清结果等，应当涵盖人工干预时间、干预人员、干预操作、干预原因、受影响主体以及影响程度信息等。

（五）实时运行数据，包括机组状态及机组出力曲线、电网实时频率等。

（六）市场结算数据、计量数据。

第三十三条 电力交易机构、电力调度机构应当建立市场干预记录管理机制，明确记录保存方式。任何单位或者个人不得违法违规更改已封存信息。市场干预记录应当报市场管理委员会备案，国家能源局派出机构可定期对市场干预行为进行监管，保证市场干预行为的公平性。

第三十四条　封存的信息应当以易于访问的形式存档，并且存储系统应当满足访问、数据处理和安全方面的要求。

第三十五条　信息的封存期限为5年，特殊情形除外。

第五章　监督管理

第三十六条　国家能源局派出机构对市场成员按照本办法开展的信息披露行为进行监管，并根据履行监管职责的需要采取信息报送、现场检查、行政执法等监管措施。

第三十七条　市场主体对披露的信息内容、时限等有异议或者疑问，可向电力交易机构提出，由电力交易机构责成信息披露主体予以解释及配合。对未按要求及时披露、变更或者披露虚假信息的市场成员，一年之内出现上述情形两次以上的，国家能源局派出机构可对其采取监管约谈、监管通报、责令改正、出具警示函、出具监管意见等监管措施，并依据《电力监管条例》等有关规定作出行政处罚。

第三十八条　国家能源局派出机构组织专业机构对信息披露总体情况作出评价，从信息披露的有效性、易于使用性和保密性等方面对信息披露情况进行分析，将评价结果向所有市场成员公布，并抄送地方政府电力管理等部门。

第六章　附　　则

第三十九条　本办法由国家能源局负责解释。

第四十条　本办法自发布之日起施行。

关于加强电力中长期交易监管的意见

（2019 年 9 月 4 日国家能源局印发　国能发监管〔2019〕70 号）

为深入贯彻习近平新时代中国特色社会主义思想和党的十九大精神，认真落实《中共中央国务院关于进一步深化电力体制改革的若干意见》（中发〔2015〕9 号，以下简称 9 号文）及相关配套文件和《电力监管条例》《电力中长期交易基本规则（暂行）》等要求，进一步加强电力中长期交易监管，规范电力中长期交易行为，维护电力市场秩序，制定本意见。

一、重要意义

9 号文印发以来，竞争性环节电价、配售电业务、发用电计划有序放开，电力交易机构陆续组建，电力中长期交易稳步推进，电力辅助服务市场、电力现货市场试点陆续启动，电力市场化交易取得积极进展，市场监管积累了重要经验。但电力市场建设运行中，还存在市场交易机制不健全、交易规则执行不到位、交易组织不规范、交易竞争不充分、信息披露不及时等问题。

9 号文明确要加强市场监管，改进政府监管办法，创新监管措施和监管手段。《2019 年政府工作报告》提出，用公正监管管出公平、管出效率、管出活力。市场主体和社会各界希望尽快出台加强市场监管相应的规章制度。本意见适用于电力中长期交易的监管，主要是电力市场交易规则执行和交易行为实施监管，进一步规范电力市场交易行为，维护公平竞争的市场秩序，加快推进电力市场化改革。

二、总体原则

坚持市场改革。按照党中央、国务院进一步深化电力体制改革总体部署，坚持社会主义市场经济改革方向，持续健全完善电力市场化交易机制，着力构建主体多元、竞争有序的电力交易格局，发挥市场在资源配置中的决定性作用，确保电力系统安全稳定运行和电力可靠供应，助推高质量发展。

坚持自主自律。进一步明确和规范电力市场主体、市场运营机构的义务、职责，依据市场交易规则和相关规章制度规范组织或参与市场交易行为，加强自律监督，加强运营监控和风险防控,规范市场干预行为,落实相应主体责任。

坚持科学监管。加强市场交易事中事后监管,加强信息披露和报送监管,加强市场信用监管,开展第三方机构业务稽核,更好发挥派出机构一线监管作用,加强与地方政府相关部门监管协作,促进市场公平竞争。

三、主要任务

(一)规范制定市场交易规则。国家能源局各派出机构要按照《国家发展改革委国家能源局关于印发〈电力中长期交易基本规则(暂行)〉的通知》(发改能源〔2016〕2784号)要求,会同地方政府有关部门,组织电力交易机构及市场管理委员会等,在基本规则的框架下起草各地中长期交易规则,经市场管理委员会审议,北京、广州等区域性交易机构的中长期交易规则要报国家发展改革委、国家能源局审定后执行,各省(区、市)交易机构的中长期交易规则报国家能源局派出机构和所在地区政府有关部门审定后执行。中长期交易规则实施后,交易机构无权变更交易规则。需要修订的,应提请市场管理委员会审议后,报原审定机构和部门批准。

(二)规范组织市场交易。电力交易机构、电力调度机构按照职责分工,建设维护技术支持系统,按照有关规定做好信息披露工作,并将相关信息报送国家能源局及其派出机构。电力交易机构负责电力交易平台的建设、运营和管理,负责市场组织,主要负责建立和执行注册管理制度,为市场主体提供注册、结算依据和相关服务,编制交易计划,管理电力交易合同,公布交易执行结果。电力调度机构负责向电力交易机构提供安全约束条件和基础数据,履行电力交易安全校核责任,合理安排电网运行方式,严格按照交易规则开展交易出清和执行,并将出清和执行结果提供电力交易机构。

(三)规范参与交易行为。参加市场交易的发电企业、售电企业、电力用户、电网企业(作为购电方)等市场主体要严格遵守市场注册管理制度,按照市场交易规则等有关规定进入和退出电力市场、向电力交易机构提交市场交易合同、参与市场交易,严禁不正当竞争、串通报价等违规交易行为。

(四)做好市场交易服务。电网企业要为参与市场交易的市场主体提供公平的输配电和电网接入服务,按照市场结算规则提供计量、抄表等服务,按照有关规定收取输配电费、代收代付电费。

(五)促进售电企业公平参与市场交易。电网企业、发电企业的售电企业(含全资、控股或参股)应当具有独立法人资格、独立运营。电网企业应当从人员、财务、办公地点、信息等方面确保参与市场交易的售电业务与其他业务独立运营并制定相关工作规范。电力交易机构未完成股份制改造的、电网企业内设机构承担电力交易职能的,其电网企业的售电企业暂不参与市场交易。拥有配电网运营权的售电企业,其配电业务与参与市场交易的售电业务应当实现财务分离。

(六)加强市场成员行为自律监督。电力市场成员包括电力交易机构、电力调度机构等市场运营机构,参与市场交易的发电企业、售电企业、电力用户、电网企业(作为购电方)等市场主体,以及提供市场交易相关服务的电网企业等。国家能源局及其派出机构依法依规制定电力市场交易规则和市场监管制度,指导市场管理委员会建立市场自律监督工作机制。市场管理委员会对参与市场交易的市场成员实施市场内部自律管理,共同维护良好的市场秩序。电力市场成员应当自觉遵守市场交易规则、相关法律法规,加强行为自律,接受国家能源局及其派出机构监管。

(七)加强运营监控和风险防控。电力交易机构、电力调度机构根据有关规定,履行市场运营、市场监控和风险防控等职责。根据国家能源局及其派出机构的监管要求,将相关信息系统接入电力监管信息系统,按照“谁运营、谁防范,谁运营、谁监控”的原则,采取有效风险防控措施,加强对市场运营情况的监控分析,按照有关规定定期向国家能源局及其派出机构提交市场监控分析报告。市场监控分析报告内容包括但不限于:市场报价和运行情况;市场成员执行市场交易规则情况;市场主体在市场中份额占比等市场结构化指标情况;网络阻塞情况;非正常报价等市场异常事件;市场风险防控措施和风险评估情况;市场交易规则修订建议等。

(八)规范市场干预行为。出现《电力市场监管办法》(国家电力监管委员会令第 11 号)第二十四条有关情形的,电力交易机构、电力调度机构按照规定程序进行市场干预,干预情况应当及时向电力市场成员公布,并向国家能源局及其派出机构报告。

(九)加强市场交易事中事后监管。国家能源局及其派出机构依据有关法规规章规定,对电力市场成员按照市场交易规则组织和参与市场交易相关行为进行监管,对电力调度机构和电网企业执行交易结果的行为进行监管。出现《电力市场监管办法》(国家电力监管委员会令第 11 号)第二十五条有关情形的,国家能源局及其派出机构可以做出中止市场交易的决定,并向电力市场成员公布原因。对市场主体违反有关规定的,或者单一市场主体所占电力市场份额超过一定比例影响市场有效竞争的,国家能源局及其派出机构可以采取中止其参与部分或全部市场交易品种等措施。

(十)加强信息披露和报送监管。国家能源局及其派出机构制定电力市场信息披露和报送管理相关规定,要求电力市场成员按照规定披露相关信息,提供与监管事项相关的信息资料。电力市场成员要按照有关规定,遵循真实、及时、透明的原则,披露和报送相关信息。

（十一）加强市场信用监管。积极探索创新监管方式，研究推进“双随机、一公开”监管、信用监管和“互联网+监管”。对电力市场成员拒不履约、恶意欠费、滥用市场力、开放歧视、未按照规定披露信息等失信行为，国家能源局及其派出机构可以在电力市场成员内部进行通报，并通过有关信息平台、网站向社会公布。对于严重失信的市场主体，依法依规列入“黑名单”管理，实施信用约束、联合惩戒；对于严重失信并造成严重后果的，可以限制有关市场主体参与交易或强制其退出市场。

（十二）建立政府监管与外部专业化监督密切配合的监管体系。国家能源局及其派出机构应建立健全交易机构专业化监管制度，推动成立独立的电力交易机构专家委员会，积极发展第三方专业机构，形成政府监管与外部专业化监督密切配合的有效监管体系。国家能源局及其派出机构应组织第三方专业机构对电力交易机构提交审定的中长期交易实施细则开展评估，并根据评估意见出具审核意见。国家能源局及其派出机构可以根据实际需要，聘请第三方专业机构对市场交易开展情况进行业务稽核。有关电力交易机构、电力调度机构、市场主体要为第三方专业机构开展业务稽核工作提供必要保障，第三方专业机构应当承担保密责任。

四、有关要求

（一）充分发挥派出机构一线监管作用。国家能源局派出机构要充分发挥“派驻”作用，根据本意见并结合辖区实际制定电力市场监管实施细则，依法依规履行电力市场监管职责，对辖区内组织和参与电力市场交易的市场成员开展属地化监管。

（二）做好与电力现货市场建设等工作的有效衔接。开展电力现货市场试点建设地区，国家能源局派出机构在制定电力市场监管实施细则时，结合实际增加现货市场监管相应条款或出台相应的电力现货市场监管办法。

（三）加强工作协同形成监管合力。国家能源局派出机构应当会同地方政府能源主管部门等建立完善市场监管工作协同机制，加强工作沟通协调，形成监管合力。本意见未明确的其他监管事项，国家能源局派出机构、地方政府相关部门依法依规履行相应监管职责或协同开展监管。

发电企业与电网企业电费结算办法

（2020 年 12 月 30 日国家能源局印发　国能发监管〔2021〕79 号）

第一章　总　　则

第一条　为维护电力市场秩序，保障电力企业合法权益，规范发电企业与电网企业之间电费结算行为，根据《电力监管条例》（中华人民共和国国务院令第 432 号）及相关法律法规，制定本办法。

第二条　本办法适用于发电企业与电网企业（包括地方电网、增量配网）按照购售电合同开展的电费结算。电网企业在电力市场交易中承担代收代付电费职责的，与发电企业电费结算参照执行。

第三条　本办法所称的发电企业是指依法取得电力业务许可证（发电类）或符合许可豁免条件，从事发电业务的企业；电网企业是指依法取得电力业务许可证（输电类或供电类），从事输电或供电业务的企业，包括增量配电网企业；电费结算是指发电企业与电网企业就购售电业务相关的电量计量、电费确认、发票开具和资金收付等行为的总称。

第四条　发电企业与电网企业电费结算应当遵循依法依规、公平公正、诚实守信的原则。任何一方不得利用电费结算扰乱社会经济秩序，损害社会公共利益。

第五条　国家能源局及其派出机构（以下统称“能源监管机构”）依据《电力监管条例》和本办法对发电企业与电网企业电费结算行为进行监管。

第二章　电费结算要求

第六条　发电企业与电网企业应当按照有关要求签订购售电合同，未签订购售电合同的，不得进行电费结算。

第七条　电网企业代理优先用电用户的年度、月度、月内（多日）省内及跨省跨区电力中长期交易需签订购售电合同。

第八条　电费结算有关事项应当在购售电合同中予以明确，包括但不限于：计量装置及其设置,上网电量的抄录、计算、核对和确认,上网电费的计算、核对、修正和确认,基准电价、市场交易电价、超低排放电价、环保电价等各类价格水平,可再生能源补贴结算,上网电费发票开具,上网电费支付方式,发电企业收款账号,以及违约处理等。

第九条　发电企业、电网企业应当按照有关要求安装符合技术规范的上网电量计量装置,确保计费电量真实、准确。

第十条　发电企业、电网企业应当严格执行国家电价政策和市场规则,不得自行变更电价水平或电价机制进行电费结算。

第十一条　电费结算原则上以月度为周期(结算周期应当为每个自然月)。新建发电机组调试电费自并网运行后以月为周期进行结算。燃煤发电企业超低排放电费原则上以季度为周期进行结算,电网企业自收到环保部门出具的监测报告之日起十个工作日内向燃煤电厂兑现电价加价资金。

第十二条　电网企业应当及时足额向纳入国家补贴范围的可再生能源发电企业转付中央财政等补贴。原则上电网企业在收到中央财政补贴资金十个工作日内,按照有关要求及时兑付给可再生能源发电企业。电网企业转付地方财政补贴有明确规定的,按照有关规定执行;没有明确规定的,电网企业在收到地方财政补贴资金十个工作日内,及时兑付给可再生能源发电企业。

第十三条　发电企业上网电量根据相关地区交易结算有关规定进行抄录和确认,逐步实现发用双方抄表日历同期,原则上应当在次月初五个工作日内完成。

第十四条　发电企业上网电费应当严格按照购售电合同的约定进行计算,按规定进行核对、修正和确认,原则上应当在上网电量确认日后五个工作日内完成。

第十五条　发电企业应当根据厂网双方确认的电费结算单(结算依据)及时、足额向电网企业开具增值税专用发票,原则上应当在上网电费确认日后五个工作日内完成。电费结算单(结算依据)应当详细列明交易品种、交易电量、交易金额、辅助服务考核项目及金额。实行分时电价机制的应当详细列明分时电量、电费等内容。

第十六条　跨省跨区交易结算由相应电力交易机构统一出具结算依据,由电网企业负责电费收取,向输电方支付输配电费及线损折价,向发电企业支付购电费。

第十七条　电网企业根据结算双方确认的电费结算单(结算依据),及时足额支付电费。

电费原则上一次性支付,在电费确认日后十个工作日内,由电网企业将当期电费全额支付给发电企业。电网企业经与发电企业协商一致后,也可分两次支付。第一次支付不低于该期电费的百分之五十，付清时间不得超过电费确认日后五个工作日，第二次付清时间不得超过电费确认日后十个工作日。

第十八条 电费结算采取国家规定的结算方式，由发电企业与电网企业协商一致，在购售电合同中作出明确、合理约定。

从用户侧收取电费中承兑汇票占比较高且经营效益较差的电网企业，向发电企业支付的承兑汇票，不得高于当期从用户侧收取承兑汇票的百分之五十，且应当在发电企业间进行合理分摊。经双方协商一致，电网企业与发电企业结算电费中使用承兑汇票的比例，应当在购售电合同中明确。电网企业不得使用承兑汇票兑付可再生能源发电企业中央财政补贴。

第十九条 电网企业应当采取有效措施从用户侧收取电费，不得以用户侧欠费为由停止或者减少向发电企业支付上网电费。电网企业如不能按合同约定期限支付上网电费（不可抗力因素除外），应当向发电企业支付违约金。违约金由双方协商约定，由电网企业支付至发电企业电费结算账户。

第二十条 电网企业代理的优先用电用户电量（包括跨省跨区交易电量）应当合理分摊辅助服务费用。

第二十一条 发电企业、电网企业应当保存各自电费结算的原始资料与记录。

第二十二条 发电企业、电网企业在电费结算过程中发生争议，双方可自行协商解决。无法达成一致的，可向能源监管机构申请调解，争议和调解不得影响无争议电费的结算。

第三章 电费结算监管

第二十三条 能源监管机构可采取信息统计、座谈交流、查阅资料、现场监管等方式进行监管，并适时在一定范围内发布监管报告。

第二十四条 发电企业、电网企业应当按照电力企业信息报送有关规定，向能源监管机构报送电费结算情况。

第二十五条 能源监管机构按照《国家能源局能源争议纠纷调解规定》（国能监管〔2017〕74 号）对电费结算争议进行调解。经调解仍无法达成一致的，发电企业、电网企业可按照司法程序解决。

第二十六条 电网企业无正当理由未按合同约定支付上网电费的，能源监管机构可责令改正；恶意拖欠电费的，能源监管机构可依据《电力监管条例》有关规定进行处罚，并公示处理结果。

第二十七条 发电企业、电网企业进行电费结算时如有不执行国家电价政策、不执行市场规则、擅自改变电价水平和电价机制等行为，能源监管机构有权制止，责令其限期改正，并公示处理结果。

第二十八条　发电企业和电网企业如有拒绝或者阻碍能源监管机构工作人员依法依规履行监管职责、不按要求向能源监管机构提供有关信息等行为，能源监管机构可依据《电力监管条例》以及电力企业信息报送和披露等有关规定对其进行处罚。

发电企业、电网企业在电费结算过程中扰乱社会经济秩序，损害社会公共利益构成犯罪的，按照司法程序依法追究刑事责任。

第四章　附　　则

第二十九条　本办法由国家能源局负责解释。

第三十条　本办法自 2021 年 1 月 1 日起施行，有效期三年，原国家电力监管委员会《发电企业与电网企业电费结算暂行办法》（电监价财〔2008〕24 号）同时废止。

国家能源局用户受电工程“三指定”行为认定指引

（2020 年 11 月 30 日国家能源局印发　国能发监管〔2020〕65 号）

第一条　为了规范用户受电工程“三指定”行为的认定工作，有效防范和杜绝“三指定”行为，保障公民、法人和其他组织的合法权益，促进供电市场公平开放，依据《电力监管条例》《电力供应与使用条例》以及《供电监管办法》等有关规定，结合监管工作实际，制定本指引。

第二条　本指引适用于国家能源局及派出机构对用户受电工程“三指定”行为的认定及“三指定”行为案件的立案、调查、审查、审理、处罚等工作。

第三条　本指引所称供电企业，是指依法取得电力业务许可证，从事供电、增量配电网业务的企业法人、组织和分支机构。

第四条　本指引所称用户受电工程，是指由用户出资建设，在用户办理新装、增容、变更用电等用电业务时涉及的电力工程。

第五条　本指引所称用户受电工程“三指定”行为，是指供电企业直接、间接或者变相指定用户受电工程的设计、施工和设备材料供应单位，限制或者排斥其他单位的公平竞争，侵犯用户自由选择权的行为。

施工单位包括承装（修、试）电力设施单位和工程监理单位。

设备材料供应单位包括设备材料供应商和设备材料生产厂家。

第六条　国家能源局及派出机构执法人员办理“三指定”行为案件过程中，应当遵循专业标准和职业道德，全面、客观、公正地调查、收集、审核证据，确认事实。

第七条　供电企业有下列情形之一的，可以认定为指定设计单位的行为：

（一）为用户受电工程直接指明、确定、认定或者限定设计单位，影响用户选择设计单位的；

（二）通过口头、书面或者公示等方式，向用户推荐或者限定特定的设计单位，影响用户选择设计单位的；

（三）授意特定的设计单位介入报装申请、现场勘察、供电方案答复、设计图纸审查和竣工检验等用电报装环节，影响用户选择设计单位的；

（四）采用不合理的供电方案答复标准、拖延供电方案答复时间等方式，或者在供电方案中未明确引入电源或者供电方式、计量计费方式等设计所需要的必要信息，影响用户选择设计单位的；

（五）通过批复不合理的接电点、隐瞒供电能力等手段增加用户投资成本，影响用户选择设计单位的；

（六）自行提高设计、施工单位资质等级、业绩标准，或者自行提高设计图纸审查标准，影响用户选择设计单位的；

（七）自行设置设计准入条件，导致用户只能选择特定设计单位的；

（八）采用不受理、不通过、拖延设计图纸审查，或者不出具设计图纸审查意见等方式，影响用户选择设计单位的；

（九）国家能源局及派出机构认定的其他指定设计单位的行为。

第八条　供电企业有下列情形之一的，可以认定为指定施工单位的行为：

（一）为用户受电工程直接指明、确定、认定或者限定施工单位，影响用户选择施工单位的；

（二）通过口头、书面或者公示等方式，向用户推荐或者限定特定的施工单位，影响用户选择施工单位的；

（三）授意特定的施工单位介入报装申请、现场勘察、供电方案答复、设计图纸审查和竣工检验等用电报装环节，影响用户选择施工单位的；

（四）自行提高设计、施工单位资质等级标准、业绩标准，或者自行提高设计图纸审查标准，影响用户选择施工单位的；

（五）采用不合理的供电方案答复标准、拖延答复时间，或者采取不受理、不通过、拖延设计图纸审查、中间检查及竣工检验等方式，影响用户选择施工单位的；

（六）以不合理的供电方案或者无故提高设计图纸审查标准增加用户投资成本，引导用户为降低投资成本选择特定施工单位的；

（七）在接电时，要求用户或者导致用户选择特定施工单位进行接电施工，为特定施工单位牟取利益提供便利的；

（八）自行设置施工准入条件，导致用户只能选择特定施工单位的；

（九）要求用户自主选择的施工单位，与特定的施工单位签订分包合同（协议）的；

（十）国家能源局及派出机构认定的其他指定施工单位的行为。

第九条　供电企业有下列情形之一的，可以认定为指定设备材料供应单位的行为：

（一）为用户受电工程直接指明、确定、认定或者限定设备材料的品牌、生产厂

家或者供应单位,影响用户选择设备材料供应单位的;

(二)通过口头、书面或者公示等方式,向用户推荐或者限定特定的设备材料供应单位,影响用户选择设备材料采购选择权利的;

(三)自行提高设计、施工单位资质等级标准、业绩标准,或者自行提高设计图纸审查标准,影响用户或者施工单位选择设备材料供应单位的;

(四)采用不合理的供电方案答复标准、拖延答复时间,或者采取不受理、不通过、拖延设计图纸审查、中间检查及竣工检验等方式,影响用户或者施工单位选择设备材料供应单位的;

(五)要求用户或者施工单位对设备材料额外进行试验检测,影响用户或者施工单位选择设备材料供应单位的;

(六)指定设备材料特定型号、规格、生产厂家,或者限定设备材料供应品牌范围,影响用户或者施工单位选择设备材料的;

(七)通过指定设计、施工单位,以工程总承包等形式,指定设备材料供应单位的;

(八)国家能源局及派出机构认定的其他指定设备材料供应单位的行为。

第十条　供电企业要求用户委托其代建或者指定特定单位代建用户受电工程,可以认定为"三指定"行为。

第十一条　用户委托实施的用户受电工程,供电企业未按规定组织招投标或者违反招投标有关规定,选择特定设计、施工或者设备材料供应单位的,可以认定为"三指定"行为。

第十二条　对于用户自主选择设计单位、施工单位和设备材料供应单位的,供电企业在业务受理、供电方案答复、设计图纸审查、中间检查、竣工检验和装表接电等环节采用不同标准、设置障碍的,认定如下:

(一)用户被迫改变选择供电企业指定的设计、施工或者设备材料供应单位的,可以认定为"三指定"行为;

(二)用户未改变选择,供电企业不按照规定办理用电业务的,按照《供电监管办法》第十八条第一、五款认定;

(三)用户未改变选择,但是足以影响其他用户选择权或者该用户后续用户受电工程选择权的,按照《供电监管办法》第十八条第五款认定。

第十三条　有下列情形之一的,国家能源局及派出机构已对"三指定"行为进行责令改正:

(一)要求该地市供电企业进行过"三指定"行为整改的;

(二)在该地市供电企业开展过"三指定"行为监管,并采取了监管措施的;

（三）要求该地市供电企业开展过“三指定”行为治理，并采取了监管措施的；

（四）其他对该地市供电企业进行过“三指定”行为整改的情形。

第十四条 供电企业有下列情形之一的，可以依法从重处罚：

（一）社会影响恶劣的；

（二）以暴力、胁迫手段实施“三指定”行为的；

（三）不配合或者干扰国家能源局及派出机构以及所属工作人员执行公务的；

（四）因“三指定”行为发生电力安全事故的；

（五）因“三指定”行为接受过行政处罚等处理后，又实施“三指定”行为的；

（六）其他依法从重处罚情节。

第十五条 供电企业有下列情形之一的，可以依法从轻或者减轻处罚：

（一）主动消除或者减轻“三指定”行为危害后果的；

（二）配合国家能源局及派出机构调查有立功表现的；

（三）其他依法从轻或者减轻处罚情节。

第十六条 国家能源局及派出机构可以就用户受电工程“三指定”行为咨询并采用专家意见书和法律意见书。

第十七条 本指引由国家能源局负责解释。

第十八条 本指引自印发之日起施行。《国家电力监管委员会用户受电工程“三指定”行为认定指引（试行）》（办稽查〔2009〕76号）同时废止。

电力业务许可证管理规定

（2005 年 10 月 13 日国家电力监管委员会令第 9 号公布　根据 2015 年 5 月 30 日国家发展和改革委员会令第 26 号《关于修改、废止部分规章规范性文件的决定》修正）

第一章　总　　则

第一条　为了加强电力业务许可证的管理，规范电力业务许可行为，维护电力市场秩序，保障电力系统安全、优质、经济运行，根据《中华人民共和国行政许可法》、《电力监管条例》和有关法律、行政法规的规定，制定本规定。

第二条　本规定适用于电力业务许可证的申请、受理、审查、决定和管理。国家另有规定的，从其规定。

第三条　国家电力监管委员会（以下简称电监会）负责电力业务许可证的颁发和管理。

电监会遵循依法、公开、公正、便民、高效的原则，建立电力业务许可证监督管理制度和组织管理体系。

第四条　在中华人民共和国境内从事电力业务，应当按照本规定取得电力业务许可证。除电监会规定的特殊情况外，任何单位或者个人未取得电力业务许可证，不得从事电力业务。

本规定所称电力业务，是指发电、输电、供电业务。其中，供电业务包括配电业务和售电业务。

第五条　取得电力业务许可证的单位（以下简称被许可人）按照本规定享有权利、承担义务，接受电监会及其派出机构（以下简称电力监管机构）的监督管理。被许可人依法开展电力业务，受法律保护。

第六条　任何单位和个人不得伪造、变造电力业务许可证；被许可人不得涂改、倒卖、出租、出借电力业务许可证，或者以其他形式非法转让电力业务许可。

第二章　类别和条件

第七条　电力业务许可证分为发电、输电、供电三个类别。

从事发电业务的,应当取得发电类电力业务许可证。

从事输电业务的,应当取得输电类电力业务许可证。

从事供电业务的,应当取得供电类电力业务许可证。

从事两类以上电力业务的,应当分别取得两类以上电力业务许可证。

从事配电或者售电业务的许可管理办法,由电监会另行规定。

第八条　下列从事发电业务的企业应当申请发电类电力业务许可证:

(一)公用电厂;

(二)并网运行的自备电厂;

(三)电监会规定的其他企业。

第九条　下列从事输电业务的企业应当申请输电类电力业务许可证:

(一)跨区域经营的电网企业;

(二)跨省、自治区、直辖市经营的电网企业;

(三)省、自治区、直辖市电网企业;

(四)电监会规定的其他企业。

第十条　下列从事供电业务的企业应当申请供电类电力业务许可证:

(一)省辖市、自治州、盟、地区供电企业;

(二)县、自治县、县级市供电企业;

(三)电监会规定的其他企业。

第十一条　申请电力业务许可证的,应当具备下列基本条件:

(一)具有法人资格;

(二)具有与申请从事的电力业务相适应的财务能力;

(三)生产运行负责人、技术负责人、安全负责人和财务负责人具有 3 年以上与申请从事的电力业务相适应的工作经历,具有中级以上专业技术任职资格或者岗位培训合格证书;

(四)法律、法规规定的其他条件。

第十二条　申请发电类电力业务许可证的,除具备本规定第十一条所列基本条件外,还应当具备下列条件:

(一)发电项目建设经有关主管部门审批或者核准;

(二)发电设施具备发电运行的能力;

（三）发电项目符合环境保护的有关规定和要求。

第十三条 申请输电类电力业务许可证的，除具备本规定第十一条所列基本条件外，还应当具备下列条件：

（一）输电项目建设经有关主管部门审批或者核准；

（二）具有与申请从事的输电业务相适应的输电网络；

（三）输电项目按照有关规定通过竣工验收；

（四）输电项目符合环境保护的有关规定和要求。

第十四条 申请供电类电力业务许可证的，除具备本规定第十一条所列基本条件外，还应当具备下列条件：

（一）具有经有关主管部门批准的供电营业区；

（二）具有与申请从事供电业务相适应的供电网络和营业网点；

（三）承诺履行电力社会普遍服务义务；

（四）供电项目符合环境保护的有关规定和要求。

第三章　申请和受理

第十五条 申请电力业务许可证，应当向电监会提出，并按照规定的要求提交申请材料。

第十六条 本规定第八条、第九条、第十条所列企业，具有法人资格的，由本企业提出申请；不具有法人资格的，按照隶属关系由其法人企业提出申请。

第十七条 申请电力业务许可证的，应当提供下列材料：

（一）法定代表人签署的许可证申请表；

（二）法人营业执照副本及其复印件；

（三）企业最近2年的年度财务报告；成立不足2年的，出具企业成立以来的年度财务报告；

（四）由具有合格资质的会计师事务所出具的最近2年的财务状况审计报告和对营运资金状况的说明；成立不足2年的，出具企业成立以来的财务状况审计报告和对营运资金状况的说明；

（五）企业生产运行负责人、技术负责人、安全负责人、财务负责人的简历、专业技术任职资格证书等有关证明材料。

第十八条 申请发电类电力业务许可证的，除提供本规定第十七条所列材料外，还应当提供下列材料：

（一）发电项目建设经有关主管部门审批或者核准的证明材料；

(二)发电项目通过竣工验收的证明材料;尚未组织竣工验收的,提供发电机组通过启动验收的证明材料或者有关主管部门认可的质量监督机构同意整套启动的质量监督检查报告;

(三)发电项目符合环境保护有关规定和要求的证明材料。

第十九条　申请输电类电力业务许可证的,除提供本规定第十七条所列材料外,还应当提供下列材料:

(一)输电项目建设经有关主管部门审批或者核准的证明材料;

(二)输电项目通过竣工验收的证明材料;

(三)输电项目符合环境保护有关规定和要求的证明材料;

(四)电能质量和服务质量承诺书。

第二十条　申请供电类电力业务许可证的,除提供本规定第十七条所列材料外,还应当提供下列材料:

(一)供电营业区域的证明材料及其地理平面图;

(二)供电网络分布概况;

(三)设立的供电营业分支机构及其相应的供电营业区域概况;

(四)履行电力社会普遍服务义务的承诺书;

(五)供电项目符合环境保护有关规定和要求的证明材料。

第二十一条　电监会对申请人提出的许可申请,应当根据下列情况分别作出处理:

(一)申请事项不属于电监会职权范围,应当即时作出不予受理的决定,向申请人发出《不予受理通知书》,并告知申请人向有关行政机关申请;

(二)申请材料存在可以当场更正的错误的,应当允许申请人当场更正;

(三)申请材料不齐全或者不符合法定形式的,应当当场或者在5日内一次告知申请人需要补正的全部内容,逾期不告知的,自收到申请材料之日起即为受理;

(四)申请材料齐全、符合法定形式的,向申请人发出《受理通知书》。

第四章　审查与决定

第二十二条　电监会应当对申请人提交的申请材料进行审查。

电监会根据需要,可以对申请材料的实质内容进行核实。

第二十三条　电监会作出电力业务许可决定,依法需要举行听证的,应当按照有关规定举行听证。

第二十四条　电监会应当自受理申请之日起20日内作出许可决定。20日内不能作出决定的,经本机关负责人批准,可以延长10日,并将延长期限的理由告知申请人。

作出准予许可决定的,自作出决定之日起10日内向申请人颁发、送达许可证。

作出不予许可决定的,自作出决定之日起10日内以书面形式通知申请人,说明不予许可的理由,并告知申请人享有依法申请行政复议或者提起行政诉讼的权利。

第二十五条 电力业务许可证由正文和附页组成。

正文载明许可证编号、登记名称、住所、法定代表人、许可类别、有效期限、发证机关、发证日期等内容。

附页包括许可证使用规定,被许可人的权利和义务,发电机组、输电网络或者供电营业区情况登记,检查情况记录,特别规定事项等内容。

电力业务许可证的有效期为20年。

第五章 变更与延续

第二十六条 有下列情形之一的,被许可人应当在规定时限内向电监会提出变更申请;经审查符合法定条件的,电监会应当依法办理变更手续:

(一)新建、改建发电机组投入运营,取得或者转让已运营的发电机组,发电机组退役;

(二)新建、改建输电线路或者变电设施投入运营,终止运营输电线路或者变电设施;

(三)供电营业区变更。

第二十七条 因新建、改建发电机组投入运营,申请变更许可事项的,应当提供下列材料:

(一)变更申请表;

(二)电力业务许可证;

(三)发电项目建设经有关主管部门审批或者核准的证明材料;

(四)有关主管部门认可的质量监督机构同意整套启动的质量监督检查报告;

(五)发电项目符合环境保护有关规定和要求的证明材料。

因取得或者转让已运营机组,申请变更许可事项的,除提供前款第(一)项、第(二)项所列材料外,还应当提供机组所有权合法转移的证明材料。

因机组退役,申请变更许可事项的,除提供本条第一款第(一)项、第(二)项所列材料外,还应当提供机组退役符合国家有关规定的证明材料。

第二十八条 因新建、改建输电线路或者变电设施投入运营,申请变更许可事项的，应当提供下列材料：

（一）变更申请表；

（二）电力业务许可证；

（三）输电项目建设经有关主管部门审批或者核准的证明材料；

（四）输电项目通过竣工验收的证明材料；

（五）输电项目符合环境保护有关规定和要求的证明材料。

因终止运营输电线路或者变电设施，申请变更许可事项的，除提供前款第（一）项、第（二）项所列材料外，还应当提供有关主管部门批准终止运营输电线路或者变电设施的证明材料。

第二十九条　因供电营业区变更，申请变更许可事项的，应当提供下列材料：

（一）变更申请表；

（二）电力业务许可证；

（三）供电营业区变更的证明材料；

（四）供电营业区变更的范围图例。

第三十条　电力业务许可证有效期届满需要延续的，被许可人应当在有效期届满30日前向电监会提出申请。

电监会应当在电力业务许可证有效期届满前作出是否准予延续的决定。逾期未作出决定的，视为同意延续并补办相应手续。

第六章　监 督 管 理

第三十一条　电力监管机构建立健全电力业务许可监督检查体系和制度，对被许可人按照电力业务许可证确定的条件、范围和义务从事电力业务的情况进行监督检查。

电力监管机构依法开展监督检查工作，被许可人应当予以配合。

第三十二条　被许可人应当按照规定的时间，向电力监管机构提供反映其从事许可事项活动能力和行为的材料。

电力监管机构应当对被许可人所报送的材料进行核查，将核查结果予以记录；对核查中发现的问题，应当责令限期改正。

第三十三条　电力监管机构依法对被许可人进行现场检查。检查中发现被许可人有违反本规定和不履行电力业务许可证规定义务的行为，应当责令其改正。

第三十四条　电力监管机构进行监督检查工作的人员应当如实记录监督检查情况和处理结果。

电力监管机构可以将监督检查情况和处理结果向社会公布。

第三十五条 任何组织和个人发现违反本规定的行为,有权向电力监管机构举报,电力监管机构应当进行核实,按照有关规定予以处理。

第三十六条 未经电监会批准,取得输电类或者供电类电力业务许可的企业不得擅自停业、歇业。

第三十七条 被许可人名称、住所或者法定代表人发生变化的,应当自变化之日起30日内到电监会办理相关手续。

第三十八条 有下列情形之一的,电监会应当按照规定办理电力业务许可证的注销手续:

(一)许可证有效期届满未延续的;

(二)被许可人不再具有发电机组、输电网络或者供电营业区的;

(三)被许可人申请停业、歇业被批准的;

(四)被许可人因解散、破产、倒闭等原因而依法终止的;

(五)电力业务许可证依法被吊销,或者电力业务许可被撤销、撤回的;

(六)经核查,被许可人已丧失从事许可事项活动能力的;

(七)法律、法规规定应当注销的其他情形。

第七章 罚 则

第三十九条 从事颁发和管理电力业务许可证的工作人员,违反法律、行政法规和本规定,擅自颁发电力业务许可证的,应当依法给予处分;构成犯罪的,依法追究刑事责任。

第四十条 未依法取得电力业务许可证非法从事电力业务的,应当责令改正,没收违法所得,可以并处以违法所得5倍以下的罚款;构成犯罪的,依法追究刑事责任。

第四十一条 被许可人以欺骗、贿赂等不正当手段获得电力业务许可证的,应当给予警告,处以1万元以下的罚款;构成犯罪的,依法追究刑事责任。

第四十二条 被许可人超出许可范围或者超过许可期限,从事电力业务的,应当给予警告,责令改正,并向社会公告;构成犯罪的,依法追究刑事责任。

第四十三条 被许可人有下列情形之一的,应当给予警告,责令改正,并可向社会公告:

(一)未经批准,擅自停业、歇业的;

(二)未在规定的期限内申请变更的。

第四十四条　被许可人有下列情形之一的，应当责令改正；拒不改正的，处以5万元以上50万元以下的罚款，对直接负责的主管人员和其他直接责任人员，依法给予处分；构成犯罪的，依法追究刑事责任：

（一）拒绝或者阻碍电力监管工作人员依法履行监管职责的；

（二）提供虚假或者隐瞒重要事实的文件、资料的。

第四十五条　涂改、倒卖、出租、出借电力业务许可证或者以其他形式非法转让电力业务许可的，应当依法给予行政处罚；构成犯罪的，依法追究刑事责任。

第八章　附　　则

第四十六条　本规定颁布实施前已经从事电力业务的企业，应当按照电监会规定的期限申请办理电力业务许可证。

第四十七条　电力业务许可证由电监会统一印制和编号。

第四十八条　本规定自2005年12月1日起施行。

附件：1. 电力业务许可证（发电类）样本（略）

2. 电力业务许可证（输电类）样本（略）

3. 电力业务许可证（供电类）样本（略）

电力业务许可证注销管理办法

(2021年6月20日国家能源局印发　国能发资质规〔2021〕33号)

第一章　总　　则

第一条　为规范电力业务许可证注销管理,保护被许可人的合法权益,保障电力系统安全、稳定运行,维护公共利益,根据《中华人民共和国行政许可法》《电力监管条例》《电力业务许可证管理规定》等法律、法规、规章,制定本办法。

第二条　电力业务许可证注销的实施,适用本办法。

本办法所称电力业务许可证是指发电类、输电类、供电类电力业务许可证。

本办法所称电力业务许可证注销是指被许可人已经取得的电力业务许可被依法撤回、撤销,或者电力业务许可证被依法吊销以及其他电力业务许可被依法终止的法定情形,并依法办理注销手续的程序性行为。

第三条　电力业务许可证注销的实施,应当遵循依法、公开、公正的原则。

第四条　国家能源局及其派出机构应当依照本办法实施撤回、撤销电力业务许可和吊销电力业务许可证,办理许可证注销手续。法律、法规另有规定的,从其规定。

第二章　电力业务许可的撤回、撤销

第五条　有下列情形之一的,国家能源局派出机构(以下简称"派出机构")应当作出撤回电力业务许可的决定:

(一)电力业务许可依据的法律、法规、规章修改或者废止导致电力业务许可项目依法被终止的;

(二)准予电力业务许可所依据的客观情况发生重大变化,导致电力业务许可被终止的;

(三)依法应当撤回电力业务许可的其他情形。

第六条　被许可人有下列情形之一的,派出机构应当作出撤销电力业务许可的决定：

（一）以欺骗、贿赂等不正当手段取得电力业务许可的；

（二）已经取得电力业务许可但不能持续保持应当具备的许可条件，且逾期未改正的；

（三）依法应当撤销电力业务许可的其他情形。

第七条　有下列情形之一的，国家能源局或准予电力业务许可的派出机构可以作出撤销电力业务许可的决定：

（一）派出机构工作人员滥用职权、玩忽职守作出准予电力业务许可决定的；

（二）超越法定职权作出准予电力业务许可决定的；

（三）违反法定程序作出准予电力业务许可决定的；

（四）对不具备申请资格或者不符合法定条件的申请人准予电力业务许可的；

（五）依法可以撤销电力业务许可的其他情形。

撤销电力业务许可可能对公共利益造成重大损害的，不予撤销。

第八条　作出撤回、撤销电力业务许可决定前，国家能源局或其派出机构应当告知被许可人撤回、撤销电力业务许可的事实、理由和处理意见，听取被许可人的陈述和申辩。如被许可人无法联系，由准予电力业务许可的派出机构在其网站公告撤销、撤回电力业务许可的事实、理由和处理意见等相关信息，公告期为30日。

对被许可人提出的陈述和申辩，国家能源局或其派出机构应当进行核实；被许可人提出的陈述和申辩成立的，国家能源局或其派出机构应当采纳。

第三章　电力业务许可证的吊销

第九条　被许可人有下列情形之一的，国家能源局或其派出机构可以作出吊销电力业务许可证的决定：

（一）不遵守电力市场运行规则，情节严重的；

（二）发电厂并网、电网互联不遵守有关规章、规则，情节严重的；

（三）不向从事电力交易的主体公平、无歧视开放电力市场或者不按照规定公平开放电网，情节严重的；

（四）依法可以吊销电力业务许可证的其他情形。

第十条　吊销电力业务许可证的行政处罚，由国家能源局或其派出机构按规定程序实施。

第十一条　作出吊销电力业务许可证行政处罚决定前，被许可人有陈述、申辩和要求举行听证的权利；被许可人在规定期限内要求听证的，由国家能源局或其派出机构组织听证。

第十二条 在听取被许可人陈述、申辩或者听证活动结束后,国家能源局或其派出机构认为被许可人违法事实清楚、证据确凿的,应当作出吊销电力业务许可证的决定。

第四章 电力业务许可证的注销

第十三条 有下列情形之一的,应当依法办理电力业务许可证的注销手续:

(一)电力业务许可被依法撤回、撤销,或者电力业务许可证被依法吊销的;

(二)电力业务许可证有效期届满未延续的,或者延续申请未被批准的;

(三)被许可人申请停业、歇业被批准的;

(四)被许可人因解散、破产、倒闭等原因而依法终止的;

(五)被许可人不再具有发电机组或者输电网络或者供电营业区的;

(六)被许可人已丧失从事许可事项活动能力的;

(七)法律、法规规定应当注销电力业务许可证的其他情形。

第十四条 发生第十三条第(一)和(二)项情形的,由派出机构在撤回、撤销、吊销决定生效或电力业务许可证有效期届满后10个工作日内办理注销手续。被许可人应当积极配合并在规定时限内交回电力业务许可证正本、副本。

第十五条 发生第十三条第(三)至(七)项情形的,被许可人应当在相关事项发生30日内向派出机构提出注销申请,并提交以下材料:

(一)法定代表人签署的电力业务许可证注销申请书;

(二)法定代表人身份证原件及复印件,如需代理人办理的,提供代理人身份证原件及复印件,以及法定代表人签字并加盖申请单位公章的《授权委托书》原件;

(三)电力业务许可证正本、副本;

(四)需办理注销事项的有关材料;

(五)法律、法规规定的其他材料。

被许可人申请材料齐全的,派出机构应在提交后10个工作日内办理许可证注销手续。

第十六条 被许可人未按照第十五条规定提出注销申请的,派出机构经核实相关情况后可在其网站上发布注销公告。公告期为30日,公告期满后办理注销手续。

第十七条 派出机构负责公告辖区内注销电力业务许可证的被许可人名单及注销原因。

第五章　附　　则

第十八条　本办法自印发之日起施行。原《电力业务许可证注销管理办法》（电监资质〔2012〕47 号）同时废止。

电力业务许可证监督管理办法

（2020年12月25日国家能源局印发　国能发资质〔2020〕69号）

第一章　总　　则

第一条　为加强电力业务许可证监督管理，规范电力业务许可行为，维护电力市场秩序，保护电力企业合法权益，保障电力系统安全、优质、经济运行，根据《电力监管条例》《电力业务许可证管理规定》及相关法律、行政法规的规定，制定本办法。

第二条　本办法适用于对发电企业、输电企业、供电企业（含拥有配电网运营权的售电公司）及电力交易机构遵守电力业务许可制度的监督管理。

第三条　国家能源局负责全国电力业务许可证的监督管理工作。

国家能源局派出机构（以下简称派出机构）负责辖区内电力业务许可证的监督管理工作。

第四条　电力业务许可证监督管理工作遵循依法、公正、公开、高效的原则。

国家能源局及其派出机构依法开展电力业务许可证监督管理工作，发电、输电、供电企业及电力交易机构应当予以配合，并按照要求如实提供有关情况和材料。

第五条　任何组织或者个人有权对发电、输电、供电企业及电力交易机构违反电力业务许可制度的行为进行举报或投诉，国家能源局及其派出机构按照有关规定核实、处理。

第二章　准入与条件保持

第六条　国家能源局及其派出机构对发电、输电、供电企业实施许可准入监管和相关行为的监督管理。

除国家能源局规定的豁免情形外，任何单位或者个人未取得电力业务许可证（发电类、输电类、供电类），不得从事相应的发电、输电、供电业务（含增量配电业务）。

取得电力业务许可证的企业（以下简称持证企业），应当遵守国家法律、法规和能源监管规章制度，按照《电力业务许可证管理规定》规定的权利和义务在许可范围内从事发电、输电、供电业务，并接受国家能源局及其派出机构的监督管理。

第七条　国家能源局及其派出机构对发电、输电、供电企业及时取得许可证情况实施监督管理。

除豁免情形外，发电企业应在项目完成启动试运工作后3个月内（风电、光伏发电项目应当在并网后6个月内）取得电力业务许可证，分批投产的发电项目可分批申请。超过规定时限仍未取得电力业务许可证的，有关机组不得继续发电上网。

拥有配电网运营权的售电公司具备向配电区域内现有负荷供电的能力，具有配电网络后续建设规划，承诺供电能力、供电质量符合《供电监管办法》等有关规定，即可申请电力业务许可证，不需待完成配电区域内所有配电网络建设后申请。

第八条　国家能源局及其派出机构对发电、输电、供电企业申请电力业务许可证时有关承诺的真实性实施监督管理。

对于采用告知承诺方式取得电力业务许可证的企业，派出机构应按告知承诺制有关规定对企业承诺的真实性进行监督检查。

第九条　国家能源局及其派出机构对持证企业按照电力业务许可证确定的条件、范围从事电力业务的情况进行监督检查。持证企业应当保持许可条件，并在许可证确定的范围内从事电力业务。

持证企业生产运行负责人、技术负责人、安全负责人和财务负责人的任职资格和工作经历应符合《电力业务许可证管理规定》要求。主要管理人员发生变化的，应在30日内向所在地派出机构报告。

第十条　国家能源局及其派出机构可以根据国家有关政策要求，规定电力业务许可证的“特别规定事项”。持证企业应当履行许可证载明的“特别规定事项”，并将履行结果及时报送所在地派出机构。

第三章　变更延续与退出

第十一条　持证企业具有下列情形之一的，应当自变化之日起30日内向派出机构提出登记事项变更申请：

（一）企业名称、住所、法定代表人等发生变化的；

（二）发电企业发电机组调度关系发生变化的；

（三）发电企业发电机组类型、单机容量发生变化的。

发电机组技改后装机容量发生变化的，应符合国家有关规定。

第十二条 持证供电企业主要供电设施及供电营业分支机构发生变化的,应当于每年二季度集中向派出机构提出登记事项变更申请。

第十三条 持证企业具有下列情形之一的,应当自变化之日起30日内向派出机构提出许可事项变更申请:

(一)发电企业新建、改建发电机组投入运营的;

(二)发电企业取得或者转让已运营的发电机组的;

(三)发电企业发电机组退役的;

(四)供电企业供电营业区变更的。

前款第一项所列情形应在本办法第七条规定的时限内完成许可事项变更。

第十四条 持证输电企业主网架新建、改建输电线路或变电设施投入运营,以及主网架输电线路或变电设施终止运营的,应当于每年二季度集中向派出机构提出许可事项变更申请。

第十五条 发电机组运行达到设计使用年限的,应当向派出机构申请退役或申请延续运行。申请延续运行的,应当符合下列条件:

(一)符合国家产业政策和节能减排政策;

(二)未纳入政府有关部门关停或停运计划;

(三)机组实行必要的改造并经过相关安全评估。

机组延续运行时限依据相关评估结论确定。

第十六条 输电、供电企业(以下简称电网企业)因故需要停业、歇业的,应当在停业、歇业之前以书面形式向发证机关提出申请,经批准后方可停业、歇业。

未经批准,电网企业不得擅自停业、歇业。

电网企业被撤销的,其上级单位应当在撤销之前以书面形式将实施方案报告发证机关。

第十七条 电力业务许可证有效期届满需要延续的,持证企业应当在有效期届满30日前向派出机构提出许可证有效期延续申请。

第十八条 持证企业电力业务许可证损毁、遗失的,应当及时向派出机构申请补办。派出机构原则上应在受理当日予以补办,并在派出机构官方网站发布公告。补办许可证有效期应与原证一致。

第十九条 持证企业具有下列情形之一的,派出机构应当按照有关规定办理电力业务许可证注销手续:

(一)许可证有效期届满未延续的;

(二)不再具有发电机组、输电网络或者供电营业区的;

(三)申请停业、歇业被批准的;

（四）因解散、破产、倒闭等原因而依法终止的；

（五）许可证依法被吊销，或者许可被撤销、撤回的；

（六）经核查，已丧失从事许可事项活动能力的；

（七）法律、法规规定应当注销的其他情形。

持证企业未配合派出机构在规定时间内办理注销手续的，派出机构可公告注销其电力业务许可证。

第二十条　发电企业变更、延续或注销电力业务许可证后，应将有关情况及时告知相关电网企业、电力交易机构。

第二十一条　派出机构应当及时公告电力业务许可证颁发、变更、延续、注销、补办等有关情况。

第四章　并网与交易注册

第二十二条　国家能源局及其派出机构对电网企业及电力调度机构落实许可制度情况实施监督管理。

电网企业在与发电企业签订并执行《并网调度协议》和《购售电合同》时，应核实发电企业是否取得电力业务许可证、机组信息是否与许可证记录相符。

发电企业在本办法第七条规定时限之前签订《并网调度协议》和《购售电合同》的，可暂不提供电力业务许可证；取得电力业务许可证后，应将有关许可内容及时告知相关电网企业。超过规定时限仍未取得电力业务许可证、并网机组信息与许可证记录信息差异较大的机组不得继续发电上网。

电力调度机构应当在每年第一季度向所在地派出机构报送其调度管辖的上一年度发电机组清单等信息。

第二十三条　国家能源局及其派出机构对电力交易机构落实许可制度情况实施监督管理。

发电企业、拥有配电网运营权的售电公司在电力交易机构注册时，电力交易机构应当核实其是否取得电力业务许可证，注册信息是否与许可证记录相符。

发电企业在本办法第七条规定时限之前到电力交易机构注册的，可暂不提供电力业务许可证；取得电力业务许可证后，应将有关许可内容及时告知相关电力交易机构。超过规定时限仍未取得电力业务许可证的、注册信息与许可证记录信息差异较大的机组不得继续参与交易。

拥有配电网运营权的售电公司未按规定取得电力业务许可证的，电力交易机构不得允许其注册、交易。

第五章　监督管理方式

第二十四条　派出机构应对持证企业执行许可制度情况开展日常监管；国家能源局及其派出机构可针对重点领域、重点问题开展不定期的专项监管。

第二十五条　国家能源局及其派出机构应按照电力业务许可信用监管要求，开展持证企业信用状况综合评价，根据企业信用等级采取差异化监管措施。对监管中产生的信用信息，国家能源局及其派出机构应及时归集至能源行业信用信息平台和全国信用信息共享平台。

第二十六条　国家能源局及其派出机构开展监督检查可采取现场和非现场方式。监督检查应落实“双随机、一公开”要求，并结合企业信用状况，确定企业抽查比例、频次和检查方式。

第二十七条　国家能源局及其派出机构进行监督检查时，应当将监督检查情况、检查结果、违规行为处理意见如实记录，并将有关情况反馈被检查单位。国家能源局及其派出机构可根据监管需要公布有关信息。

第六章　法 律 责 任

第二十八条　国家能源局及其派出机构在监督管理中发现企业违反电力业务许可制度的，按照《电力监管条例》《电力业务许可证管理规定》及有关法律、行政法规的规定处理。

第二十九条　电网企业违反本办法第二十二条规定，允许超过规定时限仍未取得电力业务许可证的机组发电上网的，或未按要求核实机组信息与许可证记录是否相符的，由派出机构责令改正；拒不改正的，按照《电力监管条例》及有关规定处理。

电力交易机构违反第二十三条规定，允许超过规定时限仍未取得电力业务许可证的发电企业、拥有配电网运营权的售电公司注册、交易的，或未按要求核实企业注册信息与许可证记录是否相符的，由派出机构责令改正；拒不改正的，按照《电力监管条例》及有关规定处理。

第三十条　持证企业违反本办法第十一、十二、十三、十四条规定，未在规定时限内提出登记事项变更、许可事项变更申请的，由派出机构责令改正，并按照《电力业务许可证管理规定》有关规定处理。

第三十一条　国家能源局及其派出机构工作人员在电力业务许可证监督管理

中有违法违规行为的，按照《电力监管条例》《电力业务许可证管理规定》及有关法律、行政法规的规定处理。

第七章　附　　则

第三十二条　派出机构可依据本办法制定实施细则，并报国家能源局备案。

第三十三条　本办法自发布之日起施行。原《关于印发〈电力业务许可证（发电类）监督管理办法（试行）〉的通知》（电监资质〔2010〕36 号）和《关于印发〈电力业务许可证（输电类、供电类）监督管理办法（试行）〉的通知》（电监资质〔2011〕10 号）同时废止。

供用电监督管理办法

（1996 年 5 月 19 日电力工业部令第 4 号公布
根据 2011 年 6 月 30 日国家发展改革委令第 10 号修订）

第一章　总　　则

第一条　为加强电力供应与使用的监督管理，根据《电力供应与使用条例》第三十六条规定，制定本办法。

第二条　从事供用电监督管理的机构和人员，在执行监督检查任务时，必须遵守本办法。

第三条　供用电监督管理必须以事实为依据，以电力法律和行政法规以及电力技术标准为准则，遵循本办法的规定进行。

第二章　监 督 管 理

第四条　县以上电力管理部门负责本行政区域内供电、用电的监督工作。但上级电力管理部门认为工作必需，可指派供用电监督人员直接进行监督检查。

第五条　供用电监督管理的职责是：

1. 宣传、普及电力法律和行政法规知识；
2. 监督电力法律、行政法规和电力技术标准的执行；
3. 监督国家有关电力供应与使用政策、方针的执行；
4. 负责月用电计划审核和批准工作；
5. 协调处理供用电纠纷，依法保护电力投资者、供应者与使用者的合法权益；
6. 负责进网作业电工和承装（修、试）单位资格审查，并核发许可证；
7. 协助司法机关查处电力供应与使用中发生的治安、刑事案件；
8. 依法查处电力违法行为，并作出行政处罚。

第六条　供用电监督人员在依法执行监督检查公务时，应出示《供用电监督证》。被检查的单位应接受检查，并根据监督人员依法提出的要求，提供有关情况、回答有关询问、协助提取证据、出示工作证件等。

第七条 供用电监督人员依法执行监督公务时,应遵守被检查单位的保卫保密规定;现场勘查不得直接或替代他人从事电工作业,也不得非法干预被检查单位正常的生产调度工作。

第三章 监督检查人员资格

第八条 各级电力管理部门应依法配备供用电监督管理人员。担任供用电监督管理工作的人员必须是经过国家考试合格,并取得相应任聘资格证书的人员。

第九条 供用电监督资格由个人提出书面申请,经申请人所在单位同意,县以上电力管理部门推荐,接受专门知识和技能的培训,参加全国统一组织的考试,合格后发给《供用电监督资格证》。

第十条 申请供用电监督资格者应具备下列条件:

1. 作风正派,办事公道,廉洁奉公;

2. 具有电气专业中专以上或相当学历的文化程度;

3. 有三年以上从事供用电专业工作的实际经验和相应的管理能力;

4. 经过法律知识培训,熟悉电力方面的法律、行政法规和电力技术的标准以及供用电管理规章。

第十一条 省级电力管理部门负责本行政区域内的供用电监督管理人员的资格申请、审查和专门知识及技能的培训工作。

国务院电力管理部门负责供用电监督资格的全国统一考试,并对合格者颁发《供用电监督资格证》。

《供用电监督资格证》由国务院电力管理部门统一制作。

第十二条 县以上电力管理部门必须从取得《供用电监督资格证》的人员中,择优聘用供用电监督人员,报经省电力管理部门批准,并取得《供用电监督证》后,方能从事电力监督管理工作。

《供用电监督证》由国务院电力管理部门统一制作。

第四章 电力违法行为查处

第十三条 各级电力管理部门负责本行政区域内发生的电力违法行为查处工作。上级电力管理部门认为必要时,可直接查处下级电力管理部门管辖的电力违法行为,也可将自己查处的电力违法事件交由下级电力管理部门查处。对电力违法行为情节复杂，需由上一级电力管理部门查处更为适宜时，下级电力管理部门可报请上一级电力管理部门查处。

第十四条 电力管理部门对下列方式要求处理的电力违法事件，应当受理：

1. 用户或群众举报的；
2. 供电企业提请处理的；
3. 上级电力管理部门交办的；
4. 其他部门移送的。

电力管理部门对受理的电力违法事件，可视电力违法事件性质和危及电网安全运行的紧迫程度，可依法在现场查处，也可立案处理。

第十五条 电力违法行为，可用书面和口头方式举报。口头方式举报的事件，受理人应详细记录并经核对无误后，由举报人签章。举报人举报的事件如不愿使用真实姓名的，电力管理部门应尊重举报人的意愿。

第十六条 电力管理部门发现受理的举报事件不属于本部门查处的，应及时向举报人说明，同时将举报信函或笔录移送有权处理的部门。对明显的治安违法行为或刑事违法行为，电力管理部门应主动协助公安、司法机关查处。

第十七条 符合下列条件之一的电力违法行为，电力管理部门应当立案：

1. 具有电力违法事实的；
2. 依照电力法规可能追究法律责任的；
3. 属于本部门管辖和职责范围内处理的。

第十八条 符合立案条件的，应填写《电力违法行为受理、立案呈批表》，经电力管理部门领导批准后立案。

经批准立案的事件，应及时指派承办人调查。现场调查时，调查承办人应填写《电力违法案件调查笔录》。调查结束后，承办人应提出《电力违法案件调查报告》。

第十九条 电力管理部门对危及电网运行安全或人身安全的违法行为，当供电企业在现场制止无效时，应当即指派供用电监督人员赶赴现场处理，制止违法行为，以确保电网和人身安全。

第二十条 案件调查结束后，应视案情可依法作出下列处理：

1. 对举报不实或证据不足，未构成违法事实的，应报请批准立案主管领导准予撤销；

2. 对违法事实清楚，证据确凿的，应依法作出行政处罚决定，并发出《违反电力法规行政处罚决定通知书》，并送达当事人；

3. 违法行为已构成犯罪的，应及时将案件移送司法机关，依法追究其刑事责任。

第二十一条 案件处理完毕后，承办人应及时填写《电力违法案件结案报告》，经主管领导批准后结案。案情重大或上级交办的案件结束后,应向上一级电力管理部门备案。

第二十二条 当事人对行政处罚决定不服的,可在接到《违反电力法规行政处罚决定通知书》之日起,十五日内向作出行政处罚决定机关的上一级机关申请复议;对复议决定不服的,可在接到复议决定之日起十五日内,向人民法院起诉。当事人也可在接到处罚决定通知书之日起的十五日内,直接向人民法院起诉。对不履行处罚决定的,由作出处罚决定的机关向人民法院申请强制执行。

第五章 行 政 处 罚

第二十三条 违反《电力法》和国家有关规定,未取得《供电营业许可证》而从事电力供应业务者,电力管理部门应以书面形式责令其停止营业,没收其非法所得,并处以违法所得五倍以下的罚款。

第二十四条 违反《电力法》和国家有关规定,擅自伸入或跨越其他供电单位供电营业区供电者,电力管理部门应以书面形式责令其拆除深入或跨越的供电设施,作出书面检查,没收其非法所得,并处以违法所得四倍以下的罚款。

第二十五条 违反《电力法》和国家有关规定,擅自向外转供电者,电力管理部门应以书面形式责令其拆除转供电设施,作出书面检查,没收其非法所得,并处以违法所得三倍以下的罚款。

第二十六条 供电企业未按《电力法》和国家有关规定中规定的时间通知用户或进行公告,而对用户中断供电的,电力管理部门责令其改正,给予警告;情节严重的,对有关主管人员和直接责任人员给予行政处分。

第二十七条 供电企业违反规定,减少农业和农村用电指标的,电力管理部门责令改正;情况严重的,对有关主管人员和直接责任人员给予行政处分;造成损失的,责令赔偿损失。

第二十八条 电力管理部门对危害供电、用电安全,扰乱正常供电、用电秩序的行为,除协助供电企业追缴电费外,应分别给予下列处罚:

1. 擅自改变用电类别的,应责令其改正,给予警告;再次发生的,可下达中止供电命令,并处以一万元以下的罚款。

2. 擅自超过合同约定的容量用电的,应责令其改正,给予警告;拒绝改正的,可下达中止供电命令,并按私增容量每千瓦(或每千伏安)100 元,累计总额不超过五万元的罚款。

3. 擅自超过计划分配的用电指标用电的,应责令其改正,给予警告,并按超用电力、电量分别处以每千瓦每次5元和每千瓦时10倍电度电价,累计总额不超过五万元的罚款;拒绝改正的,可下达中止供电命令。

4. 擅自使用已经在供电企业办理暂停使用手续的电力设备,或者擅自启用已经被供电企业查封的电力设备的,应责令其改正,给予警告;启用电力设备危及电网安全的,可下达中止供电命令,并处以每次二万元以下的罚款。

5. 擅自迁移、更动或者擅自操作供电企业的用电计量装置、电力负荷控制装置、供电设施以及约定由供电企业调度的用户受电设备,且不构成窃电和超指标用电的,应责令其改正,给予警告;造成他人损害的,还应责令其赔偿,危及电网安全的,可下达中止供电命令,并处以三万元以下的罚款。

6. 未经供电企业许可,擅自引入、供出电力或者将自备电源擅自并网的,应责令其改正,给予警告;拒绝改正的,可下达中止供电命令,并处以五万元以下的罚款。

第二十九条 电力管理部门对盗窃电能的行为,应责令其停止违法行为,并处以应交电费五倍以下的罚款;构成违反治安管理行为的,由公安机关依照治安管理处罚法的有关规定予以处罚;构成犯罪的,依照刑法有关规定追究刑事责任。

第六章 附 则

第三十条 本办法自一九九六年九月一日起施行。

电网电能质量技术监督管理规定

（1998 年 3 月 19 日　电综〔1998〕211 号）

第一章　总　　则

第一条　为加强电网电能质量管理，保证电网的安全运行和电能质量，维护电气安全使用环境，保护发、供、用各方的合法权益，根据《电力法》和国家有关规定，制定本规定。

第二条　本规定所称的电能质量是指公用电网供到用户受电端的交流电能质量，其衡量的指标有：

1. 供电频率允许偏差；
2. 供电电压允许偏差；
3. 供电电压允许波动和闪变；
4. 供电三相电压允许不平衡度；
5. 电网谐波允许指标。

第三条　电网电能质量应符合下列国家标准：

1.《电能质量电力系统频率允许偏差》（GB/T 15945 – 1995）；
2.《电能质量供电电压允许偏差》（GB 12325 – 90）；
3.《电能质量电压允许波动和闪变》（GB 12326 – 90）；
4.《电能质量三相电压允许不平衡度》（GB/T 15543 – 1995）；
5.《电能质量公用电网谐波》（GB/T 14549 – 93）。

第四条　电网电能质量技术监督应按电网覆盖的供电营业区实行分级管理。电网经营企业应依法负责本电网内的电能质量技术监督管理工作，并接受上一级电网经营企业电能质量技术监督管理部门指导管理。

第五条　因电网或用户用电原因引起的电能质量不符合国家标准时，按“谁干扰，谁污染，谁治理”的原则及时处理，并贯穿于电网及用电设施设计、建设和生产的全过程。

第六条　本规定适用于各级电网经营企业、电力生产企业、电力建设企业、电力设计单位、并网运行的发电厂和电网以及由公用电网供电的用户。

第二章　技术监督管理机构与职责

第七条　国家电力公司、跨省、省和地方独立电网经营企业以及地(市)级供电企业,应指定一个职能部门(或专职),统一负责电能质量的技术监督管理工作,并设置电能质量检验测试中心(站)及电能质量运行监督部门(专职),分工负责电能质量技术监督工作。

第八条　为保证电网安全、稳定、经济、优质运行,不断提高供电质量。国家电力公司在电能质量技术监督管理职能方面的主要职责是:

1. 负责全国电网电能质量技术监督归口管理;

2. 组织贯彻、执行国家有关电能质量法规、标准;

3. 负责提出电网电能质量技术监督规定,并组织实施;

4. 负责全国电能质量技术监督管理专(兼)职人员资质培训、考核、颁证工作;负责对电能质量检验测试中心(站)资质审查和认证工作;

5. 指导、督促跨省和省电网经营企业电能质量技术监督管理工作;

6. 组织制定并实施提高改善电能质量的计划和重大(新)技术措施;

7. 组织电能质量技术监督管理经验和先进技术交流、推广的工作,定期发布电能质量运行指标;

8. 负责对影响电能质量的干扰源防治工作,并组织重大电能质量事故的调查。

第九条　电能质量指标运行监督部门的职责是:

1. 负责电网电能质量指标运行统计及考核的归口管理;

2. 负责制订提出电能质量指标运行监督管理制度,并组织实施;

3. 负责本电网内电能质量指标运行偏差的调整和控制;

4. 参与重大电能质量事故或异常情况的调查等其它运行监督工作。

第十条　电能质量检验测试中心(站)的职责是:

1. 负责全国电网电能质量指标计量标准的建立及量值传递工作;

2. 负责电能质量指标测量仪器、仪表、装置产品质量的检验、测试;

3. 承担电能质量纠纷的技术检验测试,并向委托者出具技术检测报告;

4. 提供电能质量问题的技术咨询和技术服务;

5. 电能质量问题防治技术措施的开发研究和推广应用工作;

6. 有关部门委托的有关电能质量的其他技术检测工作。

第三章　指标检测及运行监督

第十一条　电能质量指标检测有连续检测,不定时检测和专项检测三种方式:

1. 连续检测主要适用于供电电压偏差和频率偏差指标的运行检测;

2. 不定时检测主要适用于需要掌握供电电能质量而连续检测不具备条件所采用的检测方式;

3. 专项检测主要适用于干扰源设备接入电网(或容量变化)前后的检测方式,用以确定电网电能质量指标的背景状况和干扰发生的实际量,或验证技术措施效果。

第十二条　电能质量指标检测点的设置,应综合考虑下列因素:

1. 应覆盖主网及全部供电电压等级,并在电网内(地域和线路首末)呈均匀分布;

2. 满足电能质量指标调整与控制的要求;

3. 满足特殊用户和订有电能质量指标条款合同用户的要求。

各类检测方式检测点的具体设置,根据电能质量不同指标的特点可以不同,并应按照有关国家标准、导则结合本电网实际而确定。

第十三条　各项供电电能质量指标实际运行偏差(百分数)测量及计算按第三条所列相应国家标准进行。各项电能质量指标运行合格率按下列公式计算:

1. 对某一连续运行检测点 X,统计(测试)期(年、季、月)内,供电频率及供电电压合格率 Kx 为

$$Kx = \left(1 - \frac{\sum t_i}{T_0}\right) \times 100\% \qquad (1)$$

式中　t_i——测试期内第 i 次不合格的时间,h;

T_0——测试期全部时间,h。

通常电压合格率采用统计记录型仪表测量。

2. 对某不定期检测点或专项检测点 X,测试期电压专项指标运行合格率 Kx 为

$$Kx = \left(1 - \frac{m}{m_0}\right) \times 100\% \qquad (2)$$

式中　m——测试期内该电压专项指标实测值不合格的次数;

m_0——测试期内总测量次数。

此公式适用于电压波动和闪变、三相电压不平衡度或谐波运行合格率的测试、计算。通常应采用专用仪表、仪器测量。

第十四条 各项电能质量指标运行偏差(百分数)应当在第三条所列国家标准允许偏差以内。考虑到电网结构、运行方式以及用户用电特性等因素,各项电能质量指标运行合格率标准为:

1. 连续运行统计期(年、季、月)内电网频率合格率应不低于99.5%。

2. 连续运行统计期(年、季、月)内电压合格率应当不低于下列值:

专线和10kV及以上用户受电端的电压合格率:98%;

380(220)V用户受电端电压合格率应不低于:95%;

3. 电压波动与闪变合格率应不低于:99%;

4. 三相电压不平衡度合格率应不低于:98%;

5. 电压正弦波畸变合格率应不低于:98%。

第十五条 各跨省和省电网经营企业及其供电企业应加强对各种影响和干扰电能质量的用电设备的运行监督。当干扰影响量超过标准导致有关电能质量指标运行合格率低于本规定时,应及时检验、测试,查明原因,并责成产生干扰的用户限期采取措施改善。

第十六条 对于干扰影响电能质量和污染电气安全使用环境的电气设备、工程,必须在该设备、工程立项前,根据当地电网条件、国家标准和有关规定,对其接入电网运行产生的干扰,影响进行技术评估。发现不符合规定时,该设备、工程应采取有效的防治措施,并与工程同时设计、同时施工、同时验收、同时接入使用。

第十七条 各跨省和省电网经营企业及其供电企业应加强对电力生产企业、并网运行的发电厂和电网的运行监督,包括有功功率和无功功率的调整、控制及改进,使电网供电频率和供电电压调控在标准规定允许范围之内。

第四章 检测设备的管理

第十八条 对用于电能质量检测的仪器、仪表、装置实行产品质量许可制度。未经电力管理部门认定的电能质量检验测试中心(站)检定、测试合格的产品,不得用于公用电网中电能质量指标的监视和测试。

第十九条 应加强对电能质量检测仪器、仪表、装置的质量监督和管理,建立维护制度,按周检计划进行检验,并建立有关档案。

第五章 技术监督工作的管理

第二十条 电网电能质量技术监督工作实行报告责任制度。电能质量指标的统计按半年(于8月底前)报送一次,年度电能质量指标统计及技术监督报告应于次年三月底前报送。

第二十一条 重大电能质量事故或异常情况应立即报告本电网电能质量技术监督主管领导和上级监督管理部门,亦可越级上报反映。

第二十二条 电能质量技术监督工作在电网内实行考核制度,对各项电能质量指标实行统计考核。

第二十三条 应建立和健全电能质量技术监督的基础资料和档案管理,以及电能质量事故及其分析处理档案管理,加强电能质量信息管理。

第二十四条 应加强对电能质量技术监督管理专(兼)职人员的培训和考核,组织多种形式的经验交流,不断提高业务素质。

第二十五条 各跨省和省电网经营企业应每年对本电网电能质量指标进行评估,针对电能质量问题采取防治或改进措施。

第二十六条 用户对电能质量问题有权反映、申诉,相应电网经营企业应依照国家有关规定处理。

第二十七条 电能质量不合格引起的民事法律责任,应由造成电能质量不合格的责任者承担。因电能质量问题发生责任纠纷时,由电能质量技术监督管理部门组织检验、测试,依据检验测试数据、技术报告进行协调或技术仲裁。一方对仲裁结果有疑义时,可申请上一级电能质量技术监督管理部门进行复核。

第六章 附　　则

第二十八条 各跨省和省电网经营企业应根据本规定结合本电网实际制定实施细则,并上报备核。

第二十九条 本规定自发布之日起施行。

国家能源局关于进一步规范用户受电工程市场的通知

（2013年11月12日　国能监管〔2013〕408号）

各派出机构，国家电网公司、南方电网公司、内蒙古电力集团公司，各有关单位：

为进一步规范用户受电工程市场，保障用户的知情权和自主选择权，保障市场主体平等参与竞争的权利，构建公平、开放的用户受电工程市场环境，根据《电力监管条例》、《供电监管办法》等有关规定，特通知如下：

一、规范用户受电工程市场相关制度

（一）完善用户受电工程业扩报装管理制度。供电企业应按照国家有关规定，明确工作原则、内部职责分工、服务流程和标准，形成从申请用电到装表接电的全过程服务体系，规范业扩报装工作的各个工作环节；实行用户工程业务办理全程信息化管理，业务办理与信息录入同步，办理工作单、结果告知书等项目全部档案信息资料实行微机打印，需有关当事人签字（盖章）的，必须在打印单上完成，确保档案资料与实际情况的一致性，实现业务办理进展情况网上网下实时公开查询。

（二）规范用户受电工程市场准入制度。具备承揽用户受电工程电力设计、设备材料供应、承装（修、试）资质要求的单位，供电企业不再另设“入围”审查或资质许可。需要单独设定某些条件的，供电企业应作出明确说明，向市场主体公示并向国家能源局派出机构备案。

（三）健全用户受电工程招标投标管理制度。用户受电工程的招标投标工作应按国家规定，实行业主负责制。由供电企业统一组织的用户受电工程（包括统一收取新建住宅小区电力设施建设费的供电配套工程和业主委托供电企业组织的供电配套工程，下同），除按照有关规定或业主明确要求不进行招投标的，其工程设计、施工、监理和设备材料制造（供应）应实行公开招投标。供电企业在依法组织招投标时，应选择中立招标代理机构并委托其组织招投标工作。

二、实现用户受电工程信息公开

供电企业应按相关规定及时公开相关信息，实现用户受电工程业务的“阳光化"管理。

（一）信息公开的内容

1. 供电企业制定的有关管理制度和技术标准；

2. 从申请用电到装表接电的业务流程和工作规范；

3. 各服务环节的收费项目和标准；

4. 供电方案；

5. 由供电企业统一组织的用户受电工程的招投标结果，包括工程的设计、施工、监理及主要设备制造（供应）企业名单和合同金额；

6. 省或市统一收取住宅小区供电工程配套费的标准、依据以及收支情况，并向国家能源局派出机构及政府有关部门备案；

7. 其他应当公开的内容。

（二）信息公开方式

供电企业的信息应通过省级电网企业门户网站、95598 客户服务热线、营业厅公开栏等多种便于公众知晓的方式公开，通过门户网站公开的信息要与国家能源局派出机构的官方网站链接。按照有关规定不属于供电企业主动公开的信息，电力用户可以根据需要向供电企业申请获取相关信息。因故不能公开的，需报国家能源局派出机构备案。

（三）信息公开时限

管理制度、技术标准、工作流程、收费项目和标准等内容应在生效或发生变化之后及时公开。

承接用户受电工程的设计、施工、监理和设备材料制造（供应）企业的名单、合同金额和小区"配套费"收支情况等相关信息，每半年应至少公开一次。

供电企业收到信息公开申请，能够当场答复的，应当场予以答复；不能当场答复的，应最迟在 15 个工作日内予以答复。

三、促进用户受电工程市场公平竞争

各地应进一步开放用户受电工程市场，消除省、市之间的市场壁垒，保障符合条件的市场主体平等参与用户受电工程市场竞争的权利。跨省（区）作业的承装（修、试）电力设施单位，应按照国家有关规定和工程所在地国家能源局派出机构的要求及时备案，并依法接受其监管。

供电企业应认真清理自行出台的报装管理流程，取消在用户受电工程管理环节设置的障碍，不得直接、间接或变相指定设计、承装（修、试）和设备材料供应企业，同时，应认真履行中间检查、竣工验收等各环节的责任，保证相关要求落到实处。

用户受电工程的设计、施工、设备材料制造(供应)企业,应具备相关业务许可证和必要的资质条件,并在规定范围内开展业务,不得违规转包、分包工程,确保用户受电工程质量;用户应对自行组织的设计、施工、设备材料制造(供应)企业的资质条件进行审查把关,并按照规定及时提交中间检查、竣工验收等检验申请。

供电企业要进一步规范主业与用户受电工程设计、施工关联企业的关系,按照现代企业制度要求,实现在人、财、物上的彻底分离,为促进用户受电工程市场公平竞争营造良好的机制环境。

四、加强用户受电工程市场监管

各市场主体应当按照要求向国家能源局派出机构报送用户受电工程市场监管信息,确保信息真实、可靠;供电企业应及时梳理、汇总设计、施工、设备企业在承揽用户受电工程中发生的未遵循国家、地方、行业有关法律法规和相关规定的现象,以及发生的有关安全、质量、进度责任问题等相关信息,按照当地国家能源局派出机构的要求建立定期报告制度。

国家能源局各派出机构应畅通和完善信息渠道,探索建立承装修试企业信息联络员制度,不断健全12398热线等投诉举报工作制度,密切跟踪了解用户受电工程市场的发展态势,对发现的违法违规行为加大查处力度,以点及面,带动供电企业不断加强自律,全面提升经营和服务的合法性和规范性。

国家能源局各派出机构要结合本地区实际情况,制定和完善市场规则和实施细则;积极推进信息平台的建设,搭建电力用户受电工程市场信息与监管系统平台,公开与用户受电工程相关的信息。

国家能源局及其各派出机构要每年组织对市场运行及开放情况进行抽查,促进规范用户受电工程市场的各项措施落到实处,抽查比例不低于20%,并视情况将检查结果通过监管报告等方式向社会公布。

充分发挥社会中介组织和行业自律作用,国家能源局各派出机构要推动建立信用信息系统和信用信息档案管理机制,制定和完善信用评价标准与评价制度,有关评价结果及时向社会公开。

国家能源局关于对拥有配电网运营权的售电公司颁发管理电力业务许可证（供电类）有关事项的通知

（2016 年 12 月 8 日　国能资质〔2016〕353 号）

各派出能源监管机构，各省、自治区、直辖市、新疆生产建设兵团发展改革委（能源局）、经信委，国家电网公司、南方电网公司、内蒙古电力集团有限责任公司，华能、大唐、华电、国电、国家电投集团公司，有关电力企业：

为落实《中共中央　国务院关于进一步深化电力体制改革的若干意见》（中发〔2015〕9 号）及电力体制改革配套文件，积极稳妥推进售电侧改革，维护电力市场秩序，依据《电力业务许可证管理规定》、《国家发展改革委　国家能源局关于印发〈售电公司准入与退出管理办法〉和〈有序放开配电网业务管理办法〉的通知》（发改经体〔2016〕2120 号）以及相关法律、法规，现就对拥有配电网运营权的售电公司颁发管理电力业务许可证（供电类）有关事项通知如下：

一、许可证颁发

（一）拥有配电网运营权的售电公司，应当依法取得电力业务许可证（供电类）。

本通知所指配电网的范围依据《有序放开配电网业务管理办法》确定；除电网企业存量资产外，其他企业投资、建设和运营的存量配电网，适用本通知。

（二）国家能源局派出机构负责组织实施辖区内电力业务许可证（供电类）的颁发和管理工作。国家能源局负责对全国许可实施情况进行监督管理。

（三）取得电力业务许可证（供电类）的拥有配电网运营权售电公司（以下简称被许可人），接受国家能源局及其派出机构（以下简称能源监管机构）的监督管理。被许可人依法开展电力业务，受法律保护。

二、许可条件和申请材料

（四）拥有配电网运营权的售电公司申请电力业务许可证（供电类）的，应当具备下列条件：

1. 具有法人资格；

2. 配电网项目经有关政府主管部门核准或审批；

3. 具有与申请从事的电力业务相适应的财务能力，其中资产总额不得低于2千万元人民币；注册资本不低于总资产的20%；

4. 生产运行负责人、技术负责人、安全负责人和财务负责人具有3年以上与申请从事的电力业务相适应的工作经历，具有中级以上专业技术任职资格或者岗位培训合格证书；

5. 具有配电区域的划分协议书或意见；

6. 具有与申请从事的电力业务相适应的配电网络和营业网点；

7. 履行电力社会普遍服务、保底供电服务和无歧视提供配电服务义务，退出配电业务时履行配电网运营权移交义务；

8. 无严重失信信用记录，并按照规定要求做出信用承诺，确保诚实守信经营；

9. 法律、法规规定的其他条件。

（五）拥有配电网运营权的售电公司申请电力业务许可证（供电类）的，应当提供下列材料：

1. 法定代表人签署的许可证申请表；

2. 法人营业执照副本及其复印件；

3. 配电网项目经有关政府主管部门核准或审批的文件；

4. 企业最近2年的年度财务报告；成立不足2年的，出具企业成立以来的财务报告；

5. 企业生产运行负责人、技术负责人、安全负责人、财务负责人的简历、专业技术任职资格证书等有关证明材料；

6. 配电区域的证明材料及地理平面图；

7. 配电网络分布概况；

8. 设立的配电营业分支机构及其相应的配电营业区域概况；

9. 履行电力社会普遍服务、保底供电服务和无歧视提供配电服务义务的承诺书；退出配电业务时，履行配电网运营权移交义务的承诺书；

10. 信用承诺书。

三、许可申请及审查

（六）拥有配电网运营权的售电公司在正式经营配售电业务前，应当向国家能源局派出机构申请电力业务许可证（供电类），取得许可后方可从事相关电力业务。

（七）拥有配电网运营权的售电公司需要从事竞争性售电业务的，应当在交易机构注册前取得电力业务许可证(供电类)。

(八)拥有配电网运营权的售电公司在提交电力业务许可申请前,应当取得配电区域的划分协议书或意见。

无法达成配电区域划分协议或意见的,由国家能源局派出机构根据配电网项目核准内容、电网实际覆盖范围,并综合考虑电网结构、电网安全、供电能力、供电质量、供电的经济合理性等因素,确定配电区域。

(九)国家能源局派出机构应当对申请人提交的申请材料进行审查,并根据需要对申请材料的实质内容进行核实。

(十)国家能源局派出机构在做出行政许可决定之日起7个工作日内,应当通过国家能源局派出机构的门户网站进行公示,并同步将公示内容推送至有关部门的门户网站、能源信用建设平台等。尚未建立相关信息系统或网站的部门,可通过数据拷贝或建立数据接口等方式,与能源信用建设平台保持数据报送与更新。

四、持证企业监督与管理

(十一)能源监管机构对被许可人是否持续符合许可证法定条件的情况实施监督管理。被许可人的注册资本和资产总额、生产经营场所、供电能力、主要管理人员等发生变化,不符合许可证法定条件的,国家能源局派出机构应当责令其限期整改,并对整改情况予以复查。逾期未整改或者整改后仍然不符合许可证法定条件的,撤销许可。

(十二)被许可人不得超越许可范围开展配电业务。

(十三)实行年度自查制度。被许可人应当每年开展自查并向国家能源局派出机构提交以下材料:

1. 自查报告,内容包括:基本信息、主要管理人员情况、配售电业务经营情况、安全生产基本情况、配电设施情况、分支机构情况、遵守许可证制度情况等;

2. 电力业务许可证副本或副本复印件;

3. 企业法人营业执照副本或者营业执照副本复印件;

4. 企业上一年度的资产负债表和利润表;

5. 受到能源监管机构以及其他政府部门表彰或者行政处罚的证明材料;

6. 按照电网企业安全生产标准化规范开展自查的报告;

7. 能源监管机构要求报送的其他材料。

(十四)国家能源局派出机构应对被许可人自查情况进行监督和检查。

(十五)被许可人其名称、法定代表人、住所发生变更的应在工商登记变更之日起30日内向国家能源局派出机构申请登记事项变更。

（十六）被许可人配电区域发生变化的，应当自发生变化之日起30日内向国家能源局派出机构申请许可事项变更。

（十七）被许可人所经营的主要配电线路或者变配电设施发生变化的，应及时向国家能源局派出机构报送信息。

（十八）被许可人自愿终止配电业务的，应提前6个月向社会公示，妥善处理配电资产、债权债务及合同约定事项，并与承接其配电网运营权的公司完成交接后，向国家能源局派出机构提出申请，经批准后办理许可证注销手续。

（十九）被许可人有下列行为之一的，能源监管机构和有关部门应责令其整改，对拒不整改的，要将其纳入企业不良信用记录或黑名单，并依法予以处罚。

1. 超出许可范围或者超过许可期限从事相关电力业务的；

2. 未按照国家规定的电能质量和供电服务质量标准向用户提供服务的；

3. 未在规定的期限内申请许可变更的；

4. 严重违反市场交易规则的；

5. 不再具备许可条件仍从事相关电力业务，且限期未完成整改的；

6. 未经批准，擅自停业、歇业的；

7. 其他违反法律法规和本办法规定的行为。

（二十）对纳入黑名单的售电公司，按照能源信用体系惩戒管理制度，采取惩戒措施。

五、其它事项

（二十一）本通知未尽事宜，按照《中华人民共和国行政许可法》、《中华人民共和国电力法》、《电力监管条例》、《电力业务许可证管理规定》和有关法律、法规及有关规定执行。

国家能源局能源争议纠纷调解规定

（2017 年 3 月 17 日 国能监管〔2017〕74 号）

第一条 为了规范能源争议纠纷调解行为，完善能源争议纠纷调解制度，及时解决能源争议纠纷，根据有关法律、行政法规，结合工作实际，制定本规定。

第二条 国家能源局调解能源争议纠纷，适用本规定。

本规定所称能源争议纠纷是指平等主体之间发生的，属于国家能源局职责范围内的电力、煤炭、石油、天然气、新能源、可再生能源等争议纠纷。

第三条 国家能源局调解能源争议纠纷，遵循下列原则：

（一）在当事人自愿、平等基础上进行调解；

（二）不违背法律、行政法规和国家政策，公平合理；

（三）尊重当事人的权利，不得因调解而阻止当事人依法通过仲裁、司法等途径维护自己的权利。

第四条 当事人向国家能源局申请调解，应当符合下列条件：

（一）申请人为能源争议纠纷的一方当事人；

（二）有明确的被申请人；

（三）有具体的调解请求、事实和理由；

（四）争议纠纷事项属于国家能源局职责范围。

第五条 国家能源局收到调解申请后，应当在 7 日内决定是否受理并通知当事人。

第六条 符合本规定第四条规定条件的调解申请，被申请人同意调解的，国家能源局应当受理。国家能源局主动调解的，双方当事人同意即为受理。

第七条 调解申请有下列情形之一的，国家能源局不予受理：

（一）被申请人明确拒绝调解的；

（二）已就争议纠纷事项提起仲裁或者诉讼的；

（三）不符合本规定第四条规定条件的。

国家能源局决定不予受理的，应当向当事人说明理由。

第八条 国家能源局调解能源争议纠纷，应当根据争议纠纷复杂程度和争议纠纷标的大小,指定 2 名以上调解员进行调解。

第九条 调解员一般由国家能源局的工作人员担任。国家能源局也可以根据工作需要,聘任能源、经济、财会、法律等方面的专业人员担任调解员,调解员履职前应当征得其所在单位同意。

聘任的调解员与国家能源局工作人员担任的调解员在能源争议纠纷调解工作中享有同等权利,履行同等义务。

调解员应当具备下列条件:

(一)拥护党的路线、方针、政策,坚持四项基本原则;

(二)遵纪守法,作风正派,廉洁自律;

(三)熟悉能源法律、法规、规章和国家有关政策;

(四)具备相应的能源、经济等专业知识。

国家能源局应当加强对聘任调解员的监督和管理,对聘任调解员业务能力、遵守有关规章制度的情况进行考核。

第十条 调解员进行调解工作,不得偏袒一方当事人,不得利用调解工作的便利牟取不正当利益,不得泄露当事人的商业秘密和个人隐私。

第十一条 当事人认为调解员与能源争议纠纷有利害关系或者其他关系,可能影响公正调解的,可以向国家能源局申请调解员回避。调解员认为自己与能源争议纠纷有利害关系或者其他关系,可能影响公正调解的,应当自行申请回避。

调解员是否回避,由局领导决定。

第十二条 当事人可以委托代理人参加调解。委托代理人代理的,被委托人应当提交授权委托书。授权委托书应当由委托人签名或者盖章,载明委托代理人姓名、性别、年龄、身份证明、联系方式、委托期限和代理权限。

第十三条 能源争议纠纷涉及第三人的,应当通知第三人参加。

第十四条 调解员可以采取下列方式调解能源争议纠纷:

(一)根据已掌握的情况向当事人提出争议纠纷解决建议;

(二)单独会见一方当事人或者同时会见各方当事人;

(三)以书面或者口头方式征求一方当事人或者各方当事人的意见;

(四)要求当事人提出争议纠纷解决建议或者方案;

(五)经当事人同意,聘请与争议纠纷各方无利害关系的专家或者机构对争议纠纷事项提供咨询建议或者鉴定意见;

(六)有利于当事人达成一致意见的其他方式。

第十五条 调解过程中,当事人应当如实陈述事实,遵守调解秩序,尊重调解员和对方当事人。

第十六条 调解过程中,当事人有下列情形之一的,国家能源局可以终止调解:

(一)隐瞒重要事实、提供虚假情况的;

(二)故意拖延时间的;

(三)无正当理由缺席或者以其他方式表明退出调解的;

(四)就能源争议纠纷事项提起仲裁或者诉讼的;

(五)影响调解正常进行的其他情况。

第十七条 调解结果涉及第三人利益的,应当征得第三人同意。第三人不同意的,终止调解。

第十八条 调解应当自受理之日起三个月内结案。因情况复杂,在规定时间内不能结案的,可以适当延长,但最长不超过六个月。

第十九条 调解达不成协议的,终止调解。

第二十条 调解达成协议的,国家能源局可以制作调解书。调解书应当载明下列事项:

(一)当事人的基本情况;

(二)能源争议纠纷的主要事实、争议纠纷事项以及各方当事人的责任;

(三)当事人达成调解协议的内容,履行的方式、期限。

调解书应当由调解员以及当事人签名或者盖章,并加盖国家能源局印章。国家能源局应当将调解书及时送达当事人。

第二十一条 参与调解的人员应当依法保守在调解过程中获知的涉及国家秘密、商业秘密和个人隐私的信息。

第二十二条 国家能源局调解能源争议纠纷不收取任何费用。

第二十三条 国家能源局派出机构和省级能源主管部门可以参照本规定制定调解工作程序。

每年 12 月 20 日前,派出机构应当将年内发生能源争议纠纷调解案件的情况统计报告市场监管司。

第二十四条 本规定中有关“7 日”的规定是指工作日,不含节假日。

第二十五条 本规定自 2017 年 4 月 1 日起施行。

国家能源局综合司关于简化优化许可条件、加快推进增量配电项目电力业务许可工作的通知[①]

（2018 年 7 月 11 日　国能综通资质〔2018〕102 号）

各派出能源监管机构：

为积极推动增量配电业务改革，加快推进增量配电项目电力业务许可工作，依据《电力业务许可证管理规定》（电监会令第 9 号）、《国家发展改革委　国家能源局关于印发〈售电公司准入与退出管理办法〉和〈有序放开配电网业务管理办法〉的通知》（发改经体〔2016〕2120 号）、《国家发展改革委　国家能源局关于印发〈增量配电业务配电区域划分实施办法（试行）〉的通知》（发改能源规〔2018〕424 号）及《国家能源局关于对拥有配电网运营权的售电公司颁发管理电力业务许可证（供电类）有关事项的通知》（国能资质〔2016〕353 号）有关规定，现就简化优化许可条件、加快推进增量配电项目电力业务许可工作有关事项通知如下。

一、简化优化增量配电项目电力业务许可条件，助力社会资本参与增量配电业务

（一）简化优化部分配电项目核准（审批）证明材料

1. 非电网企业存量配电项目

对于《有序放开配电网业务管理办法》（以下简称《管理办法》）施行之前已建成投运的非电网企业存量配电项目，项目业主已按照《管理办法》有关要求向地方政府能源管理部门申请并获准开展配电业务的，申请电力业务许可证（供电类）时不要求提供项目核准（审批）材料，提供地方政府能源管理部门出具的同意其开展配电业务证明材料即可。

---

① 本文件略有删减。

2. 作为大型建设项目配套工程的配电项目

对于配电网是油田、矿山等大型项目的配套工程，且在主体项目核准（审批）材料中已明确建设任务的配电项目，项目业主申请电力业务许可证（供电类）时提供主体项目的核准（审批）材料即可，不要求提供独立的配电项目核准（审批）材料。

3. 拥有多个电压等级配电网的配电项目

对于拥有多个电压等级配电网的配电项目，项目业主申请电力业务许可证（供电类）时，提供最高电压等级配电网的核准（审批）材料即可，不要求提供此电压等级配电网辐射出的低电压等级配电网核准（审批）材料。

（二）简化优化相关负责人从业证明材料

配电项目生产运行负责人、技术负责人、财务负责人可由股东单位派驻，劳动关系可保留在股东单位，但须在项目业主单位全职工作，并应做出相关履职承诺。

对于所有权与经营权分离的配电项目，项目生产运行负责人、技术负责人、财务负责人可由委托经营单位实际负责本配电项目的相关人员担任，劳动关系可保留在委托经营单位，但须在本项目全职工作，不可一人兼任多个配电项目负责人，并应做出相关履职承诺。

（三）简化优化配电区域证明材料

项目业主申请电力业务许可证（供电类）时，地方相关主管部门出具的配电区域划分意见是派出能源监管机构在许可证中载明增量配电业务配电区域的主要依据，企业间自主达成的配电区域划分协议不作为必要条件。

项目业主已满足其他许可条件，但未取得配电区域划分意见的，派出能源监管机构可参考企业间自主达成的配电区域划分协议等材料，在许可证中载明配电区域。项目业主在获得电力业务许可证（供电类）后，取得地方相关主管部门出具的配电区域划分意见，且配电区域发生变更的，应当依法申请许可证的变更。

（四）简化优化配电网络和营业网点证明材料

项目业主申请电力业务许可证（供电类）时，不须完成配电区域内所有配电网络及配电设施的建设，具备向配电区域内现有电力用户供电的能力，具有配电网络后续建设规划，承诺供电能力、供电质量符合《供电监管办法》等有关规定的要求即可；同时，不对配电营业网点的数量及各网点覆盖范围做具体要求，项目业主提供已有营业网点可满足现有电力用户需求的证明材料，且具有后续营业网点可覆盖全部配电区域的建设规划即可。

二、加快推进增量配电项目电力业务许可工作，进一步提高审核效率，提升服务质量

（一）动态跟踪试点项目进展，主动作为，推动试点项目尽快落地

各派出能源监管机构应动态跟踪增量配电业务改革试点项目进展，继续做好项目重大进展情况及电力业务许可情况季度统计及报告；对进展较快或条件较为成熟的试点项目，逐一落实项目符合许可条件情况；梳理出近期有望取证的试点项目，主动作为，实现政策宣贯和工作指导全覆盖，助力其尽快取证，并于7月20日前将该类项目列表及有关工作推进情况报国家能源局（资质中心）。

（二）加强政策宣贯，打通绿色通道，多管齐下推进许可证核发工作

各派出能源监管机构应进一步加强对增量配电项目电力业务许可相关政策措施的宣贯；结合本次许可条件的简化优化，及时对许可条件符合情况发生变化的申请单位提供工作指导；在许可受理、审查等环节，为增量配电项目提供绿色通道，提高审核效率，提升服务质量，加快推进许可证的核发工作。

（三）强化持证企业后续监管，保护电力使用者的合法权益和社会公共利益

各派出能源监管机构应加强对持证企业持续符合许可条件情况、年度自查情况、相关事项变更情况以及履行电力社会普遍服务、保底供电服务和无歧视提供配电服务义务情况的监督管理，维护供电市场秩序，保护电力使用者的合法权益和社会公共利益。